Beihefte zur Zeitschrift für
Altorientalische und
Biblische Rechtsgeschichte (BZAR)

Herausgegeben von
Eckart Otto

Band 7

2007
Harrassowitz Verlag · Wiesbaden

Reinhard Achenbach, Martin Arneth
und Eckart Otto

Tora in der Hebräischen Bibel

Studien zur Redaktionsgeschichte
und synchronen Logik
diachroner Transformationen

2007
Harrassowitz Verlag · Wiesbaden

Bibliografische Information der Deutschen Nationalbibliothek
Die Deutsche Nationalbibliothek verzeichnet diese Publikation in der Deutschen
Nationalbibliografie; detaillierte bibliografische Daten sind im Internet
über http://dnb.d-nb.de abrufbar.

Bibliographic information published by the Deutsche Nationalbibliothek
The Deutsche Nationalbibliothek lists this publication in the Deutsche
Nationalbibliografie; detailed bibliographic data are available in the internet
at http://dnb.d-nb.de

Informationen zum Verlagsprogramm finden Sie unter
http://www.harrassowitz-verlag.de

ISSN 1439-619X
ISBN 978-3-447-05634-2

Vorwort

Die hiermit vorgelegten Studien dreier mit der Ludwig-Maximilians-Universität München verbundener Alttestamentler sind aus Vorarbeiten für eine gemeinsam erarbeitete Einleitung in die Literaturgeschichte des Alten Testaments entstanden, die im Verlag Mohr Siebeck in Tübingen 2008/09 erscheinen soll. Die Studien zeigen, wie eng die literaturhistorischen Prozesse der nachexilischen Zeit mit den Antworten auf fundamentaltheologische Fragen nach der Offenbarung Gottes, seinem Eingreifen in die Geschichte und seinen Heilsgütern verbunden sind. Es zeigt sich, dass die Vielzahl dieser Fragen und ihrer Antworten ihre Einheit in ihrem jeweiligen Verständnis von Tora finden. Die sich daraus ergebenden literatur- und theologiegeschichtlichen Vernetzungen wollen diese Studien aufzeigen.

Für die Erstellung der Register und für Korrekturarbeiten danke ich meinen Assistenten Frau Julia Offermann M.A. und Herrn Harald Knobloch.

München, im Juli 2007   Eckart Otto

Inhalt

Tora als Schlüssel literarischer Vernetzungen im Kanon der Hebräischen Bibel
Überlegungen zur Einführung

von Eckart Otto

Die Literaturgeschichte der Hebräischen Bibel ist überwiegend Niederschlag von theologischen Diskursen in nachexilischer Zeit. Das gilt schon für den Pentateuch als Mose-Diskurs.[1] Deuteronomium und Priesterschrift, die sich beide auf Mose zurückführten, bedurften des Ausgleichs in einem Literaturwerk, was nicht nur zur Wiege der jüdischen Schriftgelehrsamkeit geriet, sondern auch über die Zwischenstufe eines Hexateuch den Pentateuch in der kanonisch gewordenen Gestalt entstehen ließ.[2] Doch diese Diskursvernetzungen gehen weit über die einzelnen Bücher und Kanonsteile der Hebräischen Bibel hinaus. Nebeneinander, aber nicht unanhängig voneinander existierten in nachexilischer Zeit schulmäßig funktionierende Diskurse der Fortschreibung als Auslegung autoritativer Worte, die dem Diskursgründer, im Pentateuch Mose, in den Munde gelegt und so legitimiert wurden.[3] In der nachexilischen Tradentenprophetie[4] wurden Prophetengestalten als Diskursgründer mit Legitimationsautorität noch nach Jahrhunderten verehrt, denen noch nachexilisch verfasste Worte zugeschrieben wurden. Der priesterlichen Schriftgelehrsamkeit, die sich im Pentateuch niedergeschlagen hat, galt Mose als Diskursgründer, dem in Hexateuch und Pentateuch die nachexilisch fortschreibenden Auslegungen seiner Worte aus vorexilischer und exilischer Zeit in Priesterschrift und Deuteronomium zugeschrieben wurden.

---

1 Zum Mose-Diskurs siehe H. Najman, Seconding Sinai. The Development of Mosaic Discourse in Second Temple Judaism, VT.S 77, Leiden/Boston 2003, 1-40; siehe dazu E. Otto, Neue Literatur zur biblischen Rechtsgeschichte, ZAR 12, 2006, (72-106) 103-106.
2 Siehe dazu E. Otto, Das Deuteronomium zwischen Pentateuch und Hexateuch. Studien zur Literaturgeschichte von Pentateuch und Hexateuch im Lichte des Deuteronomiumrahmens, FAT 30, Tübingen 2000; R. Achenbach, Die Vollendung der Tora. Studien zur Redaktionsgeschichte des Numeribuches im Kontext von Hexateuch und Pentateuch, BZAR 3, Wiesbaden 2003.
3 Siehe dazu E. Otto, Das Gesetz des Mose. Die Literatur- und Rechtsgeschichte der Mosebücher, Darmstadt 2007.
4 Siehe dazu O. H. Steck, Bereitete Heimkehr. Jesaja 35 als redaktionelle Brücke zwischen dem Ersten und dem Zweiten Jesaja, SBS 121, Stuttgart 1985, 81-99; ders., Studien zu Tritojesaja, BZAW 203, Berlin/New York 1991, V-VI. 270-277.

Martin Arneth nimmt in seinem Beitrag zu den noachitischen Geboten in Gen 9,1-7 einen Schlüsseltext der Urgeschichte in den Blick, der hinsichtlich seiner Zuordnung zur Priestergrundschrift umstritten ist, fällt doch hier bereits eine wichtige Entscheidung in der Alternativfrage „Gesetz oder Geschichte". Nimmt man den Segen nach der Flut nicht nur isoliert in den Blick, sondern fragt nach der Gesamtkomposition der priesterschriftlichen Texte in Gen 1-9, so kann M. Arneth aufzeigen, dass Gen 9,1-7 ein unverzichtbares Element im Gesamtentwurf der Priesterschrift ist. Dies zeigt er in Bezug auf die anthropologische Grundkonzeption der Priesterschrift, also der Vorstellung von der Gottesebenbildlichkeit, ebenso wie anhand der spezifisch priesterlichen Deutung der Sintflut, die dann den gedanklichen Rahmen und Problemhorizont für die nichtpriesterschriftlichen Ergänzungen in nachexilischer Zeit darstellt.[5]

Reinhard Achenbach nimmt in den ersten Abschnitten seines Beitrags zu Tora und Prophetie zunächst die innerpentateuchische Fährte auf und zeigt, dass sich für die Rekonstruktionen der Redaktionsgeschichte des nachexilischen Pentateuch die Annahme eines mehrstufigen Modells bewährt, das zunächst für die nachexilische Zeit (515-455 v. Chr.) von der Komposition eines Hexateuch unter Einfluss einer vom Deuteronomismus herkommenden, sich auf den Gottesknecht Mose berufenden levitischen Priesterschaft ausgeht, der dann um 400 v. Chr. im Gefolge der Konsolidierung des Kultus und des zunehmenden Einflusses zadokidischer Kreise mit der Einführung von Priestermanualen und Heiligkeitsgesetz zu einem rein der Mose-Tora verpflichteten Pentateuch umgestaltet wird und schließlich durch priesterliche Schriftgelehrte der spät-persischen Zeit eine Reihe weiterer Überarbeitungen erfährt. Der Torabegriff ist einem Wandel unterworfen von einer am Deuteronomium orientierten Vorstellung eines Bundes-Gesetzes über die Idee einer stark durch den Prophet Mose geprägten priesterkritischen Torabelehrung bis hin zu einer in rein priesterlicher Verantwortung stehenden Tora, die die Worte des „Propheten" Mose auslegt und weiterentwickelt.

Dieser Beitrag läßt schon erkennbar werden, dass eine recht tiefgreifende Spannung zwischen priesterlichen Kreisen und solchen einer prophetischen Tradentenprophetie bestanden haben muss. Doch ehe wir uns in diesem Band der Frage nach dem Verhältnis von priesterlicher Tora zur Prophetie zuwenden, rekonstruiert Eckart Otto anhand der Verschriftungsnotizen und des Systems der Über- und Unterschriften im Pentateuch dessen literarisches Selbstverständnis und die dem angeschlossene Rechtshermeneutik des synchron gelesenen Pentateuch, die von der Antwort auf die zentrale Frage geleitet ist, wie Sinai- und Moabtora zueinander in Verhältnis gesetzt werden sollen und in dieser Bipolarität Autorität beanspruchen können. Es zeigt sich, dass eine komplexe nachexilische Redaktionsgeschichte des Pentateuch aller literaturhistorischen

---

5   Siehe dazu M. Arneth, Durch Adams Fall ist ganz verderbt... Studien zur Entstehung der alttestamentlichen Urgeschichte, FRLANT 217, Göttingen 2006, 97-226.

Komplexität zum Trotz ein rechtshermeneutisch kohärentes Narrativ ergibt, das noch dort, wo sich priesterliche Kreise von dem mosaisch begründeten Anspruch autoritativer Schriftauslegung absetzen, so in der postbiblischen Tempelrolle, dennoch bestimmend bleibt. In seinem Beitrag zu Gen 2-3 weist Eckart Otto schließlich auf, dass die postpriesterschriftliche Sündenfallerzählung ein hermeneutischer Schlüssel für die gesamte Tora sein soll, der ihr in hellenistischer Zeit vorangestellt wurde.

Reinhard Achenbach vertritt im zweiten Teil seiner Studie, wo er über den Pentateuch hinausblickend nach dem Verhältnis der Prophetie zur Tora fragt, die These, dass die redaktionsgeschichtlichen Entwicklungen in den Schriften des corpus propheticum zu den Phasen der Redaktionsgeschichte des Pentateuch analog verlaufen sind. Zunächst wird im Bereich der sog. Vorderen Propheten ein Prophetenbild etabliert, das zu dem des Hexateuch-Redaktors in Beziehung steht: die Propheten waren in der Zeit nach Josua die eigentlichen Warner vor dem Untergang und damit die Wahrer der Tora (2 Kön 17,3-20). Am stärksten wirkt sich dieses Bild auf die nach-dtr Redaktion des Jeremiabuches aus, die Jeremia geradezu als Toralehrer im Sinne von Dtn 18,15.18 stilisiert. Aber auch die weiteren Propheten der vorexilischen Zeit, Jesaja, Hosea, Amos, Habakuk und Zefanja, scheinen im Licht dieses Verständnisses redigiert worden zu sein. Im Ezechielkreis entwickelt sich ein priesterlicher Zugriff auf die Prophetenüberlieferung, dessen Sprache und Theologie starken Einfluss auf die Ausgestaltung des Pentateuch gewinnen. Mit der Einführung des Heiligkeitsgesetzes in den Pentateuch und der Erhebung der Mosegestalt über den Prophetismus gerät der Jeremiakreis in Opposition zu den priesterlichen Schriftgelehrten, die den Pentateuch redigieren. Aber auch das Jesajabuch und das Dodekapropheton wird zum Ort der kritischen schriftgelehrten Auseinandersetzung mit der Pentateuch-Priesterschaft. Erst in der jüngsten Phase der Redaktion wird der Prophetismus endgültig der Funktion, Ort der Tora-Auslegung gegenüber einer unübertroffenen Mosetora zu sein, unterworfen.

Nach diesem umfassenden Überblick zur Toramotivik im corpus propheticum wendet sich Eckart Otto der Diskussion zwischen schriftgelehrten Priestern und den Autoren einer nachexilischen Tradentenprophetie zu, die sich im nachexilischen Pentateuch und im Jeremiabuch niedergeschlagen hat. Die Diskurse innerhalb der tradentenprophetischen Kreise der nachexilischen Zeit, die sich in den Büchern Jesaja, Jeremia und Ezechiel niedergeschlagen haben, waren keineswegs untereinander spannungs- und konfliktfrei, wie sich an den unterschiedlichen Einstellungen zum Gottesberg Zion in den Büchern Jesaja und Jeremia ablesen lässt. Doch erheblich tiefgreifender waren die Spannungen zwischen priesterlichen und prophetischen Autoren, die bis in die vorexilische Zeit zurückreichen können. In nachexilischer Zeit gehen die Auseinandersetzungen weit über wechselseitige Vorwürfe hinaus, nicht den eigenen Ansprüchen gerecht zu werden,[6] und gewinnen ihren Kernpunkt in der Auseinandersetzung der nachexilischen Jeremia-Schule mit den priesterlichen Autoren des Pentateuch. In dieser Auseinandersetzung geht es um fundamental-theologische Fragen nach der Präsenz der Gottesoffenbarung und nach den Bedingungen der Möglichkeit eines erneuten Eingreifens Gottes in der Zukunft. Schlüssel zum Verständnis der Position der nachexilischen Priester im Pentateuch ist sein postdeuteronomistischer Abschluss in Dtn 31-34. Die Erzählung im Pentateuch steht im Dienste einer komplexen Rechtshermeneutik, die begründet, dass mit Moses Tod die Zeit der Toraoffenbarung endgültig abgeschlossen sei. Zugang zum Gotteswillen gebe es von nun an nur durch die Auslegung der Tora, für die Mose selbst mit der Moabtora als Auslegung der Sinaitora (Dtn 1,5) zum Vorbild geworden sei. Das mosaische Amt des prophetischen Offenbarungsmittlers, mit dem Gott von Angesicht zu Angesicht gesprochen habe, sei mit Moses Tod aufgehoben: niemals mehr werde ein Prophet wie Mose auftreten, den Gott Auge zu Auge berufen habe (Dtn 34,10-12). Gegen diese Abwertung der Prophetie durch die Autoren des nachexilischen Pentateuch wenden sich die Schriftgelehrten des nachexilischen Jeremiabuches und ziehen im 5. Jahrhundert v. Chr. eine Reihe von redaktionellen Pfeilertexten u. a. in Jer 1; 26; 36, aber auch Jer 11 und Jer 31-32 in das Buch ein, in denen sie nicht nur die Verschriftungstheorie des Pentateuch der Kritik unterziehen, sondern vielmehr die gesamte Offenbarungstheorie des Pentateuch: Gott spreche auch nach Mose zu den Propheten, da das unmittelbare Handeln Gottes mit seinem Volk Israel nicht auf die mosaische Zeit beschränkt, sondern noch in der Zukunft zu erwarten sei. Schließlich wendet sich Eckart Otto dem Jesajabuch mit dem Nachweis zu, dass Jes 6,1-8 nicht als „Gerichtsliturgie" zu interpretieren ist, sondern vielmehr unter dem Aspekt der Liminalität prophetische Kreise Basiskategorien priesterlichen Denkens der Kritik unterziehen.

Reinhard Achenbach thematisiert anschließend die Vernetzung von Jes 61 mit dem Pentateuch, die eine weniger kontroverse Sicht der prophetischen Autoren des Jesajabuches als die des Jeremiabuches auf den Pentateuch zeigt. In Jes 61 wird die Form herrschaftlicher Selbstpräsentationen in Verbindung mit Legitimations- und Heilsorakeln weiterentwickelt. Anstelle eines Königs oder des Gottesknechts verkündigt hiernach ein Gesalbter en Freilassungsedikt (*derôr*), in dem die Motivik altorientalischer, königlicher und deuterojesajanischer Reden aufgenommen und weiterentwickelt wird. Der Text weist eine stark priesterliche Prägung auf, und die Verbindungen mit Motiven der Investitur sowie der Salbung der auftretenden Gestalt wie auch der Umstand, dass in nachexilischer Zeit die innerisraelitische Verkündigung eines *derôr* in der Verantwortung des Hohepriesters stand, legen die Vermutung nahe, dass in Jes 61 nicht eine

---

6   Siehe dazu L.-S. Tiemeyer, Priestly Rites and Prophetic Critique of the Priesthood, FAT II/19, Tübingen 2006, 274-286; siehe dazu E. Otto, Nähe und Distanz von nachexilischen Priestern und Propheten in der Hebräischen Bibel, ZAR 13, 2007.

symbolische Zionsgestalt, sondern ein idealer Repräsentant der Zionsgemeinde die Gestalt des Gottesknechts ablöst, der priesterliche und hoheitliche Funktionen auf sich vereint und dem zugleich die Hoheit einer Wortmittlerschaft zuerkannt wird. Der Text repräsentiert ein institutionelles Konzept, das nicht auf die Rolle eines Statthalters in der Tradition Nehemias ausgerichtet ist und „gottesknechtliche" Funktionen wahrnimmt, sondern auf die Rolle eines Gesalbten, also eines Hohepriesters als des wahren Repräsentanten der jüdisch-israelitischen Religionsgemeinschaft. Diese Konzeption kennt allerdings wahrscheinlich die Einbindung des *derôr* in die Sabbat- und Jobeljahrsordnung des Heiligkeitsgesetzes noch nicht. Die Entstehung des tritojesajanischen Anhangs an das um die deuterojesajanische Sammlung schon erweiterte Protojesajabuch in Jes 60-62 wird also in der Periode zwischen Nehemia und der Einbindung des Heiligkeitsgesetzes in den Pentateuch durch die Pentateuchredaktion anzusetzen sein.

Martin Arneth wendet sich schließlich den Vorderen Propheten zu. Er zeigt auf, dass neben Dtn 6,5 auch Jos 1,7 und Jos 23,6-8 in der Entwicklung einer Torafrömmigkeit eine Schlüsselstellung einnehmen: der hier eingeschärfte Gehorsam gegenüber der Mose-Tora hat inneralttestamentlich entscheidend gewirkt. In vier Beiträgen verfolgt Martin Arneth diese Wirkung und kontextualisiert sie. Innerhalb der Königebücher sind es die herausragenden Könige des ausgehenden 8. und 7. Jh. v. Chr., die positiv evaluiert werden: Hiskia (2 Kön 18,5), und Josia (2 Kön 23,25). Die religiöse Prämierung erfolgt aufgrund kultischer Reformmaßnahmen, nämlich Kultreinigung und Kulteinigung. In den Studien zur Hiskia- und Josiareform werden in diesem Zusammenhang die literarischen Eckpunkte unter die Lupe genommen. Zum einen wird der ursprüngliche josianische Reformbericht aus dem ausgehenden 7. Jahrhundert v. Chr. konstruiert, auf seine antiassyrische Intention hin zugespitzt und in der neuassyrischen Zeit kontextualisiert. Demgegenüber trägt der Bericht der Hiskiareform in 2 Kön 18,2-8 die Zeichen einer anderen Zeit. Zwar lässt sich der Text nicht mehr für die Hiskiazeit selbst auswerten – auch nicht die Nechuschtan-Notiz in 2 Kön 23,4 –, auf der anderen Seite handelt es sich aber hier um einen literarisch geschlossenen Entwurf, der zu der durch Dtn 6,5 und Jos 1,7 inspirierten Beurteilung Josias eine Alternative bildet, da nicht nur Toragehorsam, sondern auch das direkt auf Jahwe gerichtete Vertrauen des Königs qualifizierend sind.

Diese alternativen Frömmigkeitstypen spiegeln sich, so zeigt Martin Arneth, auch im Psalter, und zwar in den Torapsalmen Ps 1 und Ps 19. Ps 1, mit Ps 2, dem im Grundbestand alten Königspsalm des späten 8. Jahrhunderts v. Chr., redaktionell zum Psalterproöm verbunden, rezipiert im Rahmen des Grundgegensatzes zwischen Torafrommen und Frevlern zentral Jos 1,7 und dürfte, was seinen Motivbestand anbelangt, innerbiblisch seinen Niederschlag in der Bergpredigt des Matthäus gefunden haben. Die kunstvolle und literarisch einheitliche Grundkomposition Ps 19 parallelisiert nicht nur Kosmos und Tora, sondern ist im Rahmen der Psaltergenese auch als Gegenentwurf zu den sog. „Letzten Worten Davids" (2 Sam 23,1-7) entstanden, die wenn nicht sogar ein alternatives Offenbarungskonzept, zumindest eine besondere Nähe der messianischen Königsgestalt zur Gottheit nahelegen. Damit kehrt cum grano salis die Alternative „Tora oder Messias" auch in diesem Zusammenhang wieder.

Der Band hat sich zum Ziel gesetzt, Vernetzungen innerhalb der Hebräischen Bibel und mit der Tempelrolle über dieses hinaus mittels der Tora-Motivik aufzuzeigen. Ein derartiger Zugang eröffnet Einblicke in fundamentale theologische Fragen, die in der nachexilischen Zeit kontrovers diskutiert wurden, so die Frage, ob Offenbarung und Eingreifen Gottes in die Geschichte mit der Zeit des Mose abgeschlossen oder bis in Gegenwart und Zukunft noch zu erwarten seien, weiter die Frage nach dem Zugang zum Willen Gottes durch Auslegung der Tora oder durch je neue Offenbarungen an die Propheten, die Frage nach den Verhältnissen von Torafrömmigkeit und eines unmittelbaren Vertrauens auf Gottes neues Handeln in der Geschichte, sowie schließlich die Frage, welche die vornehmlichen Heilsgüter Gottes seien, das Land, die Tora, der Bund, sei es der in pentateuchischer Zeit geschlossene Bund, sei es ein neuer Bund, oder schließlich eine messianische Gestalt in der Zukunft. Alle diese Fragen, die in nachexilischer Zeit der Antworten harrten, sind um ein je unterschiedliches Verständnis von Tora gruppiert, die ihre Einheit ausmacht.

Die noachitischen Gebote (Genesis 9,1-7)

Die Priesterschrift und das Gesetz in der Urgeschichte

von Martin Arneth

I. Einleitung

Die Sintflutperikope Gen 6-9[1] gilt in literarischer Hinsicht nach wie vor als ein Prüfstein für die Triftigkeit der Quellenscheidung und damit auch der Quellenmodelle zur
Erklärung der Hexateuch- bzw. Pentateuchgenese[2]. Nimmt man die Debatte der letzten
Jahre in den Blick, so sind bei der Interpretation des Textstücks allerlei Turbulenzen
nicht zu übersehen. Das trifft vor allen Dingen für die Beurteilung des nichtpriesterschriftlichen Textbestandes zu. Rechnete man hier jahrzehntelang mit einem ursprünglich eigenständigen, vorpriesterschriftlichen Textstratum, so wird jetzt verstärkt auf
traditionsgeschichtlich nachpriesterliche Vorstellungen, vor allen Dingen im Prolog
Gen 6,5-8 und Epilog Gen 8,20-22 verwiesen. Die Reaktionen auf diesen Befund sind
pluriform: zum einen werden Exhaustionsmodelle entworfen und das Quellenmodell
mittels verstärkter Zuweisung an einen Redaktor im Spiel gehalten[3], zum anderen wird
zunehmend mit einer Ergänzungshypothese operiert: die nichtpriesterlichen Passagen
sind insgesamt eine Bearbeitung der priesterschriftlichen Vorlage[4].

---

1 Die Sintflutperikope umfaßt in ihrem endgültigen Textbestand Gen 6,5-9,28. Mit ihr sind die
   Ordnungsstrukturen der nachsintflutlichen Menschheit in ausdrücklich Geltung gesetzt (Gen 9,1-
   17) oder doch zumindest als dem „Gerechten" auch ohne ausdrückliche Anweisung verbindlich
   vorausgesetzt (Gen 8,20, cf. Lev 20,25; Gen 9,18-27, cf. Lev 18; 20), so daß die Ausbreitung der
   Menschheit über die Erde (Gen 10) beginnen kann; M. Arneth, Durch Adams Fall ist ganz verderbt ... (FRLANT 217), 45ff.182ff.200ff.
2 Man denke an die klassischen Entwürfe von K. Budde, Die Biblische Urgeschichte, 248ff. T.
   Nöldeke, Untersuchungen, 10ff.; J. Wellhausen, Composition, 2; H. Gunkel, Genesis, 59.137. Eine Problemskizze unterschiedlicher älterer und neuerer Entwürfe findet sich bei C. Dohmen, Untergang, 89ff.; J.C. Gertz, Beobachtungen zum literarischen Charakter und zum geistesgeschichtlichen Ort der nichtpriesterlichen Sintfluterzählung, 42ff.; A. Schüle, Der Prolog der hebräischen
   Bibel, 11ff.
3 Etwa M. Witte, Die biblische Urgeschichte, 130ff.171ff.; N.C. Baumgart, Die Umkehr des Schöpfergottes, 381ff.
4 Cf. mit jeweils verschiedenem methodischen Ansatz die monographischen Untersuchungen von
   E. Bosshard-Nepustil, Vor uns die Sintflut, 42ff.; A. Schüle, Der Prolog der hebräischen Bibel,
   247ff.; M. Arneth, Durch Adams Fall ist ganz verderbt ..., 169ff.

Als ruhender Pol gilt auch hier nach wie vor die Priesterschrift P[5]. Die Versuche, die Priesterschrift literarisch insgesamt nicht als Quelle, sondern als eine Ergänzungsschicht zu klassifizieren[6], haben sich in der Urgeschichte nicht bewährt, vor allen Dingen nicht in der Sintflutperikope. Strittig ist in diesem Zusammenhang, sieht man einmal von Extrempositionen mit Blick auf das innerpriesterschriftliche Textwachstum ab[7], allenfalls die Frage der Zeitangaben[8], die allerdings nicht im Rahmen der Sintfluterzählung selber gelöst werden können, sondern zumindest mit Blick auf den masoretischen Text des weitgespannten, postpriesterschriftlichen Horizonts bedürfen, sowie das Problem der Differenzierung von P[G] und P[S] – und damit die Frage nach der Eigenart der Priestergrundschrift: wieviel „Gesetz" verträgt die „Geschichte"?[9] Dabei kommt vor allen Dingen der „Segen" nach der Sintflut Gen 9,1-7 in den Blick, denn hier findet sich legislatives Material, vor allen Dingen in Gen 9,4-7, und dementsprechend wird, je nach Blickwinkel mit legislativen Zusätzen gerechnet[10]. Um diesen Text soll es im

---

5 Ich rechne in Gen 6-9 mit folgenden priesterschriftlichem Textbestand: Gen 6,9–22; 7,6f.8bβ.9.11.13–16a.18–22.24; 8,1. 2a.3–5.13a.14–19; 9,1–17.18*.19.28f.; die Begründung im einzelnen habe ich in M. Arneth, Durch Adams Fall ist ganz verderbt …, 43ff., gegeben. Zu P cf. E. Otto, Forschungen zur Priesterschrift, 1-50; E. Zenger, Einleitung, 161ff.

6 Cf. E. Blum, Studien zur Komposition des Pentateuch, *passim*; jetzt aber: ders., Art. Urgeschichte, 436ff.

7 Besonders C. Levin, Der Jahwist, 111f., differenziert nochmals stark zwischen innerpriesterschriftlichem bzw. nachpriesterschriftlichem Textwachstum.

8 Cf. den Überblick bei N.C. Baumgart, Die Umkehr des Schöpfergottes, 64ff.

9 Die Unterscheidung von P[G] und P[S] geht auf H. Holzinger, Einleitung, 334, zurück. Zum Problem Gesetz und Geschichte cf. N. Lohfink, Die Priesterschrift und die Geschichte, 213ff.

10 Sonst nur noch in Gen 9,16f.; cf. hierzu M. Arneth, Durch Adams Fall ist ganz verderbt …, 83ff. Mit Blick auf Gen 9,1-7 gehört v.1-3 in der Regel unbestritten zu P[G], strittig ist die Beurteilung von v.4-7, sei es, daß noch v.4, v.5b, v.6, v.6b oder v.7 zur Grundschicht gehören sollen. So rechnen R. Smend, Erzählung, 9; S.E. McEvenue, The Narrative Style, 67ff; N. Lohfink, Die Priesterschrift, 222; ders., Schichten des Pentateuch, 291; P. Weimar, Geschichtsdarstellung, 84f; E. Zenger, Gottes Bogen, 105, und U. Rüterswörden, *dominium terrae*, 131f, mit der sekundären Einfügung von v.4–6, die dann bereits der innerpriesterschriftlichen Texterweiterung, also P[S] zuzuordnen ist. Modifikationen bieten: H. Holzinger, Genesis, XXV.74., der v.4–7 für sekundär hält und gerne auch noch v.8 zur „Flickarbeit" von P[S] rechnen würde, um den Anschluß von v.3 an v.9 zu optimieren. Auch für M. Witte, Urgeschichte, 142ff.333, sind v.4–7 sekundär. N. Lohfink, der sich zwar grundsätzlich S.E. McEvenue anschließt, erwägt zumindest, ob nicht Gen 9,6b noch zu P[G] gerechnet werden könnte, wenn man die Analyse von W. Groß, Gottebenbildlichkeit, zugrunde legt, daß die Gottebenbildlichkeit des Menschen in der Herrschaft über die Tiere besteht (s.o. II.1.3). Gen 9,6b ist auf jeden Fall ein Gott in den Mund gelegtes freies Zitat von 1,27. „Wenn 9,2f die Modalitäten der Herrschaft des Menschen über das Tier neu ordnet, wäre 9,6b der sachgemäße Abschluß", a.a.O. Gegen S.E. McEvenues Begründung für die Abtrennung von v.4, nämlich der Unvereinbarkeit von Segen und Gebot, wendet sich – nach C. Westermann, Genesis, 621 – vor allem R. Mosis, Genesis 9,1–7, 201ff, der v.4 noch zur Grundschicht rechnet und nur v.5–7 für P[S] in Anschlag bringt, sowie H. Seebass, Genesis I, 230, der (möglicherweise, ganz deutlich wird dies nicht) v.5a.7 ausscheiden will. Insgesamt muß aber dann doch die Frage gestellt wer-

folgenden gehen. Die These lautet: Gen 9,1-7 ist eine in sich geschlossene Kompositi-on[11], die aber zudem in so gut wie jeder wesentlichen Detailaussage auf den priester-schriftlichen Kontext bezogen ist, und zwar nicht nur der Sache nach, sondern auch und gerade wiederum durch übergreifende Kompositionsstrukturen, so daß die An-nahme von sekundärem Wachstum in Gen 9,1-7 so gut wie ausgeschlossen werden kann.

Wenden wir uns also zunächst der Binnenkomposition des Abschnitts zu und fragen dann nach den weiterreichenden Kontextbezügen.

II. Beobachtungen zur Komposition von Genesis 9,1–7

Zunächst eine schlichte und oftmals vorgetragene Beobachtung: der Text ist deutlich durch Gen 9,1b und 9,7 und damit durch das Thema des Segens gerahmt[12]:

> (1) Und Elohim segnete den Noah und seine Söhne und sprach zu ihnen: Seid fruchtbar und mehret euch und füllet die Erde. … (7) Und ihr: seid fruchtbar und mehret euch, wimmelt auf der Erde und werdet zahlreich auf ihr.

Damit fungiert der Segen zunächst einmal als Rahmengattung im emphatischen Sinne, der dann ggf. weitere Gliedgattungen bzw. Motivkomplexe zugeordnet sind[13]. Dabei ist festzuhalten, daß die Rahmenzeilen zwar parallel angeordnet, aber nicht identisch sind.

---

den, inwiefern wirklich rein literarkritische Argumente zählen – oder nicht doch Systemzwänge leitend sind, etwa im Sinne H. Holzingers, Genesis, 74, der mit Blick auf Gen 9,4ff. „die Unter-brechung der Fiktion von P^g, dass vor Mose kein Opferkultus ausgeübt wird" ins Feld führt.

11 Cf. jetzt die Doxographie bei N.C. Baumgart, Umkehr, 399ff. Mit der Einheitlichkeit rechnen etwa H. Gunkel, Genesis, 148ff; C. Westermann, Genesis, 618ff; H.-J. Stipp, „Alles Fleisch", 177; ders., Dominium terrae, 138; B. Janowski, Statue Gottes, 207ff, und – mit detaillierter Be-gründung – auch O.H. Steck, Todesstrafe, 122ff; U. Neumann-Gorsolke, Herrschen, 248ff.

12 Cf. etwa C. Westermann, Genesis, 617, u.v.m.

13 Problematisiert wird vor allen Dingen die Zuordnung von v.2–6 zum Thema des Segens (v.1.7), der hier ausdrücklich an Noah und seine Nachkommen ergeht; cf. hierzu etwa S.E. McEvenue, The Narrative Style, 68; R. Mosis, Genesis 9,1–7, 196ff. Aber eben nicht alles, was in v.2–6 ab-gehandelt wird, ist der Gattung „Segen" zu subsumieren. Hinzu kommt etwa die Verwendung des Vorstellungsarsenals aus dem „Heiligen Krieg" in v. 2 (anders als Gen 1,26b.28b: der Schöp-fungssegen kommt ohne Anspielungen an den „heiligen Krieg" aus); cf. N. Lohfink, Schöpfer-gott, 199, vor allen Dingen ders., Schichten des Pentateuch, 291f; R. Mosis, Genesis 9,1–7, 201; H.-J. Stipp, „Alles Fleisch", 169. Zweifel an der rein kriegsbezogenen Deutung von v.2 hat E. Zenger, Gottes Bogen 116ff geäußert, dann aber revoziert, a.a.O., 217f.; cf. jetzt aber wieder H. Seebaß, Genesis I, 222f. Inhomogenitäten mit Blick auf den Idealtyp einer Textsorte sind aber *per se* noch kein literarkritisches Kriterium

Woher das hier verwendete Material stammt, ist nicht strittig. Es taucht bereits in Gen 1,28 auf. Dabei nimmt Gen 9,1b mit drei Imperativen פרו ורבו ומלאו את־הארץ „Seid fruchtbar und werdet zahlreich und füllet die Welt/Erde" auf den Schöpfungsbericht Gen 1,28 wortwörtlich Bezug[14]. Demgegenüber finden sich in Gen 9,7 vier Imperative, die eine eigene Formgebung zeigen:

ורבו	ואתם פרו	v.7a
ורבו־בה	שרצו בארץ	v.7b

Der Verfasser hat die viergliedrige Imperativreihe der Form nach als einen zweigliedrigen *parallelismus membrorum* gestaltet, was nicht nur dadurch deutlich wird, daß der jeweils letzte der Imperative in v.7a und v.7b identisch ist (רבו),[15] sondern auch, weil die Imperativkette durch die Zusammenbindung der Imperative in v.7a und v.7b mittels eines ו-*copulativum* in zwei Sequenzen untergliedert ist. Es handelt sich dabei aber nicht um eine Transformation von Gen 1,28 bzw. 9,1b. Denn mit Gen 9,7 wird ein weiterer Textbezug eingespielt. So wie sich Gen 9,1b auf 1,28 zurückbezieht, hat Gen 9,7 vornehmlich in Gen 8,17b „Und sie (die Tiere) sollen wimmeln auf der Erde und fruchtbar sein und sich mehren auf der Erde" seine Referenzstelle[16]. Der Teilvers Gen 8,17b gehört zur ersten Gottesrede nach der Sintflut Gen 8,16f. Auffällig ist, daß beide Stellen in einem chiastischen Rezeptionsverhältnis stehen:

A ושרצו בארץ Gen 8,17b
 B ופרו ורבו על־הארץ
 B ואתם פרו ורבו Gen 9,7
A שרצו בארץ ורבו־בה

Die Rezeption von Gen 8,17b in 9,7, durch die die Anweisung für die Tiere auf den Menschen übertragen wird, wird durch die Rahmung Gen 9,1b – 9,7 nahegelegt, die jeweils mit פרו ורבו einsetzt. Gen 9,1–7 greift also sowohl auf den „Schöpfungsimpera-

---

14 Auf die Meerestiere und Vögel bezieht sich Gen 1,22, wobei allerdings festzuhalten ist, daß der dreigliedrige Befehl an die Meerestiere bei den Vögeln nur noch einfach aufgegriffen wird: פרו ורבו ומלאו את־המים בימים והעוף ירב בארץ.

15 Die von H. Holzinger, Genesis, 74; H. Gunkel, Genesis, 150; BHS u.a. in v.7b vorgeschlagene Änderung von ורבו־בה in ורדו־בה ist als offensichtliche Konsequenzmacherei mit Blick auf Gen 1,28 nicht nötig.

16 Cf. S.E. McEvenue, The Narrative Style, 67. C. Levin, Verheißung, 231 Anm. 137, hat Gen 9,1-7 als Dublette zu 8,17b eingestuft und 9,1–7 *in toto* als Nachtrag beurteilt; das läßt sich nicht halten, s.i.f. Innerhalb der Gottesrede Gen 8,16f. und der Ausführung Gen 8,18f. nimmt v.17b eine Sonderstellung ein: der Teilvers wird durch zwei chiastische Kompositionen gerahmt – Gen 8,16.17a und v.18f. –, ist aber selber nicht in diese Struktur eingebunden; cf. M. Arneth, Durch Adams Fall, 70f.

tiv" als auch auf den – bisher nur an die Tiere gerichteten – „*post*-Sintflutimperativ" zurück. Darüber hinaus ist mit Blick auf Gen 9,7 das Gegenstück in Ex 1,7 zu berücksichtigen, das – zu P[G] gehörig[17] – eine wichtige konzeptionelle Funktion, nämlich die Teilerfüllung des Schöpfungs- und Sintflutsegens, innerhalb der Priesterschrift einnimmt.[18]

Auch das v.7 einleitende ואתם ist mit Blick auf den direkt voranstehenden Kontext gut verständlich und keineswegs ein literarkritisches Indiz oder gar ein zwingendes literarkritisches Argument: ab v.5b hat der Verfasser die strikte Orientierung an Noah und seinen Söhnen (v.1–5a) aufgegeben und spricht prinzipiell nur noch vom Menschen (אדם).[19] Insofern gibt es kaum ausreichende Gründe, v.7 für sich genommen nicht zu P[G] zu rechnen.

Der Sache nach hat der Verfasser in v.7 den Schöpfungsbefehl leicht modifiziert. Übernimmt er die beiden ersten Imperative wörtlich, so steht statt dem ומלאו את־הארץ (v.1b) nun nur noch das aus Gen 8,17b stammende שרצו בארץ, was wohl als Abschwächung interpretiert werden kann. מלא taucht bezeichnenderweise innerhalb von P[G] erst wieder in Ex 1,7 auf,[20] wo alle Imperative aus Gen 1,1b und 9,7 wiederholt werden. Das sachliche Gefälle zwischen v.1b und v.7 setzt sich im folgenden fort. Denn Gen 9,19 und 10,32 – die beide zu P[G] zu rechnen sind[21] – greifen nicht auf den Schöpfungsimperativ zurück, wenn sie die Ausbreitung der noachitischen Menschheit auf der Erde

---

17 ובני ישראל פרו וישרצו וירבו ויעצמו במאד מאד ותמלא הארץ אתם. Cf. jetzt die ausführliche Erörterung bei J.C. Gertz, Exoduserzählung, 365ff.394, und N. Lohfink, Die Priesterschrift und die Geschichte, 244ff.

18 Der Sachverhalt, daß die Rahmenverse Gen 9,1b.7 nicht identisch sind und nur v.1b Gen 1,28 entspricht, kann für sich genommen noch nicht literarkritisch ausgewertet werden. Daß die drei Imperative in Gen 1,22.28; 9,1b für P[G] im Zusammenhang der Urgeschichte eine festgefügte Abfolge bilden, die den Verfasser von v.7 *qua* Abweichung von der Standardform als Ergänzer offenbaren soll (so R. Mosis, Genesis 9,1–7, 207), ist zunächst einmal ein idealtypisch gesteuertes Postulat, das bereits mit Blick auf Gen 8,17b mit einem Fragezeichen zu versehen ist. Dagegen spricht dann aber auch, daß der Verfasser von P[G] zunächst innerhalb der Urgeschichte einen besonderen Sprachstil pflegt, den er dann jenseits der Urgeschichte – also in Ex 1,7 – aufgegeben hat, was nicht unmittelbar einsichtig ist; zum anderen ist einzuwenden, daß etwa in Gen 9,2f. der Referenzabschnitt Gen 1,28ff. ebenfalls nicht ohne Abwandlung rezipiert wird, und zwar – wie sich zeigen wird – nicht ohne kompositionelles Raffinement. Mit nachvollziehbaren Variationen ist auch innerhalb von P[G] zu rechnen.

19 Damit kann natürlich noch nicht ausgeschlossen werden, daß v.4–6 nicht doch eine sekundäre Auffüllung darstellen – der Anschluß an v.3 ist immerhin auch gut vorstellbar; v.7 weist aber doch eine außerordentliche Nähe zu P[G] auf. Gerade der Sachverhalt, daß es sich um eine Transformation von P[G]-Material handelt, deckt sich mit dem literarischen Charakter von v.1–3; s.u. – Zur Fortsetzung von Gen 9,7 אתם durch 9,9 ואני cf. S.E. McEvenue, The Narrative Style, 67.

20 Cf. die Übersicht bei N. Lohfink, Die Priesterschrift, 246.

21 Beide Verse beziehen sich auf die noachitische Völkertafel in P[G]. Die stark umstrittene Stelle Gen 9,18*.19 verweist kompositorisch auf Gen 6,10 zurück und gehört somit definitiv auch zu P[G]; M. Arneth, Durch Adams Fall, 50ff.

beschreiben (Gen 9,19: וּמֵאֵלֶּה נָפְצָה כָל־הָאָרֶץ; Gen 10,32: וּמֵאֵלֶּה נִפְרְדוּ הַגּוֹיִם בָּאָרֶץ) – die Entfernung von der Schöpfungsordnung nimmt somit der Sache nach zu; die Ausbreitung der noachitischen Menschheit wird zumindest der Semantik nach nicht direkt unter die Erfüllung von Gen 9,1b.7 subsumiert – obwohl der Segen an die Noah-Nachkommenschaft erging.

Doch zurück zur Analyse von Gen 9,1–7. In dem durch v.1b.7 gerahmten Textstück bedient sich der Verfasser einer ausgefeilten Kompositionstechnik, um die beiden Sacheinheiten (v.2f. und v.4–6) abzugrenzen. Besonders deutlich und kunstvoll ist dies in v.3 („Alles, was sich regt, was lebendig ist: das soll eure Speise sein. Ich gebe euch hiermit alles wie das Grün des Krautes") durchgeführt, denn der Vers ist als viergliedriger Chiasmus gestaltet:[22]

A כָּל־רֶמֶשׂ אֲשֶׁר הוּא־חַי
  B לָכֶם
    C יִהְיֶה
      D לְאָכְלָה
      D כְּיֶרֶק עֵשֶׂב
    C נָתַתִּי
  B לָכֶם
A אֶת־כֹּל

Weniger komplex, aber literarisch formal immer noch gut durchschaubar, präsentiert sich sodann v.2, das „Heilig-Kriegs-Orakel"[23], das dann in v.3 seine Explikation erfährt:

> „Furcht und Schrecken vor euch soll auf allem Getier der Erde und auf allen Vögeln des Himmels sein, bei allem was sich auf dem Boden windet, und bei allen Fischen des Meeres. In eure Hand sind sie gegeben."

Hier fällt nicht nur die kurze Notiz בְּיֶדְכֶם נִתָּנוּ, die Übergabeformel, die vor allem in den Kontext des Heiligen Krieges gehört[24], sowie die ebenfalls aus der Semantik des

---

22 Die Verwendung der chiastischen Kompositionstechnik ist innerhalb der Priesterschrift der Urgeschichte kein auf Gen 9,2-6 beschränktes Phänomen, sondern findet sich vielfältig, vor allen Dingen und besonders kunstvoll im priesterschriftlichen Prolog zur Sintflut; cf. M. Arneth, Durch Adams Fall, 45ff. Es wäre angesichts dieses Befundes geradezu auffällig, wenn diese Technik in Gen 9,1-7 nicht zum Einsatz käme. Cf. zu v.2f. die Beobachtungen zur Form bei S.E. McEvenue, The Narrative Style, 68.

23 N. Lohfink, Schichten des Pentateuch, 291.

24 Elemente aus dem „Ritualzusammenhang" des heiligen Krieges sind: die Verbindung von חַת/חֲתַת und יָרֵא (cf. bes. Dtn 2,25; 11,25; weitere Belege bei N. Lohfink, Schichten des Pentateuch, 292; S.E. McEvenue, The Narrative Style, 68; auf Dtn 11,25 weisen auch bereits A. Dillmann, Gene-

Heiligen Krieges stammende Ankündigung [...] ומוראכם וחתכם יהיה auf, sondern auch die deutliche Untergliederung der Sequenz v.2aβγ.bα in zwei Teile, die durch den Wechsel der Präpositionen על und ב[25] sowie deren jeweilige Verbindung durch ein ו-*copulativum* hervorgehoben wird. Voran steht jeweils eine Angabe, die sich auf Landtiere bezieht (בכל אשר תרמש האדמה; על כל־חית הארץ) und damit die Bisektion von v.2aβγ.bα zusätzlich unterstreicht.[26] Diese Eigentümlichkeiten erklären sich am besten, wenn man auch hier von einer – nunmehr zweigliedrigen – chiastischen Anlage des Verses ausgeht:

A ומוראכם וחתכם יהיה
   B על כל־חית הארץ
    ועל כל־עוף השמים
   B בכל אשר תרמש האדמה
    ובכל־דגי הים
A בידכם נתנו

Bezeichnenderweise bilden die Elemente, die semantisch auf den „Heiligen Krieg" verweisen, den Rahmen des Chiasmus in v.2, so daß eine einheitlich-konzeptionelle Verwendung der Heilig-Kriegs-Terminologie vorliegt. Darüberhinaus stehen v.2 und v.3 in einem engen, nicht nur inhaltlich, sondern auch formal ausweisbaren Verhältnis, insofern „Übergabeformeln" (X) und „Übergabegegenstand" (Y) alternierend angeordnet sind:

X   ומוראכם וחתכם יהיה
Y   על כל־חית הארץ
    ועל כל־עוף השמים

---

sis, 151, und J. Skinner, Genesis, 170, hin) – hier besteht zumindest ein Anklang, wenn auch keine genaue Formelentsprechung (cf. U. Rüterswörden, *dominium terrae*, 134f.) – sowie die Übergabeformel נתן ביד (cf. hierzu H.-J. Fabry, Art. נתן, 699).

25 Die LXX differenziert die Präpositionen an dieser Stelle nicht. Die gliedernde Funktion der Präpositionen ist bereits bei K. Budde, Urgeschichte, 280f, zutreffend beschrieben, ohne daß er daraus Folgerungen für den Gesamtaufbau des Verses gezogen hätte. Darüberhinaus ist seiner These, על כל־חית הארץ [...] ובכל־דגי הים hänge geschlossen von ומוראכם וחתכם יהיה ab, zuzustimmen (cf. auch H. Holzinger, Genesis, 73) – gegen A. Dillmann, Genesis, 152, der v.2b im Anschluß an die masoretische Versunterteilung, die בכל אשר תרמש האדמה ובכל־דגי הים auf die Übergabeformel בידכם נתנו bezieht, wie folgt übersetzt „mit allem, wovon (1,21) der Erdboden [...] sich regt u. sammt allen Fischen des Meeres sind sie in eure Hand gegeben".

26 Insofern dürfte die in der LXX-Tradition ohnehin nur partiell belegte Ergänzung καὶ ἐπὶ πᾶσι τοῖς κτήνεσι o.ä., die ועל כל־הבהמה entsprechen würde, nicht ursprünglich sein. Zu den unterschiedlichen Tiersequenzen in der priesterlichen Urgeschichte cf. jetzt H.-J. Stipp, „Alles Fleisch", 179ff.

Y	בכל אשר תרמש האדמה
	ובכל־דגי הים
X	בידכם נתנו
Y	כל־רמש אשר הוא־חי
X	לכם יהיה לאכלה
X	כירק עשב נתתי לכם
Y	את־כל

Das alternierende Anordnungsprinzip erstreckt sich dabei auch auf die „Übergabeformeln"[27] selber, denn der Verfasser wechselt regelmäßig zwischen היה (v.2a.3a) und נתן (v.2b.3b) ab.

Damit sind die mit Blick auf ihre Zuschreibung an P[G] unstrittigen v.2f. in ihrer Komposition erfaßt. Bewährt sich der bisher eingeschlagene Weg auch bei den verbleibenden, unter dem Verdacht der Zugehörigkeit zu P[S] stehenden v.4–6? Zunächst die These: die vom Verfasser in v.2f. an den Tag gelegte literartechnische Gestaltungskraft ist auch in den folgenden Versen wirksam, wenn auch – das sei sofort eingeräumt – mit einer gewissen Abschwächung, für die sich aber Gründe angeben lassen.[28] Als eine Einheit sind auch v.4 und v.5 aufzufassen. Bei den Fachgelehrten, die v.4f. zu den Zusätzen zu P rechnen, spielt in der literarkritischen Argumentation die Relation zu Gen 1,28–30 eine nicht unerhebliche Rolle, da nur zwischen Gen 9,1–3 und Gen 1,28–30 Bezüge bestehen sollen. Darauf wird im nächsten Kapitel III. eigens einzugehen sein, zunächst einmal verwundert diese Behauptung aber, hat doch Gen 9,6b („denn als Statue Elohims hat er den Menschen gemacht") ersichtlich Gen 1,26, also die Vorstellung von der Gottebenbildlichkeit des Menschen im Blick. Ein weiteres Argument ist bereits entkräftet, nämlich daß der Rahmenvers Gen 9,7 sich nicht gleichermaßen wie Gen 9,1 an Gen 1,28 orientiert. Da sich bei dem bisherigen Gang der Untersuchung allerdings gerade mit Blick auf die Relation der Rahmenverse v.1b.7 und ihre Referenzstellen keine triftigen Gründe für literarkritische Operationen ergeben haben, untersuchen wir zunächst die echten und vermeintlichen Spannungen innerhalb von v.4–6 im Lichte der kompositionellen Eigenheiten des Abschnitts v.2f.

---

27 Um formgeschichtlicher Kritik vorzubeugen: Wir verwenden die Bezeichnung „Übergabeformel" für v.2a […] ומוראכם וחתכם יהיה על nicht aus dem Grund, weil es sich hierbei um eine feststehende Formel handeln würde, die P[G] an dieser Stelle übernommen hätte, wie das bei der Verbindung בידכם נתנו der Fall ist, sondern weil P[G] v.2a in der kompositionellen Systematik von v.2f. in dieser Funktion positioniert.

28 Das ist zunächst als Faktum zu konstatieren, ohne daraus ein literarkritisches Präjudiz abzuleiten. Denn in v.2f und v.4–6 liegen unterschiedliche Referenztexte zugrunde, die auf die Textgestaltung nicht ohne Einfluß sind.

Gerade an der Schnittstelle Gen 9,4f. ist von R. Mosis[29] in Auseinandersetzung mit älterer Literatur pointiert auf drei Spannungen hingewiesen worden; zwei sind rein inhaltlicher Natur, eine bezieht sich auf eine semantische Unausgeglichenheit. Zwar rechnet er, im Unterschied zur üblichen Abgrenzung von v.4–6(7), den v.4 durchaus zur Grundschicht P[G], da er sachlich direkt auf die Freigabe der Fleischnahrung in v.3 bezogen sei[30] – dies gelte aber nicht für v.5, der mit v.3 der Sache nach nichts gemein habe. Als weiteres Argument wird angeführt, daß die Sicht der Tiere in v.5a von der in v.2 dergestalt abweiche, daß nunmehr die Tiere eine reale Gefährdung des Menschen darstellen, über die er nach v.2 doch herrschen solle. Wägt man beide Argumente ab, so ist zum einen festzuhalten, daß zwar v.3 und v.5 tatsächlich Unterschiedliches im Blick haben – es handelt sich aber um unterschiedliche Sachverhalte, die sich keineswegs wechselseitig ausschließen. Zum einen nämlich die Regelung der Dominanzverhältnisse zwischen Mensch und Tier, zum anderen die umfassende, auf die Generalprävention (v.6a) hinauslaufende Schutzzusage Gottes für den Menschen, in deren Zusammenhang dann auch die Gottebenbildlichkeitsvorstellung konzeptionell aufgeladen wird (s.u.). Ein zwingendes literarkritisches Kriterium im eigentlichen Sinne liegt damit keineswegs vor. Und daß der Verfasser von v.2 tatsächlich von der faktischen und unhintergehbaren Herrschaft des Menschen über die Tiere ausgegangen sein sollte – also gegen den Augenschein, daß Menschen tatsächlich durch Tiere zu Schaden kommen können –, wird man auch nicht behaupten können, wenn man nicht idealtypisch überzeichnen will, gerade im Zuge der Revision der Schöpfungsordnung von Gen 1,28ff. nach der Sintflut, die doch durch den faktisch konstatierten, wenn auch nicht eigens hergeleiteten Antagonismus der Geschöpfe – Mensch und Tier – veranlaßt wurde (Gen 6,11–13), obwohl dieser in der ursprünglichen Schöpfungsordnung gar nicht im Blick war.[31] Es bleibt als letztes Argument die semantische Inkongruenz zwischen אך in v.4 und ואך in v.5.[32] Zudem ist auf den Personenwechsel in Gen 9,6b hinzuweisen, der – auch im Anschluß an den poetischen v.6a – von v.5 absticht.

Wie sind also die Verse Gen 9,4f. zu beurteilen? Der Text lautet zunächst wie folgt:

„[4] Nur Fleisch mit seinem Leben, seinem Blut, dürft ihr nicht essen. [5] Und nur euer Blut, euer eigenes will ich fordern, von jedem Tier will ich es fordern, und von den

---

29 R. Mosis, Genesis 9,1–7, 210f; zu R. Mosis cf. die kritischen Anmerkungen von H. Seebass, Genesis I, 230, und die sorgfältige Diskussion der literarkritischen Argumente bei U. Neumann-Gorsolke, Herrschen, 249f.

30 Cf. die Kritik an S.E. McEvenue, The Narrative Style, 69, durch R. Mosis, Genesis 9,1–7, 211; dazu bereits C. Westermann, Genesis, 621. Vgl. auch U. Neumann-Gorsolke, Herrschen, 248f.

31 R. Mosis schränkt dies denn auch wieder ein (Genesis 9,1–7, 211 Anm. 61), vermutet aber, daß v.5b.6 eine weitere literarische Stufe zu v.5a darstellen könnte, da v.5b.6 nunmehr endgültig aus dem Zusammenhang von v.2f. herausfalle.

32 אך und ואך waren mehrfach der Anlaß für literarkritische Operationen (etwa G. von Rad, Priesterschrift, 10f., der den Sinn der Adversativpartikel ואך nach dem Verbot in v.4 für logisch nicht verständlich hält; H. Holzinger, Genesis, 74, S.E. McEvenue, The Narrative Style, 67ff.).

Menschen, von einander (von den Menschen wechselweise) will ich das Leben des Menschen fordern.[33]"

Ist der These von R. Mosis zuzustimmen, daß die Annahme eines literarischen Bruchs zwischen v.3 und v.4 sich schwerlich erhärten läßt,[34] so stehen der Spannung von אך in v.4 und ואך in v.5 nun aber auch Beobachtungen gegenüber, die diese wieder relativieren. Denn der v.4 ist mit v.5 – obwohl beide Verse deutlich parallel aufgebaut sind – durch eine chiastische Stichwortverschränkung verbunden, die auch die merkwürdige Abfolge von נפש und דם in v.4 mit erklären kann:[35]

A אך־בשׂר בנפשׁו
  B דמו לא תאכלו
  B ואך את־דמכם
A לנפשׁתיכם אדרשׁ

Sind v.4 und v.5 solchermaßen miteinander verbunden, so zeigt der v.5 in sich einen einigermaßen durchdachten Aufbau. Der Vers ist zunächst der Sache nach und dann auch durch dreimaliges אדרשׁנו/אדרשׁ in drei Fälle untergliedert, wobei der erste Fall *cum grano salis* als *lex generalis* fungiert, Fall 2 und 3 hingegen mit Blick auf Tier und Mensch spezifizieren:

1. ואך את־דמכם לנפשׁתיכם אדרשׁ
2. מיד כל־חיה אדרשׁנו
3. ומיד האדם מיד אישׁ אחיו אדרשׁ את־נפשׁ האדם

Nun wird man die literarische Präsentation der drei Fälle der göttlichen Sanktionsankündigung in der dargestellten Form kaum für besonders gelungen halten. Die Unein-

---

33 Zur Übersetzung cf. K. Budde, Urgeschichte, 282f.288, und H. Holzinger, Genesis, 73. לנפשׁתיכם ist epexegetischer Genitiv. H. Seebass, Genesis I, 203: „von der der Gewalt auch des Nächsten" für מיד אישׁ אחיו.

34 Man könnte allenfalls auf dem Hintergrund der bisher vorgetragenen Beobachtungen zur Komposition von v.2f. darauf verweisen, daß v.4 ja gerade nicht in den kunstvollen Aufbau von v.2f. eingebunden ist. Dieses Argument ist allerdings nur dann triftig, wenn man davon ausgeht, daß nur v.4 zum literarischen Grundbestand von v.1–3 zu rechnen ist. Anders hingegen liegen die Dinge, wenn sich zeigen, daß v.4ff. wiederum eine kompositionelle Einheit bilden, die analoge Kompositionstechniken wie in v.2f. aufweist.

35 Insofern darf דמו in v.4 keineswegs zum Zusatz bzw. zur Glosse degradiert werden; cf. etwa J. Skinner, Genesis, 170; H. Gunkel, Genesis, 149. Dagegen etwa H. Holzinger, Genesis, 73, und jetzt vor allem E. Jenni, Die Präposition Beth, 84f, der von einem *beth essentiae* ausgeht. Durchschaut man den Chiasmus, dann läßt sich die Annahme, in v.5 liege ein Nachtrag vor, kaum begründen. Denn die komplexere, erklärungsbedürftige Fassung liegt mit Blick auf die Abfolge von נפש und דם in v.4, nicht in v.5 vor.

heitlichkeit in v.5 rührt nun aber nicht daher, daß partiell literarische Erweiterungen vorgenommen wurden, sondern kann damit erklärt werden, daß die einzelnen Bestimmungen durch eine deutlich erkennbare chiastische Kompositionsstruktur zusammengezogen worden sind:

A ואך את־דמכם לנפשתיכם
  B אדרש
    C מיד כל־חיה אדרשנו
    C ומיד האדם מיד איש אחיו
  B אדרש
A את־נפש האדם

Die beiden Gliedsequenzen des Chiasmus markieren zugleich den inhaltlichen Umschwung des Verses. War in v.5a – entsprechend den vorangehenden v.1–4 – noch von Noah und seinen Söhnen direkt die Rede, so wendet der Verfasser die Gottesrede in v.5b ins strikt Allgemeinmenschliche (אדם), um dann v.6a anzuschließen.

Ein Problem soll nicht übergangen werden. Man kann einwenden, daß das in v.5a merkwürdig sperrige אדרשנו den Aufbau stört[36]. Angesichts der doch deutlich erkennbaren Komposition liegt eine genetische Erklärung nahe. Es dürfte sich bei v.5 nicht um einen oder mehrere Zusätze handeln, sondern die Gestalt des Verses erklärt sich wesentlich besser, wenn man mit der Umformung einer literarischen Vorlage durch P rechnet, bei der es weiterhin um die Durchsichtigkeit der drei Einzelfälle ging. Sollte das zutreffend sein, dann wird man davon auszugehen haben, daß möglicherweise bereits die verarbeitete Vorlage in der 1. Pers. Sing. formuliert, mithin theologisiertes Recht war

Die in v.5b vollzogene Wendung ins Allgemeinmenschliche leitet zu den nächsten Aussagen in v.6a über:

„Wer vergießt Blut des Menschen, um des Menschen willen[37] soll sein Blut vergossen werden."

36 Zu den Techniken der Rechtssatzredaktion, die sich keineswegs auf die Rechtsüberlieferungen des Alten Testaments beschränken, sondern auch in den Rechtstraditionen Mesopotamiens geläufig sind, cf. E. Otto, Das Deuteronomium, 91ff. 203ff. Durchschaut man die Komposition von v.5, dann verliert auch eine literarkritische Ausgrenzung von v.5a an Überzeugungskraft; gegen H. Seebass, Genesis I, 230. Gen 9,5 ist so in einem Zuge gestaltet worden, und zwar aller Wahrscheinlichkeit nach durch Transformation bereits literarisch vorgegebenen Materials. – Daß das explikative מיד איש אחיו in v.5b eine Glosse ist, kann nicht zwingend begründet werden; gegen S.E. McEvenue, The Narrative Style, 69.
37 Die übliche Wiedergabe „durch Menschen wird sein Blut vergossen werden" wird jetzt mit guten Gründen aufgegeben; anders jedoch jetzt wieder H.-J. Stipp, Dominium terrae, 138, der in Gen 9,6a eine Tötungspflicht des Menschen annimmt. Indes ist doch analog zur Talionsformel (Dtn

Dabei bedient sich der Verfasser in v.6a wiederum der chiastischen Kompositionstechnik, eine altbekannte Einsicht, die schon mehrfach herausgestellt worden ist:[38]

A שֹׁפֵךְ
  B דַּם
    C הָאָדָם
    C בָּאָדָם
  B דָּמוֹ
A יִשָּׁפֵךְ

Betrachtet man den Aufbau von v.5.6a, so wird man den Adressatenwechsel aufgrund der kompositionellen Geschlossenheit literarkritisch nicht überbewerten dürfen. Jedenfalls kann er nicht dahingehend ausgewertet werden, daß hier zwingend ein Zusatz zur Priestergrundschrift vorliegt. Aufgrund der Beobachtungen zur Form ist es wesentlich naheliegender, die Heterogenitäten mit der Rezeption einer literarischen Vorlage durch den Verfasser der Priesterschrift zu erklären.

Nimmt man die Komposition von v.2-6a in den Blick, dann fällt einzig der Begründungssatz v.6b aus dem Kompositionsschema heraus – ebenso wie die Rahmung in v.1b.7. Hierbei handelt es sich allerdings wiederum nicht um ein literarkritisches Indiz, denn es kommen weiterreichende Verklammerungen innerhalb der priesterschriftlichen Urgeschichte und des Pentateuch ins Spiel.

III. Gen 9,1-7 im Kontext der Urgeschichte der Priesterschrift

Gen 9,1-7 ist ein Element der drei Gottesreden nach der Sintflut[39]. Dabei ist es wichtig festzuhalten, daß alle drei Reden durch den priesterschriftlichen Sintflutprolog Gen 6,9-22[40] vorbereitet wurden. Die Anspielungen aus dem P-Prolog sind darüber hinaus nicht nur sachlicher Art, sondern sie werden zusätzlich in invertierter Abfolge aufge-

---

19,21) auch an dieser Stelle in der Verbindung בָּאָדָם mit einem *beth pretii* und nicht mit einem *beth instrumenti* zu rechnen; cf. A. Ernst, „Wer Menschenblut vergießt …", 252f; J. Lust, „For Man Shall His Blood Be Shed", 91ff; E. Jenni, Die Präposition Beth, 154; H. Seebass, Genesis I, 225. Dafür spricht nicht nur die dreigliedrige chiastische Anordnung von v.6a sowie der Sachverhalt, daß nach v.5 die Gottheit die Blutschuld selber einfordert, sondern auch die Begründung durch die Gottebenbildlichkeit des Menschen in v.6b, die doch wohl über seine Sonderstellung die Unantastbarkeit des Menschen ins Spiel bringt, und nicht eine Funktionsausweitung.

38 Cf. etwa H. Gunkel, Genesis, 149; S.E. McEvenue, The Narrative Style, 70; J.P. Fokkelman, Narrative Art, 34f.; H. Seebass, Genesis I, 224f.; N.C. Baumgart, Umkehr, 317.

39 Zur Makrostruktur der Gottesreden cf. auch O.H. Steck, Todesstrafe, 119ff.

40 Cf. zur komplexen literarischen Struktur des Prologs M. Arneth, Durch Adams Fall, 45ff.

griffen. Gen 9,1-7 ist somit auch in dieser Perspektive im Gesamtentwurf unverzicht-
bar:

A 6,17 Ankündigung der Flut
   B 6,18a *Ankündigung des Bundes* והקמתי את־בריתי אתך
      C 6,18b.19f. Aufzählung der Besatzung der Arche
         D 6,21 *Speisebefehl* ואתה ... והיה לך ולהם לאכלה
         D 9,3 *Speisebefehl* כל־רמש ...לכם יהיה לאכלה...
      C 9,9 Aufzählung der Bundespartner
   B 9,11aα *Ankündigung des Bundes* והקמתי את־בריתי אתכם
A 9,11aβ.b.15b Versprechen, keine Flut mehr zu schicken

Die weiteren Detailbezüge von Gen 9,1–7 in den Kontext der priesterschriftlichen Urgeschichte sind insgesamt nicht einlinig. Der Rahmen Gen 9,1b.7 verweist sowohl auf
Gen 1,28 wie 8,17b zurück als auch auf Ex 1,7 voraus – das ist bereits herausgearbeitet
worden. Darüberhinaus erfordert das literarische Verhältnis von Gen 9,1–7 und Gen
1,26–30 besonderes Augenmerk. Zum einen muß die für die Urgeschichte konstitutive
Anthropologie der Gottebenbildlichkeit des Menschen noch eigens in den Blick genommen werden (Gen 9,6b), zum anderen deswegen, weil beide Passagen nicht nur
deutlich der Sache nach aufeinander bezogen sind, sondern weil sie sich zudem in einem wechselseitigen literarischen Wachstumsverhältnis befinden sollen – wie dies jetzt
von P. Weimar[41] vertreten wird, der mit doppelter Beeinflussung rechnet: Gen 9,1–3
beziehe sich zum einen auf Gen 1,28f. Gen 1,30 soll dann aber wieder ein sekundärer
literarischer Reflex auf Gen 9,1–3 sein, und zwar – in Aufnahme der Ergebnisse der
Untersuchung von R. Mosis[42] – mit eschatologischer Abzweckung (Stichwort: Tier-
frieden).[43]

Diese These gilt es auf der literarischen Ebene zu überprüfen. Zu diesem Zwecke ist
eine Gegenüberstellung beider Textpassagen hilfreich. Da nur in Gen 9,1–3 direkte
Anklänge an Gen 1,28–30 vorliegen, können wir uns bei der Übersicht auf diesen
Textbereich beschränken, wobei damit natürlich in keiner Hinsicht ein Präjudiz mit
Blick auf die literarische Inhomogenität von Gen 9,1–7 impliziert sein kann.

Besonders deutlich ist, daß Gen 9,3 auf 1,29 zurückgreift. Dabei ist zu beachten,
daß innerhalb von Gen 1,28–30 analog zu Gen 9,2f. eine komplexe Kompositionsstruktur vorliegt, die sich auf Gen 1,29f., nicht aber auf v.28 erstreckt[44]:

---

41 P. Weimar, Struktur und Komposition, 812.
42 R. Mosis, Genesis 9,1-7, 228.
43 Zur Deutung von P als einem Gegenentwurf zur eschatologischen Geschichtsschau cf. auch N.
   Lohfink, Schöpfergott, 195ff.
44 Zur Komposition von Gen 1,29f. cf. ausführlich M. Arneth, Durch Adams Fall, 31ff.

Gen 1,29: „ Und Elohim sprach: Siehe, hiermit gebe ich euch alles Kraut, das seinen Samen sät, und alle Bäume, an denen Baumfrüchte sind, die Samen tragen: euch sollen sie zur Speise dienen.“

ויאמר אלהים

A הנה נתתי
   B לכם
      C את־כל־עשׂב
        a זרע זרע
          b אשר על־פני כל־הארץ
      C ואת־כל־העץ
          b אשר־בו פרי־עץ
        a זרע זרע
   B לכם
A יהיה לאכלה

An die Komposition von Gen 1,29 schließt sich v.30a direkt an:

Gen 1,30a: „Allen Tieren des Landes, allen Vögeln des Himmels und allen Kriechtieren auf der Erde, in denen Leben ist, (gebe ich) alles Grünzeug des Krautes zur Speise.“

A ואת־כל־העץ אשר־בו פרי־עץ זרע זרע
   B לכם
      C יהיה לאכלה
   B ולכל־חית הארץ ולכל־עוף השמים
      ולכל רומשׂ על־הארץ אשר־בו נפשׁ חיה
A את־כל־ירק עשׂב
   C לאכלה

Wichtig ist für den Vergleich beider Textpassagen nun die Einsicht, daß nicht nur Stoffe in Gen 9,1–3 aufgegriffen, sondern auch kompositionell neu strukturiert werden. Die Einsicht in diese Neustrukturierung spricht für die These, daß Gen 1,28–30 in Gen 9,1–3 rezipiert wurde – und nicht umgekehrt auch eine Rückwirkung von Gen 9,1–3 auf 1,28–30 anzunehmen ist. Der Verfasser von Gen 9,1–3 hat Gen 1,28–30 als fertigen Textabschnitt vor Augen.

    Wir setzen wiederum bei Gen 9,3 ein. Wie greift Gen 9,3 auf 1,29 zurück? Gen 9,3aβ (לכם יהיה לאכלה) stimmt wörtlich mit der zweiten Übergabeformel Gen 1,29b überein. Die erste Übergabeformel Gen 1,29aα (נתתי לכם) wird in 9,3b wiederholt,[45] allerdings in der Fortsetzung mit Blick auf 1,30aβ modifiziert: statt der Fortsetzung in 1,29aα עשׂב זרע זרע wird bezeichnenderweise auf 1,30aβ zurückgegriffen (ירק עשׂב) und somit auch die ursprüngliche Differenzierung zwischen menschlicher und tierischer vegetarischer Nahrung (Gen 1,29f.) aufgehoben.[46] Damit dürfte Gen 9,3 Gen 1,29f. *in toto* voraussetzen. Daß beide Stellen Gen 1,29 und 9,3 nicht nur in einem kontingenten motivlichen Zusammenhang stehen, sondern es sich in 9,3 um eine Transformation von 1,29 handelt, wird durch die chiastische Aufnahme der Übergabeformeln aus 1,29 in 9,3 deutlich:

A   הנה נתתי לכם (1,29)
  B   ... את־כל־עשׂב
    C   לכם יהיה לאכלה
    C   ... לכם יהיה לאכלה (9,3)
  B   כירק עשׂב
A   ... נתתי לכם

Auch in Gen 9,2 ist Gen 1,28–30 rezipiert worden, und zwar sowohl v.28 als auch v.30. Da bereits Gen 9,3 Gen 1,29 *und* v.30 voraussetzt, verwundert dieses Ergebnis auch mit Blick auf Gen 9,2 nicht. Gen 9,2aβ.b nimmt die Abfolge der Tiere aus Gen 1,30 zur Grundlage, ergänzt sie durch die Fische aus v.28 und nimmt zudem zwei leichte Modifikationen vor (דגת הים statt דגי הים; הארץ statt האדמה):

Gen 9,2	Gen 1,28.30
ומוראכם וחתכם יהיה	
על כל־חית הארץ	30 ולכל־חית הארץ
ועל כל־עוף השמים	ולכל־עוף השמים
בכל אשר תרמשׂ האדמה	... ולכל רומשׂ על־הארץ
ובכל־דגי הים	28 ... ורדו בדגת הים ...
בידכם נתנו	

Das Neue – also die Kriegsmetaphorik – bildet in Gen 9,2 den Rahmen. Die Einsicht, daß in Gen 9,1–3 und Gen 1,28–30 nicht nur identisches Material und identische Vor-

---

45 Allerdings ohne die Partikel הנה, die in Gen 1,29 im Verbund mit der *qatal*-Form נתתי den Koinzidenzfall anzeigt. Aufgrund der Tatsache, daß sowohl in Gen 1,29 als auch in Gen 9,3 die beiden Übergabeformeln im Chiasmus kompositionell auf einer Ebene liegen, wird man wohl in allen Fällen von einem performativen Sprechakt auszugehen haben, der dann entsprechend präsentisch wiederzugeben ist.

46 Die Zweckbindung bleibt bestehen: die Tiertötung darf nicht willkürlich geschehen, sondern dient allein der Ernährung.

stellungen auftreten, sondern daß sich Gen 9,1–3 als Transformation von Gen 1,28–30 erweist, hat eine nicht unerhebliche Konsequenz. Gen 1,28–30 hat – wenn man überhaupt an dieser Stelle Anhalt für literarkritische Operationen finden will[47] – dem Verfasser von Gen 9,1–3 bereits in dieser Form vorgelegen. Wir haben es also mit einer geschlossenen Konzeption zu tun, die – auch in Gen 1,28–30 – P^G zuzuweisen ist.

In diesen Zusammenhang gehört nun auch die traditionsgeschichtlich aus dem Kontext der Herrscherlegitimation stammende Vorstellung von der Gottebenbildlichkeit[48], die durch die Priesterschrift auf den Menschen als solchen bezogen wird, und die bekanntlich auch nur in den priesterschriftlichen Texten der Urgeschichte auftaucht[49], in Gen 9,1-7 in v.6b:

„... denn als Statue[50] Elohims hat er den Menschen gemacht."

Mit dieser These ist der Text bei seinem Höhepunkt angelangt – von hier aus muß dann auch eine Gesamtinterpretation von Gen 9,1-7 vorgenommen werden.

Will man das Gewicht dieser Begründung ermessen, bei der der Verfasser gewissermaßen zitathaft in die 3. Person wechselt[51], so darf man sich nicht isoliert auf diese Stelle in ihrem Kontext beschränken, sondern muß die anderen Belege mit in den Blick

---

47 Cf. etwa H. Holzinger, Genesis, 14.73; T. Pola, Priesterschrift, 343.

48 Die herrscherlegitimierende Vorstellung, der König sei Statue/Ebenbild der Gottheit, ist eine reine Funktionsbeschreibung, nicht die Qualifizierung von der Gottheit vergleichbarer Qualitäten oder Eigenschaften des Königs. Strittig ist nach wie vor die Ableitung des im Alten Testament nicht belegten Herrscherkonzepts; cf. neben der grundlegenden Darstellung von H. Wildberger, Abbild Gottes, 110–145, für Ägypten B. Ockinga, Gottebenbildlichkeit; für Mesopotamien ab der mittelassyrischen Zeit die Zusammenstellung von A. Angerstorfer, Ebenbild Gottes, 47–58; für Persien U. Rüterswörden, *dominium terrae*, 124ff. – Zur Forschungsgeschichte cf. u.a. L. Scheffczyk, Die Frage nach der Gottebenbildlichkeit, IX–LIV; G.A. Jónsson: Genesis 1:26–28, sowie W. Groß, Die Gottebenbildlichkeit des Menschen, 35–48.

49 Eine analoge Konzeption scheint allenfalls in Ps 8 durch, der den Menschen mit königlichen Prädikaten und Funktionen (v.6f.) als Herrn über die Tiere (v.7–9) darstellt, die Konzeption der Gottebenbildlichkeit des Menschen aber nicht kennt. Die zeitliche Ansetzung und die genaue Beziehung zu Gen 1 ist allerdings umstritten. Zuletzt plädiert U. Neumann-Gorsolke, Herrschen, 131f.316ff, für die spätexilisch-nachexilische und von Gen 1 unabhängige Entstehung des Psalms; cf. hierzu die Rez. des Verf. in ZAR 11.

50 Über die Bedeutung von צלם – ein Lexem, das ebenso wie דמות im Kontext des Bilderverbots keine Rolle spielt (so etwa C. Dohmen, Bilderverbot, 281) – besteht weitgehend Konsens: es bezeichnet das reliefartige oder plastische Bild, also die Statue; cf. etwa N. Lohfink, Gottesstatue, 31f.37ff; B. Janowski, Herrschaft über die Tiere, 39; K. Koch, Imago Dei, 16ff; E. Otto, Gottes Recht, 172.180f; W. Groß, Statue oder Ebenbild Gottes?, 12ff; H.-J. Stipp, Dominium terrae, 117. Die im Verbund mit צלם verwendete Präposition ב ist als *beth essentiae* und nicht als *beth normae* aufzufassen; cf. E. Jenni, Die Präposition Beth, 84f.

51 Cf. auch U. Neumann-Gorsolke, Herrschen, 249. Bei dem Wechsel der Person handelt es sich wiederum nicht um ein literarkritisches Indiz; s.i.f.

nehmen, da hier übergreifende Bezüge bestehen. Heranzuziehen sind dabei nur die Stellen, die sich auf das Verhältnis von Gottheit und Mensch beziehen, also Gen 1,26f.; 5,1 und 9,6 – Gen 5,3 fällt heraus, da es hier um das Verhältnis von Mensch und Mensch geht. Gen 1,26f.; 5,1 und 9,6 stehen demnach in einen sachlichen wie kompositorischen Verhältnis, das durch den Wechsel der Bild- (דמות; צלם) und Schöpfungstermini (ברא; עשׂה):

Gen 1,26a: A   ויאמר אלהים נעשׂה אדם בצלמנו
     B   כדמותנו
Gen 1,27:   a   ויברא אלהים את־האדם
       b   בצלמו
       b   בצלם אלהים
      a   ברא אתו
Gen 5,1:   B   ביום ברא אלהים אדם בדמות אלהים עשׂה אתו
Gen 9,6:   A   כי בצלם אלהים עשׂה את־האדם

Angesichts der engen Verklammerung sämtlicher Belegstellen zur Gottebenbildlichkeit, ist die Folgerung naheliegend, daß wir es mit einem einheitlichen Entwurf zu tun haben. Der Verfasser der Priesterschrift hat somit nicht nur eine isolierte Stelle im Blick gehabt, sondern hat seine Gottebenbildlichkeitskonzeption auf das gesamte urgeschichtliche Geschehen ausgedehnt. Sie gehört gewissermaßen zum unerschütterlichen, stabilisierenden Hintergrund der urgeschichtlichen Ereignisse, die zwar bereits traditionell[52] durch die Polarität von Schöpfung und Flut geprägt sind, durch P jetzt aber strikt nach dem Tun-Ergehen-Zusammenhang gedeutet werden, wie sich vor allem anhand des nicht eigens hergeleiteten Einbruchs der Gewalttat, die als Motiv für die Sintflut fungiert[53], zeigt. Die durch die Gottebenbildlichkeit ausgedrückte Sonderstellung des Menschen wird auch durch die durch die Verfehlung der Geschöpfe ausgelöste Urkatastrophe nicht in Frage gestellt, sondern dient als Argumentationsbasis für die Reorganisationsmaßnahmen nach der Flut in Gen 9,1-7.

---

52 Cf. W. v. Soden, Der altbabylonische Atramchasis-Mythos. TUAT III,4. Gütersloh 1994, 612ff.
53 Daß die Differenz der biblischen Sintfluttraditionen gegenüber den mesopotamischen Quellen vor allen Dingen darin besteht, daß der Sintflutstoff nach dem Tun-Ergehen-Zusammenhang interpretiert wird, hat vor allem V. Fritz, „Solange die Erde steht", 599–614, pointiert für das nichtpriesterschriftliche Stratum herausgestellt. Bei genauerem Hinsehen trifft dies allerdings vor allen Dingen für die Priesterschrift zu. Der Flutanlaß in der Priesterschrift bemißt sich gemäß dem Konzept des Tun-Ergehen-Zusammenhangs am Resultat: da durch die Flut alles Fleisch (also Menschen und Tiere mit Ausnahme der Fische) umkommt (Gen 7,21), muß auch die Verfehlung allen Fleisches (Gen 6,13) vorausgehen. Die signifikante Ausnahme stellt Noah dar (Gen 6,9), der der Gottebenbildlichkeitsfunktion – man denke an die Fürsorge für die Tiere – durch die durchgehend strikte und geradezu penetrant betonte Befolgung der göttlichen Befehle nachkommt (Gen 6,22; 8,15ff.). In der nichtpriesterschriftlichen Tradition liegen die Dinge indes signifikant anders.

Will man das Profil der Gottebenbildlichkeit bei P näher charakterisieren, so ist folgendes festzuhalten. Auch wenn im Alten Testament die Vorstellung vom König als Statue der Gottheit nicht ausdrücklich belegt ist und die Priesterschrift von der Institution des Königtums nichts verlauten läßt: ihrem traditionsgeschichtlichen Hintergrund in der Herrschervorstellung nach ist sie für P eine auf den Menschen als solchen[54] entschränkte funktionale Bestimmung. Dem entspricht es, daß die Gottebenbildlichkeitsvorstellung in den Schöpfungskontext[55] eingeordnet wird.

Mit der wohl nicht zuletzt auf dem Hintergrund des persischen Weltreiches zu interpretierenden Universalisierung ist eine Reduktion der Reichweite des traditionellen Vorstellungskomplexes verbunden[56]. Da alle Menschen die gleiche Stellung mit Blick auf den göttlichen Auftrag einnehmen, bleibt als Gegenstand der Ebenbild-Funktion, nämlich ordnende Kraft im Kosmos als Stellvertreter der Gottheit zu sein, nur die Herrschaftsausübung über die Tiere (Gen 1,26b.28b), die allerdings durch die auf vegetarische Ernährung abzielende Regelung (v.29f.) zunächst eingeschränkt wird. Damit ist verbunden, daß als einzige Ausdifferenzierung unter den Menschen nur noch die – nicht asymmetrisch eingeführte – Geschlechterdifferenz in Betracht kommt, der dann der Mehrungsbefehl korrespondiert. Alles weitere, zu nennen sind vor allen Dingen basale Institutionen wie die Regelung der zwischenmenschlichen Herrschaftsverhältnisse – man denke an die Sonderstellung des Königs – und vor allen Dingen auch die Organisationsformen der Religion – etwa die Tempel- bzw. Kultgründung –, ist nicht ursprungsbezogen. Daß in Gen 5,1 im Rahmen der Adam-Genealogie die Gottebenbildlichkeitskonzeption wiederum genannt wird, hängt mit der Realisierung des Mehrungsbefehls zusammen.

Im Zuge der nach der Sintflut zur Eindämmung des Flutanlasses nun notwendigen Neuregelungen wird in dem Gen 1,26ff. korrespondierenden Segen (Gen 9,1-7) nicht nur die Herrschaft über die Tiere modifiziert (v.2) sowie die fleischliche Nahrung zu-

---

54 Die Verwendung von אדם ist in P unausgeglichen. In Gen 1,26f. wird mit אדם die Menschheit bezeichnet, wie die Einführung der Geschlechterdifferenz – „männlich und weiblich schuf er sie" (vgl. Gen 5,2, wo die in männlich und weiblich differenzierte Menschheit mit der Gattungsbezeichnung אדם belegt wird) – deutlich macht. In Gen 5,1.3 ist אדם hingegen der Eigenname des ersten Mannes. Die Gottebenbildlichkeitsaussagen beziehen sich alle auf אדם als Menschheit. Damit soll aber nicht in Abrede gestellt werden, daß sich P die durch Gott geschaffene Menschheit nicht als Urmenschenpaar – im Stile von Gen 2,4b-3,24 – vorstellt. Dies ist nicht zuletzt aufgrund der Genealogie Gen 5 sowie der Wiederbesiedlung der nachsintflutlichen Welt durch jeweils ein Tierpaar bzw. die Familie Noahs sogar naheliegend; cf. etwa M. Weippert, Tier und Mensch in einer menschenarmen Welt, 46.

55 Das ist so weder in Ägypten noch in Mesopotamien der Fall. In mittelassyrischer Zeit ist zwar mit Blick auf den König als Statue (*ṣalmu*) der Gottheit auch von dessen Erschaffung die Rede, allerdings nicht im urgeschichtlichen Sinne, sondern mit Bezug auf den konkreten Herrscher; cf. W. Groß, Die Gottebenbildlichkeit des Menschen nach Gen 1,26.27, 15f.

56 Cf. N. Lohfink, Die Gottesstatue, 39.

gelassen (v.3), sondern in Stichwortattraktion an das mit Blick auf den Träger der Lebenskraft verhängte Tabu des Blutgenusses (v.4) das Verbot, Menschenblut zu vergießen[57], angeschlossen (v.5f.). Die Unantastbarkeit des menschlichen Lebens, im Schöpfungsbericht als Wertvorstellung nicht explizit im Blick, aber aufgrund des vegetarischen Speisegebots vorausgesetzt, wird mit der Gottebenbildlichkeit begründet, wobei die unbedingte Geltung dieser Setzung nicht nur durch ihre generalpräventive Sanktionsbewehrtheit mit der Todesandrohung, sondern auch darin zum Ausdruck kommt, daß sich die Gottheit die Sanktionsmaßnahmen selber vorbehält (v.5) und nicht dem Menschen anheimstellt.

IV. Abschließende Überlegungen

Der Verfasser der Priesterschrift hat mit Gen 9,1-7 einen innerhalb seines Deutungsrahmens literarisch wie sachlich unverzichtbaren Höhepunkt in seiner polaren Urgeschichte gesetzt. Der sich anschließende Bundesschluß Gen 9,8-17 ergänzt das hiermit Erreichte trotz seiner Ausführlichkeit lediglich. Denn wird jede Tötung des Menschen bereits im Einzelfall sanktioniert, so ist zugleich ein erneutes Universalphänomen „Gewalttat" ausgeschlossen – eine somit erneute Universalstrafe nicht mehr nötig und nicht zuletzt deswegen unwahrscheinlich, da die Gottheit selber für die Regulierung jedes Einzelfalles einsteht. Die durch göttliche Sanktion bewehrten Noachitischen Gebote sind der Schlüssel zur Vermeidung umfassender Strafaktionen. Man spürt deutlich, wie sehr dem Verfasser noch die Exilskatastrophe in den Knochen steckt.

---

57 Das Verbot des Blutgenusses ist noch in Lev 3,17, dann aber vor allen Dingen in Lev 17,11 und Dtn 12,16 belegt, also zu Beginn des Heiligkeitsgesetzes und im Einleitungskapitel des dtr Gesetzeskorpus. Im zuletzt genannten Text gehört es bereits zum dtn Grundbestand; cf. zur Analyse von Dtn 12 E. Otto, Das Deuteronomium, 341ff. Wenn überhaupt, so dürfte es dem Verfasser von P aber bereits in einer dtr bearbeiteten Fassung vorgelegen haben. Dafür spricht auch die Übereinstimmung von Gen 9,2 und Dtn 11,25. Wenn dies der Fall gewesen sein sollte, so wirft dies auch ein Licht auf Gen 9,1-7 *in toto*. Paradigma für die Noachitischen Gebote dürfte das Hauptgebot des Deuteronomiums in Dtn 12 gewesen sein, also der Regelungen für das Leben im Land nach der Landnahme. Als analoger Vorgang ist dann für P die Inbesitznahme der Welt nach der Flut vorgestellt, wenn auch im universalen Maßstab und unter der sich hieraus zwangsläufig ergebenden Hintanstellung jeglicher kultortbezogener Handlungen. Für P bleibt nur das Verbot des Blutgenusses, das dann die Regelungen zum Blutvergießen attrahiert.

Die Tora und die Propheten im 5. und 4. Jh. v. Chr.[1]

von Reinhard Achenbach

Seit der programmatischen Infragestellung der Urkundenhypothese durch R. Rendtorff[2] ist die Analyse der Redaktionsgeschichte des Pentateuch in den Vordergrund des Interesses der Pentateuchforschung gerückt. Mit ihr ist die Thematik der Kanonisierungsprozesse eng verbunden. Die Redaktionsgeschichte des Pentateuch steht in einer spannungsvollen Beziehung zur Redaktion des prophetischen Schrifttums, mit der sie teilweise korrelierbar ist[3]. Gleichwohl verlaufen die Untersuchungen zur Redaktionsgeschichte der Prophetenschriften in eigentümlicher Isolation gegenüber der Pentateuchforschung[4], wobei sich das Interesse der Arbeiten der letzten Jahre insbesondere auf die Querbeziehungen zwischen dem Jesaja-Kreis und dem Kreis des Dodeka-

---

1   Der vorliegende Aufsatz beruht auf Überlegungen, die anlässlich der Internationalen Tagung „Judah and the Judeans in the Fourth Century B.C.E." im August 2004 in Münster vorgetragen wurden (vgl. auch R. Achenbach, The Pentateuch, the Prophets, and the Torah in the Fifth and Fourth Centuries B.C.E., in: O. Lipschits, G. Knoppers, R. Albertz (Hg.), Judah and the Judeans in the Fourth Century B.C.E., Winona Lake (Ind.), 2007, 247–280).

2   R. Rendtorff, Das überlieferungsgeschichtliche Problem des Pentateuch, BZAW 147, Berlin – New York, 1976.

3   Hierzu J. Blenkinsopp, Prophecy and Canon. A Contribution to the Study of Jewish Origins. University of Notre Dame Center for the Study of Judaism and Christianity in Antiquity 3, Notre Dame (Ind.) – London, 1977; O.H. Steck, Der Abschluß der Prophetie im Alten Testament. Ein Versuch zur Frage der Vorgeschichte des Kanons, BThSt 17, Neukirchen–Vluyn, 11–24, 1991; E. Otto, Das Deuteronomium im Pentateuch und Hexateuch. Studien zur Literaturgeschichte von Pentateuch und Hexateuch im Lichte des Deuteronomiumrahmens, FAT 30, Tübingen, 2000, 204f.; ders., Der Pentateuch im Jeremiabuch. Überlegungen zur Pentateuchrezeption im Jeremiabuch anhand neuerer Jeremia-Literatur, ZAR 12, 2006, 245–306. Einen Forschungsüberblick zum Thema gibt S.B. Chapman, The Law and the Prophets. A Study in Old Testament Canon Formation, FAT 27, Tübingen. 2000, 1–70; über die diversen Modelle zur Rekonstruktion der Redaktionsgeschichte des Pentateuch vgl. E. Zenger, Einleitung in das Alte Testament. Studienbücher Theologie 1,1, Stuttgart (6.Aufl.), 2006, 74–135.

4   So blendet beispielsweise die jüngst erschiene Arbeit von L.-S. Tiemeyer, Priestly Rites and Prophetic Rage. Post-Exilic Prophetic Critique of the Priesthood, FAT II/19, Tübingen, 2006, die sich explizit mit der schriftgelehrten prophetischen Kritik an der Priesterschaft des zweiten Tempels befasst, die Fragestellung nach dem Verhältnis dieser Kritik zu den Sakralordnungen des zweiten Tempels im Pentateuch nahezu völlig aus.

propheton gerichtet hat[5]. Die folgenden, skizzenhaften Überlegungen gehen der Frage nach, ob und in welcher Weise die Redaktionsgeschichten des Pentateuch und die der Schriften des *Corpus propheticum* in einer Wechselbeziehung zueinander stehen. Denn so wie die schriftgelehrte Arbeit am Pentateuch kaum ohne die Diskussionsprozesse zwischen den Trägerkreisen der priesterschriftlichen und der deuteronomistischen Überlieferung, sowie der des Ezechielkreises der Golah, der des Jesaja- und des Jeremiakreises zu verstehen sein wird, so scheint umgekehrt die Formation der großen Prophetencorpora im spannungsvollen Diskurs mit den Trägerkreisen der Zentralheiligtümer in Jerusalem und Samaria von statten gegangen zu sein. C. Shams[6] hat darauf aufmerksam gemacht, dass die Schriftgelehrten, denen wir die grundlegenden Formierungen des alttestamentlichen Schrifttums in spätpersischer und frühhellenistischer Zeit verdanken, ihre Arbeit zugleich und neben der Durchführung priesterlicher (oder levitischer?) Tätigkeiten geleistet haben[7]. So erscheint die Annahme nicht abwegig, dass man trotz der sehr komplexen Überlieferungsgeschichte der Texte im einzelnen und der diversen zu veranschlagenden Stadien der Komposition, Redaktion, Réécriture und Bearbeitung[8] sowie der jeweils eigenen Entwicklungs- und Überlieferungsgeschichte

5   Hierzu vgl. zuletzt J. Wöhrle, Die frühen Sammlungen des Zwölfprophetenbuches. Entstehung und Komposition, BZAW 360, Berlin – New York, 2006; an Arbeiten zu dieser Thematik aus den vergangenen Jahren sei verwiesen auf E. Bosshard, BN 40 Beobachtungen zum Zwölfprophetenbuch, BN 40 (1987), 30–62; ders. / R.G. Kratz, Maleachi im Zwölfprophetenbuch, BN 52 (1990), 27–46; ders., Rezeptionen von Jesaia 1–39 im Zwölfprophetenbuch. Untersuchungen zur literarischen Verbindung von Prophetenbüchern in babylonischer und persischer Zeit, OBO 154, Freiburg (Schweiz) – Göttingen, 1997; B.A. Jones, The Formation of the Book of the Twelve. A Study in Text and Canon, SBL.DS 149, Atlanta, 1995; J. Jeremias, Die Anfänge des Dodekapropheton: Hosea und Amos, in: J. A. Emerton, (Hg.), Congress Volume. Paris 1992, VT.S 61, Leiden u.a. 1995, 87–106 (= ders., Hosea und Amos. Studien zu den Anfängen des Dodekapropheton, FAT 13, Tübingen, 1996, 231–243); M. Leuenberger, Herrschaftsverheißungen im Zwölfprophetenbuch. Ein Beitrag zu seiner thematischen Kohärenz und Anlage, in: K. Schmid (Hg.), Prophetische Heils- und Herrschererwartungen, SBS 194, Stuttgart, 2005, 75–111; R. Lux, Das Zweiprophetenbuch. Beobachtungen zu Aufbau und Struktur von Haggai und Sacharja 1–8, in: E. Zenger (Hg.), „Wort JHWHs, das geschah ...“ (Hos 1,1). Studien zum Zwölfprophetenbuch, HBS 35, Freiburg u.a. 2002, 191–217; J. D. Nogalski, Redactional Processes in the Book of the Twelve, BZAW 218, Berlin – New York 1993; A. Schart, Die Entstehung des Zwölfprophetenbuches. Neubearbeitungen von Amos im Rahmen schriftenübergreifender Redaktionsprozesse, BZAW 260, Berlin – New York 1998; sowie die Sammelbände von J.D. Nogalski / M.A. Sweeney, Reading and Hearing the Book of the Twelve, SBL Symposium Series 15, Atlanta 2000 und P.L. Redditt / A. Schart, (Hg.), Thematic Threads in the Book of the Twelve, BZAW 325, Berlin – New York 2003.

6   C. Shams, Jewish Scribes in the Second-Temple Period, JSOT.S 291, Sheffield, 1998.

7   Vgl. hierzu E. Otto, Vom biblischen Hebraismus der persischen Zeit zum rabbinischen Judaismus in römischer Zeit. Zur Geschichte der spätbiblischen und frühjüdischen Schriftgelehrsamkeit, ZAR 10, Wiesbaden, 2004, 1–49.

8   Zur Problematik einer Rekonstruktion der inneren Entwicklung der prophetischen Literatur und zugleich der Abwägung und Korrelierung diachroner und synchroner Perspektiven vgl. R. G.

der Texte[9], Spuren der Komplementarität der Redaktionsgeschichten des Pentateuch und der Propheten beobachten kann, und zwar besonders in einer Zeit, in der die Bewahrung und Tradition auch prophetischer Literatur im Wesentlichen in den Aufgabenbereich priesterlicher Schreiberschulen gerückt war[10].

I. Die Tora im Pentateuch und Hexateuch

1. Zur Redaktionsgeschichte des Hexateuch[11]

Dass der Pentateuch durch das formative Werk nur eines einzigen „Pentateuch-Redaktors" seine Endgestalt erhalten hat, ist ganz und gar unwahrscheinlich und wird in der Regel auch nicht angenommen. Fast alle historisch argumentierenden Bibelexegeten rechnen zumindest mit einer gewissen Anzahl von Nachträgen und Zusätzen zu

     Kratz, Die Redaktion der Prophetenbücher, in: R.G. Kratz/ T. Krüger (Hg.), Rezeption und Auslegung im Alten Testament und in seinem Umfeld, FS 1997, 9–28, sowie J. Jeremias, Die Redaktion der Prophetenbücher, ebd., 29–44.

  9 Die Schwierigkeiten der Unterscheidung zwischen formativen redigierenden und fortschreibenden, den Text erweiternden oder zuweilen auch kürzenden Bearbeitungen reichen bis in den Bereich der Textgeschichte hinein, wie man am Jeremiabuch sehen kann, vgl. hierzu K. Schmid, Buchgestalten des Jeremiabuches. Untersuchungen zur Redaktions- und Rezeptionsgeschichte von Jer 30–33 im Kontext des Buches, WMANT 72, Neukirchen-Vluyn, 1996.

10 Aus Sirach 24 wird man den Schluss ziehen können, dass die Schreiberausbildung in der hellenistischen Zeit auf jeden Fall das Studium der Tora und der Propheten einschloss und dass die Überlieferung des prophetischen Schrifttums priesterlichem bzw. levitischem Einfluss unterlag, was man auch aus den Vorstellungen der Autoren der Chronikbücher entnehmen kann (vgl. J. Blenkinsopp, Prophecy and Canon, 1977, 128–138; O.H. Steck, Abschluß der Prophetie 1991, 112–144).

11 Eine Beschreibung der Arbeit des Hexateuch-Redaktors bietet E. Otto, Das Deuteronomium im Pentateuch und Hexateuch, 1–109.156–233. Der Begriff „Redaktor" bzw. „Redaktion" bezieht sich auf eine Schreibertätigkeit, die in der Kompilierung und Komposition überlieferter Materialien im Zuge ihrer literarischen Reécriture sowie deren Anreicherung durch Abfassung eigener Texte und Einarbeitung von Seitenüberlieferungen bestehen kann. Sie steht in einem stets im Flusse befindlichen Prozess der Überlieferung, des Ab- und Neuschreibens und der Wiedergabe diverser älterer literarischer Materialien in der Gestalt einer zusammenhängenden „Fabel", bestehend aus Sagen, Legenden und allerlei weiteren Komposittexten in der Hebräischen Bibel. Ihre Arbeit zeichnet sich durch formative und konzeptionsbildende Wirksamkeit aus. Zur Verwendung des Begriffes vgl. J.–L. Ska, A Plea on Behalf of the Biblical Redactors, Studia Theologica 59, 2005, 4–18 und R.G. Kratz, Art. Redaktionsgeschichte/ Redaktionskritik I, TRE 28, 1997, 367–378. Zur weiteren Ausarbeitung der These von der Hexateuchredaktion vgl. R. Achenbach, Die Vollendung der Tora. Studien zur Redaktionsgeschichte des Numeribuches im Kontext von Hexateuch und Pentateuch, BZAR 3, Wiesbaden, 2003; ders., Grundlinien redaktioneller Arbeit in der Sinai–Perikope, in: E.Otto/ ders. (Hg.), Das Deuteronomium zwischen Pentateuch und Deuteronomistischem Geschichtswerk, FRLANT 206, Göttingen, 2004, 56–80.

dem „fertigen" Werk. Aus der Perspektive der Neueren Urkundenhypothese wird zumindest mit einer doppelten Synthese gerechnet, sei es nach dem Modell „JE + P + D" (Wellhausen'sches Modell[12]) oder „JE + D + P" (Münsteraner Modell[13]) oder in der vereinfachten Form nach E. Blum[14] mit „KD" + „KP". Blickt man auf die Pentateuchentstehung aus der Perspektive der Synthese der Gesetzessammlungen, so ist die Einholung von Bundesbuch und Deuteronomium in eine Gesamtdarstellung der Mosezeit auf der Basis einer Korrelierung des deuteronomistisch geprägten Dekaloges nach weithin akzeptierter Anschauung sicherlich kaum *uno actu et una manu* mit der Integration des Heiligkeitsgesetzes in die Gesamtdarstellung erfolgt. Umstritten ist gegenwärtig die Frage, ob die Priesterschrift (Pg) erst im Gefolge ihrer schon erfolgten Synthese mit dem Heiligkeitsgesetz in den Pentateuch integriert wurde, also auf einer relativ späten Stufe der Redaktionsgeschichte, oder ob man mit einer relativ frühen Integration von Pg rechnen muss und also einer späteren Erweiterung durch das Heiligkeitsgesetz auf der Ebene eines schon vorliegenden Gesamtwerkes aus P + Nicht-P (D). Für die letztere Annahme spricht einiges. Zunächst ist die Synthese von Väter- und Exodus-Geschichte literarisch lückenlos erst auf der Ebene von P nachweisbar[15], die den Konnex beider voraussetzende nach-deuteronomistische und nach-priesterschriftliche Schicht der Landnahmeerzählung mit Ende in Jos 24* basiert auf dem Konnex von Väter-, Exodus- und Landnahmeerzählung[16]. Sie zeichnet sich unter anderem durch die eigentümliche institutionengeschichtliche Konzeption aus, dass es der

---

12   J. Wellhausen, Die Composition des Hexateuchs und der historischen Bücher des Alten Testaments, Berlin (3. Aufl.) 1899 (ND Berlin 1963).

13   P. Weimar, Untersuchungen zur Redaktionsgeschichte des Pentateuch, BZAW 16, Berlin 1977; E. Zenger, Israel am Sinai, Altenberge (2. Aufl.) 1985; ders., Einleitung in das Alte Testament, StbTh 1,1, Stuttgart (6. Aufl.) 2006, 100–112.

14   E. Blum, Die Komposition der Vätergeschichte, WMANT 57, Neukirchen-Vluyn 1984; ders., Studien zur Komposition des Pentateuch, BZAW 189, Berlin 1990; ders., Der kompositionelle Knoten am Übergang von Josua zu Richter. Ein Entflechtungsvorschlag, in: M. Vervenne / J. Lust (Hg.), Deuteronomy and Deuteronomic Literature. FS C.H.W. Brekelmans, BEThL 133, Leuven 1997, 181–212.

15   So die grundlegende Einsicht von K. Schmid, Erzväter und Exodus. Untersuchungen zur doppelten Begründung der Ursprünge Israels innerhalb der Geschichtsbücher des Alten Testaments, WMANT 81, Neukirchen-Vluyn, 1999.

16   Zu den hieraus im weiteren sich ergebenden komplexen Fragen der Zuordnung und Abtrennung des Hexateuch und Pentateuch gegenüber den weiteren Büchern des sog. Enneateuch vgl. R. Kratz, Die Komposition der erzählenden Bücher des Alten Testaments. Grundwissen der Bibelkritik, UTB 2157, Göttingen 2000, sowie die schematisierende Zusammenfassung bei E. Zenger, Einleitung, 123. Von einem Enneateuch im Sinne eines kompositionell stringent konzipierten literarischen Gesamtwerkes kann allerdings m. E. sinnvollerweise aufgrund des Umstands, dass die Verbindung der vor-deuteronomistischen Überlieferungen und P mit dem Dtn die Bücher Ri und Sam – Kön nicht einbezieht, keine Rede sein. Hierzu und zur Funktion von Jos 24 als literarischen Abschlusses des Hexateuch vgl. R. Achenbach, Pentateuch, Hexateuch, Enneateuch. Eine Verhältnisbestimmung. ZAR 11, Wiesbaden, 2005, 122–154.139–153.

dem Mose verwandte Stamm Levis gewesen sei, dem am Sinai das Priestertum in Israel und die (nur in der Priestergrundschrift erwähnte) Lade sowie das göttliche Gesetz anvertraut worden sein sollen (Ex 32,26–29; Dtn 10,8–9; 31,9). Das Heiligkeitsgesetz grenzt hingegen den Levitismus aus seinen Ordnungen geradezu programmatisch aus, indem es den Namen „Levi" nicht einmal erwähnt[17]! Die konsequente Subordination eines *Clerus minor* der Leviten im Numeribuch beruht auf deren Ausschluss vom Ritual des Opfers im Innern des Heiligtums (Num 16–18), welche einen Gegenschlag gegen die Idee der weitgehenden Integration (Dtn 10,8f.) darstellt. Darum muss man mit zwei Redaktionsphasen in der Genese des Pentateuch rechnen.

Das Bedürfnis nach einer Begründungsgeschichte für die Neuansiedlung der Israeliten in Juda und Samaria sowie einer dauerhaften Reetablierung des Kultes an dem einen von seinem Gott erwählten Orte Jerusalem führte zu einer Vereinigung vorexilischer literarischer Überlieferungen mit der Priestergrundschrift auf der einen und der deuteronomistischen Landnahmeerzählung auf der anderen Seite, also zur Formung der neuen nationalen Begründungslegende in Gestalt des Hexateuch in der ersten Hälfte des 5. Jh.s. v. Chr. Der Hexateuch-Redaktor übernahm als autoritativen Grundtext der Väter- und Exodusgeschichte die Priestergrundschrift und verband auf ihrer Basis die beiden großen nationalen Ursprungslegenden Israels[18]. Das neue religiöse Ideal war ein von dem ehemals geringen Erzvater „Jakob" hervorgegangener Verband aus den 12 Stämmen, die „Israel" bildeten, der sich um den Kultus seines Gottes gruppierte und dem unter Mose auf der Basis des Dekalogs in Bundesbuch und Deuteronomium ein göttliches Gesetz gegeben war. Er nutzte die deuteronomistische Landnahmeerzählung (Dtn – Jos), um der Verheißungsgeschichte an die Väter Ziel und Ende zu geben und beendete sie mit einer auf die Grundentscheidung der Väter zurückgeführten Bundestheologie in Jos 24[19], wonach mit dem Eintritt in das Verheißungsland jedes einzelne Haus, i.e. jeder Familienverband, in Israel sich von den ihm je und dann zueigenen fremdreligiösen Traditionen lossagen und sich JHWH allein verschreiben musste.

Die Harmonisierung der deuteronomistischen Variante der Horeb-Erzählung (Dtn 5,9–10) mit der vor-deuteronomistischen Gottesbergerzählung (Ex 18–19*) und der Sinai-Heiligtums-Erzählung der Priestergrundschrift (Ex 25–29 ... Lev 8–9) stellte diese Redaktion vor erhebliche literarische Probleme. Es musste ein harmonisierender Ausgleich der divergierenden Erzählungen gefunden werden, wobei die rundum positiv

---

17 Lev 25,32–34 setzt die nach der Einführung des Heiligkeitsgesetzes in den Pentateuch eingetragene Regelung von Num 35,1–8 (und Ez 45,4–5) voraus, daneben auch die Unterordnung der Leviten als *Clerus minor* nach Num 3–4 und 18, und widerspricht der älteren Regel in Dtn 18,1–2. Der Text ist von daher deutlich als Nachtrag erkennbar (K. Elliger, Leviticus, HAT I,4, Tübingen 1966, 356f.; E. Gerstenberger, Das 3. Buch Mose Leviticus, ATD 6, Göttingen 1993, 352–353; R. Achenbach, Vollendung, 172.594–598).

18 K. Schmid, Erzväter und Exodus, 56–78.

19 Zur besonderen Funktion von Jos 24 vgl. R. Achenbach, Pentateuch, Hexateuch, Enneateuch. Eine Verhältnisbestimmung. ZAR 11, Wiesbaden, 2005, 122–154.

ausgerichtete Priesterschrift mit der deuteronomistisch geprägten Erzählung von der Herstellung des Goldenen Kalbs – aus welchen traditionsgeschichtlichen Gründen auch immer – in Einklang gebracht werden musste. Die These vom historischen Versagen des traditionellen israelitischen Priestertums, wie sie die Deuteronomisten mit dem Vorwurf des Götzendienstes begründet hatten und wie sie seit dem Untergang des ersten Tempels als evident galt, spiegelt sich in der Rückprojektion der Erzählung von der Sünde Jerobeams (1 Kön 12,28) auf die Legende vom Goldenen Kalb (Ex 32) in die Wüstenzeit (Ex 32,4). In einer kritischen Reflexion über die zersetzende Rolle des altisraelitischen Priestertums wurde dessen Ahnvater Aaron einerseits mittelbar zum Verantwortlichen für das Desaster erklärt und andererseits die Idee eines mosaisch-levitischen Priestertums (Ex 32,28–29; Dtn 10,8-9) etabliert. Diesem sollte Mose auch die Verantwortung für die Lade (Ex 25,10-22*; Dtn 10,1-5.8–9; Jos 8,30-35), die Bundes-Gesetze und die Bewahrung der Tora (Dtn 31,9–12) anvertraut haben. Das Konzept der Levitizität des israelitischen Priestertums ist demnach nicht älter als die redaktionelle Verbindung von P und D, die der Hexateuch-Redaktor geschaffen hat[20]. Mit ihm wird ein neues genealogisches Prinzip in die Priestertumsgeschichte eingeführt, nämlich die Forderung, dass das Priestertum in Israel vom levitischen Geschlecht des Mose abstammen müsse. Die durch den Hohenpriester Josua nach dem Exil eingeleitete hohepriesterliche Linie in Jerusalem muss hierin eine neue Begründung ihrer Position gewonnen haben. Da sich in den Büchern Haggai und Sacharja keine Hinweise auf eine Position der Leviten finden, und auch die für die Neubegründung des Kultus in Jerusalem wohl bedeutsame Priestergrundschrift in Ex 25–Lev 9 gleichfalls keine Leviten-Ordnung enthielt, ist erst im Zuge der weiteren Entwicklung mit der Neuetablierung der levitischen Genealogie als Begründung der Priesterrechte zu rechnen. Ein Interesse hieran dürfte demnach frühestens der von Hohenpriester Josua abstammende Nachfolger Jojakim oder der nach ihm wirksame Eljaschib gehabt haben (Neh 12,10).

Mit der Etablierung und wohl auch Kanonisierung des Hexateuch wurde in der frühen Perserzeit der ersten Hälfte des 5. Jh.s ein neuer Begriff für das Volk aus Jakob – Israel und seine religiöse Verfassung entwickelt. Dessen Grundlage war nicht die staatliche Souveränität der Königszeit, sondern ein mit dem mosaischen Gesetz und in der Verpflichtung auf die ausschließliche Verehrung JHWHs im Gefolge des josuanischen Sichembundes gegebenes Ideal einer religiösen Konstituierung. Begünstigt durch diese theologische Neubegründung wie wohl auch durch den politischen Druck der Perser unter der Regierung Xerxes I., die mit der Entmachtung Babylons nicht unbedeutende Wandlungen auch für die Transeufratene mit sich gebracht habe dürfte, wird man mit einer zunehmend kritischen Haltung gegenüber jeglicher Repristination altisraelitisch königszeitlicher Hoffnungen rechnen müssen. Der Wunsch nach der Wahl eines Kö-

---

20 Vgl. hierzu R. Achenbach, Levitische Priester und Leviten im Deuteronomium. Überlegungen zur sog. „Levitisierung" des Priestertums, ZAR 5, Wiesbaden, 1999, 285–309; ders., 2004, 76–78.

nigs wird in antimonarchischen Einschüben in Ri 6,8–10; 8,22–23; 10,14.16; 1 Sam
7:3–4; 8:6–20*; 10:18–19a; und 12:12b–13a, worin Themen aus dem hexateuchischen
Programmtext Jos 24:1–28 aufgenommen werden[21], als geradezu blasphemisch desa-
vouiert. Die Zeit, in der Mose und Josua in Vergessenheit geraten waren und mit ihnen
das mosaische Gesetz, erschien durchweg als Geschichte des Niedergangs. Als die
einzigen Warner und Garanten der Mahnung und Erinnerung an die Tora galten nunmehr die ihrerseits legendär gewordenen Propheten, vgl. 2 Kön 17,13–20.23aβ[22]. Dieser Text gehört nicht in die grundlegende Disposition der deuteronomistischen Geschichtserzählung in 1 Sam – 2 Kön, denn eine konsequente Durchführung des Motivs
fehlt hier[23]. Es gehört also in eine sekundäre nach-exilische Bearbeitung[24] und dient
der nach-deuteronomistischen Redigierung prophetischer Schriften als Grundtext. So
werden etwa in den Überschriften Jes 1,1; 2,1; 13,1; Am 1,1; Mi 1,1; Hab 1,1 die Propheten als Visionäre des Untergangs analog zu 2 Kön 17,13 als *ḥôzæh* bezeichnet und
ihre Botschaft in (meist) redaktionellen Scheltworten oder in durch Bußliturgien beein-
flussten Bearbeitungen als Umkehrruf interpretiert (vgl. Jes 31,6; Jer 3,12.14.22; 18,11;
25,5; 35,15; Ez 13,22; 14,6–11; 18,30–32; 33,11; Hos 3,5; 6,1; 14,2f.; Jo 2,12f.; Am
4,6.9.10.11). Als Amt des Mahners zur Tora erscheint das prophetische Amt des Mose

---

21 R. Müller, Königtum und Gottesherrschaft. Untersuchungen zur alttestamentlichen Monarchie-
    kritik, FAT (2. Reihe) 3, Tübingen, 2004; R. Achenbach, Pentateuch, Hexateuch, 143–144.148–
    152.

22 Gegenüber dem dtr Abschluss der Darstellung der Geschichte des Nordreiches in 2 Kön 17,21–
    23* wird das in v. 13–17 und 23aβ erkennbare Prophetenbild allgemein als sekundärer Eintrag
    angesehen, vgl. mit unterschiedlichen literarkritischen Optionen im Detail: W. Dietrich, Prophe-
    tie und Geschichte. Eine redaktionsgeschichtliche Untersuchung zum deuteronomistischen Ge-
    schichtswerk, FRLANT 108, Göttingen 1972, 41–46; E. Würthwein, Die Bücher der Könige. 1.
    Kön. 17 – 2. Kön 25, ATD 11,2, Göttingen 1984, 392–397; S.L. McKenzie, The Trouble with
    Kings. The Composition of the Book of Kings in the Deuteronomistic History, VT.S XLII, Lei-
    den – New York u.a. 1991, 140–142; G.N. Knoppers, Two Nations under God. The Deuterono-
    mistic history of Solomon and the Dual Monarchies Volume 2: The Reign of Jeroboam, the Fall
    of Israel, and the Reign of Josiah, HSM 53, Atlanta (Georgia) 1994, 64–65.

23 S.L. McKenzie, Trouble, 81–100, hat gezeigt, dass die Mehrzahl der Prophetenerzählungen in 1
    Kön 13 – 2 Kön 13 als nach-deuteronomistische Einschübe erkennbar sind, insbesondere 1 Kön
    13,1–32a. Der Elia-Elischa-Zyklus dürfte allerdings noch einmal differenzierter zu behandeln
    sein, vgl. hierzu R. Albertz, Elia. Ein feuriger Kämpfer für Gott, Biblische Gestalten 13, Leipzig
    2006.

24 C. Maier, Jeremia als Lehrer der Tora. Soziale Gebote des Deuteronomiums in Fortschreibungen
    des Jeremiabuches, FRLANT 196, Göttingen, 2002, 110–111.149–150, zeigt, dass 2 Kön
    17,13ff. nicht „das" deuteronomistische Prophetenkonzept repräsentiert, wie O.H. Steck, Israel
    und das gewaltsame Geschick der Propheten. Untersuchungen zur Überlieferung des deuterono-
    mistischen Geschichtsbildes im Alten Testament, Spätjudentum und Urchristentum, WMANT
    23, Neukirchen–Vluyn, 1967, meinte, sondern ein jüngerer, deuteronomistisch beeinflusster Zu-
    satz ist, der ihrer Meinung nach sogar noch nach den redaktionellen Texten Jer 25,5; 35,15; 44,5
    verfasst worden ist.

in der Bearbeitung des Prophetengesetzes im Dtn an Bedeutung und Würde dem königlichen Amt gegenüber vorgeordnet, indem nämlich auf diesem die Verheißung und
Zusage JHWHs ruht, er werde selbst dem Volke Israel einen Propheten wie Mose geben (Dtn 18,15.18), während das Königtum nur für den Fall zugelassen wird, dass
Israel sich für dessen Einrichtung entscheidet (Dtn 17,14–15). Dementsprechend richtet sich die Hoffnung des Hexateuch-Redaktors nicht in erster Linie auf die Restitution
des Königtums, das sich dann doch an dem vom levitischen Priestertum verwalteten
Gesetz zu orientieren hat (vgl. Dtn 17,18–20), sondern auf die Verheißung, dass wieder
ein Prophet wie Mose erweckt werde, dem JHWH selbst seine Worte in den Mund
legen werde (Dtn 18,18b)!

Mit dem Bundesbuch und dem Deuteronomium als legislativem Kern der Gesetzesüberlieferung reflektiert der Hexateuch Bedingungen der Epoche bis etwa zur Wirksamkeit des Nehemia. Vor allem die Versorgung des Jerusalemer Kultes scheint noch
in der Mitte des 5. Jh.s keineswegs auf kanonisierten Regelungen zu beruhen, wie in
Neh 10,31–40 noch erkennbar ist[25]. Zwar gab es Gesetze zur Sklavenfreilassung und
Sozialgesetze, sie schienen aber keineswegs allgemein durchgesetzt zu haben (Neh 5*).
Die Beziehung der Bevölkerung von Jehud zu den Brüdern in Samaria und zu den
stammesverwandten Nachbarvölkern der Edomiter, Ammoniter, Moabiter und Midia-
niter war nicht spannungsfrei. Das Auftreten Nehemias machte indes deutlich, dass der
von den Persern autorisierte Statthalter sowohl in politischen als auch in religiösen
Dingen der entscheidende Mittler staatlicher Gewalt war. Als solcher wurde er als
pæḥāh (Neh 5,14f.18; 12,26) bzw. als *tiršāṯāʾ* (Neh 8,9; 10,2) bezeichnet. Zu seiner
Legitimation vor der israelitischen Bevölkerung, so stellte man sich vor, hat er sich
selbst im Gebet als Knecht JHWHs bezeichnet und damit an die Traditionen der dyna-
stischen Religion angeknüpft (Neh 1,6.11; vgl. 2 Sam 7,19; 1 Kön 8,24–28 u.ö.). Der
Titel des Gottesknechtes wird ansonsten im Hexateuch auf Mose angewandt (vgl. Dtn
34,5; Jos 1,1 u.ö.) und geht auf Josua über (Jos 24,29; Ri 2,8).

2. Die priesterliche Pentateuch-Redaktion und ihre Auswirkung auf das Tora- und
Prophetenverständnis

Eine neue Phase der Überlieferungsgeschichte tritt in der nach-nehemianischen Zeit
vermutlich nach der Ablösung des Hohenpriesters Eljaschib in der zweiten Hälfte des
5. Jh.s ein. Einerseits scheint die Abgrenzung gegenüber Samaria zugenommen zu
haben, andererseits erforderte der weitere Kultbetrieb in Jerusalem die Kanonisierung
zusätzlicher Regularien. Die priesterliche Ausarbeitung der Ordnungen für die persönlichen Rituale der Reinigung und der Sühne (Lev 4–7.11–15) und ihre Einbringung in
die Reihe der sinaitischen Gesetze, möglicherweise zunächst im Rahmen der neben

---

25 T. Reinmuth, Reform und Tora bei Nehemia. Neh 10,31–40 und die Autorisierung der Tora in
     der Perserzeit, ZAR 7, 2001, 287–317.

dem Hexateuch weiter tradierten Priesterschrift, sodann aber eben auch im Rahmen des Hexateuch selbst, weist auf den wachsenden Einfluss priesterlicher Kreise und auf eine Verbindung sakraler und politischer Rechtstraditionen in Jerusalem hin[26].

Grundsätzlich änderte das mosaische Gesetz seinen Charakter durch die Einführung des Heiligkeits-Gesetzes (Lev 17–26). In ihm rückte konzeptionell die priesterliche Verantwortung für das Gelingen der Konstituierung des Volkes als „heilige Nation" in die Mitte der Tora. Das Heiligkeits-Gesetz ist das Kernstück einer den gesamten Pentateuch neu strukturierenden Bearbeitung, die die Sinaiperikope Ex 19,3b-8 und Lev 26* rahmt. Die Bundesurkunde wurde interpretiert als Dokument eines Königreichs der Priester „*mamlækhæt kōhanîm*" (Ex 19,6)[27]. In der redaktionellen Bearbeitung von Num 16 wurde aus der Datan-Abiram-Erzählung von der Weigerung gewisser Stammesführer JHWH zu folgen eine Erzählung, in der 250 führende Laien den durch Mose unterstützten Führungsanspruch Aarons hinterfragen. In dem anschließenden Ordal scheitern sie an der Darbringung des Räucheropfers. Das in der persischen Zeit populäre Weihrauchopfer wurde hiermit in Israel zum reinen Privileg des Hohenpriesters erklärt und damit jegliche Laienmitwirkung am Ritual im Kernbereich des Tempels ausgeschlossen[28]. Den Laien blieb es untersagt, sich dem Allerheiligsten zu nahen (Num 16,2–4*.16–18*.24a*27a*.35).

Mit der religiösen ging auch eine innerjüdisch politische Aufwertung der Position des Hohenpriesters einher. Das spiegelt sich in der Neubewertung des Mose: dieser gilt hiernach als der unübertroffene prophetische Wort- und Offenbarungsmittler (Num 12,6–8; Dtn 34,10–12), Aaron aber als derjenige, dem er sein Wort „in den Mund legt" (Ex 4,15). Die mosaische Toraerteilung seitens des Priestertums wird somit gegenüber konkurrierenden Offenbarungsansprüchen und Propheten-Büchern übergeordnet und abgegrenzt durch den Kernsatz, dass seit Mose kein Prophet im Lande erstanden sei, dem JHWH von Angesicht zu Angesicht begegnet sei[29]. Die kanonische Form der

---

26 C. Nihan, From Priestly Torah to Pentateuch: A Study in the Composition of the Book of Leviticus, Dissertation submitted to the Faculty of Theology of the University of Lausanne, Lausanne, 2005, 216–218.

27 Zur Zuweisung dieses Textes an den Pentateuch-Redaktor vgl. E. Otto, Die nachpriesterschriftliche Pentateuchredaktion im Buch Exodus, in: M. Vervenne (Hg.), Studies in the Book of Exodus. Redaction – Reception – Interpretation, BEThL 126, Leuven, 1996, 61–111.76–78; J.-L. Ska, Exode 19,3b–6 et l'identité de l'Israël postexilique, in: M. Vervenne (Hg.), Studies in the Book of Exodus. Redaction – Reception – Interpretation, BEThL 126, Leuven, 1996, 289–317. R. Achenbach, Vollendung, 55–58. Eine Interpretation des Textes auf der Ebene der synchronen Pentateuchlesung hat jetzt D. Markl, Der Dekalog als Verfassung des Gottesvolkes. Die Brennpunkte einer Rechtshermeneutik des Pentateuch in Ex 19 – 24 und Dtn 5, HBS 49, Freiburg – Basel u.a. 2007, 57–72, vorgelegt.

28 C. Nihan, Priestly Torah, 218; zur detaillierten Analyse von Num 16–18 vgl. R. Achenbach, Vollendung, 37–172.

29 Den inneren Zusammenhang zwischen den Texten, die das Motiv der Begegnung zwischen Gott und Mose „*von Angesicht zu Angesicht*", bzw. „*von Mund zu Mund*" tradieren in Dtn 34,10–12;

Gesetzes-Sammlungen wird in Ex 24,12b auf die unmittelbare Offenbarung JHWHs an Mose zurückgeführt: JHWH übergibt Mose die Dekalogtafeln und *„die Tora und das Gesetz, welches ich zu ihrer Belehrung aufgeschrieben habe"*. Diese Tora schließt neben dem Heiligkeitsgesetz das Deuteronomium als kanonisch mit ein[30]. Aaron ist der „Mund", der von Mose das Wort JHWHs als Mittler Gottes empfängt (Ex 4,15–16)! Die Prophetin Miriam hingegen steht mit allen Propheten unterhalb Moses (Num 12,6–8). Der Seher Bileam, den der Hexateuch-Redaktor zu einem sich zu JHWH bekennenden Propheten hochstilisiert hatte, wird durch die Einführung der Eselslegende (Num 22,21–35*) von seinem Podest geholt: er kann nichts anderes sein als ein willenloses Werkzeug, der sagen muss, was ihm in den Mund gelegt wird[31]. Anders als in den programmatischen Erzählungen von der Mischehe des Mose mit der Midianiterin Zippora (Ex 2,21f.) und der Kuschitin (Num 12,1) werden in der Pinhas-Legende (Num 25,6–15) Tendenzen einer Duldung von Mischehen radikal zurückgewiesen[32]. Torabelehrung wird zur Aufgabe des einen privilegierten Nachfahren Levis erklärt (Dtn 33,8–11). Es gibt keinerlei historische Anzeichen dafür, dass ein solchermaßen hierokratisch dominiertes System in Juda sich in der Zeit vor Esra durchgesetzt hat[33], und so wird

Num 12,6–8; Ex 33,11; Num 11,16–30* und der Kanonisierung des Pentateuch im Korrelation zum *Corpus propheticum* hat schon J. Blenkinsopp, Prophecy and Canon, 80–95, beobachtet und ausführlich beschrieben.

30 Zur Diskussion über diesen Text vgl. G. Braulik, „Die Weisung und das Gebot" im Enneateuch, in: F.–L. Hossfeld/ L. Schwienhorst-Schönberger (Hg.), „Das Manna fällt auch heute noch". Beiträge zur Geschichte und Theologie des Alten, Ersten Testaments, FS E. Zenger, HBS 44, Freiburg – Basel – Wien (Herder): 115–140, und E. Otto, Mose, der erste Schriftgelehrte. Deuteronomium 1,5 in der Fabel des Pentateuch, in: D. Böhler/ I. Himbaza/ P. Hugo (Hg.), L'Ecrit et l'Esprit. Etudes d'histoire du texte et de théologie biblique en hommage à Adrian Schenker, OBO 214, Freiburg (Schweiz) – Göttingen, 2005, 273–284.

31 R. Achenbach, Vollendung, 389–424; auch der Nachweis der komplementären synchronen Lesbarkeit durch U. Weise, Vom Segnen Israels. Eine textpragmatische Untersuchung der Bileam-Erzählung Num 22–24, TSHB 3, Gütersloh 2006, reicht nicht aus, um den vielfach begründeten Eindruck der sekundären Eintragung der Eselin-Perikope zu widerlegen.

32 Vgl. hierzu auch J. Thon, Pinhas Ben Eleasar – der levitische Priester am Ende der Tora. Traditions- und literargeschichtliche Untersuchung unter Einbeziehung historisch-geographischer Fragen, ABG 20, Leipzig, 2006, 51f. Eine Folge dieses Vorgangs dürfte auch das Verschwinden bzw. die Nichterwähnung der Mosesöhne Gerschom und Elieser nach Ex 18,3f. gewesen sein.

33 R. Achenbach, Vollendung, 130–140; Zur Geschichte des Hohenpriestertums und seiner veränderten Position in hellenistischer Zeit vgl. J. v.d. Kam, From Joshua to Caiaphas. High Priests after the Exile, Minneapolis (Min.) – Assen, 2004, 112ff.; L.S. Fried, The Priest and the Great King. Temple-Palace Relations in the Persian Empire, BJS 10, Winona Lake Ind., 2004, bestreitet, dass es in der persischen Epoche überhaupt Anzeichen für eine interne, theokratisch begründete Selbstbestimmung in der Provinz Jehud gegeben habe, blendet dabei allerdings völlig die Frage aus, ob die diesbezüglichen Begründungslegenden wie Num 16–17 oder Num 27,12–23 in der Perserzeit irgendeine Relevanz besessen haben. Die Kanonisierung eines religiös begründeten Rechtes wie das des Heiligkeitsgesetzes unter Einschluss von Lev 25 oder des Numeribuches unter Einschluss von Num 35 hätte schlechterdings keinen Sinn, wenn man sich nicht auch seine

man damit rechnen müssen, dass alle dieses System weiterführenden theokratisch orientierten Bearbeitungen in Num 1-10.15-19.25–36 erst im Zuge einer das Heiligkeitsgesetz als Teil des Pentateuch voraussetzenden Bearbeitung im Laufe des 4. Jh.s Eingang in den Pentateuch gefunden haben. In ihnen geht der Torabegriff auf die Gesamtheit der Lehren über, die Mose gemäß Ex 12–18 und Ex 18–Dtn 33* empfangen hat.

3. Die Entwicklung des Torabegriffes

Der Torabegriff im Pentateuch ist demnach im Laufe seiner Fortschreibungsgeschichte
gewissen Wandlungen unterworfen gewesen. Ausgangspunkt ist seine deuteronomistische Verwendung im Rahmen des deuteronomistischen Deuteronomiums (Dtn
28,58.61) im Kontext der abschließenden Paränese, in der das Exilsgeschick Israels an
seinen Gehorsam gegen *„die Worte dieser Tora, die in diesem Buch geschrieben
steht…"* כל־דברי התורה הזאת הכתובים בספר הזה (vgl. Dtn 28:61: ספר התורה הזאת),
gebunden wird. Hier bezieht sich der Begriff auf das schriftliche Dokument des Bundes, der als Vertrag zwischen JHWH und Israel *vom Horeb* verstanden wird (Dtn 5,3).
Die Verbindlichkeit des Vertrags wird durch seine Schriftlichkeit dokumentiert, ein
Phänomen, das schon in den Vertragstexten aus Sefire bekannt ist (vgl. hebr. *sēphær*,
aram. *spr'*, Sefire I B33; II B 9.10; II C 13; III 4.14.17.23)[34].

Die spät-deuteronomistischen Bearbeiter von 2 Kön 22–23 sind wohl davon ausgegangen, dass der *sēphær*, den einst der Priester Hilkia im Tempel aufgefunden hatte (2
Kön 22,8.11; 23,24), ein an JHWH bindendes Dokument in diesem bundestheologischen Sinne gewesen sein musste. Der historische Rahmen, der das dtr Dtn (Dtn 5-28*)
mit der Landnahmeerzählung des Josuabuches verbindet (DtrL = Dtn 1–3.(5–28)
29f.*34,5–6*+ Jos 1-12*.23*; Ri 2,6–9), bezieht sich auf dieses dtr Dtn und verortet es
als Dokument eines Bundes im Lande Moab (Dtn 28,69; 29:19f.26 – ספר התורה הזה
29,20; 30,10; vgl. Jos 23,6)[35]. Der Verfasser des Zusatzes in 2 Kön 23,25[36] geht
folgerichtig davon aus, dass der *sēfær* mosaischen Ursprungs gewesen sein muss.

Innerhalb des Dtn gibt es eine weitere Schicht, nach der sich der Begriff der Tora
auf die Torabelehrung bezieht, die die levitischen Priester vom Zentralheiligtum her zu

---

Durchsetzbarkeit im Rahmen einer religiösen und sakral-rechtlichen Autarkie der israelitisch –
jüdischen Kultusgemeinde für eine verbindliche Praxis zumindest vorgestellt hat.

34 A. Lemaire / J.-M. Durand, Les inscriptions araméennes de Sfiré et l'Assyrie de Shamshi–Ilu,
    Centre de Recherches d'Histoire et de Philologie Paris [Centre de Recherches d'Histoire et de
    Philologie de la IVe Section de l'École Pratique des Hautes Études / 2] 20, Genf – Paris, 1984,
    113–131; zum weiteren deuteronomistischen Kontext vgl. E. Otto, Das Deuteronomium im Pen-
    tateuch und Hexateuch, 181, A.125.

35 Ebd.

36 Zum sekundären Charakter von 2 Kön 23,25 vgl. G. N. Knoppers, Two Nations Under God. The
    Deuteronomistic History of Solomon and the Dual Monarchies. Volume 2 The Reigns of Jerobo-
    am, the Fall of Israel, and the Reign of Josiah, HSM 53, Atlanta (Georgia), 1994, 218–219.

erteilen beauftragt sind, vgl. Dtn 17,8–13*. Die deuteronomische Grundschicht dieses Textes schreibt die Einsetzung der Lokalgerichtsbarkeit vor, also des *shôphêt*[37]. Darüber hinaus sieht sie bei komplizierteren Rechtsfällen die Anrufung eines Zentralgerichts oder Ordals bei dem „diensthabenden Priester" am Zentralheiligtum vor (v. 12). In der sekundären Überarbeitung durch die von Ex 32,28–29 und Dtn 10,8–9 ausgehende Hexateuch-Redaktion in Dtn 17,v. 9a + אל־הכהנים הלוים ו־, 10.11a treten die levitischen Priester an dessen Stelle. Sie verwalten die Tora gegenüber einem etwaigen König und begleiten seine Übermittlung in den Bereich des Verheißungslandes unter Josua (Dtn 17,18–19; 27,3.8.26; Jos 8,31.32.34).

Die Ermahnungen des Mose in den deuteronomistischen Schichten, die *„Worte dieser Tora"* einzuhalten (Dtn 28,58.61; 29,21.29 und 30,10) finden ein Echo in der Abschiedsrede des Josua (Jos 23,6). Dieser Text wird durch die Hexateuch-Redaktion integriert, allerdings wird gleichzeitig das Bundesbuch neben dem Deuteronomium als Bundesgesetz tradiert. Der Hexateuch-Redaktor geht darüber hinaus davon aus, dass Josua die Kompetenz der Gesetzes-Mitteilung von Mose übernimmt, wie die wörtliche Übereinstimmung zwischen Ex 15,25b (*šām šām lô ḥôq ûmišpaṭ*) und Jos 24,25b (*wajjāśæm lô ḥôq ûmišpaṭ biśekhæm*) zeigt. Josua vollzieht einen Bundesschluss wie Mose (Ex 24,8; Jos 24,25a) sowie eine Kodifizierung der Bundesverpflichtung (Dtn 31,9; Jos 24,26). Dieser wichtige Teil der Hexateuch-Erzählung findet keine Fortsetzung in den Büchern Ri, Sam und Kön, denn es gab dort für ihn keine Anhaltspunkte über eine Kontinuität der levitisch-priesterlichen Toraüberlieferung. Stattdessen stand allem voran die deuteronomistische Überleitung zwischen den Josua- und Richterlegenden in Ri 2,6-9.10-12; 3,7 mit der Theorie, dass alles, was das Volk von Mose wusste, nach dem Tode Josuas in Vergessenheit geraten sein musste. Der Hexateuch-Redaktor übernahm diese Theorie, und also gab es für ihn keinen Anlass zu einer Fortsetzung seiner Bearbeitungen in Ri – 2 Kön. Die für die israelitische Selbstdeutung entscheidende Heilsgeschichte wird in der vorstaatlichen Epoche verortet. Die Zeit der Richter und der Könige erscheint als einzige Geschichte des Ungehorsams und des Niedergangs.

Der Pentateuch-Redaktor geht davon aus, dass es ein Exemplar der Tora gegeben hat, welches neben der Lade deponiert worden war (Dtn 31,24–27). Er hat vermutlich angenommen, dass es sich hierbei um jenes Exemplar gehandelt hat, welches Jahrhunderte später im Tempel wieder aufgefunden werden konnte (2 Kön 22f.). Im Unterschied zum Hexateuch-Redaktor hält er an dem Konzept der Unterscheidung zwischen dem Priesteramt und dem Dienst der Leviten fest. Mit Rücksicht auf die mosaischen Anordnungen in Ex 32,29 sieht er in der Beauftragung der Leviten lediglich die Einsetzung zum *Clerus minor* und als solcher erscheinen die Leviten in Dtn 32,25. Eine synthetische Sicht aus priesterschriftlicher und nicht-priesterschriftlicher Überlieferung

---

37 J.C. Gertz, Die Gerichtsorganisation Israels im deuteronomischen Gesetz, FRLANT 165, Göttingen 1994, 59–72.

formuliert der Levi-Segen Dtn 33,8–11, der mit „Levi" zugleich den obersten Repräsentanten des Levitenstammes anspricht. Die erste Bitte (v. 8a), die Losorakel zum Rechts-Ordal einem JHWH in ausschließlicher Frömmigkeit zugetanen Manne anzuvertrauen, die also darauf abzielt, der jeweilige Hohepriester möge ein tadelloser Vertreter seines Standes sein, spielt auf die priestergrundschriftliche Anweisung zur Investitur des Aaron in Ex 28,30 an. Die Anspielung auf eine Erprobung des zu Erwählenden in Massa und Meriba (v.8b) ist rätselhaft, insofern der dort erprobte und gescheiterte (!) Aaron ja schon verstorben ist (Num 20,12.22–29). Will man nicht eine außerpentateuchische Sondertradition als Bezugspunkt annehmen, so kommt von der Darstellung in Num 20,1–13 her lediglich Eleasar infrage, der nach Num 17,1–5 seine Eignung, sich dem Altar zu nahen und mit Räucheropfer umzugehen (vgl. Dtn 33,10b) nachgewiesen hat und der nach Num 20,25–26 durch Investitur zum Nachfolger Aarons als prädestiniert erscheint. Die Ausübung des Amtes der Rechtswahrung ohne Ansehen der Brüder (v.9aβ) hat in der Erzählung vom Eifer der Leviten Ex 32,26-29 einen Anhaltspunkt. Die darüber hinausgehende Forderung nach einer auch die eigenen Eltern nicht schonenden Bereitschaft zum Rechtseifer ist wiederum insofern eigentümlich, als damit vom Hohenpriester gefordert wird, sich gegebenenfalls auch von den Rechtsverstößen des eigenen Vaters, in dessen Nachfolge er sein Amt antritt, zu distanzieren. Will man nicht annehmen, dass der Text die von der Priesterschrift intendierte Erblichkeit des hohepriesterlichen Amtes bestreitet und die Einsetzung eines Sohnes noch während der Lebenszeit des Vaters befürwortet, so ergibt sich aus der Logik der Pentateuchlektüre mit dem Blick auf Num 20, dass Eleasar im Gegensatz zu Aaron sich als hinreichend würdig erwiesen hat, JHWH vor Israel als dem Heiligen die Ehre zu erweisen. Der Hinweis auf die Bewahrung des Bundes und der ihm zugrunde liegenden Worte Dtn 33,9b weist wieder auf Ex 32, die Aufgabe der Rechtsbelehrung (v.10a) durch die levitischen Priester ist in Dtn 17,11 festgelegt. Die Wahrnehmung derselben auch durch die als *Clerus minor* tätigen Leviten zur Zeit Esras beschreibt Neh 8,7–8. Die Aufgabe, Opfer in Rauch aufgehen zu lassen (*qṭr, nom. qṭwrh*) Dtn 33,10b ist klassische priesterliche Aufgabe nach P (Ex 29,13.18.25 u.ö.) wie nach Num 16f*, die Regelung, dass die priesterlichen Speisopfer als „Ganzopfer" (*kālîl*) darzubringen seien, regelt einzig und exklusiv Lev 6,15–16.

Die Lehre des Mose hat mit Hinsicht auf die durch das Priestertum tradierte mosaische Torabelehrung durchaus unüberbietbaren prophetischen Charakter. Dieser wird in der später noch hinzugefügten prophetischen Moselied-Dichtung Dtn 32,1–43 breit entfaltet. Sie dient nach v. 44–47 dazu, dass das Volk lerne, sich die Mose-Tora selbst zu Herzen zu nehmen[38]. Damit ist dem Prophetismus seine grundsätzliche Funktion angewiesen, nämlich die, Wegbereiter des Tora-Gehorsams zu sein. Nachträgliche

---

38 Zur Zuordnung der Einfügung von Dtn 32* in das Gefolge der Pentateuch-Redaktion vgl. E. Otto, Deuteronomium im Pentateuch, 191–195.

Bearbeitung lässt Josua als blendendes Vorbild dieses Tora-Gehorsams erscheinen (vgl. Dtn 32,44b –> Jos 1,7–8; 22,5[39]).

Wenn wir uns nun der weiteren Verwendung des *Torabegriffs* im Pentateuch zuwenden, fällt zunächst seine gleichsam anachronistische Verwendung in der Genesis ins Auge. So behauptet Gen 26,5, Abraham habe JHWHs Stimme gehorcht und seine Observanzforderungen, Gebote, Ordnungen und Weisungen befolgt (wörtlich: „*mišmartaj, miṣwōtaj, chuqqōtaj und tôrōtaj*"). Der Text impliziert eine JHWH-Unmittelbarkeit des Erzvaters Abraham und parallelisiert ihn so mit Mose als Empfänger der Bundes-Verheißungen (Gen 15) und der Bundes-Anweisungen (Gen 17). Dies geht so weit, dass Abraham selbst als „Prophet" bezeichnet wird (Gen 20,7). So fügt sich Gen 26,5 in das durch den Pentateuch-Redaktor entworfene Bild.

Die nächste Person, die unmittelbar von JHWH Anweisungen empfängt, die als Tora bezeichnet werden, erscheint Mose selbst in Ex 12,49. Der Text behauptet in Übereinstimmung mit den Bestimmungen des Heiligkeitsgesetzes (Lev 19,34; 24,22), dass es nur eine gültige Tora über das Passafest geben dürfe, die für Einheimische wie für fremde Mitbürger Israels gleichermaßen Gültigkeit haben müsse. Ex 16,4b geht davon aus, dass Israel schon vor der Sinai-Offenbarung JHWHs Tora den Sabbat betreffend gekannt haben müsse (vgl. Ex 16,28). Der Verfasser dieses Textes bezieht sich dabei offensichtlich auf Ex 15,24b.25, wo erzählt wird, Mose habe schon auf dem Weg durch die Wüste Israel Anweisungen und Rechtsbelehrung erteilt. Hintergrund für diese Annahme dürfte die Erzählung von der Überlastung und Entlastung des Mose Ex 18,13-27* gewesen. Diese außer-deuteronomistische Überlieferung, die der Hexateuch-Redaktor als Episode vor die Offenbarung des alten Bundesbuches gestellt und damit bewahrt hat (im Unterschied zu ihrer dtr Version Dtn 1,9–18*, die das Geschehen auf die Zeit nach der Gesetzesoffenbarung verlegt), wird in Ex 18,15b.16b.19–20 fortgeschrieben. Die Fortschreibung unterbricht den Erzählzusammenhang Ex 18,15a.16a. 17–18.21–26 und wird in Dtn 1 nicht berücksichtigt, kann also weder aus der Vorlage

---

39 Die Zuweisung von Jos 1,7–9* zu einer Schicht, die die Pentateuchredaktion voraussetzt, ergibt sich aus der Beobachtung, dass das Bestätigungsorakel an Josua jeweils in Korrelation zu den unterschiedlich lozierten Designationsaussagen an Mose fortgeschrieben wird. So entspricht der dtr Erzählung Dtn 3,21f.; 34,5* das Beistandsorakel in Jos 1,1–2.5a(9*), die Version der Hexateuch-Redaktion korreliert diesen Text zu Num 13 und fügt dementsprechend Dtn 1,37f.; 3,23–28; 31,3b*.7–8; 34,1* und Jos 1,5b.6 ein. Der Pentateuch-Redaktor grenzt das Josuabuch vom Pentateuch ab und holt dementsprechend den Auftrag an Josua in Dtn 31,14–15.23 in das Deuteronomium hinein. Die spätere sog. theokratische Bearbeitung ordnet die Designation des Josua der Gemeindeversammlung unter Aufsicht des Hohenpriesters Eleasar zu (Num 27,18–23; 34,9), betrachtet das Josuabuch als selbständigen Anhang zum Pentateuch und erweitert dementsprechend Jos 1 um v. 3–4 und 7–8. Vgl. R. Achenbach, Der Pentateuch, seine theokratischen Bearbeitungen und Josua – 2 Könige, in: T. Römer / K. Schmid, Les dernières rédactions du Pentateuque, de l'Hexateuque et de l'Ennéateuque, BEThL 203, Leuven 2007, 225–253.235–236 A.22.

des Deuteronomisten noch aus der Version des Hexateuch-Redaktors stammen, der die beiden Varianten ansonsten miteinander ausgleicht. In dieser Beschreibung wird deutlich, wie sich der Pentateuch-Redaktor die Toravermittlung vor dem Empfang der schriftlichen Tora auf dem Sinai Ex 24,12b vorgestellt hat: Mose musste JHWH in allen unlösbaren Rechtsfällen um ein Orakel ersuchen und um eine Anweisung zum Umgang mit dem Rechtsfall, die er dann dem Volk kundtat. Gegenüber diesem Verfahren stellt die Offenbarung der verschrifteten göttlichen Tora eine sehr wesentliche Erleichterung dar. JHWH gibt Mose schriftlich die Tora in die Hand in Verbindung mit dem Gebot (*miṣwah*) der Ermahnung und Belehrung des Volkes. Der Begriff *miṣwah* hat durch die Überschrift in Dtn 6,1 im Vergleich mit 12,1 einen Bezug zu den Paränesen Dtn 6-11. Der Begriff Tora hat hingegen einen Bezugstext einerseits im Abschluss des Heiligkeitsgesetzes Lev 26,46 im Rückverweis auf die am Sinai erfolgte Offenbarung und andererseits in der Überleitung zwischen Dtn 1-4 und dem Gesetzesteil des Buches in Dtn 4,44 als Vorverweis auf die nun folgende Gesetzesmitteilung, die ja wiederum wie die Sinaiperikope mit dem Dekalog eingeleitet wird. Der hintere Bezugsrahmen ist durch Dtn 31,9 gegeben. Neben der Tora verweist Lev 26,46 auch auf die von JHWH übergebenen *ḥuqqîm ûmišpaṭîm* und damit auf die Einleitung des Bundesbuches in Ex 21,1 (*mišpaṭîm*), aber wohl auch auf Ex 12,24 (*ḥōq*), Ex 15,25f (*ḥōq ûmišpaṭ*) und Ex 18,20 (*ḥuqqîm, tōrāh*). Innerhalb des durch Lev 26,46 abgeschlossenen Corpus der Gesetzesoffenbarungen vom Sinai, von dem das nachgetragene Kapitel Lev 27 in 27,34 als nachträgliche *miṣwah* begrifflich und sachlich abgegrenzt wird, ist zunächst zu konstatieren, dass die dort vorfindliche Verwendung des *Torabegriff*es sich auf die priesterlichen Torot in Lev 6f und 11-15 bezieht (Lev 6,14.25; 7,1. 7.11.37; 11,46; 12,7; 13,59; 14,2.32.54.57; 15,32)[40]. Diese dürften auf Sammlungen und Priestermanualen aus der Frühzeit des zweiten Tempels beruhen, welche neben dem Hexateuch existierten und nunmehr in den Kontext der priesterschriftlichen Grunderzählung im Rahmen des Pentateuch sukzessive eingefügt wurden.

Diese werden in einer wiederum späteren Phase ergänzt durch Anweisungen, die die theokratischen priesterlichen Bearbeiter in den Pentateuch einfügten[41], wobei sie der späteren Abfassung auf der Ebene der Pentateuch-Legende dadurch Rechnung trugen, dass sie sie als nach-sinaitische Offenbarungen aus dem *ʾōhæl mōʿēd* definierten (Num 1,1 –> Num 5,29.30; 6,13.21; 15,16.29; 19,2.14). Aus der Erzählung Num 31,21 geht hervor, dass nach den Vorstellungen der Spätzeit die Aufgabe der Belehrung im Sinne der *ḥuqat hattōrāh ʾašær ṣiwwāh JHWH ʾæt mōšæh* als Sache des Hohenpriesters angesehen wurde. Aus Dtn 1,5 wird zudem deutlich, dass der Pentateuch-Redaktor das Deuteronomium in seinen paränetischen Teilen als mosaische Auslegung

---

40 Hierzu vgl. C. Nihan, Priestly Torah, 249–283.
41 Vgl. hierzu ausführlicher R. Achenbach, Das Heiligkeitsgesetz und die sakralen Ordnungen des Numeribuches im Horizont der Pentateuchredaktion, in: T. Römer (Hg.), Leviticus and Numbers. Colloquium Biblicum Lovaniense 2006, BEThL, Leuven 2007, 1–31 (im Druck).

und Erläuterterung der Sinai-Tora verstand, in welcher Mose Bedeutung und Sinn der älteren Offenbarungen aufweist (vgl. Dtn 4,8.44).

Gerade im Deuteronomium sind also erhebliche Horizontverschiebungen zu konstatieren, was die Verwendung des *Torabegriff*es angeht. Zunächst ist eine deuteronomistische Schicht in Dtn 28 erkennbar, in der Tora sich auf die Vorstellung des Gesetzes als eines verschrifteten Bundesdokumentes bezieht (Dtn 28,58: כל־דברי התורה הזאת הכתובים בספר הזה‎ ;28,61: ספר התורה הזאת‎). Hiernach sollen die Rechtsordnungen und die göttlichen Anordnungen der dtn Gesetzessammlung als Teil eines alten, vom Berge Horeb stammenden Bundes (Dtn 5,2) verstanden werden und Mose als der Offenbarungsmittler (Dtn 5,31). In der deuteronomistischen Landnahmeerzählung wird dieses Konzept durch die Verbindung zum Josuabuch paränetisch integriert in Dtn 29–30 und Jos 23.

Im Zuge der Verarbeitung des Exilsgeschicks wird in 2 Kön 17,13–20 auf die Wirksamkeit des außerhalb der deuteronomistischen Samuels- und Königsbücher kodifizierten Prophetismus als Warnung vor dem Untergang Israels und Judas verwiesen. Vor dem Hintergrund des dtr Dtn erscheint das mosaische Amt geradezu als ein herausgehobenes prophetisches Amt (Dtn 18,15). Neben die außerhalb des Deuteronomiums formulierten Hoffnungen auf eine nach-exilische Erneuerung des davididischen Königtums tritt an dieser Stelle die Hoffnung auf die Erneuerung eines mosaischen Prophetismus (Dtn 18,18). Neben dieser Traditionslinie sieht die Hexateuch-Redaktion in Dtn 17,8-13*18f; 27,3.8.26; 31,9–12; Jos 8,31.32.34; 24,26* das dem Mose verwandte levitische Priestertum in der Pflicht, die Schrift der Tora zu wahren und zu verwalten, wobei einerseits das verschriftete Deuteronomium im Blick ist, andererseits aber auch das am Gottesberg Horeb verlesene Bundesbuch (Ex 24,7), wie der Rückverweis von Jos 8,31 zeigt, der im *sēfær tōrat mōšæh* das Altargesetz Ex 20,25 verzeichnet findet. Der Torabegriff der Pentateuch-Redaktors, der im Lichte von Ex 24,12b das Heiligkeitsgesetz mit einbezieht, schlägt sich schließlich in Dtn 1,5; 4,8.44 und auch in Dtn 31,24ff; 33,4.10 nieder. Hierbei wird Mose als Wortmittler Gottes an seinen zum Hohenpriester bestimmten levitischen Bruder Aaron stilisiert (Ex 4,14-16), wobei Mose gegenüber Aaron gleichsam an Gottes Stelle tritt:

14 ...הלא אהרן אחיך הלוי ... 15 ודברת אליו ושמת את־הדברים בפיו
ואנכי אהיה עם־פיך ועם־פיהו והוריתי אתכם כאשר תעשון:
16 ודבר הוא לך אל העם והיה הוא יהיה־לך לפה ואתה תהיה־לו לאלהים:

Beide führen so die Worte im Munde, die der Belehrung (*jrh*, hif.) durch JHWH entstammen! Mose steht durch diese Gottesunmittelbarkeit des Wortempfanges über alle Propheten (Dtn 34,10-12), und wer das Amt des Aaron erbt, steht in der Sukzession der unmittelbaren Toraweitergabe seit der Zeit des ersten Hohenpriesters. Schließlich wird in Zusätzen der theokratischen priesterlichen Bearbeitung Josua als getreues Vorbild der frommen Tora-Befolgung seitens eines mit dem mosaischen Geist ausgestatteten

Würdenträgers in Israel dargestellt (Dtn 34,9; Jos 1,7-8; 22,5; vgl. Dtn 17,19), der in der Durchführung der Landverteilung der Ermittlung der göttlichen Anweisungen durch den Hohenpriester Eleasar untersteht (vgl.Num 27,18–23; Dtn 34,9; Jos 14,1; 19,51; 24,33).

Der Eindruck eines einheitlichen Sprachgebrauchs ergibt sich aus dem Umstand, dass bei jeder Erweiterung des Pentateuch durch komplementäres Verständnis des Begriffes ein neues, in sich kohärentes Bezugsfeld hergestellt wurde. So konnte es geschehen, dass die unter Josia aufgefundene Tora mit der vom Horeb, diese wiederum mit der vom Gottesberg und vom Ebal, vom Sinai und vom Zion und alles schließlich als Tora der Schriftgelehrten Josua und Esra (Jos 24,26; Neh 8,8) verstanden werden konnte. Dabei war man sich in allen Phasen der Redaktionsgeschichte sicherlich der Verschiedenheit der divergierenden Corpora bewusst.

Zugleich verschiebt sich gleichwohl im Zuge des Schichtenwachstums das institutionelle Bild der Toramittlerschaft. Sie geht vom König Josia über auf ein prophetisches mosaisches Amt und ein levitisches Priestertum und von hier wiederum in die Hauptverantwortung eines Hohenpriestertums mit nachgeordnetem levitischen *Clerus minor* und – in einem weiteren Ausbau der Idealvorstellungen von der Ordnung der Religionsgemeinschaft – an diesen nachgeordnete auserwählte Würdenträgern und geistbegabte Älteste (vgl. Num 11,24–30*). Der Pentateuch-Redaktor markiert in diesem Prozess mit Dtn 34,10-12 einen epochalen Einschnitt, der einen Umbruch im Verständnis der Tora wie der Rolle des Prophetismus repräsentiert. E. Otto formuliert hierzu: „Mit Moses Tod ist eine Epoche der Offenbarung zu Ende gegangen, die so keine Fortsetzung finden wird ... Wenn nach Moses Tod kein Prophet mehr sein wird wie er, so wird der Pentateuch von dem sich formierenden Prophetenkanon unter Einschluß der Vorderen Propheten als mit besonderer Dignität und Präferenz ausgestattet abgehoben."[42]

Im Gefolge der Pentateuch-Redaktion gilt die Oberaufsicht über die Weitergabe und also auch die Interpretation der Tora als Privileg des Aaron und damit des Hohenpriestertums in dessen genealogischer Folge. Die Bestreitung der „Aaroniden"-Genealogie ist also ein wesentliches Merkmal einer anti-jerusalemischen Oppositionsbewegung. Alle Abschriften und Überarbeitungen des Pentateuch waren in der Folgezeit von diesem hierokratischen und theokratischen Idealkonzept geprägt. Diejenigen, die im Volke die Anwendung vor allem der sakralen Vorschriften aber auch die Einhaltung der unter den Rahmen des Ritualgesetzes gestellten weiteren Lebensordnungen des „Heiligen Volkes" zu überwachen hatten, mussten in einer amtlichen Sukzession zu Mose und seinem charismatisch legitimierten, durch besondere mosaische Geistbegabung ausgezeichneten Amt stehen, einerseits nach dem Vorbilde Josuas (Num 27,15-23; Dtn 34,9), andererseits nach dem Vorbilde der „70 Ältesten Israels" (Num 11,24-

---

42 E. Otto, Das Deuteronomium im Pentateuch und Hexateuch, 232.

30). Num 11 hat eine doppelte Funktion in diesem Kontext: einerseits wird der „prophetische Geist" hier an eine ideale Institution gebunden und ihr unterstellt, zweitens wird der Wunsch geäußert, dass alles Volk letztlich mit diesem Geist mosaischer Toratreue begabt werden möge (Num 11,29). Prophetisches Schrifttum, welches von einem Priestertum tradiert wurde, das diese Einstellungen vertrat, konnte die prophetische Torabelehrung letztlich nurmehr als Auslegung mosaischer Tora verstehen. Damit werden die Prophetenschriften selbst zum Gegenstand der Auslegung durch Schriftgelehrte, die ihrerseits sich als Tradentenkreis des Prophetismus begreift. Für Prophetie im ursprünglichen Sinne besteht weder der institutionelle Raum noch Bedarf, denn aus prophetischer Sicht ist mit Mose alles gesagt. Die redaktionelle Inclusio zwischen Mal 3,22-24 und Jos 1,7[43] ist ein Meilenstein der kanonischen Formation am Ende eines langwierigen Prozesses der Réécriture bzw. des Rewriting), der durch die Pentateuch-Redaktion um 400 v. Chr. in Gang gesetzt wird und der die Voraussetzung darstellt nicht allein für die theokratischen Bearbeitungen des Pentateuch selbst, sondern auch für die eschatologisch gestimmten schriftgelehrten Auslegungen und Transformationen überkommener Orakelsammlungen im Verlaufe des 4. und 3. Jh.s. v.Chr., ja wahrscheinlich bis in ptolemäische und hasmonäische Zeit hinein[44].

II. Tora bei den Propheten

1. Die Vorderen Propheten

Vergleicht man die Belege für den *Torabegriff* in den Prophetenschriften, so ergibt sich ein der Redaktionsgeschichte des Pentateuch komplementär gegenüber stehender Befund. Die Mose-Tora findet keine Erwähnung in den Büchern Richter und Samuel[45], denn die Erzählung des Hexateuch-Redaktors ist nicht auf die Bücher des Enneateuchs ausgedehnt worden. Stattdessen liegen Tora-Belege in den Königsbüchern vor, bei denen allerdings zunächst die Unterscheidung zwischen deuteronomistischen oder spät-deuteronomistischen Erwähnungen und nach-deuteronomistischen Bezügen nicht immer leicht zu treffen ist. Man gewinnt den Eindruck, dass der Verwendung des Begriffes kein einheitliches System zugrunde liegt. So wird man schon beim ersten Beleg,

---

43 S. hierzu O.H. Steck, Der Abschluß der Prophetie im Alten Testament. Ein Versuch zur Frage der Vorgeschichte des Kanons, BThSt 17, Neukirchen–Vluyn, 1991, 134f; J.D. Nogalski, Literary Precursors, 241–243; M. Hengel, „Schriftauslegung" und „Schriftwerdung" in der Zeit des Zweiten Tempels, in: ders. (Hg.) Schriftauslegung im antiken Judentum und im Urchristentum, WUNT 73, Tübingen, 1994, 1–71.19.

44 O.H. Steck, Abschluß der Prophetie, 26–55, besonders zu Sach 9–14.

45 Das JHWH sogar durch den Propheten Natan eine Tora erteilt habe, behauptet 2 Sam 7,19, nicht ohne aber explizit darauf hinzuweisen, dass es sich hierbei um „*tōrat hāʾādām*" – handelt – „dem Menschen bestimmte Offenbarung" (F. Stolz, Das erste und zweite Buch Samuel, ZBK 9, Zürich, 1981, 219).

dem Testament Davids 1 Kön 2,3, annehmen müssen, dass der Begriff hier nicht im Zuge einer systematischen deuteronomistischen Fabel Verwendung findet, sondern dass es sich vielmehr um einen nach-deuteronomistischen Zusatz handelt, denn aus deuteronomistischer Perspektive ist es überhaupt nicht klar, woher David die Tora, auf die er sich hier plötzlich in seiner Mahnrede an Salomo bezieht, gekannt haben soll, wenn anders seit den Zeiten Josuas von *„seinen (JHWHs) Satzungen und seinen Geboten und seinen Gesetzen und seinen Bundesbestimmungen, wie geschrieben steht in der Tora des Mose"* (Jos 23,6) von dieser nicht mehr die Rede war.

Gleichermaßen unvermittelt erscheint auch der in ein anonymes Orakel gekleidete Hinweis darauf, dass Jehu, obschon er den Baalskult bekämpft habe, doch *„die Tora JHWHs des Gottes Israels nicht aus ganzem Herzen beachtet"* habe (2 Kön 10,31), oder die Bemerkung, dass Amazja von Juda sich bei der Rache für den Tod seines Vaters gemäß dem *sēfær tōrat mōšæh* (*loc. cit.* Dtn 24,16) auf die unmittelbar Verantwortlichen beschränkt und keine Sippenhaft verhängt habe. Und in 2 Kön 21,8 wird der missbilligende deuteronomistische Bericht von der Aufstellung eines Ascheren-Bild im Jerusalemer Tempel durch den König Manasse dahingehend erweitert, dass in dieser Tat nicht nur ein Frevel gegen den erwählten Ort gesehen wird (v. 7, dtr, vgl. Dtn 12,5; 2 Sam 7,23; 1 Kön 9,3; 11,36; 21,4), sondern auch eine Heraufbeschwörung des Exils wegen des Verstoßes gegen die Tora. Der Text ist als Referenz auf ein Heilsorakel an David und Salomo stilisiert, wo er aber nicht belegt ist: *„und nie mehr will ich, dass Israel seinen Fuß außerhalb des Landes setzen muss, das ich ihren Vätern gegeben habe, wenn sie nur getreu alles halten, was ich ihnen geboten habe, die ganze Tora, die ihnen mein Knecht Mose geboten hat."*[46]

Liest man diese Texte im Wissen um die Abschiedsrede des Josua Jos 23 und vergleicht diese mit der Einleitung der Geschichte Israels in Ri 2,6–12*, so fällt auf, dass schon mit der Gottesvergessenheit der Generation nach Josua auch eine Tora-Vergessenheit zu konstatieren war: die Mosetora als solche findet im Richterbuch keinerlei Erwähnung mehr! Lediglich in der Form der (prophetischen) Orakel soll – folgt man 2 Kön 10,31 oder 21,7f. – eine Mahnung auf die Mosetora noch ergangen sein. Aber all diese genannten Hinweise erfolgen sporadisch und entsprechen keinerlei systematischer Bearbeitung. Selbst die Feststellung, dass der *sēfær hat-tôrāh*, den man unter Josia nach 2 Kön 22,8.11; 23,24 im Tempel gefunden hat, der Mose-Tora entsprochen haben soll, erfährt man nicht aus der Erzählung selbst, sondern aus einer nachträglich resümierenden Abschlussbemerkung in 2 Kön 23,25! Für die deuteronomistische Darstellung gilt demnach die Zeit zwischen Josua und Josia als die Zeit, in der die Mose-Tora in Vergessenheit geraten war.

---

46 Die Ausdrucksweise des Textes ist außergewöhnlich, einen unmittelbaren Bezugstext im deuteronomistischen Corpus gibt es nicht. Die Wurzel *nwd* findet nur noch Verwendung in der Exilsdrohung gegen Israel im Kontext des programmatischen Unheils-Orakels über die Sünde Jerobeams in der Rede des Ahia von Shilo, 1 Kön 14,15.

Im Vergleich zu dieser spät-deuteronomistischen Auffassung, die die Konsequenz aus der literarischen Verbindung des Deuteronomiums mit der deuteronomistischen Landnahmeerzählung zieht, sind die Hinweise darauf, dass David und Salomo und die judäischen Könige Kenntnis von der Mose-Tora gehabt hätten, nachträgliche Hinzufügungen. Sucht man zu verstehen, wie dieser Gedanke begründet worden sein könnte, so stößt man auf den das deuteronomistische Bild ergänzenden und weiterführenden Text 2 Kön 17,13–20.23aβ*[47].

C. Maier hat, in Aufnahme älterer Arbeiten von O.H. Steck und R. Smend, gezeigt, dass das Konzept der prophetischen Warnungen 2 Kön 17,13-17 innerhalb des deuteronomistischen Zusammenhangs sekundär sein muss und wohl in nachexilische Zeit zu datieren ist[48], weil hier ein Zusammenhang zwischen einer geschriebenen Form der Tora und einer elaborierten Form der Bundestheologie schon vorausgesetzt wird, den die deuteronomistische Erzählung in Ri und Sam – Kön ansonsten noch nicht kennt[49]. Hiernach sind es die Propheten, die die Erinnerung an die Tora und die Gebote aufrecht erhalten haben (2 Kön 17,13): *„JHWH aber warnte Israel und Juda durch all seine* Propheten und jeden Seher mit den Worten: Kehrt um von euren bösen Wegen und beachtet meine Gebote, meine Satzungen, gemäß der gesamten Tora, die ich euren Vätern geboten habe und die ich euch gesandt habe durch Vermittlung meiner Knechte, der Propheten!"* Der *Torabegriff* wird deutlich erweitert. Tora ist nicht allein durch Mose an die Väter ergangen, sie ist darüber hinaus auch durch die von JHWH hierfür berufenen und beauftragten Wortmittler vermittelt worden. Und wie die deuteronomistisch erweiterte mosaische Tora des Deuteronomiums mit der Sanktionsdrohung des Landverlustes und der Deportation verbunden war, so nach v. 23 auch die prophetische Tora: *„bis JHWH Israel entfernte von seinem Angesicht, wie er durch Vermittlung all seiner Knechte, der Propheten, angesagt hatte; und so wurde Israel in die Verbannung geführt aus seinem Lande nach Assur (und weilt dort) bis auf den heutigen Tag."* Unter diesem Aspekt entfaltet die Ankündigung eines neuen Propheten wie Mose in Dtn 18,15.18 erst ihren vollen Sinn. Hatte nämlich der Hexateuch-Redaktor in der Epoche des Mose und des Josua die entscheidende Periode der Tora-Vermittlung gesehen und wurde unter dem Vorzeichen des von ihm entfalteten Torabegriffes die deuteronomistische Darstellung der Königszeit Israels in der Weise erweitert, dass der Prophetismus die göttliche Stimme anstelle des Mose zur Geltung gebracht hatte, so konnte eine Erneuerung des Volkes nach der Tora JHWHs auch nur aus einem mosaischen Prophe-

---

47 Zur Diskussion und Ausgrenzung und Schichtung des Textes vgl. oben A. 22 und 23.
48 C. Maier, Jeremia, 149–157.361.
49 C. Maier, Jeremia, 149–150. War diese Vorstellung erst einmal etabliert, so konnte sie auch in jüngeren Texten Anwendung finden, s. Sach 1,4–6; 7,7.12; 2 Chr 36,14–26; Neh 9,26.30; vgl. O.H. Steck, Israel und das gewaltsame Geschick der Propheten. Untersuchungen zur Überlieferung des deuteronomistischen Geschichtsbildes im Alten Testament, Spätjudentum und Urchristentum, WMANT 23, Neukirchen-Vluyn, 1967, 60–64.70–72.

tismus erwartet werden. Insofern ergänzen sich die Texte Dtn 18,15–18 und 2 Kön 17,13–20.23* konzeptionell. Der Ort, an dem derlei zukunftweisende Offenbarung zu suchen war, war die Schriftprophetie. Ihr wandte sich eine dem Deuteronomismus verpflichtete schriftgelehrte Arbeit in der Linie des Hexateuch zu. Unter den herausragenden Gestalten, derer sie sich annahm, fällt vor allem wohl zunächst Jeremia ins Auge[50]. Hier wird die deuteronomistische Darstellung der ausgehenden Königszeit ergänzt und der Prophet Zug um Zug zum Tradenten des neuen Kerygmas stilisiert.

Nun ist allerdings in der Auseinandersetzung mit dem Torabegriff neben der spätdeuteronomistisch und der nach-deuteronomistisch hexateuchisch geprägten prophetentheologischen Schicht noch eine dritte Schicht erkennbar, und zwar in 2 Kön 17,34–39*. Hier wird den Einwohnern in der Provinz Samaria vorgeworfen, sie verhielten sich *„nicht gemäß ihren Satzungen und Rechten und der Tora und dem Gebot, welches JHWH den Söhnen des Jakob, dem er den Namen Israel gegeben, geboten hatte."* (v. 34). Sei ihnen doch im Bundesschluss JHWHs das Gotteswort mitgegeben worden (v. 37): *„Und die Satzungen und Gesetze und die Tora und das Gebot, das er (JHWH!) euch aufgeschrieben hat, sollt ihr beachten, es einzuhalten alle Tage!"* Von einer Verschriftlichung der Tora durch JHWH selbst ist im Pentateuch lediglich an einer Stelle die Rede, nämlich in Ex 24,12b, ein Text, der aufgrund des innerpentateuchischen Verweissystems dem Pentateuch-Redaktor zuzuweisen ist, welcher mit diesem Zusatz die kanonische Gestalt des Gesetzes unter Einbeziehung von Heiligkeitsgesetz und Deuteronomium legitimiert[51] und sich somit selbst als schriftgelehrter Tradent des Mose geriert, dem es gegeben ist, den von JHWH niedergeschriebenen, durch Mose vermittelten Text seinerseits zu tradieren. Das Insistieren darauf, dass die entscheidende Verschriftlichung der Tora durch JHWH erfolgt sei, erhält im Zusammenhang der Gottesbergerzählung noch einen zusätzlichen Akzent dadurch, dass im narrativen Verlauf von Ex 18,20 her lediglich bis zu dem Zeitpunkt der Offenbarung auf dem Berge als Erteiler der göttlichen Tora gegolten hat[52]. Eine von der göttlichen Tora-Schrift unabhängige Mose-Tora, so die Kernaussage von Ex 24,12b, hat es also in nachsinaitischer Zeit nicht gegeben! G. Braulik hat gezeigt, dass ein wörtlicher Rückbezug zu Ex 24,12b in dem sehr jungen Text Jos 22,5 und in 2 Kön 17,34.37 vorliegt und dass der gleiche Sprachgebrauch der paarweisen Nennung von *tôrāh* und *miṣwāh* sich lediglich noch in der Chronik (2 Chr 14,3; 31,21) nachweisen lässt[53]. Der Hinweis

---

50 So schon B. Chiesa, La Promessa di un Profeta (Deut. 18,15–22), BeO 15 (Gruppo Biblico Milanese), 1973, 17–26.

51 R. Achenbach, Art. Tora I. Altes Testament, RGG 8 (4.), Tübingen, 2005, 476–477.

52 Die Erzählung von der Entlastung des Mose Ex 18,12–26*, die die Hexateuch-Redaktion im Unterschied zur deuteronomistischen Variante Dtn 1,9–19* tradiert hat, ist vom Pentateuch-Redaktor gemäß der Vorlage von Dtn 17,8–13 in Ex 18,15b.16b.19–20 überarbeitet worden. Der Pentateuch-Redaktor hat so seinerseits eine Korrelierung zwischen vor-sinaitischer „prophetischer" und „sinaitischer" kanonischer Toraerteilung vorgenommen.

53 G. Braulik, Weisung, 115–140.

darauf, dass die Gebote den Söhnen des Jakob gelten, dem nach Gen 32,29 der Israel-name zugekommen ist, macht deutlich, dass die Mose-Tora in ihrer pentateuchischen Gestalt unter Einbeziehung der Genesis im Blick ist, andererseits ist die Abgrenzung des Israel-Begriffes gegen eine sich womöglich auf eben denselben Jakob berufende Gemeinschaft im Norden gerichtet, der auf der Basis der Synkretismus-Vorwurfes das Recht, sich auf Traditionen des Bundesvolkes zu berufen, abgesprochen wird. Leider sind die historischen Hintergründe nicht gänzlich durchschaubar, aber es ist deutlich, dass in 2 Kön 17,34–40* eine andere Schicht als v. 13–20.23 vorliegt. Der Text reflek-tiert nach-nehemianische Entwicklungen. Der Rückbezug auf Ex 24,12b als Text des Pentateuch-Redaktors macht zudem deutlich, dass es sich in 2 Kön 17,34ff um einen jüngeren Text handeln muss, der wohl der Zeit der theokratischen Bearbeitungen im 4. Jh v.Chr. zuzuweisen ist[54].

In Korrelation zu den Schichten des Pentateuch lassen sich demnach mehrere Pha-sen der Verwendung des Torabegriffs ermitteln: *Erstens* eine spät-deuteronomistische Schicht in der 2. Hälfte des 6.Jh. v.Chr., die das dtr Dtn als Bundes-Dokument interpre-tiert und die darin enthaltene Tora auf Mose zurückführt; *zweitens* eine nach-deuteronomistische Schicht aus der 1. Hälfte des 5. Jh.s v. Chr., in der die Vorstellung einer prophetischen Tora-Vermittlung bestimmend wird (2 Kön 17,13; Dtn 18,15) und die in gewisser Weise mit Anschauungen der Hexateuch-Redaktion insofern korres-pondiert, als sie die Mose-Tora auf Mose als Propheten und auf Josua als auf seinen von Gott berufenen Nachfolger zurückführt, danach aber eine „Tora-Vergessenheit" annimmt. *Drittens* eine Phase der Verschriftlichung priesterlicher Ordnungen und der Neukonzipierung des Pentateuch in der 2. H. d. 5.Jh.s nach Nehemia um die Zeit Esras, die die Mose-Tora auf schriftliche Vorgaben JHWHs selbst zurückführt. Ihr zufolge wird der Prophetismus als Offenbarungsquelle der priesterlich legitimierten Tradierung der Tora nachgeordnet und Mose als unübertroffener und unübertrefflicher „Prophet" stilisiert. Dem Einfluss dieser Sichweise unterliegen die späteren priesterlichen theo-kratischen Zusätze, die in vereinzelten Hinweisen Bezüge zur Tora auch anachroni-stisch in die Königsbücher einfügen, so etwa in der Samaria-feindlichen Kritik 2 Kön 17,34.37. Sie haben vor allem auf die Ausgestaltung der Tempel-Bau-Perikope (1 Kön 6–8) Einfluss genommen[55]. Um das Wirken Davids und Salomos als der Tora gemäß erscheinen zu lassen, nehmen sie eine Kenntnis derselben auch während der Königszeit an (1 Kön 2,3; 2 Kön 10,31(?); 21,8).

---

54 Zu den nach-pentateuch-redaktionellen Nachträgen in Jos – 2 Kön vgl. R. Achenbach, Der Pen-tateuch, seine theokratischen Bearbeitungen und Josua – 2 Könige, 225–253. Das Interesse dieser späten Bearbeitungen konzentriert sich vor allem auf den salomonischen Tempel, 1 Kön 8, vgl. ebd. 244ff.

55 Vgl. 1 Kön 8,1αβγ.4αβγ.b.5*.7–8.10–11 u.a., vgl. R. Achenbach, a.a.O., 244–252.

2. Das Jeremiabuch

Nach der Sammlung und Verschriftung prophetischer Orakel haben die Prophetenrollen mehrere Stadien der redaktionellen Bearbeitung durchlaufen, die anscheinend in einer gewissen Korrespondenz und Relation zu den Phasen der sukzessiven Redigierung und Kanonisierung des Pentateuch stehen[56]. Ein Indikator unter vielen hierfür ist auch an dieser Stelle die Verwendung des Torabegriffes. Einerseits korrespondiert er den genannten nach-deuteronomistischen Vorstellungen, nach denen die Propheten Tora-Mahner und -Mittler waren, andererseits stehen er in einer Auseinandersetzung um den in der Pentateuch-Redaktion sich ausbildenden priesterlichen Torabegriff.

Das Jeremiabuch hat mehrere Stadien des Wachstums durchlaufen[57]. In Jer 34 lassen sich Spuren des Wachstums noch beispielhaft ablesen. Das jeremianische Unheilswort über Zedekia Jer 34,4-5 bedurfte angesichts des Umstandes, dass die Ansage eines friedlichen Todes Zedekias nicht eingetreten war, einer erklärenden Einbindung. Diese wird durch die Erzählung von dem Freilassungsedikt und dem daran sich anschließenden Bundesbruch der Jerusalemer in Jer 34,1-3.6-12.17b.18-22 geboten, die die Begründung für das verschärfte Urteil über den König liefert. In v. 13-17a wird in eindeutiger Aufnahme von Dtn 15,12 die Erzählung mit der deuteronomistischen Bundestheologie in Beziehung gesetzt und Jeremia zum Propheten in deren Gefolge stilisiert[58]. Auch in der im Gefälle des Deuteronomismus agierenden Redaktion des Jer erscheint der Prophet, welcher im Sinne von 2 Kön 17,13 Juda vor den Folgen seines

---

56 J. Jeremias, „Ich bin wie ein Löwe für Efraim …". Aktualität und Allgemeingültigkeit im prophetischen Reden von Gott – Am Beispiel von Hos 5,8–14, in: ders., „Ich will euer Gott werden". Beispiele biblischen Redens von Gott, SBS 100, Stuttgart, 1981, 75–95.93, betont, es gehe im „Prozeß der Überlieferung und auch der schriftlichen Niederlegung … die geschichtliche Stunde der Ursprungssituation (scil. des Prophetenwortes) … nicht verloren; sie wird vielmehr beharrlich festgehalten als ein unverlierbares Wesensmerkmal des prophetischen Wortes. Aber sie enthält eine neue Funktion. Sie bleibt nicht länger alleiniger Zielpunkt des Wortes, sondern erhält Modellcharakter, wird zur Trägerin von grundsätzlichen Erkenntnissen über das Verhältnis Gott – Mensch, die auf andere geschichtliche Situationen übertragbar sind."

57 Zu der Fülle der divergierenden Erklärungen der Entstehung des Buches vgl. die Forschungsberichte bei S. Herrmann, Jeremia. Der Prophet und das Buch, EdF 271, Darmstadt 1990; R. Albertz, Die Exilszeit. 6. Jahrhundert v. Chr., Biblische Enzyklopädie 7, Stuttgart, 2001, 231–259; kritisch gegenüber einer redaktionsgeschichtlich orientierten Interpretation G. Fischer, Jeremia. Der Stand der theologischen Diskussion, Darmstadt 2007, 103–110, versucht dieser nachzuweisen, dass das Buch in seiner Masoretischen Fassung eine „beabsichtigte, von Anfang bis Ende überlegte Komposition" bilde. Dagegen sprechen schon die im Buch selbst tradierten Verschriftungslegenden, die von mehreren Phasen der Verschriftung ausgehen (vgl. Jer 36,32; 45; 46,1 u.a.), die zahllosen inneren Widersprüche im Text, aber auch die in MT und LXX belegten unterschiedlichen Buchgestalten.

58 A. Schenker, Die Freilassung der hebräischen Sklaven nach Dtn 15,12 und Jer 34,8–22, in: ders., Recht und Kult im Alten Testament, OBO 172, Freiburg (Schweiz) – Göttingen, 2000, 150–157.

Ungehorsams warnt (Jer 7,13; 11,7; 25,3)[59]. Im Unterschied zu der deuteronomistischen Geschichtsdarstellung wird aber hier beim Namen genannt, was im deutero-
mistischen Deuteronomiumrahmen selbst vermieden worden war: dass das Vertrauen
auf die Gegenwart JHWHs in seinem erwählten Heiligtum nicht vor der Enttäuschung
angesichts dessen Unterganges gefeit war. Die Idee jedoch, die Verpflichtung zur
Darbringung der regelmäßigen Opfer sei Bestandteil der von Gott in der Wüste erlas-
senen Gebote, wird bestritten (Jer 7,21f.). Dagegen steht der Verweis auf die Verkündigung der Knechte JHWHs, der Propheten (*kål-ʿabādaj/ʿabādājw hannᵉbiʾîm*, Jer
7,25), von denen mit großer Regelmäßigkeit die Rede ist[60]. Im Gegenzug erscheint nun
Jeremia selbst als Toralehrer und -mahner des Bundes in der Nachfolge des Mose (Jer
11,7)[61].

In ihrer einschlägigen Untersuchung zu dieser Thematik eruiert auch C. Maier verschiedene Schichten in der Verwendung des Torabegriffes[62], wobei kein einziges ech-

---

59 Die Tradenten des Jeremia unterscheiden sich von den deuteronomistischen Redaktoren des
    Deuteronomiums und der deuteronomistischen Darstellung der Königszeit zunächst darin, dass
    letztere Jeremia nicht einmal erwähnen, während im Jeremiabuch umgekehrt die josianische Re-
    form nicht erwähnt wird und als eine Kernbotschaft des Propheten dessen Kritik an einer Fröm-
    migkeit, die sich an den Glauben an JHWHs unverbrüchlichem Festhalten am Tempel klammert,
    der Botschaft, welche der Kultuszentralisation zugrundegelegen hatte, entgegenstand. Erst in dem
    Versuch, Jeremia als wahren Propheten im Sinne von Dtn 18,20–22 zu zeichnen (Jer 26) wird ei-
    ne Verbindungsbrücke zwischen deuteronomistischer und jeremianischer Überlieferung geschla-
    gen. Vgl. auch im Folgenden Anm. 49.
60 Vgl. 2 Kön 17,13.23; 21,10 (1 Kön 14,18; 2 Kön 9,7; 14,25) und Jer 7,25; 25,4; 26,5; 29,19;
    35,15; 44,4. Schon J. Blenkinsopp, Prophecy, 101 notiert: „The phrase ‚his servants the
    prophets', which occurs with some regularity in Deuteronomic material of the exilic age and ex-
    pecially in the Jeremian C source, suggests that for the first time the prophets were being viewed
    as a series, and that therefore, by implication, prophecy was beginning to be seen as essentially a
    past phenomenon."
61 Nach R. Albertz, Exilszeit, 250–252, gehörte der Text in eine sekundäre deuteronomistische
    Phase. Albertz nimmt aufgrund der noch erkennbaren Wachstumsanzeichen für die Jeremia-
    Rolle drei Stadien deuteronomistischer Redigierung gegen Ende des 6. Jh.s an, eine relativ
    schmale Schicht von Ergänzungen im Verlauf des 5. Jh.s und zahlreiche Zusätze im 4. Jh.v.Chr.
62 C. Maier, Jeremia, 282–352. Ein wesentliches Problem dieser Untersuchung besteht in der
    Schwierigkeit der Definition dessen, was nun eigentlich „deuteronomistisch" sei. Wenn zudem
    sowohl im Deuteronomium als auch in den vorderen Propheten neben deuteronomistischen auch
    nach-deuteronomistische Schichten zu konstatieren sind, ergibt sich auch für die Zuweisung der
    jeremianischen Texte ein neuer Bezugsrahmen. Der terminus post quem ist hierfür der deutero-
    nomistische Abschluss der Königsbücher, in denen wir schließlich keinerlei Hinweise auf den
    Propheten Jeremia finden! Die Weiterführung der deuteronomistischen Geschichtserzählung
    durch die Jeremia-Erzählung ist also in jedem Falle einem eigenen Überlieferungskreis zuzuwei-
    sen. Begründete Zweifel an der Zuweisung von redaktionellen Texten im *Corpus propheticum* zu
    „Deuteronomisten" finden sich schon bei N. Lohfink, Gab es eine deuteronomistische Bewe-
    gung? in: W. Groß (Hg.), Jeremia und die „deuteronomistische Bewegung", BBB 98, Weinheim,
    1995, 313–382; dieser merkt ebd., 332–333, zu den zahlreichen Bezügen von bei Jer zu 2 Kön 17

tes Jeremia-Wort sich auf diesen Begriff bezieht. Gleichwohl wird schon von Beginn des Buches an Jer 1,9b als Prophet dargestellt, welcher der Verheißung von Dtn 18,18 entspricht: נביא אקים להם מקרב אחיהם כמוך ונתתי דברי בפיו ודבר אליהם את כל־אשר אצונו <- Jer 1,9: וישלח יהוה את־ידו ויגע על־פי ויאמר יהוה אלי הנה נתתי דברי בפי[63]. Zugleich macht der Verfasser der Berufungserzählung deutlich, dass der Prophet infolge seiner angenommenen vorgeburtlichen Bestimmung und Weihe über dem Königtum zu stehen kommt, dessen göttliche Adoption traditionell ja im Rahmen der Inthronisation angesiedelt wurde (Ps 2,7). Zudem stellt der Text eine Überbietung des deuterojesajanischen Gottesknechts dar (vgl. Jer 1,3f. und Jes 49,1.5f.), insofern für Jeremia eine göttliche Bestimmung schon vor seiner Formung im Mutterleibe festgestanden haben soll und darüber hinaus der Formung des Gottesknechts im Uterus die Weihe Jeremias vor dieser Formung zugesprochen wird.

Jer 1   Jes 49,1-6; Ex 3-4

[4] ויהי דבר יהוה אלי לאמר:

בטרם אצרך בבטן ידעתיך

[5] ובטרם תצא מרחם הקדשתיך

נביא לגוים נתתיך:

[6] ואמר אהה אדני יהוה

לא־ידעתי דבר כי נער אנכי

[7] ויאמר יהוה אלי

[Jes 49,1] יהוה מבטן קראני ממעי אמי הזכיר שמי:

[5] ועתה אמר יהוה יצרי מבטן לעבד לו ...

[6] ונתתיך לאור גוים להיוה ישועתי

עד־קצה הארץ:

[4] ואני אמרתי לריק יגעתי לתהו והבל כחי כליתי

[Ex 3,11] ויאמר משה אל־יהוה

בי אדני לא איש דברים אנכי ...

כי כבד פה וכבד לשון אנכי:

an: „Man wird ... fragen können, ob „deuteronomistische" Verfasser in diesem Kapitel, wo die Ablehnung der Tora-Verkündigung der Propheten durch Israel und Juda thematisiert wird, nicht vielleicht systematisch auf ihnen zugängliche ältere Prophetenschriften anspielten ..." Hingegen führt die Verarbeitung von 2 Kön 17 in der Redigierung von Prophetenschriften über die deuteronomistische Darstellung der Geschichte der Königszeit selbst sachlich und inhaltlich weit hinaus.

63 W. Thiel, Die deuteronomistische Redaktion von Jeremia 1–25, WMANT 41, Neukirchen–Vluyn, 1973, 67; S. Herrmann, Jeremia, BK 12/1, Neukirchen–Vluyn, 1986, 65ff; U. Rüterswörden, 1 Es gibt keinen Exegeten in einem gesetzlosen Land (Prov 29,18 LXX). Erwägungen zum Thema „Prophet und die Tora", in: R. Liwak/ S. Wagner, Prophetie und geschichtliche Wirklichkeit im alten Israel, FS S. Herrmann, Stuttgart – Berlin – Köln, 1991, 326–347.330; E. Otto, Deuteronomium im Pentateuch und Hexateuch, 208; weitere Literaturhinweise bei G. Fischer, Jeremia 1–25, HThK AT, Freiburg – Basel – Wien, 2005, 135f, der den Text in einer Linie mit Dtn 34,10–12 liest. Dass sich hier eine Auseinandersetzung um die autoritative Erteilung von Tora zwischen den Tradenten des Mose und denen des Jeremia dokumentiert, ist offensichtlich. Leider diskutiert C. Maier Jer 1,9 nicht, obwohl dieser Text für die Disposition des Prophetenbildes, nach dem Jeremia als „Lehrer der Tora" erscheint, von besonderer Bedeutung ist.

אל־תאמר נער אנכי   ⁱ⁰ ועתה לכה ואשלחך אל־פרעה ...

כי על־כל־אשר אשלחך תלך   4,12 ואנכי אהיה עם־פיך והוריתיך אשר תדבר:

ואת כל־אשר אצוך תדבר:

⁸ אל־תירא מפניהם כי־אתך אני להצלך   Jes 49,2 וישם פי כחרב חדה

⁹ וישלח יהוה את־ידו   Ex 6,7 ויגע על־פי ויאמר הנה נגע זה על־שׂפתיך ...

ויגע על־פי

ויאמר יהוה אלי הנה נתתי דברי בפיך   4,15 ודברת אליו ושמת את־הדברים בפיו

ואנכי אהיה עם פיך ועם פיהו ...

ⁱ⁰ ראה הפקדתיך היום הזה על־גוים

ועל־הממלכות

(18,7 9) לנתוש לנתוץ ולהאביד ולהרוס

לבנות ולנטוע:

Der Befähigung des Gottesknechts zu besonders prägnanter, der Schärfe des Schwertes vergleichbarer Rede (Jes 49,2) steht hier die Befähigung, göttliche Worte unmittelbar auszusprechen, gegenüber (Jer 1,9). In dieser Hinsicht überbietet Jeremia sogar Mose selbst, insofern dessen Wort über den Mund des Aaron vermittelt gelten sollen (Ex 4,15), während Jer 1,9 unmittelbar das Wort ausrichtet. Damit tritt die Darstellung des Berufungsberichtes geradezu in Widerspruch und Konkurrenz zu der Theorie der Pentateuch-Redaktion in Ex 4[64]. Dementsprechend wird Jeremia in der Darstellung der Tempelrede beauftragt (Jer 26,4): *„Sage zu ihnen: ‚So spricht JHWH: Wenn ihr nicht auf mich hört und nicht nach meiner Tora wandelt, die ich euch vorgelegt habe'* (אשר נתתי לפניך)*" und explizit im Sinne von 2 Kön 17,13 in Jer 26,5: *„indem ihr hört auf die Worte meiner Knechte der Propheten, die ich zu euch sende."* Jer 26,5.7.8.10–16 beschreiben den Propheten als Toralehrer in der Linie der Erwartungen von Dtn 18,15.18; F.-L. Hossfeld hat darauf aufmerksam gemacht, dass Jer 26 zudem in einer inneren Beziehung zu Dtn 18,20 steht. Die Erzählung schildert „ein ‚Lehrzuchtverfahren', bei dem sich im Sinne von Dtn 18,20 ein Prophet vor einem Gericht gegen den Verdacht der Vermessenheit zu verteidigen hatte und bei dem damit die Echtheit seiner Botschaft festgestellt werden sollte."[65] Der Prophet hat nach dem Maßstab von Dtn 18,22 die Wahrheit gesprochen hat, wenn seine Unheilsansage eingetroffen ist.

Alle weiteren Bezugnahmen auf den Torabegriff im Jeremiabuch sind kaum älter als diese Schicht zu beurteilen, d.h. Jer 2,8; 6,19; 8,8; 9,12; 16,11; 18,18; 31,33; 32,23; 44,10.23[66]. Dabei ist allerdings nicht immer leicht zu sagen, ob noch die Sicht des Hexateuch-Redaktors vorherrscht oder schon Rückbezüge auf die durch den Penta-

---

64   E. Otto, Pentateuch im Jeremiabuch, 265–274.

65   F.-L. Hossfeld/I. Meyer, Der Prophet vor dem Tribunal, ZAW 86, 1974, 30–50.48; vgl. U. Rüterswörden, Es gibt keinen Exegeten, 329f.

66   Vgl. ausführliche Diskussion der Befunde bei C. Maier, Jeremia, 282–336.

teuch-Redaktor geschaffene Begrifflichkeit vorliegen[67]. Die Kritik an „den Priestern, die die Tora handhaben" (Jer 2,8), ihre Lehren beruhten nicht auf einer Befragung JHWHs selbst, nimmt Bezug auf einen formalisierten Umgang mit der Tora, der schon deren Verschriftung als ausreichenden Grund der Autorisierung ansieht. Die schriftgelehrte Arbeit an der Mose-Tora wird als Verkehrung der eigentlichen JHWH-Tora kritisiert (Jer 8,8). Hier wird man kaum die Auseinandersetzungen einer „spätexilischen" Zeit anzunehmen haben (so C. Maier)[68], sondern ein fortgeschrittenes Stadium der priesterlichen Kanonisierung[69]. Jeremia rückt als Protagonist an die Spitze einer priesterkritischen Opposition gegen diese Prozesse, der seinerseits entsprechende Anfeindung ertragen muss, wie sie in Jer 18,18 formuliert wird: _„Da sprachen sie: Auf, lasst uns Pläne schmieden wider Jeremia, denn nie wird die Tora dem Priester ausgehen, noch der Rat den Weisen, noch das Wort den Propheten."_

Im Streit um die Durchsetzung der Sabbatobservanz Jer 17,19–27 (vgl. Neh 13,15–22) erscheint Jeremia als Mahner zur Sabbatheiligung, indem er das Verbot des Lastentragens in den Mittelpunkt stellt. Die radikalere Forderung der Pentateuch-Redaktion (Ex 31,12–17) wird hier noch nicht in den Blick genommen[70]. Die Tora des Jeremia führt also in dieser Schicht mehr oder weniger das weiter, was der Hexateuch-Redaktor tradiert hat, wobei allerdings der Prophet nicht als Gesetzesmittler im mosaischen Sinne fungiert, sondern vielmehr als unmittelbarer Tora-Empfänger, der die Tora JHWH selbst weitergibt. Mit der Priorisierung der Mose-Tora durch den Pentateuch-Redaktor gerät die Stilisierung des Propheten zum Ermahner, die von JHWH Israels Vätern „vorgelegte" Tora einzuhalten (Jer 9,12; 16,11; 32,23; 44,10.23).

Die Interpretation Jer 9,12 bezieht sich auf Dtn 4,8–10. Dieser Text sieht die Tora als Teil des gesamten Pentateuch und kritisiert die fehlgeleitete Unterweisung in Isra-

---

67 G. Fischer, Jeremia 1–25, 275, lässt die Antwort für Jer 6,19 offen, nimmt aber an, dass schon in Jer 8,8 mit „Tora" die Bücher Gen – Dtn gemeint sind, ebd. 335.

68 C. Maier, Jeremia, 354.

69 G. Fischer, Jeremia 1–25, 159.

70 Zu dieser Zuweisung von Ex 31,12–17 vgl. W. Groß, „Rezeption" in Ex 21,12–17 und Lev 26,39–35. Sprachliche Form und theologisch-konzeptionelle Leistung, in: R.G. Kratz – T. Krüger (Hg.), Rezeption und Auslegung im Alten Testament und in seinem Umfeld, FS O.H. Steck, OBO 153, Freiburg Schweiz – Göttingen 1997, 45–64; R. Achenbach, Heiligkeitsgesetz, 11–15. C. Maier, Jeremia, 356–359, nimmt in die gleiche Überlieferungsschicht auch Jer 7,1–8,3; 11,1–14; 22,1–5; 34,8–22, mit hinein. Eine ausführliche Diskussion dieser Texte würde den Rahmen der vorliegenden Darstellung sprengen. Nach den weit auseinander liegenden Untersuchungen von C. Levin, Die Verheißung des neuen Bundes in ihrem theologiegeschichtlichen Zusammenhang ausgelegt, FRLANT 137, Göttingen, 1985; R. Albertz, Exilszeit, 231–260; H.-J. Stipp, Probleme des redaktionsgeschichtlichen Modells der Entstehung des Jeremiabuches, in: W. Groß (Hg.), Jeremia und die „deuteronomistische Bewegung", BBB 98, Weinheim, 1995, 225–262, wird jedenfalls deutlich, dass die Texte unterschiedlichen Entstehungsstadien des Buches zuzuweisen sind und dass das Siglum „deuteronomistisch" zu ihrer Erfassung unzureichend ist.

el[71]. Die Erneuerung des Bundes kann dementsprechend nicht an dem traditionellen (deuteronomistischen) Verständnis der Bundeserneuerung i.S. einer rituellen Reinigung nach Ex 32 anknüpfen oder bei der Hoffnung einer freiwilligen Herzensbekehrung Israels (Dtn 30). Auch können die Tafeln des Gesetzes nicht mehr in Stein erneuert, die Bundeslade nicht neu gebaut werden (Jer 3,16). Die einzige Chance für eine nicht durch schriftgelehrte Verfälschung ermöglichte Bundeserneuerung ist, dass Gott selbst seine Tora in die Herzens-Tafeln des Volkes schreibt, sie also dem Bewusstsein und Wollen seines Volkes vollkommen einprägt (Jer 31,31-34). Damit tritt ein zentraler Text der jeremianischen Tradition in Opposition zu den priesterlichen Tradenten des Pentateuch. Jer 31,33 nimmt eine Linie der Bundestheologie auf, die ihren Ursprung in den deuteronomistischen Texten Dtn 29,3 und 30,6 genommen hat, und die der Pentateuch-Redaktor in Lev 26,41 seinerseits weitergebildet und auf das Heiligkeitsgesetz angewendet hat. Weitere Belegtexte dieser die Pentateuch-Redaktion alternierende Bundestheologie finden sich in Jer 24,7; 31,33; 32,39–40, aber auch in Ez 11,19 und 36,26-27. Die Verheißung des „neuen Bundes" wird präludiert durch die der Sabbat-Belehrung Jer 11,19ff. in Jer 11,1-17 vorangestellte prophetische Paränese, die ihrerseits Dtn 27-29 alterniert[72].

Zugleich steht Jer 31,31–34 aber auch in einer gewissen Spannung zu der in Jer 32,36–41 entfalteten älteren Form der Theologie einer Bundeserneuerung, die ihrerseits ein redaktionelles Stadium der Buchentstehung repräsentiert, wie K. Schmid nachgewiesen hat[73]. In ihm konzentriert sich alles auf die Zuschreibung der Landverheißungen auf die aus dem Exil zurückkehrende Generation, wobei mit Jer 32,22 schon die die Hexateuch-Redaktion bestimmende Konzeption der Landverheißung Jahwes als Eid an die Väter vorausgesetzt und also fortgeschrieben wird[74]. Erst durch die Vorschaltung von Jer 31,31-34 werden die älteren redaktionellen bundestheologischen Texte in Jer 32 und 34 in die gegenüber der Pentateuch-Redaktion kritische „Theologie des Neuen Bundes" eingebunden. Das Motiv der „Herzens-Erneuerung" mit dem Ziele der Tora-Erfüllung durch das Volk stammt aus schriftgelehrter weisheitlicher Beleh-

---

71 G. Fischer, Jeremia 1–25, 357. Nach M. Fishbane, The Garments of Torah. Essays in Biblical Hermeneutics, Indiana Studies in Biblical Literature, Bloomington (Ind.) 1989, finden sich im Jeremiabuch Transformationen von Pentateuchtexten aus diversen Schichten, so dass die jeremianischen Texte als „nach-pentateuch-redaktionell" einzustufen sind, vgl. hierzu Jer 2,3 in Verbindung mit Ex 19,5–6; Dtn 7,6; Lev 22,14–16; M. Fishbane, ebd. 12–14.

72 Zur Korrespondenz von Jer 11,1–17 und 31,31–34 vgl. E. Otto, Pentateuch im Jeremiabuch, 274–281; ders., Welcher Bund ist ewig? Die Bundestheologie priesterlicher Schriftgelehrter im Pentateuch und in der Tradentenprophetie im Jeremiabuch, in: C. Dohmen/ C. Frevel (Hg.), Für immer verbündet. Studien zur Bundestheologie der Bibel, SBS 211, Stuttgart 2007, 161–169.166f.

73 K. Schmid, Buchgestalten, 99–103.

74 T. Römer, Israels Väter. Untersuchungen zur Väterthematik im Deuteronomium und in der deuteronomistischen Tradition, OBO 99, Freiburg (Schweiz) – Göttingen 1990, 475–481.

rung und gehört in die letzte Phase der Redaktion der Prophtenbücher. Sie bestimmt die Neuformation der Bundestheologie im Jeremiabuch (Jer 31,31–34; 34,12–17)[75].

Im Pentateuch hingegen nimmt nun Mose die Rolle des warnenden Propheten ein, der den Bundesbruch schon vorherweiß und vorhersagt (Lev 26,15-45; Dtn 4,25-31). Der Protest der am Jeremiabuch arbeitenden Schriftgelehrten verteidigt die Position der spirituellen Erneuerung gegen die rituelle (Jer 31,31–34)[76], wobei sich in vieler Hinsicht inhaltlich in der „Jeremia-Tora" die Mose-Tora widerspiegelt. Umgekehrt reagiert die Priestertheologie des Pentateuch auf die Prophetentheologie des Jeremia dahingehend, dass sie auch für die Torabelehrung durch Josua oder die Ältesten wie den Toraempfang und die Torabelehrung im Volk eine Begabung durch Gottes Geist als Voraussetzung ansieht (Num 11,24-30; Dtn 34,9). Der prophetische Geist wird zum Geist der an und aus der Schrift Gelehrten[77].

Im Gegenzug wird die prophetische Tora zum universalen Maßstab für Israel und die Völker. In diesem Sinne interpretiert Jer 6,19 vor dem Hintergrund des Scheiterns Israels und der gegen den priesterlichen Pentateuch gerichteten Opferkritik in Jer 6,20-21 die Botschaft des Propheten. Der nicht allein 2 Kön 17,15 sondern auch Neh 9,34 nahestehende Text[78] gehört somit in die jüngste Redaktionsphase des Buches. Der gleichen Schicht dürfte aus sprachlichen wie inhaltlichen Gründen auch die Verzahnung mit der Kritik an der Verehrung der Himmelskönigin mit dem Tora-Gehorsam in Jer 44,10.23 zuzuweisen sein[79]. V.23 weist sprachlich mit der Charakterisierung der Kritik als Heraufrufung des Gerichts (קראת אתכם הרעה הזאת כיום הזה) einen engen Bezug zu Dtn 31,29 (וקראת אתכם הרעה באחרית הימים) auf, ein Text, in welchem die Pentateuch-Redaktion Mose zu dem über allen anderen Propheten stehenden Propheten stilisiert[80], welcher die Leiden des Exils vorhergesehen hat. Als in der letzten Phase der Überlieferung die hierokratischen und theokratisch gesinnten priesterlichen Schriftge-

---

75 E. Otto, Die Literaturgeschichte des Deuteronomiums im Horizont der jüngsten Deuteronomiums- und Pentateuchforschung, in: ders., Gottes Recht als Menschenrecht. Rechts- und literaturhistorische Studien zum Deuteronomium, BZAR 2, 2002, 1–91,76–77 stellt zu Jer 31,31–34 fest: „Jer 31,31–34 ist der schärfste Gegentext in der Hebräischen Bibel zu dem postdeuteronomistischen Kapitel Dtn 31, das in der Hexateuchredaktion Gelenkfunktion und in der Überarbeitung durch die Pentateuchredaktion Abschlußfunktion hat. Jer 31,31–34 wendet sich nicht nur gegen die mosaische Verschriftung der Tora (Dtn 31,9), sondern auch gegen die Belehrung der Kleinen durch die Großen (Dtn 31,12). Damit abrogiert Jer 31,31–34... nicht nur die Verschriftungs- und Belehrungstheorie der Pentateuchredaktion der Tora, sondern vor allem ihre an Mose gebundene Offenbarungstheorie."
76 E. Otto, Das Deuteronomium im Pentateuch und Hexateuch, 232, A. 316.
77 S. hierzu T. Krüger, Das menschliche Herz und die Weisung Gottes. Elemente einer Diskussion über die Möglichkeiten und Grenzen der Torarezeption im Alten Testament, in: R.G. Kratz/ T. Krüger (Hg.), Rezeption und Auslegung, 65–92.
78 Zum sprachlichen Nachweis der späten Abfassung vgl. auch C. Maier, Jeremia, 313–316
79 Vgl. C. Maier, Jeremia, 332–335.
80 E. Otto, Deuteronomium im Pentateuch und Hexateuch, 191–192.

lehrten sich gänzlich der prophetischen Schriften bemächtigt hatten, verstand man auch das jeremianische Schrifttum immer mehr in einem eschatologischen und universalen Sinne. In den spätesten Schichten des Jeremiabuches aus dem 4.-3.Jh. v. Chr. erhalten die Visionen den Charakter einer Auslegung zu den Verheißungen des Pentateuch und deren weiter ausbleibenden Erfüllung. In der monotheistischen Perspektive einer universalen Gültigkeit der religiösen Ethik muss der Prophetismus die Bekehrung nicht allein Israels, sondern auch der Völker in den Blick nehmen und zu einer prophetischen Weisheitslehre werden[81].

3. Das Jesajabuch

Die ältesten Schichten des Proto-Jesajabuches sind wohl prägend geworden für die Sozialgesetze des Bundesbuches, der Torabegriff erscheint in ihnen jedoch nicht. Erst im Gefolge der deuteronomistischen Anschauungen wird Jesaja als Prophet des unausweichlichen Unterganges seines Volkes stilisiert (Jes 30,9; vgl. Jes 5,24[82]). Diese Texte setzen z.T. die nach-deuteronomistische Redigierung im Zuge der Einbeziehung von Textpassagen aus der deuteronomistischen Geschichtserzählung in Jes 36-39 voraus, die den Protojesaja als vertiefende Weiterführung zu 2 Kön 18-20 liest. Dabei ergibt sich eine bemerkenswerte Parallele zur Einbindung der Jeremiaüberlieferung in einen von 2 Kön 24-25 her bestimmten Rahmen (vgl. Jer 52).

In der frühperserzeitlichen deutero-jesajanischen Sammlung finden wir einen wichtigen Spiegel der nach-exilischen Geschichte der Legitimation von Herrschaft in Israel. Die Erneuerung des davididischen Königtums durch Serubbabel war unterbunden worden. Stattdessen wird ein Legitimationsorakel für Kyros formuliert (Jes 45,1–7), das diesen als von JHWH gewollten Herrscher über Israel bestätigt. Die repräsentativen religiösen Funktionen der Davididen jedoch konnten von keinem Perser übernommen werden. Darum tritt die Gestalt des Gottesknechts als eines Repräsentanten Jakob – Israels auf den Plan, der die Königsfunktionen mit Hinsicht auf die Zionsgemeinde übernimmt. Diesem obliegt die Durchsetzung des Rechts nach den Maßgaben der Wei-

---

81 Zu den spätesten Schichten des Jer gehören unter anderem Jer 3,16–18; 9,22f.24f; 10,1–16; 12,12*; 15,21; 16,14–15.19–21; 17,5–13; 25,9–34*; 33,14–26 und weite Teile von 46–51MT.

82 Zur Spätdatierung dieser Texte vgl. U. Becker, Jesaja – Von der Botschaft zum Buch. FRLANT 178, Göttingen, 1997, 142–143.251–257. In Jes 30,8–9 wird der Prophet aufgefordert, die Gerichtsworte auf einem *sēfær ḥuqqāh* festzuhalten, damit man sie in späteren Zeiten noch lesen und erinnern kann. So entsteht beim Leser der Eindruck, dass er nun Worte lese, die Jesaja gerade zu seiner Belehrung aufgeschrieben habe. Die Generation der Väter wird kritisiert: „.... the ancient generation is criticised in v. 9: For they are a rebellious people, faithless children, children who will not hear the *torah* of YHWH. An dieser Stelle erscheint der Prophet nicht mehr selbst als Toramittler, sondern als einer, der auf die geschriebene Tora verweist. In diesem Sinne war die Schriftprophetie auch seitens der Träger der Pentateuch-Redaktion zu akzeptieren. Ein ähnlicher Fall scheint in Jes 5,24b vorzuliegen.

sungen JHWHs, und somit gilt er als Verwirklicher der Tora (vgl. Jes 42,4). Infolge der Auseinandersetzung mit dem Mazdaismus der Achämeniden und den in ihm inhärenten dualistischen Weltbild sind die Verfasser der deutero-jesajanischen Texte genötigt, mit dem Festhalten am Ausschließlichkeits-Anspruch JHWHs auch zur Formulierung einer radikalen monotheistischen Grundaussage zu kommen[83]. Darum gewinnt das durch den *Einen Gott* gewirkte Recht den Charakter universaler Bedeutsamkeit. In Anknüpfung an die Tradition universaler Rechtsansprüche der mächtigen altorientalischen Herrscher, wird nun die entscheidende Funktion des Schamasch – Licht – Trägers und Gewährleisters des Rechts dem Gottesknecht zugesprochen (ebd., Jes 42,4): *„Er selbst erlischt nicht und bricht nicht zusammen, bis er auf der Erde das Recht gesetzt hat, denn auf seine Tora harren die Inseln!"* (vgl. Jes 42,19.21.24; 51,4.7).

Nachdem das Königtum in Israel unter Serubbabel nicht hatte restituiert werden können und der Rechtstitel des „Messias JHWHs" an den persischen Großkönig übergegangen war (Jes 45,1), wurde andererseits der Titel des Knechtes JHWH ('æbæd YHWH) auch im Zuge der Hexateuchredaktion reklamiert, allerdings für Mose und seinen Nachfolger Josua (Jos 1,1-2; 24,29). Wenn man davon ausgeht, dass die Gottesknechtstexte ein prophetisch inspiriertes Konzept der religiös-politischen Führung der Rückkehrergemeinschaft repräsentieren und zugleich das Scheitern der hinter diesem Zyklus stehenden Gestalt reflektieren, dann formuliert die Hexateuch-Redaktion mit der Ausgestaltung des Mosebildes nach dem Vorbild des leidenden und bewahrten Propheten und Gottesknechts ein von der prophetischen Legitimation unabhängiges Herrschaftsbild[84]. Dieses alternierende Modell scheint sich also aus dem Versuch heraus entwickelt zu haben, ein in der idealen Ursprungszeit Israels angesiedeltes Modell zu entwickeln, das gegen den unmittelbaren Eingriff politischer Mächte besser gefeit war. Demnach musste ein Oberhaupt, das nun nicht als Davidide auftreten konnte, einerseits als Repräsentant der Väter Israels, also als ein Repräsentant gleich dem Erzvater Jakob aus dem Land weggegangener Menschen sein, und andererseits als ein Repräsentant des gleich den Nachfahren der Erzväter nach der Exoduslegende als Israel in das Land hineinziehenden Volkes erscheinen. Zudem sollte sie dem Bild eines mosaischen Gottesknechts entsprechen und dabei eine Kontinuität des mosaischen Geistes und Gesetzes gewährleisten.

---

83 Hierzu R. Achenbach, Das Kyros-Orakel in Jesaja 44,24 – 45,7 im Lichte altorientalischer Parallelen, ZAR 11, 2005, 155–194.

84 Nach Num 11,11 benennt Mose sich vor Gott selbst als dessen Knecht und die Erzählung nimmt in 11,23 in Erwiderung der Moseklage den dem Gottesknechtstext Jes 50,4ff. vorausgehenden Zuspruch Jes 50,2 auf, der in der rhetorischen Frage besteht „Ist denn die Hand JHWHs zu kurz?". Der Trito-Jesajatext Jes 59,1 beantwortet mit Blick auf Jes 60–62 diese Frage eindeutig. Die auch an anderen Stellen der Mose-Fürbitter-Tradition erkennbare Affinität zur Thematik des leidenden Propheten oder Gottesknechts beruht also vermutlich auf bewussten Anspielungen und Auseinandersetzungen (vgl. R. Achenbach, Vollendung, 230f.261f).

Der Gottesknecht der deutero-jesajanischen Sammlung gilt analog der Königstradition als Erwählter. In seiner charismatischen Begabung soll Israel sich als erwähltes Volk wiedererkennen, sodass das Volk gleichermaßen als Gottesknecht beschrieben werden kann, auch wenn es gegen die von Gott gegebene Tora verstoßen hat (Jes 42,21: *„JHWH hat es gefallen um seiner eigenen Gerechtigkeit willen, er erhebt Tora zu großer Bedeutung und verleiht ihr Pracht. ... 24b ... War es nicht JHWH, wider den wir gesündigt haben? Wollten sie doch nicht auf seinen Wegen wandeln und waren sie doch ungehorsam gegen seine Tora!“*). JHWH veranlasst die Selbstproklamation des Gottesknechts, Jes 51,4: *„Merke auf, mein Volk ... denn Tora ergeht aus meinem Munde und Recht als Licht für die Völker! ... 7 Höret mir zu, die ihr Kenntnis habt von Gerechtigkeit, du Volk, das meine Tora im Herzen trägt! Fürchtet euch nicht vor dem Schmähen durch den Menschen, und vor ihren Lästerreden erschrecket nicht!“* Die Vorstellung einer universalen Gültigkeit und Bedeutung der Tora, die durch den Gottesknecht verkündigt und durch das gläubige Volk in ihrer Gültigkeit umgesetzt und bezeugt wird, hat durch die deutero-jesajanische Gottesknechtstheologie einen idealischen institutionellen Ausdruck gefunden. Insofern die Gestalt des Gottesknechts auch als Empfänger göttlicher Tora erscheint, hat sie nicht nur Elemente königlicher sondern auch prophetischer Funktionen übernommen. Auch die Propheten erscheinen in ihrer Weise als Gottesknechte (vgl. 2 Kön 9,7; 10,23; Jes 34,17). Wenn also Mose und in seinem Gefolge Josua in der Hexateuch-Redaktion als Gottesknechte dargestellt werden (Dtn 34,5; Jos 1,1.13.15; 8,31.33; 11,12; 13,8; 14,7 ... 24,29, s. a. Ri 2,9; 2 Kön 18,12), so kommt diesen umgekehrt mit der Funktion der Führerschaft auch eine prophetische Qualität zu, die bei Mose vor allem in den Leiden aufgrund des Ungehorsams Israels zum Ausdruck gebracht wird (vgl. Num 11,11-15; 12,3). Ihm gegenüber rückt also alle Prophetie in die Rolle der Sukzession (Dtn 18,15). Die deuterojesajanische Herrschergestalt, die in ihrer Selbstproklamation das prophetische Heilsorakel verkündet, das an sie ergangen ist, rückt durch den Gottesknechtstitel zwischen die Propheten und den königlichen Gottesknecht David (vgl. Ps 18,1; 36,1; 89,21)[85].

Durch die Verbindung des Protojesaja mit der deutero-jesajanischen Sammlung rückt der Prophet Jesaja selbst in die Vorgeschichte des Gottesknechts und wird in den jüngeren literarischen Schichten nunmehr selbst als Lehrer der JHWH-Tora stilisiert, so etwa in dem Prolog des Buches, wo es in dem Scheltwort über Jerusalem und seine Bevölkerung heißt (Jes 1,10): *„Hört das Wort JHWHs, ihr Lenker von Sodom, höret*

---

85 Den späteren Sprachgebrauch reflektieren Ps 113,1; 134,1; 135,1; Moses als Gottesknecht findet Erwähnung in 2 Chr 1,3; 24,6. Es gibt unabhängige Verbindungen zwischen dem Text des Hexateuch-Redaktors, der auf Kerygmata der Prophetenüberlieferung in der Mosedarstellung zurückgreift wie etwa das Motiv des leidenden Propheten und wiederum Prophetentexte, die auf diese Ausformung des Bildes vom gottgesandten Wortmittler reagieren, z.B. nimmt der Hexateuch-Redaktor in Num 11,23 Bezug auf Jes 50,2; ein Reflex auf Num 11,23 wiederum findet sich in Jes 59,1, vgl. hierzu R. Achenbach, Vollendung, 229–230.261–262.

auf die Tora unseres Gottes, ihr Volk von Gomorrha!" Die Orakel des Propheten gelten nun ihrerseits selbst als „Tora", die vom Propheten als verschriftete und besiegelte Dokumente einem um ihn bestehenden Schülerkreis übergeben worden sein sollen (Jes 8,16), um gegenüber allen anderen Arten der Divination als Quelle der Orientierung am Gottesrecht zu gelten (Jes 8,19f). Jes 1,10-17 gehört zu den spätesten redaktionellen Rahmentexten des Buches, die den Analysen U. Beckers zufolge die Unheilsworte in den theologischen Rahmen einer „Ungehorsams-Theologie" einspannen[86]. Der Prophet bringt in einem liturgisch stilisierten Rechtsstreit vor Gott die Anklagen gegen die Führer und das Volk von Jerusalem vor und zeigt ihren Ungehorsam gegen die Gebote Gottes auf. In einer deutlichen Spannung gegenüber den Forderungen des Heiligkeitsgesetzes (vgl. Lev 17,5ff.; 23) wird die Anhäufung kultischer Begängnisse kritisiert, da ihr im Rechtsleben des Volkes die Duldung fundamentalen Unrechts gegen die Armen und sozial Schwachen gegenüberstehe (Jes 1,16b.17). Der Text enthält Anspielungen auf diverse Passagen aus den Fluchreihen und Mahnungen am Ende der Gesetzessammlungen, vgl. z.B. Jes 1,7 // Lev 26,33; Dtn 28,51; 29,22. Israel wird einem störrischen Sohn verglichen (Jes 1,2-3 // Dtn 21,18-21; 32,1.5f.; 30,19), seine Bestrafung mit den desaströsen Folgen des Ungehorsams bezahlt (v. 4-6 // Dtn 28,35; 29,21[87]); die allegorische Beschreibung Jerusalems und der Zerstörungen als „Sodom und Gomorrha" erinnert über Gen 19,24f. hinaus an Dtn 29,21-22 (vgl. Jes 1,5b.7b.9)[88]. Jesaja erscheint also gleichsam als ein Prophet, mit dem der mosaischen Tora eine jesajanische Tora gegenübersteht. Liest man diese komplementär zum Pentateuch, erscheint sie als Aktualisierung der Mose-Tora (Dtn 18,18)[89], liest man sie als prophetischen Entwurf im Gegenüber zu der Pentateuch-Redaktion, so steht die jesajanische Sammlung in einer kritischen Spannung zu den Priesterkreisen, die die Mose-Tora überliefern (Dtn 34,10-12). Die redaktionellen Tradenten des Jesaja-Kreises geben sich in Jes 1,9 als die Frommen des Heiligen Rests zu erkennen, als die „von Sodom und Go-

---

86 U. Becker, Jesaja, 176–199. Zum redaktionellen Charakter des Kapitels vgl. J. Vermeylen, Du prophète Isaïe á l'apocalyptique. Isaïe, I–XXXV, miroir d'un demi–millénaire d'expérience religieuse en Israël, Tome I, Paris, 1977, 42–70, 108ff, der hier ein „résumé–programme de la doctrine du prophète" in deuteronomistischer Bearbeitung findet. H. Barth, Die Jesaja–Worte in der Josiazeit. Israel und Assur als Thema einer produktiven Neuinterpretation der Jesajaüberlieferung. WMANT 48, Neukirchen–Vluyn, 1977, 217–220, hält den Text für das Werk eines Redaktors der Exilszeit, W. Werner, Eschatologische Texte in Jesaja 1–39. Messias, Heiliger Rest, Völker, FzB 46, Würzburg 1986, (2. Aufl.), 126–133, nimmt einen nach-exilischen Redaktor an. W.A.M. Beuken, Jesaja 1–12, HThK AT, Freiburg – Basel – Wien, 2003, 66–87.69, datiert die Redaktion in der Zeit des Nehemia.

87 Weitere Parallelen vgl. Jer 5,3; 8,18.

88 Weitere Bezüge bei U. Berges, Das Buch Jesaja. Komposition und Endgestalt, HBS 16, Freiburg – Basel – Wien a.o., 1998, 56–68.

89 N. Lohfink, Bund und Tora bei der Völkerwallfahrt. Jesajabuch und Psalm 25, in: ders./ E. Zenger (Hg.), Der Gott Israels und die Völker. Untersuchungen zum Jesajabuch und zu den Psalmen, SBS 154, Stuttgart, 1994, 37–83.46.

morrha übriggebliebenen" am Zion, mit welchen zu identifizieren sie ihre Adressaten einladen[90]. Die Jesaja-Tora bezieht sich hiernach im Kern auf zwei Fragen, einerseits auf den Sinn der überaus großen Menge an Schlachtopfern, die am Tempel nach den Forderungen der Priester-Tora dargebracht werden sollen (v. 11), andererseits auf die Häufigkeit der Wallfahrten zum Tempelberg, die nicht den Weisungen JHWHs entspreche (v. 12). Ihre negative Beantwortung erfolgt in vv. 13-15, positiv wird dem in vv. 16-17 in Form von neun Imperativen eine eigene Merkreihe von Torot gegenübergestellt: *„ Waschet euch! Reiniget euch! Tut hinweg eure Übeltaten vor meinen Augen! Höret auf, Böses zu tun! Lernt das Gute zu tun! Trachtet nach Recht! Weist den Gewalttäter in die Schranken! Verhelft der Waisen zum Recht! Erstreitet das Recht der Witwe!"* Dabei werden weder die Anliegen noch die Existenz mosaischer Tora im Grundsatz in Frage gestellt, vielmehr auch hier wird gleichermaßen religiös-rituelle Reinheit gefordert wie Tadellosigkeit in der Wahrung der Prinzipien der Rechte der *Personae miserae*. Dem Weg der Reue, der Umkehr und der Vergebung steht der Weg des Aufbegehrens, des Ungehorsams und der Bestrafung gegenüber (v. 18-20). Damit mündet die Jesaja-Tora in Motive, die in eigener Form die Lehre des Propheten Mose in den späten Redaktionsschichten des Pentateuch ausmachen (vgl. Dtn 11,26ff.; 30,11-20; Lev 26,14-33).

Schon O.H. Steck hat darauf aufmerksam gemacht, dass z.B. der aus Jes 1,2-20 abzulesenden Disposition des Buches Texte im hinteren, trito-jesajanischen Teil thematisch und sprachlich korrespondieren, so Jes 56,1-8; 58,1-14; 66,1-6, die in einem gemeinsamen Traditions- und Überlieferungszusammenhang stehen[91]. Die Thematik der angesichts der Verzögerung der Heilserwartungen Israels nach Meinung ihrer Autoren unabweisbaren Notwendigkeit einer neuerlichen, vertieften Bußbewegung bestimmt die gesamte Redaktion und neuerliche Inanspruchnahme der jesajanischen und deuterojesajanischen Botschaften im Zuge einer *„Umkehr-Redaktion"*, die in Buße und Neuorientierung die Bedingung für eine Heimkehr der gesamten Golah zum Zion sieht (vgl. auch Jes 1,27–28; 56,9–59,21)[92]. Die sehr komplizierten Prozesse dieser Bearbeitungen können an dieser Stelle nicht in extenso diskutiert werden. Es soll lediglich darauf hingewiesen werden, dass die Redigierung des Jesaja-Buches in der Phase nach der Hexateuch-Redaktion in einer gewissen Korrespondenz und kritischen Spannung

---

90 U. Berges, Jesaja, 64f.
91 O.H. Steck, Zu jüngsten Untersuchungen von Jes 56,9 – 59,21, in: ders., Studien zu Tritojesaja, BZAW 203, Berlin – New York, 1991; 63,1–6, 192–213.265; J. Vermeylen, 1978, 464–465; O. Loretz, Der Prolog des Jesajabuches (1,1 – 2,5). Ugaritologische und kolometrische Studien zum Jesajabuch, Altenberge 1984, 120; A.J. Tomasin, Isaiah 1,1–2,4 and 64–66, and the Composition of the Isaianic Corpus,   JSOT 57, Sheffield, 1993, 81.86–88.98.
92 O.H. Steck, Zu jüngsten Untersuchungen von Jes 56,9–59,21; 63,1–6 in: ders., Studien zu Tritojesaja, BZAW 203, Berlin – New York, 1991, 192. U. Berges, Jesaja, 71–72, weist Jes 2,2–4 der gleichen Redaktionsschicht zu. U. Becker, Jesaja, 195, hingegen meint, vv. 27–28 bildeten eine Unterbrechung des literarischen Zusammenhangs zwischen Jes 1,21–26 und 2,2–4.

zur Pentateuch-Redaktion sich ereignet hat, deren Aufhellung im einzelnen noch zu leisten ist. In dieser Phase wird auch dieser Prophet zunehmend selbst zu einem Tora-lehrer[93].

Je mehr der Pentateuch als kanonisch anerkannt wurde, desto stärker gingen die Diskussionen also um das, was als JHWHs Tora für die Gegenwart zu gelten hatte, in das *Corpus propheticum* über. In Jes 8,16 (*„Verwahren des Zeugnis-Dokuments, Versiegeln der Tora bei meinen Schülern.“*) wird die Lehre Jesajas definitiv als von Jesaja selbst kodifizierte versiegelte Tora verstanden; durch die Versiegelung soll sie vor Veränderungen geschützt bleiben bis zur Erfüllung der auch in ihr enthaltenen Verheißungen und Voraussagungen. Wie die Mose-Tora soll sie gegenüber allen mit ihr konkurrierenden Divinationsangeboten den uneingeschränkten Vorrang genießen (vv.19-20; vgl. Dtn 18,9-20; Num 12,6-8). In der prophetischen Tora vereinen sich Recht und Charisma aufgrund der besonderen prophetischen Inspiration. Insofern sich aus den prophetischen Ansagen ethische Weisungen ergeben, dient gerade das prophetische Zeugnis selbst auch als Tora (vgl. v. 16: צור תעודה חתום תורה – und v. 20: לתורה ולתעודה)[94]. Dadurch, dass der Vorgang selbst im Kontext der Jesaja-Denkschrift angesiedelt ist und möglicherweise in der Niederschrift des zeichenhaften Kindesnamens seinen ursprünglichen Anlass hat, erscheint der Vorgang der Übergabe prophetischer Orakel in die Obhut von Schülerkreisen als der älteste Ort prophetischer Toraerteilung. Im hinteren, trito-jesajanischen Teil des Buches erscheint das Wort Tora nicht mehr. Sachlich und thematisch sind, wie gesagt, die Kapitel 56 und 66 mit dem ersten Kapitel verwoben. In Gestalt prophetischer Paränesen, Disputationen und Ankündigungen wird in diesen Texten indirekt Toraerteilung unter eschatologischen Vorzeichen vorgenommen, vgl. etwa 56,1-7 und 66,3-6. Dabei treten die hier formulierten Maßstäbe teilweise in offenen Widerspruch zu der mosaischen Tora des Pentateuch[95]. Hat schon die

---

93 M.A. Sweeney, The Book of Isaiah as Prophetic Torah, in: R.F. Melugin/ ders. (Hg.), New Visions of Isaiah, JSOT.S. 214, Sheffield, 1996, 50–67, zeigt auf, dass die Belegstellen für „Tora" im Jesajabuch unterschiedlichen Schichten zuzuweisen sind, dass sich aber im Zuge einer komplementären Lesung eine einheitliche Gesamtschau entwickelt, der zufolge Tora als „the teaching of YHWH, expressed by the prophet" zu verstehen ist (ebd. 63).

94 Dies mag der Grund dafür sein, dasss U. Berges, Jesaja, 110, und W.A.M. Beuken, Jesaja 1–12, HThK AT, Freiburg – Basel – Wien u.a., 2003, 230–231, den Text Jesaja selbst zuweisen, während U. Becker, Jesaja, 114–120, auch hier eine redaktionelle Bildung annimmt. Die Verbindung von prophetischer und mosaischer Torabelehrung nimmt die Vorstellungen von Dtn 18,15–18 und 34,10–12 vorweg.

95 Vgl. Jes 56,3; 66,21. Über den besonderen literarischen Charakter von Jes 56–66 vgl. J. Blenkinsopp, Isaiah 56–66. A New Translation with Introduction and Commentary. AB 19b, New York – London – Toronto u.a., 2003, 37–41.37: „It is apparent that the classical prophetic genres ... are breaking up and giving place to longer, less structured discourses." Vgl. auch R.D. Wells, ʻIsaiah' as an Exponent of Torah: Isaiah 56.1–8, in: R.F. Melugin/ M.A. Sweeney (Hg.), New visions of Isaiah, JSOT.S 214, Sheffield, 1996, 140–155.

sogenannte Umkehr–Redaktion aus Jes 1 in Jes 56,9–59,21 ihr Pendant[96], so scheint in noch späteren Schichten sich der Konflikt der schriftgelehrten Bearbeiter der Jesajanischen Tradition in offenen Konflikt mit den Priestern zu begeben, die die Formation des Pentateuch dominieren[97]. Einer der markantesten Konfliktpunkte ist der Streit um den Stand der Fremdlinge, die sich der Israelitischen Kultusgemeinde anschließen wollen. Das Gemeindegesetz Dtn 23,2-9 hatte hier eine grundsätzliche Regelung treffen wollen, nach der bestimmte Ethnien aus historischen Gründen ausgeschlossen bleiben sollten. Jes 56,6-7 hingegen wird im Stile und mit dem Mittel eines prophetischen Orakels die Öffnung des Tempelberges für alle Fremden gefordert, die den Sabbat und die Bundesgesetze einhalten. Theokratisch orientierte Priester-Tora steht hier gegen die eschatologisch orientierte Propheten-Tora priesterlich geschulter Schriftgelehrter.

Auch im vorderen Rahmen lässt sich nun aber eine jüngere Schicht von Jes 1,10-17 (18-20) abheben (in Jes 1,21-26; 2,2-5.) Diese kann man als zionstheologische eschatologische Bearbeitung beschreiben. Hiernach wird die Tora universale Geltung unter den Völkern der Erde erhalten. Die Toraerteilung geht vom Zion aus und das bedeutet, priesterliche Schriftgelehrte des Tempels haben sich den schriftgelehrten Prophetismus der jesajanischen Sammlung angeeignet und in den Dienst der Verkündigung des Tempels gestellt. Wahre Toraerteilung ergeht allein von hier (Jes 2,3; 24,5). Und so findet nun auch Mose allein in dieser letzten Phase der Bearbeitung des Buches in Jes 63,11-14 Erwähnung. In einem hymnischen Preislied wird die Heilsgeschichte der Mosezeit als Ringen um den heiligen Geist Gottes interpretiert. Das Murren Israels erscheint als Aufbegehren gegen Gottes heiligen Geist, der dem Mose gegeben war. Hinter der Erfahrung, dass „Gottlose" sich des Tempel-Heiligtums bemächtigt haben, sehen die Verfasser eine neuerliche Bestrafung für Israels Ungehorsam und erflehen Erneuerung[98]. Diese Bearbeitung des Jesajabuches erhofft Erneuerung durch den Mose-Geist und knüpft also an die Vorstellungen der theokratischen Bearbeitungen des Pentateuch an (vgl. Dtn 34,9; Num 11,24-30)[99]. Auch die Integration der Völker kann nur über die Mose-Tora erfolgen (Jes 2,3), ja, wenn das Gericht JHWHs über die Erde ergeht, so werden die Völker dafür verurteilt, dass sie die Tora JHWHs übertreten und

---

96   U. Berges, Jesaja, 463–480.

97   U. Berges, Jesaja, 481ff spricht von der „Redaktion der Knechtsgemeinde" (Jes 56,1–8; 63,1–66,24). Nach der Kanonisierung desPentateuch durch den Pentateuch-Redaktor gingen die schriftgelehrten Diskurse über das Gottesrecht in den Kontext des *Corpus propheticum* über, vgl. hierzu E. Otto, Deuteronomium und Pentateuch. Aspekte der gegenwärtigen Debatte, ZAR 6, 2000, 222–284 = Die Literaturgeschichte des Deuteronomiums im Horizont der jüngsten Deuteronomiums- und Pentateuchforschung, in: ders., Gottes Recht als Menschenrecht. Rechts- und literaturhistorische Studien zum Deuteronomium, BZAR 2, Wiesbaden, 2001, 1–91, bes. 76–83: „Die postdeuteronomistische Schriftauslegung des Deuteronomiums in Nebiim und Ketubim"!

98   Zu Jes 63,7–14 als Interpretation von Ex 14,29, Ex 33 und Num 11, R. Achenbach, Vollendung, 261–262.

99   R. Achenbach,Vollendung, 557–567; U. Berges, Jesaja, 487–488.

den „ewigen Bund gebrochen" haben (Jes 24,5). Damit wird ein deutlicher Hinweis auf Gen 9,6.16 gegeben, also das noachitische Gebot, das Blutvergießen zu vermeiden, das seinerseits als Gebot eines „ewigen Bundes" bezeichnet wird. Die abschließenden Verse des Epilogs Jes 66,18-24* binden Jes 1 mit Jes 2,2-4 zusammen[100]. Ist einerseits die schriftgelehrte Prophetie in den Horizont der Mose-Tora-Verkündigung getreten, so bedeutet dies andererseits, dass der Pentateuch nun auch besonders über die avancierte Auslegung der Völkerthematik aus der Perspektive der Protologie der Urgeschichte in den Horizont eschatologischer Verkündigung tritt. Die Vision der Annahme des JHWH-Glaubens und der Tora unter den Völkern geht von der Akzeptanz der Mose-Tora aus. Die weitergehende Fortschreibung der Prophetie reicht nach Auffassung O.H. Stecks über die Epoche Alexanders d. Großen hinaus weit in die ptolemäische Zeit hinein, sowohl im Jesajabuch als auch im Dodekapropheton[101]. Die Verbindung der Hoffnungen auf eine Erneuerung durch den Mose-Geist der Tora einerseits und der prophetischen Eschatologie andererseits tritt allerdings für die Vorstellung ein, am Ende der Zeiten werde die Tora eine universale, für alle Völker verbindliche Geltung erlangen. Diese Hoffnung verbindet übergreifend die Pentateuch-Redaktion und die auf ihr aufbauenden Schichten mit den Spätschichten des Jesaja-Buches (vgl. Jes 1,13; 2,2f.; 66,18.23 und Dtn 4,6ff.; 26,19; 33,3ff.29).

4. Das Ezechielbuch

Obwohl das Ezechielbuch in seiner Gesamtheit den Propheten als autorisierten Lehrer priesterlicher Abkunft zur Darstellung bringt[102], gibt es in Ez 1-40 lediglich zwei Belegstellen für den Begriff Tora, und dies wiederum ausschließlich im Zusammenhang der Diskussion priesterlicher Torôt, nämlich in Ez 7,26 und 22,26, zu deren Erhellung auf Lev 10,10 und Zef 3,4 zu verweisen ist. In beiden Fällen handelt es sich nicht um ursprüngliche Ezechielworte, sondern um redaktionelle Texte. Für Ez 7,26 wird in der

---

100 I. Fischer, Tora für Israel – Tora für die Völker. Das Konzept des Jesajabuches, SBS 164, Stuttgart, 1995, 23–24.
101 O.H. Steck, Abschluß, 26–60.
102 Die Genese des Buches ist sicherlich komplexer verlaufen als die holistische Interpretation von M. Greenberg, Ezechiel 1–20, HThK AT, Freiburg – Basel – Wien, 2001, es wahrhaben will; vgl. hierzu K.-F. Pohlmann, Der Prophet Hesekiel/Ezechiel. Kapitel 1–19, ATD 22,1, Göttingen, 1996, 33–42. K. Schöpflin, Theologie als Biographie im Ezechielbuch. Ein Beitrag zur Konzeption alttestamentlicher Prophetie, FAT,36, Tübingen, 2002, 343–358, die allerdings das gesamte Buch als Pseudepigraphie beurteilt, findet Spuren einer Entwicklung der Überlieferung, die der Skizze in dieser Arbeit entsprechen: In einer ersten Phase wird der Prophet in der Linie von 2 Kön 17,13 gesehen, sodann erscheint er als Tora-Lehrer in gewisser Analogie zu den Vorstellungen von Dtn 18,18 und schließlich übernehmen priesterliche Kreise der Zadokiden die weitere Überlieferung in die Hand, um der Mosaischen Offenbarung ein ebenbürtiges Prophetisches Buch zur Seite zu stellen.

Forschung meist angenommen, der Text habe durch Schüler des Ezechiel, die jedoch dem Propheten recht nahe gestanden hätten, seine jetzige Form gefunden[103]. Zugleich ist aber auch eine sachliche und sprachliche Nähe zu Jer 18,18 zu erkennen, wie die folgende Synopse zeigt:

Ez 7,26	Jer 18,18
הוה על־הוה תבוא	ויאמרו לכו ונחשבה על־ירמיהו מחשבות
ושמעה אל־שמעה תהיה	כי לא תאבד
ובקשו חזון מנביא	תורה מכהן
ותורה תאבד מכהן	ועצה מחכם
ועצה מזקנים	ודבר מנביא

Beide Texte reflektieren mit ähnlichen Worten das Versagen der maßgeblichen Instanzen von Priesterschaft, Propheten und Weisen bzw. Ältesten in der Krise der Bedrohung Jerusalems durch die Babylonier. Dabei ist die Verbindung einer mehr oder weniger schematischen Kritik an Priestern und Propheten im Jeremiabuch an über 20 Stellen belegt[104], während sie in Ez in dieser Weise nur hier und in Ez 22,26.28 belegt ist. Der seltene Ausdruck הוה – Katastrophe – ist in dieser Form lediglich noch in Jes 47,11 belegt, einem Unheilsorakel gegen Babel. Dass der Text aus vorexilischer Zeit stammt, erscheint angesichts der schematischen Gestalt unwahrscheinlich[105]. Der Kontext von Ez 22,26 ist vergleichbar Ez 7,26 die Grundsatzkritik an den Würdenträgern (v.25: נשיא*; conj., s. BHS), den Priestern (v. 26: כהניה), Beamten (v. 27: שריה), Propheten (v. 28: נביאיה) und am Volk des Landes, den Landbesitzern (v. 29: עם הארץ). K.-F. Pohlmann weist beide Texte der gleichen literarischen Schicht zu[106], aber erst in 22,26 wird klar, worin der Kern der erwarteten Priester-Tora bestehen sollte und worin die Enttäuschung und das Versagen der Priester besteht: „*Ihre Priester verachten meine Tora* (כהניה חמסו תורתי) *und entweihen mein Heiligtum* (ויחללו קדשי), *zwischen heilig und profan unterscheiden sie nicht* (בין־קדש לחל לא הבדילו) *und sie lehren nicht unterscheiden zwischen rein und unrein, und vor meinen Sabbaten verschließen sie die Augen, und so werde ich profaniert in ihrer Mitte!"* Die Urheber und Autoren dieses Textes wenden den Blick auf das, was für sie die vorrangige priesterliche Aufgabe ist, nämlich die Unterscheidung von heilig und profan, rein und unrein und die Wahrung der heiligen Zeiten. Dieser Maßstab für das, was im Kern die priesterliche Aufgabe

---

103 R. Albertz, Exilszeit, 264; auch für K.-F. Pohlmann, Der Prophet Hesekiel / Ezechiel. Kapitel 1–19, ATD 22,1, Göttingen, 121, gehört Ez 7,26 allerdings zur Grundschicht des Kapitels.

104 Jer 2,26; 4,9; 5,31; 6,13; 8,1.10; 13,13; 14,18; 18,18; 23,11.33.34; 26,7.8.11.16; 28,1.5; 29,1.29; 32,32; 37,3.

105 Anders M. Greenberg, Ezechiel 1–20, HThK AT, Freiburg – Basel – Wien, 2001, 191.

106 K.-F. Pohlmann, Der Prophet Hesekiel/ Ezechiel Kapitel 20–48, ATD 22,2, Göttingen, 2002, 331.

ausmacht, wird programmatisch dort formuliert, wo er der Sache nach im Ezechielbuch seinen eigentlichen Ort hat, nämlich in den Priesterordnungen im Kontext der Tempelvision Ez 44,15–31. Die Formulierung von Ez 44,23 gerät über die sekundäre Erweiterung von Lev 9 in Lev 10,10 auch in die Kernüberlieferung der Sinai-Tora. In Ez 40–48 ist es Ezechiel selbst, der als priesterlicher Prophet gezeichnet wird, der bis dahin nicht offenbarte Tora JHWHs mitteilt. Von ihm geht die Weisung für Wiederaufbau und Ordnung des zweiten Tempels aus und also auch verbindliche Priester-Tora! Nach der Bestrafung der Schändung des heiligen Namens durch die Aufstellung fremder Idole, die als Prostitution kritisiert wird, und der Strafung der Könige und Priester, wird der Prophet berufen, neue Instruktionen zum Wiederaufbau des Tempels zu geben (Ez 43,10-12), dazu die Anweisungen, die diejenigen betreffen, denen Zugang zum Heiligtum gewährt wird und denen die Aufgabe der Toraerteilung in Rechtsfällen und in sakralen Angelegenheiten obliegt (Ez 44,5.24). Es entspringt ganz offensichtlich der Vorstellung der zadokidischen Verfasser, dass die prophetische Lehre der Exilszeit in die Offenbarung der Anweisungen für den zweiten Tempel mündet und diese als Legitimationstext bestimmt ist zur Weitergabe an die Priester, deren Verantwortung nach dem Exil erneuert werden soll[107]. Es gehört zu den grundlegenden Einsichten der Pentateuchforschung, dass die von Zadokiden der Golah bestimmte Überlieferung des Ezechielkreises tradierten Texte in einer gewissen Spannung zur Sprache und Vorstellungswelt der Priestergrundschrift stehen, dass sie aber zugleich Sprache und Inhalt des Heiligkeitsgesetzes stark geprägt und also auf die Endgestalt des Pentateuch bedeutsamen Einfluss genommen hat[108]. Das Konzept einer levitischen Genealogie des Hexateuch-Redaktors wird in dem zadokidischen Programmtext dieses Kreises in Ez 44,6-31 zwar akzeptiert, in der Konsequenz einer Öffnung des Tempels für alle Angehörigen der Sippen Levi allerdings zurückgewiesen, weil diese mit der Zulassung von Fremden zum Kultus assoziiert wurden. Dagegen stellt der Ezechiel-Kreis die Forderung, allein die Zadokiden dürften das hohepriesterliche Amt bekleiden (Ez 44,15)[109].

---

107 Zur detaillierten Analyse der Kapitel vgl. T.A. Rudnig, Heilig und Profan. Redaktionsgeschichtliche Studien zu Ez 40–48, BZAW 287, Berlin – New York, 2000; ders., Ez 40–48. Die Vision vom neuen Tempel und der neuen Ordnung im Land, in: K.–F. Pohlmann, Das Buch des Propheten Hesekiel (Ezechiel) Kapitel 20–48, ATD 22,2, Göttingen, 2002, 527–631.

108 Vgl. Lev 10,6–10 // Ez 44,20–24; Lev 17,3f.8.10 // Ez 14,4.7f; Lev 17,15 // Ez 4,14; Lev 18,5 // Ez 20,11.13.21; Lev 18,7ff.15.19f // Ez 22,6–12; Lev 19,16 // Ez 22,9; Lev 19,30; 26,2 // Ez 22,8.26.38; Lev 19,33f. // Ez 47,22; Lev 20,9 // Ez 18,13; 22,7; Lev 21,1–3 // Ez 44,25; Lev 21,5.10 // Ez 44,20; Lev 21,7.13–15 // Ez 44,22; Lev 21,21–23 // Ez 44,13; Lev 22,8 // Ez 44,31; Lev 22,15 // Ez 22,26; Lev 25,13ff // Ez 18,7–16; Lev 25,32–34 // Ez 45,5; 48,13f; Lev 25,37 // Ez 18,8.13; Lev 26,3 // Ez 11,20; Lev 26,4–6.13 // Ez 34,25–30; Lev 26,9 // Ez 36,9; Lev 26,26 // Ez 4,16; 5,16; 14,13; A. Rofé, Introduction, 80ff; T.A. Rudnig, Heilig und Profan, 295; E. Otto, Deuteronomium im Pentateuch und im Hexateuch, 258–260.

109 Der Einfluss der Zadokiden auf Ez 44 wird im Gefolge von H. Gese, Der Verfassungsentwurf des Ezechiel (Kap. 40–48) traditionsgeschichtlich untersucht, BhTh 25, Tübingen 1957, 67, auch von J. Schaper, Priester und Leviten im achämenidischen Juda. Studien zur Kult- und Sozialge-

Dieser Ausschließlichkeitsanspruch wird in einer Erweiterung der Datan-Abiram-Legende einerseits gegen Ansprüche der Laien auf Mitwirkung am Kultus, andererseits gegen Ansprüche der Leviten auf ein Priesteramt in der Gestalt einer aus der Mosezeit stammenden Legende mit sich daran anschließender Tora in Num 16-18 im Pentateuch fest verankert[110]. Die in Ez 44,16-31 getroffenen Regelungen schlagen sich in variierter Form im Heiligkeitsgesetz und in den Ergänzungstexten hierzu in Lev 10 und im Numeribuch nieder (Num 3-4; 18 u.a.)[111]. Allerdings werden die Konzeptionen dieses Kreises nicht vollständig übernommen, sondern der weiteren priesterschriftlichen und außerpriesterschriftlichen und deuteronomistischen Überlieferung zum Teil angeglichen bzw. korrigierend auf diese bezogen.

Die Beschränkung des Einflusses des Ezechielkreises findet vor allem in der strikten Bindung an die Mose-Tora ihren Ausdruck, der allein der Anspruch auf kanonisch verbürgte Autorität zuerkannt wird. Die Nötigung zu komplementären Lesungen der unterschiedlichen Gesetzesüberlieferungen ist dem Umstand zu verdanken, dass gegenüber den Zadokiden des Ezechielkreises auch andere, konkurrierende Überlieferungskreise Berücksichtigung gefunden haben. Die Zurückweisung aller mit Mose konkurrierenden prophetischen Tora trifft auch den Ezechiel, diesen allerdings am wenigsten. Einigendes Grundmotiv ist die Aufnahme des Gedankens des wandernden *kabôd YHWHs*, der nach der redaktionellen Konzeption das Land verlassen hat und seiner Rückkehr in den Tempel harrt (cf. Ez 11,22–23; 43,4). Dieses Motiv wird von dem Pentateuch-Redaktor in das Bild von dem in der Gestalt von Wolken- und Feuersäule mit dem Volke wandernden *kabôd* übernommen, der am Ende des Pentateuch zum letzten Male zur Einsetzung Josuas erscheint (Dtn 31,15) und dann in den Büchern Josua – 2 Samuel nicht mehr erwähnt wird, sondern erst wieder in einem Nachtrag zu 1 Kön 8, in v. 10, wo der Einzug in den Tempel dargestellt wird. Die Übernahme des „prophetischen" Geistes durch priesterliche Schriftgelehrte hat sich im Ezechielkreis markant niedergeschlagen und ist von daher wohl mit auf die Pentateuch-Redaktion übergegangen. War der Priester-Prophet Ezechiel als Tora-Lehrer der Ältesten erschienen (Ez 14,1), so trat nunmehr Mose an seine Stelle und nach dem Dahingang des Moses war neben den Priestern vor allem an ein in der Tradition der Golah stehendes übergeordnetes Ältestenrats-Gremium zu denken, dem zur Tora-Findung der Geist JHWHs übermittelt werden musste. Diese Vorstellung fand in der Ältesten-

schichte Israels in persischer Zeit, FAT 31, Tübingen 2000, 122–129, einer eigenen Bearbeitungsschicht zugewiesen. Es ist allerdings nicht unbedingt zwingend, die entsprechende literarkritische Differenzierung nachzuvollziehen, um zu erkennen, dass sich mit der Einschreibung des zadokidischen Priestertums in den Text dieses für die Tradierung der ezechielischen Überlieferung als maßgeblich durchgesetzt hat.

110 Zur zadokidischen Adaptation der aus P stammenden Aaron-Legende und zur Einschreibung der Zadokiden in die Aaron-Genealogie Ex 6,14–27; 1 Chr 5,27–34 vgl. R. Achenbach, Vollendung, 91–123.

111 Hierzu R. Achenbach, Vollendung, 141–172.488–499.

Erzählung in Num 11,24-30 ihren Niederschlag. Inspiration wurde für ein ganzes Volk erhofft – aber eben dahingehend, dass sie dieses zur Tora-Einhaltung bringen müsste (Num 11,29). Die priesterliche Übernahme der prophetischen Tora in der Gestalt der prophetischen Ausprägung der Mose-Legende führte sukzessive zum Versuch der Verdrängung der an den Propheten orientierten Schriftgelehrsamkeit.

5. Das Dodekapropheton

Das Dodekapropheton ist ein Spiegel für den Wandel des Prophetenbildes im Zuge der Redaktionsgeschichte. Nahezu alle Bezugnahmen auf den Torabegriff gehören in die späten Schichten der Sammlung. Dass die priesterliche Torabelehrung Traditionen des ersten Tempels aufnahm, wird frühestens an der Tradition des zweiten Tempels ersichtlich. Ein solch früher Beleg des Torabegriffes aus diesem Zusammenhang liegt in Hag 2,11f. vor, wo die prophetische Rede sich auf die Erteilung priesterlicher Anweisungen für die Ritualpraxis bezieht. Auch Sach 7,1-6 ist ein Beleg für die Erteilung einer prophetischen Tora in nachexilischer Zeit, die berühmte „Fasten-Tora". An sie schließt sich eine allgemeine Tora-Weisung (in Sach 7,9f.) an, die Parallelen in Mi 6,8 und Ex 22,10.21 hat. Der Rahmen des Textes in v. 7-14 zeichnet auch Sacharja als prophetischen Warner im Lichte von 2 Kön 17,13-20.23 und scheint durch die oben mehrfach erwähnte frühnachexilische Prophetenredaktion geprägt zu sein.

Die weiteren Tora-Belege im Dodekapropheton gehören sämtlich in die Phase jüngerer redaktioneller Bearbeitungen. Der älteste Beleg des Torabegriffes wird normalerweise in Hos 4,6 angenommen. Hier ist er beschränkt auf die priesterliche Tora, die auf Anfrage in Form von Instruktionen für den Opfer-Kultus erteilt wird[112]. Der Text ist deutlich durch nach-deuteronomistische Sprache geprägt und nimmt die in 2 Kön 17,15.20 vorgezeichnete Linie auf, wie M. Nissinen nachgewiesen hat[113]. Wird nach 2 Kön die Verachtung von religiösen Ordnungen und Bund JHWHs seitens Israels (ויִמְאֲסוּ אֶת־חֻקָּיו וְאֶת־בְּרִיתוֹ אֲשֶׁר כָּרַת אֶת־אֲבוֹתָם וְאֵת עֵדְוֹתָיו 15) durch die Verachtung seitens JHWHs vergolten (וַיִּמְאַס יְהוָה בְּכָל־זֶרַע יִשְׂרָאֵל 20), so nach Hos 4,6b die Verachtung der rechten Erkenntnis und das Vergessen der Tora seitens der Priester (כִּי־אַתָּה הַדַּעַת מָאַסְתָּ ... וַתִּשְׁכַּח תּוֹרַת אֱלֹהֶיךָ) durch Aberkennung des Priesteramtes gegenüber der verantwortlichen Priesterfamilie (וְאֶמְאָסְךָ מִכַּהֵן לִי ... אֶשְׁכַּח בָּנֶיךָ גַם־אָנִי*). Auch in

---

112 J. Jeremias, Der Prophet Hosea, ATD 24/1, Göttingen 1983, 63, ordnet den Text der alten prophetischen Überlieferung zu; in ihrer jüngst vorgelegten Dissertation zum Hoseabuch nimmt S. Rudnig–Zelt, Hosea–Studien. Redaktionskritische Untersuchungen zur Genese des Hoseabuches, FRLANT 213, Göttingen 2006, 187.194–197, hingegen an, dass die verallgemeinernde Weise der Argumentation einen Hinweis auf einen viel späteren Sprachgebrauch gibt.

113 M. Nissinen, Prophetie, Redaktion und Fortschreibung im Hoseabuch. Studien zum Werdegang eines Prophetenbuches im Lichte von Ho 4 und 11, AOAT 231, Neukirchen-Vluyn 1991, 191–193; H. Pfeiffer, Das Heiligtum von Bethel im Spiegel des Hoseabuches, FRLANT 183, Göttingen 1999, 134.

dem als Zusatz deutlich erkennbaren Vers Hos 8,1b wird der Untergang des (Jerusalemer) Tempels in einer als hoseanisch stilisierten Vision vorhergesagt und als Strafe Gottes für Bundesbruch und Frevel gegen die Tora Jahwes interpretiert[114]. In Hos 8,11-13 wird darüber hinaus eine zu Jes 1,11 parallele Kultkritik entwickelt, die besagt, das Nordreich habe zwar JHWH geopfert, aber die von JHWH geschriebene Tora zurückgewiesen (Hos 8,12). Der Text verweist auf die Niederschrift der Tora durch JHWH am Sinai Ex 24,12b: „*schriebe ich ihm vieltausendfach meine Tora auf, sie gälte ihnen als etwas Fremdes!*"[115] Die Strafansage steht Jes 1,11 sprachlich und sachlich nahe. In beiden Texten liegt also eine Verwendung des Torabegriffes vor, die die Pentateuch-Redaktion schon voraussetzt. Man wird das Hoseabuch in der Perserzeit nicht allein als Kritik an der kultischen Verirrung des Nordreiches des 8. Jh.s gelesen haben, sondern auch als Kritik an der kultischen Gegenwart einer nicht an die Jerusalemer Torot gebundenen JHWH-Verehrung in der Provinz Samaria. Schon B. Duhm hat wahrgenommen, dass damit das Hoseabuch in eine kritische Distanz gegenüber dem Pentateuch tritt, wenn er schreibt[116]: „Die Thoroth ..., die die Propheten über den wahren Gottesdienst geben, sind daher, da sie nicht Opfer sondern Sittlichkeit fordern, so ziemlich das Gegenteil von dem, was die späteren Juden Thoroth nennen und vom Gottesmann Mose ableiten." Allerdings muss man das Diktum von den „späteren Juden" durch die Wendung „für die Redaktion des Pentateuch maßgebliche Priesterschaft des zweiten Tempels" ersetzen.

Die Vorordnung des Hoseabuches vor Amos verdankt sich bekanntlich dem Umstand, dass das Hoseabuch sich im Wesentlichen gegen das Nordreich richtet, während in Am 2,4f. die Unheilsansage auch auf Juda ausgedehnt wird. Der Text führt ähnlich wie 2 Kön 17,19 den Untergang Judas auf die Zurückweisung der Gebote, hier der Tora JHWHs zurück und wird generell als junger redaktioneller Zusatz angesehen[117]. Wieder erscheint das einschlägige Verbum מאס, das mit Bezug auf die Tora JHWHs

---

114 J. Jeremias, Hosea, 104; M. Nissinen, Prophetie, 198f; S. Rudnig–Zelt, Hosea–Studien, 34.38.43.

115 Die traditionelle Deutung, dass Hos 8,12 „der älteste Beleg für die Niederschrift von Priesterweisungen" sei (so J. Jeremias, Hosea, 111), wird mit Hilfe der Konjektur des Textes nach LXX und Syriaca gewonnen. Dagegen hat H. Pfeiffer, Heiligtum, 137f, auf den Zusammenhang von Hos 8,12 und Ex 24,12b zu Recht darauf aufmerksam gemacht. Allerdings bezieht er in der Interpretation von Ex 24,12b den Torabegriff irrtümlich auf die Tafeln, denen aber die Tora durch das *waw copulativum* beigeordnet und nicht im Sinne eines *waw explicativum* zuzuordnen ist (gegen C. Dohmen, Was stand auf den Tafeln vom Sinai und was auf denen vom Horeb? Zur Geschichte und Theologie eines Offenbarungsrequisits, in: F.L. Hossfeld (Hg.), Vom Sinai zum Horeb, FS. E. Zenger, Würzburg 1989, 9-50.21-27). Zudem ist auf den sprachlich jungen Aramaismus רבו zu verweisen (Pfeiffer, ebd.: Jon 4,11; Ps 68,18; Dan 11,12; Esr 2,64.69; Neh 7,66.70.71; 1 Chr 29,7).

116 B. Duhm, Anmerkungen zu den Zwölf Propheten. Sonderabdruck aus der Zeitschrift für alttestamentliche Wissenschaft, Gießen 1911, 28–29.

117 H.W. Wolff, Dodekapropheton 2. Joel und Amos, BK XIV,2, Neukirchen-Vluyn (2.Aufl.) 1975, 198–199; J. Jeremias, Der Prophet Amos, ATD 24,2, Göttingen 1995, 18.28–29.

auch in dem sehr jungen und sekundären Vers Jes 5,24b[118] wie auch in Jer 6,19b und in der erwähnten Stelle Hos 4,6 verwendet wird. In der Ausrichtung auf die Ordnungen JHWHs (חוקים, חקיו) ist es wiederum in 2 Kön 17,15 belegt.

Hab 1,4a führt die Erfolglosigkeit prophetischer Fürbitte auf Zustände zurück, die das *„Hervorkommen"* von Tora und Recht verhindern. L. Perlitt hat darauf hingewiesen, dass die parallele Verwendung der beiden Begriffe nur noch im Kontext der deutero-jesajanischen Rede vom Gottesknecht belegt ist (Jes 42,4; 51,4) und zu Recht angenommen, „dass in dieser nachexilischen Reflexion das Wort *tôrah* ganz ohne Rückblick auf das als Gesetz-Buch schon abgerundete Dtn gebraucht worden sein könnte."[119] Auch die Kritik an Propheten als Betrügern und Priestern als solchen, die *„das Heilige entweihen und der Tora Gewalt antun"* (Zef 3,4) berührt sich stark mit der zadokidischen Priesterkritik an der Profanierung des Heiligen bzw. der Forderung, beides zu unterscheiden (Ez 44,7f.23) und deren Auswirkungen im Heiligkeitsgesetz (Lev 19,8) und bezieht sich mit dem ungewöhnlich harten Diktum (חמסו תורה) und entspricht in der Sache wie in der Wortwahl Ez 22,26 (כהניה חמסו תורתי ויחללו קדשי בין־קדש לחל לא הבדילו ובין־הטמא לטהור לא הודיעו), einem Text, der für Lev 10,10 leitend geworden ist und in die Phase der zadokidischen Bearbeitung des Ezechielbuches gehört (s.o.). Schließlich wird in Analogie zur zionstheologischen Redaktion des Jesajabuches die Vision von der Völkerwallfahrt zum Zion um der Tora willen auch in die Micha-Rolle eingetragen, vgl. Jes 2,3 par. Mi 4,2[120]. Während der Beleg Hab 1,4-6 vielleicht noch einer Schicht zugeordnet werden kann, die im historischen Gefälle der Vorstellungen der Hexateuch-Redaktion die Propheten als Kritiker Israels im Umgang mit der Tora stilisieren, setzen Zef 3,4 und Mi 4,2 die Pentateuch-Redaktion und die daran anschließenden theokratischen Bearbeitungsschichten mit der rein priesterlichen Inanspruchnahme des Rechtstitels der Tora-Lehre voraus[121].

Die weitere Entwicklung wird von E. Otto mit folgenden Worten beschrieben: „Erst mit der Schließung des Pentateuch als *norma normans* (Neh 13,1–3) im 3. Jh. v. Chr. verlagern sich die schriftgelehrten Dispute um die Toraauslegung aus der Tora heraus in das *Corpus propheticum*. So werden nicht zuletzt in Jes 56; 66; Joel 4; Sach 9 und Obadja Diskussionen um die Applikation des Gemeindegesetzes in Dtn 23,2–9 geführt, die in der Tora nach deren Abschluß keinen Ort mehr fanden, so daß die Schriftgelehrten des 3. Jh. v. Chr. sich einen Prophetenmantel umhängen mußten, um die Tora kri-

---

118 O. Kaiser, Das Buch des Propheten Jesaja. Kapitel 1–12, ATD 17, Göttingen (5.Aufl.) 1981, 113–114.

119 L. Perlitt, Die Propheten Nahum, Habakuk, Zephanja, ATD 25,1, Göttingen 2004, 50–51.

120 J.A. Wagenaar, Judgment and Salvation. The Composition and Redaction of Micah 2–5, VT.S LXXXV, Leiden – Boston – Köln 2001, 272f., nimmt an, dass die gleichen Kreise, die für die späte Redigierung des Jesajabuches verantwortlich waren, den gleichen theokratischen Gedanken im Michabuch eingeführt haben.

121 L. Perlitt, a.a.O., 135: „die „Kodifizierung des Gesetzes" (Nowack) ist bereits vorausgesetzt."

tisch fortschreiben und revidieren zu können. Schließlich wurde in Sach 13 mit Argumenten der Schriftexegese von Num 11 auch diese Toradiskussion im *Corpus propheticum* beendet."[122] – Die besonders heftige Diskussion um den Status der Fremden in Jes 56-66 wurde schon erwähnt, ebenso die Debatte um den Modus der Inspiration (Num 11,29; Jo 3,1-5; 4). Als sich jedoch die theokratische Tradition der Pentateuchbearbeiter als normativ durchgesetzt hatte, konnten die Propheten nur noch als Exegeten der Tora gelesen und gleichsam sekundär zur Bestätigung und Unterstützung der Auslegung des Pentateuch herangezogen werden. In der Chronik erscheinen die Propheten dann geradezu selbst als Schriftgelehrte, vgl. 1 Chr 29,2; 2 Chr 32,32; Jes 1,1. Während der ptolemäischen Zeit proklamierten theokratisch denkende Schreiber kurzerhand das Ende der Prophetie (Sach 13,2-6).

Der eigentümliche Anhang der Sammlung des Dodekaprophetons ist das pseudepigraphische Buch Maleachi[123]. Es enthält eine Reihe von kritischen Urteilen über die Entwicklung des Kultus in spätpersischer Zeit. Dabei basiert etwa die Kritik an der Verunreinigung der Kultstätte durch die Darbringung unreiner Speisen auf Maßgaben, die z.T. nicht im Pentateuch sondern in prophetisch stilisierten Texten außerhalb des Pentateuch angelegt sind (Mal 1,8; Dtn 15,21 und Mal 1,6.11–12 Ez 44,6–7; 36,20–22; Neh 9,32). Wenn Mal 2,4-6 von einem Bund zwischen Levi und JHWH die Rede ist, so findet sich innerhalb des Pentateuch lediglich ein Bezugstext, der der spätesten Phase der theokratischen Bearbeitungen zuzurechnen ist, Num 25,10-13 in der Zusage des Bundes an Pinchas, den Hohenpriester. Im Mosesegen Dtn 33,10 ist wohl die Rede von der Torabelehrung durch die Nachfahren Levis. Der Verfasser von Mal 2 geht hingegen von der Annahme aus, dass schon der Erzvater der Priester selbst die Tora JHWHs im Munde führen konnte. Dieses Konzept wird außerbiblisch vom sog. aram. TestLevi

---

122 Weitere Beispiele bei E. Otto, Deuteronomium und Pentateuch. Aspekte gegenwärtiger Debatte, ZAR 6, 2000, 76–83, 83: „Erst mit der Schließung des Pentateuch als *norma normans* (Neh 13,1–3) im 3. Jh. v. Chr. verlagern sich die schriftgelehrten Dispute um die Toraauslegung aus der Tora heraus in das *Corpus propheticum*. So werden nicht zuletzt in Jes 56; 66; Joel 4; Sach 9 und Obadja Diskussionen um die Applikation des Gemeindegesetzes in Dtn 23,2–9 geführt, die in der Tora nach deren Abschluß keinen Ort mehr fanden, so daß die Schriftgelehrten des 3. Jh. v. Chr. sich einen Prophetenmantel umhängen mußten, um die Tora kritisch fortschreiben und revidieren zu können. Schließlich wurde in Sach 13 mit Argumenten der Schriftexegese von Num 11 auch diese Toradiskussion im *Corpus propheticum* beendet."

123 Das gesamte Maleachibuch ist als pseudepigraphische Offenbarungsschrift konzipiert und repräsentiert die letzte Phase der schriftgelehrten Fortentwicklung der Prophetie. Der doppelte Anhang ist Folge der schrittweisen Kanonisierung des *Corpus propheticum* neben dem Pentateuch; vgl. hierzu S.B. Chapman, The Law and the Prophets, 131–149. Der dort verwendeten Bezeichnung der formgebenden „theological grammar" als deuteronomistisch liegt jedoch einen gar zu pauschaler Begriff des Deuteronomismus zugrunde und der von Chapman beschriebene Kanonisierungsprozeß ist nicht im 6. Jh., sondern im 4./3. Jh. v. Chr anzusiedeln. Zur Zuweisung des Mal zur letzten Redaktionsphase des Dodekapropheton vgl. E. Bosshard / R.G. Kratz, 1990, 27–46.

bestätigt. Die Vorstellung eines Levi-Bundes ist demnach in konsequenter Weiterführung von Ex 32, Num 25,10-13 und Dtn 33,8-10 her entwickelt worden. Die Annahme eines das Priester- und Leviten-Dasein bestimmenden Bundes prägt auch die chronistischen Vorstellungen (Neh 13,29)[124]. Die Einbeziehung der levitischen Genealogie ist dabei lange umkämpft geblieben, wie der in der LXX fehlende späte Text Jer 33,19-22 belegt, der auf dem dauerhaften Fortbestand des levitischen Priestertums und der ihm geltenden Bundeszusagen beharrt (v.18.21). Unter Bezugnahme auf die Gen 34 geschilderten Ereignisse in Sichem ist der Gedanke dahingehend weiterentwickelt worden, dass er schon dem Erzvater der Leviten selbst gegolten hat, ein Konzept, von dem wir vor Jub 30,18 und TestLev 5 keinerlei schriftliches Zeugnis haben[125]. War die Genesis als Teil des Pentateuch und als Protologie zur Sinaioffenbarung zu verstehen, so rückten nun die Erzväter selbst in die Rolle der Propheten ein (vgl. Gen 20,7; 49). Sie mussten eine prophetische Nähe zu Gott haben, denn ihnen wurde zuerkannt, sie hätten in Übereinstimmung mit der Mose-Tora gehandelt (vgl. Gen 26,5). Diese Legende wurde von Abraham auf die Erzväter übertragen, auf die Vorfahren Israels, insbesondere auf Levi, dessen Söhne die Tora aus Mose Hand empfangen haben sollen. In den hinteren Propheten wird somit Mal 3,22 die erste und die letzte Erwähnung der Mose-Tora zuteil! Es wird an dieser Thematik erkennbar, dass zu der im Verlauf der 4. Jh.s v. Chr. anderen Zeit, da der Pentateuch seine kanonische Gestalt erlangt hatte, Einflüsse aus dem Bereich der schriftgelehrten Prophetie nicht mehr integrierbar waren. Die Protologie diente allerdings pseudepigraphischem, apokalyptisch gefärbtem Schrifttum als Hintergrund. Aber auch die prophetischen Corpora scheinen gegen Ende des 4.Jh.s allmählich die Grenzen der Fortschreibung erreicht zu haben. Das Mittel literarischer Ausgestaltung des Motivs der Mittlerengel nimmt in dem Maleachi-Buch Gestalt an, um „prophetisch" stilisierte Kritik gegen das Priestertum zu formulieren. Die spätesten Fortschreibungsschichten in Deutero- und Trito-Sacharja reichen vom Ende des 4. Jh.s

---

124 R. Albertz, Ethnische und kultische Konzepte in der Politik Nehemias, in: F.-L. Hossfeld / L. Schwienhorst-Schönberger (Hg.): „Das Manna fällt auch heute noch." Beiträge zur Geschichte und Theologie des Alten, Ersten Testaments, FS E. Zenger, HBS 44, Freiburg – Basel – Wien a.o., 2004, 13–32, vermutet den Kern der Nehemia-Denkschrift in Neh 1,1–7,5a; 12,31–32.37–40; 13,4–31 (sek. 7,1b; 13,6.7a.22.30a); er reflektiere schon die sozialen Folgen eines sich zunehmend binär ausbildenden Kultus, der die Welt in heilig und profan, rein und unrein, Israel und die *gojjîm* unterteile. Die Denkschrift gehe also schon von einer Ämterordnung im Tempel aus, wie sie in Num 18 formuliert wird. Man wird hingegen doch in Rechnung stellen müssen, dass der Konnex zum Pentateuch durch die Voranstellung von Neh 7–8 vor Neh 10 und 12f erst durch chronistische Redigierung des Stoffes erfolgt ist und dass mit erheblicher später Bearbeitung der Kapitel zu rechnen ist. So reflektiert etwa Neh 13,29 eine nach-pentateuch-redaktionelle Interpretation von Dtn 33,8–11.

125 Zu der „Ko-textualität" des Maleachibuches vgl. H. Utzschneider, Künder oder Schreiber? Eine These zum Problem der „Schriftprophetie" auf Grund von Maleachi 1,6–2,9, BEATAJ 19, Frankfurt a.M. – Bern – New York – Paris, 1989, 64–70.

bis ins 3. Jh[126]. Die über die mosaischen Weisungen des Numeribuches hinausgehenden Regularien im Kultus des 2. Tempels werden überwiegend mit der Chronik auf die Zeit der Tempelgründung zurückgeführt, zum Teil mit der weiteren Königszeit verbunden. Der Prophetismus war für die Chronisten bestenfalls Gegenstand historischer Midrasche und Legenden[127] und Propheten konnten selbst als Verfasser von Geschichtserzählungen firmieren (1 Chr 29,29–30). Mit dem Ende der Prophetie im 3. Jh. und der Durchsetzung des autoritativen Prophetismus des Mose sowie infolge des Abgleitens der Schriftprophetie in die Eschatologie bleibt lediglich ein eschatologisches Prophetenbild übrig, das eine künftige Rückkunft des *„ Vaters Israels"* aus der himmlischen Entrückung erwartet (Mal 3,23-24) – nicht, um die Tora zu lehren, sondern um Israels endgültige Bekehrung zur Mose-Tora vorzubereiten. Zu diesem Zeitpunkt hatten sich längst die priesterlichen und schriftgelehrten Ausleger der Tora und der Propheten bemächtigt[128] und lasen das Gesetz im Lichte des prophetischen Zeugnisses (*teʿûdâh*, Jes 8,16) und dies wiederum im Lichte des Mosegesetzes.

126 Zur Datierung vgl. E. Bosshard/ R.G. Kratz, Maleachi im Zwölfprophetenbuch, 1990, 27–46; O.H. Steck, Abschluß, 30–60.

127 W.M. Schniedewind, Prophets and Prophecy in the Book of Chronicles, in: M.P. Patrick / G. Hoglund / St.L. McKenzie (Hg.), The Chronicler as Historian, JSOT.S 238, Sheffield 1997, 204–224.

128 U. Rüterswörden, Es gibt keinen Exegeten in einem gesetzlosen Land (Prov 29,18 LXX). Erwägungen zum Thema: Der Prophet und die Thora, in: R. Liwak / S. Wagner (Hg.), Prophetie und geschichtliche Wirklichkeit im alten Israel, FS S. Herrmann, Stuttgart – Berlin – Köln 1991, 326–347.

Die Rechtshermeneutik im Pentateuch und in der Tempelrolle

von Eckart Otto

Die Rechtshermeneutik des synchron gelesenen Pentateuch ist auf das engste mit seinem Verständnis seiner Literaturgeschichte verzahnt. Wir werden im folgenden nicht die Fülle der gegenwärtig nach Ende der klassischen Urkundenhypothese, insbesondere der Theorie eines vorpriesterschriftlichen „Jahwisten" vertretenen alternativen Modelle und Hypothesen zum Ausgangspunkt nehmen, sondern die verlässlichere Literaturtheorie, die der Pentateuch selbst von seiner Entstehung hat (Kapitel I). Von da ausgehend werden wir uns dem System der Kolophone und Überschriften im Pentateuch zuwenden, denen wie den Verschriftungsnotizen ein komplexes System der Legitimation der Toraoffenbarung und -auslegung zugrunde liegt (Kapitel II). In einem dritten Schritt wenden wir uns der Rechtshermeneutik des Deuteronomiums als Teil dieses Systems zu (Kapitel III), um von da ausgehend nach der des sog. „Heiligkeitsgesetzes" im Buch Levitikus zu fragen (Kapitel IV). Es wird sich zeigen, dass die priesterliche Rechtshermeneutik des Pentateuch Einfluss auf die Entstehung des postbiblischen jüdischen Sektenwesens der Essener und Pharisäer wie auf das nach der Tempelzerstörung entstehende frühjüdische Rabbinentum genommen hat. So soll in einem Abschlusskapitel die kritische Anknüpfung der Tempelrolle an die Rechtshermeneutik des Pentateuch aufgezeigt werden (Kapitel V).

I. Die antike Literaturtheorie des Pentateuch

Der Pentateuch lässt eine komplexe Literaturtheorie deutlich werden, die er selbst von seiner Entstehung hat und die sich der Verschriftungsnotizen, aber auch der geographischen Lozierung der jeweiligen Verschriftungen bedient. Diese antike Literaturtheorie steht im Dienste der Rechtshermeneutik des Pentateuch. Gewährt Gott in Gen 2-3 dem

Menschen die Freiheit des Gebotsgehorsams,[1] so ist der Pentateuch insgesamt Tora, die Israel anweist, dem Gotteswillen folgend segensvoll mit dieser Freiheit umzugehen. Die Tora aber bedarf der Auslegung auf konkrete Lebenssituationen hin, wofür die Moabtora bereits innerhalb des Pentateuch das grundlegende und die postmosaische Auslegung legitimierende Vorbild in Gestalt des Deuteronomiums liefert. Die Erzählung des Pentateuch als Tora differenziert selbst um ihres hermeneutischen Programms willen diachron zwischen der Literaturwerdung von Tora, die von Gott und Mose am Gottesberg Sinai, und von Tora, die von Mose als Auslegung der Sinaitora in der Moabtora im Land Moab für die zweite Generation verschriftet wurde, die in der erzählten Zeit die Adressaten des Pentateuch in der Erzählzeit vertritt. In der Literaturtheorie der Fabel des Pentateuch gilt die göttliche Schreibertätigkeit in Ex 24,12; 31,18; 32,16; 34,1(.28); Dtn 4,13; 5,22; 9,10; 10,2.4 dem Dekalog, dem damit wie bereits im dtr Deuteronomium,[2] so auch in der Fabel des postdtr Pentateuch unter den Torot des Pentateuch die höchste Autorität zugewiesen wird. Die übrigen Gesetze in Verbindung mit dem Sinaibund werden nach Ex 24,4.7; 34,27(.28) dort von Mose ebenso verschriftet wie nach Dtn 31,9-13 die Belehrung des Volkes im Lande Moab und nach Dtn 31,24 auch das „Moselied". Für die antike Literaturtheorie des Pentateuch ist bedeutsam, dass sich die Verschriftungsthematik nur auf die am Gottesberg Sinai-Horeb geoffenbarten und im Land Moab von Mose dem Volk ausgelegten Torot bezieht, die Erzählungen des Pentateuch also nicht als von Mose verschriftet galten. Die Verschriftungsnotizen im Pentateuch beziehen sich auf Dekalog und Bundesbuch in der Sinaitora und das Deuteronomium als Moabtora. Die Epoche der Erzväter ist dagegen prinzipiell schriftlos. Weder Bundesverpflichtungen (Gen 15; 17) noch Vertragsansprüche wie die eines Grundstückkaufs (Gen 23) seien schriftlich fixiert worden. Die Verschriftungstheorie des Pentateuch als Form antiker Literaturtheorie steht im Dienste der Rechtshermeneutik des Pentateuch und räumt den Gesetzen von Dekalog, Bundesbuch und Deuteronomium eine Fachwerkfunktion in der Strukturierung der pentateuchischen Erzählung ein. Interpretiert die Erzählung des Pentateuch die Moabtora als Auslegung der Sinaitora für das nichtpriesterliche Volk der „Laien", so wird das durch die moderne Forschung bestätigt, die das Gesetz des Deuteronomiums (Dtn 12-26) als revidierende Fortschreibung des Bundesbuches erkannt hat.[3] So wie das Deuteronomium ein Spätling in der erzählten Zeit des Narrativs des Pentateuch ist, so

---

1   Dazu sowie zum Folgenden siehe E. Otto, Das Gesetz des Mose. Eine Literatur- und Rechtsgeschichte der Mosebücher, Darmstadt 2007. Dieser Beitrag dient der Vorbereitung meiner Kommentierung des Deuteronomiums in der Reihe Herders Theologischer Kommentar zum Alten Testament.

2   Siehe N. Lohfink, Die ḥuqqîm ûmišpāṭîm und ihre Neubegründung durch Dtn 12,1, in: ders., Studien zum Deuteronomium und zur deuteronomistischen Literatur II, SBAB 12, Stuttgart 1991, 229-256.

3   Siehe unten III.

ist es auch ein literaturhistorischer Spätling in der Erzählzeit der Autoren des Pentateuch, wie die Deuteronomiumsforschung seit dem 19. Jahrhundert weiß.

   Konvergiert also die literaturhistorische Theorie des antiken Pentateuch mit Grund-
daten moderner Forschung zur Genese der Gesetze als Fachwerk der Erzählung des
Pentateuch,[4] so ändert sich das mit der postkanonischen Weiterentwicklung der antiken
Literaturtheorie des Pentateuch seit dem 1. Jahrhundert v. Chr. Jenseits der Kanons-
grenzen der Hebräischen Bibel wird die in der Erzählung des Pentateuch erarbeitete
Theorie mosaischer Verschriftung von Gesetzen auf den Pentateuch insgesamt ausgedehnt. Innerbiblische Bezüge auf das „Buch des Mosegesetzes", die „Tora des Mose"
u.ä. beziehen sich stets nur auf die Gesetze im Pentateuch. Das Neue Testament dagegen setzt die mosaische Verfasserschaft des Pentateuch insgesamt voraus, wenn im
Markusevangelium (Mk 12,26) Ex 3,2-6 als im „Buch des Mose" stehend zitiert wird.
Auch in den Texten aus Qumran sowie in Schriften der jüdischen Autoren Philo von
Alexandrien und Josephus wird Mose als Autor des Pentateuch insgesamt vorausgesetzt. Der Babylonische Talmud (Baba Batra 14b) konstatiert, dass Mose die fünf nach
ihm benannten Bücher bis auf die letzten acht Verse in Dtn 34 zu seinem Tod verfasst
habe. Die Ausdehnung der Theorie mosaischer Verfasserschaft auf die Erzählungen
unter Einschluss der Genesis konnte an Verschriftungsnotizen in Ex 17,14 zur Amale-
kiterschlacht und Num 33,2 zu einem Stationsverzeichnis anknüpfen. Beschränken sich
die innerpentateuchischen Verschriftungsnotizen abgesehen von diesen beiden Belegen
auf die Gesetze, so differenzieren sie zwischen Mose als Vermittler und Ausleger der
Gesetze und dem impliziten Erzähler im Narrativ des Pentateuch und damit zwischen
Erzählzeit und erzählter Zeit. Die Autoren des Pentateuch fügen an zahlreichen Stellen
Hinweise darauf ein, dass sie in einer späteren als der erzählten Zeit schreiben, was die
Erzählung des Pentateuch transparent für die Erzählzeit macht. Die nachexilischen
Autoren des Pentateuch ließen ihre Hörer und Leser nicht im Unklaren darüber, dass
die Mosezeit als erzählte Zeit nicht die der Abfassung der Erzählung des Pentateuch als
Erzählzeit ist, die vielmehr, so zeigen es u.a. Gen 12,6; 13,7; 32,33; 36,31; 40,15; Dtn
3,14; 34,6, transparent ist für die erzählte Zeit und umgekehrt diese für die Gegenwart
der Autoren und ihrer Leser. Dass sich diese Hinweise auf die Genesis, sowie den
Rückblick und die Todesnotiz des Mose in der Rahmung des Deuteronomiums konzentrieren, ist kein Zufall, sondern hermeneutische Strategie, die zwar der präskriptiven
Applikation des Pentateuch auf die Zeit von Autoren und Lesern Raum gibt, doch die
Mose-Erzählungen um der präskriptiven Funktion der Torot willen geschlossen halten
will. Das gilt auch für die geographischen Notizen in Gen 50,10f.; Num 22,1; Dtn 1,5,
die dem Leser verdeutlichen, dass der Standort der Autoren des Pentateuch als des
seinigen in der Erzählzeit nicht mit dem des Mose in der erzählten Zeit identisch ist.

---

4   Siehe dazu E. Otto, Del Libro de la Alianza a la Ley de Santidad. La reformulación del derecho
    Israelita y la formación del Pentateuco, EstB 52, 1994, 195-217; ders., Gesetzesfortschreibung
    und Pentateuchredaktion, ZAW 107, 1995, 373-392.

Widersprüche und Spannungen im Pentateuch sollten weder synchron fortinterpretiert werden noch der diachronen Analyse nur als Einstieg in die Rekonstruktion von Texten hinter den Texten dienen – was weiterhin ein begrenztes Recht haben soll -, sondern als gezielt für den Leser stehen gelassene oder in der Mehrzahl sogar bewusst eingefügte Marker begriffen werden, die den Leser in die Lage versetzen sollen zu erkennen, dass die Erzählungen nicht in der erzählten Zeit allein ihren Horizont haben, sondern eine hermeneutische Strategie der Applikabilität auf die Erzählzeit als die des Lesers verfolgen, also ein *tua res agitur* zum Ausdruck bringen wollen, wenn sie von der Mosezeit erzählen. In diesen Horizont hermeneutischer Applikation gehören nun auch die mit den Verschriftungsnotizen verbundenen Torot im Pentateuch. Der Dekalog wird als von Gott unmittelbar gegebene Tora von den mosaisch verschrifteten Torot abgehoben und soll eine universale Geltung für die Judäer unabhängig von Zeit und Ort haben. Die intendierte Differenzierung von Erzählzeit und erzählter Zeit widerspricht der von N. Lohfink vertretenen These, „der Pentateuch *erzählt* nur von göttlichen Rechtssetzungen, er promulgiert sie nicht".[5] D. Markl hat zu Recht dagegen eingewandt: „Zielt nicht die rhetorisch-persuasive Anstrengung auf mehreren Ebenen auf die Einhaltung mindestens bestimmter Gebote auch durch die Adressaten der Erzählung?"[6] Er verweist in diesem Zusammenhang auf den Epitaph in Dtn 34,10-12, der mit Moses „Einmaligkeit als Propheten die ‚Kanonisierung' der durch ihn vermittelten Rechtstexte" beanspruche.[7] Der Pentateuch will, das zeigt die in die narrative Strategie eingebundene Hermeneutik der Differenzierung von erzählter Zeit und Erzählzeit, auf die der Leser durch die narrativen „Stolpersteine", die die bisherige Forschung als diachron aufzulösende Spannungen und Widersprüche gedeutet hat, keine narrative „Gegenwelt" sein,[8] deren Torot erst postpentateuchisch präskriptiven Charakter erhiel-

---

5   Siehe N. Lohfink, Prolegomena zu einer Rechtshermeneutik des Pentateuch, in: G. Braulik (Hg.), Das Deuteronomium, ÖBS 23, Frankfurt/Main 2003, (11-56) 45. Dass die präskriptive Funktion der Tora, wie erneut von M. LeFebvre (Collection, Codes, and Torah. The Re-characterization of Israel's Written Law [LHB/OTS 451], London/New York 2006) vertreten, erst auf hellenistischen Einfluss zurückgehen soll, kann man nur behaupten, wenn man die Rechtshermeneutik des vorhellenistischen Pentateuch ganz beiseite lässt; siehe dazu E. Otto, Die Ursprünge der präskriptiven Funktion biblischer Rechtssätze. Zu einem Buch von Michael LeFebvre, ZAR 13, 2007, sowie unten II-V.

6   Siehe D. Markl, Narrative Rechtshermeneutik als methodische Herausforderung des Pentateuch, ZAR 11, 2005, (107-121) 117. Das rechtshermeneutische Problem, das die Fabel des Pentateuch lösen will, steckt allerdings in der Aussage der präskriptiven Funktion „mindestens bestimmter Gebote". Die Fabel des Pentateuch gibt sehr exakt an, welchen Geboten diese Funktion zukommt; siehe dazu im Folgenden.

7   Siehe D. Markl, a.a.O., 117.

8   Eine synchrone Analyse geht also in die Irre, wenn sie den Erzählern des Pentateuch unterstellt, sie wollten mittels komplexer narratologischer Strategien, die, wie N. Lohfink einräumt, sich nicht einem „Erstleser", sondern erst einem „Zweitleser" erschließen können, eine widerspruchsfreie „Gegenwelt" erzeugen, um deretwillen N. Lohfink die Spannungen fortargumentiert. In Dtn

ten, sondern direkte Promulgation der Torot in der „Welt des Lesers", wobei die Verschriftungsnotizen ihm die unmittelbare Präsenz der Tora in seiner Welt verbürgen und ihm gleichzeitig den offenbarungstheologisch differenzierten Status der Torot anzeigen.

Nicht zuletzt dient der Wechsel der Gottesnamen im Pentateuch der Intention der Differenzierung von Erzählzeit und erzählter Zeit. Die erzählte Zeit ist die der Geschehnisse im Pentateuch von der Schöpfung der Welt bis zu Moses Tod, während die Erzählzeit die Zeit bezeichnet, in der die Autoren des Pentateuch geschrieben haben.[9] Für sie steht fest, dass es ihr Gott JHWH ist, der seit der Urgeschichte als der eine Gott handelt. Auf der Ebene der erzählten Zeit aber wird gezeigt, dass Israel erst im Laufe seiner Geschichte zu diesem Gott gefunden habe.[10] Erneut wird dem Leser signalisiert, dass der Pentateuch nicht von einer fernen Vergangenheit, sondern um der Applikabilität der Tora nicht als Teiles einer „Gegenwelt", sondern der Lebenswelt der Leser willen so erzählt, wie er erzählt, und mit der Zeit des Mose auch die Zeit der Hörer und Leser der Autoren im Blick hat (Dtn 5,2f.). So ist es kein Widerspruch, wenn der JHWH-Name am Dornbusch in der Wüste offenbart wird, obwohl er schon in der Urgeschichte in Gen 4,26 eingeführt worden ist. In der Gottesrede am Dornbusch (Ex 3) offenbart JHWH selbst seine Identität mit dem Gott der Väter Abraham, Isaak und Jakob auf der Ebene der erzählten Zeit, was der Leser in der Erzählzeit von Anfang an gewusst hat.

Dieses literarische Verfahren der Autoren des Pentateuch, Hinweise auf ihren Standort jenseits der Mosezeit als erzählter Zeit in den Text einzufügen und so ihre Adressaten auf die hermeneutische Mehrschichtigkeit der Erzählungen hinzuweisen,

---

1-3 wird die Problematik von N. Lohfinks Methodik synchroner Lektüre besonders deutlich. Aber auch hier gilt gegen diachron arbeitende Kritiker, dass eine reine diachrone Schichtenanalyse nichts erklärt, wenn sie die Spannungen nur diachron auflöst. Wohl aber ist Rechenschaft darüber abzulegen, welche Spannungen, Widersprüche etc. nach aller Kunst der Literarkritik und darauf aufbauender Redaktionsgeschichte auf die literaturhistorische Diachronie der Texte zurückzuführen sind und welche gezielt von einem „Buchautor" als hermeneutische Marker in den Text eingesetzt wurden, ohne dass sie Relikte der Diachronie der Textgeschichte sind.

9   Zur Verwendungsweise der Begriffe von „Erzählzeit" und „erzählter Zeit" siehe E. Otto, Wie „synchron" wurde in der Antike der Pentateuch gelesen?, in: F.-L. Hoßfeld/L. Schwienhorst-Schönberger (Hg.), „Das Manna fällt auch heute noch". Beiträge zur Geschichte und Theologie des Alten/Ersten Testaments (FS E. Zenger), HBS 44, Freiburg/Br. 2004, 470-485.

10 Wenn in Gen 21-22 konsequent das Gottesepitheton „Elohim" verwendet wird, so wird dem Leser signalisiert, dass eine derartige Gefährdung der göttlichen Verheißungen durch Gott selbst in der Erzählzeit nicht mehr wie in der erzählten Zeit geschehen werde. Eine literarkritische Auflösung des Wechsels der Gottesnamen in der Genesis zerstört geradezu die narrative Hermeneutik der Texte. Die Literaturtheorie des Pentateuch selbst fordert das Ende der Quellendifferenzierung eines „Elohisten" von einem „Jahwisten" oder gar noch der redaktionsgeschichtlichen Differenzierung innerhalb einer Quelle des „Jahwisten" aufgrund des Wechsels der Gottesnamen.

setzt voraus, dass die Autoren und ihre Adressaten davon ausgingen, dass nicht Mose diese Erzählungen verschriftete, sondern postmosaische Schreiber. Wenn die antiken Autoren „Fenster" auf ihren postmosaischen Standort in den Text einbauten, um ihren Adressaten Hinweise auf die hermeneutische Differenz zwischen Erzählzeit und erzählter Zeit an die Hand zu geben und damit sich als unmittelbar Beteiligte und Gemeinte des erzählten Geschehens zu begreifen, so stellten sich diese Autoren auf den Standpunkt der erzählten Zeit und blickten mittels der „Fenster" der anachronistischen Notizen von der erzählten Zeit in die Erzählzeit. Der moderne, durch historisches Bewusstsein geprägte Leser des Pentateuch hat eine entgegengesetzte Blickrichtung von seinem Standort auf die Autoren in der Erzählzeit. Die Identifizierung von Schreibern in Gestalt von Verschriftungsnotizen war für die Autoren des Pentateuch nur in Bezug auf die Gesetze von Bedeutung, um mittels der Verschriftungsnotizen und ihrer Lozierung in der Erzählung des Pentateuch ihr rechtshermeneutisches Programm zu entwickeln, während sich ihnen die Frage nach einer Identifizierung der Autoren der Erzählungen nicht stellte.

Wird postkanonisch Mose mit den Autoren des Pentateuch unter Einschluss der Erzählungen der Urgeschichte identifiziert, so geht die von den Autoren des Pentateuch intendierte hermeneutische Mehrdimensionalität der Erzählungen, die zwischen Erzählzeit und erzählter Zeit differenzieren, verloren, und eine Fülle von narrativen Inkonsistenzen belastet nun die Lektüre des Pentateuch. So muss Mose über seinen eigenen Tod berichtet haben, was noch mit der Annahme, Mose habe hier in prophetischer Funktion zwar nicht gesprochen, wohl aber geschrieben, zu erklären war. Schwieriger zu beantworten war die Frage, wie Mose Zeugnis erhalten haben sollte von den Geschehnissen der Schöpfung und Urgeschichte (Gen 1-11) sowie von den Ereignissen in den Familien der Abraham-Linie (Gen 12-50), die mehrere Jahrhunderte vor seiner Geburt geschehen sein sollten. Wollte man nicht zur These einer göttlichen Inspiration des Autors Mose greifen, wie es von hellenistisch-jüdischen Kreisen erwogen worden ist, oder zur These, die Tora ginge auf einen Engel zurück, der es Mose am Sinai diktiert habe, wie im Jubiläenbuch vertreten,[11] tun sich Probleme auf. Der Wechsel der Gottesnamen in der Genesis, der der Anzeige der hermeneutischen Mehrdimensionalität des Textes dient, verliert mit dem Verlust dieser Mehrdimensionalität seine Plausibilität. Der literaturhistorisch-diachronen Arbeit am Pentateuch ist es aufgegeben, ihm seine hermeneutische Mehrdimensionalität der Differenzierung von Erzählzeit und erzählter Zeit zurückzugeben. Doch hat sich bis heute die historische Kritik vornehmlich an den Problemen, die ihr die postbiblische Theorie mosaischer Verfasserschaft des gesamten Pentateuch aufgegeben hat, abgearbeitet.

Die postbiblische Theorie mosaischer Verfasserschaft des Pentateuch verdankte sich theologischem Legitimationsbedarf, sei es, dass im hellenistischen Kontext der

---

11 Siehe dazu H. Najman, Seconding Sinai. The Development of Mosaic Discourse in Second Temple Judaism, JSJ.S 77, Leiden/Boston 2003, 41-107.

Altersbeweis als Wahrheitsbeweis geführt werden sollte[12] und Mose zum Lehrmeister Homers, Sokrates' und Platons wurde, sei es, dass der Abstand zwischen heiligem Text und seiner Auslegung durch eine panmosaische Verschriftungstheorie betont werden sollte. Die Literaturtheorie des Pentateuch selbst war Mittel theologischer Hermeneutik im Dienste der Klärung der Frage nach der Autorität der Schrift und ihrer Auslegung. Ein Legitimationsbedürfnis leitete auch die postbiblische Theorie mosaischer Verfasserschaft. War für die Autoren des Pentateuch Mose nicht Verfasser der Erzählungen des Pentateuch und konnten sie hier die Verfasserfrage im Gegensatz zu den Torot offen lassen, so stellte sich ihnen das Problem nicht, wie Mose von seinem eigenen Tod oder auch der Schöpfung der Welt erzählen konnte und woher er das Wissen über die Zeit der Erzeltern hatte, wie es möglich sein sollte, dass die Israeliten mit drei Millionen Menschen aus Ägypten ausgezogen und durch die Wüste gewandert sein sollten, und wie die zahlreichen Doppelungen, Spannungen und Widersprüche im Text zu erklären sein sollten – alles Fragen, deren Klärung sich die Pentateuchforschung der letzten drei Jahrhunderte stellen wollte.[13] Rechneten die antiken Autoren und Leser mit einer Vielzahl von Händen in den Erzählungen des Pentateuch und den daraus resultierenden Neuschöpfungen und Reformulierungen im Narrativ des Pentateuch als Traditionstext, so mussten die Autoren in Bezug auf die Gesetze als Rückgrat des Pentateuch um so präziser sein. Die Theorie göttlicher und mosaischer Verschriftung der Gesetzespromulgation diente der Eindeutigkeit der Torot als applikabel in der Erzählzeit, d. h. in der Welt der Hörer und Leser des Pentateuch, mit anderen Worten: die antike Literaturtheorie des Pentateuch diente seiner Rechtshermeneutik. Nun weichen aber, wie besonders eklatant anhand der Dekaloge in Ex 20 und Dtn 5 deutlich ist, die Torot, die göttlich offenbart und mosaisch rezipiert sein sollen, nicht nur im Wortlaut voneinander ab, sondern widersprechen sich, wie es an Bundesbuch, Deuteronomium und Heiligkeitsgesetz ablesbar ist.[14] Das ist aber nur bei oberflächlicher, diachron fixierter Betrachtungsweise so. Die Autoren des Pentateuch entwickelten ein komplexes System der Rechtshermeneutik, das den Gesetzen des Pentateuch und ihren Rahmungen Kohärenz verschafft und die „Widersprüche" in den Gesetzen als gewollt und damit nur scheinbare ausweist. Dem wenden wir uns im Folgenden zu.

---

12   Siehe dazu R. Weber, Das Gesetz im hellenistischen Judentum. Studien zum Verständnis und zur Funktion der Thora von Demetrios bis Pseudo-Phoklides, ARGU 10, Frankfurt/Main 2000.

13   Wie sehr also war doch die Pentateuchforschung der letzten drei Jahrhunderte seit der Aufklärung von der postbiblischen Theorie mosaischer Verfasserschaft des gesamten Pentateuch gelenkt, gegen die sie wie Don Qijote gegen die Windmühlen zu Felde zog.

14   Die moderne rechtshistorische Forschung sieht darin Hinweise auf die rechtsgeschichtlich zu beschreibende Diachronie der Gesetzessammlungen innerhalb des Pentateuch; siehe dazu zusammenfassend F. Crüsemann, Die Tora, München 1992, sowie E. Otto, Recht im antiken Israel, in: U. Manthe (Hg.), Die Rechtskulturen der Antike. Vom Alten Orient bis zum Römischen Reich, München 2003, 151-190; ders., Law and Ethics, in: S. J. Johnston (Hg.), Religions of the Ancient World, Cambridge/Mass. 2004, 85-97, mit weiterer Literatur.

II. Die Differenzierung der Rechtslegitimation der pentateuchischen Torot

Das Recht wurde in der altorientalischen und biblischen Antike immer religiös legitimiert.[15] Die Autoren des Pentateuch sahen darin die primäre Aufgabe ihres pentateuchischen Narrativs. In das Narrativ des Pentateuch sind, so sahen wir,[16] zwei rechtshermeneutische Interpretationssysteme eingebunden worden, die den Weg zum Verständnis der pentateuchischen Rechtshermeneutik weisen. Einerseits ist ein konsistentes System der Verschriftung der Rechtsoffenbarungen als ein Klassifizierungssystem der Rechtsautorität der Gebote in die Erzählung eingezogen, die zwischen Verschriftungen durch JHWH und Mose unterscheidet. Mit diesem Klassifizierungssystem sind geographische Differenzierungen verbunden, die der rechtshermeneutischen Systematik dienen. So werden die mosaischen Verschriftungen am Sinai unterschieden von solchen im Land Moab. Andererseits ist in die Erzählung des Pentateuch ein System von Über- und Unterschriften eingezogen, die die mosaische Funktion der Offenbarungsmittlerschaft zum Thema haben und der Rechtshermeneutik des Pentateuch dienen. Für das Deuteronomium ist seit dem 19. Jahrhundert ein derartiges *Überschriftensystem* in Dtn 1,1-5; 4,44-5,1aα; 28,69-29,1a; 33,1-2aα bekannt.[17] Dtn 1,1-5 bezieht sich als Proömium des Deuteronomiums, wie die Wiederaufnahme der geographischen Angaben von Dtn 1,1-5 in Dtn 28,69; 32,49; 33,2-3; 34,5-6 zeigt, auf alle mosaischen Reden im Deuteronomium, ist aber auch, wie die Anknüpfung von Dtn 34,1-6 an Dtn 1,1-5 und an die Vätergeschichten der Genesis zeigt, mit einer gesamtpentateuchischen Perspektive verbunden.[18] Das System von Überschriften und Überlei-

15 Siehe E. Otto, Der Zusammenhang von Herrscherlegitimation und Rechtskodifizierung in altorientalischer und biblischer Rechtsgeschichte, ZAR 11, 2005, 51-92; ders., Die Rechtshermeneutik des Pentateuch und die achämenidische Rechtsideologie in ihren altorientalischen Kontexten, in: M. Witte/M.-Th. Fögen (Hg.), Kodifizierung und Legitimierung des Rechts in der Antike und im Alten Orient, BZAR 5, Wiesbaden 2005, 71-116. Siehe dazu auch O. Kaiser, Kodifizierung und Legitimierung des Rechts in der Antike und im Alten Orient. Vorstellung der Beiträge des gleichnamigen Symposions, ZAR 12, 2006, 344-353, jeweils mit weiteren Literaturangaben. Siehe ferner M. Lang, u4-ba, *ina ūmī ullûti inūmīšu-* In illo tempore. Zur Begründung und Legitimation von Recht aus dem Mythos, ZAR 12, 2006, 17-28.
16 Siehe oben I.
17 Siehe bereits P. Kleinert, Das Deuteronomium und der Deuteronomiker. Untersuchungen zur alttestamentlichen Rechts- und Literaturgeschichte, Bielefeld/Leipzig 1872, 166-168, sowie zuletzt daran anknüpfend N. Lohfink, Die An- und Absageformel in der hebräischen Bibel. Zum Hintergrund des deuteronomischen Vierüberschriftensystems, in: A. Gianto (Hg.), Biblical and Oriental Essays (FS W.L. Moran), BibOr 48, Rom 2005, 49-77. Siehe dazu auch unten Anm. 43.
18 Siehe E. Otto, Das postdeuteronomistische Deuteronomium als integrierender Schlußstein der Tora, in: J.C. Gertz/K. Schmid/M. Witte/D. Prechel (Hg.), Die deuteronomistischen Geschichtswerke. Redaktions- und religionsgeschichtliche Perspektiven zur „Deuteronomismus"-Diskussion in Tora und Vorderen Propheten, BZAW 365, Berlin/New York 2006, (71-102) 73-78.

tungen des Deuteronomiums[19] ist in eine gesamtpentateuchische Perspektive eingebunden, die eine Differenzierung zwischen einem „Buchautor" des Deuteronomiums
und des Pentateuch in synchroner Lesung nicht zulässt, da das Deuteronomium synchron nur als Teil des Pentateuch zu lesen ist[20] und in diachroner Perspektive seine das
Narrativ bestimmende rechtshermeneutische Struktur erst im Zuge der postpriesterschriftlichen und postdeuteronomistischen Redaktionen erhalten hat.

Für die Rechtshermeneutik des Narrativs des Pentateuch haben darüber hinaus die
Kolophone in der Sinaioffenbarung in Lev 26,46 und Lev 27,34 sowie das in Num
36,13 eine wichtige Funktion. Das Kolophon Num 36,13 ist bezogen auf die Überschrift des Deuteronomiums in Dtn 1,1-5, mit dem wir beginnen wollen:

> „(V.1) Dies sind die Worte, die Mose zu ganz Israel sprach jenseits des Jordans in der
> Wüste, in der Araba gegenüber von Suf zwischen Paran und Tofel, Laban, Hazerot und
> di-Sahab. (V.2) Elf Tagesreisen sind es vom Horeb auf dem Weg des Gebirges Seir bis
> Kadesch Barnea. (V.3) Und es geschah im vierzigsten Jahr am ersten Tage des elften
> Monats, da sprach Mose zu den Israeliten alles, genau wie es JHWH ihm für sie befoh-
> len hatte, (V.4) nachdem er Sihon, den König der Amoriter, besiegt hatte, der in Hesbon
> residierte, und Og, den König von Basan, der in Astarot bei Edrei residierte. (V.5) Jen-
> seits des Jordans im Land Moab begann Mose, diese Tora auszulegen."

Schlüssel für die Interpretation von Dtn 1,5 ist das Lexem *b'r* (Pi.).[21] Zuverlässige
Zeugen für die semantischen Konnotationen von *b'r* (Pi.) in Dtn 1,5 sind die Septuaginta, die Targumim und die antiken Übersetzungen, die sehr genau den Wortsinn von
b'r im Rahmen des synchron gelesenen Narrativs des Pentateuch erfassen.

Die Septuaginta übersetzt Dtn 1,5b הוֹאִיל מֹשֶׁה בֵּאֵר אֶת־הַתּוֹרָה הַזֹּאת לֵאמֹר mit
ἤρξατο Μωυσῆς διασαφῆσαι τὸν νόμον τοῦτον λέγων. Für die Septuaginta ist
mit διασαφέω[22] für *b'r* (Pi.) in Dtn 1,5 die Auslegung des Nomos bezeichnet.[23] Das

---

19   Zu Dtn 28,69 als Überleitung und der Diskussion, ob es sich um eine Überschrift handelt, so eine
     LXX-Hs, Vulgata und Sam., oder ein Kolophon aufgrund von *dibrê habbᵉrît* bezogen auf das
     voranstehende Gesetz und den Bundesschluss, so mit der Mehrzahl der Kommentatoren H.F.
     Van Rooy, Deuteronomy 28,69 – Superscript or Subscript?, JNSL 14, 1988, 215-222, siehe E.
     Otto, Das Deuteronomium im Pentateuch und Hexateuch. Studien zur Literaturgeschichte von
     Pentateuch und Hexateuch im Lichte des Deuteronomiumrahmens, FAT 30, Tübingen 2001,
     138-142.
20   Siehe E. Otto, Mose der Schreiber. Zu „poetics" und „genetics" in der Deuteronomiumsanalyse
     anhand eines Buches von Jean-Pierre Sonnet, ZAR 6, 2000, 320-329; ders., Das postdeuterono-
     mistische Deuteronomium (BZAW 365), 71-102.
21   Siehe dazu E. Otto, Mose, der erste Schriftgelehrte. Deuteronomium 1,5 in der Fabel des Penta-
     teuch, in: D. Böhler/I. Himbaza/P. Hugo (Hg.), L'Ecrit et l'Esprit. Etudes d'histoire du texte et
     de théologie biblique (FS A. Schenker), OBO 214, Fribourg/Göttingen 2005, 273-284.
22   Siehe dazu Dan 2,6 LXX; Josephus ant. 2,12; Ep. Aristeas 171.
23   Entsprechend bietet die Vulgata „explanare" für hebr. *b'r* (Pi.), und die LXX übersetzt es in Hab
     2,2 mit σαφῶς.

Targum Onkelos interpretiert Dtn 1,5b entsprechend als das sich am wörtlichsten an den hebräischen Text anschließende Targum mit שָׁרֵי מֹשֶׁה פָּרֵישׁ יָת אוּלְפַן אוֹרַיְתָא הָדָא לְמֵימַר,[24] „Mose begann die Lehre dieser Tora auszulegen". Targum Neofiti I deutet gleichermaßen שָׁרֵי מֹשֶׁה לִמְפָרְשָׁה יָת סְפַר אוֹרַיְיתָה הָדֵה לְמֵימַר. Dieses Targum fügt ein סְפַר „Schriftrolle" ein, da der Targumist der Meinung ist, dass die mosaische Auslegung die verschriftete Tora voraussetze.[25] Nicht Dtn 31,9, sondern Ex 24,12b ist dabei im Blick: Mose interpretiert die von JHWH verschriftete Tora.[26] Die Interpretation von LXX und Targumim wird durch die Dibre Moshe 1QDM 2,8 bestätigt.[27] Dtn 1,5 zitierend hat auch hier *b'r* (Pi.) die Bedeutung der Auslegung/Erklärung.[28]

Worauf bezieht sich nun die mosaische Auslegung, wenn in Dtn 1,5 *hattôrāh hazzo't* „diese Tora" als Objekt genannt wird? Die Targumim lassen keinen Zweifel, dass sie die Tora in ihrer Gesamtheit als Objekt der mosaischen Auslegung sehen. Darauf weist כְּכֹל דְּפַקִּיד יי „gemäß allem, was JHWH befohlen hat" in Targum Onkelos Deuteronomium I,3 wie auch die Glossierung der Tora mit אוּלְפַן („Lehre") im Targum Onkelos Deuteronomium I,5 und die Hinzufügung von סְפַר im Targum Neofiti. Damit interpretieren die Targumim die rechtshermeneutische Intention des pentateuchischen Narrativs richtig. Bereits Ex 24,12b weist auf das Deuteronomium als die Lehre des Mose, die sich auf die Sinaitora bezieht, voraus.[29]

Das Narrativ des Pentateuch setzt rechtshermeneutisch das Deuteronomium von den vorangegangenen Gebotsmitteilungen so ab, dass, wie Dtn 1,5MT und in der Folge LXX, Tg. Neof. und Onk. sowie 1QDM 2,8 es verstehen, das Deuteronomium diese erklärend auslegt. Entsprechend ist auch ein Kolophon zu erwarten, das die dem Deuteronomium im Pentateuch vorangehende Gebotsmitteilung von jenem abgrenzt. Und tatsächlich findet sich ein derartiges Kolophon in Num 36,13, das Dtn 1,1-5 unmittelbar vorausgeht:

---

24 Siehe A. Sperber, The Bible in Aramaic I: The Pentateuch According to Targum Onkelos, Leiden/New York 1959, 289.

25 Siehe A. D. Macho, Neophyti 1. Targum palestinense. MS de la Bibliotheca Vaticana, Band V: Deuteronomio, Madrid 1978, 7.

26 Auch Sifre Deuteronomium deutet *b'r* (Pi.) in Dtn 1,5 mit „auslegen". Siehe R. Hammer, Sifre. A Tannaitic Commentary on the Book of Deuteronomy, New Haven 1986, 31.

27 Siehe J. T. Milik, 22. „Dire de Moïse", in: Qumran Cave I, hg. v. D. Barthélemy/J.T. Milik, DJD 1, Oxford 1962, 91-97.

28 Nichts spricht dafür, dass alle diese Textzeugen Dtn 1,5 missverstanden haben sollten; anders G. Braulik/N. Lohfink, Deuteronomium 1,5 *b'r 't htwrh hz't*: „er verlieh dieser Tora Rechtskraft", in: K. Kiesow/Th. Meurer (Hg.), Textarbeit. Studien zu Texten und ihrer Rezeption aus dem Alten Testament und der Umwelt Israels (FS P. Weimar), AOAT 294, Münster 2003, 35-51. So lässt sich die „Gegenwelt-These", die damit rechnet, dass erst im chronistischen Kontext die Gesetze des Pentateuch präskriptiv (miss-)verstanden wurden, nicht begründen.

29 Siehe unten III.

„Dies sind die *miṣwôt* und die *mišpāṭîm*, die JHWH durch Mose vermittelt den Israeliten in der Wüste Moabs am Jordan gegenüber von Jericho geboten hat."

Das Kolophon in Num 36,13 und das Proömium in Dtn 1,1-5 sind durch die geographischen Angaben sowie die Notizen des Abschlusses und des Beginns (*j 'l* Hi.)[30] aufeinander bezogen und wollen so auch gelesen werden.[31] Der Vermittlung durch Mose *ṣiwwah JHWH bᵉjad mošaeh* steht das *hô'îl mošaeh be'er* gegenüber. Diesem kataphorischen Bezug korrespondieren anaphorische Bezüge in Num 36,13 von unterschiedlicher Reichweite. Den engsten Bogen bildet die *inclusio* mit Num 33,48-49 durch die wörtlichen Entsprechungen der geographischen Angaben *bᵉ'arbôt mô'āb 'al jarden jᵉreḥô*, der die Landverteilung einschließlich des Erbtöchtergesetzes in Num 36,1-12 umgreift.[32] Ein weiter gefasster Bogen nimmt auf Num 22,1 *bᵉ'arbôt mô'āb me'eber lᵉjarden jᵉreḥô* Bezug. An Num 22,1 knüpfen sowohl Num 36,13 *bᵉ'arbôt mô'āb 'al jarden jᵉreḥô* als auch Dtn 1,1-5 *bᵉ'ebaer hajjarden* an.[33] Ein noch größerer Bogen spannt sich von Dtn 1,1-5 zurück zu Lev 26,46 und Lev 27,34:

„Das sind die *ḥuqqîm* und die *mišpāṭîm* und die *tôrot*, die JHWH zwischen (*bên*) sich und (*ûbên*) den Israeliten durch die Vermittlung des Mose auf dem Berg Sinai erlassen (*ntn*) hat" (Lev 26,46).

Die Gesetzesbegriffe in diesen Kolophonen schlagen eine Brücke über die gesamte Sinaiperikope. Der Begriff der *tôrāh/tôrot* ist im Heiligkeitsgesetz Lev 17-26 sonst nicht belegt, wohl aber gehäuft in Lev 6-15.[34] *ḥoq/ḥuqqîm* ist im Heiligkeitsgesetz sonst nur noch in Lev 24,9, wohl aber in der weiteren Sinaiperikope belegt.[35] Der Abschluss des Kolophons mit *bᵉhar sînāj* hat entsprechend die gesamte Gebotsoffenbarung der Sinaiperikope im Blick. Schließlich wird mit der Formel *ntn bên ... ûbên* die Bundesthematik[36] in Gen 9,12f. und auf Abraham zugespitzt in Gen 17,2 aufgenommen und nun in der Sinaiperikope der Abrahamsbund als Gnadenbund mit der sinaitischen Offenbarung von *ḥuqqîm*, *mišpāṭîm* und *tôrot* verbunden, die durch Mose (*bᵉjad mošaeh*) am Sinai vermittelt werden sollen.

---

30 Siehe LXX, Vg, Tg. Onk.
31 Zu Num 22,1 siehe im Folgenden.
32 Siehe dazu R. Knierim/G.W. Coats, Numbers, FOTL 4, Grand Rapids 2005, 331.
33 Die unterschiedlichen Präpositionen sind kontextbedingt.
34 In der Sinaiperikope in Lev 6,2.7.18; 7,1.7.11.37; 11,46; 12,7; 13,59; 14,2.32.54.57; 15,32; 26,46.
35 In der Sinaiperikope in Ex 29,28; 30,21; Lev 6,11.15; 7,34; 10,13.14; 24,9; 26,46.
36 Dass *bên ... ûbên* an einen Rechtsstreit denken lasse (so H. U. Steymans, Verheißung und Drohung: Lev 26, in: H.-J. Fabry/H.-W. Jüngling [Hg.], Levitikus als Buch, BBB 119, Berlin 1999, [263-307] 265), hat Anhalt weder am Heiligkeitsgesetz noch an der Sinaiperikope als ganzer.

An Lev 26 schließen sich noch die Tariflisten in Lev 27 an, die durch Lev 27,34 abgeschlossen werden:

„Dies sind die *miṣwôt*, die JHWH Mose anbefahl (*ṣwh*) für die Israeliten auf dem Berge Sinai (*bᵉhar sînāj*).“

In diachroner Perspektive erklärt sich die Doppelung der Kolophone aus dem literarisch sekundären Charakter von Lev 27 als postpentateuchredaktionellem Zusatz[37] zu Lev 17-26.[38] Ist die Doppelung der Abschlussformeln in Lev 26,46 und Lev 27,34 Folge der literaturgeschichtlichen Genese der Sinaiperikope, so sind sie doch auch einer sich in synchroner Lektüre bewährenden Logik folgend gesetzt worden. Der Angelpunkt der Rechtshermeneutik des Pentateuch ist Ex 24,12.[39] Dort werden neben dem Dekalog die *tôrāh* und die *miṣwāh* genannt, wobei in Lev 26,46 in der Reihung der Gesetzesbegriffe der der *miṣwāh*/*miṣwôt* fehlt, was umso erstaunlicher ist, da er in Lev 26,13.17 fest verankert ist. Das Belehrungsgebot in Ex 24,12 wird im Deuteronomium in Gestalt der Gesetzesauslegung (Dtn 1,5) erfüllt. In synchroner Lesung aber fehlt in der Schlussformel der Sinaitora in Lev 26,46 die *miṣwāh*, so dass in diese Lücke in synchroner Lesung nun die Einholung der Regulierung der priesterlichen Kompetenz zur Einschätzung der Auslösung von Gelübden treten konnte. Ausdrücklich aber werden mit *bᵉhar sînāj* alle *miṣwôt* der Sinaiperikope mit einer Abschlussformel versehen und mit *'ellaeh hammiṣwôt* eine Brücke zu Num 36,13 geschlagen, um so die Moaboffenbarung ab Num 22,1 von der Sinaioffenbarung abzugrenzen. Lev 27,34 lenkt wie auch Lev 26,46 mit der Verortung der Offenbarung der Gesetze am Sinai auf Ex 19,2.20 im Unterschied zu Ex 19,1 zurück.

Ist die synchrone Vernetzung des Systems der Unterschriften in Lev 26,46; 27,34; Num 36,13 deutlich geworden, bleibt doch zu fragen, warum nicht der Abschluss sinaitischer Gesetzesoffenbarung in Num 10 konstatiert wird und auch die zwischen Sinai und Moab im Numeribuch, d.h. zwischen Num 10 und Num 22 verortete Gesetzesoffenbarung nicht gegenüber der im Land Moab abgegrenzt wird. Es bedarf also einer Erklärung, warum zwischen Lev 27,34 und Num 36,13 das Unterschriftensystem nicht fortgesetzt wird. Der Schlüssel zur Lösung dieser Frage ist der Neueinsatz nach Lev 27,34 in Num 1,1a:

---

37 R. Achenbach, Die Vollendung der Tora. Studien zur Redaktionsgeschichte des Numeribuches im Kontext von Hexateuch und Pentateuch, BZAR 3, Wiesbaden 2003, 612f., hat den Nachweis geführt, dass Lev 27 den spätesten Ergänzungen des postendredaktionellen Pentateuch zuzurechnen ist.

38 Zu Lev 17-26 als Teil der Pentateuchredaktion siehe E. Otto, Innerbiblische Exegese im Heiligkeitsgesetz Levitikus 17-26, in: H.-J. Fabry/H.-W. Jüngling (Hg.), Levitikus als Buch, BBB 119, Berlin 1999, 125-196, mit weiterer Literatur.

39 Zur Analyse der Funktion von Ex 24,12 im Narrativ des Pentateuch im Bezug u.a. zu Dtn 1,1-5 siehe E. Otto, Mose (FS Schenker), 280-283.

„Und JHWH sprach zu Mose in der Wüste Sinai im *'ohel mô 'ed*."

Der Lokalisierung der Offenbarung *b^e har sînāj* wird die auf Ex 19,1 zurückgreifende Angabe *b^e midbar sînāj* abgrenzend entgegengesetzt. Damit verbindet sich eine weitere Differenz: Die Gesetzespromulgation erfolgt bis Lev 27,34 nicht *b^e 'ohael mô 'ed*, sondern von Ex 20-40 im direkten Gegenüber von Gott und Mose *b^e har sînāj*, nach JHWHs Besitzergreifung des *'ohel mô 'ed* in Ex 40,34 ab Lev 1,1 *me 'ohael mô 'ed*. In Num 1,1 wird die folgende Gesetzespromulgation *b^e 'ohael mô 'ed* lokalisiert. Die darin zum Ausdruck gebrachte Offenbarungstheorie greift in diachroner Perspektive gesprochen auf die der Pentateuchredaktion in Ex 33,7-11[40] zurück, die nun ab Num 1,1 postpentateuchredaktionell für die Offenbarung *b^e midbar sînāj* fruchtbar gemacht wird. Diese Lokalisierungsangaben sind nicht um ihrer selbst willen in nur narrativer Funktion in das Narrativ des Pentateuch eingesetzt worden, sondern dienen der rechtshermeneutischen Systematik des Pentateuchnarrativ. Die Sinaioffenbarung wird differenziert in eine Kernoffenbarung *b^e har sînāj* bis Lev 27,34 und eine anschließende Randoffenbarung *b^e midbar sînāj b^e 'ohael mô 'ed*, die sich bis zur Aufbruchsnotiz *mimmidbar sînāj* in Num 10,12 erstreckt. Entsprechend wird die Formulierung *waj^e dabber JHWH 'ael mošaeh b^e midbar sînāj* aus Num 1,1a in Num 3,14 und Num 9,1 wiederholt[41] und

---

40 Zu Ex 33,7-11 in der Pentateuchredaktion siehe E. Otto, Die nachpriesterschriftliche Pentateuchredaktion im Buch Exodus, in: M. Vervenne (Hg.), Studies in the Book of Exodus, BEThL 126, Leuven 1996, (61-111) 91f.; R. Achenbach, Grundlinien redaktioneller Arbeit in der Sinaiperikope, in: E. Otto/R. Achenbach (Hg.), Das Deuteronomium zwischen Pentateuch und Deuteronomistischem Geschichtswerk, FRLANT 206, Göttingen 2004, (56-80) 79.

41 In Num 3,1 wird dagegen die Genealogie der Aaroniden mit *b^e jôm dibbaer JHWH 'aet mošaeh b^e har sînāj* in den Bereich der sinaitischen Kernoffenbarung zurückgeführt im Gegensatz zu den Leviten, was möglich ist, ohne das rechtshermeneutische System zu stören, da es sich nicht um eine Gesetzesoffenbarung handelt. Wohl aber bedienen sich die Autoren des Pentateuch hier des rechslegitimierenden Klassifizierungssystems, um die Aaroniden von den Leviten abzuheben; siehe im Folgenden. Das Datierungssystem in Num 1,1 und Num 9,1 führt noch eine weitere Differenzierung innerhalb dieser Legitimationkategorie ein, insofern die Passaverordnung in Num 9,2-5 im *ersten* Monat des zweiten Jahres nach dem Exodus aus Ägypten ergangen sein soll, die Anweisung zur Volkszählung in Num 1,1 aber bereits am ersten Tag des *zweiten* Monats im zweiten Jahr nach dem Auszug aus Ägypten. Die Regelung des zweiten Passa wird also sachgemäß vor die Vorbereitungen zum Aufbruch vom Sinai durch die Volkszählung und nach der mit dem Kolophon in Lev 27,34 abgeschlossenen Sinaioffenbarung eingeordnet. Es besteht also kein Anlass, nach Talmud bPes. 6b mit R. Menasia b. Tahlifa aus den unterschiedlichen Datierungen in Num 1,1; 9,1 zu schlussfolgern, es gebe kein Vorher und Nachher in der Tora (*z't 'wmrt 'jn mwqdm wm 'whr btwrh*), oder mit G. J. Venema (Reading Scripture in the Old Testament. Deuteronomy 9-10; 31 – 2 Kings 22-23 – Jeremiah 36 – Nehemia 8, OTS 48, Leiden/Boston 2004, 202ff.), die Texte der Hebräischen Bibel seien nicht an Chronologie interessiert; siehe dazu E. Otto, Die Tora als Buch. Ein Schlüssel zum Schriftverständnis der Hebräischen Bibel, ZAR 13, 2007. Noch weniger überzeugend aber ist es, wenn in dieser Abfolge der Datierungen in Num 1,1 und Num 9,1 nur ein Kriterium der diachronen Differenzierung gesehen wird unter der An-

mit Num 1,19 auch die erste Ausführungsnotiz b^e*midbar sînāj* lokalisiert. In Num 7,89a wird noch einmal die in Num 1,1 bis 10,12 vorausgesetzte Weise der Offenbarung b^e*midbar sînāj* als solche b^e *'ohael mô'ed* expliziert:

„Und wenn Mose den *'ohael mô'ed* betrat, um mit ihm (sc. JHWH) zu reden, hörte er die Stimme zu ihm sprechen von der Deckplatte, die auf der Lade der Bundesurkunde lag, zwischen den beiden Kerubim".

Nun, nach Fertigstellung des Zelts einschließlich der Lade und der Keruben, redet JHWH nicht mehr nur wie in Ex 33,11 von Angesicht zu Angesicht mit Mose, sondern unter Anknüpfung an Ex 25,11[42] erschallt die Stimme JHWHs von der *kapporet* im *'ohael mô'ed*. Diese Offenbarungsweise soll auch jenseits der Wüste Sinai auf der mit Num 10,12 beginnenden Wanderung und noch im Land Moab gelten. Die dort verortete Rechtsnovellierung des Erbtöchtergesetzes Num 27,1-11 wird im Rückgriff auf Num 7,89 am *'ohael mô'ed* lokalisiert (V.2.6). Es wird also rechtshermeneutisch nicht zwischen den b^e*midbar sînāj* und den b^e*'arbôt mô'āb* promulgierten Gesetzen wie auch den auf der Wanderung zwischen diesen beiden Gegenden promulgierten Gesetzen unterschieden. Eine Abschlussnotiz als Teil des Systems von Über- und Unterschriften im Pentateuch hat also zwischen Lev 27,34 und Num 36,13 keine Funktion.[43] Der

nahme, hier handle es sich um eine „Spannung", an deren Ausgleich die antiken Autoren nicht interessiert gewesen seien.

42 Siehe dazu E. Otto, Forschungen zur Priesterschrift, ThR 62, 1997, (1-50) 26f. In diachroner Perspektive kann man Num 7,89 als Korrektur von Ex 33,11 interpretieren (so R. Achenbach, Tora [BZAR 3], 537), doch in synchroner Perspektive ist Num 7,89 nach Fertigstellung des *miškan* notwendige Spezifizierung der Zeltoffenbarung.

43 Wenig überzeugend ist der Lösungsvorschlag mittels einer diachronen Hypothese, das Unterschriftensystem des Tetrateuch sei weniger entwickelt als das der Überschriften im Deuteronomium. Das System des Deuteronomiums ist in eine gesamtpentateuchische Perspektive unbeschadet seiner literaturgeschichtlichen Entwicklung innerhalb des dtr Deuteronomiums eingebunden und Teil eines die Gesetzespromulgation im Pentateuch als ganzem umgreifenden Systems. Da dieses System für die Rechtshermeneutik des Pentateuch wie das der Verschriftungsnotizen, in das ebenfalls das Deuteronomium gesamtpentateuchisch eingebunden ist, von zentraler Bedeutung ist, ist es wenig wahrscheinlich, dass literaturhistorisch-diachron die Entwicklung des Systems auf halbem Wege stehen geblieben, Lev 27,34 bis Num 36,13 also Lücke im System sein sollte. Anders N. Lohfink, Absageformel (BibOr 48), 69, der meint, „(d)ie Wiederholung oder Aufbesserung der Überschrift von Lev 26,46 in Lev 27,34 ebenso wie die Tatsache, dass es für alle Gesetze in Numeri vor Numeri 22 keine zusammenfassende Absage gibt, zeigt, dass es sich hier um kein systematisch durchgeführtes System für den gesamten Bereich von Exodus bis Numeri handelt". Man sei „auf halbem Weg zu einem solchen Unternehmen steckengeblieben". Diachrone Thesen können nicht Argument in der von N. Lohfink intendierten synchronen Lektüre sein. Siehe dazu auch E. Otto, Das Ende der Toraoffenbarung. Die Funktion der Kolophone Lev 26,46 und 27,34 sowie Num 36,13 in der Rechtshermeneutik des Pentateuch,

Einschnitt mit Num 36,13 aber wird notwendig, da mit Dtn 1,1-5 etwas Neues, nämlich die Gesetzesauslegung durch Mose beginnt (Dtn 1,5).

Neben den für die Rechtshermeneutik des Pentateuch wichtigen Verschriftungsnotizen steht ein System von Über- und Unterschriften der Gesetzespromulgation, das über den Rechtsstatus der jeweiligen Gesetze Auskunft gibt. Kernbereich von höchster Autorität sind die *b^ehar sînāj* gegebenen Gesetze, der sich bis Lev 27,34 erstreckt, wobei zwischen Gesetzen, die vor und nach Errichtung des *'ohael mô'ed* gegeben sind, unterschieden wird. Ein zweiter, von geringerer Autorität gekennzeichneter Bereich der Gesetzgebung beginnt mit Num 1,1, der Promulgation *b^emidbar sînāj* sowie *b^e'ohael mô'ed* im Gegensatz zur sinaitischen Offenbarung *me'ohael mô'ed* und erstreckt sich bis Num 36,13. Ein dritter Bereich wird durch das Deuteronomium als Auslegung (*b'r*; Pi.) von *hattôrāh hazzo't* repräsentiert. Wie die Verschriftungsnotizen in der Sinaiperikope zeigen, wird noch einmal innerhalb des Kernbereichs höchster Autorität *b^ehar sînāj* promulgierter Gesetze zwischen solchen geschieden, die JHWH selbst verschriftet hat, so den Dekalog, und den von Mose verschrifteten Gesetzen, so das Bundesbuch und die Gesetze in Ex 34. Auch das daran anschließende Überschriftensystem des Deuteronomiums bringt innerhalb der mosaischen Auslegung eine komplex differenzierende Rechtshermeneutik zum Ausdruck. Fragt man nach der Logik der rechtshermeneutischen Differenzierung von Autoritätsstufen der Pentateuchgesetze durch das System der Über- und Unterschriften, so ist zunächst zu konstatieren, dass sich darin in *diachroner* Lesung die literaturhistorische Genese der Gesetze im Pentateuch niederschlägt. Mit Lev 26,46 endet die pentateuchische Gesetzesoffenbarung *b^ehar sînāj* der Pentateuchredaktion, die im postdtr Deuteronomium der Pentateuchredaktion *b^e'ebaer hajjarden b^e'aeraes mô'ab* ausgelegt wird.[44] Alle nach Num 1,1 folgenden Gesetze sind postpentateuchredaktionell an die Gesetzesoffenbarung *b^ehar sînāj* bis Lev 26,46 angefügt worden.[45] Der Pentateuch reflektiert seine Literaturgeschichte, und diese

in: M. Beck/U. Schorn (Hg.), Auf dem Wege zur Endgestalt von Genesis bis II Regum. FS H. C. Schmitt, BZAW 370, Berlin/New York 2006, 191-201.

44 Siehe E. Otto, Deuteronomium (FAT 30), 156-233.

45 Siehe R. Achenbach, Tora (BZAR 3), 443-611. Der diachrone Einschnitt im Narrativ des Pentateuch mit dem Abschluss des Levitikusbuches hat Chr. Nihan (The Holiness Code between D and P. Some Comments on the Function and Significance of Leviticus 17-26 in the Composition of the Torah, in: E. Otto/R. Achenbach [Hg.], Das Deuteronomium zwischen Pentateuch und Deuteronomistischem Geschichtswerk, FRLANT 206, Göttingen 2004, [81-122] 120ff.) veranlasst, die These eines „Tritoteuch" aus der Taufe zu heben. Zu einer derartigen These kommt es notwendigerweise, wenn die für die Literaturgeschichte des Pentateuch konstitutive Bedeutung des Deuteronomiums, das einseitig einem DtrG zugerechnet wird, nicht erkannt und wiederum einseitig die Literaturgeschichte des Pentateuch aus der Priesterschrift und ihren Erweiterungen rekonstruiert wird. Gegen eine derartige brachiale Reduktion des Pentateuch zu einem „Tritoteuch" hilft schließlich die synchrone Lektüre des Narrativs des Pentateuch, das ohne das Deuteronomium nicht funktioniert.

prägt die *synchrone* Lesung des Narrativs des Pentateuch.[46] Mit der Pentateuchredaktion, die die Sinaiperikope zum Ort der Gesetzesoffenbarung *kat' exochen* als Mitte des
Pentateuch ausbaute, erlangte die sinaitische Gesetzgebung im 4. Jahrhundert in der
Gestalt der Pentateuchredaktion eine derartige Autorität, dass eine Erweiterung durch
neue Gesetze nur noch punktuell möglich war. Ein derartiger Fall liegt in Lev 27 vor,
wobei die Logik, die zu einer Integration dieses Kapitels und einer erneuten Abschlussformel in Lev 27,34 führte, erkennbar ist. In Num 3,1 wird der postendredaktionelle
Aaronidenstammbaum Num 3,1-4 an die Offenbarung *b^ehar sînāj* rückgebunden. Lev
27 handelt von der priesterlichen Kompetenz zur Auslösung von Gelübden und den
damit verbundenen Regelungen. Die Aaronidengesetze im Gegensatz zu den Leviten-
regelungen sollten auch postendredaktionell in den Kernbereich der Gesetzespromulgation *b^ehar sînāj* als den höchster Autorität eingebunden werden.

III. Sinaitora und Deuteronomium

Das System von Überschriften und Unterschriften im Narrativ des Pentateuch zeigt,
dass das Deuteronomium fest darin integriert ist. Bereits das literarisch eigenständige
dtr Deuteronomium gab die Frage auf, wie sich Horeb- und Moabtora rechtshermeneutisch zueinander verhalten. Das Deuteronomium als Wiege des Pentateuch neben der
Priesterschrift hat diese Frage als die nach dem rechtshermeneutischen Verhältnis der
Sinaitora zur Moabtora in verschärfter Form an das Narrativ des Pentateuch weitergegeben. Wir wenden uns also im Folgenden dem Deuteronomium als Teil des postdtr
und postpriesterschriftlichen Pentateuch zu und fragen nach der Funktion des Deuteronomiums innerhalb des pentateuchischen Narrativs. Ausgangspunkt ist die Abgrenzung
des Deuteronomiums gegen den Tetrateuch in Num 36,13 und Dtn 1,1-5 verbunden mit
Dtn 4,1-40 als Interpretationsschlüssel für die mit Dtn 4,44 beginnende Gesetzespromulgation im Land Moab, die durch den Moab-Bund abgeschlossen wird. Dtn 4,3f.
stellt einen Zusammenhang mit dem Numeribuch in Num 25,1-5 her und zeigt auf,
dass das Deuteronomium mit Dtn 4,1-40 als Schlüssel für die Gesetzespromulgation im
Horizont des vorangehenden Tetrateuch gelesen werden und dieser auf das Deuteronomium zulaufen soll. Der Bundesbruch in Num 25,1-5 als Abschluss der Wüstenwanderung lässt die Gesetzespromulgation im Deuteronomium im Tal gegenüber von Beth
Pe'or (Dtn 3,29; 4,46) und den Moabbund im Narrativ des Pentateuch zu einer Erneuerung des Sinaibundes für die zweite Generation nach dem Exodus werden. Exodus und
Sinaibund haben im Narrativ des Pentateuch, das die Gestalt eines Diptychons hat, ihr
Pendant in Wüstenwanderung und Moabbund als Bundeserneuerung. Dtn 4,1-40
fungiert dabei als Gelenkstück, das der rechtshermeneutischen Relationierung von

---

46 Siehe dazu E. Otto, Antike (FS E. Zenger), 470-485.

Sinai- und Moabtora sowie der damit verbundenen Bundesschlüsse dient und so auch
der Aufgabe, die das Narrativ des Pentateuch einschließlich der Genesis insgesamt und
darin das System der Verschriftungsnotizen sowie Über- und Unterschriften hat,
nämlich die Torot des Pentateuch theologisch differenziert zu legitimieren und so
rechtlich für die Applikation in der Erzählzeit zu gewichten. Die Verschriftungsnotizen
unterscheiden zwischen göttlich und mosaisch verschrifteten Torot, geben aber keinen
Hinweis auf das offenbarungstheologische und damit juristische Verhältnis der Moab-
Torot des Deuteronomiums in Dtn 4,44-28,69, die für den Moabbund (Dtn 29,1-30,20)
den Dekalog in Dtn 5,2-21 explizieren,[47] zu den von Mose verschrifteten Sinai-Torot,
dem Bundesbuch in Ex 20,22-23,30 als den Dekalog in Ex 20,2-17 explizierenden
Anweisungen für den Sinaibund in Ex 24,3-8 und Ex 34,10-26 als Repetition dieser
Anweisungen nach der Katastrophe von Ex 32. Damit verbunden bedürfen die Text-
abweichungen dieser Torot, die von Mose verschriftet worden sind, einer Erklärung.
Um diese Fragen zu beantworten, kommt der Vernetzung von Num 36,13; Dtn 1,1-5;
4,1-40 mit Ex 24,12 Bedeutung zu. Dtn 4,1-40 ist mit Dtn 31,9-13 durch die Anknüpfung von Dtn 31,12 an Dtn 4,10 und damit mit der Verschriftungsnotiz in Dtn 31,9
verbunden. Was in der mündlichen Verkündigung in Dtn 4 noch ambivalent bleibt,
wird durch das schriftliche Medium in Dtn 31 eindeutig: Israel soll hören, um zu lernen
und so Gott zu fürchten.[48] Die Verse Dtn 4,1f.5.8.10.14.44 entfalten ihrerseits eine
komplexe Theorie mosaischer Belehrung des Volkes im Lande Moab,[49] die im synchron gelesenen Narrativ des Pentateuch einerseits Ausführung des Gottesauftrags in
Ex 24,12 sein will. Dtn 4,1-40 deutet Mose als schriftgelehrten Toralehrer,[50] wobei in
dieser Theorie mosaischer Belehrung des Volkes[51] Dtn 4,1 mit *'ānokî m^elammed*
andererseits auch Ausführung des rückblickend erzählten Gottesauftrags *t^elamm^edem* in

---

47 Zur dekalogischen Strukturierung der Gesetze im Deuteronomium schon auf dtr Überlieferungs-
    stufe siehe E. Otto, Der Dekalog in den deuteronomistischen Redaktionen des Deuteronomiums,
    in: Chr. Frevel/M. Konkel/J. Schnocks (Hg.), Die Zehn Worte. Der Dekalog als Testfall der
    Pentateuchkritik, QD 212, Freiburg/Br. 2005, 95-108.

48 Siehe J.-P. Sonnet, The Book within the Book. Writing in Deuteronomy, BIS 14, Leiden/New
    York 1997, 144f.

49 Siehe dazu K. Finsterbusch, Weisung für Israel. Studien zu religiösem Lehren und Lernen im
    Deuteronomium und in seinem Umfeld, FAT 44, Tübingen 2005, 149-158. Vgl. dazu E. Otto,
    Neue Literatur zur biblischen Rechtsgeschichte, ZAR 12, 2006, (72-106) 92-96.

50 Siehe dazu E. Otto, Vom biblischen Hebraismus der persischen Zeit zum rabbinischen Judaismus
    in römischer Zeit. Zur Geschichte der spätbiblischen und frühjüdischen Schriftgelehrsamkeit,
    ZAR 10, 2004, (1-49) 27-38.

51 In diachroner Perspektive will diese Theorie mosaischer Belehrung in Dtn 4,1.2.5.8.10.14.44 die
    in Dtn 5 literarisch mehrschichtig entfaltete Offenbarungstheorie korrigieren. Um dieser Funkti-
    on als korrigierendes Vorzeichen vor Dtn 4,44 willen wird Dtn 4 zwar hinter die Rekapitulation
    des Wegs vom Sinai in das Land Moab, aber vor den Rückblick auf die Gottesbergoffenbarung
    in Dtn 5 gesetzt, deren Stellung hinter Dtn 1-3 auf die diachrone Entwicklung des Deuteronomi-
    umrahmens hinweist.

Dtn 5,31 sein will. In Dtn 4,5 wird daran angeknüpft und mit *ka*^{a}*šaer ṣiwwanî JHWH* ausdrücklich auf einen Gottesbefehl Bezug genommen, der Dtn 5,31 aufnehmend mit *w*^{e}*'otî ṣiwwāh JHWH bā'et hahiw' l*^{e}*lammed 'aet*^{e}*kaem* in Dtn 4,14 entfaltet wird. Die Funktion, als Vorzeichen vor Dtn 4,44-30,15 zu dienen, begründet die Position von Dtn 4,1-40 vor dem Rückblick auf die Gottesbergoffenbarung in Dtn 5 und lässt die in Dtn 4,1.2.5.8.10.14.44 entwickelte Theorie mosaischer Belehrung zur narrativ proleptischen Erfüllung des Gottesauftrags in Dtn 5 werden. Diese narrative Strategie wäre allerdings nur einem „Zweitleser" einsichtig, wenn nicht diese Theorie in Dtn 4 auch an die Sinaiperikope angebunden wäre. Dtn 4,1-40 knüpft in dem synchron gelesenen Narrativ des Pentateuch in komplexer Weise an die Sinaiperikope an. In Ex 24,12 wird Mose von JHWH am Gottesberg beauftragt, das Volk in der *tôrāh* und in der *miṣwāh*, sowie in dem von JHWH verschrifteten Dekalog zu unterrichten.[52] Diese Belehrung geschieht im Deuteronomium, das wie das Bundesbuch in der Sinaioffenbarung Auslegung des Dekalogs sein will. Die von Mose verschriftete Sinaitora ist wie der von JHWH verschriftete Dekalog die Grundlage der Belehrung. Dtn 1,1-5 in Verbindung mit Num 36,13 verdeutlicht den Status der Belehrung.[53] Dtn 1,5 interpretiert die mosai-

---

52 Ex 24,12b nimmt mit *tôrāh* und *miṣwāh* eine Terminologie auf, die aus dem Deuteronomium stammt und darauf vorausweist. Das Verschriftungsmotiv bezieht sich in Ex 24,12b, wie bereits B. Jacob (Das Buch Exodus, hg. v. S. Mayer, Stuttgart 1997, 752f.) zu Recht mit Maimonides vertreten hat, auf die Tafeln des Dekalogs, während *w*^{e}*hattôrāh w*^{e}*hammiṣwāh* als Hyperbaton (siehe G. Braulik, Die Weisung und das Gebot im Enneateuch, in: F.-L. Hoßfeld/L. Schwien-horst-Schönberger [Hg.], „Das Manna fällt auch heute noch". Beiträge zur Geschichte und Theo-logie des Alten/Ersten Testaments [FS E. Zenger], HBS 44, Freiburg/Br. 2004, [115-140] 119, mit Hinweis auf Dtn 17,18f.) die von Mose vermittelten Gesetze bezeichnet; siehe E. Otto, Schriftgelehrsamkeit (ZAR 10), 33 Anm. 139. Siehe dort auch zur literarischen Diachronie von Ex 24,12 mit weiterer Literatur.

53 Versuche, die Bedeutung des Kolophons Num 36,13 mit dem Argument, es diene der Buchab-grenzung, herunterzuspielen, greifen in synchroner Lesung nicht, da es sich um ein diachrones Argument handelt. Doch auch diachron ist es nicht schlüssig. Wie zuletzt M. Millard (Die Gene-sis als Eröffnung der Tora. Kompositions- und auslegungsgeschichtliche Annäherungen an das erste Buch Mose, WMANT 90, Neukirchen-Vluyn 2001, 43-84) aufgezeigt hat, ist die Fünftei-lung des Pentateuch Teil seiner Komposition und wie Dtn 34,10-12 konstitutiver Bestandteil sei-ner Fabel, geht also keineswegs in der Trennung von Buchrollen (siehe M. Haran, Book-Scrolls at the Beginning of the Second Temple Period: The Transition from Papyrus to Skins, HUCA 14, 1983, 11-22) auf, sondern ist an der Mittelposition von Levitikus als Zentrum des Pentateuch ori-entiert. E. Zenger (Das Buch Levitikus als Teiltext der Tora/des Pentateuch. Eine synchrone Lek-türe mit kanonischer Perspektive, in: H.-J. Fabry/H.-W. Jüngling [Hg.], Levitikus als Buch, BBB 119, Berlin 1999, [47-83] 59f.) spricht in diesem Zusammenhang von einer Doppelstruktur der „Endkomposition" des Pentateuch, in der eine lineare Struktur durch eine konzentrische überla-gert werde. Der Begriff der „Überlagerung" ist aber ein diachroner und dem Verständnis des synchron gelesenen Narrativs des Pentateuch nicht angemessen.

sche Moabrede im Deuteronomium als Auslegung „dieser Tora",[54] womit der Belehrungsauftrag von Ex 24,12 aufgenommen wird. Im Gegensatz zu Ex 24,7 wird nicht nur ein Bundesbuch als göttliche Explikation des Dekalogs verlesen, sondern gemäß Ex 24,12 über die Sinaitora belehrt, indem sie gemäß Dtn 1,5 ausgelegt wird.[55] Die Verschriftungsnotiz in Dtn 31,9 bezieht sich auf das Deuteronomium als Auslegung der von Mose verschrifteten Sinaitora in Gestalt des Bundesbuches (Ex 24,4) und seiner Erneuerung in Ex 34,10-26 (Ex 34,27) sowie des von JHWH verschrifteten Dekalogs.[56]

Ist der offenbarungstheologische und rechtliche Status der Moabtora im Verhältnis zur Sinaitora geklärt, so verbindet sich damit eine Schlussfolgerung: Im Narrativ des Pentateuch hat die Kundschaftererzählung in Num 13-14[57] für die Relationierung von

---

54 Siehe oben II. Zur diachronen Relationierung von Dtn 1,5 zu Dtn 4,1-40 als postdtr Einschübe der Pentateuchredaktion in das Deuteronomium siehe E. Otto, Deuteronomium (FAT 30), 157-164. Eine kataphorische Interpretation von Dtn 1,5 ist damit auch in diachroner Perspektive ausgeschlossen. Doch selbst wenn man Dtn 1,5 als dtr interpretieren wollte, wie es jetzt wieder T. Veijola (Das 5. Buch Mose, Deuteronomium. Kapitel 1,1-16,17, ATD 8/1, Göttingen 2004, 9f.) vorschlägt, der Dtn 1,5 einer Redaktion DtrN zuweist, ist Dtn 1,5 in dem Augenblick anaphorisch konnotiert, in dem das dtr Deuteronomium in pentateuchischen Kontext eingebunden wird. Es sei angemerkt, dass anders als bei T. Veijola für N. Lohfink (Prolegomena [ÖBS 23], 20 Anm. 37) „Dtn 1,1-5 erst auf der Ebene der Pentateuchredaktion seine jetzige Gestalt erhalten hat."

55 Diachron gesprochen wird mit Ex 24,12; Dtn 1,5; 4,8 in den spätesten Schichten des Pentateuch ein aus Dtn 4,44 als Überschrift im dtr Deuteronomium stammendes, die gesamte Gesetzesoffenbarung mit mosaischer Promulgation umfassendes Torakonzept entwickelt, ohne das Dtn 4,8.14 wenig Sinn ergeben würde. Ein Torakonzept ist also nicht, wie N. Lohfink (Prolegomena [ÖBS 23], 30) meint, erst postpentateuchisch bei Ben Sira (siehe dazu jetzt F. Reiterer, Der Pentateuch in der spätbiblischen Weisheit Ben Siras, in: E. Otto/J. Le Roux [Hg.], A Critical Study of the Pentateuch. An Encounter Between Europe and Africa, atm 20, Münster 2005, 160-183) zu finden, sondern Grundlage des Narrativs des Pentateuch selbst. Wenn K. Finsterbusch (Weisung [FAT 44], 115ff.) der mosaischen Belehrung in Dtn 4,1-40 einen ausführlichen Abschnitt widmet, aber über Ex 24,12 nichts weiter zu sagen weiß, als dass die Gebotspromulgation des Mose „außerhalb des Deuteronomiums nur an einer Stelle mit einem Verb für Lehren bezeichnet" werde (a.a.O., 307 Anm. 740), so ist das ein Ergebnis ihrer ohne nähere Begründung vollzogenen Beschränkung synchroner Lektüre auf das Deuteronomium unter Absehung von seiner Einbettung in den Pentateuch. Wird der Zusammenhang zwischen Deuteronomium und Sinaiperikope nicht erkannt, kommt es zur These, es bleibe in Dtn 4,14 offen, „was Satzungen und Rechtsvorschriften genau bedeuten" (a.a.O., 156).

56 Zu der Gebotsreihe Ex 34,10-26 als Repetition des Bundesbuchs nach Ex 32 siehe Chr. Dohmen, Der Sinaibund als Neuer Bund nach Ex 19-34, in: E. Zenger (Hg.), Der Neue Bund im Alten. Zur Bundestheologie der beiden Testamente, QD 146, Freiburg/Br. 1993, (51-83) 75; ders., Exodus 19-40, HThK.AT, Freiburg/Br. 2004, 365.373.

57 Zur diachronen Analyse von Num 13-14 im Verhältnis zu Dtn 1,19-46 siehe E. Otto, Deuteronomium (FAT 30), 12-109. Die Einwände von L. Schmidt (Die Kundschaftererzählung in Num 13-14 und Dtn 1,19-46. Eine Kritik neuerer Pentateuchkritik, ZAW 114, 2002, 40-58) weist

Sinaibund und -tora im Verhältnis zu Moabbund und -tora und damit für die Rechts-hermeneutik des Pentateuch eine Schlüsselfunktion. Die Moabgeneration kennt die Sinaitora nur in Gestalt der sie auslegenden, von Mose in Moab unmittelbar vor seinem Tod promulgierten und verschrifteten Moabtora. Es ist stets in der Pentateuchforschung eine *crux interpretum* gewesen, warum Mose nicht in das Verheißene Land über den Jordan ziehen, sondern das Land nur sehen darf, obwohl sich im Narrativ dafür keine ausreichende Begründung mit seiner Schuld finden lässt. Doch selbst wenn sie sich finden ließe,[58] wäre damit doch allein der inneren Stimmigkeit des Narrativs des Pentateuch aufgeholfen, nicht aber dessen narrative Strategie erklärt. Vielmehr wird hier im Narrativ des Pentateuch gezielt eine Leerstelle gelassen, die über sich hinaus-weist und die „Welt" des Pentateuch mit der des Lesers, also Erzählzeit und erzählte Zeit, verknüpft.[59] Mit dem Tod des Mose als Erzpropheten endet, wie Dtn 34,10-12 feststellt, die Offenbarungszeit mosaischer Vermittlung. Bereits Dtn 34,9 „qualifiziert die Mosezeit als Zeit der Gebote Gottes oder theologischer gesprochen als *Offenba-rungszeit*",[60] und Dtn 34,10-12 als Epitaph nimmt diese Linie auf. Von da ab ist die Toraoffenbarung nur noch in der von Mose verschrifteten Gestalt zugänglich. Eine Anpassung der von Gott am Sinai offenbarten Torot an neue Situationen kann es nur noch durch ihre Auslegung geben, und dafür liefert die Moabtora des Deuteronomiums als mosaische Auslegung der Sinaitora das Vorbild. Dem Leser aber stellt sich nach der Lektüre der Moabtora in Gestalt des Deuteronomiums die Frage, wie es angehen kann, dass die Gesetzespromulgation im Deuteronomium von der des Bundesbuches in der Sinaiperikope abweicht. Das Narrativ des Pentateuch gibt ihm die Antwort: Mose legt

---

überzeugend R. Achenbach (Die Erzählung von der gescheiterten Landnahme von Kadesch Bar-nea [Num 13-14] als Schlüssel der Redaktionsgeschichte des Pentateuchs, ZAR 9, 2003, [56-123] 61) zurück und kommt zu einem weitgehend mit meiner Analyse übereinstimmenden Er-gebnis.

58 So noch wieder J. A. Lim, The Sin of Moses and the Staff of God, SSN 35, Assen 1997; ders., A Fresh Perspective on a Familiar Problem, Henoch 19, 1997, 149-159.

59 Wiederum wird deutlich, dass der Pentateuch nicht eine narrative „Gegenwelt" repräsentiert, sondern dass das Narrativ des Pentateuch die Leser unmittelbar einbeziehen will. So ist es eine durch den Text des Pentateuch nicht gedeckte Vermutung, wenn N. Lohfink (Der Neue Bund im Buch Deuteronomium?, ZAR 4, 1998, [100-125] 110) die Lücke mit der These schließen will, Mose sei in „eine Art Herrschaftshaftung" genommen worden.

60 So Chr. Frevel, Ein vielsagender Abschied. Exegetische Blicke auf den Tod des Mose in Dtn 34,10-12, BZ (N.F.) 45, 2001, (209-234) 224. Dass im Gegensatz zu Dtn 34,9 V.10-12 über die Funktion des Mose als Offenbarungsempfänger und -mittler keine Aussage mache, so Chr. Fre-vel (a.a.O., 226), ist angesichts dieser richtigen Interpretation von V. 9 wenig schlüssig. Die Kor-rektur von Dtn 18,15.18 in diachroner oder Spezifikation in synchroner Perspektive dient keinem anderen Zweck, als Aussagen über Mose, den Erzpropheten, als Offenbarungsmittler zu machen. Dem ist nun diachron gesprochen die Korrektur von Dtn 29,1 unter Anwendung von Seidls Ge-setz in Dtn 34,11 mit der Übertragung von JHWHs Machttaten auf Mose untergeordnet, wenn Mose als Erzprophet in die Nähe JHWHs gerückt werden soll.

die dem Volk am Sinai von ihm mitgeteilte Tora (Ex 24,7) im Land Moab für die neue Situation des Lebens im Verheißenen Land aus, was die Frage nach der Freiheit der Auslegung im Verhältnis zur ausgelegten als von JHWH offenbarten Tora nach sich ziehen muss. Diese Frage wird subtil anhand der Dekaloge beantwortet. Es bleibt ein Grundproblem der Dekalogexegese, warum der Dekalog in Dtn 5 von dem in Ex 20 abweicht, ein Problem, das keineswegs dadurch gelöst wird, dass im diachronen Angang nach der literaturhistorischen Priorität des einen Dekalogs vor dem anderen gesucht wird[61] – ein Versuch, der in simplen Alternativen sowieso zum Scheitern verurteilt ist,[62] da in dem Dekalog Ex 20 die Quellen des dtr Dekalogs in Dtn 5 postdtr benutzt worden sind. Entscheidender ist die Frage, warum die zwei divergierenden Dekaloge nicht aneinander angepasst wurden, was für jeden Autor ein leichtes gewesen wäre, so dass der Wortlaut der JHWH-Offenbarung in Ex 20 und ihrer mosaischen Repetition in Dtn 5 übereinstimmen. Innerhalb der erzählten Zeit des Narrativs des Pentateuch ist dieses Problem dadurch gelöst, dass, wie Ex 20,18 zeigt, das Volk den Sinaidekalog nicht verstanden hat, wenn es nur die Begleiterscheinungen der Offenbarung „sieht" und in Ex 20,19 sagt, es wolle „hören", wenn Mose mit ihm rede.[63] Erst-

---

61 Postbiblisch ist das Bemühen um einen Ausgleich der Fassungen des Dekalogs sehr virulent gewesen; siehe dazu I. Himbaza, Le Décalogue et l'histoire du texte. Etudes des formes textuelles du Décalogue et leurs implication dans l'histoire du texte de l'Ancien Testament, OBO 207, Fribourg/Göttingen 2004, 47-220.

62 Siehe F.-L. Hoßfeld, Der Dekalog. Seine späten Fassungen, die originale Komposition und seine Vorstufen, OBO 45, Fribourg/Göttingen 1982 einerseits; A. Graupner, Zum Verhältnis der beiden Dekalogfassungen Ex 20 und Dtn 5, ZAW 99, 1987, 308-329, andererseits; siehe dazu unten Anm. 70.

63 Siehe Chr. Dohmen, Exodus (HThK.AT), 128ff.; M. Konkel, Was hörte Israel am Sinai? Methodische Anmerkungen zur Kontextanalyse des Dekalogs, in: Chr. Frevel/M. Konkel/J. Schnocks (Hg.), Die Zehn Worte. Der Dekalog als Testfall der Pentateuchkritik, QD 212, Freiburg/Br. 2005, 11-42. Dagegen hat D. Markl (Der Dekalog als Verfassung des Gottesvolkes. Die Brennpunkte einer Rechtshermeneutik des Pentateuch in Ex 19-24 und Dtn 5, HBS 49, Freiburg/Br. 2007, 131ff.) die Funktion des Dekalogs in Ex 20 im Gegensatz zu dem in Dtn 5 als Leserinformation bestritten, doch ist die Redeeinleitung des Dekalogs in Ex 20 ohne Vorbereitung kaum als „dramaturgischer Effekt" zu lesen und das Fehlen der Adressatenangabe in Ex 20,1 nicht auf die „Universalität der Adressatenschaft" zu deuten. Das „Sehen" der Theophanieerscheinungen anstelle des Hörens der Dekalogworte ist kaum nur als „Betonung der Zeugenschaft" zu interpretieren. Dass das Volk den Dekalog in Ex 20 hört und versteht, ist für D. Markl notwendige Voraussetzung dafür, vom Dekalog als Verfassung und von der Zustimmung des Volkes als „Verfassungskonsens" zu sprechen. Doch von einer derartigen Zustimmung des Volkes sagt die Sinaiperikope gerade nichts, da sich die Zustimmung des Volkes in Ex 24,3-8 nur auf das Bundesbuch, nicht aber auf den Dekalog bezieht, was die Verschriftungsnotiz eindeutig zeigt. Nach der pentateuchischen Verschriftungstheorie wurde der Dekalog von JHWH selbst verschriftet (siehe oben I). So reicht es nicht, wenn D. Markl an einer für die Rechtshermeneutik so entscheidenden Stelle nur feststellt, Ex 24,3 verbiete nicht „die Möglichkeit anzunehmen, Mose wiederhole nochmals die Worte des Dekalogs"; siehe D. Markl, a.a.O., 139. Umgekehrt ist festzuhalten,

mals in Dtn 5 hört es den Dekalog aus dem Munde des Mose, während Ex 20,1 unmittelbare Leserinformation ist,[64] die den Akteuren auf der Ebene der erzählten Zeit nicht zur Verfügung steht.[65] Das Narrativ des Pentateuch will nicht eine in sich abgeschlossene „Gegenwelt" sein, sondern rechtshermeneutisch den Leser direkt bezogen auf seine „Welt" anreden, indem die Erzählzeit in Ex 20,1 in die erzählte Zeit einbricht. Der Leser begreift, dass er das Bundesbuch als Ausfaltung des Dekalogs verstehen soll,[66] wie später im Land Moab das Volk in der erzählten Zeit das Deuteronomium,[67] doch stolpert der Leser über die Divergenzen der Dekaloge. Die Differenz des Wortlauts ist, so begreift er, die der unterschiedlichen Sprecher. In Ex 20,1 spricht Gott selbst, in Dtn 5,1 ergreift Mose das Wort und berichtet zurückblickend von der Dekalogoffenbarung, die für das Volk in der erzählten Zeit Erstmitteilung ist. Der Leser, und das meint stets den „Erstleser" – eines „Zweitlesers" bedarf es hier wie auch sonst nicht im Narrativ des Pentateuch -, erkennt, dass Mose von dem von JHWH offenbarten Dekalog abweicht. Diese Differenzen der Dekalogfassungen sind von den Pentateuchautoren gezielt eingesetzte Marker, um dem Leser mitzuteilen, dass Mose zur Belehrung des Volkes gemäß seiner Beauftragung von Gott in Ex 24,12 den Sinaidekalog (Ex 20,2-17) in Dtn 5,6-21 auslegt, wie es Dtn 1,5 angekündigt hat. Moses Auslegung der Sinaitora des Bundesbuches und von Ex 34,10-12 als Repetition des Bundesbuches nach dem Bundesbruch in Ex 32 appliziert die Sinaitora, wie Dtn 12,1 zeigt, auf das Leben im Verheißenen Land, mit anderen Worten auf die Erzählzeit als die der Leser. Das gilt nun auch für den Dekalog in Dtn 5,6-21. Wie insbesondere die Abweichungen im Sabbatgebot, im Elterngebot sowie im Begehrensverbot von Dtn 5,6-21 im

---

dass Ex 24,3-8 diese Möglichkeit gerade ausschließt. Siehe dazu auch E. Otto, Der Dekalog in der Rechtshermeneutik der Tora. Zu einem Buch von Dominik Markl SJ, ZAR 13, 2007.

64   Zum Verständnis von Ex 20,1 neben Ex 19,25b siehe M. Konkel, a.a.O., 24-28, mit einer Aufstellung der traditionellen und in der jüngsten Forschung vertretenen Positionen zu dieser Frage.

65   Siehe Chr. Dohmen, Exodus (HThK.AT), 76f.101f.

66   Siehe dazu L. Schwienhorst-Schönberger, Das Verhältnis von Dekalog und Bundesbuch, in: Chr. Frevel/M. Konkel/J. Schnocks (Hg.), Die Zehn Worte. Der Dekalog als Testfall der Pentateuchkritik, QD 212, Freiburg/Br. 2005, 57-76. Er zeigt überzeugend gegen R. G. Kratz (Der Dekalog im Exodusbuch, VT 44, 1994, 205-238), dass es ein Fehlschluss ist, wenn man das synchrone Argument auf den Kopf stellen und so in ein diachrones ummünzen will. Zur Literaturgeschichte des Dekalogs siehe dagegen E. Otto, Der Dekalog als Brennspiegel israelitischer Rechtsgeschichte, in: H.-J. Zobel/J. Hausmann (Hg.), Alttestamentlicher Glaube und Biblische Theologie (FS H. D. Preuss), Stuttgart 1992, 59-68 (= ders., Kontinuum und Proprium. Studien zur Sozial- und Rechtsgeschichte des Alten Orients und des Alten Testaments, OBC 8, Wiesbaden 1996, 293-303).

67   Durch diachrone Hypothesen werden für das Narrativ des Pentateuch tragende Pfeiler negiert, wenn zugunsten literarkritisch synthetisierter Schichten eine dekalogische Strukturierung des Deuteronomiums in Frage gestellt wird. Zum diachron geführten Nachweis der dekalogischen Strukturierung des dtr Deuteronomiums siehe dagegen E. Otto, Dekalog (QD 212), 95-108.

Vergleich mit dem Sinaidekalog zeigen, nimmt der Dekalog in Dtn 5,6-21 das Leben im Verheißenen Land in den Blick.[68] Damit ist nun eine in der Antike wie in der Moderne nach wie vor wichtige Einsicht verbunden. Wird dem antiken Leser des Pentateuch ein diachrones Textverständnis durch das Narrativ des Pentateuch abverlangt,[69] so wird ihm damit auch die Notwendigkeit und Freiheit der Textauslegung als Aktualisierung in neuer Situation vor Augen geführt. Diese neue Situation zum Ausdruck zu bringen, ist im postdtr Narrativ des Pentateuch die Funktion der Verortung der Mose-Tora im Lande Moab, wiederum ein Fall, dass ein Motiv, das in dtr Theologie des Deuteronomiums die Funktion hatte, bezogen auf die „zweite Generation" im Exil die Rückkehrhoffnung aus dem Exil zum Ausdruck zu bringen, nun postdtr eine ganz neue Funktion als Baustein der Rechtshermeneutik des Pentateuch erhält. Der antike Leser des Pentateuch mochte sich allerdings die Frage stellen, ob Mose als schriftgelehrter Exeget der Sinaitora als JHWH-Tora nicht ein Sakrileg begangen habe, als er mit der Auslegung dem Volk einen vom göttlichen Wortlaut, den nur der Leser kennt, abweichende Fassung des Dekalogs vortrug.[70] Die Autoren des Pentateuch

68 Zur dtr Fassung von Dtn 5,6-21 als auf das Ruhetagsgebot zentrierten „Pentalog" in Abweichung vom Dekalog in Ex 20,2-17 siehe N. Lohfink, Zur Dekalogfassung in Dt 5, in: ders., Studien zum Deuteronomium und zur deuteronomistischen Literatur I, SBAB 8, Stuttgart 1990, 193-209.

69 Auch innerdeuteronomisch wird ein derartiges Verständnis vorausgesetzt, wie sich anhand der Widersprüche in Dtn 15 aufzeigen lässt, die ihre Auflösung in synchroner Lektüre des Abschlusses des Deuteronomiums in Dtn 30-34 gewinnen; siehe E. Otto, Antike (FS Zenger), 470-485. Durch die diachrone Textentwicklung begründet (siehe dazu E. Otto, Gottes Recht als Menschenrecht. Rechts- und literaturhistorische Studien zum Deuteronomium, BZAR 2, Wiesbaden 2002, 219-230) sind die Spannungen in Dtn 15 gezielt stehen gelassen worden und sollten gerade nicht um der Geschlossenheit in der synchronen Lesung willen fortargumentiert werden; anders N. Lohfink, Das deuteronomische Gesetz in der Endgestalt – Entwurf einer Gesellschaft ohne marginale Gruppen, in: ders., Studien zum Deuteronomium und zur deuteronomistischen Literatur III, SBAB 20, Stuttgart 1995, 205-218. Damit wäre nicht nur Dtn 15 in synchroner Perspektive die entscheidende Dimension genommen, sondern auch der Weg in die diachrone Rekonstruktion der Literaturgeschichte dieses Kapitels im Rahmen der Rekonstruktion der literarischen Genese des Deuteronomiums verstellt.

70 Chr. Dohmen („Es gilt das gesprochene Wort". Zur normativen Logik der Verschriftung des Dekalogs, in: Chr. Frevel/M. Konkel/J. Schnocks [Hg.], Die Zehn Worte. Der Dekalog als Testfall der Pentateuchkritik, QD 212, Freiburg/Br. 2005, 43-56) minimiert das Problem, wenn er die Differenzen als komplementär, nicht aber als Widersprüche interpretiert, um auf „eine *narrative Priorität* des Dtn-Dekalogs" (a.a.O., 53f.) zu schließen, da dieser Dekalog der erzählten Autorität des Mose unterstehe, hingegen die Ex-Fassung nur der des Erzählers. Dieses durch diachrone Rekonstruktion der Literaturgeschichte des Dekalogs durch F.-L. Hoßfeld (Dekalog [OBO 45]) gelenkte Argument (siehe Chr. Dohmen, a.a.O., 54) übersieht, dass für den Leser, und um den geht es dem Narrativ des Pentateuch, der Dekalog in Ex 20 direkte Gottesoffenbarung ist, nicht also in der Autorität eines Erzählers steht, der auch nicht in Erscheinung tritt, sondern JHWHs, der den Leser direkt anspricht und selbst den Dekalog verschriftet. In diesem Sinne sollte nicht eine Narratologie dem Text sein Selbstverständnis austreiben. C. Meyers (Exodus, New Cambridge Bible Commentary, Cambridge 2005, 162f.) hat jüngst zu Recht im Dekalog in Ex 20 das

haben diese Frage bedacht und eine Antwort formuliert: JHWH selbst legt wiederholt seine eigenen Gesetze in gewandelten Situationen aus und aktualisiert sie so. Da das Volk den Dekalog nicht verstanden habe (Ex 20,18-21), habe JHWH das Bilderverbot im Rahmen des Bundesbuches repetiert, sei nun aber in Ex 20,23[71], das Bilderverbot konkretisierend auf den Kult bezogen und damit für das Volk verständlicher, vom Wortlaut des dekalogischen Bilderverbots in Ex 20,4 abgewichen. Nach dem Bruch des Bilderverbots in Ex 20,23 durch die Herstellung des Goldenen Kalbes in Ex 32 repetiert JHWH mit Ex 34,10-26 eine auf den JHWH-Kult konzentrierte und damit auf die kultische Verehrung des Kalbes kritisch reagierende Kurzfassung des Bundesbuches, die die Sinaitora des Bundesbuches weder außer Kraft setzen noch nur ergänzen, sondern nach Ex 32 die Sinaitora auf die neue Situation applizieren will. Diese Beispiele lassen sich vermehren. Nach der Zentralisierung des Kultes an einem Heiligtum mit der Einwohnung Gottes in seinem Volk (Ex 35-40) revidiert JHWH im Zuge der Landverteilung im Numeribuch (Num 32,1-42; 33,50-34,29; 35,1-8) in Num 35,9-34 das von ihm selbst gegebene Asylgesetz in Ex 21,13-14. Dass Gott selbst ein von ihm am Gottesberg gegebenes Gesetz für das Leben im Verheißenen Land durch Reformulierung aktualisierte, konnte Vorbild für Moses Auslegung der Sinaigesetzgebung im Deuteronomium (Dtn 1,5) unter Einschluss der Applikation der Asylgesetzgebung (Dtn 4,41-43) auf das Leben im Verheißenen Land werden. Der Epitaph in Dtn 34,10-12 rückte Mose als Erzpropheten nahe an JHWH heran, indem heilsgeschichtliche Taten, die im Exodus von JHWH ausgesagt wurden, nun Mose als Subjekt in dem Moment zugeschrieben wurden, in dem mit ihm als Erzpropheten die Zeit der mosaisch vermittelten JHWH-Offenbarung für beendet erklärt wurde. Die Auslegungskompetenz des Mose, die sich in der Moabtora als Auslegung der Sinaitora von Dekalog, Bundesbuch und dessen Repetition in Ex 34 Ausdruck verschafft, hat ihr Vorbild in der Freiheit JHWHs, seine eigene, Mose offenbarte Tora jeweils neuer Situation anzupassen. Nichts anderes tut Mose durch die Auslegung der Sinaitora in der Moabtora des Deuteronomiums. Wird aber Mose als schriftgelehrter Ausleger so nahe an JHWH herangerückt, der seinerseits nicht nur mit der Verschriftung des Dekalogs zum ersten Schreiber, sondern mit der Auslegung seiner eigenen Torot in je neuer Situation auch zum ersten Schriftgelehrten geworden ist, dem in beiden Funktionen Mose nachfolgt – zweifellos haben sich die protorabbinischen Schriftgelehrten der nachexilischen Zeit

Zentrum im narrativen Aufbau des Exodusbuches gesehen. Das Problem der Doppelüberlieferung der Dekaloge ist als ein synchrones zu formulieren. Das Gefälle der Literaturgeschichte des Dekalogs von Dtn 5 zu Ex 20 ist nicht einlinig (siehe oben Anm. 62), vielmehr greift der Dekalog in Ex 20 zwar auf den in Dtn 5 zurück. Aber die Autoren des nachexilischen Pentateuch bedienen sich hier wie durchgängig der Quellen ihrer Quellen, also auch der dem Dekalog in Dtn 5 vorgegebenen Bausteine; siehe E. Otto, Deuteronomium (FAT 30), 112-122.140-142.166-171.190-192; ders., Das Gesetz des Mose (Darmstadt 2007).

71 Die postdtr Formulierung des Bilderverbots hat ihre nächste Parallele in Lev 19,4; 26,1 als Teil des ebenfalls postdtr Heiligkeitsgesetzes; siehe dazu E. Otto, Heiligkeitsgesetz (BBB 119), 172ff.

hier ein eindrückliches Denkmal im Pentateuch gesetzt -, so stellt sich für den antiken Leser des Pentateuch die Frage, ob diese mosaische Kompetenz und Freiheit zur aktualisierenden Textauslegung mit Moses Tod an ihr Ende gekommen sei oder ob sie auch danach noch legitim wahrgenommen werden kann, wenn anstelle des Mose die von ihm verschriftete Tora das Gottesvolk begleitet. Das Narrativ des Pentateuch beantwortet diese Frage durchaus positiv. In Dtn 27,1-26 wird Anweisung zu erneuter Gesetzesverschriftung jenseits des Jordans in Sichem gegeben.[72] Hier nun treten wie im Kontext der Verschriftungsnotiz in Dtn 31,9 neben Mose die Ältesten[73] auf und geben zusammen mit Mose die Anweisung zur Gesetzesverschriftung, wobei die damit in Dtn 27,5-7 verbundene Anweisung zum Altarbau das sinaitische Altargesetz in Ex 20,24-26 für die Gebotsverschriftung im Kulturland auslegt.[74] Aber damit noch nicht genug: In Dtn 27,15-26[75] legt Mose den Dekalog für die spezifische, durch die Geographie der beiden Berge von Ebal und Garizim bestimmten kultischen Situation in Sichem nach der Sesshaftwerdung aus. Mit der hier exemplifizierten Freiheit und Kompetenz zur Auslegung des Dekalogs korrespondiert, dass die Heiligkeit des von

---

72 Zur postpentateuchredaktionellen Abfassung in Relation zu Jos 8,30-35 siehe E. Otto, Deuteronomium (FAT 30), 230f. Dtn 27 verdeutlicht die Diskussion zwischen Autoren, die einer pentateuchischen, und solchen, die einer hexateuchischen Perspektive verpflichtet und also Träger sehr unterschiedlicher Theologiekonzeptionen sind. Die Pentateuchredaktion ist kein Abschluss der Literaturgeschichte des Pentateuch, sondern nur der Ausgangspunkt weiterer Fortschreibungen, die nun auch die Vorderen Propheten erfassen. In diesem eingeschränkten Sinne ist von einem Enneateuch zu sprechen.

73 Zur diachronen Einordnung des Ältestenmotivs siehe E. Otto, Deuteronomium (FAT 30), 175ff.

74 Für das Verständnis der Rechtshermeneutik des Pentateuch ist es von Bedeutung, dass Dtn 27,5-7 nicht auf Dtn 12 als Auslegung des Altargesetzes in der Sinaitora zurückgreift, sondern auf die Sinaitora selbst. Die mosaische Toraauslegung in der Moabtora ist Auslegung der Sinaitora vor dem Einzug in das Verheißene Land, während es eine Auslegung der mosaischen Toraauslegung erst im Verheißenen Land nach dem Tod des Mose geben kann. Die mosaische Auslegung der Tora im Deuteronomium, so zeigen es auch die Kanonsformeln, ist von der nachmosaischen Auslegung des Deuteronomiums geschieden. Dtn 27 taugt also nicht als Argument, um in synchroner Interpretation des Deuteronomiums mit P. Vogt (Deuteronomic Theology and the Significance of *Torah*. A Reappraisal, Winona Lake 2006, 160ff.) zu bestreiten, dass es in Dtn 12 um ein Gebot zur Kultzentralisation geht. Siehe dazu E. Otto, Die Tora im Deuteronomium. Zu einem Buch von Peter T. Vogt, ZAR 13, 2007.

75 Zur diachronen Einordnung dieser Reihe des Fluchrechts siehe H.-J. Fabry, Noch ein Dekalog! Die Thora des lebendigen Gottes in ihrer Wirkungsgeschichte. Ein Versuch zu Deuteronomium 27, in: M. Böhnke/H. Heinz (Hg.), „Im Gespräch mit dem dreieinen Gott". Elemente einer trinitarischen Theologie (FS W. Breuning), Düsseldorf 1985, 75-96. Wie im Dekalog in Ex 20 die postdtr Autoren der Sinaiperikope sich praedtr Überlieferungen, die auch Quelle für die dtr Autoren in Dtn 5 waren, bedienten, so wird bei literarisch später Abfassung der Fluchreihe in Dtn 27,15-26, die das Heiligkeitsgesetz voraussetzt, archaisch anmutendes Material des Fluchrechts verarbeitet; siehe dazu W. Schottroff, Der altisraelitische Fluchspruch, WMANT 30, Neukirchen-Vluyn 1969, 74ff., sowie E.-A. Lee, Forschungsgeschichte der Diskussion um das apodiktische Recht, Diss. theol. München 2003, 123-152, mit weiterer Literatur.

JHWH selbst verschrifteten Dekalogs im Narrativ des Pentateuch dadurch gewahrt und so die Auslegung des Dekalogs vom JHWH-Dekalog der Sinaitora abgehoben wird, dass nach Ex 25,21f.; Dtn 30,3-5 der JHWH-Dekalog in der Lade der Öffentlichkeit entzogen ist, während die um das Moselied erweiterte und mit der Verschriftung abgeschlossene Mosetora nach Dtn 31,24-26 neben die Lade gelegt werden soll. Nach Dtn 27,1-26 und Dtn 31,9-13 sollen die mosaischen Funktionen der Gebotspromulgation, -auslegung und -verschriftung auf Älteste,[76] Leviten[77] und Priester[78] übergehen. Der Leser in der Erzählzeit des Pentateuch, der im Gegensatz zu den Israeliten in der erzählten Zeit um den ihm direkt von JHWH mitgeteilten Dekalog weiß, wird wie jeder Ausleger der Tora auf diesen Dekalog, der von Generation zu Generation mit dem Narrativ des Pentateuch weitergegeben wird, als Maßstab aller Gesetzesauslegung auch der verschrifteten mosaischen Auslegungen des Dekalogs im Pentateuch selbst gewiesen. Jeder Veränderung soll der JHWH-Dekalog dadurch entzogen sein, dass er als schriftliches Dokument in der Lade unsichtbar bleiben soll.[79] So enthält das Narrativ des Pentateuch eine ausgefeilte Rechtshermeneutik, die einerseits die Tora in Gestalt der Sinaitora und ihrer Auslegung im Deuteronomium schriftlich fixiert sein lässt und so als narrative Ätiologie dieser Tora dient, gleichzeitig aber ihre Auslegung für je gewandelte Situationen freigibt und zur narrativen Ätiologie der Schriftauslegung der Tora wird – und damit zur Wiege der rabbinischen Schriftgelehrsamkeit. Rechtshermeneutisch geht es dem Narrativ des Pentateuch also um die rechtshermeneutische Transparenz der erzählten Welt für die des Lesers, in die JHWH auch direkt mit dem Sinai-

---

76 Zur diachronen Einordnung von Dtn 31,24-26 in Relation zu Dtn 31,9-13 siehe E. Otto, Deuteronomium (FAT 30), 191ff. Zu den Ältesten im Deuteronomium in synchroner Perspektive siehe auch N. Lohfink, Die Ältesten Israels und der Bund. Zum Zusammenhang von Dtn 5,23; 26,17-19; 27,1.9f. und 31,9, in: ders., Studien zum Deuteronomium und zur deuteronomistischen Literatur IV, SBAB 31, Stuttgart 2000, 265-283.

77 Zur Funktion der Leviten im Deuteronomium in diachroner Perspektive siehe E. Otto, Deuteronomium (FAT 30), 185ff. Zur postdtr „Levitisierung" des Deuteronomiums siehe ders., Die postdeuteronomistische Levitisierung des Deuteronomiums. Zu einem Buch von Ulrich Dahmen, ZAR 5, 1999, 277-284, sowie R. Achenbach, Levitische Priester und Leviten im Deuteronomium. Überlegungen zur sog. „Levitisierung" des Priestertums, ZAR 5, 1999, 285-309. Zu den zu Julius Wellhausen zurücklenkenden Überlegungen von J. Schaper (Priester und Leviten im achämenidischen Juda, FAT 31, Tübingen 2000) siehe E. Otto, Gab es „historische" und „fiktive" Aaroniden im Alten Testament?, ZAR 7, 2001, 403-414.

78 In diese Funktion werden die Priester bereits in Ex 4,15 (PentRed) eingesetzt. Siehe dazu E. Otto, Der Pentateuch im Jeremiabuch (in diesem Band).

79 Dass das Narrativ des Pentateuch mit der ihm inhärenten antiken Literaturtheorie die literarischen Produktionsprozesse richtig erfasst hat, sei an dieser Stelle nur angedeutet, erweist sich doch der historisch-kritischen Analyse u.a. das Deuteronomium in diachroner Perspektive als Auslegung des Bundesbuches; siehe dazu E. Otto, Das Gesetz des Mose (Darmstadt 2007), 85ff. 118ff. 126ff., sowie den Einzelnachweis der Rezeption des Bundesbuches im Deuteronomium in ders., Das Deuteronomium. Politische Theologie und Rechtsreform in Juda und Assyrien, BZAW 284, Berlin/New York 1999, 201-378.

dekalog hineinspricht. Der antike Leser ist seinerseits durch das synchron gelesene Narrativ der wechselseitig diachron in der Dialektik von auslegendem und ausgelegtem Text aufeinander bezogenen Rechtstexte angehalten, die immanente Textdiachronie zu verstehen. Damit sind auch im Narrativ des Pentateuch die diachronen Produktionsprozesse der biblischen Texte richtig erfasst.

IV. Das Heiligkeitsgesetz im Narrativ des Pentateuch und die Entstehung der Idee einer mosaisch-mündlichen Tradition neben der schriftlichen Tora des Mose

Die Rechtshermeneutik des Pentateuch begründet, so sahen wir, warum Mose nicht mit seinem Volk in das Verheißene Land ziehen darf, sondern, nachdem er das Land gesehen hat, sterben muss. An Moses statt wird die von ihm verschriftete Tora zusammen mit der Lade und dem Volk nach den Tagen der Trauer über den Jordan in das Verheißene Land ziehen. Mit Moses Tod ist die Zeit der Toraoffenbarung endgültig abgeschlossen. Einen Zugang zum Willen Gottes gibt es von nun an nur durch die Auslegung der Tora, für die Mose selbst mit der Moabtora als Auslegung der Sinaitora zum Vorbild geworden ist. Das mosaische Amt des Offenbarungsmittlers ist auf die schriftliche Tora übergegangen. In diesem Sinne ist Mose „auferstanden" in die Tora. Das Tor zur Auslegung der Tora aber hat Mose noch selbst geöffnet, als er dem Volk im Land Moab die Sinaitora auslegte und diese Auslegung mit der Moabtora verschriftete. Die Auslegung der Sinaitora in der Moabtora ist durch die Kanonformel in Dtn 4,2 und Dtn 13,1 von jeder postmosaischen Auslegung durch diejenigen, auf die Moses Auslegungskompetenz übergegangen ist, abgehoben. Die postmosaische Auslegung der Tora kann also stets nur Auslegung der mosaischen Auslegung der Tora sein. Die Autoren haben mit Mitteln der Erzählung eine Rechtshermeneutik dessen geschaffen, was der Pentateuch in ihren Augen ist, nämlich Tora im Sinne der Willensoffenbarung Gottes. Die Verschriftungsnotizen geben wie die geographischen Lokalisierungen der Gebotspromulgationen und das System von Überschriften und Kolophonen eine Abstufung der Rechtsautorität der jeweiligen Gebote an. Von höchster Autorität und Heiligkeit ist der von Gott selbst zweimal am Gottesberg verschriftete Dekalog. Mose verschriftet am Gottesberg das Bundesbuch und die göttliche Auslegung des Bundesbuches für die Bundeserneuerung (Ex 34). Im Land Moab verschriftet Mose seine Auslegung der Sinaitora durch die Moabtora, die allein für das Leben im Verheißenen Land gelten soll, während die Sinaitora der zweiten Generation bis auf die Priester, für die es keinen Generationsbruch (Num 13-14) gibt, entzogen ist. Die Autoren machen das dem Pentateuch zugrundeliegende rechtshermeneutische Prinzip anhand des Motivs der Tafeln des von Gott verschrifteten Dekalogs deutlich. Sie sollen ihren Platz in der Lade des Bundes finden und sind dort jedem Zugriff entzogen. Auch die Schriftrolle von Bundesbuch und Gebotsreihe der Bundeserneuerung in Ex 34 finden jenseits des Sinai keine Erwähnung mehr im Pentateuch. Nur die Verschriftung der Auslegung der

Sinaitora in der Moabtora ist den Priestern und Ältesten zur Verlesung und Lehre von Mose übergeben (Dtn 31,9-13) und soll zusammen mit der Verschriftung (Dtn 31,19) des Moseliedes (Dtn 32,1-43) neben der Lade liegen und damit zugänglich sein (Dtn 31,26). Wie der Dekalog soll die Sinaitora nur in der Gestalt der mosaischen Ausle-gung im Deuteronomium Grundlage des Lebens im Verheißenen Land sein.

Damit stellt sich die Frage, wie das Heiligkeitsgesetz in dieser rechtshermeneuti-schen Systematik des Pentateuch zu stehen kommt. Wenden wir uns zunächst in aller gebotenen Kürze der Binnenlogik des Heiligkeitsgesetzes selbst zu, das im Buch Levitikus eng mit seinem Kontext, insbesondere der Ritualerzählung Lev 16 verzahnt ist,[80] ehe wir nach seiner Stellung in der Rechtshermeneutik des Pentateuch fragen, d.h. nach dem Verhältnis zur übrigen Sinaitora und zur Moabtora des Deuteronomiums.[81]

Behandelt Lev 1-16 die rituell-kultische Voraussetzung für die regelmäßige Erneue-rung der Heiligkeit Israels, so soll sich diese Heiligkeit auch im Ethos des Volkes niederschlagen. Die zweite Hälfte des Levitikusbuches dient diesem Aspekt. Das Heiligkeitsgesetz zieht die ethischen und rechtlichen Konsequenzen, die sich aus der Einwohnung Gottes im Heiligtum inmitten seines Volkes ergeben. Wie das vorange-hende, vor Bau des Heiligtums erlassene Gesetz des Bundesbuches und das im Land Moab zwischen Abschluss der Wüstenwanderung und Einnahme des Landes jenseits des Jordans promulgierte Deuteronomium beginnt auch das Heiligkeitsgesetz mit einem Altargesetz. Nach der Einwohnung Gottes in seinem Heiligtum inmitten seines Volkes kann es nur noch einen Brandopferaltar (Ex 29,42-46; 38,1-7) geben. Sind

---

80 Siehe dazu B. Jürgens, Heiligkeit und Versöhnung. Levitikus 16 in seinem literarischen Kontext, HBS 28, Freiburg/Br. 2000, 126-186, zur Intertextualität zwischen Lev 16 und Lev 17.

81 Zur diachronen Relationierung des Heiligkeitsgesetzes in Lev 17-26 mit Priesterschrift, Deutero-nomium, Bundesbuch und den Dekalogen siehe E. Otto, Heiligkeitsgesetz (BBB 119), 125-196. Das Heiligkeitsgesetz repräsentiert in diachroner Perspektive keineswegs ein archaisches Stadi-um der israelitischen Kultgeschichte, wie es jüngst wieder von M. Weinfeld (The Place of the Law in the Religion of Ancient Israel, VT.S 100, Leiden/Boston 2004, 21ff.) aufgrund der Diffe-renz zwischen Lev 17 und Dtn 12 vertreten worden ist; siehe dazu meine Rezension in RBL 2005/1 sowie E. Otto, Die Stellung des Gesetzes in der Religionsgeschichte der Hebräischen Bi-bel. Zu einem Buch von Moshe Weinfeld, ZAR 10, 2004, 352-364. Aber auch der diachronen These von Georg Braulik (Die dekalogische Redaktion der deuteronomischen Gesetze. Ihre Ab-hängigkeit von Levitikus 19 am Beispiel von Deuteronomium 22,1-2; 24,10-22; 25,13-16, in: ders. [Hg.], Bundesdokument und Gesetz. Studien zum Deuteronomium, HBS 4, Freiburg/Br. 1995, 1-25; ders., Weitere Beobachtungen zur Beziehung zwischen dem Heiligkeitsgesetz und Deuteronomium 19-25, in: T. Veijola [Hg.], Das Deuteronomium und seine Querbeziehungen, SESJ 62, Göttingen/Helsinki 1996, 23-55), eine späte Redaktion des Deuteronomiums sei von Teilen des Heiligkeitsgesetzes abhängig, stehen nicht nur diachrone Beobachtungen entgegen (siehe E. Otto, Deuteronomium und Pentateuch. Aspekte der gegenwärtigen Debatte, ZAR 6, 2000, [222-284] 250-253; ders., Gottes Recht (BZAR 2), 35-38), sondern auch die jeweilige Stel-lung von Heiligkeitsgesetz und postdtr Deuteronomium im Narrativ des Pentateuch als Erklärung der unterschiedlichen Strukturierung der beiden Gesetzeskorpora.

Tiere bislang auf freiem Feld geschlachtet worden, so sind sie nun dem Priester am Eingang des Zeltes der Begegnung zu übergeben, der sie als Gemeinschaftsschlachtopfer (Lev 3) schlachten und das Blut an den Altar am Eingang des Zelts der Begegnung gießen soll. Diese Regelung soll für das Lager auf der Wanderung in der Wüste gelten. In Dtn 12 wird Mose als Ausleger der Sinaitora (Dtn 1,5) dieses Gesetz für die Situation des Lebens im Verheißenen Land, die eine Zentrierung aller Schlachtungen am Altar eines Zentralheiligtums unmöglich macht, so interpretieren, dass er es auf die kultische Schlachtung von Opfern bezieht, die profane Schlachtung aber freigibt. Die Zentralisierung der Schlachtungen in Lev 17 soll die Opferpraxis für fremde „Bocksgeister" in der Wüste unterbinden, und dies soll Gesetz für alle kommenden Generationen, also auch die der Erzählzeit, sein. In seiner Auslegung dieses Gesetzes im Land Moab wird Mose in Dtn 12 dieses aufnehmen und die Zerstörung der Kultstätten von Fremdgöttern mit der Opferzentralisierung fordern. Lev 17 zeigt sehr deutlich, dass im Narrativ des Pentateuch dieses Kapitel als Teil des Heiligkeitsgesetzes zunächst für das Lager der Israeliten auf der Wanderung gelten soll, wie insbesondere das Verbot, fremden „Bocksgeistern" in der Wüste zu opfern, zeigt.

Doch darin, Rechtsanweisung für die Wüstenwanderung zu sein, geht Lev 17-26 rechtshermeneutisch nicht auf, wie nicht nur die Priester- und Festgesetze (Lev 21-24), sondern auch die Jobeljahrgesetze (Lev 25), die auf das Leben im Verheißenen Land zielen, zeigen. Das lässt weiter nach der Stellung des Heiligkeitsgesetzes in der Systematik der Rechtshermeneutik des Pentateuch fragen. Lev 17,8-14 knüpft an das noachitische Verbot des Blutgenusses (Gen 9,4) an, das nun begründet wird. Gott habe das Blut gegeben, um am Altar Reinigung von kultischen und moralischen Verwerfungen zu schaffen (Lev 17,11). So schließt Lev 17 die Lücke der Begründung in Gen 9, was erst möglich wird, nachdem das Heiligtum und mit ihm der Altar sowie die reinigenden Opfer installiert sind. Israelit wie Fremder sollen sich reinigen, wenn sie ein nicht rituell geschächtetes Tier, das verendet ist, verzehrt haben. Hier wird die den Reinheits- und Reinigungsgesetzen zugrundeliegende Denkweise erkennbar, gelten doch die Sphäre Gottes und die des Todes als unvermittelbare Gegensätze und werden entsprechend nach der Logik der Differenzierung von Reinheit und Unreinheit getrennt. Um diesen Gegensatz zu unterstreichen, wird das Verbot, verendete Tiere zu essen, wiederholt. Bereits im Bundesbuch (Ex 22,30) war es von Gott erlassen und dem Volk im Rahmen des Bundesschlusses mitgeteilt worden (Ex 24,3-8). Nun, nach Einrichtung des Reinigungskultes kann geregelt werden, was bei Übertretung des Verbotes an Reinigungsmaßnahmen zu geschehen habe. Im Land Moab wird Mose erneut dem Volk für das Leben im Verheißenen Land nach der Landnahme in Dtn 14,21 dieses Verbot auslegen und dort mit der Heiligkeit des Volkes für JHWH begründen.

Geht es in der ersten Hälfte des Pentateuch darum zu begründen, dass und wie JHWH, der Schöpfer von Himmel und Erde (Gen 1,1-2,4), Wohnung inmitten seines Volkes genommen (Ex 24,16; 29,43; 40,35; Lev 9,24) und seine im Bundesschluss mit

Abraham gegebene Zusage, er wolle Israels Gott sein (Ex 29,45b), eingelöst hat, so werden nun im Heiligkeitsgesetz die über die rituell-kultischen Gesetze für Priester und Nichtpriester in Lev 1-16 hinausgehenden Konsequenzen für die Lebensführung gezogen, die an der zu Beginn der Offenbarungsgeschichte am Gottesberg von Gott gegebenen Verheißung, Israel werde ein heiliges Volk werden (Ex 19,6), orientiert sein soll. So werden die Gesetze des Heiligkeitsgesetzes in ein paränetisches Fachwerk eingebunden, das das Volk davor warnt, den Sünden der fremden Völker zu folgen und so sich und das Land, in das es ziehen werde, zu verunreinigen (Lev 18,2-5.24-30). Diese mahnenden Worte im Munde Gottes, die auf das Leben des Volkes im Verheißenen Land vorausweisen, rahmen die Gebote des geschlechtlichen Umgangs (Lev 18,6-20.22-23) sowie das Verbot des Molochopfers (Lev 18,21). Die Autoren arbeiten hier erneut mit der Zeitebenenhermeneutik von Erzählzeit und erzählter Zeit. So versetzen sie die Adressaten des Heiligkeitsgesetzes in ein Leben im Verheißenen Land, das auf die erfolgreiche Landnahme zurückblickt, und führen die Vernichtung der Landesbewohner auf deren Verunreinigung des Landes zurück. Die Landnahme, auf die die Autoren zurückblicken, soll als Paradigma für die Angesprochenen dienen, nicht so zu handeln wie die fremden Völker, damit sie nicht das Schicksal der Landesbewohner erleiden müssen. Die Autoren haben bewusst in den Text diesen Zeitsprung eingebaut, um ihren Adressaten zu signalisieren, dass es sehr unmittelbar um sie geht. Ihnen soll auch die Forderung der Heiligkeit gelten wie in der erzählten Zeit dem Volk am Gottesberg:

> „Sprich zu der ganzen Gemeinde der Israeliten und sage ihnen: Seid heilig, denn ich, JHWH, euer Gott, bin heilig" (Lev 19,2).

Im Heiligkeitsgesetz lassen die Autoren Gott selbst kundtun, dass das Volk nicht aus eigenem Vermögen zur Heiligung durch Gebotsgehorsam fähig ist, sondern der Heiligung durch Gott bedarf, die mit dem Exodus begonnen habe. JHWH heilige das Volk in Exodus und Einwohnung in seiner Mitte, um es unter der Voraussetzung der regelmäßigen kultischen Reinigung (Lev 16-17) in die Lage zu versetzen, die Gebote Gottes zu erfüllen und sich so zu heiligen, wie es in Ex 19,5 zur Bedingung der Heiligkeit des Volkes gemacht wurde. Die Trennung von heilig und profan sowie von rein und unrein ist eine Grundnorm, die in der Lebensführung bis in das Familienrecht hinein sowie im Amtsvollzug der Priester zum Ausdruck kommen soll. Wurde mit dem Heiligtum eine partielle Restitution der Schöpfungsinstitution Gottes möglich, soll sich nun über den Raum des Heiligtums hinaus diese Restitution, die ihre Grundlage in der Heiligtumsfurcht der Israeliten hat (Lev 26,2), im Alltagsleben niederschlagen. So wie Gott die Ordnung der Welt durch Trennungen geschaffen hat (Gen 1), sollen nun Priester und Nichtpriester bis in die Sexualethik und Speisegesetze hinein durch Trennung Ordnung schaffen und heilig in profaner Umwelt sein. Da JHWH, wie in Ex 29,43-44 angekündigt, in der Mitte seine Volkes wohnen will, muss Israel mit Sorgfalt seine eigene

Heiligkeit bewahren. Das Privilegrecht Gottes als Aussonderung des Sabbattages ist ein Pfeiler im Heiligkeitsgesetz, auf dem die Festordnung des Heiligkeitsgesetzes und ihr Ausgreifen bis auf das Sozialrecht des Jobeljahres (Lev 25) beruht. Im Munde JHWHs werden Dekalog und Bundesbuch zu einem Programm der Heiligung des Volkes zusammengeführt, an das Mose dann im Deuteronomium anknüpfen wird, wenn er die Israeliten nachdrücklich auffordert, das Böse aus dem Land fortzuschaffen, da es das Land verunreinige. Am Ende des Heiligkeitsgesetzes in Lev 26 werden Gottes Bundesschlüsse mit Abraham in Gen 15 und Gen 17 zum Unterpfand der Rettung noch im Exil, das Gott voraussieht und damit aus der erzählten Zeit in die Erzählzeit der Autoren des Pentateuch blickt:

> „Ich gehe in eurer Mitte, und ich bin euch Gott, und ihr seid mein Volk. Ich bin JHWH, euer Gott, der euch aus dem Land Ägypten geführt hat, als ihr ihnen Sklaven wart, und ich zerbrach die Stangen eures Jochs, und ich ließ euch aufrecht gehen" (Lev 26,12-13).

JHWH wiederholt hier die schon in den vorangehenden Paränesen angespielte Bundesformel „ich bin euch Gott, und ihr seid mein Volk" und verbindet sie mit der Zusage: „Ich nehme meine Wohnung in eurer Mitte, und ich in meiner Person habe keinerlei Abneigung gegen euch" (Lev 26,11). Doch JHWH sieht voraus, dass das Volk trotz aller Warnungen seine Gebote verachten werde, so dass er ihr Heiligtum und ihre Städte verwüsten und Israel exilieren werde. Dem Land seien die Sabbate vorenthalten worden, und diese würden nun mit der Vertreibung des Volkes in die Fremde zurückgefordert. Dann werde er aber seines Bundes mit Abraham, Isaak und Jakob gedenken und auch dann, wenn sein Volk im Land der Feinde der Väter Schuld sühne, seines Bundes mit den Erzvätern gedenken: Da dieser Bund im Gegensatz zum Sinaibund nicht an Gesetzesgehorsam gebunden ist, kann er auch dann, wenn Israel an der Gehorsamsforderung scheitert und ins Exil muss, nicht ungültig werden. In Lev 26 werden im Munde Gottes die Erzählungen von Schöpfung, Erzeltern, Exodus und Heiligtumsgründung zusammengeführt und so die Gebotsoffenbarung am Gottesberg abgeschlossen, wie das Kolophon in Lev 26,46 zeigt.

Das Heiligkeitsgesetz greift also nicht nur weit über die Situation der Wüstenwanderung in der erzählten Zeit hinaus, sondern auch über das Leben im Verheißenen Land und noch das Exil.

Welche Stellung also hat dieses Gesetz in der Rechtshermeneutik des Pentateuch? Im Heiligkeitsgesetz stehen Gebote, die auf Kategorien der Differenzierung von rein und unrein basieren, im Vordergrund und hat die Priestergesetzgebung eine Schlüsselstellung. Über das Deuteronomium hinaus gibt das Buch Levitikus wichtige Einblicke in die Auslegungskompetenz der Priester. Nach der Katastrophe der Vernichtung der Aaronsöhne Nadab und Abihu (Lev 10,1-5) wird in Lev 10,10f. die zukünftige Aufgabe der Priester umrissen, wobei JHWH Aaron direkt und nicht vermittelt durch Mose anspricht:

„Ihr sollt zwischen dem Heiligen und dem Profanen und zwischen dem Reinen und dem Unreinen unterscheiden, und ihr sollt die Israeliten all die Vorschriften lehren, die JHWH ihnen durch Mose gesagt hat" (Lev 10,10f.).

Nur hier wird im Pentateuch der Begriff des Profanen (*ḥol*) als Gegenbegriff zum Heiligen (*qodaeš/qadôš*) gebraucht. Aufgabe der Priester sei es, die Grenze zwischen diesen Bereichen zu schützen gemäß der Vorschrift, die Gott gegeben hat. Damit ist die Unterscheidung zwischen rein und unrein verbunden, denn das Unreine ist aus dem Bereich des Heiligen zu verbannen. In Lev 11-15 werden die für die Abgrenzung von rein und unrein notwendigen Regeln erlassen. Schließlich sollen doch die Priester darin Lehrer des Volkes sein. Die Israeliten sollen zwischen rein und unrein unterscheiden können, um nicht später das Land zu verunreinigen, in das sie ziehen werden. Das Narrativ des Pentateuch selbst gibt Einblick in die Ausgestaltung dieser priesterlichen Kompetenz und legitimiert sie narrativ. Die Katastrophe der Aaroniden war Anlass, Lücken in der bisherigen Opfergesetzgebung zu schließen (Lev 10,12-15), wobei es zu einer Auseinandersetzung zwischen Mose und Aaron kam (Lev 10,16-20). Aaron befolgte mit seinen Söhnen nicht die Opfervorschrift in Lev 6,19(.23), das im Rahmen des Reinigungsopfers nicht auf dem Altar verbrannte Fleisch sei von Priestern an heiligem Ort zu essen (Lev 10,15). Während Aaron nach dem Vergehen Nadabs und Abihus auf Moses Anklage schwieg (Lev 10,3), verteidigte er sich jetzt mit dem guten Argument, dass aufgrund der Sünde Nadabs und Abihus so verfahren worden sei, was Mose akzeptierte: „Als Mose das hörte, erschien es ihm richtig" (Lev 10,20). Lev 10,16-20 bereitet nicht nur der für die Rechtshermeneutik des Pentateuch wichtigen Einsicht den Weg, dass die Gebote und Vorschriften Gottes, die durch Mose vermittelt sind, der Applikation in konkreten Situationen, also der Auslegung bezogen auf die Erfordernisse konkreter Situationen bedürfen und verändert werden können, sondern räumt den Priestern dieses Recht zur Auslegung der Tora ein, das sich auch aus der direkten Anrede durch JHWH, die die Priester darin Mose gleichstellt, wie dem darin formulierten Auftrag ergibt. Mose, der später u. a. in Bezug auf den Dekalog in Ex 20 und Dtn 5 bei der Belehrung des Volkes im Land Moab gleichermaßen JHWHs Offenbarung auslegen wird, bestätigt ausdrücklich durch seine Zustimmung zu Aarons Interpretation dieses priesterliche Recht zur Auslegung. Die Erzählung (Lev 10,16-20) gibt noch einen Einblick in die Praxis der Gesetzesinterpretation in der Erzählzeit der Autoren. Da die Applikation der autoritativen Gottesgebote auf konkrete Lebenssituationen gerade dann, wenn es um Belange des Kultes der stets gefährdeten Sphäre des Heiligen geht, auch strittig ist, bedarf es des Dialogs von Argument und Gegenargument. Die Entscheidung fällt unter Wahrung von Regeln, in diesem Falle der Regel des Schutzes des Heiligen, durch die Einsichtigkeit des Arguments, der sich sogar Mose beugt.

Damit können wir nun die Frage nach der Stellung des Heiligkeitsgesetzes im System der pentateuchischen Rechtshermeneutik abschließen. Das nichtpriesterliche

Volk, so sahen wir, war auf die Auslegung der verschrifteten Tora gewiesen. Wie der Dekalog soll die Sinaitora insgesamt für sie nur in der Gestalt der mosaischen Auslegung Grundlage des Lebens im Verheißenen Land sein. Unmittelbaren Zugriff auf die Sinaitora sollen nur die aaronidischen Priester haben, die in der Kontinuität der Amtssukzession stehen. Während abgesehen von Kaleb, Josua und Mose die gesamte Exodusgeneration aufgrund ihres Versagens in der Kundschafterepisode (Num 13-14) stirbt und also niemand in das Verheißene Land gelangen wird, der die mündlich am Sinai promulgierte Tora noch kennt, ist diese mündliche Tora in Gestalt der Kultgesetzgebung und des Heiligkeitsgesetzes nur in der aaronidischen Priesterschaft präsent, da ihre Amtssukzession nicht durch den Generationsbruch zwischen erster und zweiter Generation des Volkes in der Wüste betroffen ist. Den Priestern, die das mosaische Amt der Belehrung des Volkes zusammen mit den Ältesten übernehmen sollen (Dtn 31,9-13), wird die Kompetenz der Auslegung der Kultgesetze zugesprochen (Lev 10,16-20). Es bedarf also in der mosaischen Auslegung der Sinaitora in der Moabtora keiner Priesterbelehrung mehr. Vielmehr ist die Moabtora, d.h. das Deuteronomium, eine Auslegung der Sinaitora für das nichtpriesterliche Volk. Der so unkultisch erscheinende Charakter des Deuteronomiums, das Kultisches nur soweit thematisiert, wie es von Bedeutung für das nichtpriesterliche Volk ist, hat darin seine Begründung. Die Priester tradieren also unabhängig von der mosaischen Auslegung das mündlich weitergegebene Heiligkeitsgesetz und die kultische Tora zu Reinheit und Opfern, die nicht verschriftet wurden, als Priesterwissen. Das jüdische Traditionsprinzip einer mosaischen mündlichen Tora neben der verschrifteten Mosetora ist also in der Sache schon von den Autoren des Pentateuch grundgelegt.

Der enge Zusammenhang zwischen der priesterlichen Formierung des Pentateuch in persischer und hellenistischer Zeit des Zweiten Tempels und priesterlicher Toraauslegung der Sadduzäer, Essener und Pharisäer lässt auch die Rechtshermeneutik des Narrativs der Tora in der Halacha dieser Gemeinschaften Bedeutung gewinnen, so mit der Idee mündlicher Tora als mosaisch, die der Rechtsaktualisierung in essenischen und pharisäischen Kreisen bei durchaus unterschiedlicher Begründung dient.[82] Diese Idee bleibt für das frühjüdische Rabbinentum nach der Tempelzerstörung bedeutsam.[83]

---

82 Siehe dazu J. M. Baumgarten, The Unwritten Law in the Pre-Rabbinic Period, JSJ 3, 1972, 24-29.

83 Siehe dazu M. S. Joffee, The Oral-Cultural Context of the Talmud Yerushalmi. Greco-Roman rhetorical paideia, discipleship, and the concept of Oral Torah, in: P. Schäfer (Hg.), The Talmud Yerushalmi and Graeco-Roman Culture, Bd. I, TSAJ 71, Tübingen 1998, 27-62. Zum Zusammenhang zwischen Toraformierung, Sektenbildung und Entstehung des frühjüdischen Rabbinentums siehe E. Otto, Schriftgelehrsamkeit (ZAR 10), 1-49, mit weiterer Literatur; siehe auch ders., Jüdische Sekten als Familienunternehmen, ZAR 13, 2007.

V. Die kritische Rezeption pentateuchischer Rechtshermeneutik in der Tempelrolle
    (11QT)

Die Rechtshermeneutik des Pentateuch ist der Schlüssel zum Verständnis der Tempelrolle.[84] Nur unter dem Blickwinkel der Rechtshermeneutik des in hasmonäischer Zeit
synchron gelesenen Pentateuch wird die Konzeption der Tempelrolle als kritische
Auseinandersetzung mit den im Narrativ des Pentateuch grundgelegten Ansprüchen
zadokidischer Schriftgelehrsamkeit seit dem 4. Jahrhundert v. Chr.[85] verständlich. Die
Kolumnen 48-66 der Tempelrolle enthalten Gesetzessammlungen, die auf dem Pentateuch basieren. Hierbei machen Gesetze, die insbesondere in TR Kol. 53-58; 60-66
Ähnlichkeiten mit denen des Deuteronomiums in Dtn 12-25 aufweisen, fast ein Drittel
der Tempelrolle aus. Zahlreiche Unterschiede in der Reihenfolge und im Wortlaut der
Gesetze zwischen denen des Deuteronomiums und der Tempelrolle erklären sich aus
dem Bemühen der Autoren der Tempelrolle, thematisch Zusammengehöriges, das im
Deuteronomium getrennt ist, zusammenzustellen, Widersprüche auszugleichen aber
auch Wiederholungen zu vermeiden und Mehrdeutigkeiten des Textes zu vereindeuti-
gen. Doch alles dies führt nicht auf den entscheidenden Punkt.[86] Y. Yadin hat in der
editio princeps die Arbeit des Editors der Tempelrolle so beschrieben:[87]

> „[D]rafting the text in the first person with the object of establishing that it is God Him-
> self who is the speaker; merging commands that concern the same subject; unifying
> dublicate commands, including those that contradict one another; modifying and adding
> the commands in order to clarify their halakhic meaning".

Die auslegungstechnische Seite der Rezeption biblischer Torot insbesondere des
Deuteronomiums in der Tempelrolle ist inzwischen in einer Reihe von Studien, zuletzt
von M. J. Bernstein und S. A. Koyfman penibel erfasst worden.[88] Für uns steht an

---

84 Für Text und Kommentar siehe die editio princeps von Y. Yadin, The Temple Scroll, Bd. II: Text
    and Commentary, Jerusalem 1983, sowie die Textausgabe von E. Qimron, The Temple Scroll. A
    Critical Edition with Extensive Reconstructions and a Bibliography by F. García Martínez,
    Judean Desert Studies, Jerusalem 1996.

85 Siehe dazu E. Otto, Schriftgelehrsamkeit (ZAR 10), 1-49.

86 Siehe dazu L. H. Schiffman, The Deuteronomic Paraphrase of the *Temple Scroll*, RdQ 15, 1992,
    543-567, sowie zuletzt M. Zahn, New Voices, Ancient Words: The *Temple Scroll*'s Reuse of the
    Bible, in: J. Day (Hg.), Temple and Worship in Biblical Israel, LHB/OTS 422, London/New
    York 2005, 435-458.

87 Siehe Y. Yadin, The Temple Scroll, Bd. I: Introduction, Jerusalem 1983, 71; vgl. auch a.a.O.,
    406f.

88 Für die exegetisch-schriftgelehrten Methoden, die in der Tempelrolle zur Anwendung kommen,
    siehe M. J. Bernstein/S. A. Koyfman, The Interpretation of Biblical Law in the Dead Sea Scrolls:
    Forms and Methods, in: M. Henze (Hg.), Biblical Interpretation at Qumran, Studies in the Dead
    Sea Scrolls and Related Literature, Grand Rapids/Cambridge U.K. 2005, 61-87. Zahlreiche die-

dieser Stelle die Transferierung von Gesetzen von der 3. Pers. in die 1. Pers. göttlicher Rede im Vordergrund. Die Tempelrolle will durchgängig Offenbarung JHWHs sein. So wird konsequent in der Rezeption des Deuteronomiums, das Mose-Rede im Land Moab sein will,[89] das die Sinaioffenbarung auslegende Wort des Mose in den Mund Gottes zurückgelegt, indem die Autoren der Tempelrolle die mosaische Rede von Gott in der 3. Person konsequent[90] in die 1. Person transponiert mit Sätzen wie „das Land, das ich euch gebe, um es für alle Zeiten in Besitz zu nehmen" als Umformulierung von Dtn 16,20 „damit du das Land in Besitz nimmst, das JHWH dein Gott dir gibt" aber auch „das Heiligtum, in dem ich meinen Namen wohnen lasse" (TR Kol. 45:12) als Rezeption der Zentralisationsformel des Deuteronomiums, oder in dem Satz „wenn du in das Land hineinkommst, das ich dir gebe" (TR Kol. 60:16) als Umformung von Dtn 18,9 „wenn du in das Land hineinkommst, das JHWH, dein Gott, dir gibt".

Wie ist diese Transponierung der Mose-Rede im Deuteronomium über JHWH in eine Rede JHWHs selbst zu erklären und welche rechtshermeneutische Aussagen sollen damit, dass das Deuteronomium zur Gottesrede wird, gemacht werden?

Diese Fragestellung geht über die bisher in der Forschung beschriebene und auch so benannte Paradoxie hinaus, dass die Tempelrolle durch die Aufnahme pentateuchischer Gesetze insbesondere des Deuteronomiums die Autorität des Pentateuch auch noch dort suche, wo sie die in der Substanz tiefgreifend uminterpretiert und sich also von diesem distanziert: „Yet paradoxically, the Scroll draws all its authority from its competitor".[91] M. Zahn hat die Interpretation der Deuteronomiumsrezeption in der Tempelrolle als „paradox" bezeichnet, da eine Autorität in Anspruch genommen werde, die gleichzeitig durch die Umdeutung infrage gestellt werde – eine Paradoxie, die bereits die Dissertationsthese von B. M. Levinson, an dem sich M. Zahn ausrichtet, vom „recycling" des Bundesbuches durch das Deuteronomium kennzeichnet.[92] M. Segal hat

---

ser Methoden lassen sich bis auf die Literaturgeschichte des nachexilischen Pentateuch der persischen Zeit zurückverfolgen. Da es in diesem Beitrag um die Aspekte der Rechtshermeneutik geht, die schriftgelehrte Auslegungstechnik von einzelnen Rechtssätzen aber nur mittelbar mit der rechtshermeneutischen Grundkonzeption vom Pentateuch und Tempelrolle vermittelt sind, gehen wir auf die auslegungstechnische Seite an dieser Stelle nicht weiter ein. Dieses Thema wird an anderer Stelle ausführlich behandelt werden.

89 Siehe dazu oben III.

90 Zur Tempelrolle als direkter göttlicher Offenbarung im Gegensatz zum Deuteronomium als mosaisch vermittelter Rede siehe oben sowie H. Schiffman, The Theology of the Temple Scroll, JQR 85, 1994, 109-123; D. D. Swanson, The Temple Scroll and the Bible. The Methodology of 4QT, StTDJ 14, Leiden/New York 1995, 6f.; vgl. ferner B. A. Levine, The Temple Scroll. Aspects of its Historical Provenance and Literary Character, BASOR 232, 1978, 17-21.

91 Siehe M. Zahn, New Voices (LHB/OTS 422), 452. M. Zahn, die sich an B. M. Levinson orientiert, hat damit an der gleichen Unlogik Teil, die bereits dessen These vom „recycling" biblischer Texte im Zuge innerbiblischer Exegese kennzeichnet.

92 Siehe B. M. Levinson, The Hermeneutics of Legal Innovation, New York/Oxford 1997. Siehe dazu E. Otto, Biblische Rechtsgeschichte als Fortschreibungsgeschichte, BiOr 56, 1999, 5-14.

diese Paradoxie ähnlich so umschrieben, „the reuse of the earlier, authoritative text automatically ascribes that authority to the new composition that contains the source".[93] Wie aber soll diese Übertragung von Autorität geschehen? Sicherlich nicht „automatisch", wenn die Autorität, die übertragen werden soll, durch die Neufassung unterminiert oder gar aufgehoben wird. So sei nach Meinung M. Segal der Autor der Tempelrolle von dem Wunsch beseelt gewesen, seinem Werk Autorität beizulegen, indem er sich auf die biblische Tora berufe. „[B]y associating this composition with the holiness of texts, the new work is also granted the same stamp of authority".[94] Das geht wohl kaum, wenn die Neufassung die Autorität des Quellentextes infrage stellt! Stellen sich schon beim Einzelvergleich von Rechtssätzen des Pentateuch und der Tempelrolle grundsätzliche hermeneutische „Paradoxien" ein, so gilt dies umso mehr für den Entwurf der Tempelrolle insgesamt. Wie ist die aus dem Munde des Mose zurück in den Mund Gottes transferierte Rede mit der Autorität des Mose, Mittler der Tora am Sinai und Ausleger der Sinaitora im Land Moab zu sein, zu vereinen?

In der Analyse der Rechtshermeneutik der Tempelrolle ist davon auszugehen, dass die Autoren in hasmonäischer Zeit und ihre Tradenten in herodianischer Zeit den Pentateuch synchron in der Weise gelesen haben, wie er der Analyse seiner Rechtshermeneutik hier zugrundegelegt wurde. Um die Rechtshermeneutik der Tempelrolle zu erfassen, kann ebenfalls von den diachronen Fragen der Quellen, die in Bezug auf die Tempelrolle so strittig ist,[95] wie in Bezug auf den Pentateuch, abgesehen werden, zumal es gute Argumente dafür gibt, dass die Autoren der Tempelrolle zumindest für die mit dem Pentateuch parallelen Gesetzesmaterialien nicht auf gesonderte Quellen zurückgegriffen,[96] sondern, wie insbesondere auch für das Deuteronomium gilt,[97]

Neben vielen anderen haben vor allem H. Najman (Seconding Sinai [JSJ.S 77], 5f. 22-25), sowie zuletzt M. LeFebvre (Collection, Codes, and Torah [LHB/OTS 451], 71 Anm. 54) und P. T. Vogt (Torah [Winona Lake 2006], 64-66) ihre Vorbehalte dagegen zum Ausdruck gebracht.

93 Siehe M. Segal, Between Bible and Rewritten Bible, in: M. Henze (Hg.), Biblical Interpretation at Qumran, Studies in the Dead Sea Scrolls and Related Literature, Grand Rapids 2005, (10-28) 27.

94 Siehe M. Segal, a.a.O., 11.

95 Siehe dazu L. Wilson/A. Wills, Literary Sources of the Temple Scroll, HThR 75, 1982, 275-288; M. O. Wise, A Critical Study of the Temple Scroll from Qumran Cave 11, SAOC 49, Chicago 1990.

96 Siehe dazu M. Zahn, Schneiderei oder Weberei? Zum Verständnis der Diachronie der Tempelrolle, RdQ 77, 2001, 255-286, mit weiterer Literatur.

97 Dagegen wollen L. Wilson/A. Wills eine Quelle „Laws of Polity" umgearbeiteter Deuteronomiumstexte in TR Kol. 51:11-56:21; 60-66 von einem Königsgesetz in TR Kol. 57-59 abheben, M. O. Wise eine Deuteronomiumsquelle in TR Kol. 2; 48:1-10a; 51:11-56:21; 60:12-64:6a; 64:13b-66 mit zahlreichen redaktionellen Zusätzen von einer als „Midrash to Deuteronomy Source" in TR Kol. 57:1-59:21; 60:2-11; 64:6b-13a abheben. L. H. Schiffman (Deuteronomic Paraphrase [RdQ 15], 543ff.) hält dagegen M. O. Wises Deuteronomiumsquelle für endredaktionell.

direkt aus dem Pentateuch geschöpft haben.[98] Es soll also um die rechtshermeneutische Konzeption der Tempelrolle in vorliegender Gestalt unter Berücksichtigung der Tatsache gehen, dass TR Kol. 1 und eine knappe Schlusskolumne nicht mehr erhalten sind, wobei die Frage hier offen bleiben darf, inwiefern wir es mit Autoren oder Redaktoren der Tempelrolle zu tun haben, die für die rechtshermeneutische Konzeption dieser „Endgestalt" der synchron gelesenen Tempelrolle verantwortlich sind.

TR Kol. 2:1-16 rezipiert Ex 34,10b-16 vermittelt in TR Kol. 2:7-10 mit Dtn 7,25f.[99] Mittels dieser Eröffnung wird die gesamte folgende Tempelrolle als Offenbarung JHWHs am Gottesberg Sinai in eine sehr genau zu bestimmende Situation im Narrativ der Sinaiperikope des Pentateuch loziert. Ex 34,10-16 ist Offenbarung Gottes an Mose während seines zweiten Aufenthaltes von 40 Tagen und 40 Nächten bei JHWH auf dem Gottesberg (Ex 34,1-4.28), zu der Gott bereits auf den Gottesberg herabgestiegen ist (Ex 34,5). Diese Lozierung der Tempelrolle in der Sinaiperikope des Pentateuch hat nun eine Reihe von rechtshermeneutischen Implikationen für das Selbstverständnis der Tempelrolle und ihrer Autoren, die im Vergleich mit dem Jubiläenbuch und der Sektenregel 1QS deutlich werden. Das Jubiläenbuch enthält die Offenbarung an Mose durch den Engel der Gottesgegenwart, der Mose aus den verschrifteten himmlischen Tafeln des Gesetzes vorliest.[100] Die Offenbarung wird im Jubiläenbuch nach Toraoffenbarung und Bundesschluss (Ex 19,1-24,11) in die Situation von Moses erstem Aufstieg auf den Gottesberg (Ex 24,12-18) und Aufenthalt von 40 Tagen und 40 Nächten bei Gott loziert (Jub 1,1-4).[101] Es stellt sich also die Frage, warum die Tempelrolle nicht die Situation des ersten, sondern des zweiten Aufenthaltes des Mose nach dem Bundesbruch des Volkes in der Episode vom Goldenen Kalb in Ex 32 zum Haftpunkt der Offenbarung in der Sinaiperikope nimmt. Für das Selbstverständnis der Tempelrolle ist die Beantwortung dieser Frage nicht beiläufig, werden doch derartige

---

98 In der Frage, in welcher Texttradition das Deuteronomium den Autoren der Tempelrolle vorgelegen habe, sind die Fragmente von bislang 34 identifizierten Deuteronomiums-Manuskripten in Qumran (siehe dazu U. Dahmen, Neu identifizierte Fragmente in den *Deuteronomiums*-Handschriften vom Toten Meer, RdQ 77, 2001, 571-581) nur indirekt einschlägig, da sie durchweg sich als gegenüber der Textgestalt des Dtn-MT als sekundär erweisen (siehe dazu U. Dahmen, Das Deuteronomium in Qumran als umgeschriebene Bibel, in: G. Braulik [Hg.], Das Deuteronomium, ÖBS 23, Frankfurt/Main 2003, 269-293) und nur Auskunft darüber geben, in welchem Umfang Schreiber dieser Tradition den Text des Deuteronomiums variieren und umarbeiten konnten. An einigen Stellen berühren sich die Dtn-Texte von 11QT mit der LXX, die L. H. Schiffman (The Septuagint and the Temple Scroll: Shared „Halakhic" Variants, in: G. J. Brooke/B. Lindars [Hg.], Septuagint, Scrolls and Cognate Writings, SCSt 33, Atlanta 1992, 277-297) für das Ergebnis halachischer Bearbeitung der MT-Texttradition hält. Das wäre im Einzelfall zu diskutieren, insofern ein fixer Endtext der MT-Texttradition erst nach der Zeitenwende in Anschlag zu bringen ist.
99 Siehe dazu E. Otto, Das Mazzotfest in Gilgal, BWANT 107, Stuttgart 1975, 212ff.
100 Siehe dazu H. Najman, Seconding Sinai (JSJ.S 77), 41ff.
101 Siehe dazu M. Segal, Rewritten Bible (Grand Rapids 2005), 21f.

Anknüpfungen an das Narrativ des Pentateuch nicht absichtslos vorgenommen. Wie im Jubiläenbuch wird damit die Gesetzesoffenbarung von Dekalog, Bundesbuch und der Bundesschluss in Ex 19-24 vorausgesetzt und als autoritativ anerkannt. Dies gilt über das Jubiläenbuch hinaus auch für die Anweisung zum Bau des Zeltes der Begegnung in Ex 25-31. Und tatsächlich ist der Tempelplan der Tempelrolle als *tabnît* mit dem am Sinai offenbarten *tabnît* in Ex 25,9 (vgl. Num 8,4) verbunden, allerdings nicht in der Weise, dass der Tempel der Tempelrolle mit dem Zelt der Begegnung identisch sei oder es für illegitim erklären soll. Der entscheidende Schlüssel zum Verständnis des Tempelplans der Tempelrolle ist Ex 33 zu entnehmen, ist doch auch nach dem Verständnis des Narrativs des Pentateuch die von Gott entworfene Ordnung seines Heiligtums inmitten des Volkes durch den Bundesbruch mit dem Goldenen Kalb ebenso wie der in Ex 24,3-8 geschlossene Bund hinfällig geworden. Gerade um dieses letzten Aspektes willen legt das Jubiläenbuch die Offenbarung an Mose durch den Engel in die Vordere Sinaiperikope nach Ex 24,12, da für das Jubiläenbuch der nach Ex 19,1 auf das Wochenfest datierte Bundesschluss in Ex 24,3-8, der regelmäßig wiederholt werden soll, zentral ist. Die Tempelrolle nimmt dagegen die Heiligtumsthematik in den Blick. Die Verlegung des Zeltes der Begegnung aus dem Lager und damit aus der Mitte des Volkes an einen Standort außerhalb des Lagers ist für die Autoren des Pentateuch die notwendige Schlussfolgerung Gottes aus dem Bundesbruch des Volkes. Die Gegenwart des heiligen Gottes in einem störrischen, unreinen Volk müsste zu dessen sofortiger Vernichtung führen (Ex 33,5). Doch dem bundesbrüchigen Volk erweist sich JHWH als gnädig. Auf den Bruch des Bundes (Ex 32) folgt die Bundeserneuerung (Ex 34). Mose besteigt den Berg und JHWH steigt in der Wolke herab und ruft Mose seine Barmherzigkeit zu (Ex 34,6f.). Die Geschichte des Volkes Israel werde also nach dem Bundesbruch weitergehen, Gott vor dem Volk Wunder tun und den Bund erneuern (Ex 34,10f.). Die Erneuerung des Bundes ist gänzlich auf die Erfüllung der Verheißung des Landes ausgerichtet. Mose hat in seinem Dialog mit Gott (Ex 33,12-17) die Frage gestellt, woran man erkenne, dass er, Mose, zusammen mit dem Volk vor Gott Gnade gefunden habe, und beantwortet die Frage selbst so, dass Gott in Gestalt eines Engels mit seinem Volk ziehen und so das Volk vor allen Völkern auszeichnen werde. Offen geblieben ist die Frage, wie die Gottespräsenz inmitten des Volkes nach dem Bundesbruch noch möglich sein kann. Voraussetzung dafür kann nur der Gehorsam des Volkes gegenüber den Gottesgeboten sein, so dass JHWH noch einmal zentrale Gebote aus dem Bundesbuch im Zuge der Bundeserneuerung auf dem Hintergrund der Erfahrung des Bruchs von Fremdgötter- und Bilderverbot mit dem Goldenen Kalb auslegt und einschärft (Ex 34,12-16). JHWH wiederholt die Privilegrechts- und Festordnung des Bundesbuchs (Ex 22,28f.; 23,10-19) sowie das Fremdgötter- und Bilderverbot (Ex 20,23), das JHWH durch das Bundesschlussverbot (Ex 34,12-16) selbst auslegt. An diese Auslegungskompetenz Gottes wird Mose in seiner Auslegung der Sinaitora im Deuteronomium im Land Moab anknüpfen.[102]

Hier wie in Ex 34 verorteten die Autoren der Tempelrolle ihr Werk. Die offene Frage der Gottespräsenz nach dem Bundesbruch des Volkes findet durch die Tempelrolle eine neue Antwort. Zwar geht auch die Tempelrolle davon aus, indem sie die Bauanweisung des Begegnungszeltes in Ex 25-31 voraussetzt, dass das Begegnungszelt nach der Bunderserneuerung errichtet wurde (Ex 35-40). Da aber der Tempelplan der Tempelrolle eschatologisch konnotiert ist (TR Kol. 29:8-10),[103] was durch die überdimensionierten Maße des Tempels bestätigt wird, die nur zukünftig-eschatologisch zu verstehen sind, da alle Realisierungsmöglichkeit an der Topographie Jerusalems scheitern müsste,[104] der Tempelplan der Tempelrolle also mit keinem der Jerusalemer Tempel, weder dem Salomos noch dem zur Zeit der Autoren der Tempelrolle, zu identifizieren ist, ist davon auszugehen, dass es nach Meinung der Autoren der Tempelrolle nach dem Auszug des Heiligtums aus der Mitte des Lagers und damit des Volkes nach dem Bundesbruch (Ex 32) erst eschatologisch eine Rückkehr Gottes in sein Heiligtum in Gestalt des eschatologischen Tempels inmitten der Heiligen Stadt und des Volkes geben werde.[105] Der Tempelplan der Tempelrolle ist eine Infragestellung des Salomonischen Tempels auch in der Sicht, die die nachexilische Zeit im Spiegel des Chronisten von diesem Tempel hatte, wie vom Zweiten Tempel dieser Zeit: Sie sind nicht im Zentrum der Heiligen Stadt gelegen und von anderen Maßen als der Ort, an dem die Herrlichkeit Gottes gemäß Ex 29,42-46 eschatologisch Wohnung nehmen werde.[106] Der Tempelbauplan der Tempelrolle knüpft sprachlich, wie u. a. an den Befehlen *w'sjth* („und du sollst herstellen/machen") erkennbar, an die Anweisung zum Bau des Begegnungszeltes in Ex 25ff., in der Abfolge von Tempel, Einrichtungen

102 Siehe dazu oben III.
103 Zum Jakobsbund in diesem eschatologischen Kontext siehe M. O. Wise, The Covenant of Temple Scroll XXIX,3-10, RdQ 14, 1989, 49-60; H. Najman, Seconding Sinai (JSJ.S 77), 57-60.
104 Siehe dazu J. Maier, Die Tempelrolle vom Toten Meer und das „Neue Jerusalem". 11Q19 und 11Q20; 1Q32, 2Q24, 4Q554-555, 5Q15 und 11Q18. Übersetzung und Erläuterung. Mit Grundrissen der Tempelhofanlage und Skizzen zur Stadtplanung, UTB 829, München/Basel ³1997, 58-73; vgl. auch M. O. Wise, The Eschatological Vision of the Temple Scroll, JNES 49, 1990, 155-173; L. H. Schiffman, The Construction of the Temple according to the *Temple Scroll*, RdQ 17, 1996, 555-571; J. A. Davies, The *Temple Scroll* from Qumran and the Ultimate Temple, RTR 57, 1998, 1-21. Zur Topographie Jerusalems siehe E. Otto, Jerusalem. Geschichte und Archäologie, Beck'sche Reihe, München 2008.
105 4Q365(a) („Reworked Pentateuch") kann Hinweis darauf sein, dass die Autoren der Tempelrolle in der Verbindung eines Tempelplans mit dem Sinai von einer Tradition geleitet wurden; siehe dazu E. Tov/S. A. White, 346-367.4QReworked Pentateuch[b-e] and 365a.4QTemple?, in: H. Attridge u. a., Qumran Cave 4. VIII. Parabiblical Texts, Part 1, DJD 13, Oxford 1994, 319-333.
106 Zur Funktion von Ex 29,42-46 im Narrativ des Pentateuch siehe E. Otto, Das Gesetz des Mose (Darmstadt 2007), 52f.

und Höfen aber an den Ausführungsbericht in Ex 36-38 an.[107] Nach dem Bundesbruch des Volkes (Ex 32) ergeht mit der Tempelrolle eine erneute Anweisung zum Tempel-bau, die auf die Sünde des Volkes antwortet, Ex 33,7-11 aber der Intention des penta-teuchischen Narrativs der Sinaiperikope entsprechend als hermeneutischen Schlüssel für den Ausführungsbericht des Begegnungszeltes in Ex 35-40 versteht.[108] Die Sinaipe-rikope des Pentateuch selbst liefert den Schlüssel dazu, dessen sich die Autoren der Tempelrolle bedienten. So wie Gott in Ex 34,18-26 nach dem Bundesbruch durch das Goldene Kalb die Gesetzesoffenbarung des Bundesbuches in Ex 34 auf die neue Situa-tion hin aktualisierend auslegt, indem er den Aspekt der Gefährdung des Volkes durch Fremdgötter und ihre Bildnisse ins Zentrum stellt, so wird nun in der Tempelrolle die Anweisung zum Bau des Heiligtums als Ort seiner Einwohnung in Ex 25-31 von Gott selbst durch eine erneute Anweisung zum Tempelbau revidiert, der, wie für den Leser angesichts der Maße erkennbar, erst eschatologisch realisiert werde. Die Tempelrolle will also in keiner Weise die Autorität der Sinaiperikope des Pentateuch infrage stellen. Im Gegenteil nimmt sie sie mit dem Sinai als Ort direkter Gottesoffenbarung in An-spruch. Doch die Relation zwischen Narrativ der Sinaiperikope des Pentateuch und der Tempelrolle ist noch erheblich enger, nutzen die Autoren der Tempelrolle eine Inkon-sistenz im Narrativ der Sinaiperikope, die sich diachron aus ihrem literaturgeschichtli-chen Werden erklärt. Mit Ex 33,7-11 wurde als göttliche Reaktion auf das Goldene Kalb (Ex 32) ein hermeneutischer Schlüssel vor den priesterschriftlichen Ausführungs-bericht vom Bau des Begegnungszeltes gesetzt,[109] ohne dass es zum Ausgleich in Bezug auf den Standort des Zeltes gekommen wäre. Diese narrative Lücke[110] nutzen die Autoren der Tempelrolle, um ihr Konzept der eschatologischen Realisierung des am Sinai vor dem Bundesbruch des Volkes erklärten Willen Gottes zur Einwohnung inmitten seines Volkes zu platzieren. Die argumentative Spitze richtet sich also nicht primär gegen das sinaitische Zelt der Begegnung, dem für die Zeit der Wüstenwande-rung Bedeutung zukommen kann, sondern gegen den zur Zeit der Abfassung und

---

107　Siehe dazu M. Zahn, Tempelrolle (RdQ 77), 271.

108　Dazu sowie zum Folgenden siehe die synchrone Interpretation der Sinaiperikope in Chr. Doh-men, Exodus 19-40 (HThK.AT); E. Otto, Das Gesetz des Mose (Darmstadt 2007), 46-73.

109　Zur postpriesterschriftlichen Abfassung von Ex 33,7-11 im Horizont von Ex 32-34 in diachroner Perspektive siehe E. Otto, Pentateuchredaktion (BEThL 126), 91f.; R. Achenbach, Vollendung der Tora (BZAR 3), 178ff. 290ff.; ders., Sinaiperikope (FRLANT 206), 79f.; ders., Numeri und Deuteronomium, in: E. Otto/R. Achenbach (Hg.), Das Deuteronomium zwischen Pentateuch und Deuteronomistischem Geschichtswerk, FRLANT 206, Göttingen 2004, (122-134) 129f.

110　Wenn Chr. Dohmen (Exodus 19-40 [HThK.AT], 339) davon spricht, die Zeltkonzeption von Ex 33,7-11 sei „niemals verwirklicht" worden, so harmonisiert er allzu sehr. Zu Recht zeigt er selbst die enge Verbindung mit Ex 29 und Ex 35-40 auf. Die Autoren des Pentateuch haben Ex 33,7-11 gerade mit dem in Ex 29; 35-40 thematisierten Zelt in eins gesetzt. So haben es zumindest die Autoren der Tempelrolle gesehen. Das am Sinai realisierte Heiligtum entspreche nicht dem Wil-len Gottes vor Ex 32, der erst eschatologisch mit dem Tempel der Tempelrolle realisiert werde.

Tradierung der Tempelrolle in hasmonäischer und herodianischer Zeit bestehenden Tempel.[111]

Die rechtshermeneutisch zentrale Frage zum Verständnis der Tempelrolle, warum das Deuteronomium so intensiv wie keine andere Gesetzesüberlieferung des Pentateuch rezipiert und damit die Worte des Mose in den Mund Gottes zurückgelegt und vom Land Moab an den Sinai zurückverlagert wurden, harrt noch der Lösung im Lichte dessen, was zur Tempelbauanweisung zu sagen war. Dass diese Frage nur im Horizont der Verortung der göttlichen Tempelbauanweisung im Narrativ der Sinaiperikope des Pentateuch zu beantworten ist, wird schon dadurch unabweisbar, dass die Tempelrolle insgesamt in einer beim Allerheiligsten als Ort der Einwohnung Gottes im Tempel ansetzenden Blickrichtung der Darstellung von innen nach außen über die heiligen Bereiche des Tempelbezirks, der Heiligen Stadt und ihrem Umkreis in den Städten Israels bis zu den Grenzen des Landes Israel gestaltet ist und in diesem letzteren Zusammenhang auch die Gesetzes aus dem Deuteronomium zu tragen kommen.[112] Eine erste und entscheidende Feststellung ist dazu zu treffen. Mose hat in der Tempelrolle keine Funktion und kann es angesichts der Verortung im Narrativ der Sinaiperikope des Pentateuch auch gar nicht haben, ist doch die Tempelrolle danach Offenbarung Gottes an Mose während seines zweiten Aufenthaltes bei Gott nach dem Bundesbruch des Volkes.[113] In dem Kolophon der Reinheitsgesetze in TR Kol. 48:?-

---

111 Herodes sah sich mit seinem ehrgeizigen Tempelbauprogramm in Jerusalem in der Rolle eines zweiten Salomo, da er beanspruchte, das Tempelgebäude in den Maßen des salomonischen wieder herzustellen, während die Rückwanderer aus dem babylonischen Exil nicht die Gelegenheit gehabt haben sollten, das Tempelgebäude wieder bis zur ursprünglichen Höhe des salomonischen Tempels aufzuführen. Der in herodianischer Zeit tradierte Tempelplan der Tempelrolle, der den herodianischen Tempelbezirk einschließlich der gewaltigen Aufschüttungen im Zuge der herodianischen Baumaßnahmen an Größe noch bei weitem übertreffen sollte (siehe dazu M. Broshi, The Gigantic Dimensions of the Visionary Temple in the Temple Scroll, in: H. Shanks [Hg.], Understanding the Dead Sea Scrolls, New York 1992, 113-115), übt mit der impliziten Kritik am salomonischen Tempel auch Kritik am herodianischen Tempelbauunternehmen.

112 Siehe dazu H. Stegemann, „Das Land" in der Tempelrolle und in anderen Texten aus den Qumranfunden, in: G. Strecker (Hg.), Das Land in biblischer Zeit, Göttingen 1983, 154-171; L. H. Schiffman, Sacred Space: The Land of Israel in the Temple Scroll, in: A. Biran/J. Aviram (Hg.), Biblical Archaeology Today, Jerusalem 1993, 398-410. Es sei darauf hingewiesen, dass die Autoren der Tempelrolle recht genau einen zentralen Zug des Deuteronomiums schon vor seiner Einbindung in den Pentateuch erfasst haben, geht es doch dem Deuteronomium um eine Heiligung des von den Lokalheiligtümern entblößten Landes durch die Gesetzesbefolgung des Gottesvolkes; siehe dazu E. Otto, Staat – Gemeinde – Sekte. Soziallehren des antiken Judentums, ZAR 12, 2006, (312-343) 316-332. Hier zeigt sich einmal mehr, dass eine sich nur auf die Quellenscheidung kaprizierende diachrone Analyse die Konzeption der Tempelrolle aus dem Blick verliert, wenn sie nicht den Gesamtaufbau der Tempelrolle im Blick behält.

113 Es ist eine Verkürzung, wenn J. Maier (Tempelrolle [UTB 829], 57) daraus, dass es nicht mehr einsichtig sei, wozu sich der Autor in TR Kol. 2 die Mühe einer solchen Mosaiktechnik gemacht haben soll, um gegen einen in nachexilischer Zeit nicht mehr aktuellen Götzenkult zu

51:5a wird noch einmal die Lokalisierung der Gesetzgebung im Munde JHWHs am Gottesberg Sinai unterstrichen:

> „Und ihr warnt die Söhne Israels vor allen Unreinheiten, damit sie sich nicht an den Dingen verunreinigen, die ich dir auf diesem Berg bekannt gebe, so dass sie sich nicht verunreinigen, denn ich, JHWH, werde inmitten der Söhne Israels wohnen.[114] Also heiligt euch".[115]

Der Lozierung der Tempelrolle im Narrativ der Sinaiperikope entsprechend ist Mose wie in TR Kol. 44:5 das in TR Kol. 51:7 angeredete Du („[Dinge], die ich dir auf diesem Berg bekannt gebe"). Als direkte Offenbarung Gottes an Mose erhält die Tempelrolle den Status von Ex 34,10b-26, der an Mose ergehenden Offenbarung der göttlichen Auslegung des Gesetzes der Vorderen Sinaiperikope nach dem Bundesbruch des Volkes in Ex 32. In der Rechtshermeneutik des Narrativs des Pentateuch ist das Deuteronomium mosaische Auslegung der Sinaitora im Land Moab. Schon in Ex 24,12 wurde Mose von JHWH beauftragt, das Volk in den Gesetzen unter Einschluss des Dekalogs zu unterrichten, was für das Jubiläenbuch Anlass war, genau hier die Schrift zu verorten. Nach Abschluss der Gottesoffenbarung am Ende der Wüstenwanderung (Num 36,13) beginnt nach dem Narrativ des Pentateuch Mose im Lande Moab mit der Ausführung dieses am Sinai ergangenen Auftrages und legt dem Volk die Sinaitora unter Einschluss des Dekalogs in vier Redegängen aus (Dtn 1,5).[116] Am Ende seiner vier Reden zur Auslegung der Sinaitora verschriftet Mose das Deuteronomium (Dtn 31,9), nachdem die Gesetzesoffenbarung des Sinai in Gestalt des Dekalogs von Gott

---

polemisieren, schließen will, es handle sich um ein „älteres Versatzstück". Wenn der Autor oder Redaktor der Tempelrolle irgendwo greifbar ist, dann ist es in TR Kol. 2. Nicht um eine Polemik gegen aktuellen Götzenkult geht es in dieser Kolumne, sondern darum, die Tempelrolle in das Narrativ der Sinaiperikope des Pentateuch einzuklinken.

114 Der Autor zitiert hier Num 35,34. Auch dort ist das Partizip futurisch zu übersetzen, da es um eine Bestimmung geht, die nach dem Durchzug durch den Jordan Gültigkeit haben soll (Num 35,10). Doch ist die Perspektive der Tempelrolle eine andere. Für Num 35,34 wird JHWH nach dem Durchzug weiterhin inmitten seines Volkes sein, für die Tempelrolle erst, wenn der eschatologische Tempel errichtet sein wird. Mit Num 35,34 zitiert die Tempelrolle und transformiert in die 1. Pers. göttlicher Rede einen zentralen Satz der postpentateuchredaktionellen Erweiterung des Numeribuches, der markiert, „worum es in der Umordnung der Institutionen gegangen ist: um die Heiligkeit Israels und des Landes unter den Anspruch des einen Gottes in dem einen Heiligtum Jerusalem"; siehe R. Achenbach, Vollendung der Tora (BZAR 3), 600.

115 Neben der 2. Pers. Plural ist auch die 2. Pers. Singular mit Suffix der 3. Pers. Plural möglich. Eine Heiligung des Volkes durch den angeredeten Mose hat keinen Anhalt an der Konzeption der Tempelrolle. Hier wird auf Lev 11,34f. Bezug genommen, wo ein „heiligt euch" steht; siehe dazu E. Jucci, Ordine sacro e Legge nel Rotolo del Temio, Sapienza e Tora 1987, (243-263) 252 Anm. 54.

116 Siehe oben III.

selbst, das mosaisch vermittelte Bundesbuch und seine göttliche Auslegung in Ex 34 durch Mose verschriftet worden sind.[117] Mit der Auslegung der Sinaitora im Land Moab begründet Mose die Institution der Schriftauslegung. Mit dem Tod des Mose (Dtn 34) geht die mosaische Funktion der Gebotsvermittlung auf die verschriftete Tora über, die an Moses Statt mit dem Volk über den Jordan in das Verheißene Land ziehen wird. Zugang zum Gotteswillen werde es dort nur noch durch die Auslegung der verschrifteten Tora in Gestalt des Deuteronomiums geben.[118] Die Tempelrolle rezipiert mit einem Drittel ihres gesamten Umfanges das Deuteronomium und transferiert die Moserede im Land Moab als Auslegung der Sinaitora zurück in den Mund Gottes als Sinaioffenbarung an Mose. Damit wird die rechtshermeneutische Vernetzung der Gesetze im Narrativ des Pentateuch aus den Angeln gehoben, indem in der Logik dieser Rechtshermeneutik gedacht und die mosaische Auslegung des Gotteswortes wieder zum Gotteswort selbst wird. Die Autoren der Tempelrolle nehmen für sich in Anspruch, unmittelbaren Zugang zum sinaitisch offenbarten Gotteswillen zu haben, was die rechtshermeneutische Konzeption des Pentateuch ablehnt, die darauf zielt, dass es Zugang zum Gotteswillen nur noch durch Auslegung der von Mose in Moab verschrifteten Tora geben könne. Im Pentateuch wird die mosaische Auslegung der Sinaitora durch die Kanonsformel in Dtn 4,2 und Dtn 13,1 von den postmosaischen Auslegungen der verschrifteten Mose-Tora im Verheißenen Land abgegrenzt und eine Auslegung durch Fortschreibung ausgeschlossen.[119] Die Autoren der Tempelrolle rezipieren in TR Kol. 54:5b-7 die Kanonsformel in Dtn 13,1:[120]

„Alle Worte, die ich dir heute befehle, sollst du beachten, ausführen. Du sollst ihnen nicht etwas hinzufügen und du sollst von ihnen nicht etwas wegnehmen" (TR Kol. 54:5b-7).

117 Siehe oben I.
118 Dass „das Deuteronomium dem Psalter (die) Spitzenstellung als meistbelegtes, meistzitiertes und am stärksten rezipiertes biblisches Buch in den Texten vom Toten Meer mehr als streitig (macht)" – so U. Dahmen (Deuteronomium in Qumran [ÖBS 23], 269) –, dürfte seine Begründung darin haben, dass die Rechtshermeneutik des Pentateuch in diesem Sinne richtig verstanden wurde. Wie im Pentateuch selbst tritt die Sinaitora in Qumran hinter das Deuteronomium als Auslegung der Sinaitora zurück. Dass diese Rechtshermeneutik des Pentateuch allerdings nicht ohne Widerspruch blieb, zeigt die Tempelrolle wie andere Zeugnisse der „rewritten Bible".
119 Zur Funktion der Kanonsformel im postdtr Deuteronomium als Teil des Pentateuch siehe E. Otto, Deuteronomium (FAT 30), 164f. 273. Zu Ursprung und Geschichte der Kanonsformel siehe auch Chr. Dohmen/M. Oeming, Biblischer Kanon warum und wozu? Eine Kanonstheologie, QD 137, Freiburg/Br. 1992, 68-89, mit weiterer Literatur.
120 Dass hier Dtn 13,1 rezipiert wird und nicht, wie J. Maier (Tempelrolle [UTB 829], 228) meint, eine „variable Standardformulierung" unabhängig vom Deuteronomium, zeigt die Fortsetzung in TR Kol. 54:8-18, die Dtn 13,2-18 rezipiert; siehe dazu L. H. Schiffman, Deuteronomic Paraphrase (RdQ 15), 554-556. Zu TR Kol. 55:2-14 als Rezeption von Dtn 13,13-19 siehe ders., a.a.O., 556-558.

Die Kanonsformel in Dtn 4,2 und Dtn 13,1 bezieht sich auf die mosaischen Reden an das Volk im Land Moab, die die Sinaitora auslegen. In der Tempelrolle TR Kol. 54:5b-7 bezieht sich die Kanonsformel auf die Gottesrede an Mose am Berg Sinai. Dabei wird die Anrede des Volkes durch Mose in der 2. Pers. Plural in der Tempelrolle zu einer Anrede des Mose durch Gott in der 2. Pers. Singular umformuliert. Damit erhält die Kanonsformel eine ganz neue Funktion. Mose selbst darf der göttlichen Gesetzesoffenbarung nichts nehmen oder hinzufügen. Genau das aber tut Mose im Narrativ des Pentateuch, wenn er im Deuteronomium die Sinaitora für das Leben im Verheißenen Land auslegt und noch auch den Dekalog als direktes Gotteswort an das Volk in Ex 20 in Dtn 5 für das Leben im Verheißenen Land interpretiert und deshalb vom Wortlaut des Dekalogs in Ex 20 abweicht.[121] Eben dieses wird nun in der Tempelrolle Mose untersagt. Nun klärt sich, warum die Autoren der Tempelrolle mosaische Rede im Land Moab zurück in den Mund Gottes am Sinai transferieren. Die Tempelrolle bestreitet den im Narrativ des Pentateuch begründeten Anspruch einer durch Mose begründeten Schriftauslegung der von Mose verschrifteten Tora als einzigen Weg des Zugangs zum Gotteswillen nach Moses Tod (Dtn 34). Die Autoren der Tempelrolle nehmen für sich in Anspruch, unmittelbaren Zugang zur sinaitischen Tora, die von Gott Mose nach dem Bundesbruch des Volkes offenbart worden sei, zu haben. Sie lehnen also nicht das Deuteronomium ab, sondern bestreiten, dass es seine Autorität als mosaische Auslegung der Sinaitora gewonnen habe. Autorität könne nur direkt von Gott selbst am Gottesberg Sinai offenbarte Tora beanspruchen. So wird Mose in der Tempelrolle auch nicht einmal direkt erwähnt, sondern ist als Angeredeter nur aus dem Narrativ der Sinaiperikope des Pentateuch zu erschließen.[122] Damit wird auch ein weiterer Grundpfeiler in der Rechtshermeneutik des Pentateuch, der die Aktualisierung

---

121 Siehe dazu oben III. Im Gegensatz zu 4QMMT wird in der Tempelrolle nicht die sog. „Zitationsformel" *ktwb* verwendet, die in 4QMMT der Kennzeichnung paraphrasierender Auslegung von pentateuchischen Texten dient (siehe dazu E. Qimron/J. Strugnell, Qumran Cave 4, V: Miqṣat Maʿaśe Ha-Tora [DJD 10], Oxford 1994, 140f.; M. J. Bernstein, The Employment and Interpretation of Scripture in 4QMMT. Preliminary Observations, in: J. Kampen/M. J. Bernstein [Hg.], Reading 4QMMT. New Perspectives on Qumran Law and History, SBL.SympS 2, Atlanta 1996, [29-51], 39f.), da Gott selbst sich nicht auf einen von Mose verschrifteten Text beziehen kann, so dass in der Tempelrolle im Gegensatz zum Jubiläenbuch konsequent auch auf das Verschriftungsmotiv verzichtet wird. Es geht also nicht nur darum, Mose der Autorität der Tora unterzuordnen, wie H. Najman (Seconding Sinai [JSJ.S 77], 67f.) zu Recht feststellt. Vielmehr ist eine Abhängigkeit Gottes von der mosaisch verschrifteten Tora für die Autoren der Tempelrolle unmöglich.

122 Widerspricht die Tempelrolle so diametral dem Pentateuch, so muss es als ausgeschlossen gelten, dass sie als „sechstes Buch der Tora" konzipiert worden sei, wie es von H. Stegemann (The Origins of the Temple Scroll, in: J. A. Emerton [Hg.], Congress Volume. Jerusalem 1986, VT.S 40, Leiden/New York 1988, 235-256; ders., The Literary Composition of the Temple Scroll and its Status at Qumran, in: G. Brooke [Hg.], Temple Scroll Studies, JSP.S 7, Sheffield 1989, [123-148] 127. 142f.) vertreten wurde.

der Tora in der Zeit der Erzählung betrifft, ausgehebelt. Die Rechtshermeneutik des Narrativs des Pentateuch differenziert mittels der Kundschaftererzählung in Num 13-14 zwischen der Sinai- und der Moabgeneration. Die Toraoffenbarung ist nach dem Tod der Sinaigeneration der zweiten Generation nur durch die mosaische Auslegung der Sinaitora im Land Moab in Gestalt des Deuteronomiums zugänglich.[123] Die „zweite Generation", die in das Verheißene Land ziehen wird, steht den Autoren für die jeweilige Adressatengeneration von der Erzählzeit des Pentateuch bis zur erzählten Zeit der Autoren des Pentateuch. Sie haben also Zugang zur Tora nur in Gestalt der mosaischen Auslegung der Tora, die ihrerseits der je neuen schriftgelehrten Auslegung bedarf. Die Tempelrolle hebt diese Differenzierung der Generationen im Narrativ des Pentateuch auf, indem sie Gott vermittelt über die Verschriftung des sinaitischen Gotteswortes die Leser der Tempelrolle unmittelbar anreden lassen und damit die Leser der Tempelrolle mit der Sinaigeneration identifizieren. An die Stelle der mosaischen Aktualisierung der Tora im Land Moab tritt Gott selber als aktualisierender Ausleger seiner eigenen Tora am Sinai, wie es das Narrativ der Sinaiperikope bereits mit der göttlichen Aktualisierung des Bundesbuches als Gebotsoffenbarung der Vorderen Sinaiperikope in Ex 34 nach dem Bundesbruch des Volkes in Ex 32 vorgezeichnet hat. Wieder wird die Autorität des Narrativs der Sinaiperikope des Pentateuch in Anspruch genommen, um gegen die rechtshermeneutischen Konsequenzen dieses Narrativs in der Relationierung von Sinai- und Moabtora zu argumentieren. So erklärt sich auch, dass die Autoren der Tempelrolle die Mosereden im Rahmen des Deuteronomiums in Dtn 1-11; 26-34 übergehen und nicht rezipieren. Die vielfach beobachteten Verfahren der Glättung von Widersprüchen zwischen biblischen Torot, der Zusammenstellung von Gesetzen, die thematisch zusammengehören, der Klärung von uneindeutigen Begriffen, aber auch die Verstärkung sozialer Akzente, so u. a. in der Tierethik[124] oder der Ordnung des Rechtswesens,[125] die in der Tempelrolle beobachtbar sind, zeigen die Überlegenheit

---

123 Siehe dazu oben III.

124 Dtn 22,6 rezipierend wird das Verb *lqḥ* in TR Kol. 52:6b-7a durch *nkh* ersetzt, das aus dem Banngebot des Kriegsgesetzes in Dtn 20,13f. stammt und dort die Tiere ausnimmt. Die Tempelrolle formuliert in TR Kol. 52:6b-7a damit das neu kontextualisierte Gebot des Deuteronomiums, das dort nur den speziellen Fall, die Vogelmutter solle nicht mit dem Jungen aus dem Nest genommen werden, zu einem allgemeinen Schutzgebot für Tiere um, in das auch durch Stichwortanknüpfung Dtn 20,14 einbezogen wird. Zum Kontext von TR Kol. 52:6-7a in TR Kol. 52:3-7 siehe L. H. Schiffman, *Miqsat Ma'aseh Ha-Torah* and the Temple *Scroll*, RdQ 14, 1989, (435-457) 449-451. Zu TR Kol. 65:2-5 in diesem Zusammenhang siehe ders., Deuteronomic Paraphrase (RdQ 15), 551. Dass allerdings mit dem Verb *nkh* in TR Kol. 52:6-7a an Gen 32,12 angeknüpft werden sollte, wie L. H. Schiffman meint, ist wenig wahrscheinlich. Vielmehr haben die Autoren der Tempelrolle die Begrenzung des Banngebots in Dtn 20,13f. tierethisch als Ausdruck einer gerechten Ordnung, deren Konzipierung die Autoren der Tempelrolle geleitet hat, interpretiert.

125 An TR Kol. 51:11-16 wird gegenüber dem rezipierten Text in Dtn 16,18-20, der seinerseits Ex 23,1-3.6-8 auslegt (siehe dazu E. Otto, Deuteronomium [BZAW 284], 238-249), das bereits im

der göttlichen Auslegung am Sinai gegenüber der des Mose in der Moabtora – Gott, so könnte man zusammenfassend sagen, sei stringenter und sozialer als Mose in seiner Auslegung der Sinaitora durch die Moabtora.

Wollen wir den historischen Standort der Autoren der Tempelrolle in den Blick nehmen, so ist er durch sein Gegenüber zu dem der für die rechtshermeneutische Konzeption verantwortlichen Autoren des nachexilischen Pentateuch des 4. Jahrhunderts zu bestimmen. Die rechtshermeneutische Konzeption des Pentateuch in der Gestalt, in der die Autoren die Tempelrolle ihn in hasmonäischer Zeit gelesen haben, geht auf zadokidisch-priesterliche Schriftgelehrte zurück, die sich mit dem Pentateuch selbst eine Legitimation ihrer Schriftgelehrsamkeit in Gestalt der Toraauslegung als Zugang zum Gotteswillen gegeben haben.[126] Die Unterminierung des bestehenden Jerusalemer Tempels in der Tempelrolle lässt fragen, ob es sich hier noch, wie J. Maier vermutet,[127] um innerzadokidische Priesterauseinandersetzungen handeln könnte. Dass andererseits die Autoren der Tempelrolle einen priesterlichen Denkhorizont haben, was schon die Anlage der Schrift mit dem Allerheiligsten des Tempels als Ausgangspunkt

---

Bundesbuch sozial konnotierte Bestechungsverbot (siehe dazu E. Otto, Wandel der Rechtsbegründungen in der Gesellschaftsgeschichte des antiken Israel. Eine Rechtsgeschichte des Bundesbuches, StB 3, Leiden/New York 1988, 47f.), und das bereits das Deuteronomium heraushebt, noch verstärkt akzentuiert, indem es unter den Geboten nach vorn gezogen wird als Epexegese des Gebotes, bei Gericht nicht die Person anzusehen; siehe dazu L. H. Schiffman, Deuteronomic Paraphrase (RdQ 15), 562-566. Die Autoren der Tempelrolle, so zeigt TR Kol. 51:13, haben auch Ex 23,6 rezipiert. Die Möglichkeit zur Bestechung steht dem Wohlhabenden zur Verfügung, der so durch wirtschaftliche Macht der Rechtsbeugung Vorschub leisten kann: „denn Bestechung beugt Recht und fälscht die Sache der Gerechtigkeit, blendet die Augen Weiser und verursacht große Schuld und verunreinigt das Haus durch die Schuld der Sünde" (TR Kol. 51:13b-15aα). Dass also die Tempelrolle einen so betonten Akzent auf das Bestechungsverbot legt, ist wie am Beispiel auch der Tierethik erkennbar ein soziales Anliegen der Autoren, so dass sich eine geradlinige sich steigernde Betonung dieses Aspektes vom Bundesbuch über das Deuteronomium bis zur Tempelrolle zeigt. Von Bedeutung ist daher auch, dass die Methoden der schriftgelehrten Interpretation in der Tempelrolle bereits in der Rezeption der Rechtsordnung des Bundesbuches im Deuteronomium zu verzeichnen sind. Für eine Analyse der Rezeption von Deuteronomiumstexten in der Tempelrolle sind neben den innerdeuteronomischen Rezeptionen, in diesem Falle von Dtn 16,18-20 in Dtn 1,9-19, auch die Rezeptionen des Bundesbuches im Deuteronomium mit einzubeziehen, da hier wie auch sonst die Autoren der Tempelrolle die pentateuchischen Paralleltexte im Horizont synchroner Lektüre überblickten und heranzogen. In synchroner Lektüre ist ihnen selbstverständlich gewesen, dass das Deuteronomium mosaische Auslegung des Bundesbuches sein wollte. Entsprechend verlagerten sie die soziale Tendenz dieser Auslegung von Ex 23,1-3.6-8 in Dtn 16,18-20 zurück in die sinaitische Gottesrede und verstärkten noch die Tendenz des Deuteronomiums. Die Autoren der Tempelrolle haben also diese Texte keineswegs alle auf einer Ebene gelesen, sondern ein waches Gespür für ihre diachron durch die Rechtshermeneutik des pentateuchischen Narrativs gelenkten Abhängigkeitsverhältnisse gehabt; siehe dazu E. Otto, Antike (FS E. Zenger), 470-485.

126 Siehe oben IV; vgl. auch E. Otto, Deuteronomium (FAT 30), 248-265.

127 Siehe J. Maier, Tempelrolle (UTB 829), 43f.

einer konzentrischen Heiligkeitskonzeption zeigt, dürfte unstrittig sein. Sollte es sich um eine innerzadokidische Auseinandersetzung handeln, so müsste es sich bei der Tempelrolle um eine kritische Anfrage an die Funktion der schriftgelehrten Toraauslegung als einer priesterlichen handeln. Schwer erklärlich aber wäre die implizite Infragestellung des Jerusalemer Tempels. Doch auch die schriftgelehrte Toraauslegung kann nicht der einzige Streitpunkt sein, da in der Rezeption von Dtn 17,8-13 in TR Kol. 56:2-6 die Priester aufgrund der Schriftrolle der Tora Weisung geben sollen:

„Zu der Angelegenheit, um deretwillen du gekommen bist, um eine Entscheidung zu suchen, sollen sie dir den Rechtsentscheid kundtun. Und du sollst handeln gemäß der Weisung, die sie dir kundtun, gemäß der mündlichen Mitteilung, die sie dir eröffnen aus dem Buch der Tora. Und sie werden dir verlässliche Weisung kundtun an dem Ort, den ich erwähle, um meinen Namen über ihnen wohnen zu lassen. Und du achtest darauf, zu handeln gemäß allem, was sie dir kundtun, gemäß dem Urteil, das sie dir verkünden" (TR Kol. 56:2-6).

Die Autoren der Tempelrolle sind in priesterlichen Kreisen zu suchen, die durch die Zadokiden an den Rand gedrängt worden sind. Dabei kann es sich um zadokidische Dissidenten der hasmonäischen Zeit handeln, so dass mit einem Differenzierungsprozess der Zadokiden zu rechnen ist, der in die Vorgeschichte der Gründung der Qumran-Bewegung gehören könnte. Oder aber sollte es sich darum handeln, dass der nachexilische Prozess der Integration der sich exilisch von den Zadokiden abspaltenden Aaroniden[128] nicht zum Abschluss gekommen ist, da, wie TR Kol. 22:4-5 und TR Kol. 5:25 zeigen, das Priestertum wie im essenisch-vorqumranischen Tora-Midrasch 4QMMT[129] als aaronidisch verstanden wurde, so dass die Tempelrolle auf an den Rand gedrängte Aaroniden zurückgehen könnte?[130]

---

128 Siehe E. Otto, Zadok/Zadokiden, RGG⁴ VIII, Tübingen 2005, 1775f.; vgl. auch ders., Aaroniden (ZAR 7), 403-414, jeweils mit weiterer Literatur. J. Maier (Tempelrolle [UTB 829], 43-47) und ähnlich L. H. Schiffman (*Miqṣat Maʿaśeh Ha-Torah* [RdQ 14], 457) sehen in der Tempelrolle das Ergebnis innerzadokidischer Tora-Streitigkeiten. Dagegen hat G. Boccaccini (Beyond the Essene Hypothesis. The Parting of Ways between Qumran and Enochic Judaism [Grand Rapids 1998], 86-103) eine zadokidische Herkunft von Tempelrolle und Jubiläenbuch zugunsten eines Ursprungs in henochischen Kreisen infrage gestellt.

129 Siehe 4Q394:3-7; 4Q395:11; 4Q396:1-2 IV:8. Siehe dazu H. J. Fabry, Zadokiden und Aaroniden in Qumran, in: F.-L. Hoßfeld/L. Schwienhorst-Schönberger (Hg.), „Das Manna fällt auch heute noch". Beiträge zur Geschichte und Theologie des Alten/Ersten Testaments. FS E. Zenger, HBS 44, Freiburg/Br. 2004, (201-217) 210. Der Kern der Qumraniten ist dagegen zadokidisch und räumt den Zadokiden stets den Vorrang ein.

130 Siehe dazu E. Otto, Schriftgelehrsamkeit (ZAR 10), 22-24. Auch die Autoren des Jubiläenbuches sind den Kreisen an den Rand gedrängter Priester zuzurechnen, die aber keineswegs, wie die rechtshermeneutischen Differenzen, die sich insbesondere an den Unterschieden in Bezug auf die Mosegestalt festmachen, identisch sein müssen. Noch weniger wahrscheinlich ist die u. a. von B.

Die Frage mag hier stehen bleiben. Wichtig ist für unseren Zusammenhang die Erörterung der Rechtshermeneutik von Pentateuch und Tempelrolle, dass sich in der Tempelrolle eine priesterliche Position Gehör verschafft hat, die die Konzeption des Pentateuch grundlegend infrage gestellt hat. Dass die Autoren der Tempelrolle mit der Rechtshermeneutik des Pentateuch auch den bestehenden Tempel in Jerusalem infrage stellen, zeigt noch einmal im Spiegel der Kritik der Tempelrolle, wie eng die nachexilische Literaturgeschichte des Pentateuch seit dem 4. Jahrhundert mit dem Tempel verbunden ist.

Damit aber ist abschließend die Frage zu beantworten, wie sich diese Autoren der Tempelrolle zu Tempel und Tora in Gestalt des Pentateuch verhalten. Es geht keineswegs um eine radikale Verneinung der Autorität des Pentateuch, sondern um eine Reduzierung seines Anspruchs auf Alleingültigkeit, wie es auch nicht um eine radikale Infragestellung der Legitimität des Jerusalemer Tempels geht. Die Autoren der Tempelrolle stellen mit der Lozierung der Tempelrolle im Narrativ der Hinteren Sinaiperikope des Pentateuch nicht Gottes Anweisungen zum Bau des Zeltheiligtums infrage. Vielmehr orientieren sie noch Gottes Anweisung zum Bau des eschatologischen Tempels als Aktualisierung nach dem Bundesbruch (Ex 32) an der Anweisung zum Bau und ihrer Ausführung in der Errichtung des Begegnungszeltes. Dennoch klammert die göttliche Tempelbauanweisung die Autorität des Begegnungszeltes ein. An Ex 33,7-11 anknüpfend repräsentiert es nicht die Gottesgegenwart *inmitten* des Volkes, die sich vielmehr erst mit dem Bau des eschatologischen Tempels als Realisierung der Verheißung von Ex 29,42-46 ereignen werde. Diese Einklammerung des Begegnungszeltes, das unter einen eschatologischen Vorbehalt gestellt wird, soll auch für den Jerusalemer Tempel gelten, der in einer ungebrochenen Kontinuität mit dem Begegnungszelt der mosaischen Zeit gesehen wird (1 Kön 8). So wie das Zelt der Begegnung nur für die Wüstenwanderung Funktion haben soll, soll auch dieser Tempel nur vorläufiges Heiligtum sein. Bis zur Endzeit stehe das Volk unter dem Gericht des Sündenfalles von Ex 32. Auch die Gesetzesoffenbarung in der Tempelrolle als Transponierung der mosaischen Gesetzesauslegung klammert diese ein. Die göttliche Gesetzesauslegung am Sinai wird als der mosaischen im Land Moab überlegen gezeigt und damit die Exklusivität des Zugangs zum Gotteswillen durch priesterliche Toraauslegung eingeklammert. Es geht also den Autoren der Tempelrolle nicht um ein „recycling" der pentateuchi-

Z. Wacholder (The Relationship between 11QTora [The Temple Scroll] and the Book of Jubilees: One Single or Two Independent Compositions?, in: SBL Seminar Papers 1985, SBL.SP 24, Chico 1985, 205-216) vertretene These, dass Jubiläenbuch und Tempelrolle Teile eines literarischen Werkes waren; siehe dagegen S. W. Crawford, Three Fragments from Qumran Cave 4 and their Relationship to the Temple Scroll, JQR 85, 1994, 259-273; H. Najman, Seconding Sinai (JSJ.S 77), 62f.

schen Tora, die etwa durch die Tempelrolle ersetzt werden sollte.[131] Dem widerspricht, dass die Tempelrolle die Autorität des Narrativs der Sinaiperikope des Pentateuch zu ihrer eigenen Legitimation in Anspruch nimmt. Auch geht es der Tempelrolle nicht nur um eine aktualisierende Ergänzung der pentateuchischen Tora.[132] Vielmehr wird in das Narrativ der Tora des Pentateuch ein neues Vorzeichen eingefügt, das die rechtshermeneutische Konzeption des Pentateuch korrigiert und den Machtanspruch priesterlicher Schriftauslegung der Tora als exklusiven Zugang zum Gotteswillen abwehrt.[133] Die Autoren der Tempelrolle bedienen sich eines hermeneutischen Prinzips, das bereits innerbiblisch, so in der Auslegung des Bundesbuches durch das Deuteronomium, in Anschlag gebracht worden ist. Der auslegende Text gilt als hermeneutischer Schlüssel zur Interpretation des ausgelegten Textes. Das Deuteronomium will also nicht das Bundesbuch „recyclen", sondern in dem Sinne ergänzen, dass es im Horizont des auslegenden Deuteronomiums interpretiert werden soll.[134] Dieses hermeneutische Verfahren wird auch durch die Tempelrolle in Anschlag gebracht. Sie soll den hermeneutischen Schlüssel zur Interpretation der pentateuchischen Tora abgeben, die sie als göttliche Auslegung der Sinaitora selbst interpretiert.[135]

Wie aber soll sich eschatologischer Tempelbau und Gesetzespromulgation zueinander verhalten? Die göttliche Gesetzespromulgation will keine erst eschatologisch gültigen Gesetze mitteilen. Wieder löst das Narrativ der Sinaiperikope des Pentateuch das Problem der Zuordnung von Gesetz und Heiligtum in der Tempelrolle. Die Gebote der göttlichen Auslegung des Bundesbuches ergehen in Ex 34,10b-26 vor der Ausführung der Anweisungen zur Errichtung des Heiligtums und der Einwohnung Gottes inmitten seines Volkes (Ex 40,34f.) und nach dem Auszug der Gottesgegenwart aus

---

131 So z. B. B. Z. Wacholder, 11QTorah (SBL.SP 24), 205-216. Siehe dagegen H. Najman, Seconding Sinai (JSJ.S 77), 46f.

132 So H. Najman, Seconding Sinai (JSJ.S 77), 41ff.

133 So ist auch nicht Vollständigkeit der Gesetzesrezeption erforderlich; siehe dazu L. H. Schiffman, Temple Scroll (JQR 84), 110. Die prophetische Kritik in Kreisen jeremianischer Tradentenprophetie der nachexilischen Zeit ist in dieser Kritik noch sehr viel radikaler, geht es ihnen doch darum, den Anspruch zu begründen, dass auch in nachmosaischer Zeit Gott durch die Prophetie spreche. Siehe dazu E. Otto, Jeremia und die Tora. Ein nachexilischer Diskurs (in diesem Band).

134 Siehe dazu E. Otto, The Pre-exilic Deuteronomy as a Revision of the Covenant Code, in: ders., Kontinuum und Proprium. Studien zur Sozial- und Rechtsgeschichte im Alten Orient und im Alten Testament, Orientalia Biblica et Christiana 8, Wiesbaden 1996, 112-122; ders., Rechtshermeneutik in der Hebräischen Bibel. Die innerbiblischen Ursprünge halachischer Bibelauslegung, ZAR 5, 1999, 75-98.

135 Insofern ist die These von H. Najman (Seconding Sinai [JSJ.S 77], 53), die Tempelrolle beanspruche, dass die Sinaioffenbarung materialreicher gewesen sei, als es der Pentateuch zeige, in der Sache nicht falsch, aber zu differenzieren. Die Offenbarung in der Vorderen Sinaiperikope gilt auch der Tempelrolle nicht als ergänzungsbedürftig. Nur Gottes Auslegung dieser Offenbarung in der Hinteren Sinaiperikope in Ex 34 sei auf Kosten der mosaischen Auslegung in Moab zu ergänzen.

dem Volk (Ex 33,7-11). In diese Lücke, die für die Autoren der Tempelrolle die Zeit zwischen dem Bundesbruch in Ex 32 und der eschatologischen Einwohnung Gottes im Allerheiligsten des Tempels ist, fällt die Gebotspromulgation der Tempelrolle in Anschluss an Ex 34,10-16. Das Gesetz versiegelt diese Zwischenzeit des nach dem Bundesbruch erneuerten Bundes,[136] bis der neue Tempel gebaut wird. Die Rechtshermeneutik der Tempelrolle ist also weniger paradox, als es auf den ersten Blick, der von der Rechtshermeneutik des pentateuchischen Narrativs der Sinaiperikope absieht, erscheinen mag.

---

136 Siehe auch TR Kol. 59:7-10. Auch hier zeigt sich die grundsätzliche Distanz der priesterlichen Autoren der Tempelrolle zur jeremianischen Tradentenprophetie der nachexilischen Zeit; siehe dazu E. Otto, Old and New Covenant. A Postexilic Discourse between the Pentateuch and the Book of Jeremiah. Also a Study of Quotations and Allusions in the Hebrew Bible, OTE 19/3 (FS J. LeRoux) 2006, 939-949.

Die Urmenschen im Paradies

Vom Ursprung des Bösen und der Freiheit des Menschen[*]

von Eckart Otto

Wer die Bibel aufschlägt und auf der ersten Seite liest, wird eine erste Frage, warum etwas ist und nicht nichts ist, beantwortet finden: weil Gott die Welt geschaffen hat. Eine Frage aber, die den Einsatzpunkt aller altorientalischen Schöpfungsberichte bildete, wie und warum Gott ist, findet keine Antwort. Nicht Gott ist dem Autor der ersten Schöpfungserzählung in Genesis 1 fraglich, sondern die Welt. Wer den ersten Schöpfungsbericht liest, wird nun belehrt und darauf kommt es dem Autor an, daß die Welt gut geschaffen ist, wird doch jedes der sechs Schöpfungswerte mit der Formel versehen. „Und Gott sah, daß es gut war". Und dann schauen wir uns in dieser Welt um und Fragen tun sich auf angesichts der nicht abzuweisenden gegenteiligen Erfahrung des Nichtguten, des Bösen und Lebenszerstörenden in dieser Welt. Fragen wir also genauer, was unter der gut geschaffen, der guten Welt nach Meinung des Autors zu verstehen sei. Tatsächlich, schauen wir in den Alten Orient, was unter dem guten Handel, das auch das gerechte ist, verstanden wird, so scheint sich eine Lösung anzubieten: Als das Gute wird das Überkommene, Traditionelle verstanden. Das gute Handeln ist ein Handeln, das sich an überkommener Tradition ausrichtet, das Abweichende muß wieder zurückgebogen werden und sei es mit Mitteln des Rechts[1]. Wollten wir die Schöpfung Gottes so als die Gute verstehen, so hieße es, sie sei die statische, gut sofern sie unverändert und unveränderbar sei. Und wieder tun sich Probleme auf, denn ein Blick in die Welt zeigt uns, daß sie wandelbar ist, die Welt und die Menschen in ihr eine Geschichte haben. Wir leben vom Wandel, in diesen Tagen steht uns das deutlicher vor Augen als in früheren Jahren. Vor allem aber der Autor dieses Schöpfungsberichts in Genesis selbst läßt uns nicht im Zweifel, daß ein derartiges Verständnis des Guten als des statisch unwandelbaren, des Normalen als des Normativen gerade nicht im Blick ist, denn am Ende des Schöpfungsberichts füllt er den Begriff des Guten inhaltlich mit einer noch nach zweieinhalbtausend Jahren utopischen Vision der gleichberechtigten Geschlechter von Mann und Frau als Abbild Gottes und des Tierfriedens in einer Welt

---

[*] Vorlesung im Rahmen einer Ringvorlesung zum Jahr der Bibel der Ev.-Theol. Fakultät der LMU München.

[1] Siehe dazu Verf., Recht und Ethos in der ost- und westmediterranen Antike. Entwurf eines Gesamtbildes, in: M. Witte u.a. (Hg.), Gott und Mensch im Dialog. Festschrift für O. Kaiser, Bd. I, BZAW 345/I, Berlin/New York 2004, 91-109.

ohne Hunger, in der der Mensch und das Tier nur von Pflanzen leben. Und wieder schauen wir in die Welt und sehen, daß es so ganz anders zugeht – noch heute. Nehmen wir den Autor beim Wort, so heißt das aber: wo Hunger herrscht, wo Gewalt zwischen Mensch und Mensch herrscht und zwischen Mensch und Tier, dort hat Gott es anders gewollt. Wenn ich eingangs sagte, diesem Autor ist nicht Gott zweifelhaft, sondern die Welt, so kommen wir dennoch nicht, und auch der biblische Autor nicht, an der Frage vorbei: kann Gott nicht durchsetzen in dieser Welt, was Intention seiner Schöpfung war, wird angesichts der Unvollkommenheit der Welt nicht die Güte Gottes in Zweifel gezogen? Dem widerspricht der Autor mit der Feststellung der guten Schöpfung –, ist also, so ist dann weiter zu fragen, Gott nicht allmächtig – und wenn er nicht allmächtig ist, seine Schöpfungsintention nicht durchsetzen kann, ist er dann Gott?[2] Setzt die Bibel mit der Güte Gottes, die sich in der Güte der Schöpfung manifestiere, wie mit einem Paukenschlag ein – so möchte man meinen es mangelt dem Autor an Welterfahrung, aus der das Böse nicht zu verdrängen ist. Viel realistischer gehen die Tafeln sechs und sieben des babylonische Weltschöpfungsepos *enuma eliš* vor[3]: Schon in der Götterwelt hat das Böse, das Chaos als Zerstörung von lebensermöglichenden Strukturen, seinen Ort. Tiamat, die Mutter der Götter, verkörpert das Chaos, sie will die Herrschaft über die Götter, unter denen nur einer, der jüngste der Götter, Marduk, Widerstand leistet. Er bricht zum Kampf auf, als Sturm- und Gewittergott bläst er dem Chaosdrachen Tiamat den Sturm ins Gesicht, so daß sie ihren Rachen nicht schließen kann und schleudert ihr den Blitz in Gestalt einer Lanze in den geöffneten Rachen, so daß sie stirbt. Dann hälftet er sie „wie einen Trockenfisch" und schafft so Himmel und Erde, den Menschen aber aus dem Blut ihres Heerführers Kingu. Ziel der Schöpfung ist, nachdem Marduk, der babylonische Reichsgott, zum König der Götter proklamiert wurde, die Gründung der Stadt Babylon und der Bau des Reichstempels Esagila und Etemenanki in dieser Stadt. Die Schöpfung setzt die Überwindung des Bösen voraus, des Chaos, aber niemals ist es in der von Marduk geschaffenen Welt restlos ausgeschaltet, denn die Materie der Welt und des Menschen ist das Böse, das Chaos, das in einer *creatio continua* immer wieder überwunden werden muß. Und der Mythos sagt auch, wie und was das Gute in dieser Welt ist: die staatliche Ordnung, die den Kult garantiert. In einem erst jüngst bekannt gewordenen babylonischen Mythos der Menschenschöpfung, dem „Mythos von der Erschaffung des Menschen und des Königs"[4], wird der normale Mensch geschaffen, weil die Götter sich weigern zu arbeiten, Flüsse und Kanäle zu bauen, um das Werk der Weltschöpfung zu vollenden:

---

2 Dazu sowie zum Folgenden siehe jetzt auch Verf., Das Gesetz des Mose, Darmstadt 2007, 14ff.
3 Siehe dazu T. Jacobsen, The Treasures of Darkness. A History of Mesopotamien Religion, New Haven 1976, 165-191.
4 Siehe W.R. Mayer, Ein Mythos von der Erschaffung des Menschen und des Königs, Orientalia (N.S.) 56, 1987, 55-68.

„Zu Ea, ihrem Zwillingsbruder, spricht sie (sc. die Göttin Bēlet-ili) das Wort:
Der Götter Arbeit ist ihnen lästig [geworden]
herangebracht worden ist [...] der/den Gürtel [...].
Abgewandt ist [ihr Antlitz, und] Feindschaft ist aus[gebrochen].
Wir wollen eine Lehmfigur schaffen, [ihr die Arbeit] auferlegen;
von der Müdigkeit wollen wir sie (sc. die Götter) für [immer] ausruhen lassen."
(VAT 17019: 4-9)

Der Mensch soll also geschaffen sein, um die Götter von der harten Arbeit der Kultivierung des Landes zu entlasten. Danach fährt der Mythos mit der Schöpfung des Königs als zweitem Akt der Menschenschöpfung fort:

„Er begann zu sprechen, indem er sein Wort an Bēlet-ili richtete:
Bēlet-ili, die Herrin der großen Götter, bist du.
Du hast den Normalmenschen (*lullû-amelu*) geschaffen:
bilde nun den König, den überlegen-entscheidenden Menschen (*malîku-amelu*)!
Mit Schönheit umhülle seinen ganzen Körper,
forme seine Gestalt mit Harmonie, mache seinen Körper schön!
So schuf Bēlet-ili den König, den *lullû-amelu*.
Die großen Götter gaben ihm die (Macht zum) Kampf.
Anu gab ihm seine Krone, Enlil g[ab ihm seinen Thron].
Nergal gab ihm seine Waffe, Ninurta g[ab] ihm seinen [Licht]glanz.
Bēlet-ili gab [ihm ein schönes Aus]sehen.
Anweisung gab Nusku, erteilte Rat und sta[nd ihm zu Diensten]".
(VAT 17019: 30-42)

Nur durch den Staat als Werkzeug des Reichsgottes, so das *enuma eliš*, könne es Schutz vor dem Bösen in dieser Welt geben. Nicht zu verhindern ist es, daß wir krank werden und sterben müssen, denn unsere Materie des Chaos, aus dem wir geschaffen sind, bleibt. Diese mesopotamische Theologie mutet realistischer als die utopische Idee Guten in Genesis 1 an. Nur unser Autor, wir nennen sein Werk die Priesterschrift[5], ist mit der Schöpfung in Genesis 1 noch nicht am Ende. Wie das *enuma eliš* hat auch die Priesterschrift Ziel- und Endpunkt in der Einrichtung eines Heiligtums, nur nicht des Reichstempels in Babylon, sondern des 'ohel mo'ed, des Begegnungszeltes am Sinai. Dort nehme der Schöpfergott seine Wohnung in dieser Welt. Anders aber als im *enuma eliš* ist es ein langer Weg der Geschichte, bis Gott seinen Platz gefunden hat – eine Geschichte, die von Wanderungen, Unterdrückung und Flucht erzählt bis sie an ihr Ziel kommt. Das Böse ist auch für diesen Autor in der Geschichte präsent, so in der Gestalt der Bedrückung Israels in Ägypten, womit er verdeckt das Exil Babylonien meint, auf einen neuen Exodus hoffend. Die Priesterschrift ist direkter Gegenentwurf gegen das

---

5   Siehe dazu Verf., Gesetz des Mose (Darmstadt 2007), 179ff.

Weltschöpfungsepos Babyloniens, geschrieben im babylonischen Exil. So ist es kein Wunder, daß die Durchsetzung des Guten in der Priesterschrift nicht an einen Staat und seinen offiziellen Kult gebunden wird, der Mensch vielmehr als Königsgestalt zum Ebenbild Gottes wird[6].Schauen wir mit dieser Perspektive zurück auf den Schöpfungsbericht in Genesis 1, so relativiert sich die Antwort auf die Frage, welche der beiden Entwürfe realistischer ist. Geschichte geht für die Priesterschrift nicht darin auf, daß der Staat das Chaos niederhält und die Strukturen, die er bietet, Ziel der Schöpfung sind – hier setzt sich im *enuma eliš* das mesopotamische Verständnis des Guten als des statisch Traditionellen durch. Die Priesterschrift dagegen ist moderner: für sie ist das Ziel der Schöpfung und der Weltgeschichte, die das Thema der Urgeschichte ist, die Einwohnung des Schöpfergottes inmitten seines durch die Wüste wandernden Gottesvolkes (Ex 29,42-46). Und dennoch so sehr uns der judäische Autor im Exil schon näher kommt, bleibt die Frage, warum Gott dieser Wege und Umwege in der Geschichte bedarf, ja was aus der Schöpfungsintention der guten Welt wurde, denn dieser Autor verheißt an keiner Stelle, daß in der Geschichte die Welt so werde, wie Gott sie gewollt hat. Ist also Gott doch nicht allmächtig? Und wenn er nicht allmächtig ist, doch nicht Gott? Hat der Autor theologisch also doch zu kurz gedacht? Hat er sich in seiner Intention gegen den babylonischen Kämpfergott Marduk den Gott Israels zu setzen, der keines Kampfes gegen das Böse bedarf und souverän nur Gutes schafft, auf eine theologisch schiefe Ebene begeben, wie ein Blick in die Welt zeigen mag? Die Menschen vergießen Blut, Mann und Frau sind in einer patriarchalischen Gesellschaft nicht gleich, Pflanzen- und Tierwelt sind nicht der Hege und Pflege des Menschen nur anvertraut, sondern der Mensch muß in Auseinandersetzung mit der äußeren Natur mühsam um sein Brot kämpfen. Der Autor der Priesterschrift weiß alles dies. Ja, er weiß um die Bosheit von Menschen und so läßt er auf die Schöpfungserzählung wie einen Antimythos der Göttervernichtung im *enuma eliš* die Sintflutgeschichte folgen, setzt mit Noah die Geschichte neu an und ermäßigt in den noahitischen Geboten in Genesis 9 die Utopie der Schöpfung: die Tiere werden den Menschen zur Nahrung gegeben, nur ihr Blut, wie das des Menschen, soll sakrosankt sein. Aber eine Antwort bleibt uns der Autor der Priesterschrift schuldig: woher kommt die Bosheit des Menschen, die die Flut nach sich zieht, wenn er gut geschaffen sein soll? Woher kommt das Böse in einer gut geschaffenen Welt? Die Frage bleibt in der Priesterschrift so ungelöst auch im *enuma eliš*. Unmotiviert und unbegreiflich wandelt die Tiamat, die Mutter der Götter, ihr Wesen und wird von der Lebensspenderin zur Lebensvernichterin – so wie noch

---

6 Daß in dieser Wendung der hebräischen Anthropologie ebenso wie in dem im Deuteronomium erarbeiteten Gedanken , daß allein Gott, nicht aber dem Staat absolute Loyalität zustehe, ein Ursprung der Menschenrechte als Abwehrrechte gegen den Staat zu suchen ist, sei nur angedeutet; siehe Verf., Auszug und Rückkehr Gottes. Säkularisierung und Theologisierung im Judentum, in: H. Joas/K. Wiegandt (Hg.), Säkularisierung und die Weltreligionen, Fischer Taschenbuch 17647, Frankfurt/Main 2007, 125-171.

viel später in Mozarts Zauberflöte die Königin der Nacht plötzlich in völlig anderem Licht erscheint. Man mag debattieren, ob es theologische Schwäche oder eher Weisheit ist, daß der Autor der Priesterschrift die Frage nach dem Ursprung des Bösen unbeantwortet läßt. Wenige Jahrzehnte später nach Beendigung des spätbabylonischen Exils hat die Priesterschrift ein anderes Gegenüber, im Dualismus der persischen Religion. Anders als sie wollte der Autor der Priesterschrift keine dualistische Lösung der Frage nach dem Ursprung des Bösen in der Welt und keinen Zugriff auf die Gestalt eines Teufels. Nun aber, in der nachexilischen Zeit, in der nicht mehr das babylonische Schöpfungsepos das Gegenüber ist, sondern die Dialektik von Ahuramazda, dem persischen Reichsgott, und Ariman seinem negierenden Gegenprinzip als Ursprung des Übels und des Bösen in dieser Welt, konnte auch in der Urgeschichte diese Frage nach dem Ursprung des Bösen nicht mehr übergangen werden. Überhaupt war die Lücke in der Konzeption der Priesterschrift zu offensichtlich und die theologische Weisheit eine nicht zu beantwortende Frage als solche offen zu lassen, nicht mehr gefragt. Vielmehr mußte die offengelassene Frage die Suche nach Antworten provozieren: die Antwort sollte postpriesterschriftlich mit der Einfügung einer zweiten Schöpfungserzählung in Genesis 2-3 gegeben werden.

Lassen Sie mich an dieser Stelle nur einige sehr knappe literaturgeschichtliche Bemerkungen machen[7]. Bis zu ausgehenden 19. Jh. galt unumstößlich Genesis 1 als der gegenüber Genesis 2-3 ältere Schöpfungsbericht. Das änderte sich mit der Neueren Urkundenhypothese, die sich mit den Namen Karl Heinrich Graf, Abraham Kuenen und Julius Wellhausen verbindet. Es war vor allem Julius Wellhausen, der aus der richtigen Beobachtung, daß Genesis 1 mit der Priesterschrift nicht älter als das Exil ist, die falsche Schlußfolgerung für die nichtpriesterschriftlichen Schichten in der Urgeschichte wie im Pentateuch insgesamt zog, daß diese also älter als die Priesterschrift sein müssen. Dem ist keineswegs so. Die Priesterschrift ist noch nachexilisch erheblich erweitert worden und zu dieser Erweiterung gehört auch die Paradieserzählung Genesis 2-3.[8] Sie ist also im Horizont von Genesis 1 zu lesen. Das aber bedeutet nicht, daß nicht in Genesis 2-3 ältere Überlieferungen integriert wurden, die, so wird sich zeigen, auch die Priesterschrift kannte – was die Differenz zu Julius Wellhausen wieder reduziert. Und mit einem solchen Traditionsstück möchte ich einsetzen und damit komme ich zur Eva.

7   Zur Orientierung über die Literaturgeschichte des Pentateuch siehe Verf., Artikel Pentateuch, in: Religion in Geschichte und Gegenwart[4] VI, Tübingen 2003, 317-330 mit weiterer Literatur.

8   Siehe dazu Verf., Die Paradieserzählung Genesis 2-3: Eine nachpriesterschriftliche Lehrerzählung in ihrem religionshistorischen Kontext, in: ders. u.a. (Hg.), „Jedes Ding hat seine Zeit …" Studien zur israelitischen und altorientalischen Weisheit, Festschrift D. Michel, Beihefte zur Zeitschrift für die Alttestamentliche Wissenschaft 241, Berlin/New York: de Gruyter 1996, 167-192 sowie erneut M. Arneth, „Durch Adams Fall ist ganz verderbt …" Studien zur Entstehung der alttestamentlichen Urgeschichte, FRLANT 217, Göttingen 2007, 97-147.

In die Paradieserzählung Genesis 2,4-3,24 ist eine ursprünglich selbständige Erzählung der Menschenschöpfung in Genesis 2,7.18-24 eingebunden[9]:

„(V.7) JHWH Elohim formte den Menschen aus Staub und Erde und blies in seine Nase Lebensatem. So wurde der Mensch ein lebendiges Wesen. (V.18) Und JHWH Elohim sprach: es ist nicht gut, daß der Mensch allein ist. Ich werde ihm eine Hilfe schaffen, die ihm entspricht. (V.19) Und JHWH Elohim formte aus dem Erdboden alle Tiere des Feldes und alle Vögel des Himmels und brachte sie zum Menschen, um zu sehen, wie er sie benenne. Ganz so, wie der Mensch sie, das Tier, nennt, so soll sein Name sein. (V.20) Der Mensch nannte Namen für alles Großvieh, die Vögel des Himmels und alle Tiere des Feldes. Aber der Mensch fand keine Hilfe, die ihm entsprach. (V.21) Da ließ JHWH Elohim einen Tiefschlaf auf den Menschen fallen, bis er einschlief. Und er entnahm eine seiner Rippen und schloß die Stelle mit Fleisch. (V.22) Und JHWH Elohim formte aus der Rippe, die er vom Mann entnommen hatte, die Frau und brachte sie zum Menschen. (V.23) Und der Mann sprach: ,Dieses endlich ist Gebein von meinem Gebein, Fleisch von meinem Fleisch – diese soll man Männin nennen, denn vom Mann wurde sie genommen.' (V.24) Darum verläßt ein Mann seinen Vater und seine Mutter und hängt an seiner Frau, und sie werden ein Fleisch"

Diese Erzählung arbeitet am Gegensatz von Herrschaft und Gemeinschaft. Die Benennung der Tiere ist ein Herrschaftsakt, der keine wahre, dem Menschen entsprechende Gemeinschaft zuläßt. Erst im Miteinander von Mann und Frau wird eine Gemeinschaft realisiert, die nicht durch Herrschaft verstellt ist. Die Erzählung der Schöpfung der Frau aus den Gebeinen des Mannes zielt auf die Wesensidentität, die durch die Benennung der Frau als „Männin" unterstrichen wird. Dem Motiv der Formung der Frau aus der Rippe des Mannes liegt das auf sumerische Liebeslyrik zurückgehende Motiv der geliebten als Statuette und Kunstwerk zugrunde, so daß es nicht auf die Intention der Unterordnung der Frau unter den Mann zu deuten ist[10]. Die Reaktion des Mannes auf die Frau unterscheidet sich grundlegend von der auf die Tiere. An die Stelle der Herrschaftsübernahme in der Namengebung tritt die freudige Begrüßung der Frau als seiner Gleichen. Das Wortspiel in der Benennung „Mann-Männin" setzt den Herrschaftsanspruch im Namensgebungsmotiv außer Kraft. Die patrilokale Strukturierung der israelitischen Ehe und die daraus folgende Herrschaft des Mannes wird in Genesis 2,24 aufgehoben. Der Mann verläßt seine Familie, um eins zu werden mit der Frau. Bei der Exogamieregel, die die Ungleichheit der Geschlechter begründet, setzt der Erzähler an. Die Verhältnisse werden aber nicht einfach auf den Kopf gestellt, in dem eine umgekehrte Herrschaftsform aufgerichtet wird, sondern die patrilokale Struktur wird aufgegeben, um die Gleichheit der Geschlechter zu proklamieren. Genesis 2,24 zielt darauf,

9   Siehe Verf., Theologische Ethik des Alten Testaments, Theologische Wissenschaft 3/2, Stuttgart: Kohlhammer 1994, 61-64 mit weiterer Literatur.
10 Siehe dazu C. Uehlinger, Eva als „lebendiges Kunstwerk", Biblische Notizen 43, 1988, 90-99.

daß Mann und Frau ein Fleisch werden. So wird Genesis 2,7.18-24 zu einem Protest gegen alle Störungen der Gemeinschaft von Mann und Frau durch Herrschaft. Die Priesterschrift hat in ihrer Formulierung der schöpfungsgemäßen Gleichwertigkeit von Mann und Frau als Ebenbild Gottes in Genesis 1,27 diese Erzählung in Genesis 2,7.18-24 vorausgesetzt, die in die postpriesterschriftliche Erzählung in Genesis 2-3 integriert wurde, da der postpriesterschriftliche Autor auch die Quellen seiner priesterschriftlichen Quelle verwendet hat.

Die Einbindung der so positiven Menschenschöpfungserzählung in Genesis 2,7.18-24 in die postpriesterschriftliche Sündenfallerzählung will ihre Vision mit der Realität vermitteln. Diesem Erzähler war auch eine Überlieferung vom Fall des Urmenschen in Ez 28,13-18 vorgegeben, die von seiner Vertreibung aus dem Paradiesgarten aufgrund der Übertretung eines von Gott gesetzten Verbotes erzählt. Unter Verwendung der ebenfalls vorgegebenen Flüche in Genesis 3,14-19, die in Konkurrenz zum Vertreibungsmotiv als Strafmotiv angefügt werden, gestaltet der Erzähler eine „Erzählung von Schuld und Strafe", die ätiologische Erklärung zentraler Lebensminderung des Menschen sein will. Wurde in Genesis 2,18-24 in der Herrschaftsfreiheit das Wesen erfüllter Gemeinschaft zwischen Mann und Frau gesehen, so wird nun das Verlangen der Frau nach dem Manne, das mit Herrschaft des Mannes über die Frau beantwortet wird, zu einem Wesensmerkmal ihrer Beziehung und in geminderter nachparadiesischer Lebensweise das Herrschaftsverhältnis im Miteinander von Mann und Frau als Lebensminderung festgeschrieben. Die Flüche in Genesis 3,14-19 sind Kontrapunkt zu Genesis 2,18-24 geworden. Nicht in einer übermächtigen Schuld der Götter wurzeln die Lebensminderungen, sondern in der Schuld des Menschen. Der Erzähler der Paradieserzählung in Genesis 2-3 hat das Motiv des Baumes der Erkenntnis des Guten und Bösen, d.h. des dem Leben Förderlichen und Abträglichen, mit dem des Lebensbaumes verbunden. In einer ungestörten Gemeinschaft zwischen Gott und Mensch bedarf der Mensch nicht dieses Wissens, das ihn als Herrscher von seiner Umwelt und im Willen zur Gottgleichheit von Gott entfernt. Wenn der Erzähler JHWH Elohim im Garten mit den Menschen wandeln läßt, so schlägt sich darin nicht ein archaischer Anthroponorphismus eines noch nicht um die Differenz von Gott und Welt wissenden Erzählers nieder, sondern hier wird die unmittelbare Nähe Gottes zum Menschen zum Spiegel der im Vertreibungsmotiv als schmerzlich verstandenen Distanz zwischen Gott und Mensch. Für den Erzähler ist es die Schuld des Menschen, der es sich an der Nähe Gottes nicht genug sein lassen wollte. Wenn das Böse nicht, wie im mythischen Denken, eine Repräsentanz in der Götterwelt hat, so muß es seinen Grund in der geschöpflichen Welt haben.

Doch wir kommen von Genesis 1 her, der guten Schöpfung der Welt, und so stellt sich nun um so drängender die Frage, wie es sein kann, daß die gut geschaffene Welt und in ihr der gut geschaffene Mensch Ursprung des Bösen in der Welt sein solle? Der Autor der Paradieserzählung in Genesis 2-3 beantwortet diese Frage, doch hält er auch daran fest, daß Gottes Schöpfungsintention eine andere war. Dafür steht das vom Autor integrierte Fragment der idealen Menschenschöpfung in Genesis 2. Alle dualistische Spekulation auf den Ursprung des Bösen ist also zurückgewiesen. Mit Nachdruck hält auch dieser Autor an der positiven Schöpfungsintention Gottes fest, doch muß er sich fragen lassen, ob Gott nicht der Allmächtige ist, um sie auch in dieser Welt durchzusetzen? Der postpriesterschriftliche Autor, auf den der vorliegende Pentateuch zurückgeht, hat das Problem gesehen und im Rahmen der zeitgenössischen Diskussion dieser Frage in der späten Weisheit eine sehr eigenständige und theologisch provokative Antwort gefunden[11].

Um die Position des Autors der Paradieserzählung in Genesis 2-3 verstehen zu können, müssen wir zunächst weiter ausholen und uns die Frage nach den Grundstrukturen dessen stellen, was im Alten Orient und in der Hebräischen Bibel unter „Wirklichkeit" verstanden wurde. In der mythisch interpretierten Wirklichkeit sind die zwei Ebenen einer mythischen Urzeit und die der empirischen Gegenwartserfahrung zu unterscheiden. Die mythische Realität liegt hinter der empirischen, durch die Sinneswahrnehmung vermittelten Erfahrung und ist nicht von dieser als transzendent sondern wirkt in die Empirie hinein. Wird der altorientalische Mensch gefragt, welche dieser beiden Ebenen die realitätshaltigere ist, so wir der immer auf den Mythos weisen, so daß sich die Empirie der Religion anzupassen habe und nicht wie für den modernen Menschen die Religion der Erfahrung. Die Hebräische Bibel hat an dieser Dialektik Anteil, arbeitet aber mit der monolatrischen und dann monotheistischen Überwindung des Mythos konsequenter als die altorientalischen Religionen an der Vermittlung von Religion und historisch begriffener Erfahrung, wie nicht zuletzt an den Schöpfungsüberlieferungen deutlich wird[12]. Ist für Psalm 93 der Erfahrung scheiternden Lebens als Ausschluß des Tosens der mythischen Chaoswasser des Ungeschaffenen auf metaempirischer Ebene die Macht dadurch genommen, daß der Königsgott JHWH stärker ist als das Toben der Chaoswasser[13], versucht Psalm 104 die Chaos transzendierende Schöpfermacht JHWHs in der Harmonie der Natur aufzuspüren und Psalm 8 in der Natur transzendierenden Herrschaftsmacht des gottähnlichen Menschen. Die Kontingenzerfahrungen des Lebens finden darin aber keine Antwort, so daß die Gottesreden des Hiobbuches wieder an der Sichtweise, die dem Psalm 93 zugrunde liegt und die triumphale Überwindung und Herrschaft Gottes über das böse aufruft, die sich, wie der

---

11 Siehe dazu Verf., Woher weiß der Mensch um Gut und Böse? Philosophische Annäherungen der ägyptischen und biblischen Weisheit an ein Grundproblem der Ethik, in: S. Beyerle u.a. (Hg.), Recht und Ethos im Alten Testament, Gestalt und Wirkung. Festschrift für H. Seebaß, Neukirchen-Vluyn 1999, 207-231.
12 Siehe Verf., Schöpfung als Kategorie der Vermittlung von Gott und Welt in Biblischer Theologie, in: H.-G. Geyer u.a. (Hg.), „Wenn nicht jetzt, wann dann?". Festschrift für Hans-Joachim Kraus, Neukirchen-Vluyn 1984, 53-67.
13 Siehe dazu Verf., Mythos und Geschichte, Biblische Notizen 42, 1988, 93-102.

märchenhafte Schluß der Rahmenerzählung als Anspruch festhält, in der Erfahrung durchsetzen soll, aber keineswegs immer tut. Schon die späten Ergänzungen des Hiobbuches in Hiob 28 und Hiob 32-37 ziehen daraus unterschiedliche Schlußfolgerungen. Kehren die Reden des Elihu in Hiob 32-37 zur Ideologie des Tat-Ergehens-zusammenhanges zurück, die den Menschen zum Schmied seines eigenen Glücks erklärt, um so einem ethischen Libertinismus zu wehren, verweist Hiob 28 die menschliche Erkenntnisfähigkeit der Weisheit Gottes in die Schranken. Die metaempirische Ebene sei in ihrer göttlichen Logik dem Menschen unerkennbar. Das Buch Qohelet knüpft daran an und spricht dem Menschen zwar ein Wissen um das Daß einer göttlichen Ordnung zu, die uns aber bezogen auf das menschliche Einzelschicksal undurchschaubar sei:

„Ich betrachte das Werk Gottes in der Gesamtheit: Fürwahr, der Mensch kennt nicht das Werk, das unter der Sonne geschieht, weil auch dann, wenn der Mensch sich müht, es zu erkennen, er es dennoch nicht erkennt. Auch wenn der Weise behauptet, es zu erkennen, so erkennt er es dennoch nicht." (Qohelet 8,17)

Daraus resultiert für das Predigerbuch, daß es auch keine sich direkt aus dem Gotteswillen ableitenden Kriterien der Unterscheidung von Gut und Böse geben kann, sondern diese Unterscheidung sich pragmatisch aus der Angewiesenheit des Menschen auf andere Menschen ergeben muß[14].

Hiob 28 ist, und daran knüpft das Buch Ben Sira an, in der Leserichtung des Hiobbuches auch so zu deuten, daß dem Menschen zwar die Einsicht in die metaempirische Weisheit Gottes verwehrt ist, aber durch die Offenbarung Gottes ihm wie in den Gottesreden in Hiob 38-41 diese Einsicht zukommen kann.

Die Paradieserzählung greift ein in diesen Diskurs um die Frage über das Vermögen des Menschen zur Erkenntnis von Gut und Böse, den Quellen dieser Erkenntnis und den daraus resultierenden Möglichkeiten sein Leben dem Willen Gottes entsprechend erfolgreich einzurichten. Auf der einen Seite wird im Qohelet-Buch dem Menschen diese Erkenntnis abgesprochen, da ihm die Ordnung, die Gott dieser Welt gegeben hat, verborgen ist:

„Allerdings – für alles Tun gibt es Zeitpunkt und Ordnung – und das Böse des Menschen lastet schwer auf ihm. Denn er weiß nicht, was sein wird; fürwahr – was sein wird – wer könnte ihm das kundtun" (Qohelet 8,6-7).

Die schöpfungstheologisch begründete Gegenposition wird auf Qohelet reagierend im Sirachbuch vertreten:

---

14 Siehe Verf., Theologische Ethik (ThW 3/2), 160-174 mit weiterer Literatur.

„Er (sc. Gott) bildete ihnen Mund und Zunge, Augen und Ohren, und ein Herz zum Denken gab er ihnen, mit kluger Einsicht erfüllte er sie und lehrte sie Gutes und Böses zu erkennen" (Sirach 17,6-7).

Die Fortsetzung in Sirach 17,12 zeigt, daß der schöpfungstheologisch begründete Optimismus des Siraciden offenbarungstheologisch begründet ist:

„Einen ewigen Bund hat er (sc. Gott) mit ihnen geschlossen und ihnen seine Gebote mitgeteilt".

In dem durch Qohelet 8,6-7 einerseits, Sirach 17,6-7 andererseits paradigmatisch dokumentierten Diskurs der spätnachexilischen Zeit über Vermögen des Menschen und Quellen der Erkenntnis von Gut und Böse nimmt Genesis 2-3 eine eigenständige Position ein. Wird auf der einen Seite die Fähigkeit des Menschen zur Erkenntnis des vor Gott Guten und Bösen schöpfungstheologisch begründet und diese Position offenbarungstheologisch abgesichert, auf der anderen Seite dem Menschen eine derartige Fähigkeit zur Erkenntnis des Guten und Bösen abgesprochen, so führt Genesis 2-3 das Wissen um Gut und Böse auf die Rebellion des Menschen gegen das Gebot Gottes zurück. Trotz des göttlichen Verbots ißt der Mensch vom Baum der Erkenntnis des Guten und Bösen. Wird im Hiobbuch dem Menschen die Fähigkeit zum moralischen Urteil unabhängig von einer Gottesoffenbarung zuerkannte (Hi 31), nicht aber das Wissen um die prinzipielle Überwindung und Beherrschung des Bösen durch Gott (Hi 38-41), so hat in Genesis 2 der Mensch die mit der Schöpfung begründete Fähigkeit des Verstandes zu pragmatischer Ordnung seiner Lebenswelt erhalten, wie die Benennung der Tiere, die Nähe zu weisheitlicher Listenwissenschaft hat, sowie die Benennung der Frau zeigen. Das moralische Urteil über Gut und Böse dagegen soll nach Gottes Schöpfungsintention allein Gott vorbehalten bleiben. Diese Lösung hat ihren Anknüpfungspunkt in Hi 15,17 mit dem Gedanken, der Mensch habe im Rat Gottes lauschend die Weisheit an sich gerissen. Im Gegensatz aber zur traditionsgeschichtlichen Vorgabe, die am Strafaspekt orientiert ist, ist Genesis 2-3 ein Traktat über die Freiheit Gottes und der Menschen. Gott räumt dem Menschen die Freiheit der Entscheidung ein, dem Verbot, vom Baum der Erkenntnis zu essen, zu folgen oder es, wohl wissend um die Folgen zu übertreten. Das setzt voraus, daß Gott sich in seiner Allmacht zurücknimmt, wenn dem Menschen Freiheit zugemessen wird. Freiheit aber ist nur dort gegeben, wo der Mensch auch an der Freiheit scheitern kann – und er scheitert. Erst das Scheitern, so ist noch zuzuspitzen, konstituiert in vollgültigem Sinn den Vollzug der Freiheit und läßt das urzeitlich geschilderte Geschehen zur Auslegung der *conditio humana* werden. In Genesis 2-3 wird also nicht wie im Hiobbuch die Dialektik von leidvoller Empirie und Metawirklichkeit Gottes, in der das Böse überwunden und beherrscht ist, aufgerufen, sondern in der Empirie selbst in der von Gott gewährten Freiheit der Grund für Reduktionen des Lebens gemessen an Gottes Schöpfungsintention gesucht. Damit verbunden wird der Triumphalismus Gottes auf der Metaebene überwunden. Aus dem Scheitern am Gottesgebot leitet Genesis 3 das Wissen des Menschen um Gut und Böse ab. Die Freiheit, die dem Menschen zugestanden ist, und die er im Übertreten des Gottesgebotes ergreift, muß er, am Gotteswillen scheiternd, mit der Reduktion paradiesischen Lebens, das Gottes Schöpfungsintention war, bezahlen. Die schöpfungsgemäße Einbindung in die äußere Natur geht verloren, Tiere werden zu Feinden und die Synthese des Menschen mit der Arbeit zur Mühsal, die Geburt zum Schmerz und das herrschaftsfreie Miteinander der Geschlechter durch Herrschaft entstellt. Der Mensch mußte die Freiheit ergreifen – aber er muß mit Glückseligkeit zahlen: sein *pretium libertatis*. Damit wird die Frage der Vermittlung von gutem Handeln und gelingendem Leben, von Ethos und Glückseligkeit, die die Weisheitstradition von ihren Anfängen im 3. Jt. v. Chr. an begleitet hat, auf eine ganz neue Ebene gehoben. Nicht mit der Wahl zwischen Gut und Böse entscheidet der Mensch über das Gelingen oder Scheitern seines Lebens, wie noch wieder die Elihu-Reden des Hiobbuches behaupten, sondern die Tatsache, daß er die Wahl hat, fordert den Preis der Reduktion von Leben. Es sei hier daran erinnert, daß in der Philosophie des deutschen Idealismus dieser Aspekt der Aufklärung in der Paradieserzählung wieder entdeckt wurde, ausgehend von dem kantischen Gedanken, daß der Mensch seinen Willen erfassen muß als Voraussetzung des „guten Willens":

> „Das moralische Gesetz ging, wie es auch beim Menschen, als einem nicht reinen, sondern von Neigungen versuchten, Wesen sein muß, als *Verbot* voraus (1. Mose II 16.17). Anstatt nun diesem Gesetz, als hinreichender Triebfeder (die allein unbedingt gut ist, wobei auch weiter kein Bedenken stattfindet), gerade zu folgen, sah sich der Mensch doch noch nach andern Triebfedern um (III,6), die nur bedingterweise (nämlich, so fern dem Gesetze dadurch nicht Eintrag geschieht) gut sein können, und machte es sich, wenn man die Handlung als mit Bewußtsein aus Freiheit entspringen denkt, zur Maxime, dem Gesetz der Pflicht nicht aus Pflicht, sondern auch allenfalls aus Rücksicht auf andere Absichten zu folgen"[15].

Aber auch als der zur eigenen Entscheidung frei gewordene Mensch bleibt er auf Gott gewiesen: Der urzeitlich am Willen Gottes Gescheiterte und bis heute immer wieder an ihm Scheiternde bleibt als der Sündige auf Gott angewiesen und wird in der Perspektive der Pentateuchredaktion in der Sühne-Institution in Lev 16 von ihm angenommen. Und noch ein letzter Gedanke sei in der Perspektive Biblischer Theologie angeschlossen: Gott räumt dem Menschen die Freiheit ein, sich auch gegen den Gotteswillen zu entscheiden und also an ihm zu scheitern. Gott verzichtet damit auf seine triumphale Macht als Allmacht, die noch in der Theologie der Gottesreden des Hiobbuches so

---

15 Siehe I. Kant, Die Religion innerhalb der Grenzen der bloßen Vernunft, in: Werke (hg. von W. Weischedel) VII, Darmstadt 1981, 691-692.

nachdrücklich aufgerufen wurde. Für die erworbene Freiheit zahlt der Mensch. Doch auch Gott zahlt einen hohen Preis für diesen Selbstverzicht – bis zum Opfer seiner selbst in seinem Sohn, den Menschen von seiner Sündenverfallenheit zu befreien[16].

---

16 Siehe dazu Verf., „IMPLETA EST HAEC SCRIPTURA". Erwägungen zum Problem einer chri-
  stologischen Interpretation des Alten Testaments im Anschluß an Traugott Kochs Christologie-
  Kritik, in: K.-M. Kodalle (Hg.), Die Gegenwart des Absoluten. Philosophisch-theologische Diskurse zur Christologie, Gütersloh 1984, 156-162.

Jeremia und die Tora

Ein nachexilischer Diskurs

von Eckart Otto

I. Der literaturhistorische Kontext

Die Literaturgeschichte der Hebräischen Bibel ist, so sahen wir[1], durch einen Mose-diskurs der Priester einerseits und prophetische Schuldiskurse der Tradentenprophetie[2] andererseits, die sich im corpus propheticum der „Hinteren Propheten" niedergeschlagen haben, strukturiert.

Nebeneinander, aber nicht unabhängig voneinander existierten schulmäßig funktio-nierende Diskurse der Fortschreibung als Auslegung autoritativer Worte, die dem je-weiligen Diskursgründer zugeschrieben wurden. Während für die priesterliche Schrift-gelehrsamkeit Mose als Diskursgründer galt, dem auch in nachexilischer Zeit die fort-schreibenden Auslegungen seiner Worte aus vorexilischer und exilischer Zeit in Deute-ronomium und Priesterschrift in den Mund gelegt und damit autorisiert wurden[3], schrieben Kreise der Tradentenprophetie Worte der prophetischen Diskursgründer eines Jesaja, Jeremia oder Ezechiel fort, legten sie diesen Diskursgründern in den Mund und legitimierten die Fortschreibungen durch die prophetische Autorität in Kon-kurrenz zu Moses Funktion, Offenbarungsmittler göttlicher Worte zu sein. Sowohl der Pentateuch wie das nachexilische corpus propheticum zeigen, daß dies nicht reine Bin-nendiskurse in den jeweiligen Schulen waren, sondern durchaus die priesterlichen und prophetischen Kreise sich kontrovers miteinander auseinandersetzten, eine Auseinan-dersetzung, die schon vorexilische Wurzeln hatte[4]. So warfen prophetische Kreise den

---

1   Siehe die Einleitung zu diesem Band.
2   Zum Begriff der Tradentenprophetie siehe O. H. Steck, Bereitete Heimkehr. Jesaja 35 als redak-tionelle Brücke zwischen dem Ersten und dem Zweiten Jesaja, SBS 121, Stuttgart 1985, 81-99; ders., Studien zu Tritojesaja, BZAW 203, Berlin/New York 1991, V-VI. 26f. 270-277.
3   Zum Mose-Diskurs siehe H. Najman, Seconding Sinai. The Development of Mosaic Discourse in Second Temple Judaism, VT.S 77, Leiden/Boston 2003, 1-40; siehe dazu E. Otto, Neue Literatur zur biblischen Rechtsgeschichte, ZAR 12, 2006, (72-106) 103-106.
4   Z. Zevit, The Prophet versus Priest Antagonism Hypothesis. Its History and Origin, in: L. L. Grabbe/A. O. Bellis (Hg.), The Priests in the Prophets. The Portrayal of Priests, Prophets and Other Religious Specialists in the Latter Prophets, JSOT.S 408, London 2004, 189-217, falsifi-ziert überzeugend J. Wellhausens Interpretation der Spannungen von Priestern und Propheten als Ausdruck des Gegensatzes von sittlicher Universalreligion und ritualistischer Gesetzesreligion;

Priestern Mangel an Wissen und falsche Lehre vor (Hos 4,6; Mi 3,11) sowie Förderung sozialer Ungerechtigkeit (Am 2,8). Die exilischen Autoren des dtr Deuteronomiums sahen in der Katastrophe von 587/86 v. Chr. auch das Ergebnis prophetischer Streitigkeiten, so daß sie im Verfassungsentwurf für das Neue Israel nach dem Exil ein Prophetengesetz (Dtn 18,9-22) einschoben, um die Prophetie an Moses Autorität und damit an die der Tora in Gestalt des Deuteronomiums zu binden. Nachexilisch haben sich die Diskussionen zwischen Priestern und prophetischen Kreisen noch verschärft, wobei sich die schriftgelehrten Mittel der Auseinandersetzung annäherten. Wieder wurde den Priestern Mangel an Wissen (Jes 56,9-12; Jer 2,8; 5,31) und Gerechtigkeit (Jes 58,3-5; Sach 5,1-4; Mal 3,5) vorgeworfen. Doch der Konflikt bewegte sich keineswegs nur auf der Oberfläche wechselseitiger Beschuldigungen, den jeweiligen Ansprüchen nicht gerecht zu werden (Mal 2,1-9). Die nachexilischen Priester antworteten damit, die mosaische Funktion der Offenbarungsmittlerschaft, der die Rede Gottes mit Mose „von Mund zu Mund" zugrunde liege, der priesterlichen Offenbarung durch verrätselte Träume und Visionen überzuordnen (Num 12,5-8) und den prophetischen Geist an Mose zu binden (Num 11,24-29)[5]. Gerade in dieser Erzählung wird deutlich, mit wie komplexen Mitteln die Auseinandersetzungen geführt wurden, nutzten die priesterlichen Autoren hier doch eine Erzählung prophetischen Ursprungs, die sie so umbogen, daß nun der prophetische Geist vom mosaischen abgeleitet sein sollte und Mose die prophetische Erwartung, der prophetische Geist werde sich auf das ganze Volk ausgießen (Joel 3,1f.), in den Mund gelegt wurde. Die priesterlichen Autoren wendeten sich

siehe dazu E. Otto, Nähe und Distanz von nachexilischen Priestern und Propheten in der Hebräischen Bibel, ZAR 13, 2007. Dennoch aber sind die schon vorexilischen Gegensätze keineswegs auf kultische Detailauseinandersetzungen zu reduzieren, wie J. Barton, The Prophets and the Cult, in: J. Day (Hg.), Temple and Worship in Biblical Israel, LHB/OTS 422, London 2005, 111-122, zu Recht unterstreicht. Es ist, wie in diesem Beitrag zu zeigen, die theologische Differenz zwischen priesterlicher und prophetischer Schriftgelehrsamkeit der nachexilischen Zeit bei methodisch gleichem Vorgehen der Textinterpretation eine sehr viel grundsätzlichere als in der bisherigen Diskussion angenommen; siehe dazu auch E. Otto, Der Pentateuch im Jeremiabuch. Überlegungen zur Pentateuchrezeption im Jeremiabuch anhand neuerer Jeremia-Literatur, ZAR 12, 2006, 245-306; ders., Scribal Scholarship in the Formation of Torah and Prophets. A Postexilic Scribal Debate Between Priestly Scholarship and Literary Prophecy. The Example of the Book of Jeremiah and Its Relation to the Pentateuch (erscheint 2007 bei Eisenbrauns in einem von G. Knoppers/B. M. Levinson herausgegebenen Sammelband der Beiträge zur Pentateuchforschung des SBL-Kongresses in Edinburgh im Juni 2006).

5   Siehe dazu R. Achenbach, Die Vollendung der Tora. Studien zur Redaktionsgeschichte des Numeribuches im Kontext von Hexateuch und Pentateuch, BZAR 3, Wiesbaden 2003, 237-266. 290-301; anders C. Nihan, Saul among the Prophets (1 Sam 10: 10-12 and 19: 18-24). The Reworking of Saul's Figure in the Context of the Debate on 'Charismatic Prophecy' in the Persian Era, in: C. S. Ehrlich/M. C. White (Hg.), Saul in Story and Tradition, FAT 47, Tübingen 2006, (88-118) 96-101. Siehe dazu E. Otto, Tora und Charisma. Legitimation und Delegitimation des Königtums in 1 Samuel 8 – 2 Samuel 1 im Spiegel neuerer Literatur, ZAR 12, 2006, (225-244) 225-227.

hier gegen eine Position, die auch im nachexilischen Jesajabuch vertreten wurde. So sollte das gesamte Volk zu Priestern und die Unterscheidung zwischen Priestern und Laien aufgehoben werden (Jes 61,6)[6]. Die priesterlichen Autoren reagierten darauf und legten Gott die Verheißung in den Mund (Ex 19,6), das Volk solle ein priesterliches Königreich werden, um im Fortgang der Sinaiperikope vorgreifend mit dem Versagen des Volkes in der Episode vom goldenen Kalb (Ex 32) zu begründen, daß es der Aaroniden am Altar des Heiligtums bedürfe, um die Gottespräsenz inmitten des unreinen Volkes zu ermöglichen (Lev 8-9). Entsprechend wurde im Heiligkeitsgesetz (Lev 17-26) der Heiligkeitsbegriff differenziert. Doch der Kern der Auseinandersetzung zwischen den priesterlichen Autoren des Pentateuch und der nachexilischen Tradentenprophetie gerade der Jeremia-Schule, die die schärfste Kritik an der priesterlichen Position verantwortete, ging noch erheblich tiefer und berührte fundamentaltheologische Fragen nach der Präsenz der Gottesoffenbarung und nach der Bedingung der Möglichkeiten eines erneuten Eingreifens Gottes in der Zukunft. Schlüssel zum Verständnis der Position der nachexilischen Priester im Pentateuch ist sein postdtr Abschluß in Dtn 31-34[7]. Die Erzählung des Pentateuch steht im Dienste einer komplexen Rechtshermeneutik, die begründet, daß mit Moses Tod die Zeit der Toraoffenbarung endgültig abgeschlossen sei[8]. Einen Zugang zum Willen Gottes gebe es von nun an nur durch die Auslegung der Tora, für die Mose selbst mit der Moabtora als Auslegung der Sinaitora (Dtn 1,5) zum Vorbild geworden ist[9]. Das mosaische Amt des prophetischen Offenbarungsmittlers, mit dem Gott von Angesicht zu Angesicht gesprochen habe, ist mit seinem Tod aufgehoben: Niemals mehr werde ein Prophet wie Mose auftreten, den Gott

---

6   Siehe dazu L.-S. Tiemeyer, Priestly Rites and Prophetic Rage. Post-Exilic Propetic Critique of the Priesthood, FAT II/19, Tübingen 2006, 274-286; siehe dazu E. Otto, Priester und Propheten (ZAR 13).

7   Siehe dazu E. Otto, Das Deuteronomium zwischen Pentateuch und Hexateuch. Studien zur Literaturgeschichte von Pentateuch und Hexateuch im Lichte des Deuteronomiumrahmens, FAT 30, Tübingen 2000, 175-233.

8   Siehe dazu E. Otto, Die Rechtshermeneutik im Pentateuch und in der Tempelrolle (in diesem Band); ders., Das postdeuteronomistische Deuteronomium als integrierender Schlußstein der Tora, in: M. Witte/K. Schmid/D. Prechel/J. Chr. Gertz (Hg.), Die deuteronomistischen Geschichtswerke. Redaktions- und religionsgeschichtliche Perspektiven zur „Deuteronomismus"-Diskussion in Tora und Vorderen Propheten, BZAW 365, Berlin/New York 2006, 71-102. Siehe dazu sowie zum folgenden auch ders., Das Gesetz des Mose. Literatur- und Rechtsgeschichte der Mosebücher, Darmstadt 2007.

9   Siehe dazu E. Otto, Mose, der erste Schriftgelehrte. Deuteronomium 1,5 in der Fabel des Pentateuch, in: D. Böhler/I. Himbaza/P. Hugo (Hg.), L'Ecrit et l'Esprit. Etudes d'histoire du texte et de théologie biblique. FS A. Schenker, OBO 214, Fribourg/Göttingen 2005, 273-284; ders., Das Ende der Toraoffenbarung. Die Funktion der Kolophone Lev 26,46 und 27,34 sowie Num 36,13 in der Rechtshermeneutik des Pentateuch, in: M. Beck/U. Schorn (Hg.), Auf dem Wege zur Endgestalt von Genesis bis II Regum. FS H. Chr. Schmitt, BZAW 370, Berlin/New York 2006, 191-201.

Auge in Auge berufen habe (Dtn 34,10-12). Gegen diese Abwertung der Prophetie durch die Autoren des nachexilischen Pentateuch wenden sich vor allem die schriftgelehrten Autoren des nachexilischen Jeremiabuches und ziehen im 5./4. Jahrhundert v. Chr. eine Reihe von Pfeilertexten der nachexilischen Redaktion in das Jeremiabuch ein, die die Auseinandersetzung mit der priesterlichen Rechtshermeneutik des Pentateuch führen.

Wir werden uns zunächst der literarischen Eröffnung des nachexilischen Jeremiabuches[10] in der Berufungserzählung in Jer 1,4-19 zuwenden. Ein zweiter Pfeiler des Selbstverständnisses des Jeremiabuches ist das Kapitel Jer 36,1-32, das Auskunft über die Verschriftungstheorie der Autoren dieses Buches gibt, die auf die Verschriftungstheorie der priesterlichen Tora reagieren. Jer 36,1-32 ist eng bezogen auf Jer 26,1-24, so daß wir uns in einem nächsten Schritt diesem Kapitel und mit einem Seitenblick auf das mit Jer 26 verbundene Kapitel Jer 7,1-8,3 zuwenden und schließlich den aufeinander bezogenen Bundestexten Jer 11,1-17 und Jer 31,31-34. Es wird sich zeigen, daß die theologischen Intentionen dieser Pfeilertexte im Jeremiabuch durch den Blick auf ihre kritische Rezeption von Pfeilertexten in der Fabel der priesterlichen Tora des Pentateuch[11] deutlicher werden.

II. Jeremia 1,4-19

Wie produktiv die Korrelierung von Jeremiabuch und Pentateuch ist, soll an der Berufungserzählung in Jer 1,4-19 aufgezeigt werden, da der literarische Horizont, in den ein Jeremiatext einzuordnen ist, Bedeutung auch in der Frage hat, welche Gestalt des Deu-

---

10 Die nachexilischen Perspektiven des Jeremiabuches sind in neuer Weise durch G. Fischer, Jeremia 1-25, HThK.AT, Freiburg/Br. 2005; ders., Jeremia 26-52, HThK.AT, Freiburg/Br. 2006, zur Geltung gebracht worden. Mit anderem Ansatz nicht synchroner, sondern konsequent diachronredaktionsgeschichtlicher Methodik zeigen auch K. Schmid, Buchgestalten des Jeremiabuches. Untersuchungen zur Redaktions- und Rezeptionsgeschichte von Jer 30-33 im Kontext des Buches, WMANT 72, Neukirchen-Vluyn 1996, und H.-J. Stipp, Jeremia, der Tempel und die Aristokratie. Die patrizische (schafanidische) Redaktion des Jeremiabuches, KlAANT 1, Waltrop 2000, den hohen nachexilischen Anteil des Buches auf. Siehe dazu jeweils im folgenden. Zu den Differenzen zwischen der LXX- und MT-Textgestalt siehe H.-J. Stipp, Das masoretische und alexandrinische Sondergut des Jeremiabuches. Textgeschichtlicher Rang, Eigenart, Triebkräfte, OBO 130, Fribourg/Göttingen 1994.

11 Impulse der Studie von Chr. Maier, Jeremia als Lehrer der Tora. Soziale Gebote des Deuteronomiums in Fortschreibungen des Jeremiabuches, FRLANT 196, Göttingen 2002, sind kritisch aufzunehmen und weiterzuentwickeln. Chr. Maier arbeitet mit einem unscharfen Begriff dessen, was als dtr im Jeremiabuch gelten soll, beschränkt sich weitgehend auf die Prosareden der Schicht C, fördert damit Zirkelschlüsse, hält alles im Deuteronomium für „dtn/dtr" und übersieht, daß das Deuteronomium als Teil der postdtr und postpriesterschriftlichen Tora einen hohen Anteil postdtr Fortschreibungen enthält.

teronomiums vorauszusetzen ist. Gegen neuere Hypothesen, Jer 1,10.18[12] ebenso wie Jer 1,7bβ.9-15[13] seien literarkritisch auszusondern, hat Georg Fischer erneut und durchschlagend die literarische Einheitlichkeit des Berufungsberichts verteidigt.[14] In Jer 1,4-19 ist durch wörtliche Aufnahme an das Prophetengesetz des Deuteronomiums in Dtn 18,9-22 angespielt worden. Jer 1,7b.9b rezipiert Dtn 18,18b:[15]

Dtn 18,18: *wᵉnātattî dᵉbāraj bᵉpîw wᵉdibbaer ᵃlêhaem 'et kol ᵃšaer ᵃṣawwaennû*
Jer 1,7b: *wᵉ 'et kol ᵃšaer ᵃṣawwᵉka tᵉdabber*
Jer 1,9b: *hinneh nātatti dᵉbāraj bᵉpîka*

Die Wendung „ich gebe meine Worte in seinen/deinen Mund" wird nur in Jer 1,9 und Dtn 18,18 mit dem Lexem *ntn* formuliert, während die Parallelstellen in Num 22,38; 23,5.12; Jes 51,16; 59,21 mit dem Verb *śjm* konstruieren.[16] Daneben setzt Jer 1,4-19 auch bereits das (Proto-)Jesajabuch sowie das Buch Micha voraus. Jer 1,7 mit der Motivabfolge von *šlḥ* und *hlk* sowie Jer 1,9a mit dem Motiv der göttlichen Berührung *ngʻ* nehmen Motive aus Jes 6 auf.[17] Jer 1,16 *wajᵉqaṭrû lᵉ'elohîm ᵃherîm wᵃjjištaḥᵃwû lᵉ-maᵃśê jᵉdêhaem* verbindet das Hulda-Orakel in 2 Kön 22,15[18] mit Jer 2,8 und Mi 5,12.[19]. Jer 1,4-19 ist also ein später Text, der intensiv mit späten Texten des Jeremia-

---

12 Siehe R. Brandscheidt, „Bestellt über Völker und Königreiche" (Jer 1,10). Form und Tradition in Jeremia 1, TThZ 104, 1995, (12-37) 17f. 24.

13 Siehe W. Thiel, Die deuteronomistische Redaktion von Jeremia 1-25, WMANT 41, Neukirchen-Vluyn 1973, 62-79.

14 Siehe G. Fischer, Jeremia 1-25, HThK.AT, 151-154, mit weiterer Literatur.

15 Die These umgekehrter Rezeptionsrichtung, die M. Köckert, Zum literaturgeschichtlichen Ort des Prophetengesetzes Dtn 18 zwischen dem Jeremiabuch und Dtn 13, in: R. G. Kratz/H. Spiekkermann (Hg.), Liebe und Gebot. Studien zum Deuteronomium, FRLANT 190, Göttingen 2000, (80-100), 87f. behaupten will, ist schon dadurch ausgeschlossen, daß die Textrezeptionen von Dtn 18,18 sich über den gesamten Text von Jer 1,14ff. erstrecken. Daß ein dtr Redaktor in Dtn 18,18 verschiedene Motive aus Jer 1,7b.9b zusammengefügt haben sollte, ist eine unwahrscheinliche Annahme im Vergleich zur gegenteiligen Hypothese, daß Dtn 18,18 der Spendertext für Jer 1,4ff. ist. Jer 1,9b ist, so verdeutlicht die Syntax, als Erfüllung von Dtn 18,18 verstanden worden. Siehe dazu auch im folgenden.

16 Siehe W. Thiel, Jeremia 1-25, WMANT 41, 67f.; siehe dazu im folgenden.

17 Siehe auch M. Köckert, Prophetengesetz, FRLANT 190, 87. Damit verbunden wird mit *šlḥ* und der Beistandsformel „ich bin mit dir" auch an den postpriesterschriftlichen Berufungsbericht des Mose in Ex 3,12 angeknüpft. Siehe zu Ex 3 E. Otto, Die nachpriesterschriftliche Pentateuchredaktion im Buch Exodus, in: M. Vervenne (Hg.), Studies in the Book of Exodus. Redaction-Reception-Interpretation, BEThL 126, Leuven 1996, (61-111) 101-111.

18 Zur literarisch späten Herkunft aus nachexilischer Zeit siehe Th. Römer, The So-Called Deuteronomistic History. A Sociological, Historical and Literary Introduction, London 2005, 51. 176; siehe auch ausführlich unten Anm. 76.

19 Zur späten nachexilischen Herkunft von Mi 5,12 siehe E. Otto, Micha/Michabuch, TRE XXII, Berlin/New York 1992, (695-704) 699; R. Kessler, Micha, HThK.AT, Freiburg/Br. 1999, 249.

buches verzahnt ist,[20] darüber hinaus auch mit dem postdtr Pentateuch und dem Prophetenkanon, was zeigt, daß Jer 1,4-19 in die nachexilische Zeit zu datieren ist. Das hat nun Auswirkungen auf die Beantwortung der Frage, wie die Rezeption von Dtn 18,18 in Jer 1,14-19 zu interpretieren ist. Winfried Thiel hat die s. E. dtr durch die Rezeption von Dtn 18,18 zum Ausdruck gebrachte Autorenintention so interpretiert, daß Mose der erste der Propheten Israels war, Jeremia aber der letzte. „Seine Verkündigung stellt für Israel die letzte Chance dar, dem angedrohten und seit Jahrhunderten fälligen Gericht durch eine echte Umkehr zu entgehen."[21] Diese Interpretation setzt voraus, daß in Jer 1,4-19 das dtr Prophetengesetz auf den Propheten Jeremia appliziert, Jeremia also als ein Prophet in der Nachfolge des Mose stilisiert worden sei. Dagegen hat Georg Fischer auch Dtn 34,10-12 als Horizont von Jer 1,4-19 in Anschlag gebracht:[22] Jer 1 beziehe sich auf die Verheißung des Prophetengesetzes in Dtn 18,18 und sehe diese Verheißung in Jeremia erfüllt. „Jer 1 behauptet damit über Dtn 34,1-12 hinausführend, daß Gott nun den angekündigten ‚Propheten wie Mose' sendet, eben in Jeremia". Damit ist dem literaturhistorisch späten Horizont von Jer 1,4-19 Rechnung getragen.

In diesem Horizont sind die Anspielungen auf die Berufung des Mose in Ex 3 zu interpretieren. Wird in Jer 1,4-19 die postdtr Erzählung der Berufung des Mose in Ex 3 vorausgesetzt, so werden die Diskurse zwischen den Berufungserzählungen Moses und Jeremias durch den literarischen Zusammenhang zwischen Ex 3,18ff. und Ex 4,1-17[23] noch deutlicher. Die priesterliche Pentateuchredaktion revidiert nicht nur in Dtn 34,10-12 das Prophetengesetz des dtr Deuteronomiums in Dtn 18,9-22, sondern auch in Ex 4,1-17, wobei Dtn 18,18 durch Ex 4,15f. korrigiert wird. Legt nach Dtn 18,18 JHWH dem Propheten die Worte in den Mund, so soll nach Ex 4,15f. der Prophet Mose seinem Bruder Aaron als Ahnherrn der Priester die Gottesworte in den Mund geben:

weḏibbartā 'elājw weśamtā 'aet haddᵉbarîm bepîw we'anokî 'aehᵉjaeh 'im pîkā we'im pîhû wehôrêtî 'aetkaem 'et ᵃašaer taᵃśûn

---

20 Siehe K. Schmid, Buchgestalten, WMANT 72, 219. Sieht K. Schmid (a.a.O., 218f.) Jer 1 für eine Buchgestalt von Jer 1-45* aus dem ausgehenden 6. Jahrhundert konzipiert, zeigt G. Fischer, Jeremia 1-25, HThK.AT, 133ff., überzeugender die Bezüge von Jer 1 auch zu Jer 52. Das setzt eine nachexilische Gestalt des Jeremiabuches als Horizont der Abfassung von Jer 1,4-19 voraus.

21 Siehe W. Thiel, Jeremia 1-25, WMANT 41, 71f.

22 Siehe G. Fischer, Jeremia 1-25, HThK.AT, 136.

23 Siehe dazu E. Otto, Pentateuchredaktion, BEThL 126, 103ff. Ex 4,1-17 ist fest mit dem postpriesterschriftlichen Plagenzyklus verzahnt. Das Fachwerk in Ex 4,1.5.8.9, in das die beiden Wundererzählungen in Ex 4,2-4.5-6 eingehängt sind, steht in einem Verweiszusammenhang mit Ex 4,31; 14,31; 19,9. Eine postpentateuchredaktionelle Spätdatierung von Ex 4,1-17 ist angesichts dieser engen Verzahnung, die auch für das Motiv des Mosestabes gilt (siehe im folgenden), ausgeschlossen, obwohl in Ex 19,7 (PentRed) Ex 4,15 aufgenommen, das Aaron-Motiv aber übergangen wird. Hier wird in erzählerisch gekonnter Weise dem Leser verdeutlicht, daß die in Ex 4,1-17 installierte Priesterautorität zur Vermittlung der mosaischen Tora über die erzählte Zeit in die Erzählzeit der Leser hinausweist.

Die sich aaronidisch gebende Priesterschaft beansprucht hier die Aufgabe der Vermittlung der mosaischen Offenbarung. Damit weist Ex 4,1-17 auf Dtn 34,10-12, das Ende der mosaischen Prophetie, voraus. Die Priester nehmen für sich die Vermittlung der Tora als Moseoffenbarung in Anspruch (Dtn 31,9-13), die nach dem Tod des Mose nur Auslegung der Tora sein kann, die Mose selbst am letzten Tage seines Lebens im Deuteronomium installiert habe (Dtn 1,5). Eine Fortsetzung der mosaischen Prophetie über Mose hinaus, die die dtr Prophetentheorie in Dtn 18,18 im Blick hatte, könne es also nicht geben, da die Vermittlung der mosaischen Prophetie von JHWH in priesterliche Hände gelegt worden sei. Dagegen knüpft, wie wir sahen, Jer 1,7.9 ausdrücklich an Dtn 18,18 an, während die Priester unter den Gegnern Jeremias zu finden sind[24]. Jeremia aber übertreffe Mose noch darin, daß er nicht einer aaronidischen Vermittlungsinstanz bedarf. Der Einwand des Mose in Ex 4,10-13, der zur Installierung der aaronidischen Vermittlung führe, und der Einwand des Jeremia in Jer 1,6f., der aber zu einer Bestätigung der Berufung führe, die an Ex 3,11 und Ex 4,10 anknüpfend die des Mose rezipiert, weisen darauf, daß in der Sicht der jeremianischen Autoren Jeremia Mose, der an seiner Eignung zweifelt, übertrifft[25]. Ex 4,1-17 geht aber nicht nur darin auf, das dtr Prophetengesetz in Dtn 18,9-22 zu korrigieren, sondern hat, wie die Formulierung von Ex 4,15 mit *w^{e}śamtā 'aet hadd^{e}barîm b^{e}pîw* zeigt, ihr Gegenüber in Jes 51,16 und Jes 59,21:

Jes 51,16: *wā'āśîm d^{e}bāraj b^{e}pîkā ub^{e}şel jādî kissîtika*

Es handelt sich in Jes 51,15f., so H.-J. Hermisson, um eine schriftgelehrte Ergänzung von Jes 51,12-14 als Teil einer Naherwartungsschicht, wobei Jes 51,16 an die Gottesknechtsthematik in Jes 49,2 und Jes 50,4 anknüpft[26]. Das Heilswort der Trostbotschaft ist in den Mund derjenigen gelegt, die sie verkünden, obwohl die Heilswende bislang

---

24 Die wörtliche Anknüpfung an Dtn 18,18 in Jer 1,9 ist Programm. Die Formulierung der Wortübergabeformel nicht mit *ntn*, sondern *śjm* in Ex 4,15 (PentRed) knüpft innerpentateuchisch korrigierend an Num 22,38 (HexRed) an; siehe R. Achenbach, Tora (BZAR 3), 406f. Doch das corpus propheticum ist das gewichtigere Gegenüber für Ex 4,15; siehe dazu im folgenden.

25 Dies ist ein Hinweis darauf, daß Ex 3-4 in der pentateuchredaktionellen Gestalt als Einheit vorausgesetzt wird und nicht umgekehrt, da eine Erniedrigung des Mose gegenüber Jeremia im Pentateuch unwahrscheinlich ist.

26 Siehe dazu H.-J. Hermisson, Einheit und Komplexität Deuterojesajas. Probleme der Redaktionsgeschichte von Jes 40-55, in: J. Vermeylen (Hg.), Le Livre d'Isaïe. Les oracles et leurs relectures, unité et complexité de l'ouvrage, BEThL 81, Leuven 1989, (286-312) 300. Dagegen will O. H. Steck, Gottesvolk und Gottesknecht in Jes 40-66, JBTh 7, 1992, (51-75) 70, in Jes 51,16 und Jes 59,21 eine Relecture der Ebed-Texte sehen, die die Ebed-Motivik auf den „buchimmanenten" Propheten Jesaja überträgt. Daran ist richtig, daß es sich bei diesen beiden Texten um zentrale Theoreme der Offenbarungstheorie des Jesajabuches handelt, mit denen sich Ex 4,15 auseinandersetzt; siehe dazu auch im folgenden.

ausgeblieben ist[27]. Hier wird eine prophetische Offenbarungstheorie in Anschlag gebracht, die beansprucht, daß JHWH seine Worte je aktuell in Situationen wie der der
Verzögerung der erwarteten Heilswende dem Propheten in den Mund legt, der selbst,
wie an Jes 51,12-15.16 ablesbar, zum Schriftgelehrten geworden ist, der sich also den
Prophetenmantel nur umgehängt hat[28]. Das wird nun durch die Rezeption von Jes
51,16 in Jes 59,21 verdeutlicht. Hier wird Bundesschluß, Geistbegabung und prophetisches Amt einer Prophetengruppe zugesprochen, die sich als die Redaktoren von Jes
56,9-59,21 erweist[29]. Indem Jes 59,21 als „Übergangsvers" (O. H. Steck) von Jes 56,9-
59,21 den Heilsabschnitt Jes 60-62* vorbereitet[30], nehmen die Autoren von Jes 56,9-
59,21 die Verheißungen von Jes 60-62 für sich in besonderer Weise in Anspruch[31]. Jes
59,21 ist ein Komposittext aus Jes 51,16 und Jes 44,3[32]. Jes 59,21 hat wiederum für die
Offenbarungstheorie des Jesajabuches eine Schlüsselfunktion[33]. Mit denjenigen, die
sich von der Sünde Jakobs abwenden, schließe JHWH einen Bund und spende ihnen
wie ihren Nachkommen Geist und prophetisches Wort:

Jes 59,21: *wa*[a]*nî zo't b*[e]*rîtî 'ôtam 'āmar JHWH rûḥî* [a]*šaer 'ālaêkā ud*[e]*bāraj* [a]*šaer
śamtî b*[e]*pîkā*

Diese Bundes- und Offenbarungstheorie forderte die Autoren des postpriesterschriftlichen Pentateuch heraus. Sie nahmen die Formulierungen aus Jes 51,16 *wā'āśîm d*[e]*bāraj b*[e]*pîkā* und Jes 59,21 *ud*[e]*bāraj* [a]*šaer śamtî b*[e]*pîkā* auf und übertrugen sie auf Mose
als Subjekt, der dem Priester Aaron das Gotteswort in den Mund legt:

Ex 4,15: *wedibbarta 'elājw weśamtā 'aet haddebarîm bepîw we'anokî 'aehjae 'îm pîkā.*

27 Siehe U. Berges, Das Buch Jesaja. Komposition und Endgestalt, HBS 16, Freiburg/Br. 1998, 390.
28 Siehe dazu O. H. Steck, Tritojesaja (BZAW 203), 18f.
29 Siehe U. Berges, Jesaja (HBS 16), 452.
30 Siehe O. H. Steck, Tritojesaja (BZAW 203), 31.
31 Siehe U. Berges, Jesaja (HBS 16), 390.
32 Siehe dazu W. A. M. Beuken, Servant and Herald of Good Tidings. Isaiah 61 as an Interpretation of Isaiah 40-55, in: J. Vermeylen (Hg.), Le Livre d'Isaïe. Les oracles et leurs relectures, unité et complexité de l'ouvrage, BEThL 81, Leuven 1989, (411-440) 416.
33 Die Bedeutung von Jes 59,21 als Abschluß des literarisch einheitlichen Abschnittes Jes 56,9-59,21 wird nicht nur durch die zahlreichen Rezeptionen aus dem Protojesajabuch (siehe dazu O. H. Steck, Der sich selbst aktualisierende „Jesaja" in Jes 56,9-59,21, in: W. Zwickel [Hg.], Biblische Welten. FS M. Metzger, OBO 123, Fribourg/Göttingen 1993, [215-230] 223f.) verdeutlicht, sondern auch durch die auf einer redaktionellen Ebene mit Jes 56,9-59,21 liegenden Einschreibungen in das Protojesajabuch u. a. in Jes 1,27f.; 4,2-6; 29,17-24; 33,14-16; siehe O. H. Steck, Tritojesaja (BZAW 203), 192, sowie U. Berges, Jesaja (HBS 16), 465.

So wenig JHWH nach priesterlichem Verständnis der Autoren des postdtr Pentateuch einen Bund mit einer spezifischen Prophetengruppe in der Gegenwart schließen könne, sondern in mosaischer Zeit am Sinai mit der ersten und im Land Moab mit der zweiten Generation nach dem Auszug und vor dem Einzug in das Verheißene Land ein für allemal geschlossen habe, so wenig lege JHWH sein Wort aktuell einer Prophetengruppe in den Mund, sondern habe es Mose als Erzpropheten offenbart, der es seinerseits dem Priester Aaron in den Mund lege, um es dem Volk kundzutun. Ex 4,1-19 dient also ebenso wie Dtn 34,10-12 der Korrektur der dtr Prophetentheorie in Dtn 18,9-22, doch weisen diese beiden Pfeilertexte der Pentateuchredaktion darüber hinaus auch die Offenbarungstheorie des nachexilischen Jesajabuches zurück, indem mit Jes 51,16 und Jes 59,21 zwei offenbarungstheoretische Pfeilertexte des Jesajabuches rezipiert und korrigiert werden. So übergeht Ex 4,15 auch die Formulierung in Dtn 18,18 mit *ntn dbr bpw* zugunsten der des Jesajabuches mit der Wurzel *śjm*[34]. Die sich den Aaron-Mantel umwerfende Priesterschaft nimmt für sich in Anspruch, daß nur ihre Vermittlung des mosaischen Wortes als Gotteswort legitime Autorität haben könne, da „JHWH mit ihrem Mund sein werde" wie mit dem des Mose. Das aber beinhaltet die Auslegung der mosaischen Tora, die von Mose selbst verschriftet und den Priestern zur Verlesung übergeben wurde (Dtn 31,9-13)[35]. Jer 1,1-14 knüpft dagegen in Jer 1,9 an Dtn 18,18 an: der Abrogation von Dtn 18,18 durch die postdtr Pentateuchredaktion in Ex 4,15f. und Dtn 34,10-12 wird die Wiedereinsetzung von Dtn 18,18 entgegengesetzt, indem Jeremia als Prophet in der Nachfolge des Mose, der diesen noch übertrifft, installiert wird.

Jer 1,6 rezipiert mit dem Einwand des Propheten auch die Moseberufung in Ex 4,10. Jeweils ist der Einwand des Berufenen als negierter Nominalsatz bzw. Verbalsatz mit vorangestelltem Prädikat und folgendem Personalpronomen der 1. Pers. Sing. formuliert, woran sich jeweils eine mit *kî* eingeleitete Begründung mit nachgestelltem Personalpronomen der 1. Pers. Sing. anschließt[36]. Jer 1,6 ist der rezipierende Text, der in der Formulierung des Einwandes Ex 4,10 mit dem Motiv der Jugend der Einwand Salomos in 1 Kön 3,7 verklammert wird:

---

34 Wenn W. H. Schmidt (Exodus 1-6, BK II/1, Neukirchen/Vluyn 1988, 197) daraus auf eine vordtr Abfassung von Ex 4,15 schließen will, so greift das entschieden zu kurz und wird der insgesamt postpriesterschriftlichen Abfassung von Ex 4,1-17 nicht gerecht; siehe gegen W. H. Schmidt J. Chr. Gertz, Tradition und Redaktion in der Exoduserzählung. Untersuchungen zur Endredaktion des Pentateuch, FRLANT 186, Göttingen 2000, 305-327.

35 Siehe dazu E. Otto, Deuteronomium (FAT 30), 184-187.196-200.210.249.253.

36 Siehe J. Chr. Gertz, Exoduserzählung (FRLANT 186), 318, der die These von W. H. Schmidt (Jeremias Berufung. Aspekte der Erzählung Jer 1,4-9 und offene Fragen der Auslegung, in: W. Zwickel [Hg.], Biblische Welten. FS M. Metzger, OBO 123, Fribourg/Göttingen 1993, [183-198] 185) zurückweist, daß Jer 1 auf die priesterschriftliche Moseberufung in Ex 7,1f. eingewirkt habe; siehe J. Chr. Gertz, a. a. O., 320 Anm. 399.

1 Kön 3,7: *wᵉ 'ānôkî na'ar qāton lo' 'eda'ṣe't wābo'*
Jer 1,6: *hinneh lo' jāda'tî dabber kî na'ar 'ānôkî*

Aus Ex 4,10 wird das Motiv der Unfähigkeit zu guter Rede und aus 1 Kön 3,7 der Einwand der Jugend übernommen. Wie in Jer 1,10 wird damit ein königliches Motiv auf den Propheten übertragen[37]. Und wieder übertrifft Jeremia den Mose. Während Mose sich trotz der göttlichen Beistandszusage nicht in der Lage sieht, dem Verkündigungsauftrag nachzukommen und so den Zorn Gottes provoziert, der Gott veranlaßt, Aaron als priesterlichen Vermittler zu installieren, nimmt Jeremia, nachdem JHWH seinen Einwand zurückgewiesen hat, den Herrschaftsauftrag (Jer 1,10) klaglos an. Daß die Autoren des Pentateuch Mose geringer als Jeremia in Jer 1 zeichnen wollten, ist unwahrscheinlich. Vielmehr will Jer 1,4-19 Ex 4,1-17 steigern und Jeremia als dem Propheten Mose, der der priesterlichen Vermittlung bedarf, überlegen darstellen. Dem dient auch die Verbindung von Ex 4,15 mit königlicher Motivik aus 1 Kön 3,7, die schon den literarisch sekundären Charakter von Jer 1,6 gegenüber Ex 4,15 ausreichend

---

37 Die Rezeptionen sind rein literarischer Gestalt und kein Hinweis auf „prophetisch beeinflußte weisheitliche Kreise" als Autoren von Jer 1, in denen ein „Berufungsschema" tradiert sein soll, wie H. C. Schmitt (Das sogenannte vorprophetische Berufungsschema. Zur „geistigen Heimat" des Berufungsformulars von Ex 3,9-12; Jdc 6,11-24 und 1 Sam 9,1-10,16, ZAW 104, 1992, [202-216] 214f.) vermutet hat. Auch J. Chr. Gertz (Exoduserzählung [FRLANT 186], 319) rechnet mit einer direkten literarischen Rezeptionsbeziehung zwischen Ex 4,1-17 und Jer 1,4-19, will aber in Jer 1,4-19 den Spendertext sehen, obwohl, wie er einräumt, Jer 1,4-19 in der vorliegenden Gestalt „am Ende eines längeren traditionsgeschichtlichen und teilweise wohl auch literarischen Prozesses steht." Unter der Voraussetzung der literarischen Einheitlichkeit von Jer 1,4-19 (siehe oben) ist die These einer Rezeptionsrichtung, die in Jer 1 den Spendertext für Ex 4 sehen will, ausgeschlossen, da man den Autoren von Ex 4 kaum unterstellen kann, sie wollten Mose als den Jeremia Unterlegenen darstellen, was eine wenig plausible Annahme wäre. Es ist immer wieder notiert worden, daß in Jer 1,10 mit der Aussage, Jeremia werde an diesem Tage über die Nationen und Königreiche eingesetzt, um auszureißen (*ntš*) und einzureißen (*ntṣ*), zu vernichten (*'abd*) und zu zerstören (*hrs*), zu bauen (*bnh*) und zu pflanzen (*nṭ'*), Funktionen, die sonst durchgängig im Jeremiabuch in Jer 12,14-17; 18,7.9; 24,6; 31,28.40; 42,10; 45,4 JHWH als Subjekt zukommen, auf Jeremia übertragen werden. Zum nachexilischen Charakter dieser Reihungen und ihrer Elemente siehe H.-J. Stipp, Deutero-jeremianische Konkordanz, ATSAT 63, St. Ottilien 1998, 96f. Einen vergleichbaren Fall gibt es sonst nur noch einmal in der Hebräischen Bibel in Dtn 34,11. Mit der Korrektur von Dtn 18,15.18 in Dtn 34,10 (PentRed) werden in Dtn 34,11 grundlegende heilsgeschichtliche Taten JHWHs auf Mose übertragen. Wie in Jer 1,10 wird auch in Dtn 34,11 eine sonst auf Gott als Subjekt bezogene Reihung auf Mose als Subjekt übertragen. So wie im Epitaph des Pentateuch Mose als von Gott beauftragt nahe an diesen herangerückt wird, indem ihm nach dem Tode die Taten Gottes an Israel zugeschrieben werden, so werden auf Jeremia zu Beginn seiner Wirksamkeit die Taten Gottes an den Völkern übertragen. In Jer 1,4-19 wird Jeremia zum Antitypus des Mose, der diesen weit in den Schatten stellt, da er nicht nur zu Israel, sondern zu den Völkern gesandt ist.

begründet, um den jeremianischen Gottesauftrag weit über den des Mose hinauszuheben, wie es dann vor allem in Jer 1,10 geschieht.

Die antipriesterliche Position verbindet sich auch in diesen Kapiteln wie in Jer 1,18[38] mit der Kritik am Jerusalemer Tempelkult der nachexilischen Zeit[39]. Damit wird den Priestern die Grundlage ihres Wirkens entzogen, die auf das engste mit der priesterlichen Literaturgeschichte des Pentateuch von den Erweiterungen der Priesterschrift zwischen Ex 29 und Lev 9 (P^S) bis zur Pentateuchredaktion (PentRed) unter Einschluß des Heiligkeitgesetzes in Lev 17-26[40] und postpentateuchredaktionellen priesterlichen Ergänzungen[41] verbunden ist[42].

Es wäre erstaunlich, wenn es von Seiten der priesterlichen Schriftgelehrten des Pentateuch keine Reaktion auf Jer 1 innerhalb des Pentateuch geben würde – und tatsächlich gibt es sie. In Ex 4,17 wird Mose aufgefordert, den Stab, der in Ex 4,3-5 im Zusammenhang der Zeichenhandlungen eingeführt wurde, aufzunehmen. Mit ihm werde er, Mose, die Zeichen vollbringen, woran Ex 7,3b (PentRed) in einem Verweiszusammenhang mit Ex 9,15; 10,1; 11,9 und Ex 10,1f. (PentRed) anknüpfen. Der Stab dient der Pentateuchredaktion in Ex 4,2.4.17; 7,15.17.20; 9,23; 10,13; 14,16; 17,5 als Zeichen mosaischer Autorität. Postpentateuchredaktionell wurde in Num 17,16-26 in die Korach- und Dathan-Abiram-Erzählungen das Motiv vom blühenden Aaron-Stab als Zeichen der hohen priesterlichen Autorität Aarons, das an das Motiv des Mosesstabes der Pentateuchredaktion anknüpft, eingefügt[43]. In Num 17,23 wird mit dem Motiv, der Würde-Stab Aarons habe geblüht und Mandeln getragen, an Jer 1,11f. angeknüpft. Das Motiv des Stabes ist ein im Ursprung königliches Herrschaftssymbol. In Jer 1,11f. wird

---

38 Siehe dazu G. Fischer, „Ich mache dich ... zur eisernen Säule" (Jer 1,18). Der Prophet als besserer Ersatz für den untergegangenen Tempel, ZKT 116, 1994, 447-450.

39 Siehe dazu A. Lange, Gebotsobservanz statt Opferkult. Zur Kultpolemik in Jer 7,1-8,3, in: B. Ego u. a. (Hg.), Gemeinde ohne Tempel, WUNT 118, Tübingen 1999, 19-35; G. Fischer, Zur Relativierung des Tempels im Jeremiabuch, in: D. Böhler u. a. (Hg.), L'Ecrit et l'Esprit. Etudes d'histoire du texte et de théologie biblique. FS A. Schenker, OBO 214, Fribourg/Göttingen 2005, 87-99.

40 Siehe E. Otto, Deuteronomium (FAT 30), 12ff. 156ff.

41 Siehe R. Achenbach, Tora (BZAR 3), 443ff.

42 Siehe E. Otto, Vom biblischen Hebraismus der persischen Zeit zum rabbinischen Judaismus in römischer Zeit. Zur Geschichte der spätbiblischen und frühjüdischen Schriftgelehrsamkeit, ZAR 10, 2004, 1-49.

43 Siehe R. Achenbach, Tora (BZAR 3), 126ff. Auch L. Schmidt (Das 4. Buch Mose. Numeri. Kapitel 10,11-36,13, ATD 7/2, Göttingen 2004, 67) betont den späten Charakter von Num 17,16-26, will darin aber eine Erweiterung der Priesterschrift sehen. Da es aber, wie an anderer Stelle nachgewiesen, keine Priesterschrift im Buch Numeri gibt, erledigt sich dieser Vorschlag. Siehe dazu, daß P nicht bis in das Numeribuch reicht, Th. Pola, Die ursprüngliche Priesterschrift. Beobachtungen zur Literarkritik und Traditionsgeschichte von P^G, WMANT 70, Neukirchen-Vluyn 1995, 51ff; siehe dazu auch E. Otto, Forschungen zur Priesterschrift, ThR 62, 1997, (1-50) 20-28.

mit dem Motiv des Mandelzweiges wortspielartig das Motiv des göttlichen Wachens über die Erfüllung des Wortes verbunden. Mit dem Stab des Aarons wird das Amt des Mose auf Aaron übertragen[44]. Wird nun in Num 17,16-26 auch auf die Erzählung der Berufung des Jeremia angespielt, so wird in die aaronidische Kompetenz der Mittlerschaft der mosaischen Tora der prophetische Anspruch einer von dieser Mittlerschaft unabhängigen prophetischen Vermittlung des Gotteswortes integriert und dem in Jer 26,4 erhobenen prophetischen Anspruch, auch gegen die Priester wie gegen die Falschpropheten die Tora zu verkünden, widersprochen. Wir werden hier also erneut der Kontroversen zwischen nachexilischen Kreisen der Tradentenprophetie, die sich auf den Propheten Jeremia berufen, und priesterlichen Schriftgelehrten, denen die Auslegung des Pentateuch oblag und die sich darauf beriefen, daß mit Mose die Offenbarung der Tora abgeschlossen war, ansichtig. Graphisch stellt sich die literarische Einordnung von Jer 1,4-19 also im Geflecht zwischen Jesajabuch und Pentateuch folgendermaßen dar (s. die folgende Seite).

In diesem Horizont klärt sich nun auch eine weitere Besonderheit von Jer 1,4-19 innerhalb des Jeremiabuches, die wiederholt mißverstanden Anlaß zu literarkritischen Operationen gab. In Jer 1,10 werden mit der Übertragung der göttlichen Funktionen des Zerstörens und Aufbauens Königsmotive auf den Propheten übertragen, der über Nationen und über Königreiche gesetzt werde. Hier nimmt das Jeremiabuch an den nachexilischen Diskursen um die Gültigkeit messianischer Erwartungen teil, die von der Pentateuchredaktion der Tora im 5. Jahrhundert v. Chr. bestritten werden. In Lev 26,3-13 rezipiert der Pentateuchredaktor Ez 34,25-31, deutet aber die Heilszeit nicht als Folge des Erscheinens eines neuen königlichen Hirten, sondern des Gesetzesgehorsams in Israel. Eine ähnliche antimessianische Perspektive wird auch in Ps 19 erkennbar. In Jer 1,10 wird nun mit der Mose überbietenden Übertragung göttlicher Funktionen dem Propheten eine königliche Aufgabe zugewiesen und damit die Übertragung königlicher Funktionen auf die Tora im nachexilischen Pentateuch der Kritik unterzogen. Hier wird erneut deutlich, wie komplex die Pentateuchrezeption im Jeremiabuch ist, die in ihrem Profil erst erkennbar wird, wenn sie in die weiteren literarischen Horizonte von Pentateuch und Prophetie sowie deren Kontexte in den religiösen Diskursen der nachexilischen Zeit eingeordnet werden.

---

44 Siehe R. Achenbach, Tora (BZAR 3), 128.

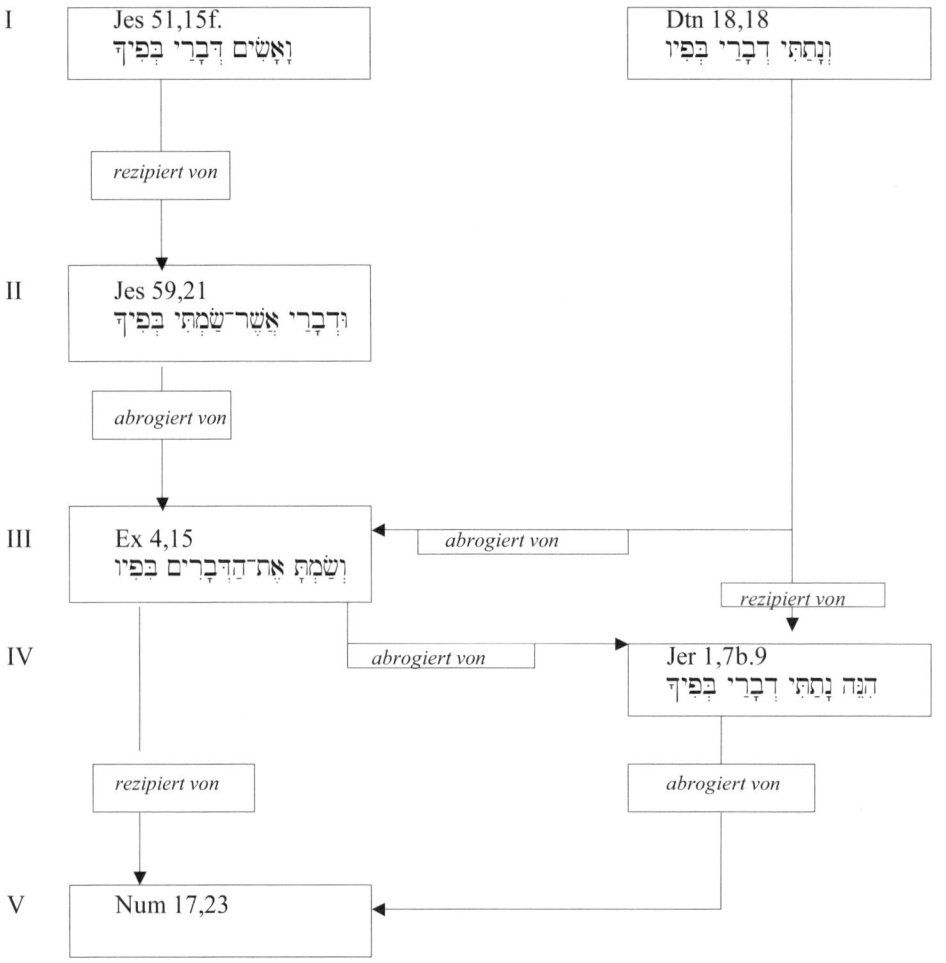

III. Jer 36,1-32

Für die Literaturgeschichte des Pentateuch ist von Bedeutung, daß er eine eigene reflexive Literaturtheorie enthält, die sich in hohem Maße konvertibel mit neueren Einsichten der historischen Interpretation der Literaturgeschichte des Pentateuch erweist[45]. Das gilt nun auch für das Jeremiabuch, das ebenfalls eine komplexe Verschriftungstheorie enthält, wenn es in Jer 36 von einer zweimaligen Abfassung der Jeremia-Rolle erzählt und in Jer 36,32b feststellt *wᵉ'ôd nôsap ᵃlêhaem dᵉbārîm rābbîm kāhemmāh*. Diese Notiz hat zunächst eine buchimmanente Funktion im Horizont der

---

45 Siehe E. Otto, Das Gesetz des Mose (Darmstadt 2007), 98ff.

erzählten Zeit des Buches. Wird die Abfassung der Rollen in die Jahre 605 v. Chr. (Jer 36,1) und 604 v. Chr. (Jer 36,9) der Regierungszeit des Königs Jojakim datiert, so setzt das Jeremiabuch aber dennoch voraus, daß Jeremia bis in das 11. Jahr Zedekias verkündigte, das Buch als ganzes also nicht vor 587 v. Chr. vorliegen konnte (Jer 1,3). So mußte um der internen Stimmigkeit des Buches willen in Jer 36,32b angezeigt werden, daß der Prozeß der Verschriftung nicht mit der Niederschrift der zweiten Rolle im Jahr 604 v. Chr. abgeschlossen war, sondern, wie Jer 45,1 zeigt, noch im 4. Jahr des Königs Jojakim die zweite Rolle erweitert wurde, und der Verschriftungprozeß, wie Jer 29,1 und Jer 30,1f. in Verbindung mit Jer 32,1 und Jer 51,59-64 zeigen, noch bis in die Zedekia-Zeit und darüber hinaus weiterging[46]. Das Jeremiabuch definiert wie der Pentateuch durch die Verschriftungsnotizen die Autoritätsansprüche, die den verschrifteten Partien des Buches zukommen sollen. So hat das „Trostbüchlein" als von Jeremia selbst verschriftetes Korpus der Zedekia-Zeit des Untergangs Jerusalems und der darüber hinaus weisenden Verheißungen innerhalb des Jeremiabuches eine Schlüsselfunktion gegenüber den in die Zeit vor 604 v. Chr. datierten Sprüchen[47]. Die passive „akteurlose" Formulierung von Jer 36,32b kann aber über die buchimmanent synchrone Interpretation auf der Ebene der erzählten Zeit des Jeremiabuches[48] hinaus auch in diachroner Perspektive daraufhin gedeutet werden, daß das Jeremiabuch durch „Dritte" fortgeschrieben wurde. Hermann-Josef Stipp spricht in diesem Zusammenhang von

---

46 Zur Verschriftungstheorie des Jeremiabuches siehe E. Otto, Die Tora als Buch. Ein Schlüssel zum Verständnis der Hebräischen Bibel, ZAR 13, 2007. Zum redaktionellen strukturierten Zusammenhang zwischen Jer 30,1-31,37 und Jer 31,38-33,26 als zwei Rededurchgängen siehe K. Schmid (Buchgestalten [WMANT 72], 50f.), der zu Recht darauf hinweist (a. a. O., 76), daß das Buch von Jer 30 „rezeptionell im Ablauf gelesen wohl mit dem verwahrten ‚Buch' von Jer 32 in eins gesehen worden (ist), wie einige auffällige Textberührungen anzeigen". Daß aber ein von Jeremia verschriftetes Buch in Jer 30-33 dem von Baruch geschriebenen gegenüberstehen sollte, ist nicht das Verständnis von Jer 36. Vielmehr ergänzt Jeremia selbst die Baruchrolle zur Zeit des Königs Zedekia, indem er die Heilsaspekte nachträgt. K. Schmid (a. a. O., 77) beobachtet bereits die Nähe von Jer 30,1-3; 31,27-34 zu Ex 32-34, hält aber die Erklärung der Berührungen „angesichts der gegenwärtig gänzlich im Fluß befindlichen Pentateuchforschung" für nicht möglich; siehe aber im folgenden.

47 Insofern ist es konsequent und dem Verständnis auch des synchron gelesenen Jeremiabuches und der vom Buch selbst vertretenen Verschriftungstheorie angemessen, wenn K. Schmid (a. a. O.) die redaktionsgeschichtliche Analyse bei Jer 30-33 ansetzt, während ältere Versuche, die von Jer 36 ausgehend den Inhalt der „Urrolle" rekonstruieren wollen, so noch wieder G. H. Parke-Taylor, The Formation of the Book of Jeremiah. Doublets and Recurring Phrases, SBL.MS 51, Atlanta 2000, 293ff., der nachexilischen Verschriftungstheorie (siehe dazu im folgenden) nicht gerecht werden.

48 Sicherlich spielt in der Gestaltung des Kapitels Jer 36 auch in V.32b die Intention eine Rolle zu zeigen, daß der Versuch der Zerstörung des Prophetenwortes nur zu dessen Stärkung führt; siehe G. Fischer, Jeremia 26-52 (HThK.AT), 304.

einer „redaktionellen Autolegitimation"[49]. Damit stellt sich die Frage, wer die Autoren des Verschriftungskapitels Jer 36 und der dem Kapitel zugrundeliegenden Verschriftungstheorie waren. Die neuere Jeremiaauslegung ist sich mit Exegeten wie Georg Fischer und Hermann-Josef Stipp bei durchaus unterschiedlichen Annahmen zur Literaturgeschichte des Jeremiabuches darin einig, daß Jer 36 insgesamt oder in großen Teilen nachexilisch ist[50]. Dafür spricht schon, daß das Kapitel eine Verschriftungstheorie für das Buch formuliert und also weite Teile der Entstehungsgeschichte des Buches voraussetzt. Die Autoren dieses Kapitels sind wiederum Schriftgelehrte der nachexilischen Tradentenprophetie, die auch mit dem Pentateuch in seiner nachexilischen Gestalt einen Diskurs führen. Das wird an zwei konzeptionellen Pfeilern in Jer 36 deutlich: Jer 36,3 rezipiert als die Schlüsselaussage der nach der buchimmanenten Theorie 605 v. Chr. von Baruch geschriebenen ersten Rolle, die dieser auch in diesem Jahr verliest (Jer 36,7), Jer 26,3[51]:

Jer 36,3: *'ûlaj jišmᵉ'û bêt jᵉhûdāh 'et kŏl hārā'āh ᵃšaer 'ānokî ḥošeb la ᵃśôt lāhaem lᵉma'an jāšûbû 'îš middarkô hārā'āh wᵉsālaḥti lā ᵃwonām ulᵉḥaṭṭā'tām*
Jer 26,3: *'ûlaj jišmᵉ'û wᵉjāšûbû 'îš middarkô hārā'āh wᵉniḥamtî ''al' hārā'āh ᵃšaer 'ānokî ḥošeb la ᵃśôt lāhaem mippnê ro ᵃ ma'alᵉlêhaem*

In der Leserichtung ist Jer 36,3 der den nachexilischen Text Jer 26,3 (siehe im folgenden) rezipierende Text[52]. Der Überschuß in Jer 36,3 gegenüber Jer 26,3 *wᵉsālaḥti lā ᵃwonām ulᵉḥaṭṭā'tām* ist wörtliches Zitat aus Ex 34,9[53]: *wᵉsālaḥtā lā ᵃwonenû ulᵉḥaṭṭā'tenû unᵉḥaltānû.* Die Kombination von Jer 26,3 und Ex 34,9 in Jer 36,3 läßt keinen Zweifel, daß die Rezeptionsrichtung literaturhistorisch die der Leserichtung ist. Ex 34,8f. wiederum ist innerhalb der nachpriesterschriftlichen Sinaiperikope ein Pfeilertext, der mit der „Gnadenformel" in Ex 34,6f.[54] verzahnt ist. Ex 34,8f. ist Teil der

---

49 Siehe H.-J. Stipp, Baruchs Erben. Die Schriftprophetie im Spiegel von Jer 36, in: H. Irsigler (Hg.), „Wer darf heraufziehen zum Berg JHWHs?". Beiträge zu Prophetie und Poesie des Alten Testaments, FS Ö. Steingrimsson, ATSAT 72, St. Ottilien 2002, 145-170.

50 Jer 36,30 ist kein Gegenargument; siehe K. Schmid, L'accession de Nabuchodonosor et l'hégémonie mondiale et la fin de la dynastie davidique. Exégèse intrabiblique et construction de l'histoire universelle dans le livre de Jérémie, ETR 81, 2006, 211-227.

51 Siehe auch G. Fischer, Jeremia 26-52 (HThK.AT), 288f.

52 Siehe unten zur literarhistorischen Einordnung von Jer 26. Zum literarischen Zusammenhang zwischen Jer 26,1-3 und Jer 36,1-3 im Rahmen des Konzepts der siebzigjährigen Weltherrschaft Babels siehe K. Schmid, Buchgestalten (WMANT 72), 242f.; siehe dazu auch im folgenden.

53 Wie auch in anderen postdtr Texten des Jeremiabuches wird auch an Num 14,11-25, hier an Num 14,19f. (PentRed), angespielt.

54 Zur jüngsten Monographie zu dieser Formel von M. Franz (Der barmherzige und gnädige Gott. Die Gnadenrede vom Sinai [Exodus 34,6-7] und ihre Parallelen im Alten Testament und seiner Umwelt, BWANT 160, Stuttgart 2003, 111ff.) siehe E. Otto, Neue Literatur zur biblischen Rechtsgeschichte, ZAR 12, 2006, (72-106) 86-89.

postdtr und postpriesterschriftlichen Pentateuchredaktion des späten 5. bis frühen 4. Jahrhunderts v. Chr.[55], die Jer 36,3 vorausliegt. Dem Propheten Jeremia werden hier wie in der Repetition durch seinen Schüler Baruch Worte des Mose vom Sinai in den Mund gelegt, die dort mit dem Bundesschluß in Ex 34,10 verbunden sind. Ex 34,9 steigert mit dem Lexem *slḥ* Ex 32,12.14 mit dem Lexem *nḥm*. Jer 26,3 nun rezipiert mit *wᵉniḥamtî ʿal hārāʿāh ᵃšaer ʾānokî ḥošeb laᵃśôt lāhaem* Ex 32,(12).14 *wa-jinnāḥaem JHWH ʿal hārāʿāh ᵃšaer dibbaer laᵃśôt lᵉʿammô*[56]. Ebenso steigert Jer 36,3 mit dem Lexem *slḥ* Jer 26,3 mit der Verwendung von *nḥm*[57]. Die komplexe Verzahnung der Texte Jer 26 und Jer 36, deren „Grammatik" der Verzahnungen in der Sinaiperikope zu finden ist, bezieht die Bundesthematik, in deren Zusammenhang Ex 34,8f. steht, mit ein. Das Schlußwort von Jer 31,31-34 *kî ʾaeslaḥ lāᵃwonām ulᵉ-ḥaṭṭāʾtām loʾ ʾaezkŏr ʿôd* knüpft an Ex 34,9 an und weist auf Jer 36,3 voraus. Schließlich ist für die zweimalige Verschriftung eines Textes offenbarter Worte die nächste Parallele das der erneuten Verschriftung des Dekalogs durch JHWH in der Sinaiperikope[58] in Ex 34,1-4.27f.[59] Auch in Jer 36 entwerfen die schriftgelehrten jeremianischen Tradentenpropheten der nachexilischen Zeit ein Gegenbild zur Offenbarungs- und Verschriftungstheorie des nachexilischen Pentateuch. Die Verschriftung der Jeremia-

---

55 Siehe E. Otto, Pentateuchredaktion (BEThL 126), 92ff., sowie R. Achenbach, Grundlinien redaktioneller Arbeit in der Sinai-Perikope, in: E. Otto/R. Achenbach (Hg.), Das Deuteronomium zwischen Pentateuch und Deuteronomistischem Geschichtswerk, FRLANT 206, Göttingen 2004, (56-80) 78ff.

56 Zur Beziehung zwischen Jer 26,3 und Ex 32,12.14 siehe E. Aurelius, Der Fürbitter Israels. Eine Studie zum Mosebild im Alten Testament, CB.OT 27, Stockholm 1988, 123, der aber Ex 34,9 von Jer 36,3 ableiten, in Jer 36,3 wiederum aber eine Nachwirkung von Jer 31,34 sehen will. Das aber setzt nicht nur die literarkritische Abtrennung von Jer 31,31-34 vom Kontext, sondern auch eine Frühdatierung dieses Textes voraus; siehe dagegen unten zu Jer 31,31-34. Gegen die Ableitung von Ex 32-34 von Jer 31 hat sich auch K. Schmid (Buchgestalten [WMANT 72], 77 Anm. 123) ausgesprochen, der (a. a. O., 244) den Wechsel von *nḥm* zu *slḥ* im Rahmen des Konzepts der siebzigjährigen Weltherrschaft Babels in Jer 25,12/29,10 und Jer 26,1-3/36,1-3 zu erklären sucht. Der Wechsel sei durch unterschiedliche heilsgeschichtliche Qualifizierungen der jeweiligen Situation bedingt. Dies nun ist kein Widerspruch dazu, daß in der Leserichtung Jer 31,31-34 mit Jer 36,3 verzahnt (siehe im folgenden) die Steigerung des Heilshandelns Gottes plausibel macht. Diesen Zusammenhang aber gibt Ex 34,9 in Verbindung mit dem erneuerten Bund in Ex 34,10 als „Grammatik" der Redaktion im Jeremiabuch vor; siehe im folgenden.

57 Zum Wechsel von *nḥm* zu *slḥ* siehe auch J. Jeremias, Die Reue Gottes. Aspekte alttestamentlicher Gottesvorstellung, BThSt 31, Neukirchen-Vluyn ²1997, 76-80.

58 Siehe W. Holladay, Jeremiah II: A Commentary on the Book of the Prophet Jeremiah Chapter 26-52, Hermeneia, Minneapolis 1989, 254; G. Fischer, Jeremia 26-52 (HThK.AT), 304.

59 Siehe dazu E. Otto, Deuteronomium (FAT 30), 183f. Zu Recht hat K. Schmid (Buchgestalten [WMANT 72], 246 Anm. 211) Thesen zurückgewiesen, die in der zweiten Aufzeichnung der Rolle literarischen Nachtrag, so Chr. Levin (Die Verheißung des neuen Bundes in ihrem theologiegeschichtlichen Zusammenhang ausgelegt, FRLANT 137, Göttingen 1985, 148), sehen wollen.

worte (Jer 36) ist zwar, wie es der Pentateuch auch für Mose vertritt (Ex 24,4; Dtn 31,9.22[60]), sukzessive erfolgt, doch liegt der entscheidende Bruchpunkt der Diskussion wieder darin, daß mit dem Tod des Mose, so der Anspruch des Pentateuch, die Offenbarung prophetischer Worte ebenso abgeschlossen sei (Dtn 34,10-12) wie deren Verschriftung. Dem setzen die prophetisch-schriftgelehrten Autoren in Jer 36 entgegen, daß noch zur Zeit Jeremias mehrstufig die an den Propheten ergangenen Gottesworte von Baruch und dem Propheten selbst verschriftet wurden (Jer 36,4; 45,1; 36,32a.b; 29,1; 30,2; 51,59f.). Das Gotteswort, so der Anspruch, ergehe auch noch nach dem Tod des Mose unmittelbar an den Propheten, wie auch diese Gottesworte noch in der Zeit Jeremias verschriftet worden seien. Und auch in dieser Frage rezipiert Jer 36,32b den Pentateuch subversiv, indem die Kanonsformel aus Dtn 4,2 umgewendet wird:

Dtn 4,2: *lo' tosipû 'al haddābār ᵃšaer 'ānokî mᵉṣawwaeh*
Jer 36,32: *we'ôd nôsaph ᵃlêhaem dᵉbārîm rabbîm*

Damit knüpft Jer 36,32b auch an Jer 26,2[61] an, wo die andere Hälfte der Kanonsformel des Pentateuch in Dtn 4,2 *wᵉlo' tigrᵉ'û mimmaennû* auf die Prophetenworte Jeremias übertragen sind[62]. Die Verschriftungtheorie des nachexilischen Jeremiabuches, die mit seiner Offenbarungstheorie eng verknüpft ist, wird bezogen auf den nachexilischen Pentateuch formuliert[63]. Jer 36 hebt dabei, wie das postdtr Deuteronomium als Teil des Pentateuch, das von Mose in vier Redegängen vorgetragen und anschließend verschrif-

---

60 Siehe dazu E. Otto, a. a. O., 122.

61 Siehe unten zu Jer 26.

62 Hier wie dort geht es den jeremianischen Autoren um die Vollständigkeit der Offenbarung auch der Propheten und im Gegensatz zur Tora nicht um deren Abschließung.

63 Das hohe Maß schriftgelehrter Arbeit in Jer 36, einem Kapitel, das als literarisch einheitlich gelten kann (siehe G. Fischer, Jeremia 26-52 [HThK.AT], 286f.), spricht gegen die These von H.-J. Stipp (Baruchs Erben [FS S. Ö. Steingrimsson], 162ff.), in nachexilischen *śārîm* die Autoren zu sehen, die hier wie auch sonst im Jeremiabuch (siehe ders., Aristokratie [KlAANT 1], 58ff.) ihre politischen Interessen durchsetzen wollten. Schon die Ambivalenz des Bildes der *śārîm* in Jer 36, die sich nicht literarkritisch auflösen läßt und die die LXX sekundär auszugleichen sucht, spricht dagegen: Wären die *śārîm* die Autoren auch nur einer Überarbeitungsschicht, so wäre zu erwarten, daß sie die negativen Züge der *śārîm* vermieden oder getilgt hätten. Vor allem aber wäre die Doppeldeutigkeit von Jer 36,23 vermieden worden, legt sich doch angesichts des unklaren Subjekts von *jiqrā'aehā* nahe, daß der voranstehende *śār Jehudi* gemeint sei und nicht der König, der die Rolle zerschneidet und verbrennt. Schließlich ist unklar, warum sich *śārîm* mit der Offenbarungs- und Verschriftungstheorie des Pentateuch auseinandersetzen sollten. Viel näher liegt es, daß die schriftgelehrten Kreise der nachexilischen Tradentenprophetie damit, daß sie die *śārîm* ebenso wie Jeremia wiederholt im Kontext des Tempelbezirks auftreten lassen, priesterlichen Monopolansprüchen widersprechen. Dies wird umso wahrscheinlicher, wenn man berücksichtigt, daß hinter den pentateuchischen Theorien zur Offenbarung und Verschriftung der Tora ebenfalls priesterliche Kreise der nachexilischen Zeit stehen, gegen deren Ansprüche sich die prophetischen Kreise des Jeremiabuches wehren; siehe auch unten Anm. 92.

tet wird[64] – wobei das Motiv des mündlichen Vortrags im nachexilischen Jeremiabuch wie im postdtr Deuteronomium ein literarisches Stilmittel ist -, auf das Ineinander von mündlichem Vortrag des von JHWH offenbarten Prophetenwortes und seiner schriftlichen Gestalt ab[65]. Dieses Ineinander wird auch durch die Anknüpfung von Jer 26, wenn es um den Inhalt der Schrift in Jer 36 geht, unterstrichen. Der Angriff des Königs auf die Schriftrolle ist das Vergehen, nicht daß er nicht auf das Wort gehört hat[66]. Hier wird die hohe Bedeutung, die diese nachexilischen Schriftgelehrten der Tradentenprophetie dem schriftlichen Text der Gottesoffenbarung beimessen, erkennbar. Damit wird auch dem Anspruch der schriftlich vorliegenden Tora, deren Auslegung dem postdtr Narrativ des Pentateuch als einziger Zugang zur Gottesoffenbarung gilt, entgegengetreten[67]. Noch in der Anknüpfung an die Verschriftungstheorie des Pentateuch wird aber die besondere Hochschätzung des Prophetenwortes durch einen Vergleich mit 2 Kön 22-23 deutlich, bringt doch dort der geschriebene Text das verlorene Wort Gottes ins Bewußtsein zurück, während in Jer 36 Gottes Wort im Gedächtnis des Propheten die Restaurierung des Textes ermöglicht[68]. Die Verschriftungstheorien von Tora und Jeremiabuch gehen aber darin überein, daß so, wie Mose stirbt und die Tora zurückbleibt, auch Jeremias Weg im Dunkel der Verschleppung nach Ägypten endet und das Buch zurückbleibt. Die bisherige Forschung analysiert zwar die Jeremiatexte z. T. akribisch, ohne aber dem Pentateuch eine entsprechende Aufmerksamkeit zuzuwenden. So beschränkt sich bei Chr. Maier die Perspektive auf das Deuteronomium unter der Voraussetzung, daß alles, was im Deuteronomium steht, auch dtn oder dtr sei. Doch schon lange ist bekannt, daß neben das dtr auch das postdtr Deuteronomium als Teil des Pentateuch tritt. Wird diese Perspektive einbezogen, ergibt sich ein völlig anderes Bild, das nicht Jeremia mosaisiert, sondern den Propheten Jeremia um einer vom Pentateuch abweichenden Hermeneutik willen gegen Mose aufruft. So wird die Jeremiaforschung wie die Pentateuchforschung die Frage nach der kritischen Interaktion dieser Literaturwerke neu stellen müssen.

64 Siehe dazu E. Otto, Toraoffenbarung (BZAW 370), 191-201.
65 Siehe dazu M. Carasik, Theologies of the Mind in Biblical Israel, SBL 85, New York 2006, 68ff. (siehe dazu meine Rezension in ZAR 12, 2006, 387-391) sowie G. J. Venema, Reading Scripture in the Old Testament. Deuteronomy 9-10; 31-2 – 2 Kings 22-23 – Jeremiah 36 – Nehemia 8, OTS 48, Leiden/Boston 2004, 109-115; siehe dazu E. Otto, Tora als Buch (ZAR 13).
66 Siehe M. Carasik (a. a. O., 70), der in diesem Zusammenhang von einer „Meta-Sünde" spricht.
67 Es ist also zu einfach, wenn P. R. Davies (Scribes and Schools. The Canonization of the Hebrew Scriptures, Library of Ancient Israel, Louisville 1998, 120) die Aussageintention von Jer 36 aufgrund von V.4.17.32 darauf reduziert zu verdeutlichen, daß der Inhalt der Jeremiarollen vollständig göttlichen Ursprungs sei und die Erzählung in Jer 36 nur das Jeremiabuch als Ergänzung zur Tora kanonisieren wollte. Nicht um Ergänzung geht es hier, sondern um einen kritischen Diskurs.
68 Cf. M. Carasik, Mind (SBL 85), 71. Zum Vergleich zwischen 2 Kön 22-23 und Jer 36 und der Zeichnung von Jojakim als Antitypus zu Josia siehe auch G. J. Venema, Reading Scripture (OTS 48), 136f. 195f; E. Otto, Tora als Buch (ZAR 13).

IV. Jeremia 26,1-24 und Jeremia 7,1-8,3

Jer 26 und Jer 36 sind durch zahlreiche Bezüge eng miteinander verzahnt. Auch in Jer 26 sind Bezugnahmen auf den postpriesterschriftlichen und postdtr Pentateuch zahlreich. Jer 26,1-5abα.6 zeichnet Jeremia als Toralehrer und rezipiert dabei mit Dtn 4,8 und Dtn 11,32 das bereits postdeuteronomistische Deuteronomium:[69]

> Dtn 4,8*: *kᵉkol hattôrāh hazzo't ᵃšaer 'anokî noten lipnêkaem hajjôm*
> Dtn 11,32: *'et kŏl haḥuqqîm wᵉ'aet hammišpāṭîm ᵃšaer 'anokî noten lipnêkaem hajjôm*
> Jer 26,4: *lālaekaet bᵉtôrātî ᵃšaer nātattî lipnêkaem*

Die Relation zwischen dem Mosebild und dem des Jeremia in Jer 26 wird nur recht verstanden, wenn erkannt wird, daß in Jer 26 wie in Jer 1 und Jer 36 der Epitaph des Pentateuch in Dtn 34,10-12 vorauszusetzen ist: Jer 26,5* nimmt eine Prophetentheorie auf, die in 2 Kön 17,13 formuliert wurde und sich auch im dtr Prophetengesetz des Deuteronomiums in Dtn 18,9-22 niedergeschlagen hat. Was diese Texte in 2 Kön 17 und Dtn 18 miteinander verbindet, ist die Theorie, daß prophetische Offenbarung auch jenseits der mosaischen Zeit und des Deuteronomiums weitergeht. Im postdtr Deuteronomium als Teil des Pentateuch ist in Dtn 34,10-12 diese Theorie aufgegeben zugunsten der des Abschlusses der Offenbarung mit dem Tod des Mose[70]. Jer 26 setzt sich schon mit dieser postdtr Prophetentheorie des Pentateuch auseinander. Das zeigt nicht nur die Rezeption des im Deuteronomium erheblich später als Dtn 18,9-22 anzusetzenden Kapitels Dtn 4,1-40 (PentRed), das literarisch auf einer Ebene mit dem Epitaph in Dtn 34,10-12 (PentRed) zu stehen kommt. Das Prophetengesetz der dtr Horebredaktion (DtrD) in Dtn 18,9-22 arbeitet an der Frage der Kriterien zur Unterscheidung zwischen wahrer und falscher Prophetie und nennt den für die aktuelle Entscheidung wenig tauglichen Wahrsagungsbeweis als Kriterium. Es ist erstaunlich, daß nicht die Tora als Kriterium der Unterscheidung zwischen wahrer und falscher Prophetie genannt wird, und die Gründe dafür sind benennbar. Die dtr Autoren wollten gerade nicht die postmosaischen Offenbarungen der Propheten gegenüber der mosaischen Toraoffenbarung abwerten, sondern beide Formen der Offenbarungen an den Propheten Mose binden und die postmosaischen Propheten auf eine Ebene mit Mose heben. Damit verbunden

---

69 Siehe dazu E. Otto, Deuteronomium 4: Die Pentateuchredaktion im Deuteronomiumsrahmen, in: T. Veijola (Hg.), Das Deuteronomium und seine Querbeziehungen, SESJ 62, Helsinki/Göttingen 1996, 208-237; ders., Deuteronomium (FAT 30), 164-175. Der Ausdruck *lālaekaet bᵉtôrātî* hat seine nächste Parallele in Ex 16,4 *hᵃjelek bᵉtôrātî*, die in postpriesterschriftlichem Kontext steht; siehe E. Otto, Priesterschrift (ThR 62) 14f.; ders., Deuteronomium (FAT 30), 37-39, sowie R. Achenbach, Tora (BZAR 3), 232-236, zur Relationierung zu Num 11. Zur Rezeption von Ex 32,12.14 (PentRed) in Jer 26,3 siehe oben zu Jer 36,1-32.
70 Siehe E. Otto, Das postdeuteronomistische Deuteronomium (BZAW 365), 71-102; ders., Das Gesetz des Mose (Darmstadt 2007).

ist theologisch das Bemühen, die Freiheit des Gotteswillens zu wahren, der nicht end-gültig durch die Tora fixiert wird. Das wird im postdtr Deuteronomium als Teil des Pentateuch anders gesehen. Jetzt gilt, wie der Epitaph in Dtn 34,10-12 zeigt, die pro-phetische Offenbarung von Angesicht zu Angesicht mit dem Tod des Mose, der auch der Abschluß des Pentateuch ist, als beendet. Damit ist die Tora der Maßstab aller Of-fenbarung. In diesem Sinne wird nun in Jer 26,4 im Munde Jeremias die Tora zum Kriterium der Unterscheidung zwischen der wahren und falschen Prophetie und Jere-mia zum Künder der Tora, die die Wahrheit seiner Prophetie verbürgt[71]. Die Ambiva-lenz des Prophetenbildes in Jer 26,5 und Jer 26,7 findet dadurch eine Erklärung. Wird Jeremia als Prophet wie Mose gezeichnet und die Kette der von JHWH gesandten Pro-pheten in Anknüpfung an das Prophetengesetz des Deuteronomiums aufgerufen, so ist mit der Zeichnung Jeremias als eines mosaischen Propheten auch ein Protest gegen die priesterliche Sicht verbunden, die im nachexilischen Pentateuch die Prophetie der Of-fenbarung „von Angesicht zu Angesicht" auf Mose eingrenzen will. Und dieser Protest einer „Tradentenprophetie" argumentiert mit den exegetischen Methoden eben der Schriftgelehrsamkeit, die auch der priesterlichen Formierung des nachexilischen Penta-teuch zugrunde liegt, kann die schriftgelehrte „Tradentenprophetie" doch den innerpen-tateuchischen Widerspruch zwischen dem dtr Prophetengesetz in Dtn 18,9-22 und dem Epitaph in Dtn 34,10-12 ausnutzen. Das wird nun in Jer 26,10-16 als Exegese dieses Prophetengesetzes explizit. Der Prozeßbericht in Jer 26,10-16 entscheidet nicht nur „die Frage, ob Jeremia von JHWH gesandt ist oder nicht (26,12.15), ob er im Namen JHWHs redet (26,16 vgl. Dtn 18,19.20) oder eher den Tod verdient (*mšpṭ mwt* 26,11.16)", so Chr. Maier[72], sondern Jeremia wird in mosaischer Funktion des Ausle-gers gezeichnet, der durch die Auslegung die Tora auf seinen eigenen Fall appliziert wie auch in V. 14 das Josuabuch mit Jos 9,25 zitiert und dabei voraussetzt, daß seine Hörer wie die Leser dieses Berichts in der Erzählzeit die Tora in Gestalt des Prophe-tengesetzes kennen. Jer 26,10-16 korrigiert aber das Prophetengesetz des Deuterono-miums in einem entscheidenden Punkt, dem Kriterium der Differenzierung zwischen wahrer und falscher Prophetie. Nach Dtn 18,21-22 soll der Wahrsagungsbeweis als Kriterium zur Entscheidung zwischen wahrer und falscher Prophetie in Anschlag ge-bracht werden. In Jer 26,18-19 wird genau das Gegenteil als Erklärung für Jeremias Freispruch angeführt: Der Prophet Micha habe die Zerstörung des Zion angekündigt. Hiskias Gottesfurcht habe den Zorn JHWHs besänftigt, so daß Gott das Unheil gereute, das er angedroht hatte: *wajjinnāḥaem JHWH 'ael hārā'āh ᵃšaer dibbaer ᵃlêhaem.* Der

---

71 Wir werden noch sehen, daß in der bundeslosen Zeit aufgrund des Bundesbruches des Volkes seit Ägypten die Tora nach der Vorstellung des nachexilischen Jeremiabuches überhaupt nur im Munde des Propheten ihren legitimen Ort hat.

72 Siehe Chr. Maier, Jeremia (FRLANT 196), 159.

Autor von Jer 26 zitiert hier Ex 32,14[73], einen postdtr Text der Sinaiperikope:[74] *waj-jināḥaem JHWH ʿal hārāʿāh ᵃšaer dibbaer laᵃšôt lᵉ ʿammô.*

Mittels einer postdtr Anknüpfung wird das dtr Kriterium für die wahre im Gegensatz zur falschen Prophetie in Dtn 18,20 aus den Angeln gehoben.[75] In diese durch Jer 26,10-16 in die dtr Theorie der Unterscheidung zwischen wahrer und falscher Prophetie geschlagene Lücke tritt mit Jer 26,4 die Tora als Kriterium der Unterscheidung. Die Autoren von Jer 26,10-16 sind also keineswegs der Ansicht, die Gewißheit, daß jemand im Auftrag JHWHs rede, könne nur aus der Beteuerung des Propheten selbst, Künder des Gotteswortes zu sein, kommen. Hier wird komplexer mit schriftgelehrtem Werkzeug an der Kriterienfrage wahrer und falscher Prophetie gearbeitet.[76]

Es ist nun durchaus wahrscheinlich, daß mit dem Prozeßbericht in Jer 26,10-16 der nachexilischen Aristokratie ein Denkmal derart gesetzt wird, daß sie zu Jeremia gehalten und ihn vor den Priestern und Falschpropheten gerettet habe. Entscheidender ist die Frage, gegen wen sich der Bericht wendet. Die Stoßrichtung von Jer 26,10-16 geht vornehmlich gegen die „Priester", die eine Tötungsabsicht haben sollen und denen als aus dem Prophetengesetz des Deuteronomiums entnommen die Falschpropheten zur Seite gestellt werden, um so die Priester im Horizont von Dtn 18,9-22 zu desavouieren[77]. Jeremia aber wird in der Funktion gezeichnet, in der Mose im postdtr Deutero-

---

73 Mit Ex 32,14 ist Ex 32,12 verknüpft.

74 Siehe dazu E. Otto, Pentateuchredaktion (BEThL 126), Leuven 1996, 83ff.

75 Jer 26,19 ist ebenfalls auf Ex 32,12.14 (PentRed) zurückgreifend mit Jer 26,3.13 verzahnt, so daß der Rückgriff auf die postdtr Sinaiperikope in Ex 32 das gesamte Kapitel von Jer 26 strukturiert. Siehe auch oben zur Rezeption von Jer 26,3 in Jer 36,3.

76 Auch in dem postdtr Hulda-Orakel in 2 Kön 22,15-17 ist die Tora in Gestalt des Deuteronomiums Inhalt der Prophetie, während der Wahrsagungsbeweis in 2 Kön 22,20 als Kriterium nach Dtn 18,21f. falsifiziert wird, so daß dieses Orakel auch nicht etwa auf einen Propheten Jeremia, sondern eine unbekannte Prophetin Hulda zurückgeführt wird. Neben dem dtr Prophetengesetz des Deuteronomiums in Dtn 18,9-22 hat auch der Bericht der Josia-Reform in seiner nachexilischen Fassung in 2 Kön 22-23 in nachexilischen Partien des Jeremiabuches eine herausragende Bedeutung, wie die zahlreichen Anspielungen zeigen, da die „Bundesrolle" in dieser Erzählung nicht auf die Autorität des Mose, sondern auf die des Tempels, des Königs und der Prophetie zurückgeführt wird. Letzteres ist für die nachexilische Jeremiatradition von Bedeutung. Die Bezugnahme auf die „Bundesrolle" ohne Mose erhält damit geradezu polemische Züge. Die schriftgelehrten Kreise, die nachexilisch 2 Kön 22-23 und das Jeremiabuch bearbeitet haben, sind sich sehr nahe.

77 H.-J. Stipp (Jeremia im Parteienstreit. Studien zur Textentwicklung von Jer 26,36-43 und 45 als Beitrag zur Geschichte Jeremias, seines Buches und der judäischen Parteien im 6. Jahrhundert, BBB 82, Frankfurt/Main 1994, 68) hat zu Recht herausgestellt, daß die Propheten hier nichts ohne die Priester unternehmen, den Propheten keine konkurrierende Prophezeiung in den Mund gelegt ist, d. h. die Propheten nicht als Propheten aktiv werden. Ihre Funktion ist es also, einen Propheten zu verfolgen, der die Tora verkündet, und sich damit als Verächter der Tora zu erweisen. Auch für Jer 26,10-16 ist Jer 26,4 der Schlüssel. Daß es den nachexilischen Autoren in Jer 26,10-16, wie H.-J. Stipp (a. a. O., 72; ders., Aristokratie [KlAANT 1], 18f. 70) meint, nur um die Si-

nomium als Teil der Fabel des Pentateuch gesehen wird (Dtn 1,5; 4,1-40 u. ö.), nämlich als Ausleger der Tora, der das Kriterium der Tora zur Differenzierung zwischen wahrer und falscher Prophetie auf die aktuelle Situation anwendet.[78] Daß in Jer 26 Autoren schreiben, die schon weit vom dtr Prophetengesetz des Deuteronomiums entfernt sind, zeigt sich in Jer 26,4f., da hier nachexilisch die Tora im Munde des Propheten, und wie Jer 31 zeigen wird, nur hier, zum Kriterium des rechten Lebenswandels und damit der wahren Prophetie erklärt wird. Diese Festlegung auf die Tora als Kriterium der Unterscheidung zwischen wahrer und falscher Prophetie hat das Prophetengesetz des dtr Deuteronomiums, wie wir sahen, aus gutem Grund vermieden[79]. Die Tora hat eine derartige Funktion erst im postdtr Deuteronomium als Teil des Pentateuch erhalten.[80] So kann in Jer 26,2 die Kanonformel (Dtn 4,2; [13,1]) in ihrem negativen Glied auf das Prophetenwort angewendet werden, um so die offenbarungstheologische Bedeutung des Prophetenwortes in Relation zur Tora zu unterstreichen.

In Jer 7,1-8,3 liegt noch eine erhebliche Verschärfung gegenüber Jer 26 vor, da die „Tempelrede" Jer 7,5-8 zum Trotz in einer Ankündigung totaler Vernichtung endet[81]. Will man nicht der interpretatorischen *metabasis eis allos genos* folgen und Jer 8,1-3

cherung des Führungsanspruchs des *śarîm* gegangen sei, nicht aber darum, wie zwischen wahrer und falscher Prophetie zu unterscheiden sei, ist angesichts des hohen argumentativen Aufwandes in dieser Frage nicht wahrscheinlich.

78 Wie intensiv in nachexilischer Zeit das Prophetengesetz des Deuteronomiums rezipiert wurde, zeigt D. Shepherd, Prophetaphobia: fear and false prophecy in Neh VI, VT 55, 2005, 232-250. Analogie und Differenz zwischen der priesterlichen Auslegung der Tora des Pentateuch und der tradentenprophetischen Schriftauslegung wird durch einen Vergleich mit Neh 8,1-8 deutlich, tritt dort doch an die Stelle des Propheten der priesterliche Ausleger der Tora und an die Stelle des autoritativen Prophetenwortes die Tora selbst. Die Tora ist in der tradentenprophetischen Tradition Kriterium der Unterscheidung zwischen wahrer und falscher Prophetie, das toragemäße Prophetenwort aber gilt als Offenbarung Gottes, als die die Tora ihren Ort im Munde des Propheten hat. Eine derartige Dialektik ist der priesterlichen Schriftgelehrsamkeit der Auslegung der mosaischen Tora in nachexilischer Zeit fremd; siehe dazu auch oben zu Jer 36,1-32.

79 Siehe auch E. Otto, „Das Deuteronomium krönt die Arbeit der Propheten". Gesetz und Prophetie im Deuteronomium, in: F. Diedrich/B. Willmes (Hg.), „Ich bewirke das Heil und erschaffe das Unheil" (Jes 45,7). Studien zur Botschaft der Propheten. FS L. Ruppert, fzb 88, Würzburg 1998, 277-309.

80 Wird das Prophetengesetz des Deuteronomiums in seiner postdtr Interpretation rezipiert, so erübrigen sich Hypothesen, die das Prophetengesetz des Deuteronomiums von „Erfahrungen mit dem Propheten Jeremias (oder die mit seinem Namen verbundenen Überlieferungen) geprägt" sehen, so W. H. Schmidt, Das Prophetengesetz Dtn 18,9-22 im Kontext erzählender Literatur, in: M. Vervenne/J. Lust (Hg.), Deuteronomy and Deuteronomic Literature, FS C. H. W. Brekelmans, BEThL 133, Leuven 1997, 55-69. Zu entsprechenden Thesen zur Relationierung von Jer 1 und dem Prophetengesetz des Deuteronomiums siehe oben.

81 Zur Literaturgeschichte von Jer 7,1-8,3, insbesondere in der Diskussion mit Chr. Maier (Jeremia [FRLANT 196]) und C. J. Sharp, Prophecy and Ideology in Jeremiah. Struggles for Authority in the Deutero-Jeremianic Prose, London/New York 2003, siehe E. Otto, Jeremiabuch (ZAR 12), 250-262.

als Rückblick historisieren, stellt sich die Frage, wo in nachexilischer Zeit eine derartige Unheilsankündigung an diejenigen, die die Katastrophe von 586 v. Chr. überlebt haben, einen Ort haben kann. Wieder hilft ein Blick auf die Mose-Jeremia-Relation. Die Fürbitte ist eine wesentliche Funktion des spätdtr Mose (Dtn 9,18ff.), vor allem aber des postdtr Mose (Ex 32,30-35; 33,12-17; 34,8f.;[82] Num 14,13-20 u. ö.). Während Jer 15,1 die Fürbitte von Mose und Samuel angesichts der Vergehen des Volkes für unwirksam erklärt, soll die des Jeremia durchaus wirksam sein. Nur dann macht ein göttliches Verbot der Fürbitte in Jer 7,16 Sinn. Hier wird eine Jeremia-Typologie *gegen* eine Mose-Typologie entworfen: Während Moses Fürbitte nicht mehr wirksam ist, muß Jeremia die Fürbitte untersagt werden, damit das angekündigte Unheil seinen Lauf nehmen kann. Das gilt nun gleichermaßen für die Bedeutung der Tora in dieser Jeremia-Typologie. In Jer 7,21f. wird nicht nur die pentateuchische Kultordnung in Gestalt der Opfertorot außer Kraft gesetzt[83], sondern auch das Zentralisationsgebot des Deuteronomiums (Dtn 12)[84] und die Offenbarungstheorie sowohl des Deuteronomiums der dtr Horebredaktion als auch des postdtr Pentateuch des 5. Jahrhunderts v. Chr. Während die dtr Hauptredaktion des Deuteronomiums die Gesetzesoffenbarung am Gottesberg Horeb loziert, die zweite dtr Redaktion, die Moabredaktion (DtrL), zwischen einer Offenbarung am Gottesberg und einer Gesetzespromulgation im Lande Moab unterscheidet, der postdtr Pentateuch noch Gesetzesoffenbarungen in der Wüste zwischenschaltet (Num 36,1) und in Moab die Tora ausgelegt wird (Dtn 1,1-5), setzt Jer 7,22 dem die Offenbarung des Gotteswillens am Tage des Auszugs („ihnen gebot ich *am Tage*, als ich sie aus dem Land Ägypten herausführte") entgegen. Eine mosaische Mittlerschaft des Gesetzes, die bereits die dtr Horebredaktion des Deuteronomiums ins Zentrum ihrer Redaktion rückte, wird in Jer 7 zugunsten der direkten Gottesoffenbarung übergangen. Statt dessen werden Propheten, die JHWH gesandt habe, zu Gesetzessprechern wie zuletzt Jeremia selbst. Schließlich wird in Jer 7,23 die Bundesformel

---

82 Zur postdtr Erzählung Ex 32 (PentRed) und ihrer literarischen Relation zu Dtn 9-10* siehe E. Otto, Pentateuchredaktion (BEThL 126), 83-91, und daran anknüpfend R. Achenbach, Sinai-Perikope (FRLANT 206), 69ff. Zur Rezeption von Ex 32,12.14 in Jer 26,3 siehe oben.

83 Das Skandalon im Verhältnis zur Kultgesetzgebung des Pentateuch zeigt sich auch darin, daß Jer 7,21 in Form eines priesterlichen Torabescheids ergeht, der die priesterliche Opferordnung revidiert; siehe dazu M. Weinfeld, Jeremiah and the Spiritual Metamorphosis of Israel, ZAW 88, 1976, (17-56) 53. Es bedarf aber gerade nicht der Annahme von M. P. Maier (Ägypten. Israels Herkunft und Geschick: Studien über einen theo-politischen Zentralbegriff im hebräischen Jeremiabuch, ÖBS 21, Frankfurt/Main 2002, 63 Anm. 11), Jer 7,21ff. richte sich nicht gegen die priesterlichen Ritualvorschriften des Pentateuch, sondern „schon früh" fixierte schriftliche oder mündliche Opfervorschriften für den Tempelkult. Entscheidendes Gegenüber sind die pentateuchischen Vorschriften in ihrer Einbindung in die Exodusthematik.

84 Mit den Opferarten von *zbḥjm* und *'lwt* wird an Dtn 12,6.11.27 angespielt. Wenn man in Jer 7 einen nachexilischen Text erkennt, ist auch nicht in Jer 7,22 der Ursprung der Bundesmotivik zu entdecken. Siehe dazu die Kritik an dieser These von M. P. Maier, Ägypten (ÖBS 21), 67 Anm. 29.

nicht von Mose (Dtn 26,16-18), sondern von Jeremia gesprochen. Hier werden pentateuchische Züge nicht auf Jeremia übertragen, sondern von Mose gelöst dem Propheten Jeremia zugesprochen und damit gegen den Pentateuch und seine Zentralgestalt Mose argumentiert.

Die nachexilische Abfassung von Jer 7,1-8,3 wird durch die Rezeption postdtrnachexilischer Überlieferungen in zwei leitmotivisch diesen Text strukturierenden Motivketten unterstrichen. In Jer 7,10.11.14.30 wird die Bedeutung des Jerusalemer Tempels durch die Formel *(hab)bajit *^{a}*šaer niqrā' š^{e}mî 'ālājw* „(das) Haus, über das mein Name ausgerufen ist" ausgedrückt. Sie unterscheidet sich charakteristisch von den das dtr Deuteronomium kennzeichnenden Zentralisationsformeln des Ortes, den JHWH erwählt hat, um seinen Namen dort wohnen zu lassen[85]. Die Tempelformel in Jer 7,10.11.14.30 hat keine Parallele im dtr Schrifttum, wohl aber mit 1 Kön 8,43 postdtr im Rahmen von 1 Kön 8,41-46 als Eintrag in die Tempelrede, der den postpentateuchredaktionellen Pentateuch voraussetzt[86]:

> 1 Kön 8,43: *šimkā niqrā' 'al habbajit hazzaeh*
> Jer 7,10: *habbajit hazzaeh *^{a}*šaer niqrā' š^{e}mî 'ālājw*

Eine zweite Motivkette in Jer 7,3.7 ist mit der des über dem Tempel ausgerufenen Namens Gottes in Jer 7,10.11.14.30 eng verbunden. In Jer 7,7 verheißt JHWH, er werde an diesem *māqôm* und in diesem Land (*'aeraeṣ*), das er den Vätern gegeben habe (*nātattî la*^{a}*bôtêkaem*), die Angeredeten (*'aetkaem*) wohnen lassen (*w^{e}šikkantî*). Nur in Num 14,30 ist im Rahmen der Pentateuchredaktion dieses Motiv postdtr noch einmal belegt[87]:

> Num 14,30: *hā'āraeṣ *^{a}*šaer nāśā'tî 'aet jādî l^{e}šakken 'aetkaem bāh*
> Jer 7,7: *w^{e}šikkantî 'aetkaem bammāqôm hazzaeh bā'āraeṣ *^{a}*šaer nātattî la*^{a}*bôtêkaem*
> Jer 7,3: *wa*^{a}*šakk^{e}nāh 'aetkaem bammāqôm hazzaeh*

---

85 Zur Literaturgeschichte der dtn und dtr Zentralisationsformeln, die ihren Ursprung in der dtn Revision der Formel Ex 20,24b haben, siehe N. Lohfink, Zur deuteronomischen Zentralisationsformel, in: ders., Studien zum Deuteronomium und zur deuteronomistischen Literatur II, SBAB 12, Stuttgart 1991, 147-177; E. Otto, Das Deuteronomium. Politische Theologie und Rechtsreform in Juda und Assyrien, BZAW 284, Berlin/New York 1999, 341ff.; J. Schaper, Schriftauslegung und Schriftwerdung im alten Israel. Eine vergleichende Exegese von Ex 20,24-26 und Dtn 12,13-19, ZAR 5, 1999, 111-132.

86 Siehe dazu Th. Römer, Deuteronomistic History, 120.174, sowie R. Achenbach, Pentateuch, Hexateuch und Enneateuch. Eine Verhältnisbestimmung, ZAR 11, 2005, 122-154.

87 Siehe E. Otto, Deuteronomium (FAT 30), 48-51. Nur in Jer 7,7 und Num 14,30 wird in diesem Zusammenhang *škn* im Pi. verwendet. In Jer 7,3.7 ist wie in Num 14,30 die dtr Formel *l^{e}šakken š^{e}mô šām* (Dtn 12,11; 14,23; 16,2.6.11; 26,2) als Teil der Zentralisationsformel postdtr umgestaltet worden: Nicht seinen Namen, sondern das Volk läßt JHWH wohnen, während sein Name über dem Tempel ausgerufen wird. In Jer 7,12 wird dagegen das Motiv des Wohnenlassens des Namens auf Silo bezogen und damit als historisch überholt abgetan.

Die Autoren von Jer 7,1-8,3 fügen in die Vorlage Num 14,30 das Motiv des *māqôm* neben das des Landes ein. Num 14,30 ist also der ursprüngliche Spendertext, Jer 7,3.7 aber der rezipierende Text. Num 14,30 ist mit der impliziten Aussage über Moses Schicksal, das erst in Dtn 1,37 im Horizont von Num 20,10-13 gelesen explizit wird[88], und dem Ausgleich der Josua- und Kalebtraditionen[89] Teil der Pentateuchredaktion in Num 13-14[90].

So ist zu fragen, wo Jer 7 und 26 in nachexilischer Zeit ihren Ort und ihre Träger-kreise hatten. Jer 26,10-16 gibt einige Hinweise darauf. Ob mit den Falschpropheten konkrete prophetische Fraktionen benannt werden oder ob sie in typischer Funktion genannt sind, ist nicht endgültig zu entscheiden. Eher als daß hier Prophetenfraktionen im Blick sind, dürfte es sich um einen festen Topos aus dem Prophetengesetz des Deu-teronomiums handeln. Eindeutig fündig wird man dagegen mit den ebenfalls genannten Priestern. Sie lassen sich kaum wie die Falschpropheten topisch als Gegner erklären. Wenn nun in Rechnung gestellt wird, daß das Tora-Konzept des nachexilischen Penta-teuch von Priestern verantwortet wird,[91] so werden hier als deren Gegner nachexilisch nichtpriesterlich-prophetische Kreise erkennbar, die sich auf den Propheten Jeremia zurückführen. Nicht die *śārîm* sind hier im Sinne einer frühnachexilischen „patrizi-schen Redaktion"[92] am Werk – sie dürften den Auslegungsfragen in bezug auf das

88 Siehe E. Otto, Deuteronomium (FAT 30), 23.
89 Siehe E. Otto, a. a. O., 48. R. Achenbach (Die Erzählung von der gescheiterten Landnahme von Kadesch Barnea [Num 13-14] als Schlüsseltext der Redaktionsgeschichte des Pentateuchs, ZAR 9, 2003, [56-123] 119) will darüber hinausgehend Num 14,30b einer postpentateuch-redak-tionellen „theokratischen Bearbeitung" zuweisen.
90 Siehe E. Otto, a. a. O., 59.
91 Siehe E. Otto, Gottes Recht als Menschenrecht. Rechts- und literaturhistorische Studien zum Deuteronomium, BZAR 2, Wiesbaden 2002, 57-75; ders., Hebraismus (ZAR 10), 27-41.
92 So H.-J. Stipp, Die Hypothese einer schafanidischen (patrizischen) Redaktion des Jeremiabuches. Zum Beitrag von H.M. Wahl in ZAW 3/1998, ZAW 11, 1999, 417-419; ders., Aristokratie (KlAANT 1), 17ff. Rechnet man mit H.-J. Stipp mit einer patrizischen Redaktion der nachexili-schen Zeit, so wird man allerdings festhalten müssen, daß sie in hohem Maße mit schriftgelehrter Argumentationsweise der deutero-jeremianischen Tradition operiert. So wird die Prophetentradi-tion Mi 3,12 als so autoritativ auf den zur Entscheidung anstehenden Rechtsfall auf Leben und Tod appliziert, daß er dadurch entschieden wird. Damit nimmt das Prophetenwort des Micha die Autorität ein, die sonst der mosaischen Tora in der Hand der Priester zukommen soll. Auch las-sen die Autoren von Jer 26,10-16, wie schon gesagt, Jeremia das Prophetengesetz des Deutero-nomiums auslegen. Wenn H.-J. Stipp (Baruchs Erben. [ATSAT 72], 145-170; cf. ders., Parteien-streit [BBB 82], 115-121; ders., Aristokratie [KlAANT 1], 34-37) die These der „patrizischen Redaktion" auf die unterschiedlichen Haltungen den *śārîm* gegenüber, deren negativer Wertung u. a. in Jer 1,18; 8,1f.; 26,21; 32,32; 34,10f. 19-21; 44,9.17.21 eine positive Haltung u. a. in Jer 26,7.10-16; 35,1-37,2; 40,1-6; 26,24, vor allem aber auch in Jer 36 gegenübersteht, aufbaut und aus Jer 36 schließt, daß in dieser Redaktion sich die „Selbstdarstellung der judäischen Aristokra-tie" niedergeschlagen habe, so sollte dieses tendenzkritische Argument nicht verdunkeln, daß es nach Jer 36 nicht die genannten Patrizier sind, die nach der Fabel das Prophetenwort verantwor-

Prophetengesetz des Deuteronomiums eher spröde gegenübergestanden haben -, sondern Prophetenkreise, die gegen diese sich durchsetzende Tora-Konzeption des Pentateuch, das ihnen mit Dtn 34,10-12 die Legitimität bestreitet, angehen und dabei reklamieren, daß sie, die Propheten, wie bereits Jeremia nicht zerstörend, sondern „staatstragend" im Sinne der nachexilischen *śārîm* seien, da sie die Führer des Volkes, die nach dem Vorbild der schriftgelehrten Tradentenprophetie ihrerseits die Michaüberlieferung zitieren und auf den vorliegenden Fall als Begründung eines Rechtsentscheids heranziehen, auf ihrer Seite hätten.

Die Jeremiaforschung hat inzwischen Abstand genommen von pandeuteronomistischen Bearbeitungs- und Redaktionshypothesen, die dort, wo dtr Sprachliches vorliegen, auch mit dtr Autoren rechnen. Konrad Schmid hat deshalb jüngst eine Einschränkung vorgeschlagen derart, daß man „die Klassifikation ‚deuteronomistisch' strikt auf solche Texte beschränken (sollte), die sich *sachlich* (Kursive E. O.) an den Leitlinien des Deuteronomiums (Kultuseinheit und Kultusreinheit) orientieren und dazu die schulsprachlichen Eigenheiten des Deuteronomiums zeigen".[93] Daß auch diese Kriterien nicht greifen, ist einsichtig, da die „Leitlinien des Deuteronomiums" in Gestalt von Kulteinheit und Kultreinheit nicht nur auf dtr Texte beschränkt sind, sondern eine praedtr, vor allem aber eine postdtr Traditions- und Literaturgeschichte aufweisen. Doch das allein ist noch nicht das Problem. Es ist richtig, in der Definition dessen, was als „deuteronomistisch" gelten soll, das Deuteronomium zum Maßstab zu erheben. Doch aus der Perspektive der neueren Pentateuchforschung und speziell der Deuteronomiumsforschung ist zu fragen, welches Deuteronomium gemeint sein soll. Die Deuteronomiumsforschung hat parallel zur Jeremiaforschung erkannt, daß das Deuteronomium nicht nur in den Rahmenteilen, sondern auch in dem Gesetzeskorpus in Dtn 12-25 einen hohen postdtr Anteil hat. Galten Texte wie Dtn 4 oder Dtn 7 noch vor Jahren

---

ten, sondern ein Prophet. Den Patriziern aber kommt in ihrem Schwanken der jeremianischen Prophetie gegenüber, das nicht literarkritisch aufzulösen ist, eine Rolle zu, die dem seine Meinung stets anpasserisch wechselnden Chor antiker Tragödien nicht unähnlich ist. Auch dort wird man kaum auf die Idee kommen, tendenzkritisch das literarkritische Skalpell anzusetzen. Eine Auflösung des „Widerspruchs" in der Haltung der *śārîm* und ihnen gegenüber „durch die diachrone Entflechtung des Kapitels" (sc. Jer 36) und die „tendenzkritische Exegese seiner Textebenen", so H.-J. Stipp (Baruchs Erben [FS S. Ö. Steingrimsson], 167), läßt das Nebeneinander dieser Positionen in einem Buch ebenso ohne redaktionsgeschichtliche Antwort, wie eine Grundschicht in Jer 36, die der von Jojakim verbrannten Schriftrolle keinen besonderen Rang zubilligt, wenig plausibel ist. Die Triebkräfte der Literaturgeschichte des Jeremiabuches waren eher theologischer Natur des Disputs zwischen Theokratie und Eschatologie als, wie H.-J. Stipp meint, die Frage, „was man von der judäischen Aristokratie zu halten habe". Siehe auch oben Anm. 63.

93 Siehe K. Schmid, Hintere Propheten (Nebiim), in: J. Chr. Gertz (Hg.), Grundinformation Altes Testament, UTB 2745, Göttingen 2006, 344.

als dtr,[94] so ist inzwischen erkannt, daß der Rahmen des Deuteronomiums in Dtn 1-11; 30-34 im Horizont des postdtr Pentateuch tiefgreifend postdtr überarbeitet wurde.[95] Jüngst hat auch Thomas Römer in einer bemerkenswerten Studie zum „sogenannten Deuteronomistischen Geschichtswerk" den hohen Anteil nachexilischer Bearbeitung im Deuteronomium, der er v. a. das Kapitel Dtn 7 zuweist, herausgestellt.[96] Es bedarf also plausiblerer Kriterien, um dtr und postdtr Überlieferungen im Jeremiabuch zu differenzieren. „Kultuseinheit" und „Kultusreinheit" sind dazu nicht geeignet, weil es sowohl im Deuteronomium wie im Jeremiabuch jeweils darauf ankommt, in welchem Kontext diese beiden Themen eingeführt werden. Nur eine auf das Gesamtkorpus der hebräischen (und griechischen) Bibel ausgerichtete literarische Vernetzung der Jeremiatexte vermag eine literaturhistorische Chronologie des Jeremiabuches zu begründen.

V. Jer 11,1-17 und 31,31-34

Was bedeutet nun dieser kritische Diskurs zwischen Pentateuch und Jeremiabuch für die Geschichte des Bundesmotivs?[97] Die Bundesrede in Jer 11,1-17 ist für diese Frage einschlägig. Chr. Maier[98] will von einer Grundschicht eine bundestheologische Bearbeitung in Jer 11,3b-4aα.5 abheben, die das Motiv der Bundesverpflichtung der Exodusgeneration einbringe. In der exilisch datierten „Grundschicht" in Jer 11,2a.3aβ. 4aβb.6.8b*.9-10a.11-13.15-17a werde Jeremia eine mosaische Funktion zugesprochen, wenn er den vorexilischen Judäern das Hören und Halten des Gotteswortes einschärfen solle. Chr. Maier stellt heraus, daß in Jer 11,6b Dtn 29,8a zitiert wird, um – so die Verf. – durch die Erinnerung an den in Moab geschlossenen Bund den Worten Jeremias eine „hohe Legitimität" zu verleihen. Die Bearbeitungsschicht habe Gehorsamsforderung und Landgabe verbunden, die bereits eingelöst seien (V. 5a), so daß die Adressaten nachexilisch wieder zu Landbesitz gekommene Heimkehrer seien. Im Gegensatz zur

---

94 Siehe nur D. Knapp, Deuteronomium 4. Literarische Analyse und theologische Interpretation, GTA 35, Göttingen 1987; R. Achenbach, Israel zwischen Verheißung und Gebot. Literarkritische Untersuchungen zu Deuteronomium 5-11, EHS XXIII/422, Frankfurt/Main 1991, 212-306.

95 Siehe E. Otto, Deuteronomium 4 (SESJ 62), 208-237; ders., Deuteronomium (FAT 30), 156-233; ders., Gottes Recht (BZAR 2), 38-91.

96 Siehe Th. Römer, Deuteronomistic History (London 2005), 165-184. Siehe dazu E. Otto, Die Geschichte der deuteronomistischen Geschichtswerke. Anmerkungen zu einem neuen Entwurf von Thomas Römer, ZAR 12, 2006, 354-361.

97 Siehe dazu auch E. Otto, Welcher Bund ist ewig? Die Bundestheologie priesterlicher Schriftgelehrter im Pentateuch und in der Tradentenprophetie des Jeremiabuches, in: Chr. Dohmen/Chr. Frevel (Hg.), Für immer verbündet. Studien zur Bundestheologie der Bibel (FS F.-L. Hoßfeld) QD, Freiburg/Br. 2007.

98 Siehe Chr. Maier, Jeremia (FRLANT 196), 180ff.

Grundschicht, die Jeremia als Gesprächspartner JHWHs und Mittler zum Volk gezeichnet habe, werde er nun als Stellvertreter des Volkes gesehen, der den Fluch durch
sein „Amen" bekräftige und deutlich mache, daß der Landbesitz auch in nachexilischer
Zeit wieder verloren gehen könne. Schließlich sei auf einer weiteren Überlieferungsstu-
fe Jer 11,10b.17b im Horizont von Jer 31,31-34 als Ausgangspunkt für die Heilsver-
heißung nachgetragen worden.

Es gibt aber keinen ausreichenden Grund zur literarkritischen Sonderung innerhalb
von Jer 11,1-17[99]. Vielmehr handelt es sich um einen geschlossen nachexilischen Text.
Das Motiv des „eisernen Schmelzofens" ist nur postdtr-nachexilisch in Dtn 4,20[100] und
1 Kön 8,51, nicht aber exilisch-dtr belegt. In Jer 11,5 wird mit dem „Aufrichten des
Landschwurs" ein ebenfalls postdtr Motiv, das sonst nur noch postpriesterschriftlich in
Gen 26,3 im Rahmen der nachexilischen Hexateuchredaktion (HexRed) belegt ist,
rezipiert[101]. Auch ist das Motiv des Bundesbruches in Jer 11,10 außerjeremianisch im
Pentateuch nur postdtr in Lev 26,15 (PentRed)[102] und Dtn 31,16.20[103] postpentateuch-

---

99 In Chr. Maiers Analyse dieses Kapitels steht die Literarkritik auf schwachen Füßen dort, wo sie
   nicht den LXX-Text im Rücken hat. Daß Jeremia nur auf direkte Anfrage oder Aufforderung
   Gottes hin antwortet, ist kein schlüssiges Argument, um Jer 11,3b.4aα.5 auszugliedern. Jer 11,3b
   rezipiert Dtn 27,26. Davon aber ist nun nicht das Zitat von Dtn 28,69 und Dtn 29,8 in Jer 11,6b
   zu trennen, so daß literarkritisch ein wesentlicher Zug der Bundesmotivik, die durch den Deute-
   ronomiumsbezug gestaltet ist, in Jer 11,3-6 gestört würde; siehe dazu im folgenden. Für die literarische Einheitlichkeit von Jer 11,1-17 haben sich u. a. W. Thiel (Jeremia 1-25 [WMANT 41],
   139-157) und K. Schmid (Buchgestalten [WMANT 72], 296), letzterer gegen Chr. Levin (Verheißung [FRLANT 137], 75), ausgesprochen.
100 Siehe dazu E. Otto, Deuteronomium (FAT 30), 169. Siehe dort auch zur Bundesmotivik in Dtn
   4,20, die Dtn 4 mit Jer 11,1-17 verbindet.
101 Die Formel vom „Land, das von Milch und Honig fließt", hat zwar einen dtr Ursprung im Deuteronomium (Dtn 26,9.15; siehe auch Dtn 6,3), doch sie im Pentateuch vor allem postdtr in
   Hexateuch- und Pentateuchredaktionen verwendet worden; siehe Ex 3,8.17; Num 13,27bα;
   14,8b; siehe dazu E. Otto, Deuteronomium (FAT 30), 55.
102 Zur Interpretation von *hpr bᵉrît* in Lev 26,15 in Verbindung mit *zkr bᵉrît ri'šonîm* in Lev
   26,42.45 siehe W. Groß, „Rezeption" in Ex 31,12-17 und Lev 26,39-45. Sprachliche Form und
   theologisch-konzeptionelle Leistung, in: R. G. Kratz/Th. Krüger (Hg.), Rezeption und Auslegung
   im Alten Testament und in seinem Umfeld. Ein Symposion aus Anlaß des 60. Geburtstags von
   Odil Hannes Steck, OBO 153, Göttingen/Fribourg 1997, (45-61) 61, sowie H. U. Steymans, Verheißung und Drohung: Lev 26, in: H.-J. Fabry/H.-W. Jüngling (Hg.), Levitikus als Buch, BBB
   119, Berlin 1999, (263-307) 299f., einerseits und G. Davies, Covenant, Oath, and the Composition of the Pentateuch, in: A. D. H. Mayes/R. B. Salters (Hg.), Covenant as Context. FS. E. W. Nicholson, Oxford 2003, (71-90) 82ff. andererseits. Siehe dazu E. Otto, Der Bund im Alten Testament. Eine Festschrift für E. W. Nicholson, ZAR 11, 2005, 361-369. In diesen postdtr Kontext
   gehört auch das aus dem Dekalog entnommene Motiv von *ᶜᵃwonot ᵃbôtām*, das in Ex 34,7; Lev
   26,39f. und Num 14,18 von der Pentateuchredaktion gezielt gesetzt worden ist. Hier ist im Jeremiabuch mit dem Motiv der *ᶜᵃwonot* der Väter an Lev 26,39-45 angeknüpft worden. Zu diesem
   Motiv siehe zuletzt B. Lang, The Number Ten and the Iniquity of the Fathers. A New Interpretation of the Decalogue, ZAW 118, 2006, (218-238) 226, mit weiterer Literatur.

redaktionell belegt. Schließlich ist die ana- und kataphorische Vernetzung von Jer 11,1-17 mit nachexilisch-postdtr Texten des Jeremiabuches, insbesondere mit Jer 31,31-34, Hinweis auf die postdtr Abfassung auch dieses mit Jer 31,31-34 einen Bogen innerhalb des Jeremiabuches bildenden Abschnitts[104].

Schlüssel zum Verständnis von Jer 11,1-17 sind die expliziten Bezugnahmen auf Dtn 27-29, die auch den nachexilischen Zeithorizont der Komposition der Bundesrede bestätigen: In der Rahmung der Gehorsamsforderung von Jer 11,4 durch Jer 11,3.5 wird Dtn 27,26 rezipiert. Dtn 27,1-26 ist eine späte postpentateuchredaktionelle Eintragung in den Pentateuch,[105] der das pentateuchredaktionelle Heiligkeitsgesetz (PentRed) voraussetzt.[106] Es geht bei der Rezeption von Dtn 27,26 in Jer 11,3.5 um weit mehr als nur darum, das verkündete Unheil als Eintreffen eines göttlichen Fluches zu deuten[107]. Erst die Funktion von Dtn 27,1-26 im Pentateuch kann erklären, worum es den Autoren in Jer 11 mit der Rezeption von Dtn 27,26 ging. Die für das Narrativ des Pentateuch entscheidende Frage war es, wie die von Mose im Land Moab begründete Tradition der Schriftauslegung der Tora nach seinem Tod, mit dem auch die Prophetie „von Angesicht zu Angesicht" enden soll (Dtn 34,10-12), fortgesetzt werden kann. In Dtn 27,1-26 wird Anweisung zur erneuten Gesetzesverschriftung jenseits des Jordans in Sichem gegeben – eine Anweisung nicht nur des Mose, sondern mit ihm auch der Ältesten. Dtn 27,5-7.15-26 zeigt nun auch, daß diese Verschriftung Auslegung der Tora sein soll, indem die Anweisung zum Altarbau als Auslegung des Altargesetzes in Ex 20,24-26 formuliert wird und in Dtn 27,15-26 Mose und die Ältesten den Dekalog aktualisiert für die spezifische, durch die Geographie der Berge Ebal und Garizim bestimmten kultischen Situation in Sichem nach der Seßhaftwerdung auslegen. Dtn 27,1-26 hat also eine zentrale Funktion in der nachexilischen Diskussion um die schriftgelehrte Toraauslegung als mosaische Funktion, die als durch das Deuteronomium als Auslegung der Sinaitora begründet gilt.[108] Hier nun greifen die Autoren von Jer 11,1-17* ein. Die Worte des Mose und der Ältesten werden in Jer 11,3.5 JHWH selbst in den Mund

---

103 In Dtn 31,16.20 wird wie in Jer 11,10 das Motiv des Bundesbrechens mit dem der Fremdgötterverehrung verbunden und auch hier ist das Motiv des Landschwurs und das Motiv des von Milch und Honig fließenden Landes (Jer 11,5) mit dem Bundesbruch verbunden (Dtn 31,20). Zur Vermeidung des Lexems *znh 'aḥᵃrê* zugunsten von *hlk aḥᵃrê* siehe unten Anm. 118.

104 Daß es sich hier in Jer 11* um einen späten Text der nachexilischen Zeit handelt, zeigt sich nicht zuletzt daran, daß *šmʿ* mit dem status constructus von *dbr* neben Jer 11,2.3.6 nur in Neh 8,9 und 2 Chr 34,19 belegt ist.

105 Siehe E. Otto, Deuteronomium (FAT 30), 230ff. Siehe auch H.-J. Fabry, Noch ein Dekalog! Die Thora des lebendigen Gottes in ihrer Wirkungsgeschichte. Ein Versuch zu Dtn 27, in: M. Böhnke/H. Heinz (Hg.), „Im Gespräch mit dem dreieinen Gott". Elemente einer trinitarischen Theologie. FS W. Breuning, Düsseldorf 1985, 75-96.

106 Siehe E. Otto, Innerbiblische Exegese im Heiligkeitsgesetz Levitikus 17-26, in: H.-J- Fabry/H.-W. Jüngling (Hg.), Levitikus als Buch, BBB 119, Berlin 1999, 125-196.

107 So Chr. Maier, Jeremia (FRLANT 196), 188.191.202.204.

108 Siehe dazu E. Otto, Das Gesetz des Mose (Darmstadt 2007), 91ff.

gelegt: Nicht durch Schriftauslegung der Tora nach dem Tod des Propheten Mose sei das Gotteswort, auf das die Judäer hören sollen, präsent, sondern im Munde des Propheten, der von Gott beauftragt worden ist. Wenn nun Jeremia in Jer 11,5b das „Amen" anstelle des Volkes in Dtn 27 spricht und so in die Stellvertreterposition einrückt, so wird ihm damit nicht nur eine Funktion des Propheten Mose zugeschrieben, von der der Epitaph des Pentateuch sagt, sie habe mit Moses Tod ihr Ende gefunden, sondern die folgende Unheilsankündigung in Jer 11,6ff. vorbereitet. Das Amen des Propheten in Jer 11,5 muß das des Volkes ersetzen, das dazu nicht willens und in der Lage ist. Die Strukturierung des Verhältnisses von Jer 11,1-5 zu Jer 11,6ff. wird überhaupt erst auf dem Hintergrund der kritisch distanzierenden Rezeption von Dtn 27 in Jer 11,1-5.6ff. verständlich, erweckt doch Jer 11,1-5 auf den ersten Blick den Eindruck, als sei die Bundeszusage in Gestalt der Bundesformel gültig, sofern das Volk auf die Bundesworte höre, während nach Jer 11,8 diese Möglichkeit durch das Volk vertan ist und die Bundesworte in Gestalt des Fluches über sie kommen werden. Der Schlüssel für die Verbindung von Jer 11,1-5 mit Jer 11,6ff. ist in Jer 11,5 gegeben: Nicht das Volk, sondern nur der Prophet ratifiziert die Bundesworte.

Die kritische Distanz von Jer 11,3.5 zum Pentateuch zeigt sich auch in der Fortsetzung in Jer 11,6. In V. 6b wird Dtn 29,8a zitiert, ein Vers, der seinerseits auf Dtn 28,69 als Schlüsselvers im Überschriftsystem des Deuteronomiums, das gesamtpentateuchisch verzahnt ist, zurückgreift. Wieder wird ein Mosewort, das in der Fabel des Deuteronomiums nicht unmittelbares Gotteswort ist, sondern mosaische Paränese, in Jer 11,6 Gott selbst in den Mund gelegt. Die hier genannten „Worte des Bundes", denen die Judäer und Einwohner Jerusalems nicht folgen, sind in Jer 11,4 der Gesetzespromulgation im Land Moab, auf die sich Dtn 29,8 bezieht[109], entgegengesetzt. Nicht im Land Moab, sondern am Tage des Exodus habe Gott die Worte des Bundes direkt dem Volk geboten. Wichtig ist in diesem Zusammenhang, daß hier in Jer 11,4 wie in Jer 7,22; 31,32 und 34,13 die göttliche Gebotspromulgation auf den *Tag* des Exodus datiert wird, so daß eine Anspielung auf die Gottesbergoffenbarung ausgeschlossen ist. Mit dieser Festlegung der Gebotsoffenbarung auf den Tag des Exodus wird direkt das auf Dtn 29,8 folgende *Heute* des Moabbundes in Dtn 29,9 konterkariert[110]. Thesen, die

---

109 Siehe dazu im folgenden.

110 Bereits in Jer 7,24 und dann in Jer 11,8 wird mit *hlk bišᵉrirût leb* an Dtn 29,18 angeknüpft und die mosaische Warnung vor dem von Gott abgewandten Eigensinn als wirkungslos dargestellt. Wird diese Haltung des Eigensinns im Jeremiabuch eng mit dem Exodus verbunden, so in Jer 7,24f.; 9,13; 11,7f.; 16,12, wird damit auch der Moabbund, mit dem Dtn 29,18 verbunden ist (siehe dazu E. Otto, Deuteronomium [FAT 30], 151f. 159-162), übergangen. Die prophetisch-schriftgelehrte Kunst der Dialektik besteht darin, ähnlich wie mit der Rezeption von Dtn 18,18 gegen Dtn 34,10-12 nun an Lev 26,45 (PentRed) und Dtn 29,24 (Ergänzung zur Moabredaktion; siehe dazu im folgenden) anknüpfend gegen Sinai- und Moabbund zu argumentieren. Im Jeremiabuch, das Sinai- und Moabbund so konsequent übergeht, wird daraus ein Exodusbund; siehe dazu im folgenden.

die *berît* in Jer 11 mit Hinweis auf 2 Kön 23,3 auf den Josia-Bund beziehen[111] und in Jer 11* einen Gegentext zu 2 Kön 23 sehen,[112] sind ebensowenig tragfähig wie die klassischen Deutungen auf den Sinai-Bund.[113] Die richtige Deutungsrichtung hat Siegfried Herrmann in den Blick genommen mit der These eines „Ägyptenbundes".[114] Nur handelt es sich nicht um eine gesonderte dtr Konstruktion, die den Ägyptenbund mit dem Josuas und Josias als jeweilige Wendepunkte einer dtr Geschichtskonstruktion zusammendenke[115] und an die in Jer 11* angeknüpft werde, sondern um eine im Jeremiabuch entworfene Gegenkonzeption, nicht allerdings gegen den Josia-Bund in 2 Kön 23, sondern gegen das postdtr Konzept des mosaischen Sinai- und Moabbundes des Pentateuch, so daß präziser von einem „Exodusbund" zu sprechen ist[116]. In Jer 11,10 wird Lev 26,15 (PentRed) und Dtn 31,16.20 (postPentRed) rezipiert. In Lev 26 wird

111 So u. a. Th. Römer, Les „anciens" pères (Jér 11,10) et la „nouvelle" alliance (Jér 31,31), BN 59, 1991, 23-27.
112 So G. Fischer, Jeremia 1-25 (HThK.AT), 409. Der Bezug von Jer 11* auf 2 Kön 23* ist schon dadurch ausgeschlossen, daß es sich jeweils um ganz andere Typen des Bundesschlusses handelt. In 2 Kön 23,3 handelt es sich nicht um einen Bundesschluß *mit* JHWH, sondern den neuassyrischen *adê* entsprechend um einen Bund des Königs *vor* JHWH. In dieser Form der *adê* zwischen König und Volk kommt JHWH die Funktion des Zeugen der *adê* zu. Das ist nun in Jer 11* keineswegs gemeint.
113 Siehe u. a. P. Volz, Der Prophet Jeremia, KAT 10, Leipzig ²1928, 130; W. Rudolph, Jeremia, HAT I/12, Tübingen ³1968, 78. Auch Th. Römer holt in seiner Interpretation diese These durch die Annahme ein, Jer 11,4 sehe im Deuteronomium eine Aktualisierung der „Sinaioffenbarung"; siehe Th. Römer, Israels Väter. Untersuchungen zur Väterthematik im Deuteronomium und in der deuteronomistischen Tradition, OBO 99, Fribourg/Göttingen 1990, 424; ähnlich auch R. P. Carroll, Jeremiah. A Commentary, OTL, Philadelphia 1986, 269. Diese harmonisierende Interpretation vermeintlicher dtr Aktualisierung einer Sinai-*berît* wird weder der komplexen Literaturgeschichte des Deuteronomiums in dtr und postdtr Interpretation in diachroner Perspektive noch der komplexen Fabel des Pentateuch in synchroner Perspektive gerecht.
114 Siehe S. Herrmann, Die prophetische Heilserwartung im Alten Testament. Ursprung und Gestaltwandel, BWANT 85, Stuttgart 1965, 180f.
115 Dagegen spricht nicht nur die völlig andere Gestalt des Josia-Bundes (siehe oben Anm. 112), sondern auch die Kombination von Texten sehr unterschiedlicher literarhistorischer Herkunft. So ist Jos 24 erheblich später als 2 Kön 23 zu datieren und Teil einer nachexilischen Hexateuchredaktion; siehe E. Otto, Deuteronomium (FAT 30), 102-104. 244-247.
116 M. P. Maier (Ägypten [ÖBS 21], 84f.) verkennt die typische Wendung, die im Jeremiabuch mit dem Motiv des Exodusbundes vollzogen wird, wenn er den genannten Bund, der mit dem Exodus verbunden ist, aufgrund einer großzügigen Auslegung von *bᵉjôm (hôṣî'î 'ôtām)* als Zeitraum zwischen Exodus und Landnahme mit dem Sinaibund identifiziert. Gerade *bᵉjôm (hôṣî'î 'ôtām)* ist das über Dtn 29,24 und Lev 26,45 *hinausgehende* Motiv der Zeitfixierung des Bundes, dessen es nicht bedurft hätte, hätte nur der Sinaibund gemeint sein sollen. Auch Jer 31,33 gewinnt seine Dramatik gerade dadurch, daß die Tora des neuen Bundes als Antithese zum alten Bund aufs Herz geschrieben sein soll, der Sinai aber konsequent übergangen wird und sich Jer 31,33 auf den in Jer 11,3f. genannten Exodusbund bezieht, so daß die pentateuchische Bundeskonzeption in doppelter Weise konterkariert wird; siehe dazu im folgenden.

Mose als Prophet gezeichnet, der den Bundesbruch auf Seiten des Volkes voraussieht und die daraus folgende Not des Exils, aber auch die Bundesbewahrung auf Seiten Gottes, der des Bundes mit den Vorfahren gedenkt. In Jer 11,10f. werden die Vorfahren *ᵃbôtām hāri'šonîm* nicht als die verstanden, mit denen der Bund geschlossen wurde, dessen JHWH gedenken werde, sondern als die, die den Bund gebrochen haben. Jer 11,10f. will um des Neuen Bundes in Jer 31,31-34 willen nichts von einem Gedenken des Väterbundes wissen. Die postpentateuchredaktionelle Einfügung des Moseliedes in Dtn 32 zeichnet Mose noch einmal als den Erzpropheten, der Not und Rettung seines Volkes voraussieht. Der mit der Einfügung des Moseliedes verbundene Rahmen in Dtn 31,16-22.24-30; 32,44-47 (postPentRed)[117] verstärkt noch die weit über den Horizont des pentateuchischen Narrativs ausgreifende Prophetie des Mose, der den Bruch des Bundes und die daraus resultierende Not des Volkes voraussieht. Doch trotz des Bundesbruchs in Lev 26,15 wird Gott den Bund nicht aufgeben, soll doch die Prophetie des Mose in Gestalt des verschrifteten Moseliedes „das Leben" des Volkes sein, und werde das Volk doch ein langes Leben durch dieses Wort im Verheißenen Land haben (Dtn 32,47). Die Gegenposition dazu entwickelt dann Jer 31,31-34[118].

Stellt man sich die Frage, welche Funktion Jer 11* aber in der nachexilischen Zeit mit der Konstatierung des Bruches des Ägyptenbundes und der daraus resultierenden Unheilsankündigung haben sollte, so wird deutlich, daß das Kapitel keine literarisch eigenständige Funktion gehabt hat, sondern nur im literarischen Bezug auf Jer 31,31-34 im Jeremiabuch steht. Schon der in literarkritischen Operationen immer wieder herausgeschälte „Grundbestand" des Kapitels ist auf Jer 31,31-34 hin konzipiert und bedarf der Fortsetzung durch die Bundesverheißung in Jer 31,31-34.[119] Es geht in dieser spätnachexilischen Gestalt des Jeremiabuches um eine Auseinandersetzung mit dem zeitgleich sich postdtr formierenden Pentateuch und der die Fabel des Pentateuch tragenden auf die Mosegestalt zugespitzten Offenbarungstheorie, eine Auseinandersetzung, in der es nicht um hermeneutische Differenzen um ihrer selbst willen geht, sondern um die Frage, ob es in der Zukunft ein neues, von der Schuld erlösendes Eingreifen Gottes geben werde oder die Tora ausreichender Heilsgrund auch für die Zukunft ist. In dieser

---

117 Siehe E. Otto, Deuteronomium (FAT 30), 191ff.

118 Wieder wird ein komplexes Diskursgeflecht zwischen Pentateuch und prophetischer Literatur erkennbar. Dtn 31,16-20 knüpft gezielt an Formulierungen und Motive des corpus propheticum an. Zu Dtn 31,16 siehe Hos 2,7-9 (*znh 'aḥᵃrê*), zu Dtn 31,17f. siehe Jes 8,17; Ez 39,23f.29 (*str pānîm*), zu Dtn 31,18 siehe Hos 3,1 (*pnh 'ael 'aelohîm ᵃḥerîm*). Das nachexilische Jeremiabuch knüpft seinerseits wieder an Dtn 31,16-20 an. In Jer 11,10 ist gut erkennbar, wie die nachexilischen Kreise jeremianischer Tradentenprophetie die im postpentateuchredaktionellen Pentateuch auf Mose übertragene Prophetenmotivik zurückdrängen, wenn sie das hoseanische *znh 'aḥᵃrê* in Dtn 31,16 in der Rezeption in Jer 11,10 durch das allgemeinere bereits vorpentateuchredaktionell im Deuteronomium fest verankerte *hlk 'aḥᵃrê* ersetzen.

119 Siehe für den Nachweis K. Schmid, Buchgestalten (WMANT 72), 295-298.

die Komposition des Jeremiabuches tragenden Auseinandersetzung sind Jer 7[120] und Jer 11 auf Jer 31,27-34 hin orientiert.

Daß die hier in Anschlag gebrachte Spätdatierung, deren Gewinn auch die Rückgewinnung eines Mehr an literarischer Einheitlichkeit des Jeremiatextes ist, den Datierungen in exilische oder frühnachexilische Zeit überlegen ist, zeigt sich nicht zuletzt daran, daß weitere Texte wie die Sabbatpredigt in *Jer 17,19-27* bereits Neh 13,15-22 und Neh 2,1-20 voraussetzen. Auch in der „Sabbatrede" in Jer 17,19-27, die als literarisch einheitlich spätnachexilisch zu datieren ist, wird Jeremia als Antitypus zum Mose der Tora stilisiert. Im Pentateuch wird mit dem postdtr Deuteronomium als Auslegung der Tora (Num 36,13; Dtn 1,5) Mose als schriftgelehrter Toralehrer, der die Tora für das kommende Leben im Verheißenen Land auslegt, gezeichnet. In Jer 17,19-27 wird die Konkretisierung des literarisch vorausgesetzten Sabbatgebots des Dekalogs nicht einer mosaischen Auslegung überlassen, sondern diese JHWH selbst in den Mund gelegt und vom Propheten Jeremia vermittelt. Die Differenzen zwischen dem Dekalog in Ex 20 und Dtn 5[121] verdeutlichen die Perspektive des postdtr Pentateuch sehr gut. Wie Ex 20,18 zeigt, hat das Volk den Sinaidekalog nicht verstehen können, sondern hört den Dekalog erstmals in Dtn 5. Nur der Leser des Pentateuch, der im Narrativ des Pentateuch stets als der „Erstleser" vorausgesetzt wird,[122] kennt den Dekalog Ex 20, wenn Mose dem Volk den Dekalog in Dtn 5 rückblickend auf die Horebereignisse verkündet. In Ex 20,1 spricht Gott selbst, während in Dtn 5,1 Mose das Wort ergreift und rückblickend von der Dekalogoffenbarung erzählt. Der Leser erkennt die Abweichungen des Dekalogs in Dtn 5 von dem in Ex 20 und begreift, daß Mose den von Gott am Gottesberg offenbarten Dekalog im Land Moab für das Leben im Kulturland auslegt (Dtn 1,5)[123] und entsprechend diesem ausgelegten Dekalog folgend in Dtn 12-26

---

120 Zur Relationierung von Jer 7 zu Jer 31,27-30 siehe K. Schmid, a. a. O., 299f.

121 Zur Diachronie dieser Dekaloge siehe E. Otto, Deuteronomium (FAT 30), 245f.; ders., Der Dekalog in der deuteronomistischen Redaktion des Deuteronomiums, in: Chr. Frevel/M. Konkel/J. Schnocks (Hg.), Die Zehn Gebote. Der Dekalog als Testfall der Pentateuchkritik, QD 212, Freiburg/Br. 2005, 95-108, mit weiterer Literatur.

122 Eine Narrativrekonstruktion, die mit einem „Zweitleser" des Pentateuch rechnet, um funktionieren zu können, geht an seinem an der Leserichtung orientierten Sinn vorbei. Zur narrativen Einbindung der Dekaloge in Ex 20 und Dtn 5 siehe jetzt D. Markl, Der Dekalog als Verfassung des Gottesvolkes. Die Brennpunkte einer Rechtshermeneutik des Pentateuch in Ex 19-24 und Dtn 5, HBS 49, Freiburg/Br. 2007. Siehe dazu E. Otto, Die Dekaloge in der Rechtshermeneutik der Tora. Zu einem Buch von Dominik Markl SJ, ZAR 13, 2007.

123 Darauf, daß in diachroner Perspektive die Alternative, ob der Dekalog in Dtn 5 oder der in Ex 20 der ursprünglichere sei, insofern zu überholen ist, daß beide in der Forschung vertretenen Positionen partiell Richtiges gesehen haben, ist nur hinzuweisen. Bei der Dtn 5 voraussetzenden Einfügung des Dekalogs in Ex 20 in die Sinaiperikope wurde hier wie durchgängig in der postdtr Formierung des Pentateuch auf die Quellen der Quellen zurückgegriffen und in Ex 20 also auf eine ältere, Dtn 5 vorgegebene Gestalt des dtr Dekalogs.

die sinaitische Gesetzesoffenbarung in Gestalt des „Bundesbuches".[124] In Jer 17,19-27 ist Gott selbst Ausleger des Dekalogs und Jeremia der Vermittler der göttlichen Auslegung. Damit werden zwei für die Rechtshermeneutik des pentateuchischen Narrativs wichtige Motive mosaischer Funktionen Mose entzogen. Wie sehr damit Moses Dekalogauslegung in Dtn 5 konterkariert wird, zeigt die Zuspitzung der Frage nach Heil und Unheil der Adressaten des Jeremia in der erzählten Zeit auf das eine Gebot der Sabbatruhe,[125] ist doch in der mosaischen Auslegung des Dekalogs in Dtn 5 dieser in der Abfolge von Lang- und Kurzgeboten auf das Sabbatgebot konzentriert.[126] In Jer 17,19-27 wird diese Zentrierung noch einmal zugespitzt.

Jer 34,8-22 steht der Anknüpfung an Dtn 15 zum Trotz Neh 5 näher als dem Deuteronomium und ist nachexilisch zu datieren.[127] Wieder greift es zu kurz, wenn in dem Rückgriff auf die Tora in Jer 34,12-17 nur eine Legitimation des bereits eingetretenen Gerichtshandelns JHWHs gesehen wird. Die in Jer 1; 7; 11 und 17 erhobene kritische Grundposition des Jeremiabuches gegen die Ansprüche aus der Mosaizität der Tora, wie sie im Narrativ des Pentateuch entwickelt wird, zeigt sich auch hier. In Jer 34,14a wird Dtn 15,1.12 zitiert. Im Gegensatz zum postdtr Pentateuch, der Dtn 15,1-18 als mosaische Auslegung von Ex 21,2-11 versteht, was sowohl in diachroner[128] als auch in synchroner Sicht[129] Gültigkeit hat, wird das Sklavenfreilassungsgebot in Jer 34,14 nicht auf die Sinaioffenbarung und deren mosaische Auslegung im Land Moab zurückgeführt, sondern wieder auf einen Bundesschluß am Tag des Exodus:

---

124 Die postdtr Fabel des Pentateuch hat sich ein Wissen um den literaturhistorischen Zusammenhang zwischen dem „Bundesbuch" und dem dtn Deuteronomium bewahrt; siehe dazu E. Otto, Deuteronomium (BZAW 284), 203-378.

125 Zur Geschichte des Sabbatgebots siehe zuletzt E. Otto, Sabbat I. Altes Testament, in: RGG⁴ VII, Tübingen 2004, 712-713, mit weiterer Literatur.

126 Siehe N. Lohfink, Zur Dekalogfassung in Dtn 5, in: ders., Studien zum Deuteronomium und zur deuteronomistischen Literatur I, SBAB 8, Stuttgart 1990, 193-209.

127 H.-J. Stipp (Aristokratie [KlAANT 1], 25ff.) interpretiert Jer 34,8-22 als literarisch einheitlich, aufgrund der patrizierkritischen Position aber als dtr. Zur nachexilischen Datierung siehe dagegen im folgenden. Zur Intention der schriftgelehrten Kombination von Dtn 15,1 mit Dtn 15,12 in Jer 34,14 siehe E. Otto, Soziale Restitution und Vertragsrecht. *Mīšaru(m), (an-)durāru(m), kirenzi, parā tarnumar, šᵉmiṭṭā* und *dᵉrôr* in Mesopotamien, Syrien, in der Hebräischen Bibel und die Frage des Rechtstransfers im Alten Orients, RA 92, 1998, (125-160) 155f.

128 Siehe E. Otto, Deuteronomium (BZAW 284), 311-316. Zur Interpretation von Ex 21,2-11 im Rahmen des „Bundesbuches" siehe E. Otto, Wandel der Rechtsbegründungen in der Gesellschaftsgeschichte des antiken Israel. Eine Rechtsgeschichte des „Bundesbuches" Ex XX 22-XXIII 13, StB 3, Leiden/New York 1988, 34-37.

129 Siehe E. Otto, Wie „synchron" wurde in der Antike der Pentateuch gelesen?, in: F.-L. Hoßfeld/L. Schwienhorst-Schönberger (Hg.), „Das Manna fällt auch heute noch". Beiträge zur Geschichte und Theologie des Alten/Ersten Testaments, FS E. Zenger, HBS 44, Freiburg/Br. 2004, 470-485.

„Ich schloß einen Bund (*b^{e}rît*) mit euren Vätern am Tage, als ich sie herausführte aus dem Land Ägypten, dem Sklavenhaus".

Damit, daß erneut Mose in seiner Funktion der Schriftauslegung in Dtn 15 übergangen und statt dessen die Applikation des Gebots auf neue Situationen wie die der Zedekia-Zeit JHWH in den Mund gelegt und vom Propheten übermittelt wird, wird ein hermeneutisch anderes Verhältnis zur Tora als das des Pentateuch inauguriert. Anstelle der mosaischen Zeit als die der Tora-Offenbarung, die als „Urzeit" (*qaedaem*) [130] mit dem Tod des Mose als des Erzpropheten abgeschlossen sei, wird in Jer 34* die jeweils aktuelle Reaktion des Volkes auf die Tora bis in die Gegenwart zum Thema und damit die pentateuchische Differenzierung von Urzeit und Jetztzeit aufgehoben. Die Väter sollen bis zur Zedekia-Zeit sich der Erfüllung der *b^{e}rît* in Gestalt des Freilassungsgebotes entzogen haben, jetzt aber umgekehrt sein und eine *b^{e}rît vor* Gott geschlossen haben. Die Exodus-*b^{e}rît* bleibt nur insofern von diesem Bund qualitativ abgehoben, daß jener *mit* JHWH und nicht *vor* ihm geschlossen wurde. In 2 Kön 23,3 wird die Konzeption des Bundes *vor* Gott aus dem neuassyrischen Kontext der *adê*-Verpflichtung übernommen, dtr im Deuteronomium wie in der Priesterschrift und daran anknüpfend im postdtr Hexateuch und Pentateuch zur Konzeption des Bundes *mit* Gott weiterentwikkelt. Im Jeremiabuch wird aus 2 Kön 23,3 die ältere Konzeption aufgenommen und mit der jüngeren zusammengeführt, um zu verdeutlichen, daß, wird die prinzipielle Vorordnung einer Urzeit vor jede Jetztzeit in der Geschichte aufgehoben, dennoch die *b^{e}rît* mit den Vätern am Tage des Auszugs allen neuen Bundesschlüssen in der Geschichte vorgeordnet bleibt. Dennoch habe jede Generation je neu die Möglichkeit, Versagen vorhergehender Generationen zu korrigieren und damit der Zukunft eine neue Wendung zu geben, und zwar – so zeigt es Jer 34,12-22 – zum Guten wie zum Bösen. In Jer 34,18-22, so zeigt es die LXX-Version, ist mit dem Rekurs auf Ex 32,4.8.20.35 nicht ein dtr, sondern ein postdtr Text der Pentateuchredaktion vorausgesetzt. [131] Doch entscheidender ist, was Intention der Autoren von Jer 34,18-22 mit dieser Anspielung an die postdtr Erzählung vom Goldenen Kalb in Ex 32 war. Die Ereignisse der Frühzeit Israels, von denen der Pentateuch als *qaedaem* erzählt, können sich in jeder Generation – so Jer 34,18-22 (LXX) – wiederholen. In jeder Generation aber könne JHWH in Gestalt der Propheten wieder seine Stimme erheben und gemäß dem Zusammenhang von Tat und Ergehen über sie ihre Taten bringen, wie er es durch Propheten ankündigt. Ist für die Autoren des nachexilischen Pentateuch des ausgehenden 5. Jahrhunderts v. Chr. ein Gottesbezug in der postmosaischen Zeit nur durch die Auslegung der Tora möglich,

---

130 Siehe dazu K. Koch, Qädäm. Heilsgeschichte als mythische Urzeit im Alten (und im Neuen) Testament, in: ders., Spuren des hebräischen Denkens. Beiträge zur alttestamentlichen Theologie. Gesammelte Aufsätze I, Neukirchen-Vluyn 1991, 248-280.
131 Siehe oben Anm. 82. Dies bestätigt die Datierung von Jer 34* in die nachexilische Zeit ebenso wie die Anspielung in Jer 34,16a an das Heiligkeitsgesetz in Lev 19,11f.

die Mose selbst im Deuteronomium grundgelegt habe, so entfällt diese postmosaische Konzentration auf die Tora-Auslegung, wenn JHWH sich aktuell durch Propheten bis hin zu Jeremia immer wieder zu erkennen gebe und damit die Möglichkeit zur Umkehr eröffne.

In *Jer 2,4-13* wird die hexateuchische Geschichtskonstruktion unter Auslassung des Mose vorausgesetzt und diese mit Jer 2,7 negativ konnotiert. Die Fortsetzung in V. 8 macht explizit, was schon bislang stets erkennbar war: Hinter dem postdtr Pentateuch stehen priesterliche Kreise der Schriftgelehrsamkeit, die in Dtn 31,9-13 für sich die Tradierung der pentateuchischen Gesetze reklamieren.[132] Die Priester als diejenigen, die die Tora handhaben,[133] werden von der jeremianischen Tradentenprophetie der Fundamentalkritik unterzogen, sie hätten JHWH nicht erkannt (*lo' jᵉdā'ûnî*).

Jer 8,8 geht in die gleiche Richtung. Die schriftgelehrten Sopherim waren, wie an Esra, der in der Perspektive der esranischen Tradition Priester war (Esr 7,1b-5)[134] und in der Funktion auch amtete (Esr 7,12.21; 10,10.16; Neh 8,2),[135] gleichzeitig aber auch in Esr 7,6ff. und Neh 8,1ff. als Sopher bezeichnet wurde, d. h. als Schriftgelehrter[136], ablesbar ist, in nachexilischer Zeit Priester. Wieder ist in Jer 8,8 der spätnachexilische

---

132 Siehe E. Otto, Deuteronomium (FAT 30), 184-187. 196-198.

133 Es besteht kein anderer Grund, die *topšê hattôrāh* von den Priestern zu trennen, als die Annahme, sie hätten mit der Auslegung der Tora nichts zu tun; siehe dazu die oben Anm. 91 genannte Literatur und zusammenfassend E. Otto, Priestertum II. Religionsgeschichtlich 1. Alter Orient und Altes Testament, in: RGG⁴ VI, Tübingen 2003, 1645-1646; ders., Zadok/Zadokiden, in: RGG⁴ VIII, Tübingen 2005, 1775-1776. So bleibt es dabei, mit der Mehrzahl der Kommentatoren in den *topšê hattôrāh* eine priesterliche Gruppe zu sehen.

134 Siehe D. W. Rooke, Zadok's Heirs. The Role and Development of the High Priesthood in Ancient Israel, Oxford Theol. Monographs, Oxford 2000, 164. Zur Diskussion der These von K. Koch (Ezra and Meremoth. Remarks on the History of the High Priesterhood, in: M. Fishbane/E. Tov [Hg.], Sha'arei Talmon. Studies in the Bible, Qumran, and the Ancient Near East. FS S. Talmon, Winona Lake 1992, 105-110), Esra habe das Amt eines Hohenpriesters innegehabt, siehe J. C. VanderKam, From Joshua to Caiphas. High Priests after the Exile, Minneapolis/Assen 2004, 45-48.

135 Siehe E. Otto, Deuteronomium (FAT 30), 196f.

136 Siehe Th. Willi, Juda – Jehud – Israel. Studien zum Selbstverständnis des Judentums in persischer Zeit, FAT 12, Tübingen 1995, 197; C. Karrer, Ringen um die Verfassung Judas. Eine Studie zu den theologisch-politischen Vorstellungen im Esra-Nehemiabuch, BZAW 308, Berlin/New York 2001, 95f. Dabei ist es unerheblich, ob es sich, wie J. Pakkala (Ezra the Scribe. The Development of Ezra 7-10 and Nehemia 8, BZAW 347, Berlin/New York 2004, 24ff.) meint, in Esr 7,1bβ-5 um einen literarischen Zusatz handelt, da für die Autoren dieser Verse Esra Schriftgelehrter *und* Priester war. So läßt sich die These, der Ursprung der Schriftgelehrsamkeit sei bei „dtr Nomisten" zu suchen, nicht absichern. Zur Interpretation Esras als priesterlichen Schriftgelehrten siehe E. Otto, Schriftgelehrsamkeit (ZAR 10), 38f. Anm. 161, sowie K.-F. Pohlmann, Esra als Identifikationsfigur im frühen Judentum. Beobachtungen und Erwägungen zu Esr 9, in: F.-L. Hoßfeld/L. Schwienhorst-Schönberger (Hg.), „Das Manna fällt auch heute noch". Beiträge zur Geschichte des Alten/Ersten Testaments. FS E. Zenger, HBS 44, Freiburg/Br. 2004, 486-498.

Pentateuch vorausgesetzt, wenn mit der Einbringung des Weisheitsmotivs an Dtn 4,5f. (PentRed) angespielt wird.[137] Der von den Schriftgelehrten falsch ausgelegten Tora wird in Jer 8,9 der *dᵉbar JHWH* in Gestalt des Prophetenwortes entgegengesetzt. In Jer 18,18 werden die Priester ebenfalls als im Besitz der Tora negativ konnotiert, wobei eine Abweichung der semantischen Konnotation des Begriffs der Tora in Jer 18,18 von der in Jer 2,8; 8,8 nicht angezeigt ist, wenn der Torabegriff nicht auf die nur mündliche Weisung eingeschränkt wird.[138]

Jer 7* hat in Jer 31,27-30 und Jer 11* in *Jer 31,31-34* ihren redaktionellen Zielpunkt. Nur von der Heilsweissagung in Jer 31,31-34 her gewinnen kontrastierend die Unheilsankündigungen, die in der Differenzierung zwischen Erzählzeit und erzählter Zeit auf die letztere des vorexilischen Jeremia bezogen sind, in nachexilischer Zeit ihre Funktion. Doch unter den hier besprochenen Texten stehen Jer 2,8; 8,8f. mit dem Vorwurf, daß die schriftgelehrte Verwaltung der verschrifteten Tora durch die Priester nicht zur Erkenntnis Gottes führe, ebenfalls in der Fluchtlinie von Jer 31,31-34. Hier nun wird deutlich, daß die Torarezeption im Jeremiabuch nicht in den Griff zu bekommen ist, wenn Jer 31,31-34 das Scheitern des mosaisch als Toralehrer gezeichneten Jeremia zeigen soll: „Der Text (sc. Jer 31,31-34) macht einerseits das durch das Buch ziehende Plädoyer der Prophetengestalt für die Beachtung der Tora JHWHs und deren sachgemäße Auslegung für die Zukunft überflüssig. Die gefundene Lösung kann letztlich auch als Einsicht in das Scheitern dieser das Prophetenbild ausweitenden prophetischen Aufgabe verstanden werden"[139]. Nicht um ein Scheitern der dtr interpretierten jeremianischen Prophetie geht es in Jer 31,31-34, sondern aus der Sicht der spätnachexilischen Kreise, die sich auf Jeremia berufen, um ein Scheitern der Hermeneutik des Narrativs der mosaischen Tora, die ein zukünftiges Eingreifen Gottes ausschließt. Jer 31,31-34 will direkt dem durch die Verschriftungsnotizen[140] strukturierten Narrativ des postdtr Pentateuch widersprechen[141] und wendet sich nicht nur gegen die postdtr Theorie der mosaischen Verschriftung der Tora in Dtn 31,9, sondern auch gegen die der Belehrung zwischen „groß und klein" in Dtn 31,12 (PentRed).[142] Indem JHWH nach

---

137 Mit den *tôrot JHWH* ist nicht nur das Deuteronomium, sondern die pentateuchische Gesetzgebung, auf die sich auch nur die mosaischen Verschriftungen beziehen, bezeichnet.

138 Eine derartige Einschränkung ergibt in einem nachexilischen Text wenig Sinn. Die Einschränkung hat ihre einzige Begründung darin, daß ein reduziertes Bild von der nachexilischen Priesterschaft, die nichts mit der Tora in Gestalt der schriftlich verfaßten pentateuchischen Gesetze zu tun haben soll, vorausgesetzt wird. Diese Sicht muß als überholt gelten; siehe die Diskussion des Forschungsstandes in E. Otto, Schriftgelehrsamkeit (ZAR 10), 1-13, mit weiterer Literatur.

139 So Chr. Maier, Jeremia (FRLANT 196), 352.

140 Siehe E. Otto, Deuteronomium (FAT 30), 180-184. 207-209. 232f.

141 Siehe E. Otto, a. a. O., 207f.

142 Zu Dtn 31,9-13 (PentRed) siehe E. Otto, a.a.O., 184-187. 196-198. Zu dem komplexen Rezeptionsverhältnis zwischen Dtn 29-34 und Jer 29-31 siehe E. Otto, Old and New Covenant. A Post-

Jer 31,33 selbst die Tora auf die Herzen der Menschen schreibt, erhält die neue Tora, die nach dem Verständnis des MT, nicht aber der LXX inhaltlich keine andere als die alte ist[143], den Rang des von Gott selbst verschrifteten Dekalogs. Der Torabegriff greift hier aber in seiner semantischen Konnotation weit über den Dekalog hinaus, so daß mit der göttlichen Verschriftung die Funktion des Mose, die Tora zu vermitteln und zu verschriften, aus den Angeln gehoben ist. Jer 31,31-34 ist in seinem Geflecht von Offenbarungs-, Verschriftungs- und Belehrungstheorien sowie der Vernetzung dieser Theorien mit den Theorien von Bund und Bundesbruch auf dem Hintergrund der entsprechenden Theoreme des postdtr Narrativs des Pentateuch konzipiert.[144] Jer 31,32b nimmt auf Lev 26,15 (PentRed) Bezug. In Lev 26,3-13 sucht die Pentateuchredaktion die ezechielische Idee des Friedensbundes in Ez 34,25 zu konterkarieren, da dieser Bund nicht an das Gesetz gebunden wird.[145] Umgekehrt greift nun Jer 31,31-34 kritisch auf Lev 26,15 zurück. Wird dort der Bundesbruch in der Zukunft mit dem Fluch belegt und so von Mose in prophetischer Funktion der Sinaibund eingeschärft, so wird in Jer 31,31-34 unter Aufnahme von Lev 26,15 mit *prr* hi. + *bᵉrît* der Sinaibund als bereits gebrochen abgetan. A. Schenker hat aus der hebräischen Vorlage der LXX-Fassung von Jer 31,31-34 (LXX: Jer 38,31-34) eine dem Pentateuch gegenüber noch kritischere Position als die des MT rekonstruiert, die im Gegensatz zur hebräischen Textvorlage der LXX bereits eine Vermittlung mit dem Pentateuch suche[146]. Für die Vorlage der LXX sei der Bund, der mit der Vätergeneration geschlossen war, sowohl auf Seiten des Volkes, das nicht in JHWHs Bund *verharrt hatte* (αὐτοὶ οὐκ ἐνέμειναν), wie auf Seiten Gottes abgetan (καὶ ἐγὼ ἠμέλησα αὐτῶν), so daß die gesamte Geschichte des Volkes Israel seit dem Exodus unter dem Vorzeichen der Bundeslosigkeit gestanden habe, da auch der Versuch einer Neubegründung des Bundes durch Jeremia gescheitert sei (Jer 11,1-23 LXX). Daraus resultiere, daß die Tora, die JHWH nach dem Exodus promulgiert hatte, gegenstands- und funktionslos geworden sei[147]. Erst in der Zukunft werde der Neue Bund Bestand haben. Die MT-Fassung von Jer 31,31-34

---

exilic Discourse between the Pentateuch and the Book of Jeremiah. Also a Study of Quotations and Allusions in the Hebrew Bible, OTE 19/3 (FS J. Le Roux), 2006, 939-949.

143 Siehe dazu im folgenden.

144 Wie hier nicht weiter ausgeführt werden soll, sind dies Theoreme vornehmlich der Pentateuchredaktion des ausgehenden 5. Jahrhunderts v. Chr., womit der *terminus a quo* für Jer 31,31-34 festgelegt ist. Dafür sprechen auch die Bezugnahmen in Jer 31,31-34 auf Dtn 4 und Lev 26, d. h. auf Kapitel, die jeweils der Pentateuchredaktion zuzurechnen sind; siehe E. Otto, Deuteronomium (FAT 30), 164-175, sowie ders., Heiligkeitsgesetz (BBB 119), 125-196.

145 Siehe oben zu Jer 1 sowie E. Otto, Heiligkeitsgesetz (BBB 119), 180f. Mit der antiprophetischen Attitüde der Pentateuchredaktion verknüpft sich in Lev 26 auch eine antimessianische Perspektive.

146 Siehe A. Schenker, Das Neue am neuen Bund und das Alte am alten. Jer 31 in der hebräischen und griechischen Bibel, FRLANT 212, Göttingen 2006, 17ff.

147 Siehe A. Schenker, a. a. O., 44.

rechnet dagegen nur mit einem Bruch des Bundes durch das Volk (*hemmāh heperû 'aet bᵉrîtî*), während JHWH trotz dem Bundesbruch des Volkes an dem Bund festgehalten habe (*wᵉ'ānôkî bā'altî bām*)[148]. Das aber hat nun auch Auswirkung auf das Verständnis des Gesetzes. Während die hebräische Vorlage der LXX-Fassung in V. 33 die Gabe des Gesetzes in die Zukunft verlegt („ich werde meine Gesetze in ihr Inneres geben"), betont die MT-Fassung die Identität der Tora des alten und neuen Bundes, indem die Gabe der Tora ins Präteritum gesetzt ist („ich gab meine Tora in ihre Mitte"). Die Einsicht in die Kanonsbildung spricht dafür, daß die gegenüber dem Pentateuch kritischere Position der Vorlage der LXX die ursprünglichere ist[149], die des MT, die an den Pentateuch angleicht, die bearbeitende[150].

Jer 31,31-34 ist Teil eines komplexen Diskurses zur Bundestheologie. Jeweils am Ende des dtr Deuteronomiums und dann des postdtr Pentateuch im Deuteronomium ist diese Diskussion in komplexen Fortschreibungen geführt worden[151]. Eine erste exilische dtr Horebredaktion des Deuteronomiums erzählt in *Dtn 26,16-18* von einem mit der Gabe des Gesetzes verbundenen Bundesschluß[152]. Daran knüpft korrigierend durch die dtr Konzeption des Moabbundes in *Dtn 29,1-14; 30,15.19.20abβ*[153] eine zweite, das

---

148 K. Finsterbusch („Ich habe meine Tora in ihre Mitte gegeben". Bemerkungen zu Jer 31,33, Bib 49, 2005, 86-92) will hier ein Scheitern JHWHs finden, da das alte Herz, in das er die Tora gegeben habe, nicht zu erfüllen vermochte, was JHWH von ihm gefordert habe. JHWH aber habe seine „Fehleinschätzung" in Jer 31,31-34 eingesehen. Zwar kann, wie A. Schenker (a. a. O., 28-31) gezeigt hat, das Perf. in *nātattî 'aet tôrātî bᵉqirbām* praeterital interpretiert werden, doch ist damit nicht der Gedanke einer „Fehleinschätzung" Gottes, der habe lernen müssen, verbunden. *bᵉqirbām* bezieht A. Schenker auf die Mitte des Volkes. Auch wenn man dieser Interpretation nicht folgt, ergibt sich noch keineswegs der Gedanke einer „Fehleinschätzung" Gottes.

149 Man achte in diesem Zusammenhang nur auf die strategische Plazierung der Ausdrücke *sephaer hattôrāh* in Verbindung mit Mose oder Elohim/JHWH außerhalb des Pentateuch. Wenn die radikale LXX-Version auch die ursprüngliche ist, so bedeutet das allerdings nicht, daß Jer 31,31-34 (LXX) auf die *ipsissima vox* des Propheten Jeremia zurückzuführen ist, wie A. Schenker (a. a. O., 43-45) meint, da „eine so niederschmetternde Sicht der ganzen Geschichte Israels, die zudem im Widerspruch zu sämtlichen Überlieferungen des Pentateuchs und der historischen Bücher steht, in Israel und Juda niemand akzeptiert haben (würde), wenn sie nicht durch eine undiskutierbare, höchste Autorität gedeckt gewesen wäre" (siehe a. a. O., 44). Eben diese Autorität könne nur der Prophet Jeremia gewesen sein. Die literarischen Bezugnahmen auf den nachexilischen Pentateuch widersprechen einer derartigen Frühdatierung von Jer 31,31-34 (LXX) ebenso wie die Tatsache, daß das Jeremiabuch selbst einem Verständnis Jeremias als „undiskutierbare Autorität" widerspricht. Vielmehr ist erstaunlich, ein wie hohes Maß an Autorität diese nachexilischen Gelehrten jeremianischer Tradentenprophetie für sich in Anspruch nahmen.

150 G. Fischer (Jeremia 1-25 [HThK.AT], 39ff.) hat sich erneut für die Ursprünglichkeit des MT stark gemacht. Anders dagegen H.-J. Stipp (Sondergut [OBO 136], passim; ders., Aristokratie [KlAANT 1], 12ff.), der zugunsten einer differenzierten Alternative, die mit Zuwächsen sowohl im MT wie auch in der LXX rechnet, votiert. Dem folgt A. Schenker.

151 Siehe dazu E. Otto, Deuteronomium (FAT 30), 138ff.175ff., mit weiterer Literatur.

152 Siehe E. Otto, a. a. O., 111ff.

153 Siehe E. Otto, a. a. O., 142ff.

dtr Deuteronomium mit dem dtr redigierten Josuabuch verbindende Moabredaktion der exilischen Zeit an, die in Dtn 29,4f. im Rückblick auf die Vorgeschichte der vierzig Jahre Wüstenwanderung seit dem Exodus den Horeb übergeht und in Dtn 29,13f. Dtn 5,2f. entscheidend korrigiert. Soll nach der Horebredaktion Dtn 5,2f. jede Generation Adressat des Deuteronomiums und also mit der Horebgeneration identisch sein, so soll nach Dtn 29,13f. nur der jetzigen Moabgeneration und ihren Nachfolgern der Moab- bund gelten. Die Horebgeneration aber sei aufgrund ihres Versagens in der Kundschaf- terepisode, ohne diesen Bund zu kennen, verstorben (Dtn 1,39aβb). Der dtr Autor der Moabredaktion will aufzeigen, daß erst der „zweiten Generation" mit dem Deuterono- mium die Gesetzesoffenbarung im vollgültigen Sinne bekannt geworden sei und nur ihr und ihren Nachkommen der Bund gelte. Die Konstituierung des Volkes wird in Dtn 29,9.11 gegen Dtn 5,1-31*; 26,16-18 mit dem Moabbund verbunden[154], um so zu be- gründen, daß die „zweite Generation", und der Autor der Moabredaktion hat dabei die zweite Generation der Exilszeit im Blick, keinen Anteil an der Schuld der Vätergenera- tion habe, die in der „Wüste" gestorben sei (Dtn 1,19-46). Der Horebbund wird von diesem Autor nicht nur nicht erwähnt, sondern durch das Zitat von Jes 6,9f. geradezu auf Seiten des Volkes in Frage gestellt:

> „Aber JHWH gab euch *bis heute* kein Herz zum Verstehen, keine Augen zum Sehen
> und keine Ohren zum Hören."

Auf Seiten Gottes aber ist der Horebbund nicht in Frage gestellt, so daß die Moabre- daktion die Konzeption der Horebredaktion in Dtn 5*; 26*; 28* stehen läßt, aber ein- klammert. Die Moabredaktion schließt *Dtn 30,15.19-20abα*[155] direkt an Dtn 29,1-14 an. Die Erzählung von Segen, Fluch, Zeugenanrufung und Schlußermahnung bildet zusammen mit der „Vorgeschichte" (Dtn 29,1-8) und dem Bundesschluß (Dtn 29,9-14) eine formgeschichtliche Einheit, die an einem „westlichen", in der Exilszeit rezipierten dtr Vertragsschema orientiert ist[156]. Damit endet das dtr Deuteronomium der Moabre- daktion.

Zwischen Dtn 29,14 und Dtn 30,15 aber sind noch dtr Nachträge in Dtn 29,15- 20.21-27; 30,1-10.16-18 eingefügt worden, die nachexilische Diskussionen der Bun- deskonzeptionen des exilisch-dtr Deuteronomiums repräsentieren und in Dtn 29,28; 30,11-14 noch einmal im Zuge der Einfügung des postpentateuchredaktionellen Mose- liedes erweitert werden. *Dtn 29,15-20* kündigt Fluch und Absonderung demjenigen an, der sich insgeheim vom Bund absondert. Die dtr Fluchandrohung wird paränetisch

---

154 Der Autor der Moabredaktion spielt hier auf die Episode vom gegossenen Kalb in Dtn 9-10* an.
155 Zur Patriarchennennung in Dtn 30,20bβ siehe E. Otto, Deuteronomium (FAT 30), 150 Anm. 168.
156 Es unterscheidet sich charakteristisch von dem am neuassyrischen Loyalitätseid orientierten
    Schema des dtn-vordtr Deuteronomiums; siehe dazu E. Otto, Deuteronomium (BZAW 284),
    30f.64ff; ders., Deuteronomium (FAT 30), 147.

derart individualisiert, daß jeder einzelne Adressat der Paränese über sein Schicksal von Segen und Fluch entscheide, wie es Dtn 30,15.19.20abα für das Volk insgesamt angekündigt hat. Damit wird die Kategorie der individuellen Vergeltung des dtn Strafrechts (Dtn 24,16)[157] auf die dtr Bundestheologie appliziert. *Dtn 29,21-27* korrigiert diese Individualisierung noch einmal zugunsten der Mose als Propheten gemäß Dtn 18,20f. zeichnenden und bestätigenden Ankündigung des Exils, Israel werde wie Sodom und Gomorrha werden, wenn es den Bund verlasse.

Hatte für die exilische Moabredaktion das Motiv der Bundestreue JHWHs im Vordergrund gestanden, die begründet, daß es ein Versagen wie der „ersten Generation" der Väter nicht geben werde, so setzt sich nachexilisch erneut die Sorge durch, Israel könne am Deuteronomium scheitern, so daß die Vernichtungsdrohungen Raum gewinnen. Dem wird *Dtn 30,1-5.[6-8].9-10* entgegengesetzt[158]. Jeder Generation werde die Möglichkeit der Umkehr eröffnet, und damit die schicksalhafte Generationsbindung von Glück und Unglück in der Konzeption der Moabredaktion aufgelöst. In der Konzeption der Moabredaktion entscheidet der Zufall der Geburt in der ersten oder zweiten Generation über Heil und Unheil. Die Generation der Väter hatte auch, als sie ihr Versagen in der Kundschafterepisode erkannte, keine Chance mehr, ihr Schicksal, in der Wüste zu sterben, zu wandeln (Dtn 1,41-45). In Dtn 30,9 kann die Vätergeneration nun wieder eine Freude Gottes sein, und jede Generation hat die Chance, noch glücklicher und zahlreicher als die der Väter zu werden, wenn sie sich, so Dtn 30,5, zu JHWH bekehre. Damit wird auch die Sicht der Moabredaktion korrigiert, die in Dtn 9,18ff. in Moses Fürbitte den Grund für Gottes Herzensumsturz sah[159]. Ein weiterer Autor korrigiert noch einmal in *Dtn 30,6-8*[160] die Sicht von Dtn 30,1-5.9-10, jeder Generation sei die Möglichkeit eröffnet, zu JHWH umzukehren und so das Schicksal zu wenden. Die in Dtn 29,3 im Zitat von Jes 6,9f. angesprochene Verstockung durch JHWH, die nach Meinung der Moabredaktion die Ursache für das Versagen der Vätergeneration und damit Wirkungslosigkeit des Horebbundes für diese Generation war, stellt aber das

---

157 Siehe dazu E. Otto, Deuteronomium (FAT 30), 292f.

158 Dtn 30,1-10 gilt allgemein in der Forschung als dtr Ergänzung; siehe G. Braulik, Deuteronomium II. 16,18-34,12, NEB 28, Würzburg 1992, 211; E. Nielsen, Deuteronomium, HAT I/6, Tübingen 1995, 269f.

159 Daß sich Dtn 30,1-10 von der Theologie der Horebredaktion (Dtn 4,45-28,68), insbesondere von Dtn 28, absetzt, hat bereits G. Vanoni (Der Geist und der Buchstabe. Überlegungen zum Verhältnis der Testamente und Beobachtungen zu Dtn 30,1-10, BN 14, 1981, [65-98] 80ff.) gezeigt; anders dagegen J. Krašovec (The Distinctive Hebrew Testimony to Renewal Based on Forgiveness, ZAR 5, 1999, [223-235] 230ff.), der Dtn 30,1-10 auf einer Ebene mit Dtn 28 interpretiert.

160 Siehe dazu Th. Krüger, Das menschliche Herz und die Weisung. Elemente einer Diskussion über Möglichkeiten und Grenzen der Tora-Rezeption im Alten Testament, in: R. G. Kratz/Th. Krüger (Hg.), Rezeption und Auslegung im Alten Testament und in seinem Umfeld. FS O. H. Steck, OBO 153, Fribourg/Göttingen 1997, (65-92) 78ff.; W. Groß, Zukunft für Israel. Alttestamentliche Bundeskonzepte und die aktuelle Diskussion um den Neuen Bund, SBS 176, Stuttgart 1998, 27-44.

Konzept von Dtn 30,1-5.9-10 infrage: Wie kann jede Generation zu JHWH umkehren, wenn sie möglicherweise von Gott selbst verstockt worden ist? Wurde für die Moabredaktion JHWH selbst zum Urheber des Versagens der Vätergeneration, so wird nun das Motiv der Verheißung der Herzensbeschneidung als Voraussetzung der Umkehr eingefügt.

Dtn 30,1-5.[6-8].9-10 wird in Jer 30,1-3; 31,27-34 rezipiert[161]. Im Zentrum steht jeweils die Wendung *šwb šbwt*[162]:

> Dtn 30,3: *wᵉšāb JHWH ᵃᵉlohaekā 'aet šᵉbûᵗkā wᵉrihᵃmaeka wᵉšāb wᵉqibbaeṣᵉkā mikkŏl hā'ammîm ᵃˡšaer hᵃᵉpîṣᵉkā JHWH ᵃᵉlohaekā šāmmâ*
>
> Jer 30,3: *kî hinneh jāmîm bā'îm nᵉʾum JHWH wᵉšabtî 'aet šᵉbût 'ammî jiśrāʾel wîhûdâ 'āmar JHWH wahᵃšibotîm 'ael hā'āraeṣ ᵃˡšaer nātattî laᵃᵇôtām wîrešûhā*

Dtn 30,3 und Jer 30,3 kündigen jeweils einen Umschwung für Israel an mit der Formel *šwb šbwt* bezogen auf JHWH. Jer 30,3b und Dtn 30,5 formulieren das Motiv des Landes, das den Vätern gegeben sei, parallel. Das Motiv der Vermehrung von Tieren und Menschen in Dtn 30,5.9 findet sich auch in Jer 31,27[163]. Die Parallelen zwischen Jer 30,1-3 und Jer 31,27-34 machen nun aber auch die entscheidenden Veränderungen von Dtn 30,1-10 in Jer 30-31 deutlich. Während Dtn 30,3 die Wandlung Gottes (*šwb šbwt*) an die Forderung der Umkehr und des daraus resultierenden Gesetzesgehorsams Israels als Bedingung knüpft und damit auch die Rückkehr in das Land, werden in Jer 30-31 diese Verheißungen unkonditioniert gegeben. Dtn 30,1-10 bewegt sich einschließlich der Ergänzung in Dtn 30,6-8 noch in dtr Kontext, während Jer 30-31 diesen Horizont verlassen hat[164]. Damit ist auch die Rückgabe des Landes im Gegensatz zu Dtn 30,1-10

---

161 Siehe dazu A. Cholewiński, Zur theologischen Deutung des Moabbundes, Bib 66, 1985, (95-111) 108ff.; K. Schmid, Buchgestalten (WMANT 72), 72f.

162 Siehe zu dieser Wendung die Diskussion in I. Willi-Plein, ŠWB ŠBWT – eine Wiedererwägung, ZAH 4, 1991, 55-71, und ihr folgend G. Vanoni, Anspielungen und Zitate innerhalb der hebräischen Bibel. Am Beispiel von Dtn 4,29; Dtn 30,3 und Jer 29,13-14, in: W. Groß (Hg.), Jeremia und die „deuteronomistische Bewegung", BBB 98, Weinheim 1995, (383-395) 390 Anm. 37.

163 Wenn K. Schmid (Buchgestalten [WMANT 72], 72) einen Kontrast zwischen Dtn 30,4 und Dtn 30,12, der Entfernung der Zerstreuten und der Nähe des Gebotes, der keine Parallele in Jer 30 hat, konstatiert, so ist zu beachten, daß Dtn 30,11-14 postpentateuchredaktionell ist.

164 So auch K. Schmid, a. a. O., 72. Dagegen will M. Z. Brettler (Predestination in Deuteronomy 30,1-10, in: L. S. Shearing/S. L. McKenzie [Hg.], Those Elusive Deuteronomists. The Phenomenon of Pan-Deuteronomism, JSOT.S 268, Sheffield 1999, 171-188) in Dtn 30,1-10 eine postdtr Reaktion auf Jer 31,31-34 sehen. Dem steht entgegen, daß der *kî*-Satz in Dtn 30,10b nicht kausal, sondern konditional zu verstehen ist (siehe auch W. Groß, Satzfolge, Satzteilfolge und Satzart als Kriterien der Subkategorisierung hebräischer Konjunktionalsätze am Beispiel der *kî*-Sätze, in: ders./H. Irsigler/Th. Seidl [Hg.], Text, Methode und Grammatik. FS W. Richter, St. Ottilien 1991, [97-114] 111) und auch Dtn 30,1b.2 nicht als Ankündigung zukünftigen Gotteshandelns, sondern als Konditionalsatz zu verstehen ist, der auch den Horizont für Dtn 30,6-8 vorgibt.

in Jer 30-31 nicht an die Erfüllung einer Forderung des Gebotsgehorsams gebunden. Wie nahe sich ansonsten aber Dtn 30,1-10 und Jer 31,27-34 sind, zeigt sich auch daran, daß die Beschneidung des Herzens in Dtn 30,6-8 nach der Sammlung aus der Diaspora und Rückkehr in das Land in Dtn 30,4-5 in der gleichen Abfolge steht wie der Neue Bund in Jer 31,31-34 nach der erneuten Konstituierung Israels und Judas im Lande in Jer 31,27f. Wie in Dtn 29,15-20 die Individualisierung des Strafrechts auf die Bundesmotivik übertragen wird, wird in Jer 31,29f. zwischen die Verheißung des erneuten Lebens im Lande und der des Neuen Bundes das Motiv der individuellen Vergeltung eingefügt. Der Deuteronomiumsschluß hat eine formierende Funktion für die Redaktion in Jer 30-31. Das schließt auch die postdtr Ergänzungen in Dtn 29,28; 30,11-14 ein. Wird dort die Nähe und Erfüllbarkeit der Tora betont, so werden diese Züge in Jer 31,31-34 überboten. Entscheidend aber sind die theologischen Differenzen, daß in Jer 30-31 die Verheißungen von Wandlung Gottes und Landrückgabe unkonditioniert auf den Neuen Bund bezogen gegeben werden, Dtn 30,1-10 wie Dtn 29,21-27 aber konditioniert auf den Mose-Bund im Land Moab bezogen sind. Er ist theologisch gesprochen die Voraussetzung für das Israel mit dem Exil treffende Unheil, aber auch für die Möglichkeit der Umkehr des Volkes als Voraussetzung der Wandlung Gottes. In Jer 30-31 dagegen ist nicht der Mose-Bund der Horizont, auf den die Verheißungen bezogen sind, sondern der Neue Bund als Folge der bedingungslosen Wandlung Gottes (*šwb šbwt*). Doch die literarischen Relationen zwischen dem Pentateuch und dem Jeremiabuch sind in diesem Kontext noch komplexer. Dtn 30,1-10 ist auch in Dtn 4,1-40 postdtr im Kontext der Redaktion des Pentateuch rezipiert worden, so Dtn 30,1-5 in Dtn 4,27.29-32.34.38-40[165]. Dtn 4,29 steht in enger Relation zu Dtn 30,3 einerseits und zu Jer 29,13f. andererseits.

Dtn 4,29: *ubiqqaštaem miššām 'aet JHWH ᵃᵉlohaekā umāṣā'tā kî tidrᵉšaennû bᵉkŏl lᵉbābᵉkā ubᵉkŏl napšaekā*

Jer 29,13-14aα: *ubiqqaštaem 'otî umᵉṣā'taem kî tidrᵉšunî bᵉkŏl lᵉbabᵉkaem wᵉnimṣe'tî lākaem*

Die Fortsetzung in Jer 29,14aβb im MT ist aus Dtn 30,3 eingetragen worden. Da die textkritische Relation von LXX und MT strittig ist, soll Jer 29,14aβb hier zunächst unberücksichtigt bleiben[166]. Damit aber ist die These von Georg Braulik[167], Jer 29,13. 14 sei sowohl Quelle für Dtn 30,3 wie Dtn 4,29, kaum aufrecht zu erhalten[168]. Gottfried Vanoni hat einige Sprachargumente beigebracht, die s. E. dafür sprechen, daß Jer

---

165 Siehe dazu die Tabelle in G. Vanoni, Anspielungen (BBB 98), 396f.
166 Die These von Chr. Levin (Verheißung [FRLANT 137], 176, mit Anm. 85), der MT-Text sei gegenüber der LXX ursprünglich, da er in Dtn 30 zitiert werde, steht auf sehr schwachen Füßen.
167 Siehe G. Braulik, Deuteronomium II (NEB 28), 217.
168 Siehe auch G. Vanoni, Anspielungen (BBB 98), 389.

29,13.14aα der Dtn 4,29 rezipierende Text ist, so die Langform *libab*, die in das Deuteronomium gehöre, weniger aber in das Jeremiabuch[169]. Doch entscheidend ist etwas anderes: Jer 29,10-12* (LXX) ist im theologischen Profil deutlich geschieden von Jer 29,13-14aα[170].

Die hebräische Vorlage von Jer 29,10-12 (LXX) *kî lᵉpî mᵉlo't lᵉbābael šib'îm šānâ 'aepqod 'aetᵉkaem wah^aqimotî ^alêkaem 'aet dᵉbārî lᵉhāšîb 'aetkaem 'ael hammāqôm hazzaeh kî 'anokî hošeb ^alêkaem maḥšᵉbôt šālôm wᵉlo' lᵉrā'âh lātet lākaem 'aḥ^arît wᵉhitpallal^etaem 'elāj wᵉšāma'ti ^alekaem* kennt wie Jer 30-31 keine das zukünftige Heilshandeln Gottes bindende Kondition. In Dtn 4,29 ist der *kî*-Satz „wenn ihr mich mit ganzem Herzen sucht" konditional zu interpretieren, da Dtn 4,29 seinen Horizont in der Ermahnung in Dtn 4,23 hat, nicht den Bund zu vergessen. Der wörtlich übereinstimmende *kî*-Satz in Jer 29,13 ist also ebenfalls konditional zu verstehen. Die Heilsankündigung wird hier wie in Dtn 30,3 an das Verhalten Israels gebunden. Entsprechend ist Jer 29,14aβb (MT) auch aus Dtn 30,3 aufgefüllt worden. Der Befund ist am schlüssigsten so zu deuten, daß Jer 29,13.14aα als eine jeremianische Überlieferung in dtr Horizont postdtr in Dtn 4 rezipiert worden ist, so daß in Dtn 4 sowohl Dtn 30,1-10 wie auch Jer 29* aufgenommen und zusammengeführt wurden. Dtn 30,1-10 ist dann seinerseits in Jer 30-31 postdtr rezipiert und umgeprägt worden im Sinne von Jer 29,10-12 (LXX)[171].

Das Jeremiabuch erweist sich in der auf Jer 31,31-34 als Zielpunkt ausgerichteten spätnachexilischen Redaktion des 4. Jahrhunderts v. Chr., deren *terminus a quo* die Pentateuchredaktion der Tora im ausgehenden 5. Jahrhundert v. Chr. ist, als Gegenentwurf gegen die postdtr Konzeption der Fabel des Pentateuch. Verknüpft diese die Vermittlung, Verschriftung und Auslegung der Tora mit Mose, so daß nach seinem Tod als Ende der prophetischen Zeit der Gottesoffenbarung (Dtn 34,10-12) nur noch die Toraauslegung Zugang zum Gotteswillen eröffnet, so werden diese Mosefunktionen und die mit ihnen verbundene Rechtshermeneutik des pentateuchischen Narrativs im Jeremiabuch der Kritik unterzogen. Nicht die priesterliche Toraauslegung, sondern

---

169 Siehe G. Vanoni, a. a. O., 387. Die Hypothese dieser Rezeptionsrichtung veranlaßte G. Vanoni zu einer kaum zwingenden literarkritischen Reduktion von Jer 29,12-14; siehe dagegen im folgenden.

170 Siehe R. P. Carroll, Jeremiah (Philadelphia 1986), 558f.

171 Die umgekehrte Annahme, daß Dtn 4,29 in Jer 29,13-14aα rezipiert wurde, ist nicht auszuschließen, doch mit Problemen belastet, müßte es sich doch um den Versuch einer postdtr Korrektur von Jer 30-31 im Horizont des Pentateuch handeln, im Jeremiabuch also an Dtn 4 anknüpfend die Korrektur von Dtn 30,1-10 in Jer 30-31 wieder zurückgenommen worden sein. Dafür müßten, sollte diese Annahme zutreffen, im Jeremiabuch weitere Belege zu finden sein. G. Fischer (Jeremia 26-52 [HThK.AT], 99) rechnet mit einer Rezeption von Dtn 4,29 in Jer 29,13f., entgeht aber der genannten Problematik der Korrektur der Korrektur, indem er den *kî*-Satz in Jer 29,13 im Gegensatz zu Dtn 4,29 als Begründungssatz interpretiert. Das aber widerspricht seiner These, Dtn 4,29 sei in Jer 29 rezipiert worden.

die durch die Propheten vermittelte Willensoffenbarung Gottes gewähre Zugang zu Gott, der nicht nur in der mosaischen Urgeschichte (*qaedaem*) sich offenbart habe, sondern auch durch die Generationen der Väter hindurch bis heute und auch in der Zukunft mit einem Neuen Bund handeln werde.

Jer 31,31-34 ist Teil eines komplexen Diskurses zur Bundestheologie in nachexilischer Zeit, in dem auf Seiten der Jeremiaschule die Rechtshermeneutik des Pentateuch zurückgewiesen wird, die begründen will, daß es keines neuen göttlichen Eingriffes in die Geschichte mehr bedarf und die Zeit der Offenbarung Gottes von Angesicht zu Angesicht abgeschlossen ist. Zugang zum Gotteswillen – so die Tora – könne es nur durch Auslegung der von Mose verschrifteten Tora geben, die priesterliche Aufgabe ist. Unter den Schulen prophetischer Tradentenprophetie reagiert die des Jeremia am schärfsten auf diesen Anspruch des Pentateuch. Der ezechielischen Tradentenprophetie der nachexilischen Zeit ist eine Vermittlungsaufgabe zugewiesen, ohne die das corpus propheticum im Zuge der Kanonsbildung nicht mit der Tora zu einer Einheit hätte zusammengefaßt werden können. So hat auch die Bundeskonzeption Ez 16,60 („ich werde meines Bundes mit dir aus deinen Jugendtagen gedenken und ich werde dir einen ewigen Bund aufrichten")[172] vermittelnde Funktion. Anders als in Jer 31,31-34 wird „dem ‚Nicht-Gedenken' Jerusalems ... das gnadenvolle ‚Gedenken' Jahwes entgegengehalten, durch welches Jerusalem beschämt zum rechten ‚Gedenken' (61.63) gebracht werden soll"[173]. In der Verbindung des corpus propheticum mit dem Pentateuch im Zuge der Kanonsbildung hat diese Vermittlungsposition in Jer 31,31-34 (MT) Eingang gefunden. Wie an zahlreichen Stellen der Fortschreibung des Jeremiabuches im MT wie im corpus propheticum insgesamt haben priesterliche Kreise eingegriffen und prophetische Widersprüche zur Tora abgemildert. Die noch heute andauernde Diskussion nicht zuletzt im christlich-jüdischen Dialog hat also eine lange Vorgeschichte, die bis in das 5.-4. Jahrhundert v. Chr. zurückgeht. Der jeremianischen Theorie der Bundesdiskontinuität steht die ezechielische Idee der Kontinuität in Gottes Bundesgedenken gegenüber, in deren Horizont bei der Verbindung von corpus propheticum und Tora (Jos 1,7; Mal 3,22-24) der jeremianische Widerspruch zur Tora geglättet wurde, ohne das prophetische Gravamen, es werde ein neues Eingreifen Gottes zugunsten seines Volkes geben, aufzuheben.

---

172 Zum redaktionell-nachexilischen Charakter von Ez 16,59-63 siehe Th. Krüger, Geschichtskonzepte im Ezechielbuch, BZAW 180, Berlin/New York 1989, 325-332; K.-F. Pohlmann, Der Prophet Hesekiel/Ezechiel Kapitel 1-19, ATD 22/1, Göttingen 1996, 235.

173 So W. Zimmerli, Ezechiel, BK XIII, Neukirchen-Vluyn ²1979, 369. Vieles spricht dafür, daß Ez 16,59-63 sowohl die Priesterschrift wie Jer 31,31-34 voraussetzt. Siehe dazu B. Renaud, L'alliance éternelle d'Ez 16,59-63 et l'alliance nouvelle de Jér 31,31-34, in: J. Lust (Hg.), Ezekiel and his Book. Textual and Literary Criticism and their Interpretation, BEThL 74, Leuven 1986, 335-339. Ez 16,59-63 repräsentiert also sowohl literarhistorisch wie theologisch eine Vermittlungsposition.

VI. Das Jeremiabuch in der nachexilischen Literaturgeschichte der Hebräischen Bibel

Wird der Diskurs zwischen nachexilischem Pentateuch und dem Jeremiabuch in seiner ebenfalls nachexilischen Gestalt als ein kritischer erkannt, werden uns Fenster eröffnet, daß wir Einblick gewinnen in die komplexen hermeneutischen Auseinandersetzungen zwischen Kreisen priesterlicher Schriftgelehrsamkeit, die sich auf Aaron zurückführen und sich unter der von Mose in der Fabel des postdtr Pentateuch im Deuteronomium begründeten Schriftgelehrsamkeit sammeln, und solchen ebenfalls schriftgelehrten Kreisen, die sich den Prophetenmantel umwerfen und sich unter die Autorität des Propheten Jeremia stellen.[174] Der Diskurs geht um die Frage, ob es noch nach der mit dem Tod des Mose beendeten Gründungszeit eines idealen Israel prophetisch vermittelte Offenbarung JHWHs gebe und damit auch ein neues Eingreifen Gottes in der Zukunft oder nicht[175]. Wir wissen, wie dieser Diskurs ausgegangen ist: Die mosaisch sich legi-

---

174 Zur schriftgelehrten Tradentenprophetie und ihren Ursprüngen siehe auch A. Lange, Vom prophetischen Wort zur prophetischen Tradition. Studien zur Traditions- und Redaktionsgeschichte innerprophetischer Konflikte in der Hebräischen Bibel, FAT 34, Tübingen 2002, 269ff.; siehe dazu E. Otto, Antiprophetische Traditionen im Prophetenkanon. Zu einem Buch von Armin Lange, ZAR 12, 2006, 307-311. Daß diese Schulen der Tradentenprophetie in ihrer Haltung zur Tora nicht einheitlich waren, zeigen jeweils die jesajanischen und ezechielischen Traditionen, die im 5. und 4. Jahrhundert v. Chr. zum Teil vermittelnde Positionen in dem Diskurs zwischen jeremianischer und mosaischer Traditionsbildung einnehmen. Während P. D. Hanson (The Dawn of Apocalyptic, Philadelphia 1975, 17-20.25f.) in der nachexilischen Zeit eine Diastase zwischen einer priesterlich-hierokratischen Partei, der er P zurechnet, und einer prophetischen Partei, die in Tritojesaja repräsentiert sein soll, sieht, hat B. D. Sommer (A Prophet Reads Scripture. Allusion in Isaiah 40-66, Contraversions, Stanford 1998, 140-151) die deutero- und tritojesajanischen Kapitel des Jesajabuches näher an die priesterliche Literatur herangerückt, mit der sie die Hochschätzung des Tempels und Abwehr falscher Formen des Kultes teilen, so daß es nur um Differenzen in Einzelaspekten geht. Dieser Eindruck wird noch verstärkt, wenn man sieht, daß Jes 56,1-8 nicht gegen Num 18 argumentiert, da letzteres Kapitel deutlich später ist; siehe R. Achenbach, Tora (BZAR 3), 141-172. B. D. Sommer (a. a. O., 32-151) zeigt die breite Streuung der literarischen Anspielungen an den Pentateuch in Jes 40-56 auf. Die Nähe der ezechielischen Schule zum Pentateuch wird insbesondere an ihrer Nähe zum Heiligkeitsgesetz deutlich; siehe dazu E. Otto, Deuteronomium (FAT 30), 258f. Daß die Jesaja-, Jeremia- und Ezechielschulen sich nicht nur in ihren Positionen gegenüber der priesterlichen Tora unterscheiden, zeigen die differenten Positionen gegenüber der Zionstradition, insbesondere der Jesaja- und Jeremiaschule. Siehe dazu auch G. Fischer, Partner oder Gegner? Zum Verhältnis von Jesaja und Jeremia, in: F. Hartenstein/M. Pietsch (Hg.), „Sieben Augen auf einem Stein" (Sach 3,9). Studien zur Literatur des Zweiten Tempels. FS I. Willi-Plein, Neukirchen-Vluyn 2007, 69-79.

175 Eine auf die intertextuellen Bezüge zwischen Jeremiabuch und Pentateuch abhebende Untersuchung wird ergeben, daß die MT-Überschüsse im Jeremiabuch die postpentateuchredaktionellen Ergänzungen der Tora voraussetzen, so daß sich eine literaturhistorische Chronologie im 5.-3. Jahrhundert ergibt. Daß ein kritischer Diskurs auch zwischen später Tradentenprophetie und Pentateuchredaktion (PentRed) auch im Jesajabuch in bezug auf die Bedeutung der Vätererzählungen geführt wurde, zeigt Jes 63,7-64,11, wird doch dort in Jes 63,16 eine Vaterschaft Abrahams

timierende Schriftgelehrsamkeit erringt den Sieg, übernimmt, nachdem der Pentateuch einschließlich seiner postendredaktionellen Erweiterungen[176] abgeschlossen ist, in der Fortschreibung des corpus propheticum die Führung[177] und hinterläßt auch im Jeremiabuch in den MT-Zusätzen kräftige Spuren[178]. Schließlich aber setzen die priesterlichen Schriftgelehrten auch dem corpus propheticum literarisch und damit auch der den Prophetenmantel tragenden Schriftgelehrsamkeit in Sach 13,2-6 ein Ende und weisen mit Jos 1,7 und Mal 3,22 dem Kanonteil der Propheten die Funktion der Toraeinschärfung zu.[179] Das rabbinische Judentum knüpft an diese Sicht an: Kein Prophet nach Mose soll eine Neuerung der Tora gebracht haben (Bab. Talmud Shabbat 104).

Eine Reihe von redaktionellen Pfeilertexten der nachexilischen Buchgestalt des Jeremiabuches haben sich als Texte, die den Pentateuch in seiner nachexilischen Redaktionsgestalt voraussetzen, erwiesen. Umgekehrt, so sahen wir, reagieren postpentateuchredaktionelle Ergänzungen des 4. Jahrhunderts in der priesterlichen Tora auf das nachexilische Jeremiabuch. Das soll nun aber keineswegs heißen, daß das gesamte Jeremiabuch ein nachexilisches Pseudepigraphon sei. Im Gegenteil: Eine nachexilische Diskussion eines prophetischen Kreises von Schriftgelehrten, die als Tradentenpropheten sich auf Jeremia als Gründer ihres Diskurses berufen, dem sie ihre Worte in den Mund legen, um sich so auch gegen Mose, dem im Pentateuch die Worte seines priesterlichen Trägerkreises von Schriftgelehrten in den Mund gelegt werden, abzugrenzen, ist überhaupt nur denkbar, wenn den genannten nachexilischen Texten jeremianische Tradition, die bis in die exilische und vorexilische Zeit zurückgeht, vorausliegt. In Jer 29 haben wir dies beobachten können[180]. Eine genauere literarische Differenzierung

---

und Jakobs/Israels zurückgewiesen zugunsten der unmittelbaren Vaterschaft JHWHs als des Exodusgottes. Zu den innerjesajanischen Diskursen im Jesajabuch in dieser Frage siehe M. Köckert, Die Geschichte der Abrahamsüberlieferung, in: A. Lemaire (Hg.), Congress Volume Leiden 2004, VT.S 109, Leiden/Boston 2006, (103-128) 107-114. Daß hier auch ein Diskurs zwischen priesterlichen Tradentenkreisen der Tora und spätprophetischen Tradentenkreisen des Jesajabuches geführt wird, ist ergänzend hinzuzufügen.

176 Siehe dazu E. Otto, Deuteronomium (FAT 30), 93-101. 133f. 230-233. 242-244. 262f.

177 Dieser Prozeß zeigt sich paradigmatisch in der Diskussion des postdtr „Gemeindegesetzes" Dtn 23,2-9 in Jes 66,18-24; Joel 4,19; Sach 9,5-7 bis zum Obadjabuch; siehe dazu E. Otto, Deuteronomium (FAT 30), 204f.

178 In diesen Kontext gehören die Angleichungen von Jer 31,31-34 (MT) gegenüber der Vorlage des LXX-Texts an die priesterliche Tora; siehe oben.

179 Siehe E. Otto, a. a. O., 232. 271; ders., Das Gesetz des Mose (Darmstadt 2007, 205ff.), sowie knapp zusammenfassend ders., Mose. Geschichte und Legende, Beck'sche Reihe 2400, München 2006, 75-81.

180 Daß im Jeremiabuch auch zeitnahe Überlieferungen der Exilszeit eingearbeitet wurden, zeigt sich auch in Jer 40-43 (siehe dazu H.-J. Stipp, Gedalja und die Kolonie in Mizpa, ZAR 6, 2000, 155-171). Doch ist auch hier in den Fortschreibungen, wie an Jer 43,8-13 ablesbar, der nachexilische Zeithorizont persischer Eroberung Ägyptens ebenso unübersehbar wie die Anknüpfung an die

innerhalb des Jeremiabuches wird eine Fülle weiterer Texte zutage fördern, die den oben genannten nachexilischen Texten literarisch vorausliegen. Um diese literarische Differenzierung innerhalb des Jeremiabuches abzustützen, kann der in diesem Beitrag gewählte Zugang des Vergleichs mit außerjeremianischen Überlieferungsdiskursen nicht nur des Pentateuch, sondern auch der anderen Prophetenbücher hilfreich sein. Und dann zeigt es sich, daß zahlreiche Texte des Jeremiabuches – allerdings keiner der oben genannten, was unsere Analyse bestätigt – in Jes 40-66 vorausgesetzt werden, u. a. Jer 2,32 in Jes 49,14-18, Jer 6,13f. in Jes 57,17-21, Jer 10,17-25 in Jes 54,1-3.5[181]. Daraus sind Hinweise auf die Datierung der Jeremiatexte im Sinne eines *terminus ad quem* ableitbar[182]. Die Jeremiaforschung gewinnt eine Fülle neuer Gesichtspunkte, wenn sie sich, wie eingangs gesagt, aus der Bindung an die Buchgrenzen und Grenzen der Kanonsteile löst und die literarische Verflechtung des Buches in die Literaturgeschichte der Hebräischen Bibel, insbesondere auch der Diskurse mit der Tora, einbezieht.

Die nachexilische Formierung der Hebräischen Bibel ist durch eine Reihe von „Diskursen" geprägt, unter denen neben dem David-, Salomo-, Jesaja- und Henochdiskurs der Mosediskurs der Tora der wichtigste ist[183], der seinen Ursprung im Deuteronomium hat[184]. Daneben wird im Jeremiabuch nun auch ein „Jeremiadiskurs" erkennbar. Diese Diskurse, die ihren Ausgangspunkt frühestens in der Exilzeit haben, aber in persischer und hellenistischer Zeit sich entfalten, sind dadurch gekennzeichnet, daß sie thematische Schwerpunkte bilden, so im Daviddiskurs der Zusammenhang von Königtum, Messianismus und Tempel oder im Salomodiskurs der Zusammenhang von Königtum und Weisheit, und daß die unter diesem Themenschwerpunkt nachexilisch geschriebenen und fortgeschriebenen Texte aber auch unter die Autorität des tatsächlichen oder wie im Falle eines Henoch fiktiven Urhebers des Diskurses gestellt werden. Das Jeremiabuch zeigt, daß dieser unter die Autorität des Propheten Jeremia gestellte Diskurs der nachexilischen Zeit[185] sehr stark mitbestimmt ist durch die kritische Auseinandersetzung mit dem ebenfalls nachexilischen Mose-Tora-Diskurs, der sich in der Formierung des Pentateuch niedergeschlagen hat. Der weiteren Jeremiaforschung wird

Exodus- und Landnahmeerzählungen (siehe dazu M. P. Maier, Ägypten [ÖBS 21], 270-272) des nachexilisch formierten Hexateuch und Pentateuch.

181 Siehe dazu B. D. Sommer, Prophet (Stanford 1998), 35-72.

182 Siehe auch G. Fischer, Jeremia 1-25 (HThK.AT), der allerdings auf eine literarische Differenzierung innerhalb des Jeremiabuches verzichtet.

183 Siehe dazu H. Najman, Seconding Sinai (JSJ.S 77), 17 Anm. 34, mit weiterer Literatur.

184 Siehe E. Otto, Deuteronomium (FAT 30), 110ff.; cf. auch H. Najman, Seconding Sinai (JSJ.S 77), 19ff.

185 Ähnlich wie die Mose-, David- oder Salomodiskurse der Erzählungen über den Diskursgründer bedurften, wurden in nachexilischer Zeit in den Er-Berichten über den Propheten („Quelle B") eine Form der „Aretologie" aus der Perspektive der persischen Zeit auch für den Propheten Jeremia derartige Erzählungen geschaffen.

es aufgegeben sein, diese Diskurse, die im Jeremiabuch, ebenso wie solche, die in anderen Diskursen mit dem Jeremiabuch geführt werden, in ihren jeweiligen Intentionen weiter zu sichten und zu sondern[186].

J. G. Venema hat mit Akribie literarische Querbezüge zwischen der Tora, insbesondere dem Deuteronomium, und anderen Kanonsteilen zum Thema gemacht mit dem Ergebnis, daß sie uns dabei aber mit jedem Realitätsbezug zu außertextlicher Wirklichkeit auch den Blick in „the writer's kitchen" verwehrt haben[187]. Es hat sich gezeigt, daß die Tür für beides weit offen steht.

---

186 Die von G. Fischer (Jeremia 1-25 [HThK.AT]; ders., Jeremia 26-52 [HThK.AT]) aufgezeigten Anspielungen u. a. auf prophetische Texte der Hinteren Propheten und narrative Texte der Vorderen Propheten zeigt die Auseinandersetzungen der jeremianischen „Tradentenprophetie" auch mit anderen Diskursen der nachexilischen Zeit.

187 Siehe G. J. Venema, Reading Scripture (OTS 48), 216f. Siehe dazu E. Otto, Die Tora als Buch (ZAR 13).

Liminalität in der Thronratsvision Jesajas
Priesterliches und prophetisches Denken in Jesaja 6

von Eckart Otto

Man sollte sich fragen, warum Sand, dem wir, liegt er auf der Straße, keine Aufmerksamkeit schenken, uns in unserer Wohnung veranlaßt, zum Besen zu greifen, um ihn zu entfernen. Betrachten wir ihn auf der Straße als etwas Normales, so sehen wir ihn in unseren vier Wänden als Schmutz an. Wollten wir umgekehrt mit unserem Hausbesen die Straße vom Sand säubern, so würde das einiges Kopfschütteln hervorrufen, und sollten wir die Straße so regelmäßig vom Sand befreien wollen, würde das nach einiger Zeit den Psychiater auf den Plan rufen. Sofern wir nun aber nur den Bürgersteig vor unserem Haus fegen, etwa zum Wochenende, so könnten wir noch mit einigem Verständnis rechnen, wollten wir aber anfangen, auch den Fahrweg zu fegen, so wäre es wohl mit dem Verständnis vorbei. In jedem Falle aber handelt es sich um dieselbe Art von Sand, die mal als Schmutz angesehen wird, ein anderes Mal aber nicht. Mary Douglas hat aufgezeigt, daß der Kategorisierung von Schmutz ein Ordnungssystem zugrunde liegt. „Schmutz ist das Nebenprodukt eines systematischen Ordnens und Klassifizierens von Sachen, und zwar deshalb, weil Ordnen das Verwerfen ungeeigneter Elemente einschließt".[1] Die eigenen vier Wände als Innenbereich des Familienlebens werden durch diese Kategorisierung vom Draußen der Öffentlichkeit auf der Straße abgegrenzt. Was hier normaler Sand ist, ist dort Schmutz. Können wir in dieser Einsicht Mary Douglas und ihren inzwischen zahlreichen Rezipienten[2] folgen, so wollen wir doch in zwei Richtungen eigene Wege gehen. Mary Douglas geht wie viele ihrer Kolleginnen und Kollegen der Ethnologie und religionswissenschaftlichen Komparatistik davon aus, daß für das Studium des Phänomens der „Religion" das Bemühen um das Verständnis der kategorialen Differenzierung von Reinheit und Unreinheit im Horizont einer universalen Religionskomparatistik als Ausgangspunkt geeignet ist, sich die Frage nach der Logik dieser Differenzierung also als Einstieg in die Religionswis-

---

1 Siehe M. Douglas, Reinheit und Gefährdung. Eine Studie zu Verunreinigungen und Tabu, Berlin 1985, 53.
2 Erstaunlicherweise sind in der Alttestamentlichen Wissenschaft M. Douglas' ethnologische Ansichten weniger diskutiert worden als ihre Versuche, biblische Bücher literarisch zu strukturieren, die allerdings kaum Gefolgschaft gefunden haben; siehe M. Douglas, In the Wilderness. The Doctrine of Defilement in the Book of Numbers, JSOT.S 158, Sheffield 1993, dies., Leviticus as Literature, Oxford 1999.

senschaft überhaupt eigne. Mein Bemühen ist bescheidener, will ich doch nur die Systemlogik im hebräischen Denken, das sich im Alten Testament niedergeschlagen hat, verstehen und dazu als Horizont mich allenfalls des mesopotamischen und westsemitischen Kontextes bedienen, mit dem die hebräische Kultur verwandtschaftliche Züge teilt. Es wird zu fragen sein, ob die einst in der protestantischen Forschung so einflußreiche und für das Verhältnis zum Judentum so folgenreiche Sicht eines Julius Wellhausen, daß die Reinheitsgesetze des Buches Levitikus, die Unreinheiten durch Blutfluß, Körperausfluß, Berührung einer Leiche und unreiner Tiere, Menstruation und Pollution, Hautaussatz sowie Unreinheiten von Kleidung und Häusern regeln (Lev 11-15), Ausdruck einer aufdringlichen Pedanterie von Priestern seien, die die Religion zu toten Werken entseelten, „die nicht an sich, sondern nur dadurch Sinn und Wert haben, daß sie von Gott befohlen sind"[3].

Zum anderen ordnet Mary Douglas die Kategorie der Heiligkeit der Systemlogik der Differenzierung von Reinheit und Unreinheit unter und versteht unter Heiligkeit ein Äquivalent zur Reinheit mit der Bedeutung „von etwas Ganzem und Vollkommenen [...] der physischen Makellosigkeit"[4]. Es wird sich zeigen, daß in der Hebräischen Bibel, im Gegensatz zu Kleinasien und Mesopotamien, Heiligkeit die zentrale Kategorie ist, der die Differenzierung von rein und unrein zugeordnet wird. Julius Wellhausen sah eine Kluft zwischen der prophetischen Religion der vorexilischen Zeit und der priesterlichen Kultgesetzgebung nach dem Exil. „Von den Propheten war der Begriff (sc. Gottes) in das Moralische erhoben worden. Jetzt wird er wieder materialisiert; das Moralische wird zwar nicht abgestreift, aber völlig mit dem Liturgischen vermischt. Heilig ist geistlich, priesterlich; das Göttliche haftet an den rituellen Observanzen"[5]. Gerade mit einem zentralen prophetischen Text aber, der Thronratsvision in Jes 6, wollen wir einsetzen, um das Verhältnis von Heiligkeit und Unreinheit genauer zu erfassen:

„(V. 1) Im Todesjahr des Königs Ussia sah ich den Herrn. Er saß auf einem hohen und erhabenen Thron, und die Säume (sc. seines Gewandes) erfüllten den Tempel.

(V. 2) Über ihm standen Seraphen. Ein jeder hatte sechs Flügel: mit zweien bedeckten sie ihr Gesicht, mit zweien bedeckten sie ihre Füße, und mit zweien flogen sie.

(V. 3) Und einer rief dem anderen zu und sprach:

Heilig (*qādoš*), heilig, heilig ist JHWH Zebaoth! Seine Macht (*kabôd*) erfüllt die ganze Erde.

(V. 4) Die Stimmen derer, die riefen, ließen die Türzapfen in den Schwellen erzittern, und das Haus füllte sich mit Rauch.

---

3   Siehe J. Wellhausen, Israelitische und jüdische Geschichte, Berlin [1894] [8]1921, 175.
4   Siehe M. Douglas (1985) [Anm. 1], 70.
5   Siehe J. Wellhausen (1921) [Anm. 3], 168. Siehe dazu auch unten Anm. 20.

(V. 5) Da sprach ich: Weh mir (*'oj*), ich werde vernichtet, denn ein Mensch unreiner (*tame'*) Lippen bin ich und inmitten eines Volkes von unreinen Lippen wohne ich. Meine Augen aber haben den König JHWH Zebaoth gesehen.

(V. 6) Da flog einer der Seraphen zu mir mit einer Glühkohle in seiner Hand, die er mit einer Zange vom Altar genommen hatte.

(V. 7) Mit jener berührte er meinen Mund und sprach:

Siehe, dies hat deine Lippen berührt, so daß deine Verkehrtheit (*'āwôn*) und deine Verfehlung (*ḥaṭṭā't*) gereinigt werden (*kippaer*).

(V. 8) Da hörte ich die Stimme des Herrn sagen:

Wen soll ich senden, wer will gehen für uns?

Ich antwortete: Hier bin ich! Sende mich!

[(V. 9) Da sprach er: Geh und sprich zu diesem Volk:

Höret, doch verstehet nicht, sehet, aber erkennet nicht.

(V. 10) Verstocke das Herz dieses Volkes, verstopfe ihm die Ohren, verklebe ihm die Augen, damit es mit seinen Augen nicht sieht und mit seinen Ohren nicht hört.

(V. 11) Ich fragte: Wie lange, Herr?

Er antwortete: Bis die Städte verödet sind und unbewohnt, die Häuser menschenleer, bis das Ackerland zur Wüste geworden ist"].

Diese Thronratsvision in Jes 6,1b-8, die von den Autoren dem Propheten Jesaja zugeschrieben wird, ist durch die Redaktion des Jesajabuches als Berufungsbericht des Propheten interpretiert worden, der die Unheilsaspekte in seinen Worten, die sich mit der Katastrophe von 587/6 v. Chr., der Zerstörung Jerusalems durch die Babylonier, bewahrheitet, als gottgewollt legitimieren sollen, indem in Jes 6,9-13 das Verstockungsmotiv angefügt wurde. Dieser exilisch-nachexilischen Sicht vorgegeben war die Funktion dieser Thronratsvision in einem begrenzteren Horizont, auf den sich die Stellung des Kapitels Jes 6 im Rahmen des Protojesajabuches als Eingangskapitel der im ausgehenden 7. Jahrhundert v. Chr. biographisch gestalteten „Denkschrift des syrisch-ephraimitischen Krieges" in Jes 6,1-9,6 bezieht, in der der Prophet den König Ahas darauf verpflichten sollte, allein auf die göttliche Beistandsverheißung, nicht aber auf politisch-militärisches Kalkül in einer Situation der Belagerung Jerusalems durch überlegene Feinde aus dem Norden zu setzen (Jes 7). Jerusalemer Gelehrte, die die Autorität ihres Diskurses rund einhundert Jahre nach dem historischen Jesaja auf diesen zurückführten, haben die von ihnen erarbeitete „Denkschrift" mit einem Danklied auf den Abzug der Assyrer, das den jungen König Josia, der 639 v. Chr. als Kind auf den Thron kam, als „Messias" feiert (Jes 8,23*-9,6), abgeschlossen und der Denkschrift in Jes 6,1b-8 eine die Prophetie Jesajas legitimierende Thronratsvision vorangestellt, die durch die parallel formulierten Sätze in Jes 6,1 „ich sah den Herrn sitzen auf einem Thron" und V. 8 „ich hörte die Stimme des Herrn" abgegrenzt ist. Der Vorausblick auf einhundert Jahre Geschichte in Jes 8,23*-9,6, die in der Befreiung vom Joch der Assy-rer nach 639 v. Chr. auslief, bedurfte der Legitimation durch die Vision, von JHWH als Prophet geschickt zu sein, von ihm also das Wissen des in langer Zeit Kommenden zu haben. Mit der Anfügung von Jes 6,9-11 in der Exilszeit, die die Katastrophe durch die Babylonier 587/6 v. Chr., also noch einmal ein knappes halbes Jahrhundert später, auf eine im 8. Jahrhundert v. Chr. schon von JHWH dem Propheten als unabwendbar an-gekündigte Absicht bezog, wurde an die Legitimationsfunktion von Jes 6,1b-8 ange-knüpft.

Die Vision stellt den Propheten in den himmlischen Thronrat Gottes und läßt ihn damit die Grenze zwischen dem profanen Gegebenen und der metaempirischen göttli-chen Welt überschreiten. Das nun macht diese Vision so interessant für den hier zu verhandelnden Gegenstand der Funktion der Differenzierung zwischen Reinheit und Unreinheit, die Licht auch auf die Funktion der kultischen Reinheitsvorschriften in der Tora zu werfen vermag. Die göttliche Welt hat ihr Zentrum in JHWH, der als Königs-gott bezeichnet wird, mit einem Titel, der im Alten Orient dem obersten Gott im Pan-theon und als solchem dem Schöpfergott der Welt zukommt. Als solcher ist er „heilig". Der Seraphengesang des dreimaligen Sanctus spricht ihm nachdrücklich die Heiligkeit zu. Um zu begreifen, was damit ausgesagt werden soll, ist der weitere Kontext des Sanctus in der Thronratsvision von Bedeutung. Die Andersartigkeit des Heiligen ge-genüber der empirisch gegebenen Erfahrungswelt wird dadurch zum Ausdruck ge-bracht, daß der Prophet nur den Saum des göttlichen Gewandes sieht, nicht aber die göttliche Gestalt selbst, die unsichtbar riesig im Tempel über der Lade mit den Cheru-ben in die göttliche Welt ragend thront.

Durch Rauch, heißt es, sei der Blick im Tempel behindert gewesen. Erst die litera-risch sekundäre Einleitung „im Todesjahr des Königs Ussia sah ich JHWH" geht über diese Einschränkung vergröbernd hinweg. Auch die Heiligkeit Gottes wird dem unmit-telbaren Zugriff der Erkenntnis entzogen, indem sie nur im Gesang der Seraphen einge-führt wird: Nur der himmlischen Welt ist die Heiligkeit der Gottheit zugänglich. Damit wird schon das Paradoxon dieser Vision aufgerufen, daß ein Mensch die Grenze zwi-schen der irdischen und der göttlichen Welt überschreitet, wenn er den Gesang der Seraphen hört. Wie also ist das Verhältnis dieser zwei Welten zu beschreiben? Die ältere Forschung hat den hebräischen Begriff für „heilig" *qdš* von einer Grundbedeu-tung „getrennt, unterschieden" abgeleitet[6]. Die philologische Ableitung dieser gemein-semitischen Wurzel ist nach wie vor strittig[7], doch ist auch die Etymologie kein verläß-licher Wegweiser. Wichtiger ist der jeweilige literarische Kontextbezug. Der nun zeigt in Jes 6 deutlich die Abgrenzung zweier Sphären, des empirisch Gegebenen, in der der

---

6   Siehe W. W. Graf Baudissin, Der Begriff der Heiligkeit im Alten Testament, in: ders., Studien zur semitischen Religionsgeschichte, Bd. 2, Leipzig 1878, 1-142, hier: 19-40.

7   Siehe dazu W. Kornfeld und H. Ringgren, Artikel *qdš*. In: ThWAT VI, Stuttgart 1989, 1179-1204, hier: 1181f.

Prophet lebt, und der göttlichen, deren Zentrum die heilige Gottheit ist. Doch ist diese Grenze keine absolute, so daß die Übersetzung von *qdš* mit „transzendent" (Rudolf Otto u. a.) im Gegensatz zum Profanen[8] nur tragfähig ist, wenn gleichzeitig mit der Abgrenzung auch die enge Bindung des Heiligen zur Welt, die in Jes 6,3 gleichzeitig mit der Heiligkeitsaussage der Seraphen hervorgehoben wird, berücksichtigt wird: Die *kabôd* JHWHs erfülle die ganze Erde. *Kabôd*, oft mit „Ehre" zu spiritualisierend übersetzt, bezeichnet die einer Person innewohnende Lebenskraft und Macht[9]. Die *kabôd* der heiligen Gottheit erfülle die ganze, so ist dem Königstitel zu entnehmen, von ihm geschaffene Erde. Die Abgrenzung zwischen der „profanen" Welt und dem Heiligen der göttlichen Welt ist also keine absolute, was nun auch eine Überschreitung dieser Grenze durch den Propheten unmöglich gemacht hätte.

Der Nachdruck, mit dem die Hebräische Bibel die Heiligkeit der Gottheit JHWH hier wie auch sonst, so u. a. in Hab 1,2, 1 Sam 6,20 und Jes 43,3 betont, hebt die hebräische Religion aus den Überlieferungen des Alten Orients heraus. Zwar kennt das Sumerische des 3. Jahrtausends v. Chr. mit dem adjektivischen Sumerogramm KU$_3$ die Bezeichnung einer Gottheit als „heilig"[10], doch wird diese Qualifizierung, abgesehen von niederen Göttern wie der Stadtgöttin von Lagasch Gatumduq, vornehmlich für die Göttin Inanna, die in dem sumerischen Epos „Inanna und der Himmelsstier"[11] aufgrund von verschmähter Liebe zu Gilgamesch den Himmelsstier auf die Männer von Uruk losließ und in dem Epos „Inannas Gang zur Unterwelt" in ihrer Eroberungslust scheitert, die Herrschaft über die Unterwelt zu erlangen, verwendet. Moralische Qualitäten entscheiden hier wie auch sonst nicht über das Prädikat der Heiligkeit in der Welt der Götter[12]. Jan Wilson hat erwogen, daß in sumerischem Kontext in der Regel einer Gottheit dann, wenn ihre Divinität gerade angezweifelt werden konnte, das Prädikat der Heiligkeit beigelegt wurde. Während im akkadischen Kontext eine Prädikation der Gottheit als heilig fehlt und stattdessen die der Reinheit sporadisch belegt ist, wobei die Gottheit sich auch verunreinigen und damit zeitweise für ihre Aufgaben untauglich werden konnte, ist in Ugarit *qdš* als Prädikat des Schöpfergottes Ilu belegt, der wohl das Epitheton „der Freundliche und Heilige" trägt[13]. An diesen westsemitischen Hin-

---

8 Siehe G. van der Leeuw, Phänomenologie der Religion, Tübingen [2]1956, 32f.

9 In diesem Sinne ist auch das Elterngebot des Dekalogs, man solle Vater und Mutter „ehren", so zu verstehen, daß die auch erwachsenen Kinder die Eltern als Verkörperung der Lebenskraft der Familie Kraft geben, d. h. sie umfassend fördern sollen; siehe E. Otto, Theologische Ethik des Alten Testaments, ThW 3/2, Stuttgart 1994, 32-35.218f.

10 Siehe dazu E. J. Wilson, „Holiness" and „Purity" in Mesopotamia, Kevelaer/Neukirchen-Vluyn 1994, 30.

11 Siehe A. R. George, The Babylonian Gilgamesh Epic. Introduction, Critical Edition and Cuneiform Texts, Bd. 1, Oxford 2003, 11f.

12 Siehe dazu E. J. Wilson (1994) [Anm. 9], 30.

13 Siehe G. del Olmo Lete, Mitos y Leyendas de Canaan según la Tradición de Ugarit. Textos, versión y estudios, Barcelona 1981, 617.

tergrund[14] knüpft die Vorstellung in Jes 6 an, baut die mit der Wurzel *qdš* verbundene Konnotation des Metaempirisch-Göttlichen im Gegensatz zum Empirisch-Gegebenen aus zu einer Wesensaussage JHWHs als des Königs, die sich der unmittelbaren Erkenntnis des Menschen entzieht. Der Grund für diese mit der Begrifflichkeit der Heiligkeit (*qdš*) unterstrichenen Andersartigkeit der göttlichen Welt gegenüber der empirischen ist die in Jes 6 vorausgesetzte Monolatrie der JHWH-Religion in spätvorexilischer Zeit des 7. Jahrhunderts v. Chr., die sich im Schema-Israel in Dtn 6,4 („Höre Israel – JHWH ist unser Gott – JHWH ist einzig") etwa zeitgleich mit Jes 6 niedergeschlagen hat[15]. Wird nicht wie in polytheistischer Religion die Vielzahl bipolarer Aspekte des Lebens wie Mann und Frau, Tod und Leben, Fruchtbarkeit und Dürre, Ordnung und Chaos durch nach menschlichen Regeln handelnden Götter im Narrativ des Mythos vermittelt, sondern nur ein Gott verehrt, so muß er alle diese Aspekte transzendieren und tritt als der eine der einen empirischen Welt als andersartig gegenüber. Mit seiner die Welt erfüllenden *kabôd* wird aber ein Auseinanderbrechen von göttlicher Sphäre als *totaliter aliter* und der Empirie gewehrt, und so wird doch der Zusammenhang zwischen Monolatrie, in späterer nachexilischer Rezeption von Jes 6 im Jesajabuch wird es der Monotheismus sein, und der so betonten Heiligkeit JHWHs als Abgrenzungskategorie deutlich, die es aber vor einer Absolutsetzung zu bewahren gelte. In Ugarit bringen die Göttersöhne dem Königsgott *kabôd* dar. Ist sie also in polytheistischem Kontext auf das Verhältnis der Götter zueinander in der Götterwelt bezogen, so löst die Hebräische Bibel die mythisch nur in der Himmelssphäre beheimatete *kabôd* von der Eingrenzung auf die himmlische Sphäre (Ps 19,2; 29,1.2.9) und interpretiert sie gerade als Vermittlungskategorie zwischen himmlischer und irdischer Welt, die vom heiligen Gott ausgeht in die Welt und sie erfüllt (Jes 6,3) und von dort in die himmlische Welt zurückkehrt (Ps 96,7 u. ö.)[16].

Aber nicht nur die *kabôd* als eine von Gott ausgehende Kraft läßt die Grenze zwischen himmlischer und irdischer Welt zu einer nicht absoluten werden, sondern auch der Tempel als Ort der Einwohnung des heiligen Gottes in der empirischen Welt, der als „Wohnort" JHWHs ebenfalls *qadoš*, heilig, ist (vgl. Ex 29,31; Lev 6,9.19; Ez 42,13 u. ö.). Hier singen die zur himmlischen Welt gehörenden Seraphen und lassen gleich-

---

14 In westsemitischen Inschriften ist von „heiligen Göttern" die Rede. Ein Zaubertext aus Arslan Tasch nennt die Götter „alle Heiligen".

15 Siehe E. Otto, Das Deuteronomium. Politische Theologie und Rechtsreform in Juda und Assyrien, BZAW 284, Berlin/New York 1999, 360-363.

16 Einen entsprechenden Kreislauf von der göttlichen Welt zur Erde und zurück zum Himmel vollzieht auch die ägyptische Ma'at, die als Göttin, Tochter des Sonnengottes, einen himmlischen Ursprung hat, in der Ordnung von Natur und auch Gesellschaft in Gestalt ihres Bruders, des Pharaos als Sohn des Sonnengottes, sowie überall dort wirksam ist, wo Menschen in Ägypten „gerecht", d. h. solidarisch handeln, um schließlich in den Gebeten der Priester wieder zu ihrem Ursprung zurückzukehren. Siehe dazu J. Assmann, Gerechtigkeit und Unsterblichkeit im Alten Ägypten, München 1990.

zeitig durch ihren Gesang die Türzapfen in den Schwellen des Tempels, der kein anderer ist als der von Salomo in Jerusalem erbaute, erzittern. Als Wohnsitz des Königsgottes wird er dennoch von ihm transzendiert, indem dort nur sein Gewandsaum sichtbar wird. So gehört der Tempel beiden Sphären, der empirischen und der göttlichen, an als Ort ihrer Vermittlung[17].

Hier nun gelangt der Prophet an die Grenze zwischen der vorfindlich-empirischen und der göttlichen, durch Heiligkeit von jener abgegrenzten Sphäre. Seine Reaktion auf diese ungewollte Grenzüberschreitung ist ein tiefes, durch ein „Wehe" (*'oj*) zum Ausdruck gebrachtes Erschrecken. Die Autoren dieser Thronratsvision benutzen zwar nicht das „Wehe" (*hoj*) aus der Totenklage, sondern das weisheitliche *'oj*, da die Totenklage Züge der Unreinheit des Todes, die mit der Heiligkeit JHWHs unvereinbar sind, aufrufen würde. Dort, wo Propheten das „Wehe" der Totenklage ausrufen, sehen sie die Adressaten schon im Reich des Todes[18]. Auch wenn also das „Wehe" der Totenklage hier zugunsten des allgemeineren *'oj* nicht verwendet wurde, so bringen die Autoren von Jes 6 der Sache nach genau das zum Ausdruck, was dieses „Wehe" der Totenklage sagen will, durch die Ergänzung des *'oj* in „ich werde vernichtet". Der Prophet begreift die Überwindung der Grenze zwischen der himmlischen und irdischen Sphäre durch einen Menschen, auch wenn sie gar nicht beabsichtigt war, für tödlich. Um diese Konsequenz der Unüberschreitbarkeit der Grenze zwischen irdischer und göttlicher Welt zu begründen, wird das Motiv der Unreinheit eingeführt: „Denn ein Mensch unreiner (*tame'*) Lippen bin ich und inmitten eines Volkes von unreinen Lippen wohne ich". Der Begriff der Unreinheit wird hier nicht als Gegenbegriff zu dem der Heiligkeit gebraucht, vielmehr ist, wie die Fortsetzung in Jes 6 und die Reinigung der Lippen des Propheten zeigt, die Unreinheit auf Seiten der empirischen Welt Ausdruck der Unmöglichkeit der Grenzüberschreitung zur göttlichen Welt durch den Menschen.

Daß es sich hier um einen Relationsbegriff bezogen auf das Heilige handelt, nicht aber um eine ethische Qualifizierung, wird schon daran deutlich, daß das ganze Volk unter Einschluß des Propheten, der sich nicht gerade selbst als ethisch defizitär begreifen will, von unreinen Lippen sein soll. Die Gesamtheit der hier thematisierten Menschen wird der empirischen Welt zugerechnet, die der göttlichen gegenübergestellt wird. Dazu bedienen sich die Autoren von Jes 6 mit *tame'* eines Begriffs, der ursprüng-

---

17 In Ugarit wird im Anat-Baal-Mythos dieses Paradox so bearbeitet, daß der Königspalast des Gottes Baal, der eine zentrale Bedeutung als Ausdruck seines Königtums unter den Göttern hat, als riesig groß aus Gold und Silber erbaut, durch ein Feuer in einen Tempel aus Lehmziegeln verwandelt worden sei, so daß der vor Augen in der Stadt Ugarit sichtbare Baaltempel aus Lehmziegeln gleichzeitig der göttliche Palast des Baal im Mythos sein soll.

18 Siehe dazu E. Otto, Die Stellung der Wehe-Worte in der Verkündigung des Propheten Habakuk, in: ZAW 89, 1977, 73-107. Daß das Heilige Gefahr für das Nichtheilige des empirisch Gegebenen ist, zeigt sich auch daran, daß die Berührung von heiligen Gegenständen verunreinigen kann, was sich noch in der Mischna in dem Motiv zeigt, daß das Berühren der Heiligen Schrift *anschließende* Reinigungsriten verlange; siehe dazu M. Douglas, Leviticus as Literature, Oxford 1999, 11f.

lich die Bedeutung von „feuchtem Schmutz" hatte. Die mit *ṭame'* bezeichnete Unreinheit resultiert im übertragenen Gebrauch aus Grenzüberschreitungen, so wenn ein
Mann mit einer Frau während ihrer Regel (Lev 18,19) oder der Frau eines anderen
Mannes (Lev 18,20) oder einem Tier (Lev 18,23) Verkehr hat. In diesem Sinne ist der
Begriff *ṭame'* auch hier gebraucht und mit den Lippen verbunden, da es um die Legitimation prophetischer Rede geht. Unreinheit ist von der Sphäre der Heiligkeit als *altera
pars* her definiert und umgekehrt. Die Unreinheit aber ist nicht äquivalenter Gegenbegriff zur Heiligkeit. Dem heiligen Gott ist die Grenzüberschreitung von der himmlischen zur empirischen Sphäre, dessen Schöpfer er ist, in universaler Weise mittels
seiner *kabôd*, die die ganze Erde erfülle, möglich[19], nicht aber umgekehrt dem im Verhältnis zum Heiligen der himmlischen Sphäre als unrein charakterisierten Menschen,
für den die Grenzüberschreitung tödlich enden soll. Wie dem Begriff der Heiligkeit in
diesem Zusammenhang jede ethische Konnotation fernliegt, so auch dem der Unreinheit.

Der jüdische Exeget Jacob Milgrom wollte dagegen von Jes 5,16 („JHWH Zebaoth
ist hocherhaben im Gericht, der heilige Gott erweist sich als heilig durch Gemein-
schaftsteue") hier den Begriff der Heiligkeit und damit auch den der Unreinheit in Jes
6 ethisch fassen[20]. Zwar wird in Jes 5,16 JHWHs Heiligkeit als Gemeinschaftstreue

---

19 Das „Erfüllen" der Erde mit *kabôd* wie des Tempels impliziert auch jeweils eine Eigentumsdekla-
    ration; siehe F. Hartenstein, Die Unzugänglichkeit Gottes im Heiligtum. Jesaja 6 und der Wohnort
    JHWHs in der Jerusalemer Kulttradition, WMANT 75, Neukirchen-Vluyn 1997, 82-101.
20 Siehe J. Milgrom, The Changing Concept of Holiness in the Pentateuchal Codes with Emphasis
    on Leviticus 19, in: J. A. Sawyer (Hg.), Reading Leviticus. A Conversation with Mary Douglas,
    JSOT.S 227, Sheffield 1996, 64-83. Jacob Milgrom will die ethische Fassung des Heiligkeitsbe-
    griffes ins Heiligkeitsgesetz (Lev 17-26) in Lev 19 auf die Wirkungsgeschichte von Jes 6 zurück-
    führen, während eine materielle Fassung der Kategorien von Unreinheit/Reinheit in der Priester-
    schrift, die Jacob Milgrom im Gegensatz zu Julius Wellhausen früh datiert, dem Propheten Jesaja
    vorausgehe, so daß sich eine Abfolge von Priesterschrift, Prophet Jesaja und Heiligkeitsgesetz
    (einer Schule H) ergibt. Im Gegensatz zu Jacob Milgrom will Mary Douglas den im Buch Leviti-
    kus der Priesterschrift zugeschriebenen Ritalgesetzen, nicht nur denen des Heiligkeitsgesetzes,
    eine implizite, sich aus dem Gottesbegriff ableitende Humanität zusprechen. So werden Unrein-
    heiten auch leprőser Krankheiten nicht auf Sünde im ethischen Sinne zurückgeführt. Vielmehr
    werde es als Sünde verstanden, im Zustand der Unreinheit zu verbleiben, ohne etwas dagegen zu
    tun. Das Bemühen der Priester ziele also gerade nicht auf eine Strafgerechtigkeit, sondern auf die
    Integration der Unreinen in die Gemeinschaft der kultisch Reinen. Der wahre Fortschritt, der die
    jüdische Religion zu einer modernen gemacht habe, sei also gerade nicht in der Prophetie zu su-
    chen, die anklage und denunziere, was für jede Gesellschaft, geschehe es unkontrolliert, zur Ge-
    fahr werden könne, sondern in der priesterlichen Rationalisierung und „Bürokratisierung" des
    Themas der Unreinheit und Sünde, die auf Reintegration in die Gemeinschaft der Reinen zielen;
    siehe M. Douglas, Sacred Contagion, in: Reading Leviticus (siehe oben), 86-106, sowie meine
    Rezension dieses von John F. A. Sawyer herausgegebenen Sammelbandes, in: ZAR 4, 1998, 310-
    316, hier 311-313. Umgekehrt hat prophetische Überlieferung, so zeigt Jes 6, stärkeren Anteil an
    priesterlichem Denken, als von Julius Wellhausen und seinen Rezipienten angenommen, aller-

interpretiert, doch sind die Verse Jes 5,15f. später Einschub der nachexilischen Zeit, der die Heiligkeitsaussagen im Jesajabuch ethisch interpretiert, gleichzeitig aber vor dem Versuch visionärer Grenzüberschreitung wie in Jes 6 warnt und einen derartigen Versuch unter das „Wehe" der Totenklage stellt:

> „So werden die Menschen gebeugt, der Mann erniedrigt, die Augen der Hochmütigen werden erniedrigt"[21].

Nun hat die Thronratsvision ihren Skopus nicht darin, die Unüberschreitbarkeit der Grenze zwischen empirischer und göttlicher Sphäre zu begründen, sondern gerade im Gegenteil darzulegen, wie es dem Propheten möglich wurde, doch Zugang zur göttlichen Sphäre zu erlangen. Wenn Unreinheit den Menschen hindert, die Grenze zur himmlischen Welt zu überschreiten, so muß die Unreinheit durch Reinigung beseitigt werden. Das hebräische Lexem *kippaer* hat hier die Bedeutung „(rituell) reinigen"[22]. Es entspricht damit der Bedeutung des akkadischen *kupputu* in Beschwörungs- und Ritualtexten[23]. Durch die Reinigung der Lippen, die eine Analogie in mesopotamischen „Mundreinigungsritualen" hat[24], wird die Unreinheit genommen. Wie *ḥaṭṭā't* mit „Sündopfer" fehlübersetzt ist, sondern ein Reinigungsritual bezeichnet, das mit Perso-

---

dings, so wird sich zeigen, in subversiver antipriesterlicher Funktion. Mit Julius Wellhausen ist Jacob Milgrom gegen Mary Douglas überzeugt, daß mit der Prophetie der entscheidende Umbruch der hebräischen Religion zur Ethik erfolgt sei. Doch wie wir noch sehen werden, ist dafür nicht ein Jesaja, sondern die Tora vor allem in Gestalt des Deuteronomiums verantwortlich. Julius Wellhausen wie noch Jacob Milgrom gehen mit Thomas Carlyle davon aus, daß Fortschritt in der Geschichte nur „die großen Persönlichkeiten" bringen. Sie sind damit wie auch Bernhard Duhm als Propheteninterpret mit Nähe zu Julius Wellhausen einem Gedankenkonstrukt des 19. Jahrhunderts verhaftet; siehe dazu E. Otto, Max Webers Studien des Antiken Judentums, Tübingen 2002, 81f. Die ethische Interpretation der Heiligkeitsmotivik in Lev 19 setzt das Deuteronomium voraus; siehe dazu E. Otto, Innerbiblische Exegese im Heiligkeitsgesetz Leviticus 17-26, in: H.-J. Fabry/H.-W. Jüngling (Hg.), Leviticus als Buch, BBB 119, Berlin 1999, 125-196, hier 146-152.

21 Siehe dazu H. Wildberger, Jesaja 1-12, Neukirchen-Vluyn 1972, 190f.; W. A. M. Beuken, Jesaja 1-12, Freiburg/Breisgau 2003, S. 140.150f. Zur Literaturgeschichte von Jes 5-6 siehe auch U. Berges, Das Buch Jesaja. Komposition und Endgestalt, HBS 16, Freiburg 1998, S. 87-104. Auch Ulrich Berges sieht in dem Verstockungsthema in Jes 6,9-11.12-13 eine literarisch sekundäre Erweiterung der Thronratsvision in Jes 6,1-8.

22 Siehe J. Milgrom, Leviticus 1-16. A New Translation with Introduction and Commentary, AB 3, New York 1991, 255f. Wollte man hier von Entsühnung sprechen, so setzte das bereits eine ethische Interpretation des Motivs der Unreinheit voraus, die sich nicht bewährt, und es wird erkannt, daß das Verstockungsmotiv literarisch sekundär mit der Thronratsvision verbunden wurde. Es geht also auch in Jes 6,1*-8 gerade nicht um eine „Gerichtstheophanie".

23 Siehe dazu CAD/K, Glückstadt/Chicago 1971, 178-180 mit Belegstellen. Für eine Zusammenstellung mesopotamischer Beschwörungen siehe G. Cunningham, "Deliver me from Evil". Mesopotamian Incantations 2500-1500 BC, Rom 1997.

24 Siehe mit umfangreichem Material V. Horowitz, Isaiah's Impure Lips and their Purification in Light of Akkadian Sources, HUCA 60, 1989, 39-89.

nen und Gegenständen wie dem Altar verbunden ist, die nicht gesündigt haben können[25], so bezeichnet *ḥaṭṭā't* auch in diesem Zusammenhang nicht eine „Sünde" im ethischen Sinne, sondern umfassender der Grundbedeutung der gemeinsemitischen Wurzel *ḫṭ'* als „Verfehlung eines zielgerichteten Tuns" entsprechend eine Verfehlung eines Gemeinschaftsverhältnisses[26], die in der Unreinheit (*tame'*) der Lippen zum Ausdruck gebracht ist[27]. Ebenso bringt der Begriff *'āwon* eine Verkehrtheit der Richtung des Tuns zum Ausdruck. Verfehlung und Verkehrtheit, die sich als Unreinheit manifestieren, sind Relationsbegriffe, die vom Heiligen her bestimmt sind als Ausdruck der Unfähigkeit des Menschen, in die Sphäre des Göttlichen zu gelangen. So bedarf es eines *rite de passage* (Arnold van Gennep)[28]. Jes 6,1-8 ist als ein solcher *Übergangsritus* zu beschreiben. Auf eine erste Phase der Ablösung vom normalen Status (Segregation) in der Erkenntnis des Propheten der Unreinheit im Verhältnis zum Heiligen folgt eine Schwellenphase (Liminalität) der Reinigung durch einen Seraphen. Im Motiv der Seraphen als halbgöttliche geflügelte Schlangen kommt die Abgrenzung der himmlischen von der empirisch-irdischen Sphäre zum Ausdruck, haben die Seraphen, die in vorexilischer Zeit auf zahlreichen Stempelsiegeln belegt sind, doch apotropäische Funktion, das Heilige als Zentrum der göttlichen Sphäre zu schützen. Die außergewöhnliche Zahl von sechs Flügeln, die ikonographisch nicht belegt ist, weist aber auch auf die Notwendigkeit der Seraphen hin, sich selbst zu schützen[29]. Nicht also die Cheruben, die im Allerheiligsten des Tempels die Lade als Thronuntersatz schützen, und also der irdischen wie der himmlischen Welt angehören, werden in der Thronratsvision als göttlicher Hofstaat eingeführt, sondern als ganz der himmlischen Sphäre angehörig die Seraphen, die nun aber zur Durchführung der Reinigung die himmlische Sphäre verlassen und die Grenze zur irdischen überschreiten können[30]. In einem Reinigungsri-

25 Siehe J. Milgrom (1991) [Anm. 21], 253f.

26 Siehe R. Knierim, Die Hauptbegriffe für Sünde im Alten Testament, Gütersloh ²1967, 56f.66f.

27 Dagegen will W. A. M. Beuken (2003 [Anm. 20], 174) in den Begriffen *ḥaṭṭā't* und *'āwon* in Jes 6,7 eine literarisch sekundäre Zuspitzung der Unreinheit (*tame'*) der Lippen in Jes 6,4 sehen, die er auf den Redaktor des Jesajabuches zurückführt. Eine derartige literarische Differenzierung ist hier nicht nötig.

28 Siehe A. van Gennep, Übergangsriten (1908), Frankfurt/Main 1986.

29 Die Glyptik der vorexilischen Zeit zeigt bislang kein Beispiel für Uräen mit sechs Flügeln.

30 Die Seraphen sollen als Vertreter der Wüste, die keineswegs grundsätzlich als todbringender Bereich verstanden wurde, wie M. Douglas (1999 [Anm. 17], 248) in ihren Überlegungen zu Lev 16 zu Recht festhält, nicht Werkzeuge göttlichen Zorns seien. Anders F. Hartenstein (1997 [Anm. 18], 194f.), dessen Deutung die Ursprünglichkeit der Verstockungsmotivik in Jes 6 voraussetzt. Die ursprüngliche Verbindung der Seraphen mit der Wüste (siehe Num 21,4-9) zielt hier auf die Fremdheit der Lebenswelt des Kulturlandes gegenüber der der Wüste als entscheidende Konnotation, die die Seraphen zu Wesen der himmlischen Welt in Jes 6 werden ließ. Wieder geht es also um das Thema der Grenzüberschreitung. Daß das Heilige auch im Interesse des Nichtheiligen von diesem abgegrenzt werden muß, wie die Möglichkeit der Verunreinigung am Heiligen zeigt, haben wir schon gesehen; siehe oben Anm. 18.

tus der Berührung der unreinen Lippen des Propheten mit einer glühenden Kohle wird die Unreinheit von Verkehrtheit und Verfehlung gelöscht[31]. Damit ist die Phase der Liminalität abgeschlossen und die der Angliederung (Aggregation) an einen neuen Zustand beginnt. Nun kann der Prophet die Stimme des Heiligen unmittelbar, nicht nur die der Seraphen, hören:

> „Da hörte ich die Stimme des Herrn sagen: Wen soll ich senden, wer will gehen für uns? Ich antwortete: Hier bin ich! Sende mich!" (Jes 6,8).

Der Prophet, der nun in die himmlische Sphäre eingegangen ist, kann aber nicht nur die Stimme des Heiligen unmittelbar hören und nicht nur die der Seraphen, die das dreifache Sanctus singen, sondern in einen Dialog mit dem Heiligen eintreten. Nunmehr zum Teil der himmlischen Welt geworden, kann der Prophet wie die Seraphen die Grenze zur empirisch-vorfindlichen Welt wieder überschreiten und das Wort des Heiligen den Menschen kundtun.

Die Liminalität der Grenzüberschreitung kann dabei helfen, Normen aufzubrechen und neu zu bewerten[32]. Genau dies geschieht in Jes 6. Auf der Oberfläche des Textes handelt es sich bei dieser Thronratsvision um eine Erzählung zur Legitimation des prophetischen Wirkens, die aus einem Abstand von rund einhundert Jahren dem Propheten Jesaja in den Mund gelegt wird, um die Texte, die aus dem Diskurs einer Jesaja-Schule in diesen einhundert Jahren von Autoren, die sich den Mantel des Propheten umwarfen, verfaßt wurden, zu legitimieren. Dazu wurde der Prophet Jesaja visionär in die himmlische Welt geschickt und so zur Legitimationsquelle auch folgender Generationen von Gelehrten, die sich in der exilischen und nachexilischen Zeit auf ihn berufen. In der Exilszeit wurde die Thronratsvision in Jes 6 noch zur Begründung für eine Theorie der Unvermeidlichkeit der Katastrophe, die die Exilsgeneration entlastete. Nicht ihr eigenes Versagen habe zu diesem Unglück geführt, sondern ein Vernichtungswille des Heiligen, der auf ʿāwôn und ḥaṭṭāʾt, Begriffe, die nun allerdings auf ein ethisches Versagen gedeutet wurden, der Generationen vor mehr als einhundert Jahren reagierte, indem er dem Volk durch Verstockung, die sich schon in der Unfähigkeit des judäischen Königs Ahas, auf den Propheten zu hören (Jes 7), niedergeschlagen habe, die Fähigkeit zur Einsicht genommen habe. Soweit die Textoberfläche. Doch verborgen unter dieser Oberfläche wird noch ein weiterer Diskurs sichtbar, der sich erzählend der Situation der Liminalität bedient[33]. In der Heiligkeitstopographie des Jerusalemer

---

31 Dagegen kann hier nicht von einer "Gerichtsliturgie" – so F. Hartenstein (1997 [Anm. 18], 196-204) – die Rede sein.

32 Siehe dazu V. Turner, The Forest of Symbols. Aspects of Ndembu Ritual, Ithaka/London 1967.

33 N. Stahl (Law and Liminality in the Bible, JSOT.S 202, Sheffield 1995) hat darauf aufmerksam gemacht, daß in der synchron gelesenen Fabel des Pentateuch an den Übergängen Gesetze eingeschoben sind. Bedauerlicherweise weiß sie diese Beobachtung aber von Arnold von Genneps *rite*

Tempels[34] ist der Zugang zu dem im Allerheiligsten über der Lade als Thronuntersatz thronenden JHWH nur den Priestern vorbehalten, so daß sich die Heiligkeitsabstufung der Tempelarchitektur im Gesellschaftsaufbau von Priestern und Nichtpriestern widerspiegelt. Für den Propheten aber ist diese Differenzierung außer Kraft gesetzt. In der Haupthalle stehend[35] wird er des Thrones des Heiligen unmittelbar ansichtig, nicht nur wie die Priester des Thronuntersatzes in Gestalt der Lade. Angesichts der Grenze zwischen dem Heiligen und dem empirisch Gegebenen als dem Unreinen wird die gesellschaftliche Differenzierung von Priestern und Nichtpriestern irrelevant, da das gesamte Volk unter Einschluß der Priester als ein Volk von unreinen Lippen deklariert wird, was die Überschreitung der Grenze zwischen himmlischer und irdischer Sphäre unmöglich mache. Damit werden die zadokidischen Priester am Tempel von Jerusalem ihres Privilegs des Umganges mit der göttlichen Sphäre beraubt. Und auch aus der himmlischen Sphäre sei ihre priesterliche Funktion terminiert worden. Haben die Priester am Altar des Jerusalemer Tempels ein Opferprivileg[36], so nehmen in der Erzählung der jesajanischen Thronratsvision nicht Priester, sonder Seraphen als Wesen, die als Mitglieder des göttlichen Thronrats in die himmlische Sphäre gehören, die Kohle vom Altar, um die Lippen des Propheten zu reinigen[37]. Vor allem aber hebt der Anspruch dieses Textes, der Prophet sei Abgesandter des Heiligen, alle priesterlichen Ansprüche der kultischen Vermittlung zwischen empirischer und göttlicher Sphäre aus den Angeln. Die sich den Prophetenmantel umhängenden Autoren einer spätvorexilischen Tradentenprophetie führen in Jes 6 einen kritischen Diskurs mit den Vertretern einer priesterlichen Schriftgelehrsamkeit aus zadokidischen Kreisen, die im Deuteronomium gerade den Anspruch des Jerusalemer Tempels, einzig legitimer Ort des JHWH-Opfers zu sein (Dtn 12), durchsetzen wollten, was ihnen in der Josia-Reform der Jahre 622/21 v. Chr. auch gelungen ist. Prophetische Kreise nicht nur der Jesaja-Schule, sondern auch vor allem der Jeremia-Schule, haben sich bis weit in die nachexilische Zeit den priesterlichen Ansprüchen zunächst der Verwaltung des kultischen Zugangs zu Gott, dann in der Nachexilszeit auch des Anspruches auf Verwaltung der mosaisch vermittel-

de passage-Theorie, die in der Monographie nicht genannt wird, zu deuten. Siehe dazu meine Rezension in: ZAR 5, 1999, 348-353.

34 Siehe E. Otto, Jerusalem. Die Geschichte der Heiligen Stadt von den Anfängen bis zur Kreuzfahrerzeit, Stuttgart 1980, 51-54; ders., Das antike Jerusalem. Geschichte und Archäologie, München 2008.

35 Siehe dazu H. Wildberger (1972) [Anm. 20], 246.

36 Siehe dazu A. Cody, A History of the Old Testament Priesthood, AuBib 35, Rom 1969, 119f.

37 Zur Rolle der Priester in Eliminationsriten siehe R. Schmitt, Magie im Alten Testament, AOAT 313, Münster 2004, 320f. Zur Geschichte des Priestertums in der Hebräischen Bibel in seinen altorientalischen Kontexten siehe E. Otto, Priestertum II. Religionsgeschichtlich 1-2. Alter Orient und Altes Testament. Antikes Judentum. In: RGG⁴ VI, Tübingen 2003, 1645-1650. Zur Differenzierung von Priestern und Laien in der Hebräischen Bibel siehe auch M. Douglas (1999) [Anm. 17], 249f.

ten Tora im Pentateuch widersetzt[38]. Die in der Erzählung Jes 6 berichtete Grenzüberschreitung des Propheten in die himmlische Welt dient auch dazu, spiegelbildlich zur Legitimation des prophetischen Wortes als heiligen Ursprungs in der himmlischen Welt den Priestern Unreinheit zuzusprechen, von der nur der Prophet ausgenommen sei. Die Kunst der Autoren der jesajanischen Thronratsvision besteht darin, daß sie sich priesterlicher Vorstellungen der Tempeltheologie bedienen, um gegen die Ansprüche der Priester zu argumentieren und eine prophetische Wertordnung zu legitimieren[39].

---

38 Siehe dazu E. Otto, Der Pentateuch im Jeremiabuch. Überlegungen zur Pentateuchrezeption im Jeremiabuch anhand neuerer Jeremia-Literatur, in: ZAR 12, 2006, 245-306.

39 Es geht also am Text vorbei, wollte man in Jesaja aufgrund der priesterlichen Vorstellungen und Terminologie einen ehemaligen Priester oder Mitglied einer priesterlichen Reformgruppe sehen. Nicht ein historischer Prophet Jesaja schreibt hier, sondern Autoren, die rund einhundert Jahre später lebten, und sie tun es in einer Weise, die das Priestertum in seinen Ansprüchen grundsätzlich infrage stellt; anders B. Gosse, Isaïe VI et la tradition isaïenne, VT 42, 1992, 340-349, hier 349, der in Jesaja das Mitglied einer priesterlichen Oppositionsgruppe sehen möchte.

König, Priester und Prophet

Zur Transformation der Konzepte der Herrschaftslegitimation in Jesaja 61

Reinhard Achenbach

Die Kapitel 60 – 62 des Jesajabuches bilden nach überwiegender Auffassung der Exegeten den literarhistorischen Kern und den kompositorischen Mittelpunkt des dritten Teils des Jesajabuches[1]. Im Mittelpunkt der Heilsorakel an Zion in den Kapiteln 60 und 62 wiederum steht die Rede eines Gesalbten in Jes 61, der demnach besonderes Gewicht für das Verständnis des Textes zukommt. Umstritten ist gleichwohl die Frage, welchem Vorstellungskreis diese Gestalt näher zuzuweisen ist, ob die Urheber des Textes eine konkrete institutionelle Anschauung voraussetzen oder ob es sich um ein ideales schriftgelehrtes Konstrukt der Rede einer fiktiven Gestalt handelt. Dass der Text seit der Antike Anlass zu verschiedenen Deutungen bot, zeigt schon ein erster Blick auf die biblische Textüberlieferung: Der Targum hat in Jes 61 eine prophetische Rede gesehen[2], das Lukasevangelium lässt diese im Munde Jesu gar zur messianischen Selbstprädikation zu einer besonderen Erfüllung gelangen (Lk 4,21). Im Kontext des Jesajabuches steht das Kapitel in einem Verweiszusammenhang zu den messianischen Texten des Proto-Jesaja wie zu den deutero-jesajanischen Gottesknechts-Texten, also in einer Reihe von Legitimationstexten, welche Charakter und Funktion des Buches deutlich prägen. So wird man seine Bedeutung und Funktion einerseits aus einer detaillierten Einzelexegese, andererseits aus der Untersuchung seiner Deutungsfunktionen im Kontext des gesamten Jesajabuches gewinnen müssen.

1. Der Text

Der Text ist gerahmt durch zwei Selbstprädikationen einer Gestalt, die sich in v. 1 als Gesalbter JHWHs vorstellt mit einem Sendungsauftrag in Gestalt eines sehr ausdifferenzierten Freilassungsediktes (v. 2–3) und die in einem Lobpreis in v. 10–11 auf ihre Investitur und deren Bedeutung verweist. Hieran knüpft sich ein dreiteiliges Heilsorakel über den Wiederaufbau durch die Freigelassenen an, das an die Adressaten und das

---

[1]   Vgl. die diesbezüglichen Forschungsüberblicke bei U. Berges, Das Buch Jesaja. Komposition und Gestalt, HBS 16, Freiburg – Basel – Wien u.a. 1998, 419–417; P. Höffken, Jesaja. Der Stand der theologischen Diskussion, Darmstadt 2004, 96–98.

[2]   אמר נביא רוח נבואה מן קדם יוי אלהים עלי, TO, vgl. TJ!

Volk in dem von Ruinen geprägten Land gerichtet ist (v. 4–5). Sodann folgt ein Wiedergutmachungszusage an die Adressaten des Textes, in dem ihnen als Ausgleich für erlittene Schmach die Benennung als *Priester JHWHs* zugesagt wird (v. 6–7), und schließlich eine Bundeszusage (v.8b), die im Zentrum eines inversiv strukturierten Textes aus Selbstprädikation und Preis des Hoheitshandelns JHWHs (v.8a/9b), der Zusage einer Wiederherstellung von Besitzrechten und Wiedergutmachung (Abgeltung) erlittener Verluste (8a) samt Segenszusage für die Nachkommenschaft (v. 9a) steht. Ihr entspricht strukturell der abschließende Lobpreis (v.10aα/11bβ), der mit dem Verweis auf eine Investitur zur Verwirklichung der göttlichen Gerechtigkeit (v.10aβ/ 11bα) das neue Gewand mit der Bekleidung von Braut und Bräutigam vergleicht (v. 10b/11a). Der Rechtsakt in v. 1–3, der in der Ausstattung der in ihre Rechte neu eingesetzten ehemals Gedemütigten mit neuen Gewändern kulminiert (v.3), findet in dem Symbol des Gewandes des Verkünders als Würdesymbol zur Inswerksetzung von Gerechtigkeit (v. 10-11) seine Entsprechung. Das Heilsorakel, das die rechtlichen Folgen der neuen Gerechtigkeit beschreibt (v. 4–5 + 8–9), hat seinerseits sein kompositorisches Zentrum im Zuspruch des Ehrentitels der Priester JHWHs (v. 6–7). Der Text in einer Übersetzung sei zur besseren Orientierung während der Lektüre hier zunächst in Verbindung mit einer stichworthaften formkritischen Einordnung seiner Elemente am Rande wiedergegeben.

Jesaja 61

		Selbstprädikation
1	Der Geist des Herrn JHWH ist auf mir,	Charisma
	weil JHWH mich gesalbt hat,	Salbung
	er hat mich gesandt,	Sendung
		Sendungsauftrag
	Frohbotschaft zu künden den Gedemütigten,	Heilsproklamation
	zu verbinden die, die zerbrochenen Herzens sind,	
	auszurufen für die Gefangenen einen *Derôr*	*Derôr*-Verkündung
	und den Gefesselten die Freilassung,	Amnestie
2	auszurufen ein Jahr des Wohlwollens JHWHs	Erlassjahr
	und einen Tag der Vergeltung für unseren Gott,	Entschädigung
3	zu trösten alle Leidtragenden,	Wiedergutmachung
	zu bewirken für alle Leidtragenden in Zion,	
	dass ihnen (Kopf-)Schmuck statt Asche gegeben werde,	Reinvestitur
	Freudenöl statt Trauerbräuche,	Salbung
	Jubelfest-Kleid statt trübem Geist,	Kleidung
	und dass man sie „Eichen der Gerechtigkeit" nenne	Wiedereinsetzung
	als „Pflanzung JHWHs" sich rühme!	in alte Rechte
		Ziel
4	Und sie werden wieder aufbauen die ewigen Ruinen,	Wiederaufbau
	die Trümmer früherer Stätten werden sie aufbauen,	

und sie werden erneuern die Städte der Ödnis,
deren Trümmer da liegen seit Generationen.

5 Und es werden dabei Fremde zu Diensten stehen — Zusage der
    und weiden eure Herden, — Unterstützung
und die Söhne der Fremde werden für euch pflügen — durch Fremde
    und eure Plantagen versorgen.

Verheißung

6 Ihr aber sollt „Priester JHWHs" genannt werden[3], — Ehrentitel
„Diener unseres Gottes" wird man euch nennen!
Den Reichtum der Völker werdet ihr verzehren — Reichtum
und um deren Vermögen werdet ihr Tauschhandel führen:
7 für die Beschämung, die euch widerfahren ist, — Genugtuung
ein Zwiefaches,
und für die Schmach, dass sie noch dankbar jubeln werden
über ihren Anteil (der ihnen dann noch verbleibt),
trotzdem werden sie noch für ihr Land ein Zwiefaches besitzen,
ja, es wird ihnen ewige Freude bereitet werden!

    Autorisierung
8 Denn — Begründung
ich bin JHWH, — *Selbstvorstellung*
der da liebt das Recht, — A Hoheitsprädikation
der da hasst das Abreißen von Besitzrecht,
und ich werde ihnen vergelten ihr Handeln — B Vergeltungszusage
nach wahrhaften Kriterien,
und einen ewigen Bund werde ich mit ihnen schließen[4]. — C *Bundeszusage*
9 Und man soll kennen unter den Völkern ihre
Nachkommen, — B Heilszusage
ihre Blüte unter den Völkerschaften,
alle, die sie sehen, soll von ihnen wissen (anerkennen),
dass sie ein Geschlecht sind,
das JHWH gesegnet hat! — A Hoheitshandeln
    Lobpreis
10 Welche übermäßige Freude habe ich an JHWH, — A Lobpreis Gottes
meine Seele jauchzt über meinen Gott,
denn — B Begründung:
er hat mich bekleidet mit Kleidern des Heils[5], — Investitur als Wirker
den Mantel[6] der Gerechtigkeit hat er mir umgelegt, — von Gerechtigkeit

---

3   Der Ausdruck כהן יהוה (1 Sam 14,3) bzw. כהני יהוה wird nur selten und nur für JHWH-Priester verwendet (1 Sam 22,17.21; 2 Chr 13,9 Aaroniden!), das Synonym משרתי אלהינו ist unmittelbar so nicht belegt, wohl aber die Wendung משרתי יהוה in Jo 1,9; 2,17.

4   Mit der 3. pers. sind die Söhne Israels gemeint, der verheißene ewige Bund impliziert die dauerhafte Berechtigung zur Rückkehr zum Zion und zum Landbesitz (vgl. Jer 32,40; 50,5).

5   בגדי קדש, בגדים heilige Kleidung des Priesters: Ex 28,4.5 passim.

(äußerlich) gleich einem Bräutigam, der	
priesterlich auftritt mit einem Turban[7]	C Priesterturban
und einer Braut, die sich schmückt mit ihrem Geschmeide,	Hochzeitsschmuck
11 denn	B Begründung
gleich wie die Erde hervorbringt ihren Sprössling[8],	der Investitur:
und wie ein Garten seine Saat sprießen lässt,	Inswerksetzung der
so lässt JHWH sprießen Gerechtigkeit	Gerechtigkeit
und Ruhm gegenüber allen Völkerschaften.	A Lobpreis Gottes

Die konsequente Strukturierung des Textes spricht trotz zuweilen angenommener Spannungen für die Annahme der literarischen Einheitlichkeit[9]. Die Schwierigkeiten der Erklärung liegen nicht auf der literarkritischen, sondern auf der kompositionskritischen Ebene, weil der Text sich aus einer Fülle von Einflüssen aus deutero-jesajanischen Texten speist und durch Sprache und Form diverser Legitimationstexte geprägt ist.

2. Die Frage nach dem Subjekt der Rede

2.1. Das Problem: Der Komposit-Charakter des Textes

Geht man von der synchronen Lektüre der Kapitel Jes 59-61 aus, so ist der Text mit dem weiteren wie näheren Kontext kompositionell verzahnt. So tritt uns in Jes 61 der entgegen, der in Jes 51,21 als Geistbegabter Wortmittler mit Dynastieverheißung ange-

---

6 מעיל als Priestermantel: Ex 28,4.31.34; 29,5; Anfertigung: Ex 39,22.23.24.25.26 (mit besonderer Verstärkung, v.23); Investitur Lev 8,7.

7 Vgl. zu der denominalen Auffassung von כהן pi. = „als Priester amten" (Ex 28,1.3f.41; 29,1.44 u.ö.; Dtn 10,6; Ez 44,13; Hos 4,6, E. Jenni, Das hebräische Pi'el. Syntaktisch-semasiologische Untersuchung einer Verbform im Alten Testament, Zürich 1968, 272) schon F. Delitzsch, Jesaja, Leipzig (3.Aufl.) 1879 (ND Gießen 1984), 625: „Wie ein Bräutigam, der priesterlich den Turban trägt..."; J. Blenkinsopp, Isaiah 56–66, 228: „to function as, or act like a priest". 1QIsa[a] liest יכהון; Targ. וכהנא רבא; die Konjektur der BHS (י׳כ) oder des HAL I,440, יכונן, rekurriert auf auf eine korrigierende Lesart der LXX: ὡς νυμφίῳ περιέθηκεν μοι μίτραν. פאר Ez 24,17.23, als Teil der Priestertracht wird erwähnt in Ex 39,28, ist zwar in Ex 28f. nicht vorgesehen, hingegen in Ez 44,18; Jes 61,3.10; ansonsten trägt man einen Turban als Bräutigamsschmuck (Jes 61,10) oder es ist der Schmuck vornehmer Jerusalemerinnen (Jes 3,20).

8 Vgl. Jes 45,8; (s.a. Jes 4,2; 42,9; 43,19; 44,4; 55,10; 58,8); Sach 3,8; 6,12; Jer 23,5; 33,15; Ps 132,17.

9 J.L. Koole, Isaiah Part III. Volume 3: Isaiah Chapters 56–66, HCOT, Leuven 2001, 264–268; O.H. Steck, Der Rachetag in Jesaja 61,2. Ein Kapitel redaktionsgeschichtlicher Kleinarbeit, VT 36, 1986, 323–338 in: ders., Studien zu Tritojesaja, BZAW 203, Berlin – New York 1991, 106–118.106f. Die zubeobachtenden Wechsel in der Anrede zwischen 3.pl. und 2. pl. sind stilistisch bedingt (ebd., A 6).

kündigt worden war[10]: *„Und ich (was mich betrifft, so gilt:) dies ist mein Bund mit ihnen (i.e. dem Volk vom Zion): spricht JHWH: Mein Geist, der auf dir ruht, und meine Worte, die ich in deinen Mund gelegt habe, sollen nicht von deinem Munde weichen, noch vom Munde deiner Nachkommen noch vom Munde der Nachkommen, deiner Nachkommen! – spricht JHWH – von nun an bis in Ewigkeit!"* – Jes 60,1 konstatiert zu allererst das Eintreffen der dort als Heilsorakel an den Erwählten formulierten Bundeszusage an das Volk: *„Der Geist des Herrn JHWH ist auf mir!"* Zwischen der Ankündigung der neuen Regentschaft in Jes 60,17-18 und diesem Text soll man sich somit den Akt der Einsetzung des Gesalbten selbst vorstellen. Die Diskussion darüber, was für eine Gestalt der Verfasser des Textes sich als Redner vorstellt bzw. welche Vorstellung er bei den Adressaten hervorzurufen gedenkt, hat zu verschiedenen Deutungen geführt[11].

Zunächst einmal setzt die kausative Verschränkung von Salbung und Charisma die judäisch davididische Königsideologie voraus, wie sie in der Davidslegende 1 Sam 16,13 entfaltet wird. Die Verkündung der Freilassung impliziert die Inanspruchnahme königlicher Autorität und Befugnis, wie es aus der Analogie zu den assyrischen *andurâru*-Akten erkennbar wird (s. hierzu im Folgenden). Andererseits steht der Assoziation einer Königsgestalt die geschichtliche Realität der Epoche des Zweiten Tempels entgegen, da die Achämeniden ein Wiedererstehen des Königtums offensichtlich unterbanden[12]. Darum wird in der Regel davon ausgegangen, dass der Text für die Selbstpräsentation einer messianischen Gestalt auftretende Herrschergestalt rein fiktionaler Natur ist[13].

---

10 Auch wenn man Jes 51,21 für einen sekundär hinzugekommenen Text hält (so O.H. Steck, Studien, 182–186), ist das Verständnis, das dessen Verfasser mit Hinsicht auf den weiteren Kontext erkennen lässt, aufschlussreich und steht historisch jedenfalls näher bei Jes 61 als die literarkritische Rekonstruktion.

11 Zur Diskussion vgl. O.H. Steck, Studien, 119–135: Zu jüngsten Untersuchungen von Jes 60–62; W. Lau, Schriftgelehrte Prophetie in Jes 56–66. Eine Untersuchung zu den literarischen Bezügen in den letzten elf Kapiteln des Jesajabuches, BZAW 225, Berlin – New York 1994, 66–89; H.G.M. Williamson, King, Messiah and Servant in the Book of Isaiah. The Didsbury Lectures 1997, Carlisle (Cumbria) 1998, 174–189; K. Koenen, Ethik und Eschatologie im Tritojesajabuch. Eine literarkritische und redaktionsgeschichtliche Studie, WMANT 62, Neukirchen Vluyn 1990, 103–112; U. Berges, Jesaja, 443–455.

12 Hierzu T. Pola, Das Priestertum bei Sacharja. Historische und traditionsgeschichtliche Untersuchungen zur frühnachexilischen Herrschererwartung, FAT 35, Tübingen 2003. Zur Diskussion um die Interpretation von Jes 61,1-3 als Inthronisationstext für eine königliche Gestalt (G. Widengren, Sakrales Königtum im Alten Testament und im Judentum, Stuttgart 1955, 57-58) vgl. K. Koenen, Ethik und Eschatologie, 105 A. 276 (Lit.).

13 So vor allem O.H. Steck, Studien; hingegen betont J. Blenkinsopp, Isaiah 56-66, 220: „In Isaiah 61:1-7 we are hearing a different voice, one that conveys a sense of strong individuality."

Der zuweilen vorgebrachte Vorschlag, dass dem Text die Vorstellung eines hohe-priesterlichen Aktes zugrunde liege[14], wird in der Regel skeptisch zurückgewiesen, mit dem Hinweis, dass der Text keine definitiven Charakteristika priesterlichen Handelns erkennen lasse und zudem keine weiteren Belege für ein hohepriesterliches Hoheits-handeln im hier vorgeführten Sinne vorlägen[15]. Das Motiv der Sendung (שלח) und der Anklang an die Form eines Heroldswortes (בשר, pi.) wecken hingegen die Vorstellung einer prophetischen Gestalt, die auch Sir 48,24 und die Targume[16] hier angenommen haben[17]. Eine Reihe von Exegeten hält auch aufgrund des Umstandes, dass der Text in das Trito-Jesaja-Buch eingebunden ist, an einer biographischen oder zumindest indivi-duellen Deutung fest[18]. Dabei wird in der Regel außer Acht gelassen, dass der Text – ob fiktiv oder nicht – eine in der Sache nach vorstellbare rituelle Situation vor Augen stellt, nämlich die einer Selbstprädikation eines Gesalbten in Verbindung mit der Ver-kündigung eines Freilassungsediktes.

14 W. Caspari, „Der Geist des Herrn ist über mir", NKZ 40, 1929, 729-747.734f.; H. Cazelles, „Royaume des prêtres et nation consacrée" (Exode 19,6), in: C. Kannengiesser/ Y. Marchasson (Hg.), Humanisme et foi chrétienne, Beauchesne 1976, 541-545; P. Grelot, Sur Isaïe LXI: la première consécration d'un grande prêtre, RB 97, 1990, 414-431.

15 H. Williamson, Variations, 178–179 A. 19 ; K. Koenen, Ethik und Eschatologie, 103f. ; J. Blen-kinsopp, Isaiah 56–66, 220.

16 S.o. A. 2.

17 B.D. Sommer, z.St., in: A. Berlin u. M. Z. Brettler (Hg.), The Jewish Study Bible, New York 2004, 905; W. Zimmerli, Zur Sprache Tritojesajas, in: FS L. Köhler SThU 20, Bern 1950, 62-74 = ders., Gottes Offenbarung. Gesammelte Aufsätze, ThB 19, 217–233.226ff.; J. Scharbert, Heils-mittler im Alten Testament und Alten Orient, QD 23/24, Freiburg – Basel – Wien 1964, 182f. – Zur weiteren Wirkungsgeschichte ist zu verweisen auf 1 QM XI,7: לנו קצי מלחמות ידיכה וביד משיחיכה 8 חוזי תעודות הגדתה – *„und durch deine Gesalbten, die Seher der Bestimmun-gen, hast du uns verkündigt die Zeiten der Kriege deiner Hände..."*; der Text wendet den messianischen Titel auf prophetisch oder seherisch begabte Menschen an, unmittelbar im An-schluss an die messianische Interpretation von Num 24,17-19. Der eigentümliche Sprachge-brauch scheint aus einem Umkehrschluss aus Jes 61,1 zu resultieren: die mit dem Geist begabt sind, sind gleichermaßen „Gesalbte" JHWHs, wie denn auch die gesalbten Davididen mit dem Geist begabt waren, insbesondere David selbst. Einen Beleg für diese Sicht der Dinge bietet CD II,12f: וידיעם ביד משיחו רוח קדשו וחוזי 13 אמת = *„und er belehrte sie (die Erretteten) durch die Gesalbten seines Heiligen Geistes und die Seher der Wahrheit."*

18 B. Duhm, Das Buch Jesaja, HAT 3/1, Göttingen (4. Aufl.) 1922, XIII-XIV.390-391.425; bei der individuellen Deutung spielt der Einfluss durch die Gottesknechtstexte des Dt-Jes eine wichtige Rolle, vgl. W.A.M. Beuken, Servant and Herald of Good Tidings. Isaiah 61 as an Interpretation of Isaiah 40–55, in: J. Vermeylen (Hg.), The Book of Isaiah. Le Livre d'Isaïe. Les oracles et leurs relectures – Unité et complexité de l'ouvrage, BEThL LXXXI, Leuven 1989, 411-442; K. Koenen, Ethik und Eschatologie, 103–108; W. Lau, Schriftgelehrte Prophetie, 67-73; P.A. Smith, Rhetoric and Redaction in Trito-Isaiah. the Structure, Growth and Authorship of Isaiah 56–66, VT.S 62, Leiden 1995, 24f.; J. Blenkinsopp, Isaiah 56–66, 220–231.

Gegen die Annahme, es müsse sich hierbei um die Selbstprädikation eines Propheten handeln, spricht jede Wahrscheinlichkeit[19]: ein Prophet, der sich selbst zum geistbegabten Messias von Jerusalem proklamiert, hätte zutiefst blasphemisch gehandelt!
Die Geistbegabung und Sendung als solche ist wohl in der Tradition Ausdruck einer
prophetischen Beauftragung[20], nicht aber die Salbung. Die Vorstellung einer Selbstpräsentation eines wie immer auch zu charakterisierenden *Nabi'* mit den Worten „*JHWH*
hat mich gesalbt" dürfte zu allen Zeiten die Zurückweisung seitens des Auditoriums
geradezu notwendigerweise provoziert haben. Sie kann also für Jes 61 gerade nicht
unterstellt werden, sie muss es auch nicht, denn der Text sagt nirgends, dass man hier
annehmen soll, ein Prophet erhebe das Wort[21]. Vielmehr muss umgekehrt erklärt werden, wie derjenige, der hier von sich sagt, er sei von JHWH gesalbt, zugleich von seiner Geistbegabung und Sendung sprechen kann. Zur Unterstützung der prophetischen
Deutung kann letztlich nur auf 1 Kön 19,19-21 verwiesen werden; hier ist jedoch mit
E. Kutsch[22] festzuhalten: In 1 Kön 19,15f. erhält Elia zwar den Auftrag, Elisa zum
Propheten zu salben, aber „die Überlieferung in I Reg 19,19-21 lässt Elia den Elisa
gerade nicht *rite* salben: zum Zeichen der Berufung wirft er ihm seinen Mantel über."
Kutsch schließt daraus, dass die Stelle eine übertragene Anwendung des Salbungsmo-
tiv beinhalte und folgert von daher auf die Bedeutung auch weiterer Stellen wie Jes
45,1 und 61,1[23]. Aber in Jes 45,1 geht es gerade um die Übertragung des Rechtstitels
des Gesalbten auf Kyros, nicht um den Vollzug des Salbungsaktes. In Jes 61,1-3 hingegen ist die Folge aus dem Verweis auf eine erfolgte Salbung die Verfügung von
Rechtsakten wie der Sklavenfreilassung, die in Israel nimmermehr allein der Verkündung durch einen Propheten anheim gegeben sein konnte, auch nicht in einer Fiktion!
Die Inanspruchnahme göttlicher Autorisierung zur Verkündung von Hoheitsakten ist
vom Ursprunge her vielmehr mit der Rezeption von Orakeln der Herrschaftslegitimation durch den Herrscher selbst begründet gewesen (vgl. Ps 2,7-9). Nach Entfallen der

---

19 U. Berges, Jesaja, 444-445, gegen W.A.M. Beuken, Servant, 415, der von einer „Self-
    Presentation of the Prophet" spricht.
20 Das Verbum שלח qal. mit göttl. Subjekt als Teil einer Selbstaussage des Gesandten begegnet
    außer für Samuel (1 Sam 15,1), Gad (2 Sam 24,13 = 1 Chr 21,12), Elia (2 Kön 2,2.4.6), Jeremia
    (Jer 25,17; 26,12.14; 42,21) und Sacharja (Sach 2,12.13.15; 4,9; 6,15) im Kontext des Jesajabu-
    ches in Jes 6,8 und als Selbstaussage des Gottesknechts in Verbindung mit dem Verweis auf des-
    sen gleichzeitige Geistbegabung in Jes 48,16b! Es ist ganz deutlich, dass Jes 61 an diese Traditi-
    on anknüpft. Als Selbstaussage über die eigene Sendung durch JHWH begegnet das Verbum al-
    lerdings auch noch in der Josefserzählung (Gen 45,5.7), in der Saulgeschichte (1 Sam 15,20) und
    vor allem in der Berufungserzählung des Mose (Ex 3,13-15; 5,22; 7,16; vgl. Num 16,28.29).
21 Der vielfach wiederholte Hinweis, der Targum leite den Text mit einem entsprechenden Hinweis
    ein („*der Prophet spricht*") sollte nicht darüber hinwegsehen lassen, dass auf diesem Wege eine
    einseitig gewichtende Interpretation des Textes zugeleitet sind!
22 E. Kutsch, Salbung als Rechtsakt im Alten Testament und im Alten Orient, BZAW 87, Berlin
    1963, 62.
23 E. Kutsch, ebd.

königlichen Autorisation trat in nach-exilischer Zeit mit der Kanonisierung des dtr Deuteronomiums in Jerusalem die mosaische Autorisation aller Wort-Mittlerschaft in den Vordergrund, so dass sich alle denkbare Autorität an dieser zu orientieren hatte: König, Priester und Prophet (Dtn 16,14–18,19). Insofern hierbei die mosaische Autorisation in einem prophetischen Grundverständnis der Mosegestalt wurzelt (vgl. Dtn 18,15), tritt auch die Wort-Mittlerschaft des Gesalbten in Jes 61 als einer Person der nach-exilischen Zeit in den Kreis der prophetisch autorisierten Gestalten ein, so dass ihre Rede den Charakter des Prophetischen annimmt. Allerdings scheint das Konzept von Jes 61 dabei eher in einem Konkurrenz-Verhältnis zur Tora des Deuteronomiums zu stehen als ihr entsprechen zu wollen.

So bleibt zunächst einmal der Komposit-Charakter des Textes und der daraus resultierenden Charakterisierung der hier auftretenden Gestalt festzustellen. Dieser veranlasste schon M. Noth[24] zu dem ambivalenten Urteil „Das redende Ich ist beides zugleich, ein prophetischer König, ein königlicher Prophet..." und H.G.M. Williamson spricht von einem „composite character, a bringing together into one of all those whom God had earlier said he would use for the salvation of his people."[25]

2.2. Die Frau Zion?

Da der messianischen Gestalt Worte zugeschrieben werden, die an Worte und Motive der Gottesknechtslieder anknüpfen[26], die wiederum sowohl auf einen Einzelnen als auch auf das Kollektiv Jakob – Israel bezogen werden, scheint auch die Gestalt von Jes 61 stellvertretend für die Gemeinde auf dem Zion selbst zu stehen[27]. Noch weiter gehen diejenigen Interpretationen, welche die Binnendifferenzierung in den Rederichtungen von Jes 60 und 61 zwischen angesprochener Heilsgemeinde und dem Gesalbten als ihrem Heilskünder in dem Redenden dahingehend interpretieren, dass sie in der Gestalt eine Verkörperung der Frau Zion selbst sehen[28], wobei das Argument, dass der Heils-

---

24 M. Noth, Amt und Berufung im Alten Testament. Bonner Akademische Reden 19, Bonn 1958 = ders., Gesammelte Studien zum Alten Testament, ThB 6, München (3. Aufl.) 1966, 309-333.332.

25 H.G.M. Williamson, Variations, 188.

26 W.A.M. Beuken, Servant, 415–418; H. Williamson, Variations, 174–189; K. Schmid, Heilserwartungen und –aussagen im Jesajabuch. Überlegungen zu ihrer synchronen Logik und zu ihrer diachronen Transformation, in: ders. (Hg.), Prophetische Heils- und Herrschererwartungen, SBS 194, Stuttgart 2005, 37–74.48–51.

27 J. Becker, Isaias. Der Prophet und sein Buch, SBS 30, Stuttgart 1968, 38-39; K. Baltzer, Zur formgeschichtlichen Bestimmung der Texte vom Gottes-Knecht im Deutero-Jesaja-Buch, in: Probleme biblischer Theologie. FS G. von Rad, München 1971, 27-43; J. Coppens, Le messianisme israélite. La relève prophètique (II), ETL XLVIII, 1972, 21-36; J. Jeremias, מִשְׁפָּט im ersten Gottesknechtslied (Jes XLII 1-3), VT 22, 1972, 31-32; J. Vermeylen, Du prophète Isaïe à l'apocalyptique, Tome II, Études Bibliques, Paris 1978, 478ff.

28 O.H. Steck, Zion als Gelände und Gestalt, ZThK 86, 1989, 261–281 (= ders., Gottesknecht und Zion. Gesammelte Aufsätze zu Deuterojesaja, FAT 4, Tübingen 1992, 126–145); ders., Studien,

künder die Leidtragenden in Zion anspricht (v. 3), in Zion also ein Gegenüber sieht, in seiner Bedeutung heruntergespielt wird[29]. So formuliert U. Berges prononciert[30]: „Ist in Kapitel 60 zum größten Teil Zion als Frau angeredet, so antwortet sie in 61 in königlich-prophetischer Manier". Aber im Gegensatz zu den Threni, wo Zion figurativ als Subjekt angesprochen wird (Thr 1,2.17 u.ö.)[31], ist Zion bei Trito-Jesaja stets nur Gegenstand oder Gegenüber der Verkündigung (Jes 59,20; 60,14; 62,1.11; 64,9; 66,8). Die Zions-Interpretation kann also nur über den Umweg von Berührungen mit anderen Texten her auf Jes 61 übertragen werden[32].

Für die Salbung einer Frau in Israel kann man auf keinerlei Parallelen verweisen, so dass sich die Frage stellt, wie ein Rezipient des Textes diesen spontan richtig erfassen soll ohne einen expliziten Hinweis darauf zu finden, dass hier Zion als gesalbte Rednerin gemeint ist, zumal sie in v. 3a von sich selbst in der 3. pers. sg spricht. J. Vermeylen verweist als Beleg für die Identifikation von Gesalbtem und Volk auf Hab 3,13; Ps 28,8; 45,8 und 84,10[33]. Aber der Parallelismus membrorum *„Du ziehst aus zur Hilfe für dein Volk, zu helfen deinem Gesalbten"* in Hab 3,13 ist keineswegs synonym, sondern synthetisch zu interpretieren, legt also eine solche Identifizierung nicht nahe[34]. Das Gleiche gilt für Ps 28,8, der wie Ps 45,8 und 84,10 in der Wirkungsgeschichte der Königsideologie zu verstehen ist[35]. Auch die Bezeichnung der Erzväter in einem sonst

119–139.133-135; K. Schmid, Herrschererwartungen, 50ff.; U. Berges, Jesaja, 443: „Wurde die Frau Zion zuvor aufgefordert, sich zu erheben und die zu ihr kommenden Kinder und Schätze aus der Völkerwelt zu betrachten, so ergreift sie in 61,1-3 selbst das Wort."

29 O.H. Steck, Studien, 134 A. 67, muss, um dies zu erklären, neben dem „Ebed der Menschen im Land, für die 55,3-4a gilt)" einen „Zion-Ebed" erfinden, „für den 55,4b-5 gilt". Das Argument, dass zwischen Jes 60 und 61 keine prophetische Sprechergestalt eingeführt werde, während für Zion nach Jes 60,14-15 ein „königlicher Status" proklamiert werde, den sie in 61,1-3 von sich selbst proklamiere, scheitert aber daran, dass eine solche traditionsgeschichtlich markante Neuerung vom Text selbst als solche genauso wenig notiert wird: von der „Königin Zion" hören wir eben sonst explizit nichts im Jesajabuch.

30 U. Berges, Jesaja, 424.

31 Gegen M. Wischnowsky, Die Tochter Zion. Aufnahme und Überwindung der Stadtklage in den Prophetenschriften des Alten Testaments, WMANT 89, Neukirchen-Vluyn 2001, 229–235.

32 Grundlage für diese Annahme ist der Fortschreibungszusammenhang zu dt-jesajanischen Gottesknechts-Texten, O.H. Steck, Studien, 133ff.; M. Wischnowsky, Tochter Zion, 231: „Die Frau Zion, die in 60,1-3 unter Aufnahme von Jes 49,6 aufgefordert wurde, zum ‚Licht der Völker' zu werden, tritt mit 61,1 in diese Rolle ein." – Leider markiert der Text selbst dies nicht.

33 J. Vermeylen, Prophète Isaïe II, 479.

34 L. Perlitt, Die Propheten Nahum, Habakuk, Zephanja, ATD 25,1, Göttingen 2004, 91, (gegen Wellhausen unter Verweis auf Duhm): „JHWHs Gesalbter ist weder sein Volk, das niemals so genannt wird oder so genannt werden konnte, noch gar der Messias...: es ist vielmehr ganz einfach das Haupt des Volkes."

35 Vgl. zu Ps 28 F.-L. Hossfeld / E. Zenger, Die Psalmen. Psalm 1–50, NEB 29, Würzburg 1993, 179f.; zu Ps 45 ebd., 282f.; zu Ps 84 dies., Psalmen 51–100, HThKAT, Freiburg – Basel – Wien 2000, 519.

nicht belegten Gotteswort in Ps 105,15 als *„meine Gesalbten und meine Propheten"*, die den Erzvätern vor Mose eine ihnen von Gott verliehene Gewalt zur Rechts-Setzung und zur Mittlerschaft des Gotteswillens zuerkennt, rechtfertigt die Annahme einer symbolischen Übertragung des Rechtsaktes der Salbung auf eine Zionsgestalt nicht[36]. Und außerdem bieten die angeführten Texte gerade keinen Beleg für das Konzept der Salbung einer allegorischen, weiblichen Figur.

O.H. Steck argumentiert, dass Jes 61 literarisch zunächst den unmittelbaren Kontext Jes 60,1-16 voraussetzte, gleich ursprünglich mit ihm sei und ihn weiterführe[37]. Sodann zieht er einen Rückschluss, der nicht durch ein eindeutiges Textsignal belegt wird: „Handelt Jes 60 vom Heilsgeschehen allein an Zion als Stadt JHWHs und Heiligtum, so zieht Jes 61 diese Heilsperspektive weiter im Blick auf die Zion verbundenen, in Jes *60 aber ausgesparten Bewohner Jerusalems und des Landes. So identifiziert der Kontext Jes *60 das Ich von Jes 61,1-7.10-11 (Zion), den Personenkreis, auf den sich Jes 61 richtet (die Israeliten[...]), und die genannten Landgebiete, Städte und das V. 7 erwähnte Land als [Israel], genauer – als das zu Zion gehörende Land...." Der Wortlaut selbst legt jedoch das Gegenteil nahe: dass der Sprecher von Jes 61 nicht identisch ist mit der in Kap 60 und 61,4-7.8f. angeredeten Gemeinde! Die Ähnlichkeit des Wortlauts hat ihren Grund in der Verschränkung der Herrscherfunktionen mit dessen Rolle als Stellvertreter für das Volk. Darum sind die Attribute komplementär, zum Teil identisch: der Herrscher muss das Volk vor Gott repräsentieren und darstellen. Darum sind auch die deutero-jesajanischen Attribute für den individuellen *'Ebed JHWH* übertragbar auf die Mitglieder der Kultusgemeinde, die sich ihrerseits in ihrem Gottesverhältnis als Gottesknechte verstehen sollen. Gleichwohl sind die Aspekte der politischen und religiösen Führerschaft, die dem *'Ebed* eignen, individuell auszusagen und zu beschreiben. Das gilt auch für das Verhältnis zwischen der Gemeinschaft auf dem Zion und dem Gesalbten in Jes 60 und 61. Die prophetische Aufforderung an Zion in der Personifikation Jerusalems, als Freudenbotin nach Jes 40,9 (*mᵉbassæræt, fem.!*) die Rückkehr JHWHs in ihr Land zu verkünden, präludiert zwar in der Perspektive der synchronen Kompositionsgestalt den Gesamtkomplex des Deutero- und Trito-Jesaja-Buches und „schlägt ohne Zweifel den Bogen zu Jes 61" (so M. Wischnowsky)[38], aber damit ist noch keineswegs gesagt, dass die Gestalt des Freudenboten (*mᵉbassēr, masc.!*) für Jerusalem und Zion (Jes 41,27), welcher Zion das Königtum JHWHs verkündet (Jes 52,7), selbst auch mit Zion zu identifizieren ist. Wenn man Steck folgen wollte und den Freudenboten nicht nur als Repräsentanten einer heimkehrenden Golah

---

36   Gegen P. Höffken, Das Buch Jesaja Kapitel 40–66, NSK.AT 18,2, Stuttgart 1998, 219.
37   O.H. Steck, Studien, 111 A.22, in Anlehnung an R. Abramowski, Zum literarischen Problem des Tritojesaja, ThStKr 1925, 90-143.118f.; P.-E. Bonnard, Le Second Isaïe, son disciple et leurs éditeurs. Isaïe 40–66, Paris 1972, 415; J. Vermeylen, Prophète Isaïe II, 481.
38   M. Wischnowsky, Tochter Zion, 231.

sondern geradezu als deren Personifikation ansähe[39], wäre er also nicht mit Zion identisch. Darum kann der Gedanke einer Identifikation der Zion-Jerusalem-Gestalt in Jes
61 mit einem Kollektiv nicht von Jes 41,27 und 52,7 her begründet werden. Und ebenso wenig kann in einem weiteren Ausbau der Hypothese das so identifizierte Kollektiv
wiederum in der individuellen Gestalt des Gesalbten von Jes 61,1ff. wiedergefunden
werden[40]!

Vom Wortlaut her besteht zudem ein fundamentaler Unterschied zwischen der Al-
legorese in Jes 40,9ff., dem Motiv des Herolds in Jes 41,27 und 52,7 und der Vorstellung von einem Gesalbten, der einen Verkündigungsauftrag JHWHs wahrnimmt, und
zwar hinsichtlich des jeweils kategorisch zu unterscheidenden Grades der Repräsentanz! Der anstelle der sonst im Alten Orient bekannten Stadtgöttin stehenden allegorischen Figur der Frau Zion und ihrer Tochter, der Stadt Jerusalem, folgt im Buchverlauf
die Rede von Entsendung und Ankunft eines Freudenboten für die Stadt. Schließlich
tritt die Gestalt eines Gesalbten auf, der seinerseits unmittelbar aufgrund der Autorisation durch die Salbung mit einem Verkündigungsauftrag ausgestattet ist. Von einer
Verschmelzung der Figuren in synchroner Perspektive kann also überhaupt keine Rede
sein. Die Motive der Schamasch-Symbolik, die aus der assyrisch geprägten judäischen
Königsideologie aus dem der späten Königszeit entstammenden Inthronisations-Psalm
72 auf die Theologie des Königtums JHWHs übergegangen sind und die in Jes 60 der
Aufforderung an Zion, der Erscheinung ihres Gottes zu entsprechen wieder aufschei-
nen[41], wirken auch auf Jes 61, aber dahingehend, dass sie hier die Wahrnehmung von
Herrschaftsakten durch den gesalbten Repräsentanten der Stadt begründen[42]. Das zeigt
aber nun in der Tat, wie Steck und andere zu Recht betont haben, dass die Elemente

39 O.H. Steck, Gottesknecht und Zion, 169. Diese Differenz gilt erst recht dann, wenn man zusätz-
    lich annimmt, Jes 40,9-11 sei ein schon mit Hinsicht auf Jes 61 verfasster Text, vgl. Steck,
    a.a.O., 129-130; R.G. Kratz, Kyros, 84.
40 Gegen M. Wischnowsky, Tochter Zion, 231–232: „Daß Zion überhaupt Attribute des ‚Knechtes'
    annehmen kann, verwundert dabei nicht, wenn man sich vorhält, daß dem Verfasser vermutlich
    schon der eigenartige Wechsel zwischen den Figuren des ‚Knechtes' und der Frau Zion im litera-
    rischen Zusammenhang von Jes 49–54 vorliegt, der bei synchroner Lesung ein schillerndes In-
    einander beider Figuren nahe legt, das redaktionell auch beabsichtigt sein dürfte." – Die Sache
    schillert aber erst, wenn man den textübergreifenden mixed-gender-Interpretationen von O.H.
    Steck, Studien, 51-54, 121f, J.F.A. Sawyer, Daughter of Zion and Servant of the Lord in Isaiah.
    A Comparison, JSOT 44, 1989, 89–107 u.a. folgt.
41 Vgl. hierzu M. Arneth, „Sonne der Gerechtigkeit". Studien zur Solarisierung der JHWH-Religion
    im Lichte von Psalm 72, BZAR 1, Wiesbaden 2000, 171–200, der in Jes 60 eine „relecture" von
    Ps 72 nachweist.
42 Die Inswerksetzung der Gerechtigkeit im göttlichen Auftrag (Ps 72,1f.; Jes 61,1.10) kommt dem
    Zionsvolk zugute (Ps 60,17b), der von Gott herbeigeführte Wandel durch den Gesalbten bringt
    Rettung für die Elenden (Ps 72,4.12-14; Jes 61,1-3.11; 60,16.18), Wohlstand und Friede sprießen
    (Ps 72,6f.17; Jes 61,10-11; 60,15b.17), Demütigung und Unterwerfung der Völker (Ps 72,8-11;
    Jes 61,4f.9; 60,3.6.9.11.14).

der Herrschaftslegitimation, wie wir sie auch beim Vergleich mit altorientalischen Texten antreffen, in Jes 61 eine eigentümliche Transformation auf die Gestalt des Gesalbten hin erfahren haben. Dass an der Personifikation einer Stadt analog zur Gestalt etwa einer Tyche Israel sich rein metaphorisch den Vollzug eines Salbungsrituals hätte vorstellen sollen, ist demgegenüber ein eigentümlicher Gedanke, zumal ja gerade zuvor ein Heilsorakel an Jerusalem als den Ort des Volkes JHWHs ergangen ist. K. Schmid kann sich die Frage „Wie kann eine Stadt messianische Funktion erhalten?"[43] nur durch die Hypothese beantworten: „Jerusalem als Frau tritt nun als Königin, als Gemahlin ihres königlichen Gottes JHWH auf ..."[44] Der Umstand, dass der Jesajatext genau diesen Schluss nicht expliziert, sondern die Metapher von Braut *und* Bräutigam zur Beschreibung der Freudenkleider verwendet (v. 10b), weist m. E. darauf hin, dass einer Interpretation, die auf die Annahme einer gesalbten Zionsgestalt hinausläuft, vom Text selbst her wohl auch theologische Bedenken entgegenstehen.

So bleibt es dabei: An keiner Stelle begegnet die Rede von einer „Salbung" Zions oder der Königin! Die Verbindung von Heilsorakeln an das Volk und Heilsorakeln an den Herrscher bzw. Selbstpräsentationen des Herrschers hingegen ist formgeschichtlich gut belegt und rituell wie sachlich in ihrer Zusammenstellung sinnvoll und plausibel und durchzieht das ganze Jesajabuch, man vergleiche nur Jes 9,1-4 + 5-7; 10,24-34* + 11; 41,25-29 + 42,1-7; 44,24-28 + 45,1-7; 48,17-22 + 49,1-6; 50,1-3 + 50,4-9; 52,7-12 + 52,13; 53,10b-12[45]. Eine entsprechende Komposition ist auch für Jes 60 und 61 anzunehmen. Das Volk hat Anteil am Wirken eines Messias nur insofern, als dieser stellvertretend für das Volk zwischen Gott und Welt tritt und in seinem Bekenntnis zum Heiligen Israels das vorbildlich zu vollziehen hat, was die Gemeinde derer, die sich ihrerseits zu diesem Gotte halten sollen, nachvollzieht und lebt. Zugleich ist der Gesalbte Repräsentant des Zions-Volkes. Und einen solchen haben die Autoren von Jes 61 offensichtlich im Sinn.

2.3. Ein Repräsentant Zions

Da aus historischen Gründen die Erstellung eines Salbungstextes für einen König nicht in Frage kommt, dem Gottesknecht der deuterojesajanischen Sammlung das Signum der Salbung mit Rücksicht auf die Titulatur des Großkönigs Kyrus (Jes 45,1) nicht

---

43   K. Schmid, Herrschererwartungen, 51.
44   K. Schmid, Herrschererwartungen, 52, unter Verweis auf Jes 50,1; 51,22; 52,2.7; 54,1.4-10; 60,15; 62,5f.11f.
45   Zu den alttestamentlichen Befunden sei weiterhin auf das Nebeneinander von Ps 2,4-6 und 7-9 verwiesen, indirekt auch in Jes 9,1-4 u. 5-7, für den altorientalischen verweise ich auf SAA IX,3: K 2401 col. I,27-II,9 + II,10-32 (S. Parpola, Assyrian Prophecies. SAA IX, Helsinki 1997, 22–27), zur Sache vgl. R. Achenbach, Das Kyros-Orakel in Jesaja 44,24–45,7 im Lichte altorientalischer Parallelen, ZAR 11, 2005, 155–194.168–170.

zugesprochen worden war und eine Salbung zu einem prophetischen Amt nicht ernsthaft belegt ist, wird man demnach nach einer Gestalt suchen, die gewisse Elemente der königlichen Herrschaftsprivilegien im Rahmen der Selbstbestimmungsrechte der jüdischen Religionsgemeinschaft des zweiten Tempels zur Darstellung bringen konnte und der nach allgemeiner Überzeugung im Zuge der Amtseinsetzung eine Salbung zuteil wird. Die Salbung wird neben dem König nach der Überlieferung der Priesterschrift zunächst einmal dem Hohenpriester zuteil (vgl. Ex 28,41; Lev 8,12; 21,10)[46]. Auch die

46 Von der Salbung eines Propheten ist im gesamten Alten Testament nur ein einziges Mal parenthetisch die Rede (1 Kön 19,16); im Kontext der Beauftragung Elias, Hasael zum Aramäerkönig zu salben und Jehu Ben Nimsi zum König über Israel, erhält er auch den Befehl, Elisa Ben Schafat zu seinem Nachfolger zu salben. R. Kittel, Die Bücher der Könige, HKAT I,5, Göttingen 1900, 154, schreibt hierzu: „Die Salbung, sonst der Ritus der Weihe des Priesters und Königs ... wird hier ganz gegen die Regel auf einen Profeten angewandt. In der That aber führt sie Elias nachher nicht aus, sondern an Stelle des Salbens wirft er Elisa seinen Mantel zu v. 19. Demnach scheint der Ausdruck hier überhaupt nicht im eigentlichen Sinn gemeint zu sein. Er ist bereits term techn. für die Weihe geworden." – Auch die Salbung Hasaels wird nicht ausgeführt (vgl. 2 Kön 8,7-15) und die Salbung Jehus wird erst durch einen Jünger Elisas vorgenommen (vgl. 2 Kön 9,1-10). Die Notiz ist also denkbar schlecht im Kontext verankert und hat vermutlich lediglich den Sinn, die späte Verbindung des Elia- und Elisazyklus im Zusammenhang der Königsbücher legitimatorisch zu überbrücken. S. Otto, Jehu, Elia und Elisa. die Erzählung von der Jehu-Revolution und die Komposition der Elia-Elisa-Erzählungen, BWANT 152, Stuttgart – Berlin – Köln 2001, 184-196, ordnet die Verse einer sekundären, nach-deuteronomistischen Redaktion der Königsbücher zu und versucht sie nach dem redaktionsgeschichtlichen Modell E. Blums mit der Redaktion des Pentateuchs zu korrelieren: „Mit der Unterordnung der Prophetie unter die Autorität Moses bei der Erstellung des vorpriesterlichen Pentateuchs... bzw. ihrer Ausklammerung aus dem priesterlichen Pentateuch... wuchs der Rechtvertigungsdruck prophetischer Gruppen gerade im politischen Kontext. Durch die Legitimation des prophetischen Wirkens Elias und Elisas vom Horeb her und die Demonstration des segenstiftenden Wirkens Elisas unter dem Volk, verankert BE 2 – gegen den äußeren Druck – die strittig gewordenen Prophetie fester in der ... Geschichtsüberlieferung Israels und verschafft ihr zugleich, durch die Parallelisierung Elias mit Mose, eine theologisch gesicherte Grundlage." Da es sich aber bei dem Motiv in 1 Kön 19,16 um eine beiläufige Fortschreibung handelt, scheint das Interesse weniger aus einer systematischen Repristination einer bestehenden aktiven prophetischen Bewegung zu bestehen als an einer Verknüpfung der traditionellen Prophetengestalt mit einer am Amte orientierten Legitimation über das Motiv der Investitur mit dem Prophetenmantel (1 Kön 19,19; 2 Kön 2,8.13.14) hinaus. Ps 105,15 (par. 1 Chr 16,22) vermag den Titel des „Gesalbten" auf die Erzväter als Vorfahren der Könige anzuwenden (vgl. Gen 17,6; 35,11 P) und ihnen als durch Schauung und Empfang göttlichen Wortes ausgewiesen als Mittler auch den Titel „Prophet" zuzusprechen (vgl. Gen 20,7), so: K. Seybold, Die Psalmen, HAT I/15, Tübingen 1996, 416; anders P. Grelot, Sur Isaïe LXI: la première consécration d'un Grand-Prêtre, RB 1990, 414-431.417. Umgekehrt wird in 1 Kön 19,16.19 nur sehr ausnahmsweise in einer anarchischen Situation dem Propheten als Wortmittler und Träger einer künftigen Herrschaftslegitimation mit dem Empfang seiner Investitur und eines Salbungsauftrags die Funktion eines „Gesalbten" zuerkannt. Sie führt jedoch nicht zu einer ständigen und dauerhaften Titulatur des Propheten als Messias. Die Konjunktion von

Einkleidung, von der in Jes 61,10-11 die Rede ist, ist nach Ex 28,1–43; 39,1–31 Teil des priesterlichen Ordinationsrituals. Jes 61 enthält Hinweise darauf, dass hier Elemente der priesterlichen Investitur adaptiert werden. Hingegen fehlt jeglicher Hinweis auf königliche Insignien wie Thron oder Szepter.

Eigentümlich gegenüber der priesterlichen Amtseinsetzung ist hingegen das Motiv der charismatischen Begabung. Es begegnet zuvor bei Hag 1,15 im Gedanken der Erweckung des Geistes des *Pechah* und des Hohenpriesters Joschua zum Tempelbau (vgl. Esr 1,5), ist jedoch hier nicht mit der charismatischen Befähigung zum Amt verbunden. Die Geistbegabung in Jes 61 begründet die Autorisation für den Verkündigungsauftrag und also die Wortmittlerschft im Sinne von Jes 51,21. Diese findet ihren Ausdruck in der Bezugnahme auf ein göttliches Heilsorakel (Jes 61,8) wie in der Form der Verkündigung eines göttlich autorisierten Rechtsaktes. Hierbei übernimmt der Sprecher unmittelbar die Funktion eines Wortmittlers JHWHs. Die Anwendung der Metapher der Bekleidung auf die Geistbegabung[47], welche einen Priestersohn zur Ermahnung auf das Gesetz befähigt, findet sich in 2 Chr 24,20:

ורוח אלהים לבשה את־זכריה בן־יהוידע הכהן ויעמד לעם
ויאמר להם כה אמר האלהים למה אתם עברים את־מצות יהוה ...

Ein weiteres Element, das die charismatisch–prophetische Befähigung des Redenden anschaulich macht, ist die Zusage in v. 6: „*Ihr aber sollt Priester JHWHs genannt werden*". Es erinnert in eigentümlicher Weise an Ex 19,6. H. Cazelles[48] ist einer der wenigen Exegeten, die im Kontext seiner Überlegungen zu diesem Text in neuerer Zeit den Gedanken zugelassen haben, dass es sich in Jes 61,1-6 um einen Text aus einem Einsetzungsritual für einen Hohenpriester handeln könnte. Zunächst stellt er fest, dass in Ex 19,3b-8 sowohl deuteronomistischer als priesterschriftlicher Sprachgebrauch seine Spuren hinterlassen hat. Sodann weist er darauf hin, dass ממלכת כהנים sich nicht auf eine Vorrangstellung des Volkes vor den anderen Völkern i.S. eines allgemeinen Priestertums des Volkes beziehen könne[49]. In Jes 61,6 beobachtet Cazelles, dass der Text sich an eine Schar von Zuhörern wendet, die er anredet mit den Worten „*Ihr werdet Priester JHWHs genannt werden, man wird euch Diener unseres Gottes nennen*" und dass an dieser Stelle nicht das Volk gemeint sein kann, von welchem in den Versen 3-4 und 7-8 in der 3. pers. sg. gesprochen wird. Vielmehr handele es sich um die Priester, die am Tempel die Opfernden in Empfang nähmen. Diese Priester seien die Besitzer der Ländereien gewesen, auf denen nach der Verheißung Fremde ihr Vieh

---

Prophetentum und Amt in 1 Kön 19 setzt im Grunde schon die priesterliche Verdrängung des freien Prophetismus voraus.

47 Vgl. auch Ri 6,34 für Gideon: ורוח יהוה לבשה את־גדעון; 1 Chr 12,19.

48 H. Cazelles, Royaume des prêtres, 541–545.

49 So schon W. Caspari, „Das priesterliche Königreich", Theologische Blätter 8, 1929, 105–110.

weiden und ihre Plantagen (כרמיכם) betreuen sollten. Cazelles sieht hierin eine Konkretion der Vorschriften von Num 35,3-4, wonach den Leviten als dem Priesterstamme Grundbesitz in Asylstädten zur Nutzung zugewiesen werden soll samt einem Ring von Weideland im Umkreis dieser Städte. Mit dem Gesalbten, der in Jes 61,1 das Wort ergreife, habe man sich den dem Clerus vorgeordneten *hakkōhēn hammašîaḥ* (vgl. Lev 4,3!), einen gesalbten Hohepriester vorzustellen, bei dessen Sukzession es nach Num 35,25.28.32 zum *Derôr* und also regelmäßig zur Amnestie gekommen sei. Bei seiner Salbung sei diesem gemäß Jes 59,21 die Geistbegabung zugesprochen worden. Der Text verbinde sich mit einer Art Adoptionsritual, das in der alten Königsideologie seine Wurzeln gehabt habe.

Die Möglichkeit einer Zuweisung von Jes 61 zu einem Ordinationsritual des Hohenpriesters hat danach P. Grelot[50] ausführlich begründet. Er sieht in Jes 61,1-3 die Rede eines Hohenpriesters, der sich nach seiner Investitur und Salbung an die weitere Priesterschaft und die Kultusgemeinde wendet. Leider belastet Grelot seine Überlegungen durch die Einführung einer historisch fragwürdigen Hypothese, indem er versucht, den Text mit einer angenommenen Verkündung des Sabbatjahres 511/510 und dem Wechsel von Joschua auf Jojakim zu verbinden. J. Coppens[51] hat gegen die These eingewandt, dass sich im gleichen Text der Verfasser in der 2. pers. pl. an Priester wende (v.5–6) und nicht an das Volk, von dem in der 3. Person die Rede sei. Dagegen ist zu sagen, dass die Amtseinführung eines Hohenpriesters sich mit einer Rede an Volk und Priesterschaft sinnvoll verbindet, denn der Hohepriester hat ja sicherlich nie allein das Priesteramt versehen. Zweitens hat Coppens darauf hingewiesen, dass die Verkündung des Schuldenerlasses mit dem Tod des Hohenpriesters und dem Amtsantritt des neuen Hohenpriesters in Verbindung stehe. Nichts im Text deute nun freilich darauf hin, dass diese Situation im Hintergrund des Textes stehe. Das Ritual des Begräbnisses des verstorbenen Hohenpriesters ist schon aufgrund von Lev 21,10–12 (vgl. Lev 10,6–7; Ez 44,25–27) von dem der Amtseinführung strikt zu unterscheiden. Von daher ist nicht zu erwarten, dass ein solcher Bezug in dem Kontext der Heilszusagen von Jes 60–62 Erwähnung findet. Andererseits wird aus der einzigen diesbezüglichen Begründungslegende für die Investitur des Nachfolgers im hohepriesterlichen Amt, die uns erhalten ist, in Num 20,22–29 hinreichend deutlich, dass das Gewand des Aaron, das auf seinen Sohn Eleasar übergeht (Num 20,25–26.28) die Amtswürde repräsentiert. Es erinnert wohl nicht zufällig an die Legende von der Übernahme des Mantels Elias und der Geistbegabung durch Elischa (2 Kön 2,14f.). Das von Aaron bei seinem Tode getragene Gewand ist selbstverständlich aber nicht der Priesterornat (nach Ex 28), den

---

50 P. Grelot, Sur Isaïe LXI, 414-431.
51 J. Coppens, L'oint, 186–187.

er im Vollzug der Rituale im Heiligtum anzulegen hat, sondern das vom Hohenpriester außerhalb desselben getragene Gewand[52] (vgl. Ez 44,17–19).

J. Coppens wendet gegen die These von Grelot und Cazelles weiter ein, dass zwar in Jes 59,21 von einem Bund die Rede sei, der Inhalt dieses Bundes darin bestehe, dass dem Betreffenden das Wort JHWHs in den Mund gelegt werde. Das sei ganz analog zu Jes 51,16, wo allerdings ein Konnex mit einem hohepriesterlichen Amt nicht erkennbar werde. Coppens übergeht dabei freilich, dass der Akt der Beauftragung mit der Wortmittlerschaft allein sich wohl auch auf prophetische Mittlerschaft beziehen kann, dass aber in Jes 59,21 der Aspekt einer *Erblichkeit* des Wortmittleramtes hinzukommt, der in Jes 51,16 in der Tat noch nicht expliziert wird. Auf der anderen Seite wird in Jes 51,16 mit der Gestalt des Wortmittlers das Motiv der Schutzgewährung (*„Ich habe dich unter dem Schatten meiner Hände geborgen"*) und der Neubegründung der Weltordnung (*„auf dass ich den Himmel von neuem ausbreite und die Erde gründe"*) mit der Bundesformel und also dem Bundesschlussgedanken verknüpft. Dieser Gedanke geht nun in Jes 61 auf die Gestalt des Gesalbten über, die in sich Elemente herrschaftlicher und prophetischer Begabung vereint. Den möglichen Hintergründen dieses Konnexes im Rahmen der Herrschaftslegitimation konsequent nachzugehen, ist eine Aufgabe, von der man sich nicht durch den Hinweis auf den prophetischen Charakter des Kontextes entbindet.

Ein gegenüber Jes 61 konkurrierendes Modell der Synthese von prophetischer und herrschaftlicher Autorisation des aaronidischen Priestertums vertritt die Pentateuch-Redaktion. Diese vertritt ein eindeutiges Privileg der Tora des Mose gegenüber aller weiterer Wortoffenbarung, sei sie nun prophetischer, sei sie priesterlicher Natur (Num 12,6-8). Allerdings wird zugleich im Anschluss an die Berufung des Mose (Ex 3) die Wortmittlerschaft der Aaroniden in der Begründungslegende des Priestergeschlechts an die mosaische Wortmitteilung geknüpft (Ex 4,15) und die Geistbegabung signifikant als mosaisches Amts-Charisma markiert (vgl. Num 27,18-23; Dtn 34,9; s.a. Ex 28,3; Num 11,29). So wird dort das hohepriesterliche Amt eindeutig dem Propheten Moses unterstellt (Dtn 34,10-12). So wird man einer voreiligen Inbezugsetzung zwischen Jes 61 und Pentateuch-Texten gegenüber Vorsicht walten lassen müssen. Das Modell eines Legitimationstextes, wie Jes 61 es bietet, setzt die Konditionen, die der Pentateuch für das Hohepriesteramt festlegt, noch nicht voraus. Gleichwohl reflektiert Jes 61 die Möglichkeit, dass der Gesalbten infolge seiner Autorisation und Geistbegabung als oberster von Gott eingesetzter Repräsentant auf dem Zion gegenüber der Zionsgemeinde (königs-)herrschaftliche Hoheitsakte vollzieht. Es ist daher weiter zu überprüfen, ob die Aussagen des Kapitels sich mit der Vorstellung einer hohepriesterlichen Gestalt vereinbaren lassen.

---

52 So richtig C. Frevel, Mit Blick auf das Land die Schöpfung erinnern. Zum Ende der Priestergrundschrift, HBS 23, Freiburg – Basel Wien u.a. 2000, 242.

3. Form, Gattung und Funktion des Textes

3.1. Die Selbstprädikation eines Gesalbten

Nun bedarf fraglos die hier vorgetragene Vermutung einer ausführlichen Begründung. Diese kann in Ermangelung eindeutiger, klärender Hinweise im Text selbst, nur durch ein detailliert begründetes Rückschlussverfahren gewonnen werden. Der Frage, wer in Jes 61 zu wem reden und was diese Rede nach Intention des Verfassers für einen wie immer gearteten Leser- oder Hörerkreis dieses Textes bedeuten soll, wird man mit literar- oder redaktionskritischen Fragestellungen allein kaum beikommen. Der sprachliche und motivgeschichtliche Kompositcharakter des Textes spricht – ganz im Gegensatz zur Eigenaussage des Textes – für eine schriftgelehrte Arbeit[53]. Gleichwohl widerrät die geradezu liturgische Form des Textes wie des Kontextes der Vorstellung, es handele sich einzig um Auslegungsliteratur, die vorgegebene deutero-jesajanische Texte für eine rein eschatologische und also weder historisch noch politisch greifbare Zukunft weiterentwickeln wolle. Erstens gibt der Text selbst diesbezüglich gerade keinen Hinweis, etwa indem er auf einen auszulegenden Text explizit Bezug nimmt, wie wir es aus den Pescharim von Qumran kennen. Heilsorakel sind Texte, die nach liturgischer Vermittlung geradezu verlangen, und die von den Exegeten ausgemachten diversen Redaktoren, denen man die Rahmung des Trito-Jesaja zuweist, binden die Kapitel 60-62 denn auch in Textkompositionen ein, die ihre Zugehörigkeit zu Buß- und Klageliturgien deutlich werden lassen. Wer indes vorhandene Orakeltexte nur eschatologisch *auslegen* will, kleidet diese Auslegung nicht in liturgische Formen, die immer auch einen pragmatischen Anwendungsaspekt zumindest unterstellen.

Damit stellt sich die Frage nach der formgeschichtlichen Einordnung neu. Der Text steht gattungsmäßig in der Tradition der Selbstproklamationen eines Herrschers, wie wir sie außer in den Königsinschriften Mesopotamiens vor allem in den Königs-Hymnen finden, in denen der Herrscher sich selbst als von der Gottheit eingesetzt darstellt und seine Handlungen als Wirkungen und Folgen dieser göttlichen Legitimation seiner Herrschaft beschreibt[54]. Im alttestamentlichen Kanon gehören Texte wie Ps 2,7-

---

[53] Insofern ist der programmatische Titel von W. Lau, Schriftgelehrte Prophetie in Jes 56 – 66, im Recht. Gleichwohl wird zu hinterfragen sein, ob deshalb die Funktion der Text in der Weise zu beschränken ist, dass sie allein zur Lektüre durch weitere Schriftgelehrte auf der Suche nach einer religiösen Weltdeutung bestimmt waren, oder ob ihnen nicht doch auch eine Funktion im Rahmen einer wie immer gearteten öffentlichen Form der Belehrung und Verkündigung zukommt.

[54] Vgl. hierzu W.H.P. Römer, „Königshymnen" und Königsinvestitur, in: W. Voigt, XVII. Deutscher Orientalistentag, ZDMG Supplementa I/1, Wiesbaden 1969, 130-147; ders., Sumerische „Königshymnen" der Isin-Zeit, Leiden 1965. So heißt es in dem Selbstlob des Königs Ishme-Dagan von Isin (1953-1935 v.Chr.): *„Ich habe ein Recht aufgerichtet in Sumer"* und *„ich habe rechtes Gericht gehalten wie der Gott Shamash"* (D.O. Edzard, Die Zweite Zwischenzeit Baby-

9; 18,33-49 oder 20,7-9 in diese Kategorie, aber auch als späte Ausprägung der Form das sogenannte Testament Davids (2 Sam 23,1-7). Die Amtseinführung des Gesalbten kann verbunden sein mit dem von der Gottheit verfügten und im sogenannten Königs-protokoll dem König übermittelten Erlasstext für einen Rechtsakt der Verkündung eines Schuldenerlasses und einer Freilassung von Schuldsklaven oder der generellen Steuerbefreiung[55]. Schon die öffentliche Selbstprädikation des Königs im Prolog eines der altorientalischen Gesetzescorpora, im Codex Lipit Ishtar von Isin (1934-1924 v.Chr.) verbindet die Berufungsaussage mit dem Hinweis auf die Durchführung der Freilassung[56].

Die Geistbegabung (Charisma) geht hier nicht der Amtsübertragung (Salbung) vor-aus, sondern folgt ihr. Das Charisma ist charakteristisches Element des Legitimations-ausweises: *„Der Geist des Herrn JHWH ist auf mir, weil (יַעַן) er mich gesalbt hat!"* Nach Salbung und charismatischer Geistbegabung erweist der Gesalbte seine Autorität, indem er seinen ersten Amtsakt vollzieht. Dazu bezeichnet er sich als von JHWH ge-

loniens, Wiesbaden 1957, 80). Ein sehr anschauliches Beispiel bietet der Hymnus des Assurba-nipal an die Ishtars von Ninive und Arbela (K 1290/ OECT 6 11), vgl. A. Livingstone, Court Poetry and Literar Miscellanea, SAA III, Helsinki 1989, no. 3, 8-24 + r.1-18!

55 M. Weinfeld, Social Justice in Ancient Israel and in the Ancient Near East. Publications of the Perry Foundation for Biblical Research in the Hebrew University of Jerusalem, Jerusalem – Minneapolis 1995, 75-96; so heißt es im Hymnus des Ishme-Dagan (Übers. nach F.R. Kraus, Königliche Verfügungen in Altbabylonischer Zeit, Leiden 1984, 18–19): *„Nippur, dem 'großen Maste von Himmel und Erde', habe ich es stets wohlgehen lassen, habe seine Männer des Fron-dienstes enthoben, seine Mannschaft außer Waffen(dienst) gestellt. Sein Gold, Silber, Rind, Schaf, den 'Ertrag' der Nippurer habe ich abgeschafft, für den Tempel meines Herrn Enlil, mei-ner Herrin Ninlil, des Ninurta, des starken Helden des Enlil, habe ich seine Männer abgeson-dert."*

56 M. Weinfeld, Social Justice, 83f.; zum Text vgl. M.T. Roth, Law Collections from Mesopotamia and Asia Minor, WAW 6, Atlanta (Georgia) 2. Aufl. 1997, 23–35; H. Lutzmann, Aus den Geset-zen des Königs Lipit Eschtar von Isin, TUAT I,1, Gütersloh 1982, 23-31.24f.: Kol I *„Als der große An, der Vater der Götter, und Enlil, der König aller Länder, der Herr, der das Schicksal bestimmt, der Ninsina...eine günstige Regierungszeit und das Königtum über Sumer und Akkad gegeben hatten, als An und Enlil Lipit-Eschtar, den umsichtigen Hirten berufen, von Nunamnir, um Gerechtigkeit (sum. = níg-si-sá, akk. mišarum) im Lande aufzurichten, Wehklage aus dem Mund verschwinden zu lassen, um Feindseligkeit, Gewalttätigkeit und Waffengewalt abzuwen-den, um es Sumer und Akkad wohlergehen zu lasssen, Lipit Eschtar zur Herrschaft über das Land berufen hatten, da (Kol II, 15) habe ich, Kol I 39 Lipit-Eschtar, der demütige Hirte von Nippur, der zuverlässige Landman von Ur..., der König von Isin, der König von Sumer und Ak-kad, der von Inanna Bevorzugte, damit auf das Wort Enlils hin Gerechtigkeit in Sumer und Ak-kad aufgerichtet werden Kol II an diesem Tage die Söhne und Töchter von Nippur, die Söhne und Töchter von Ur, die Söhne und Töchter von Isin, die Söhne und Töchter von Sumer und Ak-kad, auf deren Nacken man die Sklaverei gelegt hatte, aus meinem eigenen Antrieb ihre Freiheit (sum. ama-ar-gi₄ akk. andurārum) als ihr Geschick fürwahr fassen lassen. In bestem Wandel ließ ich den Vater seine Söhne unterstützen, ließ ich den Vater zusammen mit seinen Söhnen für-wahr Dienst tun, die Söhne mit ihrem Vater Dienst tun."*

sandt (שְׁלָחַנִי). Die Kette aus 7 Infinitiven in Jes 61,1b-3 benennt den Zweck seiner Salbung und also seinen Amtsauftrag. Die Verse bilden nicht nur syntaktisch, sondern auch sachlich eine Einheit[57]. Gegenstand der Sendung ist die Verkündung einer Botschaft, einer Heroldsbotschaft (בשׂר), die er im Kontext mit seiner Amtseinführung erhalten hat. Die positive oder negative Qualifikation der Heroldsbotschaft (בשׂרה) wird durch den Kontext bestimmt[58]. Urheber des Edikts ist JHWH selbst. Der Text setzt die Thronratsvorstellungen, die man ansonsten in prophetischen Berufungsberichten kennt, voraus.

Der Textlogik folgend sind dem hier stattfindenden Akt vorausgegangen erstens das Erweiswort JHWHs in v. 8-9, zweitens die Salbung (v.1bα), drittens die Investitur (v.10-11), viertens die Geistbegabung (v.1a) und fünftens die Sendung (v.1bβ). Der Herrscher beruft sich auf den Namen und den Rechtstitel der ihn einsetzenden Gottheit. Der Titel *ʾădōnāj JHWH* ist ganz klar mit der Erhebung und Geltendmachung einer Rechtsordnung verbunden; das Epitheton *ʾadôn* bezeichnet den handelnden JHWH als Herr der Welt- und Rechts-Ordnung. In Gen – 2 Kön ist sie Teil der Gebetsanrufung durch Abraham (Gen 15,2.8), Mose (Dtn 3,24; 9,26), Josua (Jos 7,7), Gideon und Simson (Ri 6,22; 16,28), David (2 Sam 7,18–29) und Salomo (1 Kön 8,53) und Titulatur JHWHs als Herrn der Lade, 1 Kön 2,26. Die weit überwiegende Zahl der 301 Belege findet sich im Buch des Priester-Propheten Ezechiel (222), danach Am (20), Jer (13), Jes (11), Dt-Jes (8), Trito-Jes (5), Ps (5) Ob, Mi, Sach (je 1). Die Titulatur im hiesigen Kontext in v. 1 und 11 ist also auffällig, zumal sie im Kontext einer Selbstprädikation im Gottesknechts-Text Jes 50,4.5.7.9 ihre nächstliegende Parallele hat. Nicht nur symbolisiert die Salbung die Einsetzung in ein Amt, auch die Begabung mit dem Geist des *ʾădōnāj JHWH* im Gefolge der Salbung gibt der Geistbegabung sozusagen einen amtsorientierten Sinn: es geht um die Bevollmächtigung zum Wirken göttlichen Rechts!

3.2. Der Vollzug der Hoheitsakte

Mit der Proklamation der eigenen Salbung verbindet sich zugleich die Erhebung eines Anspruchs auf den Vollzug von Hoheitsakten aufgrund göttlicher Legitimation. Am auffälligsten ist die Verkündigung eines Schuldenerlasses und eines Amnestie-Edikts[59].

3.2.1. Altorientalische Hintergründe
Eine Reihe anschaulicher Beispiele für einen entsprechenden Akt bieten die Inschriften Asarhaddons, die hier nach der Edition von R. Borger zum Vergleich herangezogen

---

57 U. Berges, Jesaja, 444; gegen Beuken, Servant, 415, der v. 3b abtrennt.
58 Negative, schlechte Nachricht assoziiert das Verb 1 Sam 4,17; 31,9; 2 Sam 1,20; 4,10; 1 Chr 10,9; an gute Botschaft denkt man in 2 Sam 18,19.20.26.31; 1 Kön 1,42; Jer 20,15; von den Taten Gottes: Jes 60,6; Ps 40,10; 68,12; 96,2.
59 Vgl. hierzu vor allem M. Weinfeld, Social Justice.

werden sollen[60]. Sie sind insofern für unseren Text instruktiv, als eine Reihe der in Jes 61 erscheinenden Motive in ihnen in ähnlicher Form belegt ist. So verweist der Herrscher in einer Bauinschrift nach Selbstvorstellung und Selbstprädikation (AssA I,1-9) auf seine Berufung durch die Götter und die Bestätigung durch ein Orakel (AssA I,10–II,26), um sodann die sich daran anschließenden Maßnahmen aufzuzählen[61]:

II 27f. Dem uralten Kultorte, 29f. der von alters her

31   als der der Leute des Anu 32 und des Enlil

33   (in das Anrecht) von deren *kidinnûtu* (i.e. Abgabenfreiheit, Schuldenfreiheit)

34   eingesetzt war,

35   (und in) deren *kanakku* (Versiegelung) 36 (mit) Löwen? Enlils ?,

37   und die ich, Asarhaddon, 38 König von Assyrien,

39   die Einwohner von Baltil,

40   wie mein so kostbares Leben 41 ich liebe,

41   weit über den früheren hinaus zu steigern,

42   den *šubaru* (das Recht auf Befreiung von Sklaven- und Frondiensten)

III,1 lag mir im Sinn 2 und beschäftigte mein Gemüt.

3   Ihre *zakûtu* (Steuerfreiheit)

4   beurkundete ich aufs neue;

5   über die frühere hinaus

6   steigerte, vergrösserte,

7   erhöhte und verherrlichte ich sie.

8   Von den Getreideabgaben und – pachtgeldern,

9   Kai- und Überfuhrzöllen 10 meines Landes

11   befreite ich sie

12   und bewirkte ich ihren *andurâru* (Schuldenbefreiung).

13   Für ewige Zeit 14 pflanzte ich in ihrem Tore

15   das *kidinnu*-Wahrzeichen (für Abgabenfreiheit).

Der Text beschreibt, wie nach der Einsetzung Asarhaddons ins Königtum zugunsten der Bewohner des altehrwürdigen Kultortes Baltil verlorengegangene ehemalige Privilegien der Abgaben- und Fronfreiheit wiederhergestellt werden. Das *andurâru*-Edikt erlässt alle inzwischen angefallenen Schulden, veranlasst die Bestätigung der Abgabenfreiheit durch eine Urkunde und die Errichtung eines königlichen Freistellungszeichens in den Stadttoren. Durch dieses Zeichen wird zugleich der Raum der Stadt als abgabenfreie Zone markiert. Auch Babel gilt als eine solche *kidinnu*-Stadt[62] und ein weiteres *andurâru*-Edikt des Asarhaddon zugunsten Babylons erwähnt entsprechende Maßnahmen[63]. So heißt es in der Tafel Bab C^2 VII (Übersetzung nach R. Borger[64]):

---

60 R. Borger, Die Inschriften Asarhaddons Königs von Assyrien, AfO Beih. 9, Graz 1956, 1–6.

61 Übersetzung nach R. Borger, ebd.

62 R. Borger, Inschriften, 21: BabD IV,16–24.

63 R. Borger, Inschriften, 25f: BabC 2 VII,16–41; BabD IV,29–34.

12	(Das ursprüngliche Recht) der Bürger Babylons,	
13	die da unterdrückt waren,	Unterdrückung der
14	der *kidinnu*-Leute (die Abgabenfreiheit genossen),	Freiheitsrechte
	der *šubarê* (Freigelassenen = nicht Fronpflichtigen)	
15	des Anu und des Enlil	
16	(auf) den *andurâru* (Schuldenfreiheit, Erlass)	Schuldenerlass
17	stellte ich von neuem fest;	
18	die Verkauften, welche in	Sklavenbefreiung
19	Sklaverei geraten	
20	und den Banden	
21	und den Fesseln anheimgefallen waren,	
22	sammelte ich	Sammlung
23	und machte sie wieder zu Babyloniern;	Wiedereinsetzung in
24	ihr geraubtes Eigentum	Bürger- u. Eigentums-
25	gab ich ihnen zurück,	rechte
26	die Nackten 27 bekleidete ich;	Grundausstattung
27	dann liess ich sie den Weg nach Babel 28 einschlagen,	Rückführung
32	ich ermunterte sie,	Genehmigung zum
29	sich in der Stadt niederzulassen, Häuser zu bauen,	Wiederaufbau
30	Baumpflanzungen anzulegen [31] und Kanäle zu graben.	Landwirtschaft
33	Ihre *kidinnûtu* (Recht auf Abgabenfreiheit),	Restituierung
34	die aufgehört hatte und abhanden [35] gekommen war,	der Freiheitsrechte
36	stellte ich wieder her.	
37	Ihre *zakûtu* (Steuerfreiheit) beurkundete ich aufs neue.	
38	Nach den vier Windrichtungen [38] öffnete ich ihre Straßen,	Handelsfreiheit
42	damit sie ihr Trachten darauf richten sollten,	
40	mit sämtlichen Ländern [41] zu verkehren.	

Auch dieser Text kennt also schon den Gedanken der Wiederherstellung verlorengegangener Freiheitsrechte, die in besonderer Stellung zu einer Gottheit bzw. einem Tempel begründeten Rechte auf Schuldenfreiheit, die Sklavenfreilassung, ihre Sammlung und Wiedereinsetzung in alte Eigentums- und Bürgerrechte, die Grundausstattung solcher, die lange in dem abhängigen Status haben verbringen müssen und das Interesse am Wiederaufbau ruinierter Städte und der Entwicklung von Landwirtschaft und Handel aufgrund neu erwirkter Handelsfreiheit.

Die Möglichkeit, solche Freiheitsrechte zu erklären, kommt dem Herrscher auch aufgrund seiner priesterlichen Befugnisse zu. Das belegen etwa Inschriften aus Assur und Babylon[65], in denen der Herrscher in seiner Selbstprädikation sich auf seine Funktion als Priester beruft, der sich insbesondere für die Restitution vernachlässigter kulti-

---

64 R. Borger, Inschriften, 25f.
65 R. Borger, Inschriften, 79–85: K 2801 + K 3053 + DT 252 und K 221 + K 2669 = AsBbA.

scher Einrichtungen einsetzt, dabei den Bürgern der Tempelstädte von Nippur, Sippar, Babylon und Frondienstbefreiung und Schadensersatzleistungen gewährt und sich dabei selbst als *„das Licht der Welt"* (*nūr kibrâti*) stilisiert, der den *„Menschen, die nicht hören und nicht sehen"* neue Lebensmöglichkeit gewährt[66].

Es ist sicherlich kein Zufall, dass die deutero-jesajanischen Gottesknechtstexte durch die Motivik solcher Texte geprägt sind. So erinnert der Hinweis des Assarhaddon darauf, dass ihm die Götter das Ohr geöffnet hätten AsBbA Rs. 12 unweigerlich an Jes 50,4b.5 (*„Alle Morgen weckt er mir das Ohr, dass ich höre, wie Schüler hören, 5 der Herr JHWH hat mir das Ohr geöffnet und ich bin nicht ungehorsam und weiche nicht zurück."*) und die Klage des Berufenen angesichts der blinden und tauben Menschen, zu denen er sich gesandt weiß weckt die Assoziation von Jes 42,6f. (*„Ich, JHWH, habe dich gerufen....und mache dich .... zum Licht der Völker, 7 dass du die Augen der Blinden öffnen sollst..."*). Es ist deutlich, dass der Gedanke der *peqaḥqōaḥ*, der Öffnung (i.e. des Augenlichts), die Inhalt der Sendung des Gesalbten nach Jes 61,1b ist, in der Traditionslinie dieses Motivs steht, die im übrigen die gesamte Redaktion des Jesajabuches von Jes 6,10 über 29,18 und 35,5 geprägt hat. Für weitere Belege, die zeigen, in welch erstaunlich hohem Maße die Metaphorik der deutero- und

---

66 R. Borger, Inschriften 80f., AsBbA, Vs 22 [da habe ich, Asarhaddon ...,] König des Weltreichs, König von Assyrien, Statthalter des Enlil, Priester des Assur...36 der *išibbu*-Priester, der die Statuen der großen Götter reinigte, den Assur-Tempel restaurierte, und Esagila und Babel wieder aufbaute, 37 der die geraubten Landesgötter an ihren Ort zurückbrachte und sie eine ewige Wohnung beziehen ließ, 38 der die Kulträume aller Kultstädte Tag für Tag mit Silber und Gold bekleiden ließ, Stiftungs- und regemässige Opfer darin festsetzte, 39 der die religiösen Ordnungen ausführte, Stiftungsopfer festsetzte, Geschenke und große Speisopfer an alle Tempel schenkte, 40 ..., der vom Opferbringen nicht ablässt, der den Gottestag, das *eššêšu*-Fest, heilighält, 41 der die *kidinnûtu* von Baltil festsetzte und den *šubarû* von Nippur, Babel, Borsippa und Sippar zustande brachte, 42 ... und ihre Einwohner, ihnen Ersatz schaffte für den ihnen zugefügten Schaden, 43 der die zerstreuten Babylonier sammelte und sie eine ruhige Wohnung beziehen ließ, 44 der mit Schreckensglanz bekleidete Held, dessen Waffen zur Vernichtung der Feinde Assyriens Assur, der König der Götter, der Held, sich erheben ließ, 45 das Licht der Weltufer, (*nūr kibrâti*), der Held, an dessen Seite die Götter als seine Helfer zur Besiegung seiner Feinde einherschritten, 46 der erste aller Könige, der vom Osten bis zum Westen geradewegs einherschritt, ohne seinesgleichen zu finden, ... (Rs) ... 9b damals habe ich, Asarhaddon, König des Welreichs, König von Assyrien, 10 der von Assur mit (gnädigem) Blicke Ausersehene, der Gegenstand des Verlangens der großen Götter, mit der tiefen Einsicht und dem umfassenden Verstande, 11 die mir der Weiseste der Götter, Fürst Nudimmud, geschenkt hatte, 12 mit der Weisheit, die mir zuteil wurde, als Assur und Marduk zur Erneuerung der (Statuen der) grossen Götter mein Ohr (meinen Verstand) öffneten, 13 mit „Handerhebung", Flehen und Demütigung die Gottheit des Königs der Götter Assur und des großen Herrn Marduk angefleht: 14 „Mit wem, große Götter, beauftragt ihr mich immer wieder mit dem „Bauen" der Götter und Göttingen, einem schwierigen Werke an einem (für Laien) unbetretbaren Orte, 15 einem Werke der Erneuerung? Mit Menschen, die nicht hören und nicht sehen, die sich selbst nicht kennen und ihre Lebenstage nicht ergründen?"

tritojesajanischen Heilsverkündigung insbesondere in Verbindung mit der Gestalt des Kyros, als des gesalbten Gottesknechts über die Gestalt des Gottesknechts Jakob – Israel bis hin zu Jes 61 dem mesopotamischen Stil königlicher Monumentalinschriften verwandt ist, sei auf die Florilegiensammlung aus neuassyrischen und neubabylonischen Texten bei S.M. Paul (JAOS 88)[67] verwiesen.

Die Motive sind im übrigen nicht auf Mesopotamien beschränkt. Die Schuldenbefreiungsproklamation in einer hymnischen Fremdprädikation an den Herrscher anlässlich seiner Einsetzung ist auch in dem ganz anderen Kontext des ägyptischen Neuen Reiches im Krönungs-Hymnus an Ramses IV (1156-1150) belegt. Auch in ihm wird mit dem Herrschaftsantritt eine Heilszeit und die Etablierung einer friedlichen Weltordnung verkündet, die sich mit Amnestie, Speisung der Armen, Schuldenerlass und Freilassung verbindet. Nach der Übersetzung des Turiner Ostrakons von W. Spiegelberg[68] lautet der Text wie folgt:

„Ein schöner Tag!	Markierung der Heilszeit
Himmel und Erde sind in Friede.	Etablierung der Weltordnung
Du bist der große Herr von Ägypten.	Herrschaftsantritt
Die, welche geflohen waren, sind hervorgekommen.	Amnestie
Die Hungrigen sind satt und fröhlich.	Armenspeisung
Die Durstigen können sich satt trinken.	
Die Nackten sind in feines Linnen gekleidet.	Investitur der Armen
Die Zerlumpten (?) tragen feine Kleider (?).	
Die in Haft waren, sind freigelassen.	Schuld-Erlass
Die gefesselt waren, sind in Freude.	Freilassung
Die Rebellen in diesem Lande	
sind zu friedlichen Bürgern geworden.	Rechtsfriede u. Sicherheit
Hohe Nile sind aus ihren Höhlen gekommen	Fruchtbarkeit
und erfreuen das Herz des Volkes.	
Die Witwen, ihre Häuser stehen offen,	Soziale Fürsorge
sie lassen die Wandrer eintreten.	
Die Dirnen jauchzen, indem sie ihre Jubellieder	
anstimmen. ...	
Er (?) lässt Geschlechter auf Geschlechter entstehen.	
Du Herrscher, Du bist in Ewigkeit.	Handelsfreiheit
Die Schiffe, sie jauchzen auf dem Strom.	
Sie haben keine Stricke nötig,	
sie landen mit Wind und Rudern.	
Sie sind satt von Freude,	

---

67 S.M. Paul, Deutero-Isaiah and Cuneiform Royal Inscriptions, JAOS 88, 1968, 180–186.
68 W. Spiegelberg, Die ersten Regierungsjahre Ramses IV., OLZ 30, 1927, 73-76; zum Hintergrund vgl. weiter J.A. Wilson, Joy at the Accession of Ramses IV, ANET 2., 378-379; H.S. Smith, A Note on Amnesty, JEA 54, 1968, 212-214; M. Weinfeld, Social Justice,140f.

weil gesagt wird:

der König „Hek-me-Rê, auserwählt von Amon"	Göttl. Erwählung
trägt wieder die weiße Krone,	
der Sohn des Rê „Ramses"	
hat das Amt seines Vaters übernommen.	
Alle Länder sagen ihm:	Anerkennung d. Völker
Schön ist der Horus am Sitze des Amon,	
der ihn aussendet.	Göttl. Sendung
Der Schützer der Fürsten,	
der jedes Land (unterworfen) herbeibringt.	Unterwerfung d. Feinde

T. Schneider[69] schreibt hierzu: „Die Herrschaft des Pharaos ist *per definitionem* heilsbringend. Positiv formuliert finden wir diesen Gedanken etwa in den Hymnen auf die Thronbesteigung Merenptahs und Ramses' IV. – der neue König ist an der Regierung, und schon kehren die Flüchtlinge heim, sind die Hungernden satt und die Durstigen trunken, die Nackten gekleidet, die Streitenden friedfertig, das Unrecht besiegt und die Maat zurückgekehrt."

Die Traditionsgeschichte des Freilassungsaktes reicht also weit zurück. Die Verkündung des Schuldenerlasses (*andurâru[m]*) bei der Inthronisation gehörte zum assyrischen und neubabylonischen Inthronisationsritual[70]. Für letzteres kann bekanntlich auf 2 Kön 25,27–30 (par Jer 52,31–34) verwiesen werden. Generell ist sie Sache des Königs[71]. Im Zuge der Krisenbewältigung konnte ein Freilassungsedikt auch im Königreich Juda verkündet werden, wie die Erzählung aus Jer 34,8-11 noch weiß. Sie verbindet die Durchsetzung des königlichen Edikts zur Sklavenfreilassung ausdrücklich mit dem *Derôr*-Begriff und mit einer rituellen Bundesverpflichtung der Bürger Jerusalems und Judas. Das deuteronomische Gesetz hatte die Institution wohl aus ideologischen Gründen in seinem antiassyrischen Ressentiment nicht mit dem *Derôr*-Begriff, sondern mit der altisraelitischen *Schemitta*-Ordnung verbunden und die Ausrufung vom Amt des Königtums unabhängig gemacht (Dtn 15,1-2.12-18)[72]. Darum ist eine Verbindung mit Dtn 15,12 in Jer 34,13-17 erst sekundär hergestellt worden[73]. In diesem Zusammenhang wird allerdings der *Derôr*-Begriff wieder verwendet (vgl. Jer 34,8.15.17). Mit der Einbindung der Festsetzung eines Freilassungsaktes in die Zentra-

---

69 T. Schneider, Lexikon der Pharaonen. Die altägyptischen Könige von der Frühzeit bis zur Römerherrschaft, Düsseldorf – Zürich (2. Aufl.) 1997, 27.

70 J. Lewy, The Biblical Institution of Dᵉʀôʀ in the Light of Akkadian Documents, EI 5, Jerusalem 1958, 21*–31*; M. Weinfeld, Social Justice; E. Otto, Programme der sozialen Gerechtigkeit. Die neuassyrische (*an-*)*durāru*-Institution sozialen Ausgleichs und das deuteronomische Erlaßjahr in Dtn 15, ZAR 3, 1997, 26-63.

71 M. Weinfeld, Social Justice, 45–74.

72 Hierzu ausführlich E. Otto, Programme, 26–63.

73 A. Schenker, Die Freilassung der hebräischen Sklaven nach Dtn 15,12 und Jer 34,8–22, in: ders., Recht und Kult im Alten Testament, OBO 172, Freiburg 2000, 150–157.

lisationsgesetze unterstand die Bestimmung des Zeitpunktes der Freilassung aber der sakralen Autorität des Priestertums. Mit dieser Regelung konkurriert der Vorstellungskreis, nach dem die Verkündigung einer Freilassung eine königliche Aufgabe bleibt, so auch nach den eschatologischen Erwartungen der jüngsten Texte im Proto-Jesajabuch, wo der Erwartung auf die Freilassung als Werk eines kommenden messianischen Herrschers und Königs (Jes 11,4; 32,7) nach dem Ende der Fremdherrschaft (vgl. Jes 29,19) Ausdruck verliehen wird. Im Pentateuch wird erst im Heiligkeitsgesetz Lev 25,10 im Zusammenhang mit einer fundamentalen priesterlichen Neuregelung des Freilassungsverfahrens im Zuge seiner Einbindung in die Ordnungen von Sabbat- und Jobeljahr der Begriff des *Derôr* wieder verwendet.

Traditionsgeschichtlich geht sowohl der Schicht der messianischen Weissagungen des Jesajabuches als auch der Eintragung des Heiligkeitsgesetzes in den Pentateuch zunächst die mit der Gestalt des achämenidischen Großkönigs verknüpften Überlieferung voraus, nach der es der Achämenide Kyros war, der als erster eine Rückkehr aus dem Exil ermöglicht haben soll (Jes 44,26b?). Ihr nachgeordnet sind die Texte des Deutero-Jesaja, die die Verkündung einer Freilassung mit der Gestalt des Gottesknechts in Verbindung bringen. Nach dem Vorlauf der prophetischen Verkündigung der Befreiung von Jes 40,9; 41,27; 52,7 nennt Jes 42,1-4 als Aufgabe des Gottesknechts die Aufrichtung von Recht im Lande – v. 4: עד־ישים בארץ משפט (vgl. akk. *mišaram ina mātim šakānum*, eine Standardfloskel im mesopotamischen Raum)[74]. Die Infinitivreihe in Jes 61,1b-3a hat jeweils ein Pendant im 1. Gottesknechtslied, Jes 42,7:

„zu öffnen die Augen der Blinden	Gotteserkenntnis
herauszuführen aus den Ketten den Gefangenen	Gefangenenbefreiung
aus dem Gefängnis die, die im Finstern sitzen",	

und im 2. Gottesknechtslied Jes 49,5b:

„zur Umkehr zu bewegen Jakob zu ihm
und Israel, dass es nicht dahingerafft (versammelt) werde,"

sowie im Anhang desselben, Jes 49,8-9:

„aufzurichten das Land,	
zu verteilen als Erbbesitze die verwüsteten Gegenden,	Restitution der Rechte
zu sagen zu den Gefangenen: geht hinaus!	Gefangenenbefreiung
und zu denen, die in der Finsternis sind: jubelt!"	

---

74 S. Paul, Deutero-Isaiah, 180-186.182.

Im 3. Gottesknechtslied, Jes 50,4f., finden wir sogar die Gattung der Selbstprädikation des Gottesknechts vor, in der das Motiv der göttlichen Redebegabung vorgeprägt ist, mehr noch, in dem der Gottesknecht als Wortmittler JHWHs erscheint.

> „*Der Herr JHWH hat mir gegeben die Zunge eines Schülers*
> *zu wissen zu erquicken den Müden durch ein Wort*
> *erweckt er mich am Morgen, am Morgen erweckt er mir das Ohr,*
> *zu hören wie die Schüler:*
> *5 Herr, JHWH, öffne mir das Ohr.....!* "

Die ersten beiden Texte sind verknüpft mit Selbstprädikationen der Gottheit und *'ănî-jhwh*-Formeln, im dritten hingegen liegt eine Selbstprädikation des Knechts mit anschließendem Gebet vor. Diese Linien werden in Jes 61,1 aufgenommen und fortgeführt, unter Wiederaufnahme des in assyrischer Zeit gemiedenen und erst seit neubabylonischer Zeit wieder gebräuchlichen Begriffes des *Derôr*[75]. Nicht der König, nicht der Großkönig, nicht der Gottesknecht, sondern der Gesalbte stellt sich hiernach als autorisiert dar, ein Freilassungs-Edikt, genauer: einen Straf- und Schuldenerlass zu verkünden. Dabei ist ganz deutlich, dass hier die Vorstellung eines ad hoc erfolgenden Hoheitsaktes zugrundeliegt, der nicht durch die Regularien von Dtn 15,12 gebunden ist, erst recht aber auch noch nicht durch die Vorgaben von Lev 25,10. Die Übernahme von Motiven der Gottesknechtslieder gibt kaum Anlass, Jes 61 kollektiv zu interpretieren. Im Gegenteil: der repräsentative Charakter, den der Gottesknecht gegenüber dem in der Jakobs-Anrede präsenten Gottesknechts-Volk einnimmt, überträgt sich hier auf die Gestalt des Gesalbten. Durch den Verweis auf die Salbung kommt der Gestalt eine weiterreichende Autorisierung zu. Durch den Umstand, dass der Verkündungsakt ein außerordentlicher Akt ist, gewinnt der Text gegenüber Dtn 15,12 an Programmatik und politischer Brisanz: Der Schriftgelehrte, der den Gesalbten so sprechen lässt, erhofft sich von diesem eine Übernahme des traditionellen königlichen Hoheitsrechts, ohne dass dabei jedoch von einer Königsgestalt als solcher die Rede sein kann, die dem Zions-Volk gegenübertritt. Die Verwirklichung von Recht und Gerechtigkeit ist zwar königliche Aufgabe, das Volk aber muss dieser Vorgabe entsprechend handeln. Darum nimmt schon Hammurabi für sich in Anspruch, nicht nur selbst *kittum* und *mišarum* verwirklicht zu haben, sondern auch, diese dem Lande „*in den Mund gelegt*" zu haben (col. IV,14)! Dieses Entsprechungsverhältnis lebt im altorientalischen Denken lange fort. Noch in der Bearbeitung des Ezechielbuches wird in Ez 18,5-9 Recht und Gerechtigkeit gleichsam in einer katechetischen Tora für den einzelnen Bürger durch folgende Handlungen definiert:

---

75 E. Otto, Programme, 1997, 26–63.

5   *Und ein Bürger, wenn er gerecht ist,*
    indem er Recht und gerechte Tat wirkt, also:
6   *bei den Höhen(opfern) isst er nicht,*
    zu den Götzen des Hauses Israel hebt er seine Augen nicht auf,
    die Frau seine Nächsten befleckt er nicht,
    und der menstruierenden Frau kommt er nicht nahe,
7   *der niemanden durch Schuldforderungen bedrückt,*
    dem Schuldner sein Pfand zurückerstattet,
    mit Zwangsvollstreckung nichts eintreibt, *
    sein Brot gibt dem Hungrigen
    und den Nackten bedeckt mit Kleidung,
8   *der für Zins nichts gibt,*
    und einen Zuschlag nicht nimmt,
    vom schändlichen Tun seine Hand fernhält,
    wahrhaftes Rechtsurteil trifft zwischen Bürgern,
9   *nach meinen Ordnungen seinen Lebenswandel führt*
    und meine Rechtsordnungen wahrhaft zu tun beachtet:
    Der ist ein Gerechter!
    Der soll leben!
    Spruch des Herrn JHWH.

Ganz entsprechende Anwendungen finden wir in Jes 58,6f.:

> *"Ist nicht dies ein Fasten, das ich erwähle:*
> *Zu öffnen Fesseln des Unrechts,*
> *zu lösen Knoten des Jochs*
> *und zu entlassen Unterdrückte als Freigelassene*
> *und jegliches Joch zu zerbrechen,*
> *7 ist es nicht: zu brechen dem Hungrigen dein Brot,*
> *und Mittellose, Obdachlose bringst du in dein Haus,*
> *wenn du einen Nackten siehst und ihn bedeckst,*
> *und vor deinem eigen Fleisch du dich nicht verbirgst!"*

Solche deutlich durch unterschiedliche schriftgelehrte Traditionen geprägten Reihen sind nicht nur in die prophetische Belehrung des Jesaja-, Ezechiel oder auch Jeremia-Buches eingeschrieben worden, sie prägen auch die späte, durch das Heiligkeitsgesetz bestimmte Charakterisierung der Lehren des Propheten Mose. Wenden wir uns nun aber genauer den einzelnen Inhalten zu, die der Verkündigungsauftrag des Gesalbten aufweist.

3.2.3. Die Inhalte der Hoheitsakte in Jes 61

3.2.3.1. Frohbotschaft zu verkünden den 'anawîm (v. 1bβ)

Die 'anawîm (wörtl.: die Demütigen) bedürfen einer Inswerksetzung von Recht und Gerechtigkeit (vgl. Am 2,7; Zef, 2,3; Prv 14,21). Im Tempelkultus ist es üblich, den dort offensichtlich auf Recht wartenden 'anawim Anteil an der Erfüllung von Gelübden zu geben (Ps 22,27) und Anteil an der Festfreude (Ps 34,3; 69,32). Den am Tempel sich aufhaltenden 'anawim wird in den Vertrauensaussagen der Psalmen immer wieder zugesprochen, Gott werde sie nicht vergessen (Ps 9,19 [Ps 9,13: 'ny]), er werde sie erhören (Ps 10,17; v.12: 'ny) und ihnen helfen (Ps 76,10; 149,4). Eine Spitzenaussage ist in diesem Zusammenhang die Verheißung des Landbesitzes (Ps 37,11). Das Recht, auf dessen Inswerksetzung die 'anawîm harren, kann ihnen allein durch göttliches Handeln erwirkt werden (vgl. Jes 29,17-24.29). In den im Jes-Buch aufgegriffenen Überlieferungen geschieht dies durch königlich-messianische Vermittlung: Jes 11,4 verheißt das Recht für die 'anawîm durch das Wirken des geistbegabten Messias, Jes 32,7 verheißt gegen die Betrüger, die das Elend der 'anawîm bewirken, eine solche durch die Könige nach Vollzug des göttlichen Gerichts und Jes 61,1 tritt die messianische Gestalt auf, die von JHWH zur Verkündigung des Heils für die 'anawîm beauftragt ist. Das Eigentümliche in unserem Text besteht darin, dass der Gesalbte den Beschluss, den auf ihr Recht Wartenden Freude und also ihr Recht zukommen zu lassen, auf die Gottheit selbst zurückführt, deren Auftrag er lediglich zur Ausführung bringt. Welche Interessengruppen in der Zionsgemeinde sich hinter der Verwendung des Titels in Jes 61 verbergen, ist nicht recht transparent[76], die Tendenz, sie mit einer bestimmten Frömmigkeitsrichtung zu verknüpfen, lässt sich vermutlich als Folge aus der Propagierung der hinter Jes 61 stehenden Anliegen interpretieren[77].

3.2.2.2. „Zu verbinden die, die zerbrochenen Herzens sind"

Das „Zerbrechen des Herzens" markiert einen Bruch des Selbstbewusstseins. Er kann verursacht sein durch Anfechtungen durch äußere Widersacher (Ps 69,21; Jer 23,9), aber auch durch eigenes Versagen und Schuld (Ps 51,19). Im letzteren Falle kann das Zerbrechen des Herzens durch JHWH selbst herbeigeführt werden (vgl. Ez 6,9). In beiden Fällen sucht der Betroffene durch Klage und Ritual Hilfe bei JHWH. Von ihm wird Heilung erwartet (Ps 147,3), besonders wenn es um den Gerechten und zu Unrecht vom Leiden Betroffenen geht (Ps 34,19). Die Ungerechten und Gegner wird indes die Vergeltung durch das „Brechen des Herzens" treffen – so Jes 65,14. In Ps 34,19 und 69,21, wo sowohl die Büßer mit „zerbrochenem Herzen" erwähnt werden

---

76   Zum sozialen und rechtlichen Begriff des 'ānāw vgl. Am 2,7; 8,4; Prv 3,34; 14,21; 16,19.
77   C. Levin, Das Gebetbuch der Gerechten. Literargeschichtliche Beobachtungen am Psalter, in: ders., Fortschreibungen. Gesammelte Studien zum Alten Testament, Berlin – New York 2003, 291–313.

als auch die *'anawîm*, sind diese Gruppen nicht identisch! Die einen sind durch ein Rechtsersuchen an das Heiligtum gewiesen, die anderen durch das Bußritual. Das Verbinden der zerbrochenen Herzen besteht demnach in der Vermittlung eines göttlichen Zuspruchs der Vergebung. Dies wiederum gehört traditionell nicht zu den herrschaftlichen, sondern zu denen der Fürbitter und also zu den priesterlichen Aufgaben!

3.2.2.3. Die Ausrufung des Schuldenerlasses (Derôr)

Das Nomen *Derôr* findet nur an 4 Stellen im AT explizit Erwähnung. Nach Jer 34 hat der König aufgrund göttlicher Verpflichtung (*bryt*) eine Freilassung zu verfügen, die dann durch die Bürger im Einzelfall zur Durchführung gelangt; die Rücknahme entsprechender Verfügungen wird im Kontext problematisiert (s.o.). Ez 46,17 schränkt das Schenkungsrecht eines politischen Führers und Würdenträgers in einer potentiell erneuerten israelitischen Gesellschaft programmatisch ein: das göttliche *Derôr*-Recht bricht die Verfügungsgewalt des Fürsten über den Landbesitz! Die gesetzliche Bestimmung, regelmäßig einen *Derôr* auszurufen, betrifft das gesamte Heilige Volk, das im Heiligkeitsgesetz angesprochen wird. Der Sinn besteht grundsätzlich in der Wahrung eines von Gott verfügten gleichen Rechts auf Lebensgrundlage im Lande (Lev 25,10).

Jes 61 erhebt die Vorstellung der Gestalt eines Gesalbten, der den *Derôr* aufgrund eines *ad hoc* ergangenen göttlichen Gebotes verkündet. Das Gewicht des Textes liegt in der Selbstpräsentation dessen, der den Akt vollzieht, und im Vollzug des Aktes als solchem. Es ist demnach nicht zwingend zu unterstellen, dass hier das Heiligkeitsgesetz als verbindliche Regelung schon vorausgesetzt ist. Die Erzählung Neh 5,1–13 geht davon aus, dass ein Schuldenerlass nicht durch den Statthalter Nehemia selbst verkündet werden kann, sondern von den Bürgern und den Priestern veranlasst und verantwortet werden muss (Neh 5,12). Nehemia kann bestenfalls wie einst Josua (Jos 24,15) mit seinem Haushalt mit gutem Beispiel vorangehen (Neh 5,9f.). Und er kann moralischen und religiösen Druck auf die Priester ausüben, für die Durchführung des Schuldenerlasses zu sorgen (v.12b). Das Ideal, das die Urheber von Jes 61 vertreten, ist hingegen ein anderes: für sie ist mit dem Amtsantritt des gesalbten Hohenpriesters geradezu die Verkündigung eines Schuldenerlasses programmatisch verbunden!

Würde unser Text auf Lev 25 rekurrieren, so wäre das Amt, das hier vorausgesetzt wird, das des Hohenpriesters. Aber auch ohne diese Voraussetzung gibt es im nachexilischen Israel keinen anderen Gesalbten, dem die Verkündigung des *Derôr* in Wahrnehmung königlicher Souveränitätsakte, zumal im Auftrag göttlicher Wortmittlerschaft zugewiesen werden könnte. Jes 61 wird also eine Vorstufe zu Lev 25 darstellen, dahingehend, dass mit einem paradigmatischen Text des Selbstausweises des Gesalbten zugleich die Verkündung eines *Derôr* institutionell verankert wird. Lev 25 würde mit der Festlegung des Jobel-Jahres in jedem fünfzigsten Jahr der Tendenz einer an der hohepriesterlichen Amtseinführung haftenden automatischen *Derôr*-Verkündigung entgegenwirken. Jes 61 geht zudem über den Rahmen, den Lev 25 vorgibt, hinaus, indem nun von einer Gefangenenfreilassung die Rede ist. Die Redaktoren des Penta-teuchs nehmen wohl den Gedanken der theokratischen Begründung einer Hierokratie auf, desgleichen die Vorstellung einer Bindung des prophetischen Charismas der Wortvermittlung an das Amt des Gesalbten, des weiteren auch die Konzeption einer priesterlichen Verfasstheit der Zionsgemeinde als Zeugnis vor den Völkern (vgl. Jes 61,6; Ex 19,6), spalten aber die Autorisation zur *Derôr*-Verkündigung von der Amtseinsetzung ab, indem der Schuldenerlass über die Weiterentwicklung des Sche-mitta-Rechts in der Sabbat- und Jobeljahrordnung Lev 25 einer übergeordneten göttli-chen Anordnung zugewiesen wird. Das verbleibende Dilemma der Frage nach einem Erlass für die durch Asylie an Jerusalem und die Asylstätten gebundenen Totschläger, der gleichfalls mit der Hoheitsproklamation des Gesalbten angesprochen wird, lösen spätere Bearbeiter dahingehend, dass sie die Entlassung aus der Asylie grundsätzlich mit dem Tod des Hohenpriesters und der Investitur des Nachfolgers in Verbindung bringen (Num 35,28).

3.2.2.4. Die Freilassung der Gefangenen

Von Gefangenen ist im Alten Testament in der Regel im Zusammenhang mit Kriegsge-fangenen oder der Exilierung Israels die Rede (1 Kön 8,47-50; Jer 13,17; [41,10.14; 43,12] 50,33; Ez 6,9; Ob 1,11; Ps 106,46; 137,3). Innerhalb des Jes gibt es nur einen Text, der von der Gefangenschaft (wz. *šbh*) redet, Jes 14,2. Der dort vorfindliche Kon-text lautet (Jes 14,1f.): *„Denn JHWH wird sich über Jakob erbarmen und Israel noch einmal erwählen, und ihnen Ruhstatt gewähren auf ihrem Lande, und der Ger wird ihnen anhängen und sich zählen zum Hause Jakobs, und die Völker werden sie nehmen und an ihren Platz bringen und das Haus Israel wird sie sich als Erbteil nehmen auf dem Land JHWHs als Knechte und als Mägde, und sie werden gefangen nehmen die, die sie gefangengenommen hatten und sie werden herrschen über die, die sie unter-drückt haben.“* – Das Verständnis darüber, von welcher Freilassung für Gefangene in Jes 61 die Rede ist, entscheidet sehr über den Sinn des Textes. Die erste Möglichkeit lautet: Es sind Gefangene innerhalb Israels gemeint. Dafür kämen dann nur solche infrage, die infolge von Kriegsfolgen in Sklavendienst geraten sind. Darüber haben wir keine Nachricht. Oder zweitens: Es handelt sich um israelitische Gefangene. Dann ruft der gesalbte Geistbegabte eine Freilassung im Namen JHWHs aus, die von Nichtisrae-liten durchzuführen ist. Oder drittens: Der Ausdruck *Gefangene* wird hier entgegen dem sonst im Alten Testament belegten Sprachgebrauch für solche Personen benutzt, die innerhalb Israels etwa in Schuldsklavendiensten festgehalten werden und also nicht Freizügigkeit genießen. Der Grund für die Abhängigkeit könnte – wie ein Blick auf Neh 5,2-5 zeigt – nicht einmal in innerisraelitischen politischen Vorgängen liegen, sondern darin, dass bestimmte Sippen nicht in der Lage waren, die ihnen durch die Perser im Namen des Großkönigs auferlegte Steuerlast zu tragen und deshalb ihre Söhne und Töchter verpfänden und also in die Abhängigkeit verkaufen mussten. Und so wird man in Jes 61 – im Unterschied zu Deutero-Jesaja – nicht mit der Verkündigung einer Freilassung aus dem Exil rechnen, sondern aus der durch Fremde verursachten Gefangenschaft der Schuldsklaverei. Mit der Begleichung der Steuerschuld erlischt der Zugriff des Reiches auf den Schuldner. Die Versklavung von Menschen ist zum inner-israelitischen Problem geworden und infolgedessen auch die Verkündung eines *Derôr*. Während also das Motiv der Gefangenenbefreiung sich im Kontext der deutero-jesajanischen Sammlung an der Exils-Thematik haftet, geht es hier auf ein ökonomisches Problem über[78].

3.2.2.5. Die Loslösung der Gebundenen

Die אסורים sind Gefangene im strikten Sinne, d.h. solche, die obrigkeitlicher Aufsicht in besonderen Gefängnissen unterliegen. In alttestamentlicher Zeit betrifft dies zumeist Führungspersönlichkeiten (Josef, Gen 42; Simson, Ri 15f.; Hosea 2 Kön 17,4; Joahas, 2 Kön 23,33; Zedekia, 2 Kön 25,7), zuweilen Propheten (Jer 40,1; Ez 3,25). Die Freilassung Gefangener ist ein hoheitlicher Akt und als solcher JHWHs Sache wie die Gefangennahme (vgl. Ps 146,7; vgl. Ps 149,8). In Ps 146,7ff. steht die Freilassung in einer Reihe von Hoheitsakten des JHWH-Königtums: *„der Recht schafft denen, die Gewalt leiden, der die Hungrigen speist, der Herr macht die Gefangenen frei, ... 8 JHWH macht die Blinden sehend, JHWH richtet auf, die niedergeschlagen sind, JHWH liebt die Gerechten, 9 JHWH behütet die Fremdlinge, und erhält Waisen und Witwen... 10 JHWH ist König ewiglich, dein Gott, Zion, für und für. Halleluja!".*

Während in Jes 49,9 nach dem Heilswort an den Gottesknecht die Berufung desselben zur Herausrufung der Gefangenen aus der Gefangenschaft dient, der Gottesknecht also zwar nicht als Gesalbter auftreten kann, tatsächlich aber über eine ihm in gewissem Rahmen gewährte Vollmacht verfügt, Gefangenenfreilassungen aus dem Exil zu erwirken, ist der hier angesprochene Gesalbte mit einer analogen Vollmacht für die innerisraelitischen Belange ausgestattet. Das Nomen *peqaḥ-qôaḥ* ist mit W. Zimmerli[79] von der Wz. *pqḥ* – peʻalʻal inf. = „*die Augen öffnen*" abzuleiten (Jes 35,5; 42,7[80]) und im Kontext der altorientalischen Verwurzelung der Wendung metaphorisch in dem Sinne zu interpretieren, dass durch die Freilassung den Freigelassenen gleichsam ein neuer Blick für die Wohltaten Gottes eröffnet wird.

---

78 A. Schoors, שבי and גלות in Is. XL–LV: Historical Background, in: P. Peli / Z. Weinstein (Hg.), Proceedings of the fifth World Congress of Jewish Studies, Jerusalem 1969, 90–101; O.H. Steck, Studien, 110ff.

79 W. Zimmerli, pekach koach – Das „Gnadenjahr des Herrn", in: A. Kuschke/ E. Kutsch, Archäologie und altes Testament, FS K. Galling, Tübingen 1970, 321–332 (ND: W. Zimmerli, Studien zur alttestamentlichen Theologie und Prophetie. Gesammelte Aufsätze II, ThB 51, 1974, 222–234)

80 Vgl. auch Gen 21,19; 2 Kön 4,35; 6,17.20; Ps 146,8; Hi 27,19; Prv 20,13; Jes 42,20: Ohren öffnen, so LXX. S.o. zur Traditionsgeschichte.

Folgt man O.H. Steck in der Annahme, dass Jes 61 zu den Texten gehört, die zunächst als Fortschreibungen des Deutero-Jesaja fungierten, so wird man den Text in einem Corpus mit dem Kyros-Orakel und den GKLiedern lesen. Wenn somit eine Gestalt vorgestellt wird, auf die die Kompetenz der Ausrufung von *Derôr* und Amnestie in Verbindung mit dem Titel des Gesalbten übergegangen ist, so setzt dies eine erhöhte Gewährung von Souveränitätsrechten an die Zionsgemeinde und ihr Oberhaupt voraus. Schon aus Jesaja 61,1 wird deutlich, dass der Text die Vorstellung einer Selbstpräsentation eines Gesalbten in Israel transportiert, der infolge von Geistbegabung und göttlicher Wortmittlerschaft über umfassende *Rechtshoheiten* verfügt. Diese betreffen

– die Hoheit der Rechtsprechung zugunsten der *'anawîm*,
– unter Einschluss der Hoheit der Ordalvermittlung an die *nišbᵉrê lēb*,
– die Hoheit über das Schuldenrecht zugunsten der *šᵉbûjîm* und
– die Hoheit über das Strafrecht zugunsten der *'asûrîm*.

Dieser Aufgabenbereich übersteigt das in königlichen Befugnissen etwa der Erlassverkündigung bisher bekannte Ausmaß und schließt die Befähigung zu sakraler Rechtsmittlerschaft ein. Das wird in Jes 61,2 besonders deutlich, wo die Proklamation auch kultische Aspekte einschließt.

3.2.2.6. Die Verkündigung eines Gnadenjahres „des Wohlwollens JHWHs"

Die Ausrufung umfasst *„ein Jahr des Wohlwollens JHWHs"*. Es ist nicht zu verwechseln mit dem Erlassjahr in Lev 25,8–24. Vielmehr wird hier der Spezialfall des Ausrufes eines Jahres des *rāṣôn* behandelt, dessen inhaltliche Ausgestaltung vor allem die Amnestie der Gefangenen betrifft[81]. Dabei ist wohl weniger mit dem Institut einer permanenten Gefangenschaft zu rechnen, als mit einer dauerhaften Einschränkung der persönlichen Freiheit aufgrund der rechtlichen Abhängigkeit von einem Schuldherrn. Die Kennzeichnung des Jahres als *rāṣôn*-Jahr (vgl. Jes 58,5) spielt an einen im Kontext des Kultus spezifischen Begriff an[82]. Während im Pentateuch die spezifische Bezeichnung eines Jahres (שנת, cs.) sich entweder auf das dtn – dtr Zehntjahr (Dtn 26,12), oder das Schemitta-Jahr bezieht (Dtn 15,9; 31,10) oder auf das Jobeljahr des Heiligkeitsgesetzes (Lev 25,10.13.28.29.50.54; vgl. 27,17f.23f., vgl. Ez 46,17), so ist bei den wenigen prophetischen Belegen vom Jahr der Heimsuchung (Jer 23,12), und bei Jes parallel zur Rede vom *Tag der Rache* vom Jahr der Entgeltung (Jes 34,8) und Auslösung (Jes 63,4) die Rede. In allen Fällen geht es ganz im Sinne der Erlassjahr-Thematik um die

---

81 Zur Sache vgl. W. Zimmerli, pekach koach.
82 Auszugehen ist also nicht von einem allgemeinen heilseschatologischen Begriff, sondern von dessen analogieloser Parallelstellung. Jes 49,8 spricht von der Zeit des Wohlwollens (עת רצון) und vom Tag des Heils (יום ישועה). Die Wortfolge Tag – Jahr ist außer Jes 34,8 und 63,4 sonst A.T. nicht belegt, vgl. aber L.R. Fischer, Ras Shamra Parallels. The Texts from Ugarit and the Hebrew Bible, AnOr 49, Roma 1972, 203-207; W.R. Watters, Formula criticism and the poetry of the Old Testament, BZAW 138, 1976, 173 nr 483.

Wiederherstellung eines rechtlich-sozialen Equilibriums, eines Ausgleichs im Sinne der göttlichen Ordnung von Recht und Gerechtigkeit. Und so wird man davon auszugehen haben, dass die Formulierung *„auszurufen ein Jahr des Wohlwollens seitens JHWHs"*, die in Parallelstellung zu *„auszurufen den Gefangenen Freilassung"* steht, den Sinn hat, die entsprechende Wendung im Sinne der Erlass-Jahr-Tradition zu erläutern: der Zeitraum der Gültigkeit des *Derôr*-Erlasses umfasst ein Jahr, in welchem die Gelegenheit besteht, entsprechende Rechtsgeschäfte im Rahmen der Erlassregelungen zu tätigen. Die Begrenzung der Rache und also des Zorneswirkens JHWHs (vgl. Jes 60,10; Ps 30,6) auf einen Tag, den *jôm nāqām*, Jes 61,2, steht komplementär hierzu. Etwaige Schulden seitens des Fronherrn an den Schuldsklaven sind innerhalb begrenzter Zeit zu kompensieren. Das entspricht vorausliegenden Regelungen, wie sie das Bundesbuch kennt, vgl. Ex 21,20f.26f.[83]. Während also noch bestehende Ansprüche auf Vergeltung innerhalb einer begrenzten und kurzen Zeit *„eines Tages"* geltend gemacht werden müssen, besteht ein Jahr lang die Möglichkeit, in den Genuss der Erlassregelungen zu gelangen. Sie gründet im Wohlwollen JHWHs. Das Wohlwollen (רצון)

---

83 Das Stichwort der Rache, *nāqām, nᵉqāmāh*, i.S. der angemessenen Bestrafung bzw. Vergeltung wird im alttestamentlichen Strafrecht sparsam verwendet, genauer gesagt erscheint es nur einmal, in Ex 21,20f. in der Strafandrohung wegen Sklavenmisshandlung gegenüber dem Herrn des Sklaven, dient also zum Schutz der Unversehrtheit des ansonsten schutzlos dem Herrn ausgelieferten Lebens. Ein weiterer Grund für die Zurückhaltung ist mit dem grundsätzlichen Verbot der (eigenmächtigen) Durchführung der Vindikation gegenüber den Nächsten in Lev 19,18 gegeben, gegenüber dem ein grundsätzliches Gebot ungeteilter Loyalität gilt: „du sollst deinen Nächsten Lieben wie dich selbst!" Die Rache gilt als göttliches Privileg (Dtn 32,35) – und konsequenterweise wird sie sogleich am Anfang der Bibel in der Kainserzählung definiert: es ist der Lebensschutz gegenüber dem schuldig gewordenen Kain, der als universales Völkerrecht zum Schutze menschlichen Lebens ausgesprochen ist (Gen 4,15.24). Wer dagegen verstößt, den trifft die „Rache" Gottes. Der einzige Fall, der göttliche Vindikation herausfordert, ist der Bundesbruch (Lev 26,25). Darum erscheint das Stichwort *nᵉqāmāh* im Kontext der Bestrafung Israels im Segens- und Fluchkapitel. Dtn 32,35 bezieht schließlich die Racheandrohung auf einen bestimmten Zeitpunkt (Tag) und grenzt sie also zeitlich ein. Gleichwohl bezieht sie sich in Dtn 32,35 auf das Exil. Häufiger aber als gegen Israel ist die Rache gerichtet gegen die Feinde JHWHs und seines Volkes (Dtn 32,41), aber es ist JHWH, der das *„Blut seiner Knechte"* rächt (Dt 32,43). In diesem letzteren Sinne spielt das Motiv im Jesajabuch eine entscheidende Rolle, vgl. Jes 1,24; 34,8; 35,4; 47,3; 59,17; 61,2; 63,4. In einer auf den Erzfeind Edom bezogenen Perspektive wird der Tag Zeitpunkt der Rache (34,8; 61,2; 63,4) nach Jes 34,8 zum Jahr der Vergeltung gegen Edom, das – so Jes 63,4 – ein Jahr der Erlösung für die Zionsgemeinde ist. Von diesem Sprachgebrauch hebt sich allerdings der Sprachgebrauch in Jes 59,17 und 61,2 ab: Während JHWH in *„Gewändern der Rache"* erscheint, um an den Feinden das Gericht zu vollziehen, tritt der Gesalbte in *„Gewändern des Heils"* (61,10) vor die Zionsgemeinde, um als Gegengewicht zum *„Tag der Rache"* (Jes 61,2) ein Jahr des Wohlwollens für die JHWH-treuen zu verkünden. O.H. Steck, Der Rachetag, 336ff., (= Studien, 117f) rechnet allerdings mit Textänderungen, Beuken, Servant, 422, hingegen sieht in der Wortwahl die bewusste, freie Kombination. Eine Vorbereitung des Motivs wird in Jes 59,15-20 angelegt.

JHWHs für die Israeliten zu erwirken, ist die Aufgabe der Opfer (vgl. Jes 60,7.10)[84], allerdings – so wird vor allem im Nachbereich des Textes in Jes 58,5–10 betont – nur dann, wenn sie im Zeichen einer allgemeinen Inswerksetzung der Gerechtigkeit geschieht. Das „Jahr des Wohlwollens" JHWHs ist Metapher für das *Derôr*-Jahr, in dem infolge des Verzichts des Volks auf Landnutzung und Schuldenbegleichung eine fundamentale Restitution des göttlich beabsichtigten Idealzustandes erwirkt und dem entsprechend auch ein Vollzugsverzicht von Zorn seitens der Gottheit dauerhaft erreicht werden kann. Die Bezeichnung des Jahres als *rāṣôn* -Jahr spielt auf die Wirkung des Opfers an. Damit greift sie ein wesentliches Ziel priesterlichen Wirkens auf und verknüpft den rechtlichen Aspekt mit dem sakralen des Opfers. Das Wort *rāṣôn* kommt im Pentateuch nur wenig vor[85], und eben darum ist diese Anordnung sehr auffällig, denn nach Ausweis der die Opfertheologie bestimmenden Priesterschrift bewirkt in letzter Konsequenz der Hohepriester das Wohlwollen JHWHs gegenüber Israel. Das Stirnblatt am Turban des Hohenpriesters ist das Insignium, in dem dieses Wirken seinen Ausdruck findet, indem er mit dem Opfer auch die Opfernden der Gottheit vor Augen führt (Ex 28,38). Kommt man vom Pentateuch her, so ist es ganz deutlich, dass der Gesalbte, der ein *rāṣôn* -Jahr verkündigt, nur der sein kann, der seinerseits das Wohlwollen vor JHWH *rāṣôn* zu wirken befugt und beauftragt ist, der Hohepriester selbst. Im textlichen Verweissystem des Jesajabuches wird lediglich noch ein Anklang an Jes 42,1 zu erinnern sein: dort wird dem Gottesknecht die Geistmitteilung zugesagt, weil er JHWHs Wohlgefallen gefunden habe. Jes 61,2 partizipiert an dieser Tradition. Allerdings ist es hier die Aufgabe eines Gesalbten, das *rāṣôn* -Jahr zu verkünden. Die Wendung impliziert die göttliche Zustimmung zum erfolgten Ausgleich durch den Schuldenerlass[86]. Es ist ganz deutlich, dass Jes 61 nicht nur literarische Auslegung der deutero-jesajanischen Texte sein will, sondern konzeptionelle Weiterentwicklung mit Hinsicht auf eine neue, die Tradition des Gottesknechts aufnehmende und weiterführende Gestalt, der man das Epitheton der Messianität wieder zuzusprechen wagt.

3.2.2.7. Die Verkündigung eines Trostes „zu trösten alle Trauernden"
Die Tröstung aller Trauernden erscheint zusammenfassend als Ziel der Sendung. Das Stichwort knüpft an die im Schautalwort (Jes 22,4) für das Jesajabuch programmatisch gewordene Motiv der Trostlosigkeit der Situation Jerusalems angesichts der Zerstörung an. Es durchzieht die Klageliederdichtung, die das Geschick Jerusalems beklagt (Thr 1,2.9.16.17; 2,13). Die Tröstung des Volkes ist demnach auch Anliegen der deuteroje-

---

84 Vgl. Lev 1,3; 19,5; 22,19.20.21.29; 23,11; Jes 56,7; Jer 6,20; Mal 2,13. רצון steht im Gegensatz zum zeitlich begrenzten Zorneswirken JHWHs, vgl. Ps 30,6.

85 Vgl. Gen 49,6; Ex 28,38; Lev 1,3; 19,5; 22,19–21; 23,11; Dtn 33,16.23.

86 Vgl. parallel hierzu die Verwendung des Verbums רצה, II bezahlen, auslösen, in Jes 40,2 (כי נרצה עונה), wie sie in Übertragung der Sabbat-Jahr-Metaphorik auch auf das Schicksal Israels im Abschluss der Heiligkeitsgesetzes erscheint, Lev 26,34.41.43; s.a. 2 Chr 36,21)!

sajanischen Sammlung (Jes 40,1; 49,13; 51,3.12; 52,9), die auch auf die weiterreichende Redaktion des Jesajabuches wirkt (vgl. Jes 12,1). Der Trost soll Anlass geben für
Ende der Trauer über das am Boden liegende Jerusalem. Der Satz lässt darauf schließen, dass dem Gnadenakt des *Derôr* eine Bußfeier vorausgegangen ist, in der die
Schuldbetroffenen auf dem Zion ihre Trauer bekundet haben (אבל, vgl. zum Motiv Jes
3,26; 57,18; 60,20; 61,2.3; 66,10; Ex 33,4; Num 14,39). Die Minderungsriten, denen
sie sich unterzogen haben (Asche-Streuen, Trauerakt, Klagegebet) werden beendet (Jes
61,3a): Die Büßer ziehen einen neuen Kopfschmuck an, sie waschen sich und ölen sich
ein, sie ziehen ein neues Gewand an[87]. Ihre Statusänderung wird in der Titulierung mit
Ehrennamen *„Eichen der Gerechtigkeit"* und *„Pflanzung JHWHs"* zum Ausdruck
gebracht (v. 3b). Diese bringen ihre Reintegration in die Gemeinschaft zum Ausdruck.

Die Erneuerung des Kopfbundes wird hier mit einem Wortspiel umschrieben (פאר
תחת אפר). In dem Reinigungsritual des Hohenpriesters Jehoshua wird diesem in der
Vision von Sach 3,5 ein reiner Kopfbund (צניף טהור) verliehen[88], ein Insignium des
Bürgers und der Bürgerehre (vgl. Hi 29,14; Jes 3,23), aber auch des Königs (Sir 11,5;
47,6f.) wie des Königtums Gottes (Jes 62,3[89]) und des Hohenpriesters (Sach 3,5[90]; Sir
40,4?). Auch mit dem Insignium des Gewandes (מעטה) verbindet sich neben der Reim-
form (מעטה תהלה תחת רוח כהה) ein Wortspiel, insofern das Wort klanglich auf v.3bβ
vorausgreift (מטע יהוה); es handelt sich um ein Oberkleid (deverbal von עטה), in das
man sich *„hüllen"* kann wie in einen מעיל (vgl. Jes 59,17; 61,10 (מעיל צדקה יעטני); 1
Sam 28,14ff.). Der Text spielt auch an die Bezeichnung des hohepriesterlichern Gewandes in P an (מעיל, vgl. Ex. 28,21.34; 29,5; 39,22–26; Lev 8,7). Es scheint sich um
ein Kleidungsstück zu handeln, das von dem ersten, reinen (Unter-) Gewand, das etwa
Joschua nach Vollzug seiner Reinigung erhält (vgl. Sach 3,5, wo allgemein von בגדים
die Rede ist[91]), zu unterscheiden ist. Das Gewand des Hohenpriesters bildet die Würde
der neu begnadigten Zionsgemeinde ab. Umgekehrt kündigt sich in seinem Auftreten
die im äußeren neuen Gewand sichtbar werdende Begnadigung an, verkündet die wie-

---

87 מעטה – Oberkleid – ist ein singuläres Wort im A.T. Zur Ausstattung der Freigelassenen mit
   einem neuen Gewand (R.D. Biggs, More Babylonian 'Prophecies', Iraq 29, 1967, 117-132.124
   nach RCAE 1430 [Harper]), wo es in einem Brief an Assurbanipal heißt: „I have send kindness
   forth by means of a fire signal ... the Assyrians who were imprisoned in the prison of Elam ... I
   released. *I clothed them* and sent them to the palace".

88 Die Reinvestitur des Hohenpriesters bei Sach 5,3–7 nimmt in eigener Weise den Charakter eines
   Purifikations-Rituals an, das symbolisch vor dem himmlischen Thronrat und seinem Gericht
   vollzogen wird.

89 Bildlich für Jerusalem als Kopfbund des Königtums in der Hand Gottes.

90 Sach 3 bietet ohnehin eine Vielzahl von Parallelen zu Jes 60-61, vgl. T. Pola, Priestertum, 186–
   223.

91 T. Pola, Priestertum, 197f., der gegen R. Hanhart, Dodekapropheton: Sacharja 1,1-8,23, BK
   XIV,7, Neukirchen-Vluyn 1999, 185, polemisiert, hier könne keine Investitur vorliegen, denn es
   handele sich bei den neuen Kleidern Joschuas nicht um heilige Gewänder (בגדי הקדש, vgl. Ex
   28,24; 31,10; 35,19; 39,1.41; 40,13; Lev 16,4.32; Sir 45,10).

dergewonnene Würde. Möglicherweise ist die Verbindung mit der *Tehillāh*, also dem Rühmen, das man Gott entgegenbringt, auf die Zulassung zum Vorhof und zur Kultgemeinschaft zurückzuführen, welchen man mit Lobgesang betritt (Ps 100,4), was dem Büßer zuvor verwehrt war (vgl. Ps 51,16-19). Ps 51,16-19 mag die Situation illustrieren: der Büßer ist durch seine Blutschuld (*damîm*) gebunden. Erst der Vollzug der Reinigung durch Gott ermöglicht es ihm, am Lobgesang teilzunehmen. Auch Opfer darzubringen ist dem Büßer verwehrt, solange er noch unrein ist (Ps 51,18): er muss sein „*zerbrochenes Herz*" erweisen (לב נשבר, v.19, vgl. Jes 61,1). Auch die Erneuerung der Freude (שֹשׂוֹן) ist Ziel des Bußrituals, vgl. Ps 51,10. Das Freudenöl (שֶׁמֶן שֹשׂוֹן) ist Symbol der Auszeichnung des Gerechten (Ps 45,8). Der Asylsuchende muss ja schließlich in dem Asylort solange aushalten, bis der Hohepriester, den „*man mit dem heiligen Salböl gesalbt hat*", stirbt. (Num 35,25). Die Salbung des neuen Hohenpriesters ermöglicht nun erst die Salbung des Büßers, der seiner Freilassung harrt, mit Freuden-Öl. Ps 23,5 spricht von der Salbung des Asylsuchenden eines besonderen Aktes der Gnade, Ps 92,11 kennt die Salbung mit frischem Öl als Teil eines Gnadenaktes. Der dem Verlöschen Nahe (רוח כהה, vgl. Jes 61,3; 42,3f.) erfährt so seine Neubelebung.

Die Assonanzen in v. 3 verweben semantisch die Bedeutung von Reinvestitur und Rechtfertigung: aus den אבלי ציון werden אילי צדק (Trauernde Zions / Eichen der Gerechtigkeit), das Öl, mit dem sie sich salben, ist Ausdruck der Freude (שֶׁמֶן שֹשׂוֹן), ihr Kopfschmuck wird פאר statt אפר (Pracht statt Asche), der Freuden-Mantel lässt sie als JHWHs Pflanzung (מטע תהילה מעט יהוה) erscheinen, die zu neuer Pracht gelangt (להתפאר). Die gleichen Phoneme erscheinen in semantischer Spiegelung in v. 10-11, wo von der Investitur des Gesalbten die Rede ist: der bringt seine Freude zum Ausdruck (שֹשׂ אשׂישׂ), seine Gewänder sind Ausdruck der Errettung (בגדי ישׁע), sein Obergewand, in das Gott ihn gehüllt hat, ist Ausdruck der Rechtfertigung (צדקה יעטני מעיל), das das Hervorwachsen von neuer Gerechtigkeit ankündigt, die Gott (in seiner Pflanzung, v. 3) heranwachsen lassen will (כן אדני יהוה יצמיח צדקה), zu seinem Ruhm vor den Völkern – (תהלה, v11b, vgl. v.3a מעטה תהלה)! In der Pracht und im Schmuck seines Priestertums, die der Pracht und dem Schmuck von Bräutigam und Braut vergleichbar sind, spiegelt sich die Pracht der Pflanzung JHWHs (v. 3bβ).

Zugleich ist das Gewand des Hohenpriesters aber auch Abglanz des göttlichen Gewandes, indem es dessen Gerechtigkeit und Errettung repräsentiert (59,17a: וילבש צדקה כשרין וכובע בראשו)! Während JHWH mit der Unterwerfung der Feinde allerdings in seiner Theophanie mit seiner Kleidung Motive der Rache und der Eiferheiligkeit zur Darstellung bringt (59,17b: וילבש בגדי נקם תלבשת ויעט כמעיל קנאה), ist es Sache des Gesalbten, neben der Verkündigung des Rachetages die Heilsverkündigung für die JHWH-Gemeinde vorzutragen. So legt sich, vorbereitet durch die Theophaniedarstellung in 59,15b–20 und die Bundesverkündigung in 59,21 mit der Selbstprädikation des Gesalbten in 61,1-3 und 10–11 ein Rahmen um den in sich wiederum inversiv strukturierten Mittelteil des Kapitels 61. In ihm werden die Rechtsfolgen beschrieben,

die sich aus Salbung und Investitur des Gesalbten für die nunmehr neu in ihre Besitzrechte eintretende Zionsgemeinde ergeben.

4. Das Heilsorakel an Israel (Jes 61,4-7.8-9)

Die Verschränkung von Bundeszusage an das Volk und Heilsorakel an den Hohenpriester und seine Familie in Jes 59,21 setzt sich in der doppelten konzentrischen Struktur
von 61,4-9 fort. Eigentümlich übergangslos wird nun aus der Selbstprädikation v.1-3
ein Heilsorakel, das die Folgen des Herrschaftsantritts ankündigt. Die für Herrschafts-
antritte nicht unübliche Ankündigung von Aufbauarbeit wird hier konkretisiert: die
durch das *Derôr*-Edikt begünstigten Freigelassenen werden sich nun, nicht mehr gebunden durch Schuldhaftung, dem Wiederaufbau verfallener Wohnstätten widmen
(v.4). Das Motiv der Unterwerfung der Völker erscheint nun schlicht in der Ankündigung, dass Fremde die Befreiten beim Wiederaufbau unterstützen werden (v.5). Die
Beteiligung der Fremden wird über den Bereich des Wiederaufbaus hinaus auch in der
Zuständigkeit der Fremden für die Herden der angesprochenen Schar, die noch dazu
ihre Söhne zu den Angesprochenen zum Pflügen oder zu Tagelöhnerarbeiten auf den
Plantagen schicken. Aber wer sind die Angesprochenen? Die Bürger von Jerusalem auf
dem Zion? Aber gerade zuvor ist es auch um andere Orte gegangen. So wird man wohl
in der Zionsgemeinde auch mit Bürgern aus dem Umkreis rechnen müssen, vornehmlich aus der Provinz Jehud.

In v. 6 wird eine neue Adressatengruppe angesprochen, diesmal in der 2. pers. pl.
Es handelt sich also um die beim Amtsantritt unmittelbar im Umkreis des Gesalbten
Anwesenden. Der Ausdruck *kōhēn Jhwh* (1 Sam 14,3) bzw. *kōhanê Jhwh* wird nur
selten, dann aber nur für JHWH-Priester verwendet (1 Sam 22,17.21; 2 Chr 13,9). Das
Synonym *mešartê ʾælōhênû* ist so nicht belegt, wohl aber die Wendung *mešartê Jhwh*
für Priester, deren Kultus unter den Folgen einer Katastrophe leidet (in Jo 1,9; 2,17).
Eigentümlich ist die Formulierung mit קרא nif. iussiv. Wenn es sich um eine Gruppe
handelt, die bisher nicht Priester genannt worden ist, dann wird ihr ja in dem Moment
der Anrede zugesagt, man werde sie künftig als solche bezeichnen. Es handelt sich
dann um einen Koinzidenzfall. Könnte man *qrʾ* nif. in diesem Fall sogar so verstehen?
*„Hiermit sollt ihr zu JHWH-Priestern ernannt sein, (d.h.) Diener unseres Gottes soll
man euch nennen.“*

Aber wer ist angeredet? Entweder soll hier der Zionsgemeinde die Bezeichnung als
Priester gleichsam als Ehrentitel von seiten der Völker zugesprochen werden. Das Volk
nähme dann eine Mittlerposition für die Fremden gegenüber Gott ein. Oder aber es
sind tatsächlich die anlässlich der Investitur des neuen Hohenpriesters zu Priesterdien-
sten Mitberufenen angeredet. Dann kann es sich zunächst nur um die Söhne des Hohenpriesters handeln, die mit der Investitur in die Aufgaben eben des neuen Amtes
aufrücken, das ihnen infolge ihrer Sohnschaft zukommt. Die Fürsorge für den Besitz-

stand an Herden und Plantagen muss nun anderen anvertraut werden – und es werden dies Bedienstete aus fremden Ethnien sein. Das Umfeld von Jes 61,6 bezieht allerdings noch mehr als nur eine Gruppe mit ein. Hier sind auf jeden Fall nicht nur die Priester gemeint, sondern das Volk. Es wird in seine alten Rechte wieder eingesetzt.

Wenn wir davon ausgehen, dass die unmittelbar Angeredeten von v. 6a her tatsächlich JHWH-Priester sind, dann wird diesen nun zugesagt, dass sie von dem, was die Völker herbeibringen, leben werden. Nicht das eigene Volk also muss sie ernähren. Der alte Status des Herrschervolkes, unter dem Israel so lange gelitten hat, da es sich vom Tribut der Unterworfenen nährt, wird umgekehrt: nun wird das begnadete Volk zum Nutznießer des Reichtums anderer. Die Ausgleichsverhandlungen werden von den Priestern geführt. Sie repräsentieren Israel. Die Schmach, die Israel widerfahren ist, ist auch ihnen widerfahren. Die Verhandlungen sollen die Völker nicht übervorteilen (v.7). Allen wird ihr angestammtes Besitzrecht zuerkannt. Das ist einerseits gut persische Tradition, andererseits bedeutet es Rückerstattung von Land- und Besitzrechten. Dabei wird den in ihre alten Rechte zurückkehrenden Bekehrten von Gott selbst vertraglich ihr Besitz zuerkannt und ihnen die göttliche Übertragung der Lebensrechte durch den JHWH-Segen zugesagt (v. 8f.)[92].

Die Anerkennung des Umstandes, dass eine alte Schuld abgearbeitet worden ist, gilt im Einflussbereich des Tempels von Jerusalem. Erloschene Besitzrechte müssen nun auf dem Wege der Rückerstattung von den Schuldherren wieder anerkannt werden. Denen bleibt ohnehin noch genug. Für die Rückkehrer, die in ihre alten Besitzrechte hinein wollen (vgl. 60,21) ist dabei einerseits wichtig, dass der Tempel ihre Besitzrechte bestätigt, andererseits, dass der jetzige Inhaber des Nießbrauchs die Rückgabeverpflichtung anerkennt. Dies dürfte besonders schwierig gewesen sein, wenn die Nutzung an Nicht-Israeliten, seien es Babylonier, seien es Perser übergegangen war. Diese waren zur Anerkennung zu bewegen. Die Ankündigung des Orakels für die Herrschaft des neuen Hohepriesters enthält die Versicherung, dass mit diesem Herrschaftsantritt Gott selbst sich für die Legitimation der im Rahmen des *Derôr* notwendigen Transaktionen gerade auch gegenüber Nicht-Israeliten bemüht.

5. Hymnus nach der Investitur (Jes 61,10-11)

Der Text wandelt sich in v. 10a in geprägter hymnischer Sprache in ein Danklied[93] des Einzelnen. Das Stichwort vom *Prachtturban* (פְּאֵר) lässt zunächst daran denken, dass

---

92 Der unmittelbare Übergang in die JHWHrede ohne Verwendung einer besonderen Boteneinleitungsformel begegnet auch in Jes 56,6b; 58,1; 60,7.17; 63,1b.13; 65,1.17.

93 K. Koenen, Ethik und Eschatologie, 122, behauptet aufgrund der sprachlichen Nähe zu Ps 35,9 gar Abhängigkeit von diesem und will daraus eine redaktionelle Abfassung der Verse begründen, weil נֶפֶשׁ nur dort und in Jes 61,10 Subjekt von גִיל ist und nur an diesen beiden Stellen ein Parallelismus von שׂוּשׂ und גִיל zu konstatieren sei. Das spricht für die späte Ausprägung der Sprache

hier ein Danklied der Befreiten anlässlich der Neuinvestitur vorliegt. Andererseits hat U. Berges, der selbst die kollektive Deutung des Textes vertritt, selbst auf die vielfältigen Bezüge zu der Vorstellungswelt der priesterlichen Investitur zu Recht aufmerksam gemacht[94]. Das Alte Testament wendet der Kleidung des Priesters besondere Aufmerksamkeit zu, und um eine priesterliche Investitur wird hier in vielerlei Hinsicht angespielt, wie v.10b ausdrücklich belegt: כחתן יכהן פאר[95]. Die Investitur ist mit Waschung, Salbung und Vollzug des Weiherituals (Opfer, Handfüllung) verbunden (Ex 40,12f.; Lev 21,10). In der priesterschriftlichen Investitur-Perikope gilt die Priesterkleidung als heilig und als Ausdruck von *Kabôd* und *Tif'aeraet* (Ex 28,2), als Zeichen ihrer Zugehörigkeit zur Sphäre der göttlichen Herrlichkeit und Pracht (vgl. Ps 96,3.6 u.ö.). Zu ihrer Anfertigung bedarf es besonderer göttlicher Geistbegabung (vgl. Ex 28,3; 31,31; 39,1–31, Ps). Investitur und Salbung begründen die priesterliche Amtseinführung und Dynastie (Ex 40,12-15; Lev 8,7.13).

Von dem Ornat des Hohenpriesters wird die Kleidung der übrigen Priester, der Söhne Aarons deutlich abgehoben, die lediglich aus Leibrock, Schärpe und hoher Priestermütze (מגבעה) besteht (Ex 28,40)[96].

Einer anderen, in der zadokidischen Überlieferung der Diaspora aufbewahrten Überlieferung zufolge galt das Tragen von schlichten leinenen Kleidern, Beinkleidern und Kopfbund als generelle Vorschrift (Ez 44,17-18). In den Anweisungen für den *Jôm Kippûr* wird die Aufladung ihrer Bedeutung im Kontext des Vollzugs der Sühnerituale besonders augenfällig (vgl. Lev 16,4.23f.32; vgl. Lev 6,3-4). Nach Ex 28,42-43 wur-

---

von Ps 35,9, die im übrigen eine jüngere Variante zu Ps 70,5 und 40,17 darstellt (vgl. Ps 35,4f.; 40,15ff.; 70,3ff.), und es spricht gerade aus sprachlicher Hinsicht mehr für die funktionale Einbindung von Jes 61,10f. in einen literarischen Kontext als für einen Neuanfang: wird in den Psalmtexten angesichts der Anfechtungen der befreite Jubel der Gerechten *erhofft* und *erbeten*, so findet hier angesichts der Überwindung der Feinde (Jes 61,5.8) der Jubel seinen *Ausdruck*!

94 U. Berges, Jesaja, 453ff.; O.H. Steck, Studien, 133 A. 67, konstatiert, dass „die Metaphorik der Bekleidung durch JHWH (61,10) ... außer für Priester für Menschen sonst fehlt". Allerdings wird sie in Jes 49,18 und 52,1 auf Zion angewendet, allerdings in einer charakteristischen eigenen Ausformung. Nach Jes 49,18 wird der Zustrom von sich neu ansiedelnden Menschen verglichen mit einem Brautkleid, welches die „Stadt" schmückt, Jes 52,1 wird Zion aufgefordert, sich mit einem reinen Kleid zu schmücken.

95 Vgl. zu der denominalen Auffassung schon F. Delitzsch, Jesaja, 625: „Wie ein Bräutigam, der priesterlich den Turban trägt..." J. Blenkinsopp, Isaiah 56–66, 228: „to function as, or act like a priest". 1QIsa^a liest ככוהן; Targ. וככהנא רבא; die Konjektur der BHS (יכי') oder des HAL I,440, יכונן, rekurriert auf auf eine korrigierende Lesart der LXX: ως νυμφίω περιέθηκέν μοι μίτραν.

96 Vgl. K. Galling, Art. Priesterkleidung, BRL 2. Aufl., Tübingen 1977, 256f.; ders., Priesterkleidung, BRL 1.Aufl. 429ff.; H. Weippert, Art. Kleidung, BRL 2., 185-188; M. Görg, Zum sogenannten priesterlichen Obergewand, BZ 20, 1976, 242-246; C. Houtman, Exodus. Volume 3 Chapters 20 – 40, HCOT, Leuven 2000, 519–521, z.St.; T. Podella, Das Lichtkleid JHWHs. Untersuchungen zur Gestalthaftigkeit Gottes im Alten Testament und seiner altorientalischen Umwelt, FAT 15, Tübingen 1996, 64.

den auch die Aaroniden damit ausgestattet, d.h. im Nachtrag zu Ex 28 wurde zwischen den beiden Traditionen ein Ausgleich hergestellt. Er wird auch erkennbar in der Vorschrift, diese Kleidung nicht aus dem Heiligtum hinauszutragen (vgl. Ez 42,14; 44,19). Das Heiligkeitsgesetz übernimmt diese Regelung und hebt gegenüber der allgemeinen Investitur der priesterlichen Familie in P die besondere Bedeutung der Kleidung des <u>Hohenpriesters</u> heraus (Lev 21,10): sie muss vor jeder Profanierung und Berührung mit dem Unreinen geschützt werden (vgl. auch Ez 42,14; 44,17.19)! Ihre Einmaligkeit (vgl. Ex 39) wird auch dadurch unterstrichen, dass Num 20,26.28 erzählt, Aaron seien nach seinem Tode die hohepriesterlichen Kleider durch Mose ausgezogen worden und sogleich dem nachfolgenden Eleasar angezogen.

Die Sünde, die dem Priestertum des ersten Tempels anhaftete, kann nur – wie in dem visionären Orakel Sach 3,3-5 – durch den Akt einer Reinvestitur aufgehoben werden. Woran wird nun der in Jes 61,10-11 deutlich, dass hier ein auf die Symbolik des Priestergewandes anspielender Text vorliegt, dessen Sitz im Leben möglicherweise nicht in einer schriftgelehrten übertragenen Anwendung auf die Zionsgemeinde zu suchen ist, sondern im Kontext einer Priesterinvestitur selbst? Um das herauszufinden, bedarf es einer neuerlichen Einzelexegese der Verse.

Die Symbolik des Gewandes wird zunächst in der Bezeichnung *Gewänder des Heils* (בגדי ישע) zum Ausdruck gebracht. Sie begegnet wieder in Psalm 132, wo in gleicher Weise wie in Jes 59ff. ein Konnex zwischen Theophanie und Bereitung der Priesterschaft und der Kultgemeinde hergestellt wird. Zunächst erfolgt die Bitte um die Ankunft JHWHs am Kultort in v. 8: קומה יהוה למנוחתך אתה וארון עזך – *„Erhebe dich, JHWH, zum Ort deiner Ruhstatt, du und die Lade deiner Stärke"*. Sie hat ein historisierendes Pendant in der Erzählung vom Aufbruch vom Sinai, Num 10,35, in Verbindung mit v.34b. Der Ort der Ruhstatt ist der Tempel, und darum besteht die konsequente Fortsetzung in der Bitte Ps 132,9: כהניך ילבשו־צדק וחסידיך ירננו – *„deine Priester sollen sich kleiden in Gerechtigkeit und deine Frommen sollen frohlocken!"* Ihr entspricht die Antwort in dem Zitat eines Erwählungs-Orakels an Zion (Ps 132,14-18), wo es in v.16 heißt: וכהניה אלביש ישע וחסידיה רנן ירננו – *„Ihre (Zions) Priester will ich kleiden mit Heil, und ihre Frommen sollen recht kräftig jubeln!"*[97]

Der geradezu komplementäre, synonyme Gebrauch von צדק und ישע bzw. der dazugehörigen Nomina unitatis צדקה und ישועה, setzt sich nicht nur im gleichen Vers (Jes 61,10b) fort, sondern auch im anschließenden, auf Zion bezogenen Text in Jes 62,1.

---

97 Während Ps 132 allerdings noch an der Davidsverheißung festhält, fehlt ein expliziter Konnex zum Königtum in Jes 61. Die Motivik des Sprießens (צמח), die in Ps 132 mit dem Davididen verknüpft ist (vgl. v.17). Bemerkenswert ist noch der Schluss des Psalms: der Bekleidung mit Gerechtigkeit und Heil steht als Kontrast die Bekleidung der Feinde JHWHs (und Zions) mit Schande gegenüber, (v.18).

Die analoge Metaphorik findet Eingang in 2 Chr 6,41, einen Vers, der in charakteristischer Abwandlung der Vorlage aus 1 Kön 8,51f. im Abschluss des salomonischen Tempelweihgebetes die Bitte um die rechte Investitur der Priester mit dem Heil hinzufügt und dabei eine eindeutige Variante zu Ps 132,9 bietet:

2 Chr 6,41	Ps 132,9
ועתה קומה יהוה אלהים לנוחך	קומה יהוה למנוחתך
אתה וארון עזך	אתה וארון עזך
כהניך יהוה אלהים ילבשו תשועה	כוהניך ילבשו צדק [16 וכהניה אלביש ישע]
וחסידיך ישמחו בטוב:	וחסידיך ירננו

Das Obergewand ist durch die besondere Attributierung als eine von Gott selbst verliehenen צדקה מעיל aus der Reihe der profanen Verwendungen dieses Kleidungsstückes herausgehoben[98]. Die Bezeichnung bildet einen deutlichen Rückbezug auf Jes 59,17. Der Mantel soll als Abbild des göttlichen Mantels Jes 59,17 eine transzendente Symbolik zur Darstellung bringen und korrespondiert der besonderen göttlichen Erscheinung im Mantel (Jes 59,17)[99], wird aber auch gespiegelt durch die Neueinkleidung des Begnadigten (vgl. Jes 61,3). Gott trägt „*Gerechtigkeit und einen Mantel des Eifers*", der Priester trägt den „*Mantel der Gerechtigkeit*". Seines Amtes soll er mit einem Eifer walten, der den göttlichen Eifer zur Geltung bringt. In der Erzählung vom Eifer des Pinhas ist die dieser Metaphorik zugrundeliegende Vorstellung im voraus exemplarisch abgebildet (Num 25,11) und bildet dort die Begründung für die Zusicherung der *b^erît k^ehunnat ʿōlām* (v. 12). Die Investitur, wie sie im Pentateuch wiederum exemplarisch für Eleasar erwähnt wird (Num 20,26.28), bestätigt die Qualifizierung des Priesters, dem Eifer des verzehrenden Feuers JHWHs standzuhalten und Sühne zu wirken (vgl. Num 17,1–5; vgl. Lev 10,1–7). Während allerdings die mit dem göttlichen Kleide assoziierten kriegerischen Funktionen allein bei der Gottheit verbleiben (Jes 57,17: „*er zieht Gerechtigkeit an wie einen Panzer, Helm der Hilfe, Gewänder der Rache, Mantel des Eifers*") tritt in der Symbolik des Priestergewands der Heilsaspekt in den Vordergrund: der Gesalbte trägt Gewänder des Heils, einen Mantel der Gerechtigkeit, einen Priesterturban wie Hochzeitsgeschmeide[100]. Vom מעיל als Priestermantel ist in der Priesterschrift im Fertigungsgebot Ex 28,4.31.34; 29,5; in der Erzählung von der Anfertigung: Ex 39,22.23.24.25.26 (mit besonderer Verstärkung, v.23) und von der Investitur Lev 8,7 die Rede.

---

98 Gegen HAL 579.

99 Die (metaphorische) Entsprechung von göttlicher Kleidung und Kleidung Zions kennt schon Deuterojesaja, vgl. Jes 51,9 // 52,1.

100 Dieser Aspekt wird in seiner universalen Dimension besonders ausgedeutet in Sap. Sal. 18,24; Philo, Vit. Mos. III,109-135.

Deutlich markiert der Kopf-Turban פאר, wie ihn auch der Priester-Prophet Ezechiel trägt (vgl. Ez 24,17.23), das Amt des Gesalbten. Er gilt in einer besonders hoch ausge-legten, aus Leinen gewirkten Form (שש פארי המגבעת) als Teil der Priestertracht (Ex 39,28), obwohl der Grundtext von Ex 28f. dieses Element nicht vorgesehen hat[101]. Es ist unter dem Einfluss anderer, zadokidischer Vorstellungen eingetragen und wohl auch eingeführt worden, wie ein Blick auf Ez 44,18 lehrt, wo das Tragen von פארי פשתים für das am Tempel tätige Priestertum gefordert wird. Während Ex 28,4.37f. davon ausgeht, dass Aaron einen Kopfbund (מצנפת, LXX: κιδαρις, Ex 28,37: μιτρα!) zu tragen hat, der sich durch ein goldenes Stirnblatt (-Siegel) (ציץ זהב) vor den anderen Priestern auszeichnet (Ex 28,36), werden die aaronidischen Priester im Ausführungsbe-richt Ex 39,28 zusätzlich zum Kopfbund (מצנפת) mit hohen Prachturbanen (מגבעות פארי, LXX: κιδαρεις) ausgestattet und das goldene Stirnsiegel des Hohenpriesters wird zum Diadem erweitert (נזר הקדש, vgl. Ex 29,6; 39,30; Lev 8,9). Die eingehende Beschreibung der hohepriesterlichen Kopfbedeckung bei Josephus Ant. Jud. III,157 (cap. 7,6) unterscheidet denn auch die drei Elemente des Diadems, des Turbans und des *pilos akonos*[102].

Die hervorgehobene Symbolkraft einer Kopfbedeckung im Kontext des priesterli-chen Amtes, das zugleich ja (in den Augen des Volkes) königliches Handeln vor der Gottheit repräsentiert, wie umgekehrt die besonderer Bedeutung einer Kopfbedeckung oder Kronbinde (*kulūlu*) die Abbindung des Königs als oberster Kultfunktionär seines Volkes zum Ausdruck bringt, ist im mesopotamischen Bereich und besonders auch im neuassyrischen und neubabylonischen Kontext durchaus belegt[103].

Exkurs: Die Kronbinde als Priesterinsignium des Königs in Mesopotamien

Der assyrische König steht in einem bündnishaften Sohn-Vater Verhältnis zur Gott-heit[104]. Er gilt zudem als *Geliebter* verschiedener Götter[105] und *Waffe der großen Göt-ter*[106]. Insofern er aber auch als Statthalter des Gottes Assur (*iššiaku* ^d*Aššur*) dessen politischer Bevollmächtigter ist, hat er umgekehrt diesem gegenüber eine nationale Verpflichtung, das Priesteramt (*šangûtu*) zu verrichten. Er tritt also als *šangu* des Got-

---

101 Die Priesterschrift kennt zunächst nur den Kopfbund, מצנפת, Ex 28,4.37.39; 29,6; Lev 8,9.
102 Vgl. auch die Beschreibung bei Philo, Vita Mosis II, 114-116.
103 Vgl. hierzu A. Löhnert, Rituelle Einsetzungen von Priestern in Mesopotamien, Magisterarbeit, München 2002, S. 117.
104 Zum Ritual der Königsinvestitur vgl. A. Berlejung, Die Macht der Insignien. Überlegungen zu einem Ritual der Investitur des Königs und dessen königsideologischen Implikationen, Ugarit-Forschungen 28, 1-35. 24 Amn. 124. S.a. dies., Die Theologie der Bilder, Herstellung und Ein-weihung von Kultbildern in Mesopotamien und die alttestamentliche Bilderpolemik, OBO 162, Freiburg (Schweiz) – Göttingen 1998
105 M.-J. Seux, Épithètes royales akkadiennes et sumériennes, Paris 1967, s.v. *narāmu*.
106 Ebd., s.v. *kakku, kašūšu*.

tes Assur auf und ist in diverse Festrituale der Stadt Assur involviert; vertreten werden kann er nur von dem *šangu*-Priester selbst[107]. Dementsprechend sind im Ritual seiner Einsetzung Elemente miteinander verwoben, die durch die Einsetzung einerseits in das Königsamt, andererseits in die Priesterwürde bestimmt sind. Aus dem mittelassyrischen Ritual der Stadt Assur[108] sticht als markantes Element für die Einsetzung zum Kultfunktionär vor allem die Übergabe einer Kronbinde (akk. *kulūlu*) hervor, die der Priester mit dem Segensspruch überreicht, während das Szepter neben Krone, Stab, Leitseil und Thron (akk. *agû, šibirru, ṣeberrētum, ḫaṭṭu, kussû*)[109] als Symbol der politischen Gewalt gilt (Müller, Kol. II,30-35): *„Die Kronbinde deines Hauptes, oh Assur und „Ninlil", Herren deiner Kronbinde, mögen sie dir für 100 Jahre aufsetzen! Dein Fuß im Ekur und deine Hände nach Assur, deinem Gott, ausgestreckt, mögen gut sein! Vor Assur, deinem Gott, möge deine šangûtu-Priesterwürde und die šangûtu-Priesterwürde deiner Söhne gut sein! Mit deinem geraden Szepter mache dein Land weit! Das Reden, das Hören, das Einwilligen, die Gerechtigkeit und Friede möge Assur dir geben!"*

Während die Gewährleistung von Recht, Ordnung und Friede (akk. *kittu, mīšaru, salímu*) zum Standardrepertoire königlicher Aufgaben in göttlichem Auftrage gehört, ist die Aufgabe der Erfassung, des Gehorsams und der Kündung göttlichen Redens, hier *„Reden, Hören, Einwilligen"* (*qabû, šemû, magāru*) Teil der besonderen, eben auch priesterlichen Bindung an die Gottheit. –

Die Verbindung von Diadem und hervorgehobener Kopfbedeckung ist auch in neubabylonischer Zeit bezeugt[110], und zwar in der Gerichtsansage Ezechiels an Zedekia (Ez 21,30–32, v. 31: „Weg mit dem Kopfbund (מצנפת, LXX: κιδαρις) und fort mit der Krone (עטרה, LXX: στεφανος)!" Nun war traditionell das Diadem (נזר) Insignium der Könige Israels (vgl. 2 Sam 1,10; 2 Kön 11,12; Ps 89,40; 132,18!). Dass der von den Babyloniern eingesetzte Würdenträger (נשיא) eine Krone oder Tiara trägt, scheint ihn in den Augen der Propheten der Exilszeit eher verwerflich zu machen (vgl. Jer 13,18; Ez 16,12; 23,42). Die Kombination von Kopfbund und Krone scheint ein Versuch zu sein, in mesopotamischer Tradition sakrale und königliche Kompetenz miteinander zu vereinen[111]. Gleichwohl scheint die Rezeption der Krone als königliches Insignium sich eingeprägt zu haben, wie Ps 21,4 erkennen lässt. Nach dem Scheitern der

---

107 B. Menzel, Assyrische Tempel, Studia Pohl. Series maior 10,1 und 2, Rom 1981; 1: 173.157-159.

108 K.F. Müller, Das assyrische Ritual, Teil 1. Texte zum assyrischen Königsritual (= Mitteilungen der Vorderasiatisch-Aegyptischen Gesellschaft 41/3, Leipzig 1937.

109 Vgl. die bildliche Darstellung einer Insignienvergabe der Götter an den König bei H. Born/ U. Seidl, Schutzwaffen aus Assyrien und Urartu (= Sammlung Guttmann 4), Mainz 1995, 11–30.

110 Vgl. W. Eilers/ P. Callmeyer, Vom Reisehut zur Kaiserkrone, AMI 10, 1977, 153–190.171.

111 Anders W. Zimmerli, Ezechiel. I. Teilband: Ezechiel 1-24, BK XIII,1, Neukirchen-Vluyn 1969, 493-494.

Inthronisation eines Davididen händigt bekanntlich der Prophet Sacharja dem Hohen-priester Joschua eine Krone zur Verwahrung aus (Sach 6,11-14).

Waren in der Priestergrundschrift zunächst lediglich das Weihesymbol (Stirnblatt) und das Symbol des herausgehobenen Priesterdienstes (Kopfbund) mit dem Priester-amt verbunden, so wird durch sekundäre Bearbeitung eine wesentlich weitergehende Deutung des Priesteramtes eingeführt. Mit der Verbindung des Stirnblattes und des alt-israelitischen Symbols der Königsweihe des Gewählten durch den *næzær*, das *Weih-Diadem* wird dem Hohenpriester die königliche Würde Israels i.S. eines *„Königreichs der Priester"* (Ex 19,6) zugewiesen. Zusätzlich wird aber nun auch das Symbol der sakralen Würde des Königtums, der hohe Turban (פאר, LXX: μιτρα), mit der Klei-dung des Hohenpriesters verbunden, sodass nun eine dreifache Kopfbedeckung[112] ent-steht.

Die Interpretation wird allerdings noch dadurch erschwert, dass man iranische Ein-flüsse auf den jüdischen Priesterornat vermutet hat[113]. H. von Gall hat nachgewiesen, dass die – auch aus mesopotamischer Tradition geläufige – Form des Diadems schon unter Darius mit einer eigenen, der königlichen *Xvarnah* entsprechenden, also im ei-gentlichen Sinne religiös motivierten Kopfbedeckung zu verbinden[114] ist, aus der sich dann die für jeden König eigens gestaltete besondere Kronenform entwickelte.

Der besondere Turban markiert die im strengen Sinne sakralen, in der theokratischen Befehlsgewalt Gottes begründeten, hoheitlichen Befugnisse des Gesalbten vor dem Volk[115]. Der Text vergleicht ihn in seinem Ornat einem Bräutigam. Die sprachlich im sogenannten zusammengesetzten Nominalsatz verdichtete attributive Wendung כחתן יכהן פאר ist abhängig von v.10aβγ כי הלבישני בגדי ישע: „denn er hat mich bekleidet mit Gewändern des Heils ... gleich einem Bräutigam, der *„priestert (i.e. als Priester amtet bzw. erscheint) mit einem Turban"*. Die Pi'el-Form von *khn*, die als *lectio diffici-lior* einer alternierenden targumischen Lesart יכן, יכין vorzuziehen ist[116], erscheint in analoger Verwendung in Verbindung mit der Investitur in Ex 31,10; 35,19; 39,41 (לכהן את־בגדי הקדש לאהרן הכהן ואת־בגדי בניו), wobei im Nahbereich von Ex 39,41 in v. 28

---

112 Dies hat in der grundlegenden Beschreibung des Übergangs kultischer Funktionen des Königs auf den Jerusalemer Priester in nach-exilischer Zeit M. Noth, Amt und Berufung, 309-333.316-318, übersehen.

113 M. Noth, a.a.O., 318 unter Verweis auf G. Widengren, Sakrales Königtum, 26ff. Anm. 57 zum Pektorale; ders., VT S. 1957, 212ff. und C.H. Kraeling, The Excavations at Dura-Europos, Final Report VII, Part I: The Synagogue, 1956, Pl LX. Hubertus von Gall, Die Kopfbedeckung des Persischen Ornats bei den Achämeniden, AMI N.f. 7, 1974, 145-161.146f.

114 Ebd.

115 Philo, Vit. Mos. III, 116: „Unter dem Stirnblech befand sich der Kopfbund, damit es den Kopf nicht berühre. Ausserdem aber wurde noch eine spitze Mütze angefertigt; eine solche Mütze pflegen nämlich die orientalischen Könige statt eines Diadems zu tragen."

116 Gegen BHS z .St. und HAL, 440.

auch auf die Turbane verwiesen worden ist. Weihe, Salbung und Investitur werden hier gleichermaßen als Bedingung für priesterliches Handeln angesehen (vgl. Ex 29,44; 30,30; 40,13; Lev 16,32). Mit dem Bräutigams-Motiv wird die Gestalt noch einmal von der Zionsgestalt unterschieden, die andernorts nach ihrer Begnadigung und Erhebung aus dem Status der an die Fremden preisgegebenen Stadt als geschmückte Braut[117] bezeichnet werden kann (Jes 49,18; vgl. auch Jes 52,2). Die Krone des (königlichen) Bräutigams, die ihm von der Mutter verliehen wird (Cant 3,11; vgl. Jer 13,18), עטרה, trägt übrigens die gleiche Bezeichnung wie die Krone, die Sacharja dem Hohenpriester Joschua verleihen soll (vgl. Sach 6,11-14)[118]. So repräsentiert der Gesalbte exemplarisch den vor Gott stehenden Gerechten, der seine Gerechtigkeit von Gott empfängt. Damit wird er zugleich zum Spiegel für diejenigen, die nach 61,3 den Prachtturban als Zeichen ihrer neuen Würde erhalten haben und den Ehrentitel der Gerechten. In einer unserem Text nahestehenden komplementären Logik rechtfertigt sich der unschuldige Gerechte des Hiobbuches Hi 29,14 mit den Worten: צדק לבשתי וילבשני כמעיל וצניף משפטי[119]!

Dass sein prachtvoller Gewandschmuck nun aber auch dem der Braut verglichen werden kann (Jes 61,10bβ) markiert seine doppelte Funktion: vor dem Volke übernimmt er das Amt eines Wort- und Sühnemittlers, vor Gott aber repräsentiert er den Mittler des Volkes und ist daher in seinem Ornats-Schmuck einer Braut vergleichbar. Damit weist der Text auf das Heilsorakel für Zion in Jes 62,5b voraus, in dem die Bräutigam-Braut-Metaphorik für das künftige Verhältnis von Gott und Zion erscheint: „*Und wie der Bräutigam frohlockt über die Braut, so soll frohlocken über dich dein Gott!*" – Das Stichwort שוש verweist zurück auf das Frohlocken des soeben Eingekleideten über Gott (61,10). Es zeigt sich hier keine redaktionelle auf Stichworten aufbauende Verbindung, sondern eine konzeptionelle, die mit einer sehr durchdachten metaphorischen Semiotik arbeitet! Jes 61,10-11 bildet also nicht nur eine literarische Einheit mit Jes 61,1-9, sondern ist zugleich mit dem folgenden Text in Jes 62 verbunden.

Die eigentümliche Stilfigur der Selbstproklamation der eigenen Investitur mag dadurch bedingt sein, dass der Priester sich in seinem priesterlichen Ornat ja nicht außerhalb des Heiligtums zeigen durfte (Lev 21,12; vgl. Ez 42,14). Vielleicht ist dies auch der Grund dafür, dass die Beschreibung des Kleides mehr auf dessen Bedeutung Bezug nimmt, um es nicht durch Beschreibung nach außen zu profanieren. Oder man muss daran denken, dass der vorfindliche Text sich auf ein Ritual bezieht, das innerhalb des Heiligtums vollzogen wird. Das verträge sich wohl mit der Idee einer Verkündigung an die Priester (v.6), aber die Vermittlung der Botschaft des Deror nach außen müsste

---

117 Vgl. die ausführliche Darstellung des Brautschmucks bei Ez 16,10-13.
118 Vgl. aber auch Ps 21,4; Est 8,15. Die Braut trägt eine Brautkrone, vgl. Ez 16,12: עטרת תפארת.
119 Auch das übrigen Verhalten des Gerechten nach Hi 29,12–20 entspricht geradezu exemplarisch dem, was der Gesalbte von Jes 61 repräsentiert und was von einem Volke, das als „Priester JHWHs" bezeichnet wird, zu erwarten stehen soll.

dann in einem weiteren, gesonderten Akt geschehen sein. Dafür gibt es aber im Text keinen Anhaltspunkt. Man wird also davon ausgehen, dass nach Vollzug der Riten der Einsetzung zum gesalbten Wortmittler nun dieser aus dem Inneren des Heiligtums an die Schwelle nach außen tritt, um sich von dort an die Zionsgemeinde zu wenden.

Dass bei dem Tode eines Hohenpriesters und der Neueinsetzung des Nachfolgers dem Vorgang der Investitur das entscheidende Gewicht zukam, davon legt nicht nur Num 20,26.28 Zeugnis ab. Diese Tatsache ist auch in den späteren Zeugnissen aus der Zeit des zweiten Tempels markant bezeugt[120], vor allem in TR XV,15-17 + 11QT[b] 1–2[121]:

TR Column XV,15–17; 11QT[b] 1–2

15 ואם הכוהן הגדול יהיה עומד	15 Und wenn der Hohepriester Zutritt haben
[לשרת לפני יהוה אשר] מלא	wird, um vor JHWH zu dienen, der ihm seine
16 ידו ללן בונ]ש את הבגדים	Hand gefüllt hat, dass er die Gewänder anziehe
תחת אביהו	anstelle seines Vaters,
ויקריבו פרים שנ]ים	dann bringen sie zwei Farren dar,
17 אחד ע]ל כול העם	einen für das ganze Volk
ואחד על (בני) הכוהנים	und einen für die Priester(söhne);
[ויקרב את אשר	und er bringt dar das, was für die Priester be-
18 לכוהי]ם בריאשו]ונה]	stimmt ist zuerst,
וסמכו זקני הכוהנים את ידיהמה על	und die Ältesten der Priester stützen ihre Hände
11 QT[b] 1–2	auf seinen
14 רא]שו ואחריהמה הכוהן הגדול	Kopf und nach ihnen der Hohepriester und
וכול הכהנים...ושחטו את	alle Priester... und sie schlachten den Farren und
15 הפר ולקחו זקני הכוהנים מדם	die Ältesten der Priester nehmen vom Blut des
הפר ונתנו באצבעם	Farrens und applizieren es mit ihren Fingern auf
על קרנות המזבח והנותר	die Hörner des Altars und den Rest von dem Blut
16 מן הדם ישפוכו סביב	schütten sie rings um über die vier Ecken des
על ארבע פנות עזרת המזבח	Altarbezirks.

Das Spross-Motiv, das von Ps 132,17 und Jer 23,5 + 33,15 (Weissagung des gerechten Sprosses, der Recht und Gerechtigkeit im Lande bewirkt) her in messianisch davidi-

---

120 Vgl. Jub 32,3; 2 Hen 68,7; 69,6.14; 70,18; M. Delcor, Réflections sur l'investiture sacerdotale sans onction à la fête du nouvel an d'après le Rouleau du Temple de Qumran (XV,15-17), in: Hellenica et Judaica. Hommage à V. Nikiprowetzky, Leuven 1986, 155–164.

121 Der Text wird im Folgenden wiedergegeben nach E. Qimron, The Temple Scroll. A Critical Edition with Extensive Reconstructions. Bibliography by Florentino Garcá Martínez, Judean Desert Studies, Beer Sheva – Jerusalem 1996; vgl. die kritische Edition Y. Yadin, Magillat ham-Miqdaš. The Temple Scroll (Hebrew Edition), Jerusalem (Israel Exploration Society/ Hebrew University-Institute of Archaeology) Vol. I–III A, 1977.

scher Deutung bekannt ist, erscheint bei Deutero-Jesaja als Motiv der anbrechenden
Heilszukunft (Jes 42,9; 43,19; 44,4; 55,10; vgl. 4,2; metaphorisch 58,8). In Verbindung
mit dem Motiv der aufsprießenden Gerechtigkeit erscheint es allerdings abgesehen von
der Davididenthematik nur noch einmal im AT, in dem (sekundären) hymnischen Abschluß des Kyros-Orakels, Jes 45,8. JHWH kündigt an, er werde Heil und Gerechtigkeit miteinander wachsen lassen. Auch hier erscheint das *Wachsen der Gerechtigkeit*
als Folge der Einsetzung einer messianischen Herrschergestalt. In Sach 3,8; 6,12 wird
nun allerdings mit der Weissagung des Sprosses an den Hohenpriester die messianische Symbolik auf den Hohenpriester übertragen; es steht im Dienste der Zusicherung
einer Dynastie und nimmt insofern die messianische Dynastieverheißung für die hohepriesterliche Dynastie auf. Vermittelt über die Zusage der Geist-Begabung in Jes 59,21
wird der Gedanke der Erblichkeit des hohepriesterlichen Amtes auf die Nachkommen
übertragen und in der Selbstprädikation Jes 61 mit dem Hinweis auf die erfolgte cha-
rismatische Bevollmächtigung durch JHWHs Geist bestätigt.

6. Das Inthronisationsorakel eines Hohenpriesters Jes 61 im Kontext des Jesajabuches
   und seine Rezeption in 11Q Melk

Betrachtet man die Herrscheraussagen im Jesajabuch im Gesamtzusammenhang einer
Einpassung in die redaktionelle Logik, so ergibt sich eine Fortentwicklung der Legitimationstexte, die allein deshalb im Jesajabuch versammelt sind, weil es offensichtlich
als der hierfür schlechthin geeignetste Ort erschien. Die in der Endperspektive der
spätesten Redaktionsschichten alles rahmende Vorstellung einer JHWH-Königsherr-
schaft begründet den theokratischen Rahmen (Jes 1; 2,1-5; 65f.), innerhalb dessen sich
in wechselnden Rélecture-Perspektiven die Texte Jes 7 (Immanuelswort / Hiskia?), Jes
9 (Friedenskönig / Josia?), Jes 11 (Geist-Begabung / der künftige Messias), Jes 32
(Vorausblick auf die Unterwerfung der Könige), Jes 45 (Kyros), Jes 55 (Israel) und Jes
61 (Hoherpriester Zions) einfügen[122].

Die Qumrangemeinschaft ging selbstverständlich davon aus, dass die Verkündung
des *Derôr* Sache des amtierenden Hohenpriesters sein musste, solange die Ankunft des
Messias noch erwartet werden musste. Der *Maskîl* der Sekte ist angehalten, *„bis zur
Ankunft des Propheten und der Gesalbten Aarons und Israels"* עד בוא נביא ומשיחי
אהרון וישראל (1QS IX,10) auf die Einhaltung des *Derôr* zu achten (1 QS X,8).

Der sog. Melchizedek-Midrasch in 11 Q MelK[123] interpretiert das Jobeljahresgebot
von Lev 25,13 (Restitution des Besitzes) und das Schuldenerlassgebot Dtn 15,2 in

---

122 Vgl. hierzu K. Schmid, Herrschererwartungen, 73.
123 Vgl. hierzu A.S. van der Woude, Melchizedek als himmlische Erlösergestalt in den neugefunde-
    nen eschatologischen Midraschim aus Qumran Höhle XI, OTS 14, 1965, 354-373; ders./ M. de
    Jonge, 11 QMelchizedek and the New Testament, NTS 12, 1966, 301-326; J.A. Sanders, From

einer eschatologischen Perspektive für die Gefangenen am Ende der Tage (אחרית הימים) (Z. 4). Der Priesterkönig Melchizedek werde dann gemäß Lev 25,10 eine Freilassung (*Derôr*) ausrufen (וקרא להמה דרר) (Z.5) in Verbindung mit einem Schuldenerlass. Dies geschehe am Ende einer Folge von (10) Jobel-perioden im *„Jahr des Wohlgefallens für Melchi-ze(dek)"* (Z. 9: לשנת הרצון למלכי צדק). Die messianische Gestalt von Jes 61,1 wird in einer eschatologischen Deutung in die Tradition des Priesterkönigs Melchizedeks gestellt, der das Gnadenjahr (Jes 61,1) kündet und die dann fällige Rache ins Werk setzt (Z. 13: ? אול משפטו נקום יקום צדק ומלכי = *„und Melchizedek wird die Rache der Gerichte Gottes vollziehen"*, vgl. Jes 61,2a). In Z. 18-20 wird sein Wirken explizit mit dem in Jes 61,2b angekündigten Trostwirken in Verbindung gebracht:

18 המבשר הו[א]ה מ[שיח רו]ח[] אשר אמר דני[אל]
19 טוב משמי[ע ישועה] הואה הכ[תו]ב עליו אשר [ ]
20 לנח[ם] הו[אבלים פשרו] ל[ה]ש[כ]ילמה בכול קצי העו[לם]

18 *„der Freudenbote"* (Jes 52,7), *„er (ist der Ge)salbte des Geist(es)*[124] *, von dem Da(niel) gesagt hat"* (Dan 9,25)... *„von Gutem, der hören lä(sst Heil), über ihn steht ge(schrie)ben: ... 20 „zu trö(sten) die (Trauernden)", seine Auslegung:) um sie zu (unt)erweisen in allen Zeitaltern der W(elt (?) ..."* –

Der Priesterkönig übernimmt zugleich die Aufgabe des Wortmittlers. Die Auslegung in 11 QMelk 13,18 identifiziert den Heilskünder von Jes 61,1 her im Lichte von Jes 52,7 und 51,21 mit der Gestalt des Geistbegabten Gesalbten identifiziert[125]. Die individuelle Deutung der 1 p. sg. in Jes 61 ist angesichts der Redewechsel und der Anrede an eine Gemeinschaft m.E. unausweichlich[126]. Die Deutung auf einen Hohenpriester hat durch den Textfund 11 Q Melk Unterstützung erfahren, weil dort das die 1. p. sg. unter Anknüpfung an Jes 61 sich auf den Hohenpriester Melchizedek bezieht[127].

Der Orakel-Textgeber ist also ein Schriftgelehrter und priesterlich geschulter Denker. Die Anlage des Gesamttextes von Jes 61 ist eingebunden in den Kontext von Jes 60-62 und zeigt in den diversen Formenwechseln deutlich an, dass die Vorstellungen,

---

Isaiah to Luke 4, Christianity, Judaism, and Other Greco-Roman cults, FS M. Smith, Vol. 1, 1975, 75-106.91f.; J. Zimmermann, Messianische Texte aus Qumran, WUNT 2. Reihe 104, Tübingen 1998, 389-412 (Lit.).

124 Zur Textrekonstruktion vgl. Y. Yadin, A Note on Mechizedek and Qumran, IEJ 15, 1965, 152-154; J. Zimmermann, a.a.O., 394.410f.

125 Vgl. M. de Jonge/ A.S. van der Woude, 11 Q Melchizedek and the New Testament, NTS 12, 1965/66, 301-326.306. Allerdings interpretiert sie die Aussage dann apokalyptisch als eschatologischen Hinweis auf den kommenden Gesalbten nach Dan 9,25.

126 W.A.M. Beuken, Servant, 413f.; W. Lau, Schriftgelehrte Prophetie, 70f.

127 A.S. van der Woude, Melchisedek, 354ff. 362.

die ihn beherrschen, nicht allein im Pescher zum vorgegebenen Text der Sammlung liegen, sondern dass seine Texte auch im Horizont einer performativen Rhetorik stehen, die einen Kontext der Mitteilung dieser Texte im Blick hat. Diesen muss er nicht eigens beschreiben, denn aus der Perspektive der Performanz ist dieser Kontext klar. Für den späteren Leser der Sammlung, dem dieser Kontext verlorengegangen ist, wirkt der Text als rein schriftgelehrte Arbeit, obschon aus dem Umstand, dass der Text in ständiger Anrede an diverse Adressaten und mit wechselnden Rednern Gestalt gewinnt, geradezu zu der Frage nötigt, welchen Kontext der Text hinsichtlich seiner Performanz suggeriert. Die Form der Selbstprädikation vor dem Volke wurzelt dabei in der Tradition der königlichen Selbstprädikation im Rahmen seiner Inthronisation (vgl. Ps 2,7-9). In diesem Kontext werden dem König bekanntlich nach Ps 110,4 auch priesterliche Attribute zuerkannt, und zwar in der Tradition der Melchizedek-Metaphorik. Der Sitz im Leben von Jes 61 aber lässt sich nur dadurch erschließen, dass man den Ort näher bestimmt, an dem ein Gesalbter in Israel einen *Derôr* verkündigen kann. Dies kann in der altorientalischen Tradition eigentlich nur der König (vgl. auch 1 Makk 10,33f.). Wenn aber für die Zeit des zweiten Tempels vorauszusetzen ist, dass es keine königliche Befugnis in Jehud gibt außer der des Perserkönigs, dann kann eine analoge Authorität nur vom Hohenpriester ausgeübt worden sein und sie muss politisch auf den Bereich der Religionsgemeinschaft am Zion begrenzt gewesen sein. Die Einreihung in die Serie der Legitimationstexte des Jesajabuches macht deutlich, dass sie die Gestalt des Gottesknechts der deutero-jesajanischen Sammlung ablösen soll. In Jes 59,21 und 61 werden dem Gesalbten mit dem priesterlichen Gewand (61,10f.) genau die zur Wahrnehmung seiner besonderen religiös-politischen Stellung notwendigen königlichen Attribute zugesprochen. Dass Jes 60-62 als Anhang an das Deutero-Jesaja-Buch bzw. an die dt.-jes. Sammlung tritt, bedeutet, dass nach der Textlogik dieser so neu aktualisierten Sammlung von Orakeln neben den Achämeniden Kyros eine weitere messianische Gestalt tritt! Sie übernimmt Züge des 'Ebed-JHWH und proklamiert ihre eigene Legitimation zum Vollzug von Souveränitätsakten. Die besondere Konzeption eines solchen Textes zielt auf Performanz, und sei es auch nur im Kontext einer literarischen Fiktion. Sollte sie die Kyros-Gestalt ersetzen, so hätte man das Kyros-Orakel aus der Sammlung genauso gut streichen können. Der Umstand, dass Jes 61 neben dem Kyros-Orakel in einer Sammlung literarisch tradiert worden ist, lässt darauf schließen, dass neben dem persischen Großkönig nunmehr eine andere Person als messianische Gestalt nicht statt seiner sondern neben ihm auftreten sollte. Die Annahme liegt nicht fern, dass in der spät-persischen Epoche des Erstarkens der Hohenpriester in Jehud Jes 61 einmal als Legitimationsorakel für einen solchen konzipiert war.

Die antiassyrische Reform Josias von Juda
Überlegungen zur Komposition und Intention von 2 Reg 23,4-15

von Martin Arneth

I. Das Problem

In 2 Reg 23,25 wird Josias Lebensleistung bekanntlich mit folgender Exklusivaussage evaluiert: „Wie er war vor ihm kein König, der zu Jahwe umkehrte mit seinem ganzen Herzen und mit seiner ganzen Seele und mit seiner ganzen Kraft entsprechend der ganzen Tora des Mose. Und nach ihm stand keiner auf wie er."[1] Vergleichbare hymnische Wertungen lassen sich aber auch in der neuzeitlichen Geschichtsschreibung mit Blick auf den König von Juda konstatieren: „... mit Josias, dem Sohne Amons, welcher im Alter von acht Jahren auf den Thron gelangte, brach eine neue Zeit für Juda an."[2] Dieses – seit der bahnbrechenden These von W.M.L. de Wette[3], das Deuteronomium sei mit der Josiareform zu korrelieren, für lange Zeit durchaus repräsentative[4] – Urteil J. Wellhausens ist neuerdings im Zuge der Umbrüche in der wissenschaftlichen Rekonstruktion der alttestamentlichen Literaturgeschichte vehement in Frage gestellt worden. Dabei ist insbesondere auch seine Kernleistung, die Reformmaßnahmen 2 Reg 23*, unter die Räder der Quellenkritik geraten. Ein religiöses Profil der vorexilischen Reform ist bisweilen unter den echten und vermeintlichen literarischen Wucherungen

---

1   Daß diese Einschätzung in Anlehnung an Dtn 6,5 keineswegs so exklusiv ist, macht ein Blick auf 2 Reg 18,5 deutlich, wo von Hiskia Vergleichbares behauptet wird. Daß es sich hierbei allerdings nicht um einen Widerspruch handelt, macht eine genauere Analyse des Reformberichts 2 Reg 18,1-8 sehr schnell deutlich; cf. M. Arneth, Die Hiskiareform in 2 Reg 18,3-8, ZAR 12, 2006, 169-215; Hiskia und Josia (in diesem Band).

2   J. Wellhausen, Israelitische und jüdische Geschichte, Berlin [9]1958, 127; cf. ders., Prolegomena zur Geschichte Israels, Berlin/Leipzig [6]1927, 9.

3   Cf. R. Smend, Deutsche Alttestamentler in drei Jahrhunderten, Göttingen 1989, 43f.; ders., Wilhelm Martin Leberecht de Wettes Arbeit am Alten und am Neuen Testament, Basel 1958, 32ff.46f.; E. Otto, Das Deuteronomium als archimedischer Punkt der Pentateuchkritik. Auf dem Wege zu einer Neubegründung der de Wette'schen Hypothese, in: J. Lust/M. Vervenne (Hg.), Deuteronomy and Deuteronomic Literature. FS C.H.W. Brekelmans, BEThL 133, Leuven 1997, 321-339.

4   Die Diskussionslage bis 1928 referiert W. Baumgartner, Der Kampf um das Deuteronomium, ThR NF 1, 1929, 7-25; cf. S. Loersch, Das Deuteronomium und seine Deutungen. Ein forschungsgeschichtlicher Überblick, SBS 22, Stuttgart 1967, 50-68; E. Otto, Das Deuteronomium. Politische Theologie und Rechtsreform in Juda und Assyrien, BZAW 284, Berlin 1999, 6ff.

nicht mehr erkennbar[5], eine wichtige Quelle für Rekonstruktion der spätvorexilischen Religionsgeschichte fällt aus. Damit werden auch die Weichenstellungen für die Deutung der in der alttestamentlichen Überlieferung als maßgebliche Katastrophe empfundenen neubabylonischen Exilierung von 587 v. Chr. zunehmend unscharf.

Es gibt natürlich auch andere Stimmen, die demgegenüber an einem „begründeten Minimum" an auswertbarem historischen Material für die Josiazeit[6] festhalten. Der

5   So etwa E. Würthwein, Die Josianische Reform und das Deuteronomium, ZThK 73, 1976, 395-423, und H.-D. Hoffmann, Reform und Reformen. Untersuchungen zu einem Grundthema der deuteronomistischen Geschichtsschreibung, AThANT 66, Zürich 1980, 208ff.; insbesondere aber C. Levin, Joschija im deuteronomistischen Geschichtswerk, ZAW 96, 1984, 351-371, und ihm folgend H. Niehr, Die Reform des Joschija. Methodische, historische und religionsgeschichtliche Aspekte, in: W. Groß (Hg.), Jeremia und die „deuteronomistische Bewegung", BBB 98, Weinheim 1995, (33-55) 39ff. H. Niehr verzichtet allerdings auf eine eigene Analyse. Zur Kritik cf. L. Camp, Hiskija und Hiskijabild, MThA 9, Altenberge 1990, 82-85, vor allen Dingen aber C. Uehlinger, Gab es eine joschijanische Kultreform? Plädoyer für ein begründetes Minimum, in: W. Groß (Hg.), Jeremia und die „deuteronomistische Bewegung", BBB 98, Weinheim 1995, (57-89) 59ff.; C. Hardmeier, König Joschija in der Klimax des DtrG (2Reg 22f.) und das vordtr Dokument einer Kultreform am Residenzort (23,4-15*), in: R. Lux (Hg.), Erzählte Geschichte. Beiträge zur narrativen Kultur im alten Israel, BThSt 40, Neukirchen-Vluyn 2000, (81-145) 83ff. Zur Forschungsgeschichte cf. W. Dietrich, Josia und das Gesetzbuch (2 Reg. XXII), VT XXVII, 1977, 13ff.; H. Spieckermann, Juda unter Assur in der Sargonidenzeit, FRLANT 129, Göttingen 1982; H.D. Preuß, Deuteronomium, EdF 164, Darmstadt 1982; ders., Zum deuteronomistischen Geschichtswerk, ThR 58, 1993, 229-264.341-395; N. Lohfink, Zur neueren Diskussion über 2 Kön 22-23, in: ders., Studien zum Deuteronomium und zur deuteronomistischen Literatur II, SBAB 12, Stuttgart 1991, 179-207; R. Albertz, Religionsgeschichte Israels in alttestamentlicher Zeit 1, GAT 8/1, Göttingen 1992, 307ff.; A. Laato, Josiah and David Redivivus. The Historical Josiah and the Messianic Expectations of Exilic and Postexilic Times, CB.OT 33, Stockholm 1992, 37ff.; B. Gieselmann, Die sogenannte josianische Reform in der gegenwärtigen Forschung, ZAW 106, 1994, 223-242; J. Schreiner, Jeremia und die joschijanische Reform. Probleme – Fragen – Antworten, in: W. Groß (Hg.), Jeremia und die „deuteronomistische Bewegung", BBB 98, Weinheim 1995, (11-31) 17ff.; E. Eynikel, The Reform of King Josiah & the Composition of the Deuteronomistic History, OTS 33, Leiden u.a. 1996, 7ff.; M.A. Sweeney, King Josiah of Judah. The Lost Messiah of Israel, Oxford 2001; E. Otto, Art. Josia/Josiareform, RGG[4] IV, Tübingen 2001.

6   Mit Blick auf die Alternative „Minimalismus – Maximalismus" (cf. H. Niehr, Die Reform des Joschija, 34ff.) hat C. Uehlinger (Gab es eine joschijanische Kultreform?, 63f.) schon durch die Wahl des Untertitels zu seinem Beitrag zu Recht darauf hingewiesen, daß diese Alternative nicht ernsthaft als methodische Anregung verstanden werden darf. Maßgeblich ist allein die Qualität der Argumente für das jeweilige historische Urteil; cf. hierzu jetzt auch C. Hardmeier, König Josia in der Klimax des DtrG, 83ff. Die neuerliche und besonders auch auf den Reformbericht fokussierte Diskussion über die Unterscheidung von Primär- und Sekundärquellen (bzw. primary und secondary evidence) ist mit der Hypothek belastet, daß in ihr das Problem der Datierbarkeit historischen Materials bisweilen mit der Frage nach seiner Echtheit vermischt wird – auch wenn man in Rechnung stellt, daß hier aus wissenschaftsstrategischen Gründen eine Wahrheitswertdifferenz betont wird, um ein in der historischen Rekonstruktion – vor allem auch in seiner Eigen-

wesentliche Kernbestand wird in dem Reformbericht 2 Reg 23,4-15* vermutet. Neben der literarischen Ausgrenzung des Reformberichts und seiner relativen Datierung innerhalb der Überlieferung von 2 Reg 22f.[7] spielt die Korrelierung einzelner Reformmaßnahmen mit Vergleichsmaterial nordwestsemitischer bzw. neuassyrischer Provenienz eine Schlüsselrolle bei der historischen Verortung. Denn auch die Umwelt hat ihre Geschichte und nicht alle Vorstellungen sind zu allen Zeiten gleichermaßen en vogue[8]. In diesem Zusammenhang dient dann das religionsgeschichtliche Vergleichsmaterial natürlich zur Konturierung der Reformintention Josias. Blickt man auf die wissenschaftliche Diskussion, so steht dann allerdings in Frage, wo genau die Anknüpfungspunkte zu suchen sind, ob sich also der König bzw. der „Reformerkreis" gegen kanaanäische Einflüsse in der Jahwereligion wendet[9], der Konflikt also gewissermaßen auf der Ebene eines jahwismusinternen Pluralismus angesiedelt wird, oder ob religiöse Vorstellungen neuassyrischer Provenienz ausgemerzt werden sollen, also die externe Ebene mit eine Rolle spielt[10].

bedeutung – zu Unrecht vernachlässigtes Stoffgebiet verstärkt ins Blickfeld zu rücken. Die vollständige Induktion ist auf jeden Fall anzustreben. In diesem Zusammenhang sei an J.G. Droysens Einteilung des historischen Materials erinnert. J.G. Droysen (Historik. Rekonstruktion der ersten vollständigen Fassung der Vorlesungen [1857]. Grundriß der Historik in der ersten handschriftlichen [1857/1858] und in der letzten gedruckten Fassung [1882], hg. von P. Leyh, Stuttgart-Bad Cannstatt 1977, 426ff., cf. auch 67ff.; cf. J. Rüsen, Rekonstruktion der Vergangenheit. Grundzüge einer Historik II: Die Prinzipien der historischen Forschung, Göttingen 1986, 105f.), unterscheidet zwischen 1. Überresten; 2. Denkmälern; 3. Quellen. Die Einteilung kommt durch das Kriterium der Überlieferungsabsicht zustande. Ist keine Überlieferungsabsicht in Anschlag zu bringen, so handelt es sich um Überreste, steht wesentlich die Überlieferungsabsicht im Vordergrund, handelt es sich um Quellen. Die Denkmäler nehmen eine Mittelstellung ein, insofern bei ihnen eine Überlieferungsabsicht mitgespielt hat. Mit dieser Einteilung ist selbstverständlich noch nichts über die Ergiebigkeit des historischen Materials für die Geschichtsschreibung gesagt.

7 Cf. etwa N. Lohfink, Die Kultreform Joschijas von Juda. 2 Kön 22-23 als religionsgeschichtliche Quelle, in: ders., Studien zum Deuteronomium und zur deuteronomistischen Literatur II, SBAB 12, Stuttgart 1991, 209-227; K. Koch, Gefüge und Herkunft des Berichts über die Kultreformen des Königs Josia. Zugleich ein Beitrag zur Bestimmung hebräischer „Tempora", in: J. Hausmann/H.-J. Zobel (Hg.), Alttestamentlicher Glaube und Biblische Theologie, FS H.D. Preuß, Stuttgart u.a. 1992, 80-92; C. Hardmeier, König Joschija in der Klimax des DtrG, 124ff.

8 Cf. C. Uehlinger, Gab es eine joschijanische Kultreform?, 64ff.

9 Etwa A. Jepsen, Die Reform des Josia, in: L. Rost (Hg.), FS F. Baumgärtel, ErF Reihe A 10, Erlangen 1959, 97-108.

10 Cf. hierzu H. Greßmann, Josia und das Deuteronomium. Ein kritisches Referat vom Herausgeber, ZAW 42, 1924, 321ff.; H. Spieckermann, Juda unter Assur, *passim*; K. Koch, Aschera als Himmelskönigin in Jerusalem, UF 20, 1988, 113ff.; eine vermittelnde Position nimmt etwa H. Donner, Geschichte des Volkes Israel und seiner Nachbarn in Grundzügen 2, GAT 4/2, Göttingen [2]1995, 361ff., ein.

Wir greifen diese Problemperspektive auf. Unser Interesse gilt dabei allerdings nicht primär einzelnen religiösen Vorstellungen und ihrem Verhältnis zu 2 Reg 23*[11], sondern wir versuchen, den Reformbericht als ganzen in den Blick zu nehmen. Denn der Bericht einer Kultreform ist in 2 Reg 23,4-15* keineswegs singulär im Alten Orient. Wichtiges Vergleichsmaterial gibt es in dem Zeitraum, in dem die josianische Reform literarisch situiert ist, nämlich in der neuassyrischen Epoche unter Asarhaddon (681-669 v. Chr.). Gerade im 7. Jh. v. Chr. dürfte es – freiwillig und unfreiwillig – zu intensiven Kontakten zwischen Juda und Aššur gekommen sein. Dafür spricht das – ohne große Gegenwehr ertragene, wenn nicht gar ausgesprochen kooperationswillige – Verhältnis zum neuassyrischen Reich, in dem sich Manasse von Juda befindet[12]. Die von ihm geleisteten Frondienste, über die uns die Asarhaddon-Regesten informieren[13], dürften den Hintergrund für die Entstehung der (antiassyrischen) vorpriesterlichen Moseüberlieferung darstellen[14]. Wichtige Grundlage des Verhältnisses zwischen Manasse und Asarhaddon resp. Assurbanipal ist eine SAA II,6[15] entsprechende Verpflichtung, die dann in das dtn Deuteronomium (Dtn 13*.28*) Eingang gefunden hat[16]. Die Thronerhebung des Nachfolgers Josia erfolgt auf dem Hintergrund der gewandelten neuassyrischen Herrschaftsideologie, die sich propagandistisch durch Betonung innenpolitischer Prosperität, theologisch durch die Solarisierung auszeichnet. Die in diesem Zusammenhang einschlägigen Quellen sind der Krönungshymnus Assurbanipals (SAA III,11)[17] und sein judäisches Pendant Ps 72*[18].

Unsere Untersuchung konzentriert sich vorrangig auf die Analyse der Komposition des Reformberichts, der – wie im folgenden begründet werden soll – ursprünglich, genauer: im ältesten noch erkennbaren literarischen Stadium 2 Reg 23,4-15* umfasste. Da es sich hierbei u.E. nach nicht um eine bloße Aneinanderreihung von einzelnen Reformmaßnahmen, die auf einen Annalenauszug zurückgehen, handelt, rückt das mit

---

11 Cf. hierzu vor allen Dingen H. Spieckermann, Juda unter Assur, 79ff., und C. Uehlinger, Gab es eine joschijanische Kultreform?, 64ff.

12 Cf. hierzu jetzt die Untersuchung von H.U. Steymans, Die Vereidigten Asarhaddons. Beobachtungen zu Textkritik, Dependenzgrammatik und Semantik des Sukzessionseids (SAA 2 6), Diplomarbeit M.A., Wien 2000, bes. 115ff.

13 R. Borger, Die Inschriften Asarhaddons Königs von Assyrien, AfO.B 9, Osnabrück 1967, § 27, 59f.

14 E. Otto, Mose und das Gesetz. Die Mose-Figur als Gegenentwurf Politischer Theologie zur neuassyrischen Königsideologie im 7. Jh. v. Chr., in: ders. (Hg.), Mose. Ägypten und das Alte Testament, SBS 189, Stuttgart 2000, 51ff. bes. 60f.

15 S. Parpola/K. Watanabe, Neo-Assyrian Treaties and Loyalty Oaths, SAA II, Helsinki 1988, 28ff.

16 E. Otto, Das Deuteronomium, 15ff.; H.U. Steymans, Deuteronomium 28 und die *adê* zur Thronfolgeregelung Asarhaddons. Segen und Fluch im Alten Orient und in Israel, OBO 145, Freiburg/Göttingen, 1995; ders., Die Vereidigten Asarhaddons, a.a.O.

17 A. Livingstone, Court Poetry and Literary Miscellanea, SAA III, Helsinki 1989, 26f.

18 Cf. M. Arneth, „Sonne der Gerechtigkeit". Studien zur Solarisierung der Jahwe-Religion im Lichte von Psalm 72, BZAR 1, Wiesbaden 2000, II.

der Abfassung des ältesten Reformberichts als ganzem verbundene Darstellungsinteresse in den Vordergrund. Auf dieser Basis soll dann entsprechendes neuassyrisches Vergleichsmaterial aus der Zeit Asarhaddons in den Blick genommen werden.

Die Studie gliedert sich der Natur der Sache nach also in drei Schritte. Zunächst ist der Grundtext des josianischen Reformberichts zu eruieren (II). Sodann soll der zeitlich früher anzusetzende assyrische Vergleichstext im hier erforderlichen Umfang analysiert (III) und mit dem Reformbericht 2 Reg 23,4-15* in Beziehung gesetzt werden (IV).

II. Die josianische Kultreform

1. Zur Abgrenzung von 2 Reg 23,4-15*

Der Bericht über Josias Kultreform 2 Reg 23,4-15* hebt sich schon dadurch von seinem Kontext ab, daß in ihm der König als allein Handelnder auftritt[19]. V.4a nennt zwar noch einleitend die vom König beauftragten Priester, in der Folge werden aber alle Reformmaßnahmen ausdrücklich als Werk des Königs inszeniert. In v.4b-11 ist darüberhinaus an keiner Stelle mehr explizit vom König (המלך) die Rede. Dies ändert sich zwar vorübergehend in v.12aβ.13b, die v.14f. kommen dann aber wieder ohne die ausdrückliche Nennung aus. Anders ist das Bild in v.16 und v.19, die schon deswegen vom vorangehenden Kontext des Reformberichts abstechen, weil hier der Eigenname des Königs verwendet wird. Der gesamte Block 2 Reg 23,16-20 dürfte redaktioneller Natur sein[20], ändert sich hier doch deutlich der Darstellungsstil. Während die einzelnen Reformmitteilungen in v.4b-15* – unbeschadet möglicher Verweisungszusammenhänge zwischen den Reformschritten – im Gegensatz zum Kontext 2 Reg 22,1-23,3.21ff.

---

19 Cf. zum folgenden N. Lohfink, Die Kultreform Joschijas, 215f.219ff.; K. Koch, Gefüge und Herkunft, 82f.90f.; C. Hardmeier, König Joschija in der Klimax des DtrG, 121ff. Die literarische Unterscheidung des Reformberichts (2 Reg 23,4-15.19) von seinem Kontext, also von Auffindungs- und Gesetzesbericht (2 Reg 22,3-23,3.16-18.20-24), ist vor allen Dingen von T. Oestreicher, Das deuteronomische Grundgesetz, BFchTh 27,4, Gütersloh 1923, 13ff., vertreten worden. Anders H.-D. Hoffmann, Reform und Reformen, 208ff., und H. Spieckermann, Juda unter Assur, 79. Cf. auch E. Würthwein, Die Josianische Reform und das Deuteronomium, 399.

20 Ob es sich hierbei um eine Redaktion oder mehrere handelt, kann in unserem Zusammenhang auf sich beruhen. Sowohl v.16 (כדבר statt בדבר wie in 1 Reg 13,1f.5.9.17f.32; cf. aber 1 Reg 13,26) als auch v.17 stehen im Zusammenhang mit 1 Reg 13; cf. etwa E. Würthwein, Die Bücher der Könige, 460f.; C. Hardmeier, König Joschija in der Klimax des DtrG, 118ff. Wichtig ist allerdings, daß zwischen v.15 und v.16 ein literarkritisch relevanter Bruch vorliegt, denn in v.15 wird der Altar in Bethel bereits zerstört, während er in v.16 dann nochmals mit Menschenknochen verunreinigt, also als noch intakt vorausgesetzt wird (cf. etwa C. Levin, Joschija im deuteronomistischen Geschichtswerk, 361). Der v.15* dürfte hingegen zum ursprünglichen Reformbericht zu rechnen sein; s.u.

ausgesprochen knapp gehalten sind[21], wird die Darstellung schon ab v.16 ausführlicher[22].

Sprechen also eine Vielzahl von schon längst dokumentierten Beobachtungen dafür, daß es sich bei 2 Reg 23,4-15* um ein ursprünglich selbständiges Überlieferungsstück handelt, so sind damit doch die Schwierigkeiten, die die literarische Gestalt des Reformberichts bereitet, noch keineswegs geklärt. Denn zum einen beinhaltet auch der literarisch eingegrenzte Reformbericht in 2 Reg 23,4-15* selber kurze Passagen, die explizit auf den Gesamtkontext der Königebücher verweisen, also ebenfalls redaktioneller Natur sein dürften und die sich auffälligerweise nur in dem Textbereich v.12-15 finden: v.12a(אשר־עשׂו ... בית־יהוה).13a(aβ אשר בנה).15a (ההוא ... אשר עשׂה הבמה).[23] Zum anderen wirft er – neben der Frage nach der generellen Anordnung der einzelnen Reformschritte, etwa nach einer listenartigen „kultischen Geografie"[24] mit dem Ausgangspunkt Jerusalem – schon auf der syntaktischen Ebene Probleme auf. Neben den mit einer w^a-PK-Form eingeleiteten Verbalsätzen (v.4bα.6-8a.11a.12bα.14b.15b) stehen etwa solche mit w^e-AK (v.4bβ.5.8b. 10.12bβ.14a.15b). Hinzu kommt eine nicht geringe Anzahl von invertierten Verbalsätzen (v.11b.12a.13.15a). Verweist die syntaktische Heterogenität auf literarisches Wachstum[25]?

21 Die von H. Spieckermann, Juda unter Assur, 79, vertretene These, die durchaus berechtigte stilistische Unterscheidung sei „primär sachlich begründet, da eine Liste verabscheuungswürdiger Götzensymbole nicht den Stoff abgibt, aus dem erzählerische Funken zu schlagen sind", ist zu hinterfragen. Zum einen versuchen wir zu zeigen, daß es sich bei dem Reformbericht nicht einfach um eine Liste handelt, so daß das stilistische Argument doch einiges Gewicht erhält, zum anderen ist in v.12.13.15.16ff. sehr wohl ablesbar, wie aus den dürren Reformnotizen ein erzählerisches „Feuer" entfacht werden kann (könnte).

22 Außerdem ist im Reformbericht 2 Reg 23,4b-15* auf den ausgesprochenen Mangel an explizit deuteronomistischer Sprache zu verweisen; cf. K. Koch, Gefüge und Herkunft, 90f. Hinzu kommt die Notwendigkeit der Fortsetzung von 2 Reg 23,3 durch 2 Reg 23,21-23 sowie das völlige Fehlen eines Hinweises auf den ספר התורה bzw. ספר הברית, der im Kontext eine dominante Rolle spielt; cf. K. Koch, a.a.O., 82.

23 Besonders deutlich ist v.12a (אשר־עשׂו ... בית־יהוה) als Zusatz zu erkennen, da die Altäre auf dem Dach des Obergemachs *des Ahas* nun allgemein auf die Könige von Juda zurückgeführt werden (zur Differenz zu 2 Reg 23,5.11 s.u.); cf. zur Ausgrenzung der Zusätze K. Koch, Gefüge und Herkunft, 88.

24 Cf. K. Koch, Gefüge und Herkunft, 90.; auch C. Hardmeier, König Joschija in der Klimax des DtrG, 137.

25 Cf. insbesondere zu den w^e-AK-Formen das Problemreferat bei H. Spieckermann, Juda unter Assur, 120ff., M. Weippert, Die Petition eines Erntearbeiters aus *Mṣad Ḥăšavyāhū* und die Syntax althebräischer erzählender Poesie, in: E. Blum u.a. (Hg.), Die Hebräische Bibel und ihre zweifache Nachgeschichte, FS R. Rendtorff, Neukirchen-Vluyn 1990, 449-466, und K. Koch, Gefüge und Herkunft, 83ff. Cf. auch C. Hardmeier, König Joschija in der Klimax des DtrG, 125 Anm. 65; R. Meyer, Auffallender Erzählstil in einem angeblichen Auszug aus der „Chronik der Könige von Juda", in: L. Rost (Hg.), FS F. Baumgärtel, ErF Reihe A 10, Erlangen

Die hier von uns vorgelegte Analyse versucht die vielfältigen Probleme, also die der Abgrenzung und der literarischen Eigenart, vornehmlich durch die Klärung der Kompositionsstruktur des Reformberichts weiter aufzuhellen. Da der Beginn des Berichts in v.4aα durch die Beauftragung der Priester mit dem Kontext verklammert ist – erst v.4b zeigt den König als alleinigen Interaktanten – und wahrscheinlich entsprechend bearbeitet wurde, der v.5 ebenfalls überladen wirkt und in v.5a syntaktisch unausgeglichen ist[26], setzt die Analyse bei den Textpassagen an, die ein klareres Bild ergeben. Relativ deutlich treten die Dinge in der Texteinheit zu Tage, die sich mit der Ašerah befassen, also in v.6f.

2. Die Komposition von 2 Reg 23,6f.

Der kurze Abschnitt berichtet zum einen über die Entfernung und Zerstörung der Ašerah selbst (v.6), zum anderen über die Zerstörung von ihr zugeordneten Institutionen (v.7). Durchgängig finden in v.6f. w^a-PK-Formen Verwendung. Daß die beiden thematisch verwandten Verse auch literarisch zusammengehören, hat der Verfasser durch chiastisch verschränkte Stichworte in v.6aα.7 unterstrichen, in die sich auch die eigentlichen Zerstörungsaktivitäten mit Blick auf die Ašerah (v.6aα*β.b) mühelos einfügen lassen:

A ויצא את־האשרה
  B מבית יהוה מחוץ לירושלם
    C אל־נחל קדרון
      D וישרף אתה בנחל קדרון
      D' וידק לעפר
    C' וישלך את־עפרה על־קברי[27] בני העם
  B' ויתץ את־בתי הקדשים אשר בבית יהוה
A' אשר הנשים ארגות שם בתים לאשרה

Deutlich ist der durch identische Stichworte (אשרה ;בית יהוה) verklammerte Rahmen in A und B zu erkennen. Durch das literarische Schema erklärt sich zudem der doppelte Relativsatz in v.7: die אשר-Sätze dienen wohl auch der Wiederholung von בית יהוה und אשרה, ein literarkritisches Kriterium liegt also nicht vor. Die Elemente C und C' zeigen jeweils die lokale Richtung an. Die Ašerah wird zunächst an den Ort ihrer Vernichtung gebracht: אל־נחל קדרון, danach wird ihre Asche על־קברי בני העם überführt.

1959, 114-123. Aufgrund unserer Analyse gehen wir davon aus, daß der Verwendung der w^e-AK-Formen vor allen Dingen kompositorische Absichten zugrunde liegen.

26 Dem ersten Relativsatz fehlt das Objekt.

27 Cf. BHS.

Im Zentrum (D-D') steht das eigentliche Zerstörungswerk, nämlich ihre Verbrennung (שׂרף) und die Zermahlung (דקק) zu Staub.[28]

Der Ašerah-Komplex in v.6f. ist also ein in sich geschlossenes Textstück. Die durchgängige parataktische Gestaltung durch die ausschließliche Verwendung von w^a-PK-Formen fängt der Verfasser mittels der chiastischen Gesamtanlage des Abschnitts auf. Die einzelnen knappen Reformnotizen sind somit auf der literarischen Ebene fest zusammengebunden. Das läßt fragen, ob es sich in v.6f. um ein singuläres Phänomen handelt, oder ob sich der Verfasser auch an anderer Stelle dieser literarischen Techniken bedient hat.

3. Die literartechnischen Verbindungen in 2 Reg 23,8b.10f.12a*.13*

Eine 2 Reg 23,6f. vergleichbare Kompositionsstruktur ist in v.8b.10f.12a*.13*[29] deutlich aufweisbar. Der Abschnitt ist – trotz der hier gebotenen inhaltlichen und auch syntaktischen Vielfalt – als eine Einheit aufzufassen. Dazu zunächst einige einleitende Beobachtungen. In v.8b sowie v.10 – v.8a und v.9 sind einer Bearbeitungsschicht zuzurechnen (s.i.f.) – setzen die Reformmaßnahmen jeweils mit einer w^e-AK-Form (ונתץ; וטמא) ein. In beiden Fällen schließt sich ein direktes Objekt mit *nota accusativi* an, gefolgt von einem (v.10) bzw. zwei (v.8b) mit אשר eingeleiteten Relativsätzen, die jeweils eine präzise Ortsangabe bieten. Aus diesem Schema fällt die auf den Sonnengott bezogene Reformmaßnahme in v.11 heraus. Denn der v.11 setzt mit einer w^a-PK-Form (וישבת) ein, der dann zwar auch ein direktes Objekt mit *nota accusativi* folgt, der sich anschließende Relativsatz dient jedoch nicht der lokalen Präzisierung, sondern benennt die Urheber des zu beseitigenden Übels in Gestalt der Könige von Juda. In v.11b schließt sich dann ein invertierter Verbalsatz (AK שׂרף) mit voranstehendem Objekt an. Wieder anders liegen die Dinge in v.12a* und v.13*, beide Verse sind aber – ebenso wie v.8b und v.10 – syntaktisch streng parallel angeordnet. Es handelt sich jeweils um invertierte Verbalsätze, denen das Objekt voransteht, in beiden Fällen gefolgt durch einen (v.12a*) bzw. zwei (v.13*) mit אשר eingeleitete Relativsätze, die die Lokalität festlegen. Das Verb steht jeweils in der AK, und in beiden Fällen wird – in 2 Reg 23,4b-15* singulär – ausdrücklich der König (המלך) benannt.

---

28 Der Abschnitt zeigt über diese chiastische Anlage hinaus eine weitere Strukturierung, insofern C und D durch נחל קדרון, D' und C' durch עפר und B und A in v.7 durch אשר zusammengebunden werden. A und B in v.6a fallen allerdings aus dem Schema heraus. Die zusätzliche Struktur wiederspricht der oben herausgestellten nicht, unterstreicht aber die von uns vorgenommene Untergliederung der einzelnen Elemente, vor allen Dingen aber auch die Zusammengehörigkeit des Abschnitts v.6f.

29 Zur Bedeutung von v.12b s.u. Die Analyse des Versteils sowie die von v.14 kann in diesem Zusammenhang noch ausgeklammert werden.

Wie ist dieser ausgesprochen komplexe syntaktische Befund zu deuten? Zur Aufhellung der Gesamtstruktur des Abschnitts beginnen wir mit v.11. Die Reformmaßnahme ist zweigeteilt und bezieht sich auf solare Kultrequisiten, nämlich die Pferde (v.11a) und Wagen (v.11b) des Sonnengottes. Das Vorliegen eines invertierten Verbalsatzes in v.11b erklärt sich aus der chiastischen Anlage des Verses:

A וַיַּשְׁבֵּת
   B אֶת־הַסּוּסִים אֲשֶׁר נָתְנוּ מַלְכֵי יְהוּדָה לַשֶּׁמֶשׁ
      C מִבֹּא בֵית־יְהוָה
      C' אֶל־לִשְׁכַּת נְתַן־מֶלֶךְ הַסָּרִיס אֲשֶׁר בַּפַּרְוָרִים
   B' וְאֶת־מַרְכְּבוֹת הַשֶּׁמֶשׁ
A' שָׂרַף בָּאֵשׁ

Die chiastische Zuordnung der Rahmenelemente (A.B–B'.A') ist überdeutlich und bedarf keines weiteren Kommentars. Im Zentrum (C–C') steht die Lokalisierung der Sonnenpferde vom Eingang des Hauses Jahwes bis hin zur Unterkunft des Hofbeamten. Der Reformkomplex v.11 ist also literarisch völlig homogen komponiert[30] und entspricht mit Blick auf den Aufbau etwa dem von v.6f.

Wie verhalten sich hierzu v.8b.10.12a*.13*? Der Schlüssel für die Zuordnung liegt in der Komposition von v.11. Denn v.12a* und v.13 zeichnen sich, wie schon eingangs festgestellt, vor allen Dingen dadurch aus, daß hier jeweils identisch aufgebaute invertierte Verbalsätze mit vorangestelltem Objekt vorliegen:

v.12*:	ואת־המזבחות	אשר על־הגג עלית אחז	נתץ המלך
v.13*:	ואת־הבמות	אשר על־פני ירושלם אשר מימין להר־המשחית	טמא המלך

Das korrespondiert der Syntax von v.11b. Dort dient der invertierte Verbalsatz formal ausschließlich der chiastischen Anlage des Verses. Und genau dies ist auch die syntaktische Funktion von v.12a*.13*, und zwar mit Blick auf v.8b und v.10. Die nachstehende Übersicht verdeutlicht den Gesamtaufbau von v.8b-13*:

---

30 Das gilt selbstverständlich auch für den Relativsatz אֲשֶׁר נָתְנוּ מַלְכֵי יְהוּדָה in v.11a (gegen H. Hollenstein, Literarkritische Erwägungen zum Bericht über die Reformmaßnahmen Josias 2 Kön. XXIII 4 ff., VT XXVII, 1977, 334f.; C. Uehlinger, Gab es eine joschijanische Kultreform?, 73f.); s.i.f. Durchschaut man die Komposition von v.11a und v.11b, so ist zu überlegen, ob der Verfasser nicht innerhalb des Verses eine weitere chiastische Verschränkung intendiert hat. Denn es ist auffällig, daß der Name des סָרִיס ausgerechnet נְתַן־מֶלֶךְ lautet, hier also der Relativsatz אֲשֶׁר נָתְנוּ מַלְכֵי יְהוּדָה deutlich anklingt. Nimmt man die Näherbestimmung des Beamten אֲשֶׁר בַּפַּרְוָרִים mit hinzu, so sind die beiden Satzteile wiederum chiastisch aufeinander bezogen: אֲשֶׁר בַּפַּרְוָרִים (A) נְתַן־מֶלֶךְ הַסָּרִיס (B) ... יְהוּדָה מַלְכֵי נָתְנוּ (B) אֲשֶׁר (A). Das bedeutet nicht automatisch, daß es sich bei dem Beamten um eine fiktive Gestalt handelt, es spricht vielmehr für die literarische Ursprünglichkeit des Relativsatzes אֲשֶׁר נָתְנוּ מַלְכֵי יְהוּדָה:

A a וַנִּתָץ

  b אֶת־בָּמוֹת הַשְּׁעָרִים אֲשֶׁר־פֶּתַח שַׁעַר יְהוֹשֻׁעַ שַׂר־הָעִיר

    אֲשֶׁר־עַל־שְׂמֹאול אִישׁ בְּשַׁעַר הָעִיר

B c וְטִמֵּא

  d ... אֶת־הַתֹּפֶת אֲשֶׁר בְּגֵי בֶן־הִנֹּם

C e וַיַּשְׁבֵּת

  f אֶת־הַסּוּסִים אֲשֶׁר נָתְנוּ מַלְכֵי יְהוּדָה לַשֶּׁמֶשׁ

   g מִבֹּא בֵית־יְהוָה

   g' אֶל־לִשְׁכַּת נְתַן־מֶלֶךְ הַסָּרִיס אֲשֶׁר בַּפַּרְוָרִים

   f' וְאֶת־מַרְכְּבוֹת הַשֶּׁמֶשׁ

  e' שָׂרַף בָּאֵשׁ

B' d' וְאֶת־הַמִּזְבְּחוֹת אֲשֶׁר עַל־הַגָּג עֲלִיַּת אָחָז

  c' ... נָתַץ הַמֶּלֶךְ

A' b' וְאֶת־הַבָּמוֹת אֲשֶׁר עַל־פְּנֵי יְרוּשָׁלַ͏ִם

  אֲשֶׁר מִ"ימִין לְהַר־הַמַּשְׁחִית

 a' טִמֵּא הַמֶּלֶךְ

Daß die v.8b.10 und v.12a*.13* einen Rahmen um v.11 bilden, ist schon dadurch leicht ersichtlich, daß die königliche Aktion mit identischen Lexemen (v.8b.12a*: נתץ; v.10.13*: טמא) dargestellt wird. Die Rahmung erfolgt allerdings nicht, wie die Korrespondenz von נתץ und טמא nahelegen könnte, durch Parallelanordnung der zwei Rahmenglieder, sondern durch deren chiastische Verschränkung, so daß וַנִּתָץ (v.8b) mit טמא המלך (v.13*) korreliert ist, während וטמא (v.10) in v.12a* נתץ המלך entspricht. Die These von der sich kreuzenden Aufnahme der Prädikate findet ihre Begründung vor allen Dingen in v.8b und v.13*, denn zwischen beiden Versen entsteht nicht nur durch den invertierten Verbalsatz in v.13 eine chiastische Struktur, sondern auch durch den identischen Gegenstand des königlichen Vernichtungswirkens, nämlich der במות. Hinzu kommt, daß die v.8b und v.13* jeweils *zwei* אשר-Sätze mit Ortsangabe aufweisen, im Gegensatz zu v.10 und v.12a*, die jeweils nur einen Relativsatz zur lokalen Näherbestimmung bieten. Und um die letzten Zweifel auszuschließen: der Verfasser hat die jeweils zweiten Relativsätze in v.8b und v.13* noch zusätzlich dadurch verknüpft, daß in v.8b ausdrücklich die Richtungsangabe על־שמאול, in v.13* die konträre Richtungsangabe מימין vermerkt wird, so daß sich für den äußeren Rahmen (A-A') v.8b.13* folgendes Bild ergibt:

a ‏ונתץ

b ‏אֶת־בָּמוֹת הַשְּׁעָרִים אֲשֶׁר־פֶּתַח שַׁעַר יְהוֹשֻׁעַ שַׂר־הָעִיר

‏אֲשֶׁר־עַל־שְׂמֹאול אִישׁ בְּשַׁעַר הָעִיר

b' ‏וְאֶת־הַבָּמוֹת אֲשֶׁר עַל־פְּנֵי יְרוּשָׁלַם

‏אֲשֶׁר מִ"ימִין לְהַר־הַמַּשְׁחִית

a' ‏טִמֵּא הַמֶּלֶךְ

Der innere Rahmen (B [v.10] – B' [v.12a*]) ist dann analog aufgebaut. Beide Elemente entsprechen sich dadurch, daß an die korrespondierenden Opferstätten חפת (v.10) bzw. מזבה jeweils nur eine Ortsangabe mittels eines Relativsatzes angefügt wird[31].

Der Gesamtkomplex v.8b-13* folgt damit, das kann als weiteres Zwischenergebnis festgehalten werden, insgesamt einem *sieben*gliedrigen chiastischen Aufbauschema[32]. An der Geschlossenheit des Abschnitts kann somit überhaupt kein Zweifel aufkommen. Zudem liefert die strenge literarische Kompostion auch ein wesentliches Argument für die Ausscheidung von v.8a und v.9 aus dem ursprünglichen Reformbericht. Denn es ist nicht nur auffällig, daß v.9 im Reformbericht singulär mit אַךְ לֹא יַעֲלוּ eingeleitet wird, daß allein in v.9 der König nicht der Handelnde ist[33] und daß v.8a im Kontext der Darstellung der Jerusalemer Reformen (v.5-7.8b.10ff.) von der Zerstörung der Höhenheiligtümer in Juda handelt, bevor diese im Jerusalemer Kontext erfolgt ist: der v.8b schwenkt – lediglich vermittelt durch das Stichwort במה – wieder auf Jerusalem um, die Vernichtung der במות gegenüber Jerusalem wird erst in v.13 erwähnt. Die beiden Reformnotizen fallen vor allen Dingen völlig aus den stringenten Aufbauschemata heraus, und zwar nicht nur aus dem in v.8b.10-13* aufgewiesenen, sondern auch der Anschluß an v.7 ist aufgrund der engen Verknüpfung des Verses mit v.6 eher lokker. Dennoch ist der für v.8a.9 verantwortliche Redaktor nicht planlos zu Werke gegangen, sondern hat sich analoger literarischer Techniken bedient[34]. Die Auflösung der

---

31 Bei den Ortsangaben entspricht die עלית אחז (v.12a*) der גי בן־הנם (v.10). Somit ist davon auszugehen, daß die עלית אחז bereits zum ursprünglichen Textbestand gehörte. Die Ergänzung in v.12 beginnt erst mit ... אֲשֶׁר עָשׂו.

32 Cf. zur Siebenerstruktur cf. E. Otto, Art. שבע etc., ThWAT VII, Stuttgart u.a. 1993, 1007ff.

33 Cf. K. Koch, Gefüge und Herkunft, 89; C. Hardmeier, König Joschija in der Klimax des DtrG, 124ff. Cf. zur Ausgrenzung von v.8a.9 auch H. Schmidt, Das deuteronomische Problem, ThBl 6, 1927, 41f.; E. Würthwein, Die Josianische Reform und das Deuteronomium, 413; ders., Die Bücher der Könige, 457f., und auch G. Hölscher, Das Buch der Könige, seine Quellen und seine Redaktion, in: H. Schmidt (Hg.), Εὐχαριστηριον. Studien zur Religion und Literatur des Alten und Neuen Testaments, FS H. Gunkel, FRLANT 36,1, Göttingen 1923, (158-213) 209ff.

34 Cf. N. Lohfink, Zur Diskussion über 2 Kön 22-23, 196; ders., Die Kultreform Joschijas, 217f. Wenn H.-D. Hoffmann, Reform und Reformen, 213f., zwecks Begründung der literarischen Einheitlichkeit von v.8f. darauf hinweist, daß der Abschnitt v.8f. zunächst eine Aussage über die Priester macht (v.8aα), sich dann den Höhen (v.8aβ) zuwendet und in v.8b.9 diese Abfolge dann umgekehrt wird (v.8b: Höhen; v.9: Priester), so liegt zwar ebenfalls eine chiastische Struktur vor, nur ist diese gerade nicht auf eine chiastische Stichwortverschränkung gegründet (v.8aβ.9 bieten

auswärtigen Heiligtümer und die mit einem Berufsverbot verbundene Zwangsumsiedlung des dortigen Kultpersonals nach Jerusalem ist durch das Stichwort במה an die in v.8b geschilderte Maßnahme attrahiert worden. Der Redaktor hat das neue Material allerdings nicht einfach geschlossen voran- oder nachgestellt, sondern es zu einem Rahmen um die ursprüngliche Reformmaßnahme ausgestaltet. Der Rahmen wird durch die Stichworte כהנים und במות zusammengehalten. Einen den in v.8b-13* dargestellten Reformschritten vergleichbaren artifiziellen literarischen Charakter weisen die Zusätze in v.8a.9 allerdings nicht auf[35].

4. Überlegungen zur kompositionellen Einbindung und ursprünglichen Gestalt
   von 2 Reg 23,5

Doch zurück zum ursprünglichen Reformbericht. Was hat sein Verfasser mit der Komposition in v.8b-13* des näheren bezweckt? Eine Antwort fällt nicht schwer: besonderes Gewicht erhält selbstverständlich die Maßnahme in der Zentralposition. Im Mittelpunkt stehen die den Sonnengott betreffenden Reformmaßnahmen (v.11). Das legt die Vermutung nahe, bei der die Zurückdrängung solarer Fremdkulte handle es sich um eine der wesentlichen Intentionen der Josiareform überhaupt. Die These läßt sich leicht weiter erhärten. Denn der v.11 erweist sich nicht nur durch seine Position und seine chiastische Anlage als gewichtiges Zentrum des Abschnitts v.8b-12*, sondern er verweist der Sache nach auch deutlich auf v.5 zurück. Die Entsprechungen sind in identischer Abfolge angeordnet:

| v.5: | לשמש | ... אשר נתנו מלכי יהודה | את־הכמרים | והשבית |
| v.11: | לשמש | אשר נתנו מלכי יהודה | את־הסוסים | וישבת |

Nun ist 2 Reg 23,5 alles andere als unproblematisch[36]. Die bisherige Aufbauanalyse ermöglicht allerdings in diesem Zusammenhang neue Perspektiven. Denn legt man die

---

sowohl die כהנים als auch die במות), wie das in den bisher dargestellten Passagen der Fall ist. Gerade in kompositioneller Hinsicht stechen die v.8a.9 vom Kontext ab.

35 Aufgrund der unhintergehbar dominanten Einbindung von v.8b in die Komposition von v.8b-13*, kann es sich bei v.8a keinesfalls um das älteste Stück des Reformberichts, sondern es muß sich vielmehr um einen Zusatz handeln. Damit erledigt sich die These, die historische Josiareform habe aufgrund von v.8a lediglich in einer tempelfiskalischen Maßnahme bestanden; gegen C. Levin, Joschija im deuteronomistischen Geschichtswerk, 362f., gefolgt von H. Niehr, Die Reform des Joschija, 49. Zu den ältesten Bestandteilen gehört vielmehr der Gesamtkomplex v.8b.10-13*; und dieser zeigt keine ökonomisch-administrative, sondern – analog zu altorientalischen Gepflogenheiten – durchaus „religiös-politische" Interessen; s.i.f.

36 Cf. etwa E. Würthwein, Die Josianische Reform und das Deuteronomium, 413f.; H. Spieckermann, Juda unter Assur, 83ff.; C. Uehlinger, Gab es eine joschijanische Kultreform?, 77ff., der

literaturtechnisch versierte Vorgehensweise des Verfassers von v.6f. und v.8b-13*
zugrunde, dann ist davon auszugehen, daß er auch mit Blick auf v.5 vergleichbar strukturiert zu Werke gegangen ist. Die genannten Lexementsprechungen deuten dies an.

Zunächst: Aufgrund der wörtlichen Wiederaufnahme in dem Zentralvers 2 Reg
23,11 ist יהודה מלכי נתנו אשר auch in v.5 aller Wahrscheinlichkeit nach ursprünglich[37],
auch wenn נתן (q.) in v.5 in seiner jetzigen Gestalt ein entsprechendes Objekt wie in
v.11 fehlt. Dies läßt sich durch einige Beobachtungen erhärten. Denn da in v.5aβ mit
ירושלם ומסבי יהודה בערי בבמות (conj.) ויקטרו sowohl auf den sekundären v.8a (יהודה
מערי)[38] als auch auf den ursprünglichen v.13* (hier allerdings ירושלם פני על אשר
הבמות statt ירושלם מסבי) angespielt wird – die nachstehende Übersicht verdeutlicht
dies:

A　v.5aβ　(conj.) יהודה בערי בבמות ויקטרו
B　v.5aβ　ירושלם ומסבי
A'　v.8a　יהודה מערי הכהנים־כל־את ויבא
B'　v.13a　ירושלם פני־על אשר הבמות־ואת

–, so dürfte es sich bei dieser Passage um eine sekundäre Notiz handeln. Zu dieser
gehört dann auch aber die die Fortsetzung mit לבעל bzw. לשמש syntaktisch erst wieder
ermöglichenden מקטרים. Ob der Ba'al in diesem Zusammenhang ursprünglich ist, kann
in Zweifel gezogen werden[39]. Zum einen spielt er bei den folgenden Reformmaßnahmen überhaupt keine Rolle mehr, was mit Blick auf den folgenden Mond, die Sternkonstellationen sowie das Himmelsheer, die ebenfalls keine Erwähnung mehr finden,
zwar nur von eingeschränkter Beweiskraft ist. Aber immerhin kann darauf verwiesen
werden, daß zum einen לשמש asyndetisch an לבעל angeschlossen ist[40], während dem
Mond, den Sternkonstellationen und dem Himmelsheer ein *ı-copulativum* voransteht,
und daß zum anderen ohne die Notiz לבעל und die Zusätze v.5aβγ.b (nur המקטרים־
ואת) in v.5aα.b eine v.11 analoge Maßnahme mit Blick auf den שמש-Kult dargestellt
wird. V.5* berichtet dann einleitend über die Abschaffung der erstrangig dem שמש,
aber auch anderen Astralkulten zugeordneten כמרים, der v.11 über die Entfernung der
שמש-Kultrequisiten. Da der Maßnahme gegen den שמש-Kult in v.11 eine komposi-

---

sich an P. Tagliacarne, „Keiner war wie er". Untersuchung zur Struktur von 2 Könige 22-23, ATS
31, St. Ottilien 1989, 166ff., anschließt.

37　Der Relativsatz יהודה מלכי נתנו אשר ist nur in 2 Reg 23,5.11 belegt, die entsprechende dtr abgewandelte Formulierung steht in 2 Reg 23,12 (יהודה מלכי עשו אשר); cf. H. Spieckermann, Juda
unter Assur, 83 (bes. Anm. 110).108.110.

38　Cf. H. Spieckermann, Juda unter Assur, 84.

39　Cf. H. Spieckermann, Juda unter Assur, 86f.

40　Der MT bietet gegenüber den Varianten die *lectio difficilior*; cf. BHS.

torisch außerordentlich exponierte Stellung zukommt, kann dies auch, vor allem aufgrund der überdeutlichen Bezugnahme auf v.11, für v.5* gelten[41].

Als Ergebnis unserer bisherigen Analyse von 2 Reg 23,5-13* ist folgendes festzuhalten. Der Reformbericht besteht aus zwei chiastisch strukturierten Untereinheiten, die verschiedene Maßnahmen bündeln: dem Ašerah-Komplex in v.6f. auf der einen Seite und dem auf den Sonnengott konzentrierten, siebenfach chiastisch strukturierten Abschnitt v.8b-13* auf der anderen. Der Zentralvers des Abschnittes v.8b-13* verweist auf v.5 zurück. Als sekundäre Zusätze – neben den Notizen in v.12a (עשׂו ... בית־יהוה אשׁר) und v.13a (ab אשׁר בנה) – haben sich auch aus kompositorischen Gründen v.5αβγ.b(nur ואת־המקטרים לבעל) und v.8a.9 erwiesen, also die Textpassagen, die die Reform über Jerusalem hinaus auf ganz Juda ausdehnen. Einzig v.5* handelt vom Kultpersonal, alle anderen sich anschließenden, ursprünglichen Reformmaßnahmen beziehen sich bisher auf materiale Kulteinrichtungen in Jerusalem und seinem unmittelbaren Umfeld.

5. Die Funktion von 2 Reg 23,4b.12b.14.15*

Wie fügen sich nun die verbleibenden v.4b.12b.14.15* in diesen außerordentlich planvollen Entwurf? Wir beginnen die Untersuchung mit v.14. Der Sache nach gehört der Vers zur in v.13* geschilderten Maßnahme. Da er mit einer w^e-AK-Form gefolgt von einem Objekt mit *nota accusativi* einsetzt, bezieht er sich auch formal auf den vorangehenden Vers. Denn da es sich in v.13* um einen invertierten Verbalsatz mit vorangestelltem Objekt handelt, sind v.13* und v.14 wiederum chiastisch aufeinander bezogen:

A ואת־הבמות אשׁר על־פני ירושׁלם אשׁר מ"ימין להר־המשׁחית
  B טמא המלך
  B' ושׁבר
A' את־המצבות ...

Dasselbe gilt für die in v.12* dargestellte Maßnahme. Der durch die Korrespondenz mit v.10 bedingte invertierte Verbalsatz in v.12a* findet seine – läßt man die lediglich den Ortswechsel des Königs mitteilende Notiz וירץ משׁם außen vor – auf die Kulteinrichtung bezogene Fortsetzung in v.12b wiederum mit einer w^e-AK-Form gefolgt von einem Objekt mit *nota accusativi*, es liegt somit ebenfalls ein Chiasmus vor:

---

41 Wir kommen auf das Problem von v.5* nochmals im Zusammenhang der Untersuchung von v.4 zurück; s.u.

A וְאֶת־הַמִּזְבְּחוֹת אֲשֶׁר עַל־הַגָּג עֲלִית אָחָז

   B נָתַץ הַמֶּלֶךְ

   B' וַיָּרָץ מִשָּׁם וְהִשְׁלִיךְ

A' אֶת־עֲפָרָם אֶל־נַחַל קִדְרוֹן

Die Maßnahmen in v.12* und v.13*.14* sind also analog aufgebaut. Sie beginnen beide aufgrund ihres Bezugs zu v.8b bzw. zu v.10 mit einem invertierten Verbalsatz, die Fortsetzungen in v.12b bzw. v.14 schließen daran chiastisch an.

Ist damit die syntaktische Funktion von v.12b und v.14 geklärt, so ist nun die inhaltliche Seite in den Blick zu nehmen. Beiden Versen ist nicht nur gemeinsam, daß in ihnen die Vollendung der Vernichtung von Altären (v.12a*) und Höhenheiligtümern (v.13*) berichtet wird, sondern die Darstellung erfolgt so, daß gleichzeitig auf den Ašerah-Komplex in v.6f. Bezug genommen wird. Nicht zu übersehen ist dies in v.12bβ, der ausnahmslos mit Material aus v.6 arbeitet, und zwar in chiastischer Wiederaufnahme:

A v.6aα   ... וַיֹּצֵא אֶת־הָאֲשֵׁרָה אֶל־נַחַל קִדְרוֹן

   B v.6b   וַיַּשְׁלֵךְ אֶת־עֲפָרָהּ עַל־קֶבֶר בְּנֵי הָעָם

   B v.12bβ   וְהִשְׁלִיךְ אֶת־עֲפָרָם

A v.12bβ   אֶל־נַחַל קִדְרוֹן

Nach allem was der Reformbericht an literaturtechnischem Kalkül bisher erkennen läßt, kann es sich hier nicht um einen Zufall handeln. Der Rückverweis auf die Ašerah-Perikope ist vom Verfasser klar intendiert. Deutliche Anspielungen an v.6f. finden sich nun auch in v.14, wenn diese auch nicht gleichermaßen formal elegant ausgeführt sind. Immerhin werden die Ašeren erwähnt (v.14aβ וַיִּכְרֹת אֶת־הָאֲשֵׁרִים), und entsprechend der Verbringung der Ašerah-Asche auf die Gräber des Volkes (v.6bβ עַל־קִבְרֵי בְּנֵי הָעָם) wird in v.14b von der Auffüllung ihrer Standorte mit Menschenknochen durch den König berichtet (וַיְמַלֵּא אֶת־מְקוֹמָם עַצְמוֹת אָדָם). Auch hier erfolgt die Rezeption der kongruierenden Motive und Stichworte in chiastischer Manier:

A v.6b   וַיַּשְׁלֵךְ אֶת־עֲפָרָהּ עַל־קֶבֶר בְּנֵי הָעָם

   B v.7b   וַיִּתֹּץ אֶת־בָּתֵּי הַקְּדֵשִׁים ... אֲשֶׁר הַנָּשִׁים אֹרְגוֹת שָׁם בָּתִּים לָאֲשֵׁרָה

   B' v.14aβ   וַיִּכְרֹת אֶת־הָאֲשֵׁרִים

A' v.14b   וַיְמַלֵּא אֶת־מְקוֹמָם עַצְמוֹת אָדָם

Die Rezeption von v.6f. in v.14 ist natürlich mit dem Schönheitsfehler behaftet, daß אֲשֵׁרָה in v.6f. rahmenbedingt (s.o.) zweimal vorkommt[42]. Dieses – eher marginale –

---

[42] Daß es dem Verfasser in v.14 auf die chiastische Rezeption ankam, wird zusätzlich durch seine analoge Vorgehensweise in v.12bβ gestützt.

Problem wird allerdings dadurch relativiert, daß die Ašerah noch an einer anderen Stelle erwähnt wird, und zwar in v.15*. Dem schwierigen Vers wenden wir uns im folgenden zu.

V.15* (ohne ההוא ... הבמה אשר עשה; s.i.f.) setzt ebenso wie v.12* und v.13* mit einem invertierten Verbalsatz ein. Damit stellt sich sofort die Frage, ob die Funktion des gesamten Verses nicht analog zu v.12* und v.13*.14 aufzufassen ist, also auch v.15, erstens, mittels des invertierten Verbalsatzes auf einen voranstehenden Textbereich rekurriert, zweitens in sich chiastisch aufgebaut ist und schließlich, falls letzteres zutrifft, drittens, auch das zweite chiastische Element wiederum auf den voranstehenden Kontext verweist. Alle drei Vermutungen bestätigen sich.

1. Der invertierte Verbalsatz v.15a* bezieht sich über das Stichwort בית־אל eindeutig auf v.4bβ zurück[43]. Beide Versteile stehen in einem chiastischen Verhältnis:

A v.4b ונשא
   B v.4b את־עפרם בית־אל
   B' v.15a וגם את־המזבח אשר בבית־אל ואת־הבמה
A' v.15a נתץ

2. Auch v.15* ist in sich klar chiastisch strukturiert[44]:

A v.15a וגם את־המזבח אשר בבית־אל ואת־הבמה
   B v.15a נתץ
   B' v.15b וישרף
A' v.15b את־הבמה ...

3. Auch der zweite Teil des Chiasmus, also v.15b, weist Bezüge zum voranstehenden Kontext auf, und zwar ebenso wie v.12bβ und v.14 zum Ašerah-Komplex v.6f. Auch hier erfolgt die Stichwortrezeption wiederum chiastisch:

---

43 Cf. zum Verhältnis von v.4 und v.15 jetzt auch C. Hardmeier, König Joschija in der Klimax des DtrG, 119.136. Das v.15a einleitende וגם kann in diesem Zusammenhang nur die Funktion haben, einen weiter zurückliegenden Kontext in Erinnerung zu rufen. Anders liegen die Dinge in v.12a und v.13a, die ohne וגם auskommen, verglichen mit v.15 aber auf den Nahkontext v.8b.10 rekurrieren. In וגם einen Hinweis auf literarisches Wachstum zu sehen (gegen E. Würthwein, Die Bücher der Könige, 460; C. Levin, Joschija im deuteronomistischen Geschichtswerk, 360, u.a.), bewährt sich an dieser Stelle nicht.

44 Insofern kann es nicht zweifelhaft sein, daß הבמה von Anfang an zweimal erwähnt wurde. Der Zusatz umfaßt demnach ואת־הבמה הבמה אשר עשה ... ההוא in v.15a gehört zum ursprünglichen Bestand. Die Ergänzung wurde hier ebenso asyndetisch vorgenommen, wie ihn die Redaktion, die für die Anfügung von לבעל in v.5 verantwortlich ist, mit Blick auf לשמש in Kauf genommen hat.

A v.6a ... ויצא את־האשרה

  B v.6a וישרף אתה בנחל קדרון

    C v.6a וידק לעפר

    C' v.15b וישרף את־הבמה הדק לעפר

  B' v.15b ושרף

A' v.15b אשרה

Damit ist auch v.15* ein in sich geschlossener Text. Formal analog zu den Unterabschnitten v.12* und v.13*.14 komponiert, stellt er doch durch den Verweis auf v.4b den Abschluß des Reformberichts dar. Dafür spricht ein weiteres Indiz: In v.15a* werden dieselben Kulteinrichtungen wie in v.12a* (מזבח) und v.13a* (במה) in eben dieser Reihenfolge erwähnt. Die Wiederaufnahme unterstreicht zusätzlich den Abschlußcharakter von v.15*. Die v.4b und v.15* bilden also nach allem, was der Reformbericht jetzt noch erkennen läßt, den ursprünglichen Rahmen um das josianische Reformwerk.

Damit wenden wir uns abschließend v.4b zu. Auf die Schwierigkeiten des Verses ist bereits eingangs hingewiesen worden. Während der bisher eruierte ursprüngliche Reformbericht in v.4b-15* streng auf den Reformkönig bezogen ist, steht dazu die Beauftragung der Priester in v.4a im Wiederspruch. Es ist also mit redaktioneller Tätigkeit zu rechnen. Da nun allerdings die Kompositionstechnik des Verfassers des ursprünglichen Reformberichts hinreichend erhoben werden konnte, eröffnen sich auch mit Blick auf v.4 zumindest neue Fragemöglichkeiten.

Da in v.15a* auf v.4bβ durch chiastische Verknüpfung Bezug genommen wird, dürfte v.4bβ auf jeden Fall zum ursprünglichen Bestand des Reformberichts zu rechnen sein[45]. Die hier geschilderte Verbringung der Asche setzt ihre Produktion voraus. Der v.4bα wird also ebenfalls zum Grundbestand gehören; dafür spricht auch das in beiden Versteilen verwendete Suffix 3. m. pl. (עפרם וישרפם), das sich auf die Geräte in v.4aβ zurückbeziehen muß. In v.4aβ ist die Erwähnung der Kultgeräte der Götter – und nicht der Götter selber – aus dtr Perspektive ungewöhnlich; dasselbe gilt für den היכל יהוה[46], mit dem יצא hif. verbunden ist.

Kann es angesichts dieser Indizien schon als wahrscheinlich gelten, daß es in v.4a(aβ הוציא) um zur ursprünglichen Reformdarstellung gehöriges Material handelt[47], so ist nach seiner kompositionellen Einbindung zu fragen. Es fällt sofort ins Auge, daß v.4* im wesentlichen mit Material arbeitet, das sich in der Ašerah-Passage findet. Im einzelnen ist zu nennen: עפר קדרון מחוץ לירושלם שרף, האשרה, יצא. Zwar sind v.4*

---

45 Etwa gegen J.A. Montgomery/H. Snyder Gehman, The Books of Kings, ICC, Edinburgh 1976, 529, die mit einer von v.15ff. beeinflußten „absurd addition" rechnen.

46 Cf. H. Spieckermann, Juda unter Assur, 79ff.

47 Cf. hierzu und zur vermutlich ursprünglichen Gestalt von הוציא K. Koch, Herkunft und Gefüge, 82f.

und v.6 nicht chiastisch verknüpft, wie das sonst der Fall ist, wenn im Reformbericht auf den Ašerah-Komplex Bezug genommen wird[48], aber immerhin ist die Abfolge der identischen Lexeme – ausgenommen שׂרף – dieselbe. Daß v.4* indes zum ursprünglichen Reformbericht hinzugerechnet werden muß, wird nicht nur durch die chiastische Aufnahme von v.4b im hinteren Rahmen erfordert, sondern eben auch durch die Affinitäten zwischen v.4* und v.6. Denn die beiden Verse bilden einen Rahmen um v.5*, der wiederum auf v.11 verweist. Damit steht aber nicht nur v.11 in der Zentralposition der Konzentrik von v.8b-13*, sondern auch v.5* nimmt eine entsprechende Stellung zwischen v.4* und v.6 ein:

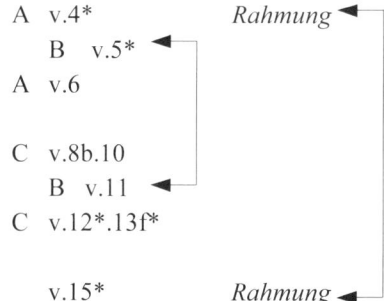

6. Zusammenfassung

Die formale Geschlossenheit des Berichts über die Josiareform in 2 Reg 23.4-15* kann u.E. nach nicht fraglich sein[49]. Die ausgesprochen konzentrierte Darstellung wird vom Verfasser im wesentlichen mittels chiastischer Wiederaufnahmetechniken erreicht. Gerade aber, weil er sich dieser Techniken bedient, ist nicht nur der Umfang relativ sicher zu bestimmen – der ursprüngliche Reformbericht dürfte in v.4-15* im wesentlichen erhalten geblieben sein[50] –, sondern es sind auch die Zusätze relativ leicht herauslösbar. Es handelt sich dabei um die auf die Priesterschaft bezogene Einleitung in v.4a* und um v.5aβγ.b(nur ואת־המקטרים לבעל).8a.9, also um solche Passagen, die die Reformmaßnahmen auf das ganze Gebiet Judas ausdehnen. Die in 2 Reg 23,4b-15* dar-

---

48 Es finden sich allenfalls Ansätze chiastischer Gestaltung, so etwa mit Blick auf die Umstellung der Ortsangabe (מהיכל יהוה) und des Reformgegenstandes (את כל־הכלים) aus v.4* in v.6 (יהוה את־האשׁרה מבית). In diesem Zusammenhang ist darauf hinzuweisen, daß auch v.5* und v.11 parallel angeordnet, und nicht chiastisch verknüpft sind.

49 Die in der Literatur geäußerte Ansicht, in literarischer Hinsicht handle es sich bei dem josianischen Reformbericht in 2 Reg 23* um die cloaca maxima der alttestamentlichen Überlieferung, ist zumindest etwas überspitzt.

50 Es ist allerdings mit einer Einleitung zu rechnen, die den König identifiziert.

gestellte ursprüngliche Reform bezieht sich im wesentlichen auf Jerusalem und sein unmittelbares Umfeld, lediglich der äußere Rahmen v.4b.15* nennt das Heiligtum in Bethel, das ersichtlich als Gegenpol zu Jerusalem fungiert, aber keinen eigenständigen Reformschwerpunkt darstellt[51]. Von einer Kultzentralisation ist im ursprünglichen Textbestand (noch) nichts zu vernehmen.

Der Sache nach setzt der durch v.4*.15* gerahmte Reformbericht mit der Vernichtung von Kultgerät aus dem Jahwetempel ein, gefolgt (v.5*) von der Abschaffung der כמרים, die nach Darstellung des Berichts ebenfalls im Jahwetempel in Jerusalem tätig und auf Astralkulte, allen voran den des Sonnengottes spezialisiert waren[52]. Die sich anschließenden Reformen beziehen sich nicht mehr ausdrücklich auf Kultpersonal, sondern lediglich auf Kulteinrichtungen. Literartechnisch sind hier zwei Komplexe voneinander abgehoben, nämlich die um die Ašerah kreisenden v.6f. sowie der siebenfach-chiastisch gegliederte, auf die Abschaffung der Requisiten des Sonnenkultes (v.11) konzentrierte und somit auf v.5* rekurrierende Abschnitt v.8b-13*.

Die beiden chiastisch aufgebauten Blöcke v.6f. und v.8b.10f.12f.* stehen allerdings nicht unverbunden nebeneinander. Zum einen rahmt v.6 zusammen mit v.4* den v.5*, der in enger Verbindung zum Zentralvers v.11 steht. Zum anderen dienen die v.12-15*, die der Verfasser ausgesprochen elegant aufgebaut hat, ihrer Vermittlung. Dabei verweisen die invertierten Verbalsätze v.12a*.13*.15a* in chiastischer Abfolge auf voranstehende Passagen:

A v.4b
    B v.8b
        C v.10
        C' v.12a*
    B' v.13*
A' v.15a*

Daß der Verfasser die Ašerah-Passage in v.12*a.13*.15a* nicht aufgreift, hat seinen Grund darin, daß die v.6f. der sachliche und literarische Bezugspunkt für sämtliche ergänzenden Maßnahmen in v.12b.14.15b sind.[53]

---

51 Cf. C. Hardmeier, König Joschija in der Klimax des DtrG, 138; zur Bedeutung von Bethel im 7. Jh. cf. E.A. Knauf, Art. Bethel, RGG[4] I, Tübingen 1998, 1375f.

52 Cf. zu den כמרים C. Uehlinger, Gab es eine joschijanische Kultreform?, 77f.

53 Auf diesem Hintergrund ist dann auch ein erhellender Blick auf die Vorgehensweise der Redaktion möglich, die in v.12a*.13a*.15a* die expliziten Rückverweise auf konkrete Königsgestalten nachträgt. Darauf sei wenigstens im Umriß hingewiesen, auch wenn die genaue literarische und zeitliche Verortung der Ergänzungen in diesem Zusammenhang nicht untersucht werden soll. Es ist zunächst auffällig, daß sich eben nur in v.12.13.15 solche Nachträge finden, nicht aber in v.5-11. Das erklärt sich zum einen aus der Komposition des ursprünglichen Reformberichts in v.12-15*, zum anderen aber aus den materialen Anknüpfungspunkten, die dieser Textbereich bietet.

Aufgrund der Analyse stellen sich zwei Fragen, nämlich die nach der literarischen Gattung und die nach der historischen Verortung von 2 Reg 23,4-15*. Zunächst ist eine Negativbestimmung vorzunehmen: Der literarische Charakter des hier eruierten Reformberichts schließt es aus, daß es sich hierbei lediglich um eine selbständige Liste von Reformmaßnahmen oder um einen Annalenauszug aus dem königlichen Archiv handelte[54], der dann in 2 Reg 22f.* übernommen wurde. Die Komposition verweist auf einen anderen Sitz im Leben, es kann in 2 Reg 23,4-15* allenfalls mit der Bearbeitung einer Liste gerechnet werden[55], die, das wird man der exponierten Stellung des Königs entnehmen können, aus herrschaftspropagandistischen Gründen transformiert wurde. Sucht man nach einem analogen Fall, der einen Einblick in genau diese Gattungsproblematik gewährt, so ist auf die Beamtenlisten in 2 Sam 8,15b-18 und 2 Sam 20,23-26 zu verweisen. Was eine Liste im verwaltungstechnischen Sinne ist, ist an 2 Sam 20,23-26 ablesbar: die einzelnen Amtsträger sind den Funktionen entsprechend zusammengestellt. Die auf diese zurückgehende Darstellung in 2 Sam 8,15b-18 ist demgegenüber mit denselben literarischen Techniken, wie wir sie auch im ursprünglichen josianischen Reformbericht finden, bearbeitet worden – man hat sie chiastisch umstrukturiert – und wurde so zu einem Mittel der Königspropaganda[56].

Es stellt sich dann die zweite Frage, nämlich wann und zu welchem Zweck eine solche Darstellung des königlichen Wirkens wie in 2 Reg 23,4-15* verfaßt wurde. Die dominante Präsentation des Königs, die dann durch v.4a relativiert wurde, setzt aller Wahrscheinlichkeit nach die Funktionsfähigkeit dieser Institution voraus und läßt an die vorexilische Zeit denken. Weitere Präzisierungen ermöglicht in diesem Zusam-

---

Denn v.12-15* ist bereits im ursprünglichen Reformbericht der Textblock, der geschlossen auf das Vorangehende Bezug nimmt; wird der Reformbericht in einen weiteren Kontext – also den von 1+2 Reg* – gestellt, so kann daran angeknüpft werden. Wesentlicher ist allerdings der materiale Aspekt. Der kompositionelle Wendepunkt im ursprünglichen Reformbericht ist der Zentralvers v.11. Und es ist genau dieser Vers, der bereits im ursprünglichen Reformbericht – wenn auch pauschal – einen Rückverweis auf die Taten der Könige von Juda bietet. Der sich anschließende v.12 erwähnt dann, wiederum im ursprünglichen literarischen Bestand, die אחז עלית, die einzige namentliche Nennung eines judäischen Königs in 2 Reg 23,4-15*. Damit ist dem Redaktor das Schema vorgegeben: er verfährt nach dem Muster „allgemeiner Sachverhalt – Konkretion". Insofern greift er bei seinem Zusatz in v.12a zunächst auf den allgemeinen Hinweis in v.11 (אשׁר נתנו מלכי יהודה) zurück und trägt den entsprechenden Hinweis אשׁר־עשׂו מלכי יהודה ein. Die zweite und alle weiteren Ergänzungen bieten Konkretionen (Manasse, Salomo, Jerobeam I.), der konkreten Vorgabe in v.12a* korrespondierend (Ahas). Cf. zu den Ergänzungen in v.12a*.13a*.15a* und ihrer Konkteteinbindung N. Lohfink, Die Kultreform Joschijas, 212ff.

54 Cf. etwa C. Hardmeier, König Joschija in der Klimax des DtrG, 140.

55 Wenn 2 Reg 23,4ff. eine Liste zugrunde lag, dann ist diese aufgrund der diffizilen Syntax aus 2 Reg 23,4b-15* nicht mehr zu rekonstruieren. Eine Liste liegt demgegenüber in 2 Reg 18,4 vor; cf. H.-D. Hoffmann, Reform und Reformen, 146-155, und H. Spieckermann, Juda unter Assur, 170-175.

56 Cf. M. Arneth, „Sonne der Gerechtigkeit", 152-164.

menhang die Kompositionsanalyse. Zwar ist es aufgrund der literarischen Eigenart kaum vorstellbar, daß die genaue Abfolge bzw. der zeitlichen Rahmen der einzelnen Reformschritte rekonstruiert werden könnte. Dafür ermöglicht aber gerade die Komposition einen Einblick in den Reformschwerpunkt[57]. Denn nicht alle Reformschritte haben im Aufbau des Reformberichts gleiches Gewicht. Besonders hervorgehoben sind v.5* und v.11, also die Verse, die sich auf den Sonnengott, d.h. seine Kultbeamten und Kultrequisiten, bzw. allgemein auf Astralkulte beziehen. Nun zeigen gerade diese beiden Reformmaßnahmen Züge, die aufgrund der gegenwärtigen Quellenlage historisch im 7. Jh. zu situieren sind – vor allen Dingen die Priesterklasse der כמרים[58] – und z.T. deutlichen assyrischen Einfluß aufweisen. Schon die Verwendung des assyrischen Lehnwortes מזלות (v.5)[59] und des assyrischen Titels סריס (v.11)[60] sind hier einschlägig. Hinzu kommt, daß gerade die Vorstellung der Sonnenpferde und -wagen deutlich auf den assyrischen Kontext verweisen und „als Requisiten einer assyrischen Divinationspraxis zu verstehen"[61] sind. Es kann damit als sehr wahrscheinlich gelten, daß zumindest Josias Reform*bericht* ein in der grundsätzlichen Ausrichtung antiassyrisches Dokument ist. Wenn dies zutrifft, dann spricht nichts dagegen, in dem ursprünglichen Reformbericht 2 Reg 23,4-15* ein substanzielles Dokument der Josiazeit zu erblicken, das in der Phase der Ablösung von Aššur entstand[62].

Hebt der Verfasser des Textes selbst schon den neuassyrischen Hintergrund seiner Darstellung ins Licht, so ist zu fragen, ob eben dieser Hintergrund nur in einzelnen Reformmaßnahmen präsent ist, oder ob nicht sogar die Reformdarstellung in 2 Reg 23,4-15* als solche Analogien im neuassyrischen Kontext hat. Zumindest ein Fall ist hier zu nennen: die Kultreform Asarhaddons in Babylon.

---

57 In diesem Zusammenhang können wir auf Einsichten der Untersuchung von C. Uehlinger, Gab es eine joschijanische Kultreform?, 70ff., zurückgreifen, der die Zeitgebundenheit zumindest der in v.5.11.12 dargestellten Maßnahmen herausgearbeitet hat.

58 Cf. C. Uehlinger, Gab es eine joschijanische Kultreform?, 77ff.

59 Cf. H. Spieckermann, Juda unter Assur, 271ff.

60 H. Spieckermann, Juda unter Assur, 107ff.; C. Uehlinger, Gab es eine joschijanische Kultreform?, 74f.

61 C. Uehlinger, Gab es eine joschijanische Kultreform?, 76; cf. die Zusammenstellung der Argumente bei M. Arneth, „Sonne der Gerechtigkeit", 164ff.

62 Die „historische Reform" Josias, auf die 2 Reg 23,4-15* Bezug nimmt, wird dann allerdings kaum in einem bloß konjunkturell bedingten update des Jerusalemer Staatskultes angesichts der veränderten politischen Großwetterlage bestanden haben. Diese These ist lediglich dann plausibel, wenn man einzelne Reformschritte aus 2 Reg 23,4-15* isoliert betrachtet; gegen C. Uehlinger, Gab es eine joschijanische Kultreform?, 80f. Es handelte sich vielmehr tatsächlich um einen programmatischen Akt, anders läßt sich die ausgefeilte und deutlich orientierte Darstellung des ursprünglichen Reformberichts nicht verstehen, die eben nicht nur eine einfache Zusammenstellung von Einzelmaßnahmen ist.

III. Asarhaddons Kultreform in Babylon

Von Kultreformen ist nicht nur im Alten Testament die Rede, sondern auch im neu-assyrischen Kontext, nämlich in der Babylon-Inschrift Asarhaddons (681-669 v. Chr.).[63] Der von Asarhaddon betriebene und in der Inschrift ausführlich dargestellte Wiederaufbau Babels korrigiert die Politik – insbesondere auch die Religionspolitik – seines Vorgängers Sanherib (705-681 v. Chr.)[64].

Die die ganze Regierungszeit Sanheribs wesentlich prägende Auseinandersetzung mit Babylon steuerte ab 692 v. Chr. ihrem Höhe- und Endpunkt zu. In diesem Jahr sandte der seit 693 v. Chr. in Babel regierende Chaldäer Mušēzib-Marduk dem gerade auf den Thron gelangten König von Elam Ḫumban-nimena Geschenke aus dem Tem-pelschatz Esagilas, um diesen in eine antiassyrische Koalition einzubinden[65]. Im darauf-folgenden Jahr 691 v. Chr. kommt es bei Ḫalule zur Schlacht zwischen Sanherib und der antiassyrischen Koalition unter Beteiligung Babylons. Der Schlagabtausch zwischen den Kontrahenten endete zwar nicht eindeutig, er verzögerte allerdings nur die Ein-nahme Babels durch die Assyrer; sie erfolgte am 1.9.689 v. Chr. Sanherib ließ die Stadt zerstören[66] und den Mardukkult unterbinden[67].

Die Vorgänge werden in der Babylon-Inschrift Asarhaddons ausdrücklich erwähnt. Freilich nennt Asarhaddon den Namen seines Vaters Sanherib nicht, sondern führt die Zerstörung auf Vergehen der Einwohner selber zurück[68]. In Episode 3 (Rez. B, G)

---

63 R. Borger, Die Inschriften Asarhaddons Königs von Assyrien, AfO B. 9, Osnabrück 1967, § 11.

64 Cf. zur Babylonien-Politik Sanheribs E. Frahm, Einleitung in die Sanherib-Inschriften, AfO.B 26, Wien 1997, 9-18; H. Tadmor, Monarchie und Eliten in Assyrien und Babylonien: Die Frage der Verantwortlichkeit, in: S.E. Eisenstadt (Hg.), Kulturen der Achsenzeit. Ihre Ursprünge und ihre Vielfalt, Teil I, Frankfurt 1987, 292-323; G. Frame, Babylonia 689-627 B.C. A Political History, Istanbul/Leiden 1992, 52ff.; B. Porter, Images, Power, and Politics. Figurative Aspects of Esarhaddon's Babylonian Policy, Philadelphia 1993, 29ff.; W. Mayer, Politik und Kriegskunst der Assyrer, Abhandlungen zur Literatur Alt-Syrien-Palästinas und Mesopotamiens 9, Münster 1995, 342ff.

65 Cf. E. Frahm, a.a.O., 16.

66 Cf. aber G. Frame, Babylonia, 52ff.67f.

67 Zur Entwicklung des Verhältnisses zwischen dem Gott Assur und Marduk in der neuassyrischen Epoche bis Asarhaddon sowie zur Vorgeschichte und religionspolitischen Bedeutung der Zerstö-rung Babylons und der damit verbundenen Deportation der Mardukstatue und anderer Kultrequi-siten aus dem Marduktempel Esagila unter Sanherib für den Assurkult cf. E. Frahm, a.a.O., 282ff.; cf. auch W. Mayer, Der Gott Assur und die Erben Assyriens, in: R. Albertz (Hg.), Reli-gion und Gesellschaft. Studien zu ihrer Wechselbeziehung in den Kulturen des Antiken Vorderen Orients, AOAT 248, Münster 1997, (15-23) 18f.

68 Cf. E. Frahm, a.a.O., 21; G. Frame, a.a.O., 71.

werden in diesem Zusammenhang besonders ausführlich die sozialen Verwerfungen und Mißstände geschildert:[69]

„(4) Eine mörderische Schlinge (5) war um ihren Leib (6) gelegt. (7) Man knebelte den Schwachen (8) und schenkte ihn dem Mächtigen[70]. (9) In der Stadt gab es Bedrückung (10) und Bestechung. (12) Tag für Tag, nie endend, (13) stahl einer des anderen Eigentum. (14) Der Sohn verfluchte auf der Strasse (15) seinen Vater. (16) Der Sklave [gehorchte nicht] seinem Herrn, (2) [die Sklavin] hörte nicht auf [das Wort] ihrer Herrin."

Episode 4 (Rez. A)[71] nennt dann Kultfrevel am Marduktempel Esagila und die Bündnispolitik mit Elam als weitere Gründe für die Vernichtung:

69 Cf. R. Borger, a.a.O., 12. Wir schließen uns im folgenden R. Borgers Einteilung der verschiedenen Rezensionen in 41 Episoden an; die Übersetzungen sowie der Keilschrifttext stammt, wo nicht anders angegeben, ebenfalls von R. Borger. – Zur Überlieferungslage und den Problemen der vielfach differierenden Versionen cf. R. Borger, a.a.O., 10f.; J.A. Brinkman, Through a Glass Darkly. Esarhaddon's Retrospects on the Downfall of Babylon, JAOS 103, 1983, 35-42; M. Cogan, Omens and Ideology in the Babylon Inscription of Esarhaddon, in: H. Tadmor/M. Weinfeld, History, Historiography and Interpretation. Studies in Biblical and Cuneiform Literatures, Jerusalem 1983, 76-87.

70 R. Borger, a.a.O., weist in diesem Zusammenhang auf CH I,37-39, XLVII,59f. hin: (XLVII,59) *dan-nu-um en-ša-am* (60) *a-na la ha-ba-lim* „Damit der Starke den Schwachen nicht schädigt" (cf. R. Borger, Babylonisch-assyrische Lesestücke I, AnOr 54, Rom ²1994, 46). Die Phrase aus dem Codex Hammurapi wird dann auch mehrfach in den Assurbanipalinschriften aufgenommen, und zwar im Zusammenhang mit der Einsetzung des Šamaš-šum-ukîn in Babylon: (Zyl. L¹,11) *aš-šu dan-nu a-na enši la ha-ba-li* ˡⁱˡᵘ·ⁱᵒᵘ*šamaš-ukîn* (12) *ahi ta-li-me a-na šarru-u-ti bâb-ili*ᵏⁱ *ap-kid* „Damit der Starke den Schwachen nicht schädige, bestellte ich Šamaš-ukîn, meinen Lieblingsbruder, für die Königsherrschaft über Babylon"; M. Streck, Assurbanipal und die letzten assyrischen Könige bis zum Untergange Niniveh's II, Leipzig 1916, 226f.; ebenso S. 232, Zylinder P¹ Z.13ff.; S. 242, Stele S² Z.30ff.; S. 246, Stele S³ Z.50ff. Daß bei der Einsetzung des Stellvertreters Assurbanipals in Babylon Šamaš-šum-ukîn auf die Tradition des Hammurapi rekurriert wird, verwundert nicht. Bei der Inthronisation des assyrischen Königs Assurbanipal selber scheinen diese Traditionen ausweislich seines Krönungshymnus allerdings keine Rolle zu spielen: in SAA III,11 Z.8-11 kommen andere Vorstellungen zum Zuge (cf. M. Arneth, „Möge *Šamaš* dich in das Hirtenamt über die vier Weltgegenden einsetzen". Der „Krönungshymnus Assurbanipals" [SAA III,11] und die Solarisierung des neuassyrischen Königtums, ZAR 5, 1999, 29ff.). Die gegenüber dem Codex Hammurapi abgewandelte Rezeption in der Babyloninschrift Asarhaddons – die genannten Belege in den Assurbanipalüberlieferungen zeigen eine weitaus deutlichere Nähe zum CH – hängt mit der chiastischen Anlage von Rez. G Z.7f. zusammen: [A] (7) *[e]n-šu* [B] *i-hab-bi-lu* [B'] (8) *[i]-šar-ra-[ku* [A'] *a-na dan-ni*. Zu vergleichbaren Kompositionstechniken im CH selber cf. V.A. Hurowitz, *Inu Anum ṣirum*. Literary Structures in the Non-Juridical Sections of Codex Hammurabi, Occasional Publications of the Samuel Noah Kramer Fund 15, Philadelphia 1994.

71 R. Borger, Die Inschriften Asarhaddons, 13; Rez. B ist an dieser Stelle fragmentarisch, dem Inhalt nach aber im wesentlichen identisch.

„(28b) An das Besitztum (29) Esagilas, des Palastes der Götter, (30) eines (für Laien) unbetretbaren Ortes, legten sie ihre Hand, (31) und Silber, Gold (32) und Edelsteine verschleuderten sie nach (33) Elam als Kaufpreis".

Wann Asarhaddon mit den Wiederaufbaumaßnahmen in Babylon begann, läßt sich nicht genau sagen[72]. Die Initialzündung erfolgte nach der Darstellung in Episode 12 (Rez. D) kurz nach der Thronbesteigung[73]:

„(9) Am Anfang meiner Regierung, in meinem ersten (10) Regierungsjahre, nachdem (11) ich mich feierlich auf meinen königlichen Thron gesetzt hatte, (12) gab es gute ‚Kräfte' (13) im Himmel und auf Erden; betreffs Bewohnbarmachung der Stadt und Erneuerung ihrer Kulträume (14) schickte er [i.e. Marduk] sie fortwährend als sein Vorzeichen".

Daß der Gott Marduk als Initiator der Aktivitäten Asarhaddons genannt wird, hängt mit der umfassenden Deutungsperspektive zusammen, aus der heraus das ganze Geschehen dargestellt wird und die auch in den Grundzügen die Komposition bestimmt.[74]

Die Konzeption (Rez. A) weist eine gut erkennbare Rahmung auf, insofern zwischen Episode 1, der Selbstvorstellung des Königs Asarhaddon, und Episode 39, den Wünschen für eine glückliche Zukunft der königlichen Herrschaft, deutliche Entsprechungen bestehen[75]. Zum einen wird der Gott Marduk und seine Gattin Ṣarpânîtu, also die legitimierenden Gottheiten genannt[76]. Der König bezeichnet sich eingangs (Episode 1) als

„(8) … Günstling (9) des Herrn der Herren, frommer Fürst, (10) Liebling der Ṣarpânîtu …".

Episode 39 (Rez. A, C) greift dies folgendermaßen auf:

---

72 Zur Lage in Babylon beim Herrschaftsantritt Asarhaddons und zu den Datierungsproblemen cf. G. Frame, Babylonia, 65ff. Wahrscheinlich erfolgte der Beginn der Baumaßnahmen nach 679 v. Chr.; sie wurden erst unter Assurbanipal beendet.

73 R. Borger, Die Inschriften Asarhaddons, 16.

74 Wir beschränken uns im folgenden auf die Darstellung kompositionellen Grundzüge. Da die einzelnen Versionen z.T. erheblich voneinander abweichen, muß auch jede Fassung für sich mit Blick auf die Kompositionsintention analysiert werden, was durch die Überlieferungslage erschwert wird. Das ist hier nicht zu leisten; cf. zur Eigenbedeutung der Rez. E die Untersuchung von M. Cogan, Omens and Ideology, 78ff. Mit Blick auf 2 Reg 23,4-15* können wir uns ohnehin auf die Herausstellung von einzelnen Motiventsprechungen konzentrieren.

75 R. Borger, Die Inschriften Asarhaddons, 11f.26f. Die Episoden 40f. dienen der Bestandsicherung des Werks Asarhaddons durch Segen und Fluch und können hier ausgeklammert werden.

76 Ṣarpânîtu wird sonst nur noch in Episode 30 (Rez. C) erwähnt, allerdings nur im Zuge lokaler Näherbestimmungen.

„(42b) Marduk (43) und Ṣarpânîtu, (VIII,1) meine göttlichen Helfer, (2) mögen meine guten Werke (3) freudig anblicken (4) und fest entschlossen (5) mein Königtum beständig segnen".

Von Bedeutung ist aber vor allen Dingen, daß sich der König zu Beginn als *rê'û* (SIPA) *ke-[e]-nu* „treuer Hirte" (Episode 1, Rez. A Z. 8) bezeichnet, was in Episode 39 (Rez. A, C) wie folgt wiederkehrt:

(VIII,14) *ina kit-te* u** mi-šá-ri* (15) *lu-ur-te-('-)a* (16) *ba-ḫu-la-ti*-šú**-un*

„(VIII,14) In Recht und Gerechtigkeit möge ich (16) ihre (sc. Marduk und Ṣarpânîtu, Untertanen (15) hüten."[77]

Neben diesem deutlichen äußeren Rahmen gibt es einen weiteren, der sich an Episode 1 anschließt bzw. Episode 39 vorausgeht und das Problem der sozialen Verwerfungen thematisiert. In Episode 3 fungiert dies als Motiv für den Niedergang Babylons und lautet in der Fassung der Rez. A:

„(21b) Die Leute, (22) die dort wohnten, (23) antworteten einander immer wieder (22) (mit dem Munde?): Ja, (im Herzen?): Nein, (24) und redeten (also) Unwahrheiten."[78]

Die Wiederherstellung der sozialen Ordnung aufgrund des königlichen Eingreifens[79] wird dann in Episode 37 (Rez. A, C) ausführlich geschildert:

„(16) Den *andurâru* (12f.) der bedrückten Babylonier, (14) der *kidinnu*-Leute, der *šubarê* (15) des Anu und des Enlil, (17) stellte ich von neuem her. (18) Die Verkauften (?), welche in (19) Sklaverei geraten (20) und den Banden (21) und den Fesseln anheim gefallen waren, (22) sammelte ich (23) und machte sie wieder zu Babyloniern; (24) ihr geraubtes Eigentum (25) gab ich ihnen zurück. (26) Die Nackten (27) bekleidete ich. Dann liess ich sie den Weg nach Babel (28) einschlagen. (32) Ich ermunterte sie, (29) sich in der Stadt niederzulassen, Häuser zu bauen, (30) Baumpflanzungen anzulegen (31) und Kanäle zu graben. (33) Ihre *kidinnûtu*, (34) die aufgehört hatte und abhanden (35) gekommen war, (36) stellte ich wieder her. (37) Ihre *zakûtu* beurkundete ich aufs neue. (38) Nach den vier Windrichtungen (39) öffnete ich ihre Strassen, (42) damit sie ihr Trachten darauf richten sollten, (40) mit sämtlichen Ländern (41) zu verkehren."

---

77 Die beiden kongruierenden Motive, die „herrschaftslegitimierenden Gottheiten" und die „rechte Hirtenschaft", stehen mit Blick auf ihre Abfolge in Episode 1 und 39 in einem – wohl kaum zufälligen – chiastischen Entsprechungsverhältnis.

78 Erheblich pointierter ist die bereits zitierte Fassung der Rez. B und G; s.o.

79 Zum neuassyrischen *andurāru* cf. E. Otto, Programme der sozialen Gerechtigkeit. Die neuassyrische *(an-)durāru*-Institution sozialen Ausgleichs und das deuteronomische Erlaßjahr in Dtn 15, ZAR 3, 1997, 31ff.

An Episode 3 schließt sich mit Episode 4 (Rez. A) ein weiterer Mißstand an, nämlich die bereits zitierte Mißachtung des Marduktempels (s.o.), die dann den Zorn Marduks:

> „(34) Da ergrimmte der Enlil (35) der Götter, Marduk; um das Land niederzuwerfen (36) und seine Bewohnerschaft zu verderben, (37) sann er Böses" (Ep. 5, A),

sein breit geschildertes Vernichtungshandeln – das „Ebenbild der Sintflut" *tam-šil a-bu-bu* (Episode 7 Rez. A Z.40f.) – und die Entgötterung des Landes zur Folge hat (Episode 5-9). Den Wendepunkt – und damit das Zentrum der Konzeption – markiert der Sinneswandel des barmherzigen Marduks, den Episode 10 schildert (Rez. A):

> „(2b) Obgleich er 70 Jahre (3) als die Frist seiner Entvölkerung (4) (auf die Schicksalstafeln) geschrieben hatte, hat der barmherzige (5) Marduk, nachdem sein Herz alsbald (6) zur Ruhe gekommen war, (7) die Ziffern vertauscht (8) und seine Wiederbebauung im 11. Jahr (9) befohlen."

War die Zerstörung Babylons ein durch seine Einwohner selbst verschuldetes Strafgericht Marduks – Sanherib wird in diesem Zusammenhang mit keinem Wort erwähnt, auch nicht als Ausführungsorgan des Gottes –, so wird die Restitution Esagilas und Babylons zwar auf den Sinneswandel Marduks zurückgeführt, die Realisierung aber dem im Auftrag Marduks handelnden assyrischen König Asarhaddon zugeschrieben. Die Episoden 11-36 schildern die Berufung des Königs und die Umsetzung des Auftrags. Trotz der Breite der Darstellung des königlichen Handelns darf allerdings nicht übersehen werden, daß der Gegensatz zwischen Marduks Zorn und Marduks Barmherzigkeit im Zentrum steht. Die deutlich erkennbare chiastische Grundkonzeption des Textes ist durch das Schema „vorher – nachher" motiviert und auf die Rahmungen ausgeweitet worden:

```
A  Ep.1: Vorstellung Asarhaddons (gerechter Hirte; Marduk + Ṣarpânîtu)
   B  Ep.2-4: Soziale Mißstände, Frevel an Esagila
      C  Ep.5-9: Zorn des Marduk und Vernichtungsgericht
      C' Ep.10-36: Sinneswandel Marduks, Beauftragung Asarhaddons
                   und Wiederaufbau Babylons
   B' Ep.37: Beseitigung sozialer Mißstände
A' Ep.39: Wünsche für die Regierung Asarhaddons
         (Marduk + Ṣarpânîtu); gerechter Hirte)
```

Niederschrift und Bestandsicherung durch Segen und Fluch: Ep.40f.

IV. Der Reformbericht 2 Reg 23,4-15* und die Kultreform Asarhaddons

Im Lichte der die Komposition der Babyloninschrift Asarhaddons wesentlich prägenden theologischen Perspektive wird der König als Beauftragter des Gottes Marduk dargestellt (Episode 11), der seinen Willen durch kontinuierliche astrale Vorzeichen offenbart (Episode 12-14)[80]. Dementsprechend setzt Asarhaddon den Gottesauftrag nicht nur durch den Einsatz von Arbeitskräften um (Episode 19), sondern stellt sich selbst als an den Baumaßnahmen direkt Beteiligter dar (Episode 21, Rez. A)[81]:

> „(12b) Um seine grosse Gottheit (13) den Leuten zu zeigen (15) und sie zu lehren, seine Herrschaft zu fürchten, (16) trug ich den Tragkorb(?) auf meinem Haupte (17) und setzte ihn mir selbst auf."

Der ursprüngliche Reformbericht 2 Reg 23,4-15* läßt zwar aufgrund seines fragmentarischen Charakters keinen Rückschluß auf den konkreten Reformanlaß zu – etwa die Beauftragung durch die Gottheit –, doch ist die Konzentration der Handlung auf den König nur im Kontext seiner Mittlerstellung zwischen Gottheit und Volk verständlich.[82] Die herausgehobene Stellung des Königs ist allerdings nicht das einzige analoge Moment zwischen der Asarhaddon- und der Josia-Reform.

In Episode 32f. (Rez. C, D), der Textpassage, die nicht der Darstellung von baulichen Erneuerungen innerhalb der Asarhaddon-Inschrift dient[83], heißt es:

> (V,39) Die Statuen der großen Götter erneuerte ich, (40) und liess sie in ihren Heiligtümern für ewig wohnen. (42) Die *šêdu*- und *lamassu*-Kolosse (43ff.) ... (VI,3) stellte ich auf. (4) Alle (5) Geräte, (6) deren man in Esagila bedarf, (7) Machwerk aus Gold und Silber, (9) deren ... (8) je 50 Minen betrug, (10) liess ich mit feiner Kunst (11) kunstvoll herstellen. (12) Die heiligen religiösen Ordnungen von Esagila (13) setzte ich

---

80 Cf. zur zunehmenden Bedeutung der Divination in neuassyrischer Zeit H. Spieckermann, Juda unter Assur, 235ff.; M. Cogan, Omens and Ideology, 78ff.; S.M. Maul, Der assyrische König – Hüter der Weltordnung, in: J. Assmann u.a. (Hg.), Gerechtigkeit. Richten und Retten in der abendländischen Tradition und ihren altorientalischen Ursprüngen, München 1998, 65ff.

81 Als direkt Handelnder erscheint Asarhaddon noch in Episode 26.

82 Cf. H.-D. Hoffmann, Reform und Reformen, 210; zur Stellung des Königs in josianischer Zeit cf. M. Arneth, „Sonne der Gerechtigkeit", 94ff.148ff.164ff.

83 Die baulichen Maßnahmen werden in Episode 23-31.34f. beschrieben. Mit Blick auf Episode 32 bietet die Rez. A eine ausführlichere Version: „(9) Die Götter und Göttinnen, die darin wohnten, (10) welche das Überschwemmungswasser (11) und der Gewitterregen fortgeführt hatte, (12) deren Aussehen traurig geworden war, (13) hob ich aus ihrem schlimmen Verfalle, (14) ihre verdüsterten Züge (15) liess ich erglänzen, ihr schmutziges Gewand (16) reinigte ich, und ich liess sie in ihren Heiligtümern (17) für ewig wohnen"; cf. zur Kultbildrenovierung unter Asarhaddon A. Berlejung, Die Theologie der Bilder. Herstellung und Einweihung von Kultbildern in Mesopotamien und die alttestamentliche Bilderpolemik, OBO 162, Freiburg/Göttingen 1998, 158ff.

wieder instand (15) und machte sie weit herrlicher (14) als zuvor. (16) Ihre reinen *guqqânu*-Opfer, (17) ihre glänzenden Brotopfer (18) und ihre abgeschafften Stiftungs- opfer (19) setzte ich zu ihrer Verfügung fest. (20) *ramku-, pašîšu-* (21) und *angubbû*- Priester, Opferschauer, (22) die das Geheimwissen wahren, (23) bestellte ich zu ihrem Dienste; (24) *išibbu-, âšipu-,* (25) *kalû-* und *nâru*-Priester, (26) die über die gesamte Wis- senschaft (27) verfügen, stellte ich (28) zu ihrer Verfügung."

Die Kultrestitution besteht demnach in vier Schritten: 1. Erneuerung der Götterstatuen (V,39-VI,3); 2. Herstellung von Kultgeräten (VI,4-11); 3. Festsetzung der Kult- ordnungen (*parṣu*) und Opfer (VI,12-19); 4. Einsetzung des Kultpersonals (VI,20-28).

Zwar unterscheidet sich der ursprüngliche josianische Reformbericht schon durch die grundsätzliche Orientierung von dieser Auflistung, da es in ihm nicht um die Wie- dereinsetzung von Kulten geht, sondern um ihre Austilgung. Aber auch in der Negation sind die Entsprechungen deutlich:

1. Die Darstellung der Josiareform nennt in 2 Reg 23,4* die Vernichtung von Ge- rätschaften aus dem היכל יהוה; dem entspricht Episode 33, VI,4-11.

2. In 2 Reg 23,5* schließt sich die Abschaffung der כמרים an, also einer besonderen Priesterklasse, die auf Astralgottheiten spezialisiert war. Episode 33, VI,20-28 nennt die Einsetzung von mehreren Priesterklassen.[84]

3. Die Vernichtung der Ašerah wird im Reformbericht 2 Reg 23,4-15* in v.6 ver- merkt. In Episode 32, V,39-VI,3, steht die Erneuerung der Götterstatuen den Maßnah- men voran.

Keinen Anhalt am josianischen Reformbericht hat das dritte Element der Perikope aus der Asarhaddon-Inschrift, also die Behandlung von Kultordnungen und Opfern. Darüberhinaus ist es auffällig, daß der judäische Bericht mit der Vernichtung von Kultgeräten aus dem Jahwetempel einsetzt und erst an dritter Stelle die Ašerah erwähnt, während der neuassyrische Text, dem sachlichen Gewicht entsprechend, mit der Re- staurierung der Götterstatuen beginnt. Analog ist in beiden Darstellungen allerdings die Abfolge von „Kultgeräten" (2 Reg 23,4; Episode 33, VI,4-11) und „Kultbeamten" (2 Reg 23,5; Episode 33, VI,20-28).

Zu den Gemeinsamkeiten in inhaltlichen Details kommen die formalen Aspekte. Sowohl die Verfasser der judäischen als auch die der neuassyrischen Reformdar- stellung haben ihren Texten durch dieselben literarturtechnischen Mittel ein hohes Maß an programmatischer Geschlossenheit verliehen. Die Darstellung dient jeweils der Legitimation im Wandel:

Der Bericht über den Wiederaufbau Babylons und Esagilas markiert den Wende- punkt mit Blick auf die Babylonpolitik des neuassyrischen Reiches, insofern der neu inthronisierte König Asarhaddon die Maßnahmen seines Vorgängers Sanherib zu kor- rigieren sucht.

---

84 Für die *angubbû*-Priester ist astrale Orientierung anzunehmen; cf. AHw I 51 *angubbû(m)*.

Der ursprüngliche Reformbericht 2 Reg 23,4-15* weist aufgrund seiner spezifischen literarischen Anlage eine deutliche gegen assyrische oder zumindest assyrisch beeinflußte Institutionen gerichtete Tendenz auf. Er steht aller Wahrscheinlichkeit nach im Zusammenhang mit einer programmatischen Neuorientierung im spätvorexilischen Juda nach Beendigung der assyrischen Vorherrschaft in Palästina um 623 v. Chr., als sich die Assyrer zugunsten der Ägypter aus Syrien-Palästina zurückzogen. Das somit entstandene kurzfristige Machtvakuum – Ägypten nahm die neue/alte Hegemonialstellung zunächst nicht wahr[85] – bietet sich als Hintergrund an.

Wenn man aufgrund des Befundes auch nicht davon ausgehen kann, daß zwischen beiden Texten direkte Abhängigkeiten bestehen, so steht doch der ursprüngliche josianische Reformbericht in spätvorexilischer Zeit nicht analogielos da.

---

85 Cf. N. Na'aman, The Kingdom of Judah under Josiah, Tel Aviv 18, 1991, 33ff.55ff.

Hiskia und Josia

von Martin Arneth

I. Das Problem

Zu den herausragenden Gestalten der Königszeit Israels und Judas gehört – folgt man der Darstellung der Königebücher – neben Josia (639-609 v. Chr.) vor allen Dingen Hiskia (725-696 v. Chr.?[1]). Mit Blick auf die Überlieferung überflügelt Hiskia rein quantitativ den Kultreformator Josia; die Tendenz setzt sich in den Chronikbüchern (2 Chr 29-35) fort. Dabei dürfte nicht zuletzt die ihm zugeschriebene Rettung Jerusalems vor Sanherib 701 v. Chr. sowie die zeitliche Nähe zum Propheten Jesaja eine nicht unerhebliche Rolle gespielt haben – wie auch immer die realgeschichtlichen Vorgänge genau zu rekonstruieren sein mögen[2]. Gegen Josia spricht in den Augen der religiösen Geschichtsdeutung der exilisch-nachexilischen Zeit immerhin, daß er es nicht vermocht hatte, den Lauf der Dinge zu verändern und damit den Untergang Jerusalems wirkungsvoll aufzuhalten[3]. Im ersten, frühestens exilisch verfaßten Teil des Orakels 2 Reg 22,15-17, das auf die Aufforderung zur Fürbitte (2 Reg 22,13) durch den König hin ergeht, heißt es aus dem Mund der Prophetin Hulda, der aktuellen Trägerin des Mosaischen Amtes (Dtn 18,9-22)[4], klipp und klar:

> „[15] Und sie (i.e. Hulda) sprach zu ihnen: So spricht Jahwe, der Gott Israels: sprecht zu dem Mann, der euch zu mir gesandt hat. [16] So spricht Jahwe: Siehe, ich bringe jetzt Unheil über diesen Ort und über seine Einwohner, alle Worte des Schriftstücks, die der König Judas gelesen hat. [17] Weil sie mich verlassen und anderen Göttern geräuchert haben, um mich zu kränken mit allen Werken ihrer Hände. So ist mein Zorn entbrannt über diesen Ort und wird nicht erlöschen."

---

1   Die Regierungszeit Hiskias ist bekanntlich umstritten; cf. etwa M. Hutter, Art. Hiskija (NBL II), 169f.; E. Otto, Art. Hiskia (RGG[4] III), 1791.
2   Cf. etwa R. Liwak, Die Rettung Jerusalems im Jahr 701 v. Chr. (ZThK 83), 137-166; A. van der Kooij, Das assyrische Heer vor den Mauern Jerusalems im Jahr 701 v. Chr. (ZDPV 102), 93-109; H. Donner, Geschichte des Volkes Israel und seiner Nachbarn in Grundzügen (ATD Erg. 4/2), 352ff.; B. Becking, Chronology: A Skeleton without Flesh? (JSOT.S 363), 46-72.
3   Cf. etwa N. Na'aman, The Debated History of Hezekiah's Reform (ZAW 107), 194f.
4   Cf. hierzu U. Rüterswörden, Die Prophetin Hulda (ÄAT 30), 237ff.

Wenngleich auch der König Josia selber – dem möglicherweise älteren Stratum des Huldaorakels zufolge[5] – vom bevorstehenden Unheil ausgenommen werden sollte (2 Reg 22,18-20), der Tun-Ergehen-Zusammenhang war nicht mehr zu stoppen. Vor allen Dingen sein Vorvorgänger Manasse hatte – zumindest nach Meinung seiner deuteronomistischen Kritiker (2 Reg 21,1-18)[6] – seine fünfundfünfzigjährige Regierungszeit (696-642 v. Chr.) vornehmlich dazu genutzt, das ohnehin schon nicht ganz ausgeglichene Schuldkonto Judas nachhaltig und irreversibel zu überziehen (2 Reg 23,26).

Trotzdem stehen beide Könige – Hiskia ebenso wie Josia – in der zusammenfassenden ethisch-religiösen Bewertung nahezu auf einer Stufe. In 2 Reg 18,5 heißt es von Hiskia: „Auf Jahwe, den Gott Israels, vertraute er. Und nach ihm war keiner wie er unter allen Königen Judas, und denen, die vor ihm gewesen sind." Ein paar Kapitel später wird in 2 Reg 23,25 Josias Lebensleistung fast identisch evaluiert: „Wie er war vor ihm kein König, der zu Jahwe umkehrte mit seinem ganzen Herzen und mit seiner ganzen Seele und mit seiner ganzen Kraft entsprechend der ganzen Tora des Mose. Und nach ihm stand keiner auf wie er."

In beiden Fällen stehen die, wenn auch nicht vollständig, so doch in der Grundtendenz analogen Beurteilungen in engem Zusammenhang mit kultischen Reformmaßnahmen. Für Josia verwundert das nicht. Was über ihn zu berichten ist, rankt sich im wesentlichen um sein Eintreten für Kultreinheit und Kulteinheit. Daß zumindest in 2 Reg 23,4-15* mit einem in die Josiazeit weisenden Kern zu rechnen ist, der sich auch noch literarisch einigermaßen rekonstruieren läßt, kann als höchst wahrscheinlich gelten[7]. Mit Blick auf die Hiskiareform in 2 Reg 18,4 ist die Debattenlage heterogener. Sie steht zudem im Schatten der Diskussion um die Josiareform. Das hängt nicht zuletzt mit dem Wechselspiel zwischen Hiskia, Manasse und Josia zusammen: Was Josia ab-

---

5   Etwa H. Spieckermann, Juda unter Assur in der Sargonidenzeit (FRLANT 129), 58ff. Cf. aber zur Funktion von 2 Reg 22,18-20 in der nachexilischen Zeit E. Otto, Der Pentateuch im Jeremiabuch (ZAR 12), Anm. 36.

6   Zu Manasse cf. bes. P.S.F. van Keulen, Manasseh Through the Eyes of the Deuteronomists (OTS XXXVIII), 144ff.; M.A. Sweeney, King Manasseh of Judah and the Problem of Theodicy in the Deuteronomistic History (London/New York 2005), 264-278.

7   S.o. Die antiassyrische Reform Josias von Juda, 246-274. Cf. die Forschungsgeschichte bei E. Otto, Das Deuteronomium (BZAW 284), 6ff. Mit einer relativ umfänglichen vorexilischen Fassung des Reformberichts rechnen etwa K. Koch, Gefüge und Herkunft des Berichts über die Kultreformen des Königs Josia (FS H.D. Preuß), 80-92; C. Uehlinger, Gab es eine joschijanische Kultreform? (BBB 98), 57-89; ders., Was there a Cult Reform under King Josiah? (London/New York 2005), 279-316; C. Hardmeier, König Joschija in der Klimax des DtrG (2Reg 22f.) und das vordtr Dokument einer Kultreform am Residenzort (23,4-15*) (BThSt 40), 83ff.. Dagegen H. Niehr, Die Reform des Joschija (BBB 98), 33-55, im Anschluß an C. Levin, Josia im deuteronomistischen Geschichtswerk (BZAW), 198ff.

schaffte und zerstörte, muß zuvor schuldhaft eingeführt worden sein, in diesem Fall durch die Rücknahme der hiskianischen Reformmaßnahmen durch Manasse.[8]

Es gibt aber auch Stimmen, die in diesem Zusammenhang nicht nur mit einer dtr Fiktion rechnen, sondern der Hiskiareform historisches Gewicht zusprechen. Zumindest eine Opferzentralisation sei ihm zuzuschreiben, denn auffälligerweise fordert 2 Reg 18,22 nur eine solche, nicht hingegen eine Kultzentralisation[9]. Ein Hauptargument hierfür ist natürlich die Auflistung des auf Mose zurückgeführten Nechuschtan unter den von Hiskia zerstörten Kulteinrichtungen (וכתת נחש הנחשת אשר־עשה משה), zumal diese Maßnahme in einem, wenn auch nicht leicht zu deutenden Zusammenhang mit Num 21,4-9 stehen dürfte[10].

Daß ab der zweiten Hälfte des 8. Jahrhunderts ohnehin einiges im Schwange ist[11], machen die neueren Untersuchungen zur Religionsgeschichte des Neuassyrischen Reiches sowie die Auswertung der materialen Überreste und Denkmäler der Eisen II C-Zeit in Palästina[12], die auf eine zunehmende Astralisierung der Gottheiten schließen läßt, deutlich. In Assyrien kommt zumindest nach der Eroberung Babylons durch Sanherib (704-681 v. Chr.), die auch die Zerstörung von Götterstatuen einschließt, religionspolitisch einiges in Bewegung. Zumindest der Propaganda nach werden Reformen in Gang gesetzt, die dann auch zur Konzentration auf den Aššur-Kult führen[13].

Mit Blick auf die Palästinaarchäologie sind neben der Zerstörung des Hörneraltars von Tell Scheba die baulichen Veränderungen am – mit Blick auf die Königszeit in Juda bisher einzig bekannten – (Jahwe-)Heiligtum von Arad[14] weiter in der Diskussion.

8   Cf. etwa J. Wellhausen, Prolegomena zur Geschichte Israels, Berlin u.a. [6]1927, 25f.; E. Otto, Das Deuteronomium (BZAW 284), 11; zuletzt E. Aurelius, Zukunft jenseits des Gerichts (BZAW 319), 31ff.

9   Cf. G. Braulik, Leidensgedächtnisfeier und Freudenfest (SBAB 2), 98; N. Lohfink, Die Bundesurkunde des Königs Josia (SBAB 8), 139; ders., Gab es eine deuteronomistische Bewegung? (SBAB 20), 108ff.; ders., Kultzentralisation und Deuteronomium (SBAB 31), 150. Cf. aber E. Otto, Das Deuteronomium (BZAW 284), 69.

10 Cf. M. Arneth, Die Hiskiareform (ZAR 12), III.2.

11 Die für die Hiskiazeit einschlägigen keilschriftlichen Quellen sind zusammengestellt bei M. Hutter, Hiskija – König von Juda (Graz 1982), 27ff.

12 Cf. die Zusammenstellung bei O. Keel/C. Uehlinger, Göttinnen, Götter und Gottessymbole (QD 134), 322ff.541ff.

13 Cf. jetzt die Synthese von G.W. Vera Chamaza, Die Ominipotenz Aššurs (AOAT 295), 92ff. G.W. Vera Chamaza stellt als wesentliche Merkmale der henotheistischen Aššur-Konzeption Sanheribs neben dem Neubau des *bīt akīti* in Aššur als der wichtigsten sakralen Bautätigkeit vor allen Dingen die Verschränkung von Schicksals- und Schöpferprädikation heraus.

14 Cf. hierzu jetzt den Zwischenbericht zur Eisenzeit von Z. Herzog, The Fortress Mount at Tel Arad (Tel Aviv 29), 35ff.49ff. Der These einer reinen Opferzentralisation unter Hiskia ist der Befund, so wie er sich nunmehr darstellt, allerdings nicht sonderlich günstig. Denn der Altar und die Massebe in Stratum VIII wurden nicht nur nicht zerstört, sondern sind sorgfältig außer Betrieb genommen worden, vielmehr wurde auch die gesamte Tempelanlage bereits Ende des 8. Jh. überbaut – und nicht erst in Stratum VII, wie man bisher annahm. In Benutzung war der

Und darüber hinaus läßt sich über die historischen Rahmenbedingungen der Assyrergefahr und den Versuch Hiskias, dieser zu begegnen, einiges erheben[15]. Zum einen ist den Assyrern in einer offenen Feldschlacht nicht zu begegnen, so daß die militärische Strategie sich auf die Befestigung der Städte konzentriert. Der Schutz der Landbevölkerung soll durch die Umsiedlung in die Städte sichergestellt werden. Zum anderen soll aber die Assyrergefahr als Motivationsgrund für die Umsiedlungsmaßnahmen denn doch nicht ausreichen. So werden zusätzlich auch religionspolitische Maßnahmen erforderlich, denn die Bodenhaftung der bäuerlichen Großfamilien durch Erbbesitz und lokalen Ahnenkult muß aufgebrochen werden, d.h. die ländlichen Kultorte werden zerstört. Das läuft dann allerdings darauf hinaus, daß Hiskia eine auch über die Assyrergefahr hinausgehende Umstrukturierung der „Gesellschaft" im Blick gehabt hätte.

Die Voraussetzungen für die historische Rekonstruktion eine Kult- bzw. Opferform Hiskias sind also sowohl im Blick auf die religionsgeschichtliche Großwetterlage als auch hinsichtlich der konkreten historischen Rahmenbedingungen nicht schlecht. Und folglich kann über Hiskia und sein Reformwerk auch ganz anders geurteilt werden. So geht etwa G. Braulik davon aus, daß der Grundbestand der Zentralisationsgesetze des Deuteronomiums zumindest „eine Opferzentralisation unter Hiskija von Juda (725-697 v.Chr.) reflektieren und nachträglich legitimieren"[16] dürfte. Läßt sich dies tatsächlich auch anhand der Quellen des Alten Testaments nachvollziehen? Zu diesem Zweck sollen die für die Hiskiareform einschlägigen Überlieferungen nochmals in den Blick genommen werden – neben 2 Reg 18,22 vor allen Dingen natürlich 2 Reg 18,1-8.

II. Die literarische Eigenart von 2 Reg 18,3-8

Die Abgrenzung von 2 Reg 18,1-8 ist zunächst durch den erneuten Einsatz mit der synchronen Datierung in 2 Reg 18,9 zu begründen. Der Text lautet wie folgt:

> „[(1)] Und es war im dritten Jahr Hoseas, den Sohnes Ela, des Königs von Israel, da herrschte Hiskia, der Sohn Ahas, als König in Juda. [(2)] Fünfundzwanzig Jahre war er, als er König wurde, und neunundzwanzig Jahre war er König in Jerusalem. Und der Name

---

Tempel nur ungefähr 50 Jahre (in Stratum X-IX; Mitte/2.H. 8. Jh.). Cf. auch N. Na'aman, The Debated History of Hezekiah's Reform in the Light of Historical an Archaeological Research (ZAW 107), 184-187.

15 Cf. B. Halpern, Jerusalem (JSOT.S 124), 18ff.; cf. hierzu zustimmend N. Lohfink, Gab es eine deuteronomistische Bewegung? (SBAB 20), 108ff.

16 G. Braulik, Das Buch Deuteronomium (KStTh 1,1), 143f. Cf. auch C. Dohmen, Das Bilderverbot (BBB 62), 263f.; L.K. Handy, Hezekiah's Unlikely Reform (ZAW 100), 111ff.; R. Albertz, Religionsgeschichte Israels in alttestamentlicher Zeit 1 (ATD Erg. 8/1), 280ff.; O. Borowski, Hezekiah's Reform and the Revolt against Assyria (BA 58), 148ff.; A. Moenikes, Tora ohne Mose (BBB 149), 35ff.

seiner Mutter war Abi, die Tochter Sacharjas. [3] Und er tat das Richtige in den Augen Jahwes, entsprechend allem, das David, sein Vater, getan hatte. [4] Er war es, der die Höhen entfernte. Und er zerbrach die Masseben. Und er schnitt die Aschere ab[17]. Und er zerschlug die Bronzeschlange, die Mose gemacht hatte. Denn bis zu jenen Tagen räucherten ihr die Israeliten. Und er nannte[18] ihn Nechuschtan. [5] Auf Jahwe, den Gott Israels, vertraute er. Und nach ihm war keiner wie er unter allen Königen Judas, und denen, die vor ihm gewesen sind. [6] Und er hing an Jahwe; er wich nicht von ihm. Und er beachtete seine Gebote, die Jahwe dem Mose befohlen hatte. [7] Und Jahwe war mit ihm[19]. In allem, was er unternahm, hatte er Erfolg. Und er lehnte sich gegen den König von Assur auf und war nicht mehr sein Knecht. [8] Er war es, der die Philister schlug bis nach Gaza und sein Gebiet, vom Wachturm bis zur befestigten Stadt."

Nun sind bekanntermaßen die syntaktischen und inhaltlichen Schwierigkeiten des Textes erheblich. Bereits Bernhard Stade hat sie im wesentlichen auf den Punkt gebracht[20] – seitdem werden sie mit lediglich leichten Varianten wiederholt[21].

---

17 Auch wenn gewichtige Textzeugen (cf. BHS) den Plural lesen, kann zur Stützung des MT an dieser Stelle zum einen auf die Parallelstellung zur Schlange verwiesen werden, so daß zunächst zwei Pluralformulierungen (Höhen und Masseben) stehen, gefolgt von zwei Singularen (Aschere und Schlange). Sollte es sich bei der Schlange, zum anderen, tatsächlich um ein Jahwesymbol handeln, so wäre die Koordination mit einer Aschere zumindest mit Blick auf die innerisraelitische bzw. judäische Religionsgeschichte wohl nicht besonders auffällig. Aber auch die Darstellung der Königebücher legt, drittens, nur eine Aschere nahe, denn sie dürfte auch dem Vorausblick auf 2 Reg 21,3a geschuldet sein, wo Manasse wiederum eine Aschere aufbaut, die dann 2 Reg 23,8a von Josia wieder entfernt werden kann. Für die Plurallesung sprechen sich etwa R. Albertz, Religionsgeschichte Israels in alttestamentlicher Zeit 1 (ATD Erg. 8/1), 281; H.D. Hoffmann, Reform (AThANT 66), 147, aus. Für die Beibehaltung des Singulars J.A. Montgomery/H.S. Gehman, The Books of Kings (ICC), 500; H. Spieckermann, Juda unter Assur in der Sargonidenzeit (FRLANT 129), 171f.; L. Camp, Hiskija und Hiskijabild (MThA 9), 78f.

18 Der Singular des MT ist beizubehalten. נחשתן ist dann eine Spottbezeichnung („Bronzedings") der Bronzeschlange durch Hiskia; cf. etwa K.R. Joines, The Bronze Serpent in the Israelite Cult (JBL 87), 245; S. Schroer, In Israel gab es Bilder (OBO 74), 108. Die Plurallesung (cf. BHS) wird als Indiz dafür gewertet, daß mit dem נחשתן auf einen alten, traditionell in der Volksreligion verhafteten Kult angespielt werde. Da der textkritische Befund indes für den MT spricht – die Plurallesart kann als Angleichung an כי עד־הימים ההמה היו בני־ישראל מקטרים לו leicht erklärt werden –, hat auch die (interessengeleitete) religionsgeschichtliche Vorstufenrekonstruktion in diesem Falle keinen Anhalt an der Überlieferung. Eine solche wird durch die literarische Eigenart von 2 Reg 18,4-8 ohnehin nicht nahegelegt.

19 Der masoretische Text ist beizubehalten; eine Änderung in ויהוה היה ist unbegründet, wie dies in früherer Zeit etwa von A. Klostermann, Die Bücher Samuelis und der Könige (KK A III), und I. Benzinger, Die Bücher der Könige (KHC IX), 177, vorgeschlagen wurde; s.i.f.

20 Cf. zum folgenden B. Stade, Anmerkungen zu 2 Kö. 15-21 (1886), 213f.

21 Cf. etwa H. Spieckermann, Juda unter Assur in der Sargonidenzeit (FRLANT 129), 170ff.420; E. Würthwein, Die Bücher der Könige (ATD 11,2), 406; L. Camp, Hiskija und Hiskijabild (MThA 9), 89.

An Problemen syntaktischer Art sind zu nennen: zum einen das viermal verwendete perfektische w^eqatal (v.4*.7a) und seine Funktion. Die Frage lautet: liegt hier tatsächlich das „problematische" präteriale *perfectum copulativum* vor? Für v.7 wird man das so nicht behaupten wollen – hier ist das w^eqatal durch die *copula* koordiniert. Aber wie sieht das in v.4 aus?[22] Zweitens ist die Inversion in v.5a (בטח ביהוה אלהי־ישׂראל) auffällig. Drittens ist die Einleitung von Aussagen mit dem anaphorischen Pronomen הוא (v.4aα: הסיר הוא; v.8a: הוא־הכה), dem sogenannten „Archivstil"[23], insofern erläuterungsbedürftig, da dieser – scheinbar – planlos über den Text verteilt wurde. Als problematisch wird – viertens – der Relativsatz in v.5bβ (ואשׁר היו לפניו) eingeschätzt[24].

Zu den syntaktischen Schwierigkeiten gesellen sich inhaltliche: Wieso werden – erstens – die Folgen des Abfalls vom assyrischen König in v.7b erst in v.13-16 genannt? Zweitens, die Aufzählung der Reformmaßnahmen in v.4 unterbricht die Wertungspassagen v.3.5-7a[25]. Die Philisternotiz v.8 ist, drittens, der Stellung und der Sache nach erratisch. Und – viertens – ist der am häufigsten diskutierte Vers 2 Reg 18,4 mit zahlreichen Interpretationsproblemen behaftet. Zunächst ist festzuhalten, daß die vier Maßnahmen in 2 Reg 18,4 tendenziell dtr Kolorit erkennen lassen[26]. Das gilt samt und sonders zumindest für die Reformmaßnahmen 1-3, die Zerstörung der Höhenheiligtümer, der Masseben und der Aschere. Schwierig wird es indes bei der vierten Maßnahme, der

22   Die Debatte rankt sich im wesentlichen darum (cf. die Zusammenstellung der Literatur bei K. Koenen, Eherne Schlange und goldenes Kalb [ZAW 111], 354f.; auch R. Achenbach, Die Vollendung der Tora [BZAR 3], 350 Anm. 63), wann diese Verwendung des w^eqatal angesetzt werden kann – ob vor allen Dingen vorexilische Belege denkbar sind – mit Blick auf 2 Reg 18,4 kommt allenfalls וכתת נחשׁ הנחשׁת אשׁר־עשׂה משׁה in Frage – und welche Funktion diesen zugesprochen werden soll. Für den Reformbericht des Josia gibt es genug Gründe, die dafür sprechen; s.o. Das Problem stellt sich allerdings hinsichtlich der Hiskiareform dann nicht in derselben Weise, wenn es sich nicht um einen vorexilischen Text handelt. Zudem ist es aufgrund der Komposition des Abschnitts v.4-8 durchaus fraglich (s.i.f.), ob wir es hier überhaupt mit dem „problematischen" w^eqatal (dem präterialen *perfectum copulativum*) zu tun haben und nicht vielmehr ein durch die *copula* koordiniertes Perfekt vorliegt. Für 2 Reg 18,4 wird dies durch H. Spieckermann, Juda unter Assur in der Sargonidenzeit (FRLANT 129), 126 Anm. 211, mit einigem Recht erwogen. Nimmt man den eindeutigen Fall 2 Reg 18,8 mit hinzu – die Kompositionsstruktur legt dies nahe –, dann wird man sich des Eindrucks kaum erwehren können. והיה ist der vorausgehenden oder nachfolgenden Zeitstufe koordiniert.

23   Cf. hierzu noch: 2 Reg 14,7.22.25; 15,35b. L. Camp, Hiskija und Hiskijabild (MThA 9), 70, mit Verweis auf J.A. Montgomery, Archival Data in the Book of Kings (JBL 53), 50; cf. ders./H.S. Gehman, The Books of Kings (ICC), 481. Mit Blick auf den „Archivstil" soll es sich um die wörtliche Übernahme von Notizen aus den Quellen durch DtrH handeln.

24   Cf. etwa I.W. Provan, Hezekiah and the Books of Kings (BZAW 172), 121.

25   L. Camp, Hiskija und Hiskijabild (MThA 9), 63, geht davon aus, daß v.4 die Fortsetzung von v.3 darstelle und insofern die Wertung in v.5-7a überflüssig sei.

26   Cf. etwa H.D. Hoffmann, Reform (AThANT 66), 147. Anders etwa R.H. Lowery, The Reforming Kings (JSOT.S 120), 148f., der in 2 Reg 18,4 *in toto* mit einer historisch zuverlässigen Information über Hiskias Reform rechnet.

Eleminierung des Nechuschtan, der abweichend von den anderen Kulteinrichtungen auch nicht mit einer *nota accusativi* versehen worden ist[27]. Zudem ist das Lexem כתת auffällig, da es nur nur hier und in Dtn 9,21 vorkommt[28]. Es gehört folglich nicht gerade zu den gängigen Vernichtungsverben. Die Erwähnung des Mose (אשר־עשה משה) in diesem Zusammenhang weist – da aufgrund der Peinlichkeit für das religiöse Zentralindividuum als durch die Deuteronomisten gleich welcher couleur gleichermaßen unerfindlich eingeschätzt – vielleicht auf eine vordtr Textstufe[29]. Sie gilt – analog zur Entfernung der Pferde und Zerstörung des Wagens des Sonnengottes in 2 Reg 23,11 – als Argument für die Historizität dieser Kultmaßnahme bzw. als Kristallisationskern der Reform[30]. Die Räuchernotiz ebenso wie die Nennung der Israeliten dürfte wieder dtr Abkunft sein.

Entsprechende Variationen sind dann auch bei Lösungs- und Datierungsvorschläge[31] zu verzeichnen. Mit der literarischen Einheitlichkeit wird kaum gerechnet. Aber schon die Gliederung von 2 Reg 18,1-8 bereitet Schwierigkeiten und wird dementsprechend auch recht unterschiedlich vorgenommen. H.-D. Hoffmann untersucht lediglich 2 Reg 18,1-6[32]. H. Spieckermann beschränkt sich auf dem Hintergrund seiner Schichtungstheorie auf 2 Reg 18,1-4[33]. Er weist 2 Reg 18,3.4*.7b DtrH zu, während 2 Reg

27   B. Stade, a.a.O., u.a.

28   Cf. etwa M. Cogan/H. Tadmor, II Kings (AB 11), 217; L. Camp, Hiskija und Hiskijabild (MThA 9), 74f.

29   Cf. etwa M. Noth, Überlieferungsgeschichtliche Studien (Tübingen ³1967), 85; J. Gray, I and II Kings (OTL), 670f.; H. Spieckermann, Juda unter Assur in der Sargonidenzeit (FRLANT 129), 173; S. Herrmann, Art. Hiskia (TRE 15), 401; W. Zwickel, Räucherkult und Räuchergeräte (OBO 97), 257; L. Camp, Hiskija und Hiskijabild (MThA 9), 75f.; S. Beyerle, Die „Eherne Schlange" (ZAW 111), 32; K. Koenen, Eherne Schlange und goldenes Kalb (ZAW 111), 354f.; zuletzt etwa E. Aurelius, Zukunft jenseits des Gerichts (BZAW 319), 8.16; u.v.m. R.R. Rowley, Zadok and Nehushtan (JBL 58), 133ff., meinte sogar, die Etablierung des (kanaanäischen) Nechuschtan in die Zeit Davids, genauer auf Zadok zurückführen zu können; K. Jaroš, Die Stellung des Elohisten zur kanaanäischen Religion (OBO 4), 275; S. Schroer, In Israel gab es Bilder (OBO 74), 109, rechnen zwar auch in 2 Reg 18,4 mit einer alten Tradition von einer Hiskiareform, halten aber die Nennung des Mose in diesem Zusammenhang für einen durch Num 21,4-9 motivierten Nachtrag. M. Rose, Deuteronomist und Jahwist (AThANT 67), 301ff., argumentiert so, daß die Beseitigung des Nechuschtan durch Hiskia die Existenz von Num 21,4-9 nicht voraussetzen könne, da ihm sonst die Entfernung eines genuin jahwistischen, also durch Num 21,4-9 legitimierten Kultgegenstandes nicht möglich gewesen wäre.

30   Cf. etwa L. Camp, Hiskija und Hiskijabild (MThA 9), 86f. Sowohl der Nechuschtan als auch die Pferde und Wagen des Sonnengottes fehlen dann in den entsprechenden chronistischen Paralleltexten 2 Chr 30,14; 31,1; 34,3-7; s.u. III.1.

31   Eine ausführliche Doxographie ist nicht erforderlich; cf. hierzu etwa H. Spieckermann, Juda unter Assur in der Sargonidenzeit (FRLANT 129), 174; L. Camp, Hiskija und Hiskijabild (MThA 9).

32   H.-D. Hoffmann, Reform und Reformen (AThANT 66), 146ff.

33   H. Spieckermann, Juda unter Assur in der Sargonidenzeit (FRLANT 129), 170ff.420.

18,5-7a – im Anschluß an W. Dietrich – von DtrN stammen soll[34]. Allerdings ist dann sofort 2 Reg 23,25 im Blick, und da die Höchstleistungsnote in 2 Reg 18,5; 23,25 nur einmal vergeben worden sein könne, sei hier nicht derselbe DtrN wie in 2 Reg 23,25 am Werke gewesen. Den Vorlagen sei 2 Reg 18,1f.4bαγ, also die Nechuschtannotiz mit Ausnahme des Räuchervorwurfs, zuzurechnen. Noch differenzierter rückt E. Würthwein[35] dem Text in seinem Kommentar zu Leibe: seiner Grundschicht DtrG sind 2 Reg 18,1-3a.7b zuzurechnen, die Erweiterungen in v.3b.5*-7a gehen auf das Konto jüngerer dtr Kreise, DtrN; v.5bβ ist ein weiterer Zusatz. Noch spätere Zusätze liegen dann in v.4.8 vor – eingeleitet durch das charakteristische Pronomen הוא. Nicht ausgeschlossen ist es, daß eine ältere Überlieferung von DtrG in v.7b aufgegriffen wurde. Das Urteil von L. Camp ist demgegenüber literargeschichtlich wieder etwas milder[36]. Der Text ist in 2 Reg 18,1-2 (chronologische Angaben über Hiskia); v.3-7a (religiöse Wertung); v.7b (Abfall von Assur); v.8 (Philisterkrieg) zu untergliedern. 2 Reg 18,3.4 gehören zu DtrH – mit DtrN-Erweiterungen in v.4; allerdings soll in v.4 eine Nechuschtan-Notiz eruierbar sein, die folgenden Bestand umfaßte: הוא כתת נחש הנחשת אשר־עשה משה ויקרא־לו נחשתן. Die Verse 2 Reg 18,5-7a sind dann DtrN zuzuschreiben. Sie dienen der Überbietung von v.3. Dagegen soll v.7b wieder auf alte Überlieferungen zurückgehen und unmittelbar an v.4 angeschlossen haben.

Zwar sind in der Tendenz, gewisse Übereinstimmungen in der Analyse festzuhalten, doch kann man sich die Anfrage nicht ersparen, ob mit der Annahme einer mehr oder weniger komplexen literarischen Genese des Textes gerade die syntaktischen Auffälligkeiten – der Archivstil, die Inversion in v.5a, der nachklappende Relativsatz in v.5b – wirklich schlüssig erklärt sind, oder ob es sich dabei nicht gewissermaßen um Wiedergänger handelt, die unerledigt und unbefriedet auf der Ebene der Bearbeiter oder Redaktoren erneut auftauchen und der Spuk dann auch von Neuem beginnt: warum sollte gerade ein Späterer sich nicht um einen glatten und gut funktionierenden Text bemüht und statt dessen einen dermaßen „chaotischen" Text geschaffen haben?

---

34   Hierfür wird allerdings in der Regel mit dem Lexembeweis und mit dem Rekurs auf mehr oder weniger eindeutig literarisch DtrN zuweisbare Stellen (cf. die Zusammenstellung bei L. Camp, Hiskija und Hiskijabild [MThA 9], 87f.) – etwa Jos 1,7 – argumentiert. Ein literarkritisches Indiz liegt in 2 Reg 18,5ff. allerdings nicht vor; s.i.f. – Zu den Siglen DtrH und DtrN cf. jetzt den forschungsgeschichtlichen Überblick bei T. Römer, The So-Called Deuteronomistic History (London/New Yoek 2005), 29ff., sowie den Forschungsbericht von T. Veijola, Deuteronomiumsforschung zwischen Tradition und Innovation (ThR 68), 15ff.

35   E. Würthwein, Die Bücher der Könige, ATD 11,2, 406ff. Es ist darauf hinzuweisen, daß nicht jede der redaktionskritischen Entscheidungen auf literarkritischen Einsichten beruht. Das kann man durchgehen lassen, wenn sich an anderer Stelle entsprechende Indizien zwingend ergeben – und wenn der jetzige Text keine gegenteiligen Ansichten nahe legt; s.i.f. Eine ähnliche Schichtung findet sich bei G. Hentschel, 2 Könige (NEB 11), 84f.

36   L. Camp, Hiskija und Hiskijabild (MThA 9), 63ff.; cf. auch R.G. Kratz, Die Komposition der erzählenden Bücher des Alten Testaments, Göttingen 2000, 173.

Die verbleibenden Schwierigkeiten legen es nahe, methodisch anders anzusetzen und zunächst einmal wieder nach der literarischen Kohärenz des Textes und somit nach dem Sinn insbesondere der syntaktischen Auffälligkeiten zu fragen. Die seit Bernhard Stade notierten Probleme des Textes erscheinen nun tatsächlich in einem anderen Licht, wenn man zunächst einmal die Komposition von 2 Reg 18,4-8 genauer unter die Lupe nimmt. Dann zeigt sich nämlich, daß der Text chiastisch aufgebaut ist:

Überschrift: ‏ויעש הישר בעיני יהוה ככל אשר־עשה דוד אביו‎ (3)

A ‏הוא הסיר את־הבמות‎ (4)

  B ‏ושבר את־המצבת‎

    ‏וכרת את־האשרה‎

      C ‏וכתת נחש הנחשת אשר־עשה משה‎

        D ‏כי עד־הימים ההמה היו בני־ישראל מקטרים לו ויקרא־לו נחשתן‎

          E ‏ביהוה אלהי־ישראל‎ (5)

            F ‏בטח‎

              G ‏ואחריו‎

                H ‏לא־היה‎

                  I ‏כמהו בכל מלכי יהודה‎

                  I ‏ואשר‎

                H ‏היו‎

              G ‏לפניו‎

            F ‏וידבק‎ (6)

          E ‏ביהוה‎

        D ‏לא־סר מאחריו‎

      C ‏וישמר מצותיו אשר־צוה יהוה את־משה‎

  B ‏והיה יהוה עמו בכל אשר־יצא ישכיל‎ (7)

    ‏וימרד במלך־אשור ולא עבדו‎

A ‏הוא־הכה את־פלשתים עד־עזה ואת־גבוליה‎ (8)

  ‏ממגדל נוצרים עד־עיר מבצר‎

Nehmen wir den Aufbau genauer in den Blick. Zunächst ist festzuhalten: 2 Reg 18,3 fungiert, da außerhalb der chiastischen Komposition stehend, als Überschrift. Der Vers bietet die traditionelle Wertungsformel 2 Reg 18,3a[37] sowie den ansonsten nur bei Asa (1 Reg 15,11) und Josia (2 Reg 22,2) belegten Hinweis auf David. Da der Text im folgenden (v.4-8) einen ziemlich geschlossenen Eindruck macht, fällt es schwer, in v.3

---

37   1 Reg 22,43 (Josaphat); 2 Reg 12,3a (Joasch); 14,3 (Amazja); 15,3 (Asarja); 15,34 (Jotam).

literar- oder redaktionskritisch weiter zu differenzieren[38]. Einen Anhalt an der Syntax hat eine solche Differenzierung ohnehin nicht[39]. Mit Blick auf David enthält 2 Reg 18,4-8 zudem noch andere Anspielungen, nämlich in v.8 (s.i.f.), so daß sich v.3 auch von daher gut in den folgenden Zusammenhang fügt.

Sodann: Die Elemente A und B (v.4*.7f.) beschreiben die königlichen Aktionen, und zwar unterteilt in innenpolitische bzw. religionspolitische Maßnahmen (v.4) sowie die außenpolitische Erfolgsgeschichte (v.7f.). Dabei hat der Verfasser noch mal eine Unterteilung vorgenommen, die sich in der Wahl der Syntax niederschlägt, aber zugleich auch sachliche Aspekte unterstreicht. 2 Reg 18,4a und v.8 (A) werden jeweils durch den sogenannten „Archivstil" הוא + *qatal* gestaltet und bilden den äußeren Rahmen. Die B-Elemente entsprechen sich zunächst formal durch das *perfectum copulativum*[40]. Die Notizen im Archivstil sind also keineswegs wahllos versprengt, sondern planvoll gesetzt. Dennoch gilt es bei der Gegenüberstellung von 2 Reg 18,4 und v.7f. und damit von Innen- und Außenpolitik einige Feinheiten zu beachten.

Fangen wir mit dem äußeren Rahmen an. Den Kultorten (הבמות) in v.4a steht die Eroberung der Philistergebiete (v.8) gegenüber. Besonders die Philisternotiz bereitet Probleme. Handelt es sich um den Bericht über Kämpfe zur Wiedergewinnung des judäischen Staatsgebiets nach dem III. Sanherib-Feldzug (nach 701 v. Chr.), das den Philisterstädten Aschdod, Ekron und Gaza zugeteilt worden war? Oder gehört sie bereits in den Kontext der Gefangennahme Padis, des assurfreundlichen Königs von Ekron, durch die Fürsten und Einwohner von Ekron und seine Übergabe an Hiskia? Die Ereignisse wären dann vor dem Palästina-Feldzug Sanheribs anzusetzen – und werden auch in der jetzigen Textabfolge vor dem Bericht über diesen Feldzug in 18,13-16 mitgeteilt[41]. Diese Überlegungen sind allerdings dann relativ unerheblich, wenn man die literarische Genese von v.4*.8 in den Blick nimmt. Denn die Annahme einer Rahmung in v.4*.8 gewinnt noch zusätzlich an Profil, wenn man in Rechnung stellt, daß die mitunter als merkwürdig, da durch anderweitige Quellen historisch schwer einzuordnende Philisternotiz ein und auch nur ein bedeutendes Pendant hat. In 2 Reg 17,9-11 heißt es bezeichnenderweise im Zuge der frühestens exilisch anzusetzenden Erklärung des Untergangs des Nordreichs Israel 722 v. Chr.:

---

38   Cf. etwa zuletzt A. Moenikes, Tora ohne Mose (BBB 149), 37.

39   Cf. auch L. Camp, Hiskija und Hiskijabild (MThA 9), 69.

40   Die drei ersten in 2 Reg 18,4 genannten Maßnahmen – die Zerstörung von Höhen, Altären und Aschere – sind von der vierten insofern unterschieden, als sie jeweils durch eine *nota accusativi* eingeleitet werden. Wir haben bereits darauf hingewiesen. Die Einleitung der Nechuschtan-Notiz משה אשר־עשה הנחשת נחש וכתת korrespondiert v.6b; s.u. Auch die sogleich zu analysierende Beziehung zwischen 2 Reg 18,4 und 2 Reg 17,9-11 spricht für die oben vorgeschlagene Aufteilung der Elemente A-C. – Mit Blick auf den hinteren Rahmen in 2 Reg 18,7 legt sich die Änderung von והיה יהוה in היה ויהוה nicht nahe.

41   Cf. etwa die ausgewogene Darstellung von H. Donner, Geschichte des Volkes Israel und seiner Nachbarn in Grundzügen 2, ATD Ergänzungsreihe 4/2, Göttingen ²1995, 351ff.

„[9] Und die Israeliten hatten Jahwe, ihrem Gott, Dinge angehängt, die nicht in Ordnung waren. Sie hatten sich Höhen in allen ihren Städten (במות בכל־עריהם) gebaut, vom Wachturm bis zur befestigten Stadt (ממגדל נוצרים עד־עיר מבצר). [10] Und sie hatten sich Masseben (מצבות) und Ascheren (ואשרים) aufgerichtet auf jedem hohen Hügel und unter jedem laubreichen Baum. [11] Und sie hatten dort auf allen Höhen[42] geräuchert (ויקטרו־שם בכל־במות) wie die Völker, die Jahwe vor ihnen in die Verbannung geführt hatte, und sie hatten üble Dinge getan, um Jahwe zur Weißglut zu treiben."

Die Parallelen sind einschlägig[43]. „In allen ihren Städten" – בכל־עריהם – wird in 2 Reg 18,7 durch „bis nach Gaza[44] und dessen (BHS) Gebiet" (עד־עזה ואת־גבולה) repräsentiert. Der Rest – ממגדל נוצרים עד־עיר מבצר – stimmt wörtlich überein. Was die Rezeptionsrichtung anbelangt, so dürfte 2 Reg 18,8 von 2 Reg 17,9 abhängig sein. Denn 2 Reg 17,9 bietet mit dem Hinweis auf den Bau der במות ein überschießendes Element, das sich in 2 Reg 18 eben in v.4aα findet und an beiden Stellen im Archivstil gestaltet ist. Damit aber nicht genug: 2 Reg 18,4aα und v.8 weisen nicht nur Beziehungen zu 2 Reg 17,9 auf, sondern auch der gesamte Vers 2 Reg 18,4 dürfte von 2 Reg 17,9-11 dependieren – und nicht auf die Rehabeamnotiz in 1 Reg 14,23 zurückgehen[45]. Das macht die Abfolge der Maßnahmen deutlich, die weitgehend parallel verlaufen:

2 Reg 17,9-11	2 Reg 18,4
ויבנו להם במות ...	הוא הסיר את־הבמות
ויצבו להם מצבות	ושבר את־המצבת
ואשרים ...	וכרת את־האשרה
	וכתת נחש הנחשת אשר־עשה
	משה כי עד־הימים ההמה
ויקטרו־שם ... כגוים ...	היו בני־ישראל מקטרים לו
	ויקרא־לו נחשתן

42 Um einen Zusatz handelt es sich bei בכל־במות nicht – so E. Würthwein, Die Bücher der Könige, ATD 11,2, 392 – da der Abschnitt 2 Reg 17,9-11 eine doppelte Rahmung aufweist, in die die Höhen fest integriert sind: „(A) [9] Und die Israeliten hatten Jahwe, ihrem Gott, Dinge angehängt, die nicht in Ordnung waren. (B) Sie hatten sich Höhen in allen ihren Städten gebaut ... || (B) [11] Und sie hatten dort auf allen Höhen geräuchert ..., (A) und sie hatten üble Dinge getan, um Jahwe zur Weißglut zu treiben." Würthwein ordnet 2 Reg 17,7-12.18 einer ersten DtrN-Schicht zu, der dann eine zweite (2 Reg 17,13-17.20) folgte; ähnlich E. Aurelius, Zukunft jenseits des Gerichts (BZAW 319), 82ff. Zur literarischen Einordnung cf. auch I.W. Provan, Hezekiah and the Books of Kings (BZAW 172), 72f., der den Abschnitt bereits exilisch ansetzt.

43 Auf die offensichtlichen Beziehungen zwischen 2 Reg 17,9 und 2 Reg 18,8 wird in der Literatur regelmäßig verwiesen, freilich ohne die kompositionellen Bezüge zu 2 Reg 18,4 zu berücksichtigen; cf. etwa M. Cogan/H. Tadmor, II Kings, AB 11, 1988, 217. Für den sekundären Charakter von v.8 im Anschluß an 17,9 cf. etwa L. Camp, Hiskija und Hiskijabild (MThA 9), 90, aus.

44 עד־עזה ist gängige Grenzbezeichnung: Gen 10,19; Dtn 2,23; Jos 10,41; 1 Reg 5,4.

45 H. Spieckermann, Juda unter Assur in der Sargonidenzeit (FRLANT 129), 190, im Anschluß an A. Jepsen, Die Quellen des Königsbuches, Halle ²1956, 60f.

Auch in 2 Reg 18,4 sind es wie in 2 Reg 17,9-11 die Israeliten (בני־ישראל)[46], die Räucheropfer darbringen. Man wird wohl davon auszugehen haben, daß in dieser Aussage
keine strikte Differenzierung zwischen Nord- und Südreich zum Ausdruck kommen
soll, Hiskia also mit der Zerstörung des Nechuschtan keinen Nordreichskult bekämpft
haben wird, daß aber auch keine alte Nordreichtradition von Mose und dem Nechuschtan verarbeitet wurde, sondern vielmehr das ungeteilte Israel im Blick ist. Und
in diesem Zusammenhang ist eine weitere Beobachtung wichtig: Es ist ja in 2 Reg 18,4
alles andere als klar, worauf sich die Kultreinigungsmaßnahmen beziehen. Man ist
zunächst einmal geneigt, an Juda und Jerusalem zu denken, gerade wenn man weiß,
was etwas später in der Rede des Rabschake in 2 Reg 18,22[47] noch folgen wird:

> „Wenn ihr aber zu mir sagt: Auf Jahwe, unseren Gott, vertrauen wir – ist das nicht der,
> dessen Höhen und dessen Altäre Hiskia entfernt hat, indem er zu Juda und Jerusalem
> sprach: Vor diesem Altar sollt ihr euch niederwerfen?"

In 2 Reg 18,1-8 ist von Juda und Jerusalem aber nicht die Rede. Und noch existiert ja
vom narrativen Kontext der Einleitung in 2 Reg 18,1-2 und dann von v.9-12 her das
Nordreich. Das macht es zwar unwahrscheinlich, an einen konkreten Eingriff in die
Kulteinrichtungen des Nordreichs zu denken, wie das dann bei Josias Reformmaßnahmen in Bethel (2 Reg 23,15ff.*) der Fall sein wird, doch dürften genau diese Ambitio-
nen im Hintergrund stehen. Zumindest nimmt Hiskia für die religiösen Belange der
Israeliten, nicht nur der Judäer, eine gewisse Fürsorgepflicht wahr – denn: wo auch
immer sich der mit dem Nechuschtan verbundene Kultfrevel abgespielt haben mag, es
waren nicht nur die Judäer daran beteiligt, sondern ausdrücklich ganz Israel. Diese
Israelorientierung des judäischen bzw. Jerusalemer Königs – v.5 stellt ja ausdrücklich
fest, daß Hiskia Jahwe, dem Gott Israels, vertraute (ביהוה אלהי־ישראל בטח) – läßt dann
auch eine Vermutung hinsichtlich des Sinnes der Philisternotiz zu. Wenn 2 Reg 18,3
ausdrücklich festhält, Hiskia habe sich in den Augen Jahwes korrekt verhalten, „entsprechend allem, was David, sein Vater, getan hatte", 2 Reg 18,4 eine gesamtisraeliti-
sche Einstellung zu erkennen gibt, so könnte auch in 2 Reg 18,8 mit einer an David
orientierten Perspektive gerechnet werden, denn immerhin gilt David der Überlieferung in 2 Sam 5,17-25; 8,1; 21,15-22; 23,8-16 nach nicht nur als der König, der erstmals Nord- und Südreich mit dem Zentrum Jerusalem beherrschte, sondern auch die
Philistergefahr endgültig bannte.

---

46   S. Schroer, In Israel gab es Bilder (OBO 74), 108, geht stillschweigend davon aus, daß es sich
     faktisch um Judäer handeln müsse. Das gibt der Text nicht her. Die Lokalisierung des Ne-
     chuschtan im Jerusalemer Tempel (cf. etwa K. Koenen, Eherne Schlange und goldenes Kalb.
     Ein Vergleich der Überlieferungen, ZAW 111, 1999, 353f.) wird von S. Schroer indes zu Recht
     zurückgewiesen. Der Verfasser hat an eine Kultpraktik an den במות gedacht.
47   Zur Verhältnisbestimmung zwischen 2 Reg 18,4-8 und 2 Reg 18,22 s.u.

Wie auch immer: es ist nicht von der Hand zu weisen, daß 2 Reg 18,4.8 den Abschnitt 2 Reg 17,9-11 rezipiert – und nicht umgekehrt. Die Erklärung des Nordreichsuntergangs wird zur Grundlage für die Maßnahmen Hiskias und zum Rahmen des Berichts in 2 Reg 18,4-8 ausgestaltet. Damit ist die Philisternotiz keineswegs mehr so erratisch. Und dasselbe gilt für 2 Reg 18,7b, die Vorwegnahme des Abfalls von Assur.

Wenden wir den Blick also nochmals den B-Elementen zu. Die Maßnahmen gegen die Kultgegenstände (v.4*) bzw. die durch Jahwe unterstützte Auflehnung gegen den König von Assur (v.7) werden jeweils mit einer *w^eqatal*-Form eingeleitet. Die Frage, die sich in diesem Zusammenhang notwendigerweise stellt, ist natürlich die nach der Asymmetrie in der Binnenkomposition, denn v.4 bietet zunächst zwei kurz umrissene Maßnahmen im *w^eqatal*, die aus 2 Reg 17,10 rezipiert wurden. Der v.7 wird demgegenüber durch ein einfaches והיה eingeleitet, gefolgt durch einen invertierten Verbalsatz, einen Verbalsatz mit *wayyiqtol* und einen Nominalsatz. Doch dürften in diesem Falle binnenkompositionelle Absichten den Ausschlag gegeben haben. Dabei ist darauf zu verweisen, daß v.7 sein Profil – wohl in Anspielung an Jos 1,7b in v.7a (s.u.) – im wesentlichen durch die Gegenüberstellung „Jahwe – assyrischer Großkönig" erhält. Und genau das spiegelt sich zunächst auch im Aufbau des Verses:

(7) והיה יהוה עמו a

בכל אשר־יצא b

ישכיל c

וימרד c

במלך־אשור b

ולא עבדו a

Die chiastische Anlage des Verses beruht vor allen Dingen auf der auffälligen Inversion בכל אשר־יצא ישכיל ‖ וימרד במלך־אשור. Ist das richtig, dann hat der Verfasser in den a-Elementen die Beistandsfeststellung Jahwes mit Blick auf den König dem Sachverhalt gegenübergestellt, daß Hiskia nicht mehr Knecht des Assyrerkönigs war. Gottesbeziehung und Vasallenstatus stehen im Konkurrenzverhältnis zueinander. Entsprechend bestehen die Folgen des Jahwebeistands (בכל אשר־יצא ישכיל) vor allem im Abfall vom Großkönig (וימרד במלך־אשור). Daß dies gewisse Probleme mit Blick auf 2 Reg 18,13-16 aufwirft, steht außer Zweifel. Als ein besonders gelungenes Exempel für den Beistand Jahwes wird man die durch den Assyrerkönig erzwungene Ausplünderung des Jahwetempels und des Palastes schwerlich bezeichnen können. Allenfalls wird man zugestehen, daß das Verhalten Hiskias angesichts des Sanherib-Feldzugs durch die Vorschaltung von 2 Reg 18,3-8 zumindest in einem abgemilderten Licht erscheint. Aber die Komposition 2 Reg 18,3-8 zielt wohl ohnehin nicht so sehr auf 2 Reg 18,13-16 ab, sondern auf 2 Reg 18,17ff. Wir kommen darauf zurück.

Zunächst aber zu 2 Reg 18,4b und 2 Reg 18,6b. Die C-Elemente korrespondieren durch die Erwähnung des Mose in einem Relativsatz genannt. Damit sind wir an einem neuralgischen Punkt angekommen, denn die Rückführung des Nechuschtan auf Mose gilt als Argument dafür, eine für die Hiskiazeit historisch verläßliche Information greifen zu können. Die Erwähnung des Mose an gleich zwei Stellen innerhalb von 2 Reg 18,4-8 ist angesichts des Sachverhaltes, daß Mose in 1-2 Reg nur selten genannt wird, ohnehin bemerkenswert. Denn von den 767 Mose-Belegen des Alten Testaments entfallen nur zehn auf die Königebücher[48]. Dreimal taucht er in 1 Reg 8,9.53.56 auf. Hinzu kommen 1 Reg 2,3; 2 Reg 14,6. Sodann ist er in 1 Reg 18ff., also bei den letzten drei großen Königen Judas zu finden: 2 Reg 18,4.6.12; 2 Reg 21,8; 2 Reg 23,25. Die Häufung bei Hiskia ist auffällig.

Aufgrund der Komposition des Abschnitts sind nun einige Schlußfolgerungen zu ziehen. Die Erwähnung des Mose im Zusammenhang mit dem Nechuschtan 2 Reg 18,4 ist in seinem Kontext weder erratisch, noch handelt es sich um eine Spolie, die irgendwelche Schlußfolgerungen hinsichtlich uralter Mosetraditionen oder dergleichen zulassen würde. Vielmehr ist sie genau an dieser Stelle bewußt gesetzt[49].

Die D-Elemente stellen die verfehlte kultische Betätigung der Israeliten der Folgsamkeit des Königs gegenüber. In diesem Zusammenhang ist es nun notwendig, nochmals eigens den Blick auf 2 Reg 18,6-7a zu richten, denn zwischen 2 Reg 18,6-7a und Jos 1,7[50] bestehen deutliche Bezüge:

Jos 1,7	2 Reg 18,6-7a
רק חזק ואמץ מאד לשמר לעשות	(6) וידבק ביהוה
ככל־התורה אשר צוך משה עבדי	לא־סר מאחריו
אל־תסור ממנו ימין ושמאול	וישמר מצותיו אשר־צוה יהוה את־משה
למען תשכיל בכל אשר תלך	(7) והיה יהוה עמו בכל אשר־יצא ישכיל

---

48 In den Büchern Richter und Samuel sieht es nicht viel besser aus: Jdc 1,16.20; 3,4; 4,11; 1 Sam 12,6.8; 2 Sam 22,17.

49 Auf eine Linie mit 2 Reg 18,4.6b ist dann auf jeden Fall auch 2 Reg 18,12 zu bringen. Der Vers begründet die Verbannung Israels durch Assur: „Dies geschah, weil sie nicht auf die Stimme Jahwes, ihres Gottes gehört hatten und seinen Bund, alles, was Mose, der Knecht Jahwes, befohlen hatte, übertreten hatten (ויעברו את־בריתו את כל־אשר צוה משה עבד יהוה); sie hatten nicht gehört und nicht danach getan." Auch hier ist der Gegensatz zu Hiskia deutlich. Im Falle Israel hat das moseungemäße Verhalten die Verbannung zur Folge – im Falle Hiskias das mosegemäße Verhalten den – *summa summarum* erfolgreichen – Abfall von Assur.

50 Zur literarischen Einordnung von Jos 1,7 (Hexateuchredaktion) cf. E. Otto, Das Deuteronomium im Pentateuch (FAT 30), 232. Die Ausgrenzung von Jos 1,7-9 sowie die Zuweisung an DtrN (zusammen mit Jos 23) geht auf R. Smend, Das Gesetz und die Völker (BEvTh 99), 124ff. 130ff., zurück. Zur Stellung von Jos 22,5 in Relation zu Jos 1,7; 23,6 cf. G. Braulik, „Die Weisung und das Gebot" im Enneateuch (HBS 44), 126ff.

Das Lexem דבק kommt zwar in Jos 1,7 nicht vor, dafür aber in den für Jos 1,7 einschlägigen Parallelstelle Jos 23,6-8 (v.8: כי אם־ביהוה אלהיכם תדבקו)[51]. Daß 2 Reg
18,6-7a und die Josua-Stellen, vor allen Dingen Jos 1,7, aufeinander bezogen sind,
steht außer Frage. Aber wie ist das Verhältnis des näheren zu bestimmen? Zunächst ist
festzuhalten: ein direktes zusammenhängendes Zitat aus Jos 1,7 liegt im Reformbericht
Hiskias nicht vor. Der Anschluß ist eher locker und auf einige, wenn auch wesentliche
Stichworte beschränkt. Dafür können natürlich die kompositionellen Interessen in Anschlag gebracht werden, die der Verfasser von 2 Reg 18,4-8 verfolgte. Im Gegenzug
gibt es in 2 Reg 18,6-7a einige Abweichungen: בכל אשר־יצא statt בכל אשר תלך und
אל־תסור ממנו ימין ושמאול statt לא־סר מאחריו. Gerade die zuletzt genannte Näherbestimmung „zur Rechten und zur Linken" hätte die Komposition in 2 Reg 18,4-8 ja
keineswegs gestört[52]. Und dann fällt auf, daß in 2 Reg 18,4-8 zwar von den Geboten
(מצות) die Rede ist, „die Jahwe dem Mose befohlen hatte", jedoch an keiner Stelle die
Mose-Tora genannt wird, die sowohl in Jos 1,7 (ככל־התורה אשר צוך משה עבדי), aber
auch in Jos 23,8 (ולעשות את כל־הכתוב בספר תורת משה) eine wichtige Rolle spielt. Ist
das Fehlen der Mose-Tora bei Hiskia bereits ein Hinweis darauf, wie die Rezeptionsrichtung verlaufen ist, nämlich von 2 Reg 18,4-8 zum Josuabuch? Das ist nicht der
Fall, denn es läßt sich ein Grund dafür angeben, wieso die Mose-Tora in 2 Reg 18 nicht
rezipiert wurde. Und damit sind wir beim Herzstück der Komposition 2 Reg 18,4-8.

Im Zentrum von 2 Reg 18,4-8 stehen die Elemente E-I (v.5.6aα). Formkritisch betrachtet hat fast jedes Wort eine chiastische Entsprechung. Sowohl die auffällige Inversion in v.5a (ביהוה אלהי־ישראל בטח) als auch der Relativsatz in v.5bβ (ואשר היו לפניו)
finden schon von der Komposition her eine Erklärung; jede Form von Literarkritik
erübrigt sich[53]. Die Vertrauensbeziehung (בטח) zwischen König und Jahwe bzw. die
Verbundenheit (דבק) mit Jahwe rahmt und begründet seine exzeptionelle Stellung, die
in der Unvergleichbarkeit mit den nachfolgenden Königen, aber auch mit sämtlichen
Vorgängern besteht. Daß zuerst die Nachfolger genannt werden, und nicht die Vorgänger, ist überraschend. Der Leser, der die Geschichte Israels und Judas bis hierher stu-
diert hat, kann dies ja noch nicht beurteilen, sondern wird in seinem Urteil vorauslau-

---

51 Sonstige Belege: Dtn 4,4; 10,20; 11,22; 13,5; 30,20; Jos 22,5.

52 Dafür läßt sich allerdings ein Sachgrund angeben. Denn daß ימין ושמאול in 2 Reg 18,6a nicht
    rezipiert wurde, dürfte aller Wahrscheinlichkeit nach mit der Tora/Moseorientierung der Formel
    in Jos 1,7 und Jos 23,6 zusammenhängen. In 2 Reg 18,6a geht es um den engen Bezug zwischen
    Jahwe und dem König, die Normgröße, auf die die Formel in den Josuastellen bezogen ist, wird
    erst in 2 Reg 18,6b (מצות אשר־צוה יהוה את־משה) zusätzlich zu dem besonderen Vertrauens-
    verhältnis (v.5a) bzw. der Verbundenheit (v.6a) genannt.

53 Man kann natürlich einwenden, daß bei den I-Elementen eine gewisse Unausgeglichenheit
    besteht, insofern כמהו בכל מלכי יהודה durch ein einfaches ואשר repräsentiert wird. Der Sache
    nach ändert das aber nichts. Wer deswegen ואשר היו לפניו für einen Zusatz halten will, muß
    annehmen, daß dadurch schlagartig das gesamte formale Gerüst von v.4-8 entstand – eine höchst
    unwahrscheinliche Vorstellung.

fend festgelegt. Und dieser Leseeindruck wird durch die besondere Komposition noch zusätzlich unterstrichen. Denn die auf die Vorgänger zurückblickende Einschätzung steht nicht nur an zweiter Stelle, sondern ist zudem auch noch wesentlich knapper formuliert, gewissermaßen eine eher beiläufige, wenn auch kompositionell bedeutsame Information. Der Sinn dieses Ungleichgewichts in der chiastischen Textanordnung der I-Elemente (ואחריו לא־היה כמהו בכל מלכי יהודה – ואשר היו לפניו) kann nur in der gewollten Leserlenkung bestehen. Der Leser von 2 Reg 18,5.6aα wird mit Sicherheit dann hellhörig, wenn er mit seiner Lektüre bei Josia von Juda angelangt ist, denn da findet sich in 2 Reg 23,25 bekanntlich eine vergleichbare Beurteilung des Königs:

> „Wie er war vor ihm kein König, der zu Jahwe umgekehrte mit seinem ganzen Herz und mit seiner ganzen Seele und mit seiner ganzen Kraft entsprechend der ganzen Tora des Mose. Und nach ihm stand keiner auf wie er."

Bevor man allerdings behauptet, hier liege ein eklatanter Widerspruch vor – und dann ggf. mit verschiedenen Händen innerhalb von DtrN rechnen muß –, sind auch hier kompositionelle Beobachtungen festzuhalten.

Zum einen: 2 Reg 23,25 ist analog zu 2 Reg 18,5f. komponiert, wenn auch strenggenommen nicht chiastisch, sondern konzentrisch[54]:

a וכמהו
  b לא־היה
    c לפניו
      מלך אשר־שב אל־יהוה בכל־לבבו ובכל־נפשו ובכל־מאדו ככל תורת משה
    c ואחריו
  b לא־קם
a כמהו

Zum anderen: Beide Stellen stehen sachlich so im Verhältnis zueinander, daß bei Hiskia zuerst die Unvergleichlichkeit mit den nachfolgenden Könige festgestellt wird (ואחריו לא־היה כמהו), dann die mit den vorangegangenen (ואשר היו לפניו). Bei Josia ist der Sachverhalt genau umgekehrt. Das heißt im Klartext: die Unvergleichlichkeitsaussagen sind literarisch wiederum chiastisch aufeinander bezogen:

---

54 Der Vers ist also literarisch völlig einheitlich; anders C. Levin, Josia im Deuteronomistischen Geschichtswerk, 207. Der Bezugspunkt liegt auch nicht nur in Dtn 6,5, wie etwa H. Spieckermann, Juda unter Assur in der Sargonidenzeit (FRLANT 129), 43f., meint, sondern auch in den einschlägigen Josuastellen; s.i.f.

a ... וְאַחֲרָיו לֹא־הָיָה כָמֹהוּ (2 Reg 18,5)

    b וַאֲשֶׁר הָיוּ לְפָנָיו

    b ... וְכָמֹהוּ לֹא־הָיָה לְפָנָיו (2 Reg 23,25)

a וְאַחֲרָיו לֹא־קָם כָמֹהוּ

Da beide Stellen solchermaßen aufeinander abgestimmt sind, liegt es nahe, sie auch einer Hand zuzuweisen. Dafür spricht, zum dritten, daß die exzeptionelle Stellung der Könige nicht allgemein bzw. absolut behauptet wird, sondern jeweils eine unterschiedliche Begründung erfährt. Bei Hiskia steht das von Anfang an unerschütterte, besondere Vertrauensverhältnis zu und seine Verbundenheit mit Jahwe im Vordergrund, an Josia ist dem Verfasser seine, aufgrund der Manassezeit nötige Umkehr und die außerordentliche Orientierung an der Mosetora hervorhebenswert. Dabei ist es keine Beiläufigkeit, daß die unterschiedlich gewichteten Begründungen zugleich auf dieselben literarischen Vorlagen zurückgreifen. Mit Blick auf Hiskia ist der Bezug zu Jos 1,7; 23,6-8 bereits herausgestellt worden, für die Josia-Beurteilung in 2 Reg 23,25 kommt nicht nur Dtn 6,5[55] (וְאָהַבְתָּ אֵת יְהוָה אֱלֹהֶיךָ בְּכָל־לְבָבְךָ וּבְכָל־נַפְשְׁךָ וּבְכָל־מְאֹדֶךָ) als Vorlage in Frage, sondern auch Jos 23,6-8. Liegt in 2 Reg 23,25 nicht nur Dtn 6,5, sondern auch auf Jos 23,6-8 zugrunde, so verweist die Beurteilung Josias auf dieselben Referenztexte wie 2 Reg 18,6f. Dabei dürfte es mit Blick auf Josia neben der ausdrücklichen Nennung der Mose-Tora als solcher auch deren in Jos 23,6 eigens hervorgehobener Buchcharakter gewesen sein (לִשְׁמֹר וְלַעֲשׂוֹת אֵת כָּל־הַכָּתוּב בְּסֵפֶר תּוֹרַת מֹשֶׁה), der sich aufgrund der Auffindungslegende eines סֵפֶר im Zuge der Tempelrenovierung für den Rückbezug auf die Josuastellen nahelegte[56]. Bezeichnenderweise läßt sich für Hiskia Vergleichbares feststellen. Denn auch die Exklusivbeurteilung Hiskias verweist über das betont vorangestellte Vertrauensverhältnis zu Jahwe deutlich auf sein herausragendes Lebenswerk – und das ist natürlich die Rettung Jerusalems vor der Assyrergefahr.

Das in diesem Zusammenhang einschlägige Lexem בטח taucht in den Königebüchern außer in 2 Reg 18,5[57] nur noch in 2 Reg 18,17ff., dort dann aber massiv[58] auf. Es ist somit für Hiskia schon aufgrund der Exklusivität charakteristisch. Bereits in der Eingangsfrage seiner Rede (2 Reg 18,19) stellt der Rabschake gewissermaßen die

---

55   Cf. zur literarischen Einordnung von Dtn 6,5 als zur Eröffnung des deuteronomischen Reformprogramms gehörig E. Otto, Das Deuteronomium (BZAW 284), 360ff.

56   Zum Verhältnis des סֵפֶר הַתּוֹרָה in 2 Reg 22f. und תּוֹרַת מֹשֶׁה in 2 Reg 23,25 cf. die Überlegungen von N. Lohfink, Jahwegesetz oder Mosegesetz? (SBAB 20), 161f.

57   1 Reg 5,5 ist nicht hinzuzunehmen.

58   Cf. auch L. Camp, Hiskija und Hiskijabild (MThA 9), 88. Folgende Belege sind zu nennen: 2 Reg 18,19(bis).20.21(bis).22.24.30; 19,10. Die verwickelten literarischen Verhältnisse in 2 Reg 18,17ff. brauchen in diesem Zusammenhang nicht eigens aufgerollt werden. Bis auf die Stelle 2 Reg 18,22, die über die Kultreform Hiskias berichtet, schon durch den Numeruswechsel aus dem Kontext absticht und im wesentlichen mit dem Material von 2 Reg 18,4-8 arbeitet, dürften die בטח-Belege alle vor der Komposition des Hiskia-Reformberichts abgefaßt worden sein.

„Vertrauensfrage": „Was ist das für ein Vertrauen (בטחון), das du vertraust (בטהת)?" In der sich anschließenden Präzisierung (2 Reg 18,20) taucht dann neben בטח auch das für 2 Reg 18,7 signifikante Lexem מרד auf:

> „Du sagst: bloß ein Lippenwort ist Ratschlag und Stärke für den Krieg? Nun – auf wen vertraust du (עלֿ־מי בטחת), daß du dich gegen mich aufgelehnt hast (כי מרדת בי)?"

Durch die vorgeschaltete Komposition 2 Reg 18,4-8 hat der Verfasser diese Frage dann für den Leser bereits beantwortet und damit das politisch riskante Verhalten des Königs von Juda zugleich legitimiert. Nachdem der Rabschake den Pharao als Vertrauensgröße ins Spiel gebracht hat (2 Reg 18,21.24), folgt mit 2 Reg 18,22 eine Einschaltung, die als Höhepunkt das Thema der Kultreform einträgt und wiederum mit dem Vertrauensthema – jetzt explizit auf Jahwe bezogen – verbindet[59]:

> „Wenn ihr zu mir sagt: auf Jahwe unseren Gott vertrauen wir (אל יהוה אלהינו בטחנו)! Ist das nicht der, dessen Höhen und Altäre Hiskia entfernte (הסיר) und sagte zu Juda und zu Jerusalem: Vor diesem Altar sollt ihr niederfallen – in Jerusalem."

Die Exklusivaussagen bei Hiskia und Josia sind also jeweils auf den Kontext bezogen und insofern nebeneinander gut verträglich. Sowohl von der Komposition als auch von der Sachebene her dürften wir es mit ein und demselben Verfasser zu tun haben.

III. Abschließende Überlegungen

Der Bericht über die Kultreform Hiskias ist Bestandteil einer umfassenderen Komposition, die von 2 Reg 18,4 bis v.8 reicht. Sie ist ausgesprochen kunstvoll komponiert und literarisch geschlossen aufgebaut, Vorstufen lassen sich allenfalls schemenhaft – vielleicht hinsichtlich der Nechuschtan-Tradition – erahnen. Wir haben es vielmehr mit einem Verfasser zu tun, der zwar ein Vielzahl an schriftlichen Traditionen verarbeitet – zu nennen sind 2 Reg 17,9-11 sowie Jos 1,7; 23,6-8 –, diese aber ausgesprochen kunstvoll neu zu arrangieren weiß. Dabei sind seine literarischen Vorlagen aus 2 Reg 18,4-8 selber nicht zu rekonstruieren. Daß andere Stoffe verarbeitet wurden, wissen wir nur, weil sie ebenfalls überliefert wurden. Dies dürfte Rückwirkungen mit Blick auf unsere

---

59 Ob es sich hier um eine eigenständige Überlieferung handelt, die sich historisch für eine von Hiskia vorgenommene Opferzentralisation auswerten läßt, hat meiner Einschätzung nach keine ausreichende Wahrscheinlichkeit für sich. Das Stichwort „Opferzentralisation", das hier vom narrativen Zusammenhang her erstmals genannt wird, hätte sich der Verfasser von 2 Reg 18,4-8 – stellt man die Vielzahl der von ihm rezipierten Texte in Rechnung – bestimmt nicht entgehen lassen. So liegt es näher anzunehmen, daß auch 2 Reg 18,22 im Kontext der Abfassung von 2 Reg 18,4-8 anzusiedeln ist und in 2 Reg 18,17ff. eingetragen wurde.

Vorstellungen von der Literaturwerdung zumindest der Königebücher haben, sollen doch in 2 Reg 18,4-8 mitunter mehrere Redaktionsschichten – vor allen Dingen DtrN – zusammenlaufen. Auch wenn auf dem Hintergrund der modifizierten Hypothesentheorie Hugo Dinglers nicht damit zu rechnen ist, daß Modelle durch ein Gegenargument insgesamt falsifiziert werden und implodieren, so ist doch bei der Entwicklungen von Exhaustionsmodellen, das zumindest lehrt 2 Reg 18,4-7, etwas weniger Zutrauen in die Rekonstruierbarkeit kleinräumiger Redaktionen geboten.

Insbesondere in 2 Reg 18,4 ist nicht mit historischem Urgestein einer wie auch immer genauer zu fassenden Kultreform im 8. Jh. zu rechnen, vielmehr stellen die Reformnotizen innerhalb des Textbereichs Dtn-2Reg gewissermaßen den vorläufigen Endpunkt einer bereits laufenden Deutungsgeschichte dar, bevor dann die Chronik den Faden aufnimmt und erneut das Bild der Kultreformer umgestaltet.

Den Ausgangspunkt bildet dabei die vorexilische Reform Josias, die ihren literarischen Niederschlag ebenfalls bereits in vorexilischer Zeit gefunden haben dürfte (2 Reg 23,4-15*). Erst in nachexilischer Zeit ist das Bild von Josia vervollständigt worden, und zwar im engen Zusammenhang mit der Aufwertung Hiskias. Beide werden jetzt zu Mose in Beziehung gesetzt, aber mit unterschiedlicher Gewichtung, so daß man nicht unbedingt von einem Konkurrenzverhältnis sprechen muß. In 2 Reg 18,5 und 2 Reg 23,25 stehen beide prinzipiell auf derselben Ebene, auch wenn sie ihre jeweilige Spitzenreiterposition unterschiedlichen Höchstleistungen für die Frömmigkeitskultur – Jahwevertrauen bei Hiskia, Toragehorsam bei Josia – verdanken.

Psalm 1: Seine Stellung im Psalter und seine Bedeutung für die Komposition der Bergpredigt

von Martin Arneth

I. Einleitung

Der relativ breiten Rezeption des den Psalter zusammen mit Psalm 2 eröffnenden Psalm 1 in antiken, jüdischen wie frühchristlichen Traditionen[1] steht ein überraschender Befund mit Blick auf das Neue Testament gegenüber: „Das neutestamentliche Schrifttum bietet zu Psalm 1 unmittelbar nichts" – resümiert etwa J. Maier[2]. Dieses Urteil ist mit Blick auf die direkte Zitation, also eben unmittelbar zunächst einmal zutreffend. Doch ist die Wirkungsgeschichte eines Textes schwerlich nur an der direkten Zitation zu bemessen, wie etwa mit Blick auf Ps 1 seine Rezeption in Sir 14,20-15,10[3] zeigt, die sich auf strukturelle Analogien und Motivanspielungen beschränkt. Dennoch steht der Psalm zumindest für denjenigen, der im Rahmen seiner religiösen Praxis Tag und Nacht über der Tora bzw. über dem Psalter brütet, deutlich im Hintergrund. Läßt sich eine solche Rezeption von Ps 1 im Neuen Testament nachweisen? Wir meinen, daß damit zu rechnen ist, und zwar nicht von ungefähr in der Bergpredigt Mt 5-8.

Ein erstes Indiz dafür ist eine Themenüberschneidung. Das Neue Testament kennt nur an einer Stelle die „Zwei-Wege-Lehre", die auch für Ps 1,1.6 charakteristisch ist – wenn auch ohne Bezug zu der für die hellenistische Spielart derselben kennzeichnende Entscheidungssituation[4] und im Vergleich etwa mit der streng weisheitlichen Spielart in Prov 4,10ff.[5] durchaus differenziert verwendet. Im Neuen Testament findet sie sich

---

1 Das einschlägige Material ist zusammengestellt und kommentiert von J. Marböck, Zur frühen Wirkungsgeschichte von Ps 1, in: E. Haag u.a. (Hg.), Freude an der Weisung des Herrn. Beiträge zur Theologie der Psalmen. FS H. Groß, Stuttgart 1986, 207-222, und J. Maier, Psalm 1 im Licht antiker jüdischer Zeugnisse, in: M. Oeming u.a. (Hg.), Altes Testament und christliche Verkündigung. FS A.H.J. Gunneweg, Stuttgart u.a. 1987, 353-365; D.-A. Koch, Auslegung von Psalm 1 bei Justin und im Barnabasbrief, in: K. Seybold/E. Zenger (Hg.), Neue Wege der Psalmenforschung, HBS 1, Freiburg u.a. 1995, 223-242. Die Zählung von Ps 2 als 1. Psalm in einigen Lesarten von Apg 13,33 gilt als Hinweis für die späte Entstehung bzw. Kombination von Ps 1 und 2.
2 J. Maier, Psalm 1 im Licht antiker jüdischer Zeugnisse, a.a.O., 357; cf. auch D.-A. Koch, Auslegung von Psalm 1, a.a.O., 225.
3 Cf. die Analyse bei J. Marböck, Zur frühen Wirkungsgeschichte von Ps 1, a.a.O., 212ff.
4 Cf. E. Zenger, in: E. Zenger (F.-L. Hoßfeld/E. Zenger, Die Psalmen I. Psalm 1-50, EB 29, Würzburg 1993, 47.
5 Cf. auch Sir 2,12.

nur in Mt 7,13f.[6] Das ist auffällig, zumal die Bergpredigt bekanntermaßen ebenso wie Ps 1,1 mit einem Makarismus bzw. mit einer ganzen Kette von Makarismen einsetzt. Wir werden diesen Indizien im letzten Teil unserer Untersuchung nachgehen. Sie dürften für die Komposition und den traditionsgeschichtlichen Hintergrund des Verfassers der Bergpredigt bzw. der wahrscheinlich in Antiochia zu situierenden und an einer spezifischen Torafrömmigkeit orientierten matthäischen Gemeinde[7] nicht ganz unerheblich sein.

Zunächst soll jedoch Psalm 1 selber in den Blick genommen werden. Ps 1 bildet zusammen mit Ps 2 das Proömium zum Psalter[8]. Zwischen beiden – überschriftslosen – Psalmen bestehen ein Vielzahl von Verbindungen, insbesondere in Ps 2,10-11[9] ist mit einer bewußten redaktionellen Verklammerung des alten, vorexilischen Königspsalms Ps 2,1-9[10] zu rechnen. Schon von daher ist Ps 1 als Interpretament der alten Königs-

---

6 Cf. etwa G. Strecker, Die Bergpredigt. Ein exegetischer Kommentar, Göttingen 1984, 162; zu Mt 7,13f. s.u.

7 Cf. U. Luz, Art. Matthäusevangelium, RGG[4] V, Tübingen 2002, 918f.

8 Cf. etwa J. Reindl, Psalm 1 und der „Sitz im Leben" des Psalters, Theologisches Jahrbuch (Leipzig), 1979, 39-59; E. Zenger, Der Psalter als Wegweiser und Wegbegleiter. Ps 1-2 als Proömium des Psalmenbuchs, in: A. Agenendt/H. Vorgrimler (Hg.), Sie wandern von Kraft zu Kraft. Aufbrüche – Wege – Begegnungen. FS R. Lettmann, Kevelaer 1993, 29-47, u.v.m.

9 Es ist nur im Rahmen einer Theorie über die Entstehung des gesamten Psalters zu diskutieren, ob in Ps 2,10f. mit einer zwiefachen Schichtung zu rechnen ist, wie dies jetzt von H.U. Steymans, Psalm 89 und der Davidbund. Eine strukturale und redaktionsgeschichtliche Untersuchung, ÖBS 27, Frankfurt u.a. 2005, 296f., vorgeschlagen wurde. Dies sprengt den Rahmen dieser Studie bei weitem. Cf. etwa E.S. Gerstenberger, Der Psalter als Buch und als Sammlung, in: K. Seybold/E. Zenger (Hg.), Neue Wege der Psalmenforschung, HBS 1, Freiburg u.a. 1995, 3-14; K. Koch, Der Psalter und seine Redaktionsgeschichte, in: K. Seybold/E. Zenger (Hg.), Neue Wege der Psalmenforschung, HBS 1, Freiburg u.a. 1995, 243-278; R.G. Kratz, Die Tora Davids. Psalm 1 und die doxologische Fünfteilung des Psalters, ZThK, 1996, 1-34; E. Zenger, Einleitung in das Alte Testament, Stuttgart u.a. 52004, 348ff. (Lit.); H.U. Steymans, Psalm 89 und der Davidbund, a.a.O., 259ff.

10 Ps 2,1-9 ist literarkritisch nicht weiter zu differenzieren und dürfte aufgrund der Korrelierung mit epochenspezifisch singulären ägyptischen Tradtionen des neuen Reiches sowie einer neuassyrisch inspirierten Neuerung bereits (v.9) in vorexilische Zeit zurückreichen; cf. E. Otto, Politische Theologie in den Königspsalmen zwischen Ägypten und Assyrien. Die Herrscherlegitimation in den Psalmen 2 und 18 in ihren altorientalischen Kontexten, in: ders./E. Zenger (Hg.), „Mein Sohn bist du" (Ps 2,7). Studien zu den Königspsalmen, SBS 192, Stuttgart 2002, 34-51; auch K. Koch, Israel im Orient, in: B. Janowski u.a. (Hg.), Religionsgeschichte Israels. Formale und materiale Aspekte, Gütersloh 1999, 250-260.267f. Zum Problem der „Aramaismen" in v.1 (רגשׁ) und v.9 (רעע) cf. jetzt H.U. Steymans, Psalm 89 und der Davidbund, a.a.O., 292f. Ps 2,1-9 schließt darüber hinaus bereits im Zuge der Redaktion des messianischen Psalters an Ps 89,39-46 an und ist insofern Ps 1 bereits vorgegeben; cf. H.U. Steymans, Psalm 89 und der Davidbund, a.a.O., 292ff.

konzeption verstehbar[11] – und bereits in der Antike im Zuge der davidischen Deutung des Psalters verstanden worden[12]. Diese Tendenz soll zunächst durch einige Beobachtungen zur Komposition und zum traditionsgeschichtlichen Kontext profiliert werden.

II. Psalm 1: Komposition und Tradition

[1] Wohl dem Menschen, der
nicht dem Rat der Frevler[13] nachgegangen ist,
und der sich nicht auf dem Weg der Sünder stellte
und nicht im Kreis der Spötter gesessen hat,
[2] sondern an der Tora Jahwes ist seine Freude,
und in seiner Tora murmelt er Tag und Nacht.
[3] Der ist wie ein Baum, der an den Wasserbächen gepflanzt ist,
der zu seiner Zeit seine Frucht bringt
und dessen Blätter nicht welken.
Alles, was er tut, wird ihm gut gelingen.
[4] Nicht so die Frevler:
Sondern sie werden sein wie Spreu, die der Wind verweht.
[5] Darum werden die Frevler nicht im Gericht bestehen
noch die Sünder in der Gemeinde der Gerechten.
[6] Denn Jahwe kennt den Weg der Gerechten,
der Weg der Frevler aber führt in den Abgrund.

Der erste Psalm ist fraglos kunstvoll komponiert, das ist in neuerer Zeit oftmals herausgestellt worden[14]. Auf der Makroebene ist er thematisch in Form einer Ringkomposition angelegt: A: v.1 (der Gerechte und die Gemeinschaft der Frevler) – B: v.2f. (אם כי Lebensweise des Gerechten) – B: v.4 (אם כי Lebensweise der Frevler) – A: v.5 (die

---

11 Ein analoger Fall dürfte auch in Ps 19 vorliegen, der allerdings wohl die ihm in 2 Sam 23,1-7 vorgegebene Tradition nicht nur interpretiert, sondern aus dem Psalter verdrängt hat; cf. M. Arneth, Psalm 19: Tora oder Messias?, s.u. 310-339.

12 Cf. J. Maier, Psalm 1 im Licht antiker jüdischer Zeugnisse, a.a.O., 361.

13 עצת רשעים: nur im weisheitlichen Kontext: Hi 10,3; 21,16, 22,18. Es ist auffällig, daß sich die anderen Kombinationen „Weg der Sünder" und „Kreis der Spötter" nicht nachweisen lassen. Der Verfasser von Ps 1 ist in dieser Hinsicht originell.

14 Der Komposition von Ps 1 sind vor allen Dingen die Untersuchungen von R. Lack, Le psaume 1 – Une analyse structurale, Bib. 57, 1976, 154-167; P. Auffret, Essai sur la structure littéraire du psaume I, BZ NF 22, 1978, 26-45; W. Vogels, A Structural Analysis of Ps 1, Bib. 60, 1979, 410-416; J.T. Willis, Psalm 1 – An Entity, ZAW 91, 1979, 381-401, verpflichtet. Cf. auch R.P. Merendino, Sprachkunst in Psalm I, VT 29, 1979, 45-60, und P. Tagliacarne, Grammatik und Poetik. Überlegungen zur Indetermination in Psalm 1, in: Text, Methode und Grammatik, FS W. Richter, 1991, 549-559.

Frevler und die Gemeinschaft der Gerechten)[15]. Ps 1,6 hat bei dieser Kompositionsanalyse dann eine Sonderstellung inne. Doch darf man bei diesen Einsichten keinesfalls stehenbleiben. Denn tut man es, so wird man im wesentlichen auf den Gegensatz zwischen Gerechten und Frevlern festgelegt, wie das etwa auch in der weisheitlichen Zwei-Wege-Lehre Prov 4,10ff. der Fall ist. Zwar soll nicht bestritten werden, daß dieser eine wichtige Rolle spielt, aber er bestimmt den Text nicht ausschließlich.

Zunächst: Es lassen sich neben der genannten Ringkomposition zusätzliche Kompositionsmuster feststellen[16]. Schon das Stichwort des דרך (v.1.6) weist auf eine Rahmung. Hinzu kommt, daß v.5 mit den רשעים und den חטאים die einleitenden Übeltäterkategorien aus v.1 in derselben Reihenfolge wieder aufnimmt. Diese Stichwortverbindungen sind allerdings nur ein erstes Indiz, denn es tritt zusätzlich die Kompositionstechnik des Chiasmus hinzu, und zwar vor allen Dingen und auf besonders kunstvoll Weise in v.5f.[17] Bereits der v.6[18], der den vorangehenden Vers begründet, ist in sich wie folgt aufgebaut:

A כי־יודע יהוה
  B דרך צדיקים
  B ודרך רשעים
A תאבד

Darüber hinaus ist v.6 über den Gegensatz der Stichworte „Frevler" und „Gerechte" mit v.5 verbunden:

על־כן
A לא־יקמו רשעים במשפט
  B וחטאים בעדת צדיקים
  B כי־יודע יהוה דרך צדיקים
A ודרך רשעים תאבד

---

15 Cf. etwa P. Auffret, Essai sur la structure littéraire du psaume I, a.a.O., 28ff.41ff.; W. Vogels, A Structural Analysis of Ps 1, a.a.O., 411. Die Abgrenzung muß aufgrund der syntaktischen Signale (כי אם; v.2.4b) anders vorgenommen werden, als dies von E. Zenger (Die Psalmen I, a.a.O., 45) vorgeschlagen wird. Ps 1,2 gehört nicht zu v.1, sondern ist bereits – auch thematisch leicht ersichtlich – zu v.3 zu rechnen, der v.2 (... והיה) gemäß dem Tun-Ergehen-Zusammenhang im Bilde fortsetzt.

16 Dies gilt nicht nur für den hebräischen, sondern auch für den Septuagintatext.

17 Cf. hierzu R. Scoralick, Einzelspruch und Sammlung. Komposition im Buch der Sprichwörter Kapitel 10-15, BZAW 232, Berlin u.a. 1995, 169ff. Zwar sind diese nicht auf die Weisheitsliteratur beschränkt, sondern finden sich allenthalben in der alttestamentlichen Literatur, sie sind aber zumindest für die spezifische Geistesbeschäftigung der Weisheit auch signifikant.

18 B. Duhm, Die Psalmen, KHC XIV, Tübingen ²1922, 1, schlägt aus kompositionellen Gründen vor, v.6a hinter v.3 zu stellen, und zerstört damit aus inhaltlichen Gründen die Komposition des Psalms.

Wie ist dieser Befund zu deuten? Er besagt zunächst schlicht und einfach, daß die v.5-6 als eine in sich geschlossene Einheit interpretiert werden müssen. Denn der Sache nach handelt es sich bei v.5f. um den Textbestand, der in Ps 1 allein der Gegensatz zwischen zwei Gruppen – die Gruppe der Frevler und die der Gerechten – zum Ausdruck bringt, was wiederum dem gewählten Kompositionsschema entspricht. Diese binäre Differenzierung der Menschheit überhaupt ist der abschließende Horizont, auf dem Ps 1,1-4 zu deuten sind. Denn der voranstehende Text hat eine andere Ausrichtung.

Doch zunächst wieder zum Aufbau des Psalms. Gibt es weitere Indizien, die auf derselben kompositionellen Ebene angelegt sind? Ein Chiasmus findet sich noch in v.1a, für alle anderen Verse gilt dieses Kompositionsschema nicht:

אשרי האיש אשר

A   לא הלך

B   בעצת רשעים

B   ובדרך חטאים

A   לא עמד

Ps 1,1 ist nun auch durch einen Gegensatz bestimmt, allerdings nicht durch den zwischen Gerechten und Frevlern, sondern es steht zunächst nur ein – einzelner –Mann (איש)[19] einer nach Eigenart (לצים – חטאים – רשעים) differenzierten Gruppe gegenüber, zu denen sich der eingangs genannte Einzelne entsprechend negativ verhält (לא – לא הלך עמד – לא ישב[20]). Es ist nun wohl kein Zufall, daß die beiden Textpassagen, die den Gegensatz zwischen Mann und Frevlern bzw. Gerechten und Frevlern zum Gegenstand haben, nicht nur chiastisch angelegt sind, sondern auch durch das Stichwort „דרך" zusammengehalten werden. Strenggenommen stehen sich in v.1.5f. die konträren Vergemeinschaftungsformen und der Lebenswandel in invertierter Abfolge gegenüber: v.1: A דרך חטאים – B מושב לצים || v.5f. B עדת צדיקים – A דרך צדיקים. Diese auffällige Korrespondenz läßt dann natürlich fragen, ob es dem Verfasser nicht auch auf die sachliche Beziehung zwischen עצת רשעים (v.1) und במשפט (v.5a) ankam, so daß

---

19 Dies wird besonders durch N. Lohfink, Die Einsamkeit des Gerechten. Zu Psalm 1, in: ders., Im Schatten deiner Flügel. Große Bibeltexte neu erschlossen, Freiburg u.a. 1999, 163-171, herausgestellt; cf. auch J. Marböck, Zur frühen Wirkungsgeschichte von Ps 1, a.a.O., 210.

20 Cf. hierzu G. André, „Walk", „Stand" and „Sit" in Psalm I 1-2, VT 32, 1982, 327, der auf die Nähe der Sequenz von ישב – עמד – הלך zu Dtn 6,7 (ישב – הלך – שכב – קום). Die Beobachtung gewinnt vor allen Dingen dadurch an Gewicht, daß die Art der Torabeschäftigung in Ps 1,2 (יהגה בתורתו) eine Entsprechung in Dtn 6,7 (ודברת בם) hat. Cf. hierzu auch N. Lohfink, Der Psalter und die Meditation. Zur Gattung des Psalmenbuches, in: ders., Im Schatten deiner Flügel. Große Bibeltexte neu erschlossen, Freiburg u.a. 1999, 145f.; ders., „Diese Worte sollst du summen". Dtn 6,7 *wᵉdibbartā bām* – ein verlorener Schlüssel zur meditativen Kultur in Israel, in: ders., Studien zum Deuteronomium und zur deuteronomistischen Literatur III, SBAB 20, Stuttgart 1995, (181-204) 200f.

במשפט sich doch eher auf die Gerichtsversammlung beziehen könnte, statt auf ein eschatologisches Gericht[21].

Die Rahmung des Psalms bietet also einen doppelten Gegensatz, den zwischen Frevlern und Gerechten sowie den zwischen den Frevlern und dem einen Gerechten. In dem zweigeteilten Mittelteil (v.2f.4) wird dann der Gegensatz allererst materialisiert, und zwar nur der zwischen den Frevlern und dem einen Gerechten. Dabei fällt das Ungleichgewicht in der Darstellung sofort ins Auge. Der Verfasser konzentriert sich vor allen Dingen auf die Profilierung des einzelnen Gerechten (v.2f.), die Eigenart der Frevler wird demgegenüber kurz und bündig umrissen (v.4)[22]. Bereits dadurch, daß der Verfasser dem Einzelnen ein derartiges Übergewicht in der Darstellung einräumt, bringt er Ps 1,1-4 in eine gewisse Parallelstellung zu Ps 2, der naturgemäß auch ein einzelnes Individuum im Blick hat, nämlich den König.

Die Konkretion geschieht in Ps 1,2-4 auf zwei Ebenen, der Bildebene und der Sachebene. Die Bildebene – die Gegenüberstellung der Baummetapher (v.3a) und der vom Winde verwehten Spreu (v.4) – dient dabei allein dazu, den Gegensatz weiter zuzuspitzen. Sachlich trägt er – zunächst! – wenig aus.

Daß in v.3a ein vorgegebener Text verarbeitet wurde, ist gängige Einsicht der Schriftgelehrten aller Jahrhunderte. Im Hintergrund steht der Text Jer 17,5-8[23], der im Zusammenhang mit zwei anderen Weisheitssprüchen in Jer 17,5-11 in Form von Fluch und Segen das Ergehen von zwei Männern zum Gegenstand hat, die durch ihr unterschiedliches Verhältnis zu Jahwe gekennzeichnet sind. Auch Jer 17,5-8 besteht aus einer Bild- und einer expliziten materialen Deutungsebene. Rezipiert wird aus Jer 17,5-8 allerdings nur das Bildprogramm – im wesentlichen Jer 17,8a „Der ist wie ein Baum, der ans Wasser gepflanzt ist" (והיה כעץ שתול על־מים) sowie „seine Zweige" (עלהו) –, auffälligerweise aber nicht die materiale Deutung, die im wesentlichen durch den Gegensatz des Vertrauens (בטח) auf Jahwe (v.7: „Gesegnet der Mann, der auf Jahwe ver-

---

21 Cf. etwa E. Zenger, Die Psalmen, a.a.O., 48, der aufgrund des Zusammenhangs mit Ps 2 für die eschatologische Variante votiert, aber auch N. Lohfink, Die Einsamkeit des Gerechten. Zu Psalm 1, a.a.O., 169.

22 Dieses Ungleichgewicht hat dann etwa H. Gunkel, Die Psalmen, Göttingen [4]1926, 3, zu entsprechenden ästhetischen Werturteilen veranlaßt – vor allen Dingen mit Blick auf den an dieser Stelle rezipierten Text Jer 17,5-8, der in der Tat mit Blick auf den Gegensatz der gegenübergestellten Typen wesentlich proportionierter gestaltet ist. Indes dürfte in Ps 1 nicht die literarische Unbeholfenheit seines Verfassers der Grund für die Asymmetrie sein, sondern einzig und allein das Darstellungsinteresse; s.i.f.

23 Cf. H. Ewald, Die poetischen Bücher des Alten Bundes. Zweiter Teil. Die Psalmen, Göttingen 1835, 241; H. Hupfeld, Die Psalmen I, Gotha 1855, 4; H. Gunkel, Die Psalmen, a.a.O., 3; E. Zenger, Die Psalmen, a.a.O., 45, u.v.m. J.F.D. Creach, Like a Tree Planted by the Temple Stream: The Portrait of the Righteous in Psalm 1:3, CBQ 61, 1999, 34-46, will demgegenüber Jer 17,5-8 als Vorlage für Ps 1 aufgrund des Überschusses in Ps 1,3 (פלגי מים) eher ausschließen und bringt statt dessen Ps 52,10; 92,13-15 ins Spiel. Die These ist angesichts der vielfältigen Textrezeption in Ps 1,2f. wenig wahrscheinlich; s.i.f.

traut und dessen Vertrauensgrund Jahwe ist" ברוך הגבר אשר יבטח ביהוה והיה יהוה
מבטחו) bzw. durch des Vertrauens auf den Menschen (v.5: „Verflucht der Mann, der
auf Menschen vertraut" ארור הגבר אשר יבטח באדם) konstituiert wird. Dieser Gegensatz wird in Ps 1 – ebenso wie der von Fluch und Segen, der allenfalls noch in dem
ersten und letzten Wort des Psalms אשרי und אבד weiterlebt – nicht übernommen,
obwohl das Lexem בטח im Psalter mit 49 Belegen durchaus seinen Niederschlag findet, für alle Teile des Psalters konstitutiv ist und mit der Beleganzahl 49 immerhin ein
Vielfaches der Zahl Sieben (7 x 7) bietet[24]. Die Erwartungen desjenigen, der den Bezug
zu Jer 17 herstellen kann, werden somit enttäuscht – und damit zugleich seine Aufmerksamkeit erhöht[25].

Die Gründe hierfür dürften indes gut zu rekonstruieren sein. Und damit kommt
dann das Königtum als traditionsgeschichtlicher Hintergrund für die materiale Profilierung des eingangs glücklichgepriesenen Mannes in den Blick. Denn zusammen mit Jer
17,5-8 wird in Ps 1,2f. ein weiterer Text rezipiert, nämlich Jos 1,8 – eine gleichermaßen alte Einsicht[26]. Dabei wird das Material aus Jos 1,8 um das Zitat aus Jer 17,8 gelegt, wie die Übersicht verdeutlicht:

24 Ps 4,6.9; 9,11; 13,6; 16,9; 21,8; 22,5(bis).6.10; 25,2; 26,1; 27,3; 28,7; 31,7.15; 32,20; 33,31;
   37,3.5; 40,4; 41,10; 44,7; 49,7; 52,9.10; 55,24; 56,4.5.12; 62,9.11; 78,22.53; 84,13; 86,2; 91,2;
   112,7; 115,8.9.10.11; 118,8.9; 119,42; 125,1; 135,18; 143,8; 146,3. Insbesondere Ps 52,10 ist in
   diesem Zusammenhang auffällig, wird doch auch an dieser Stelle mit der Baummetapher im Zusammenhang mit בטח gearbeitet: ואני כזית רענן בבית אלהים בטחתי בחסד־אלהים עולם ועד; cf.
   hierzu J.F.D. Creach, Like a Tree Planted by the Temple Stream, a.a.O., 35. Man kann natürlich
   vermuten, daß die Siebenzahl, auf die es den späten Psalterredaktionen durchaus ankam, auch ein
   Grund dafür gewesen sein könnte, das Lexem in Ps 1 auszusparen; zur Siebenzahl als eines
   Merkmals für die Redaktionsstufen des Psalters cf. jetzt H.U. Steymans, Psalm 89 und der Davidbund, a.a.O., 350ff. Es bietet sich indes auch noch eine andere Erklärungsmöglichkeit an; s.i.f.
25 Es liegt hier tatsächlich ein Fall von Intertextualität im strikten Sinne vor, insofern sowohl die
   Referenzstelle unverwechselbar in Erinnerung gerufen wird, diese aber zugleich entscheidend
   umgebogen wird.
26 Cf. neben vielen anderen: H. Ewald, Die poetischen Bücher des Alten Bundes, a.a.O., 241. In
   diesem Zusammenhang wird jetzt auch verstärkt 1 Chr 22,12f. ins Spiel gebracht; cf. P.J. Botha,
   Intertextuality and the Interpretation of Psalm 1, Old Testament Essays 18, 2005, (503-520) 516f.,
   und bereits R.G. Kratz, Die Tora David, a.a.O., 7. Zwar ist Jos 1,8 deutlich in 1 Chr 22,12f. vorausgesetzt und die Bezeichnung für die Tora als einer „Tora Jahwes" (cf. Ps 1,2) aus 1 Chr 22,13
   zu entnehmen, und nicht aus Jos 1,8, doch ist תורת יהוה zum einen eine wichtige Brücke zur
   Verbindung mit Ps 19,8; 119,1 und insofern auf psalterintern von Bedeutung, zum anderen wie-
   gen die exklusiven Übereinstimmungen zwischen Ps 1 und Jos 1,8 dermaßen, daß nur Jos 1,8 als
   vorrangige Quelle von Ps 1,2f. in Frage kommt. Cf. zur Einordnung in kanonischer Perspektive E.
   Otto, Das Deuteronomium im Pentateuch und Hexateuch. Studien zur Literaturgeschichte von
   Pentateuch und Hexateuch im Lichte des Deuteronomiumrahmens, FAT 30, Tübingen 2000, 272f.

Ps 1,2f.	Jos 1,8
	Jos 1,8
כי אם בתורת יהוה חפצו	לא־ימוש ספר התורה הזה מפיך
ובתורתו יהגה יומם ולילה	והגית בו יומם ולילה
	Jer 17,8
והיה כעץ שתול על־פלגי מים	והיה כעץ שתול על־מים
אשר פריו יתן בעתו	...
ועלהו לא־יבול	והיה עלהו רענן
	Jos 1,8
[27] וכל אשר־יעשה יצליח	כי־אז תצליח את־דרכך

Mit Josua rückt nun nicht ein beliebiges Individuum ins Blickfeld, sondern der Nachfolger des Mose, der in diesen spätesten Zusätzen zu Jos 1[28] auf die Mosetora (Jos 1,7: ‏ככל־ההורה אשר צוך משה עבדי‎ ...) als seiner Amtsqualifikation verpflichtet wird; Jos 1,7f. wird dann nochmals in Jos 23,6 aufgenommen. Wenn nun der für Jer 17,5-8 konstitutive materiale Gegensatz zwischen Vertrauen auf Menschen und dem Vertrauen auf Jahwe durch den Bezug zur Tora Jahwes ersetzt wird, so läßt das an eine Alternative denken, die für die spätesten Schichten des Königebuchs einschlägig ist, nämlich den der beiden exklusiv beurteilten Könige Hiskia und Josia[29]. Bekanntlich werden beide mit dem Beurteilung versehen, daß vor ihnen und nach ihnen kein vergleichbarer König in Juda geherrscht habe. Die Bemessungsgrundlage für die Exklusivbeurteilung ist indes in beiden Fällen eine andere. Hiskia gilt als unvergleichlich bedeutsam, weil er auf Jahwe vertraute (‏בטח‎), Josia weil er der Tora des Mose gehorchte:

---

27 Daß der ‏דרך‎ aus Jos 1,8 in Ps 1,3 nicht rezipiert wird, ist für P.J. Botha, Intertextuality and the Interpretation of Psalm 1, a.a.O., 510, ein Argument dafür, daß Jos 1,8 nicht direkt als Vorlage für Ps 1,2f. in Frage kommt. Indes ist in diesem Zusammenhang die Komposition des Psalms in Rechnung zu stellen, der das Stichwort ‏דרך‎ zu Gestaltung des Rahmens in Ps 1,1.6 verwendet.

28 Cf. jetzt R. Achenbach, Der Pentateuch, seine Theokratischen Bearbeitungen und Josua – 2 Könige, in: T. Römer/K. Schmid (Hg.), Les dernières rédactions du Pentateuque, de l'Hexateuque et de l'Ennéateuque, BEThL 203, Leuven 2007,, Anm 22; cf. ders., Pentateuch, Hexateuch und Enneateuch. Eine Verhältnisbestimmung, ZAR 11, 2005, 125.

29 Die Stellen werden mitunter DtrN zugeschrieben. Der Zuschreibung an einen an einem nomistischen Redaktor widerspricht indes, daß sich die Exklusivaussagen keineswegs einfach literar- oder auch nur tendenzkritisch aus ihrem Kontext herauslösen lassen, sondern konstitutives Element von umfassenderen Kompositionszusammenhängen sind; cf. hierzu die genaue Analyse bei M. Arneth, Die Hiskiareform, ZAR 12, 2006, sowie den Beitrag „Hiskia und Josia" in diesem Band; s.o. 275-293. Mit Blick auf die unterschiedliche Ausrichtung der Exklusivität Hiskias und Josias ist es auch nicht erforderlich, die Urteile verschiedenen Händen zuzuweisen.

1 Reg 18,5

ביהוה אלהי־ישראל בטח ואחריו לא־היה
כמהו בכל מלכי יהודה ואשר היו לפניו

„Auf Jahwe, den Gott Israels, vertraute
er. Und nach ihm war keiner wie er unter allen Königen Judas, und denen, die
vor ihm gewesen waren."

2 Reg 23,25

וכמהו לא־היה לפניו מלך אשר־שב אל־יהוה
ובכל־מאדו ככל תורת משה
בכל־לבבו ובכל־נפשו ואחריו לא־קם כמהו

„Wie er war vor ihm kein König, der zu
Jahwe umgekehrte mit seinem ganzen
Herz und mit seiner ganzen Seele und
mit seiner ganzen Kraft entsprechend der
ganzen Tora des Mose. Und nach ihm
stand keiner auf wie er."

Diese, die Beurteilung der herausragenden Könige Judas bestimmende Alternative
steht dem Verfasser von Ps 1, wenn nicht direkt, so doch auf jeden Fall vermittelt
durch die beiden Referenzstellen Jer 17,5-8 und Jos 1,8 vor Augen. Er hat sich für die
Toraperspektive entschieden[30]. Die sich anschließende Frage muß lauten: Lassen sich
Motive hierfür angeben?

Vielleicht liegt der Schlüssel zur Beantwortung dieser Frage tatsächlich in dem mit
Jos 1,7f. eng verbundenen Königsgesetz in Dtn 17,14-20[31], das für den König die tägli-
che Lektüre der eigens für ihn angefertigten Abschrift der Mosetora (Dtn 17,19) vor-
sieht und insofern auf eine Egalitätsforderung hinausläuft: der Königs soll sich aufgrund seiner Toralektüre nicht über seine Brüder erheben (Dtn 17,20). Eine Forderung,
die auf derselben Linie der Verallgemeinerungsperspektive in Ps 1,1 liegt, der generell
nur von einem איש spricht. Nun wird bereits in der jüdischen Auslegung Ps 1 in engen
Zusammenhang mit dem Königsgesetz des Deuteronomiums gebracht[32]. Den wesentlichen Anhaltspunkt hierfür bietet Ps 1,2, der zunächst die „Tora Jahwes" nennt, in v.2b
dann aber nochmals von der Tora spricht: בתורתו יהגה. Unklar ist der Bezug des Suffi-
xes 3. msc. Sing. Legt man den Parallelismus zugrunde, so könnte wiederum die Jahwetora gemeint sein. Angesichts der Variationsbreite mit der etwa die beiden Tora-

---

30 Ohne den Bogen überspannen zu wollen: mit dieser Alternative rückt der Verfasser von Ps 1 auch
    in die Nähe von Ps 19. Aufgrund kompositioneller und lexematischer Übereinstimmungen sowie
    der Einbindung in die Psalmengruppe Ps 15-24 wird deutlich, daß es dem Verfasser von Ps 19
    auch um einen Alternativentwurf zu den sog. „Letzten Worten Davids" (2 Sam 23,1-7) ankommt
    und damit um eine Rückbindung des in 2 Sam 23,1-7 unmittelbar verstandenen Verhältnisses
    zwischen Gottheit und König an die Vermittlungsgröße der kosmoskonstitutiven Jahwetora (cf.
    M. Arneth, Psalm 19: Tora oder Messias?, s.u.).

31 Cf. nur E. Zenger, Die Psalmen I, a.a.O., 47. Zur Deutung von Dtn 17,14-20 in diesem Zusam-
    menhang cf. N. Lohfink, „Diese Worte sollst du summen". Dtn 6,7 *wᵉdibbartā bām* – ein verlore-
    ner Schlüssel zur meditativen Kultur in Israel, a.a.O., 195ff.; zur literarhistorischen Einordnung
    cf. E. Otto, Gottes Recht als Menschenrecht. Rechts- und literarhistorische Studien zum Deute-
    ronomium, BZAR 2, Wiesbaden 2000, 65f.

32 Cf. J. Maier, Psalm 1 im Licht antiker jüdischer Zeugnisse, a.a.O., 361f.

psalmen 19 und 119 die – in beiden Fällen vorangestellte (Ps 19,8; 119,1) – Jahwetora umschreiben, ist die Beschränkung in Ps 1,2 auffällig. Das läßt vermuten, daß es sich um zwei unterschiedliche Formen der Tora handelt, um die Tora Jahwes auf der einen Seite sowie um das besondere Rezitationsexemplar, das im Besitz des Torafrommen ist, auf der anderen. Dann ist davon auszugehen, daß sich das Suffix an das direkt voranstehende und auf den Einzelnen bezogene חפצו anlehnt.

Ist dieser Deutung eine gewisse Triftigkeit nicht abzusprechen, dann hat der Verfasser die gesamte am Maßstab des Königsgesetzes ausgerichtete Geschichte Israels von Josua bis Josia mit im Blick. Und es ist genau dieser Maßstab, der die Egalisierung des Königtums fordert und den König zum exemplarischen frommen Menschen werden läßt, den Ps 1 voraussetzt.

III. Die Rezeption von Psalm 1 in der Bergpredigt

1. Aufbauprobleme in Mt 5,1-8,1a

Mit Blick auf die Reden im Matthäusevangelium ist schon immer vermutet worden, daß die Fünfzahl auf die Mosetora anspielen könnte. Daß tatsächlich die Tora bzw. der Umgang mit der Schrift des Alten Testaments eine wichtige Rolle spielt, braucht für den Traditionshintergrund des Verfassers des Matthäusevangeliums nicht zuletzt aufgrund der vielen Reflexionszitate nicht erst aufgewiesen werden. Dem Bild soll also lediglich eine Facette hinzugefügt werden, nämlich die Rezeption von Psalm 1, die nach unserer Kenntnis bisher übersehen wurde.

An Aufbauanalysen zur matthäischen Bergpredigt mangelt es wahrhaftig nicht[33]. Auf Detailerörterungen brauchen wir mit Blick auf unsere Frage nach der Rezeption von Ps 1 in Mt 5-7 nicht eingehen. Von U. Luz ist vorgeschlagen worden, über die Rahmung[34] hinaus auch für das Textkorpus der Bergpredigt eine konzentrische, also eine „semitisch empfundene"[35] Kompositionsabsicht zugrunde zu legen. Die Argumente hat U. Luz[36] zusammengestellt. Die in jeder Hinsicht überzeugenden Anhaltspunkte

---

33 Vgl. die Übersicht bei H. Weder, Die „Rede der Reden". Eine Auslegung der Bergpredigt heute, Zürich 1985, 253.

34 Cf. G. Lohfink, Wem gilt die Bergpredigt? Beiträge zu einer christlichen Ethik, Freiburg u.a. 1988, 18ff.

35 Cf. N. Lohfink, Das Koheletbuch: Strukturen und Struktur, in: L. Schwienhorst-Schönberger (Hg.), Das Buch Kohelet. Studien zur Struktur, Geschichte, Rezeption und Theologie, BZAW 254, Berlin u.a. 1997, 44.

36 U. Luz, Das Evangelium nach Matthäus, EKK I/1, 186, im – modifizierten – Anschluß an R. Riesner, Der Aufbau der Reden im Matthäus-Evangelium, ThBeitr 9, Wuppertal 1978, 173ff. Einen anderen Aufbau der Bergpredigt schlägt auf der Grundlage von N.W. Lund, Chiasmus in the New Testament, Chapel Hill 1942, 241 – cf. hierzu J.W. Welch, Chiasmus in Antiquity, 235f. –

für diese These, also solche, von denen auch mit einer gewissen Wahrscheinlichkeit behauptet werden kann, daß sie zumindest einem Rezipienten, der mit der Kompositionstechnik rechnet bzw. selber in ihr geschult ist, als Gliederungsindikator bewußt werden, sind insbesondere die Rahmung Mt 5,1f. || 7,28-8,1a, die durch das singuläre Binom νόμος καὶ προφῆται in Mt 5,17-20 || 7,12 deutlich markierten Einschnitte sowie die durch den identischen Abschluß (Mt 6,4.6.17: καὶ ὁ πατήρ σου ὁ βλέπων ἐν τῷ κρυπτῷ ἀποδώσει σοι) verbundenen Perikopen Mt 6,1-18[37]. Schwierigkeiten bereitet die Gliederung von U. Luz insbesondere mit Blick auf die Einleitung Mt 5,3-16 und den Abschluß Mt 7,13-27. Er verweist auf zwei Indizien, nämlich die Erwähnung der βασιλεία τῶν οὐρανῶν (Mt 5,3.10; 7,21) sowie den Personenwechsel (3. Person: Mt 5,3-10 || 7,21-27; 2. Person: Mt 5,11-16 || 7,13-20). Dabei dürfte das überzeugendste Indiz noch der Wechsel in die 3. Person Mt 5,3-10 || 7,21-27 sein. Denn die Argumentation mit der βασιλεία τῶν οὐρανῶν ist schon deswegen nicht völlig stichhaltig, da diese auch in Mt 5,20 vorkommt, also bei weitem nicht auf einer Ebene mit den wörtlichen und singulären Gliederungshinweisen liegt.

Damit ist jedoch noch nicht gesagt, daß Mt 5,3-12 und Mt 7,13-27 nicht doch in einem engen Zusammenhang stehen, und zwar in einem solchen, den zumindest der traditionskundige Leser auch durchschauen kann. Denn dieser Zusammenhang wird, so lautet unsere These, durch einen zugrundeliegenden Text gestiftet, nämlich Psalm 1. Wir stellen im Anschluß an U. Luz eine Grobübersicht über den Aufbau der Bergpredigt voran, die die genannten Modifikationen in Mt 6,1-18 berücksichtigt:

vor. Seine Aufbauanalyse ist indes nicht nur mit der Schwierigkeit behaftet, daß die Entsprechungen im wesentlichen auf der Ebene inhaltlicher Oberbegriffe gesucht werden, die zum einen dem Text nicht unmittelbar zu entnehmen sind – etwa in Mt 5,48 und 7,12 –, zum anderen die Komposition selber wiederum sprengen – so die Zuordnung von Mt 5,19. Problematisch ist vor allen Dingen, daß deutliche Gliederungssignale nicht berücksichtigt werden; s.i.f.

37 Zur genauen Gliederung s.u. die Übersicht. U. Luz, Das Evangelium nach Matthäus, EKK I/1, 186.318f., nimmt allerdings an, das Vaterunser Mt 6,7-15 stehe in Zentralposition, so daß sich die Bergpredigt insgesamt als um das Vaterunser gelegte konzentrische Komposition darstelle. Dies ist jedoch aufgrund eines formalen Kriteriums, nämlich der dann ungleichen Verteilung der identischen Schlußaussage καὶ ὁ πατήρ σου ὁ βλέπων ἐν τῷ κρυπτῷ ἀποδώσει σοι in Mt 6,4.8.18 nicht naheliegend. Vielmehr bietet Mt 6,1-18 einen feststehenden Block, der durch die Aussagen zur religiösen Praxis des Almosengebens und des Fastens gerahmt wird. Im Zentrum stehen sodann die beiden Bestimmungen zur Gebetspraxis, auch wenn Mt 6,5-6 und 6,7-15 vom Umfang her nicht gleichgewichtig sind. Dieser Umstand läßt sich aber mit der Rezeption der Tradition in 6,7-15 verständlich machen. Legt man die Terminologie auf die Goldwaage, dann ist die Bergpredigt strenggenommen nicht konzentrisch, sondern chiastisch aufgebaut.

5,1-2: Rahmung
   5,3-12: Rezeption von Ps 1
   5,13-16: Salz und Licht ?
      5,17-20: νόμος καὶ προφῆται
      5,21-48: Antithesen
         6,1-4: Almosen (καὶ ὁ πατήρ σου ὁ βλέπων ἐν τῷ κρυπτῷ ...)
            6,5-6: Gebet (καὶ ὁ πατήρ σου ὁ βλέπων ἐν τῷ κρυπτῷ ...)
         6,7-15: Gebet
         6,16-18: Fasten (καὶ ὁ πατήρ σου ὁ βλέπων ἐν τῷ κρυπτῷ ...)
      6,19-7,11: Besitz, Richten, Bitten
      7,12: νόμος καὶ προφῆται
   7,13-27: Rezeption von Ps 1
7,28-8,1a: Rahmung

Schon die oberflächliche Lektüre zeigt, daß zwischen Mt 5,3-12; 7,13-27 und Ps 1 eine Vielzahl an Entsprechungen vorhanden sind. Im Zuge der formgeschichtlichen Analyse der Makarismen in Mt 5,3-12 wird es in der Regel nicht versäumt, unter anderem auch auf Psalm 1,1 zu verweisen[38], zeichnet sich doch diese Belegstelle nicht nur dadurch aus, daß hier ebenfalls ein Makarismus vorliegt, sondern vor allen Dingen auch dadurch, daß mit Ps 1,1 ein ganzes Buch, nämlich der Psalter, eingeleitet wird. Keine Hinweise auf Ps 1 finden sich überraschenderweise in den einschlägigen Analysen hingegen mit Blick auf Mt 7,13-27, obwohl die thematischen – nicht nur, wie im Falle von Ps 1,1 und Mt 5,3-12, formgeschichtlichen – Anklänge deutlich sind. Dies gilt für die Wegelehre in dem Logion über das enge und das weite Tor (Mt 7,13-14), die sich sich in Ps 1,1.6 findet, aber auch für die Baummetapher (Mt 7,17-19) in der Warnung vor den Pseudopropheten (Mt 7,15-23), die ihr Pendant in Ps 1,3 hat. Und schließlich enthält auch die die Bergpredigt abschließende Doppelparabel über die beiden Hausbauer (Mt 7,24-27) thematische Entsprechungen, nämlich in Ps 1,4-5. Bemerkenswert ist in diesem Zusammenhang, daß die Entsprechungen nicht nur auf der thematischen Ebene liegen, sondern auch die Abfolge der Übereinstimmungen im wesentlichen dieselbe ist, und das mit Mt 7,13-27 bei einem Textblock, der in der Zusammenstellung seiner Elemente nicht auf Traditionsvorgaben beruht, sondern als Werk des Verfassers des Matthäusevangeliums gelten kann:

---

38 Cf. für viele andere etwa H. Weder, Die „Rede der Reden". Eine Auslegung der Bergpredigt heute, Zürich 1985, 41f.; H.D. Betz, The Sermon on the Mount, Hermeneia, Minneapolis 1995,104.

Mt 7,13-14 ||

¹³ Geht durch die enge Pforte ein. Denn die Pforte ist weit und der Weg (ὁδός) ist breit, der ins Verderben führt, und viele sind es, die durch sie hineinkommen.
¹⁴ Wie eng ist die Pforte und schmal der Weg (ὁδός), der zum Leben führt, und wenige sind es, die es finden.

Mt 7,15-23

¹⁵ Nehmt euch in acht vor den falschen Propheten, die zu euch kommen in Schafspelzen, aber innen sind es reißende Wölfe.
¹⁶ An ihren Früchten werdet ihr sie erkennen. Oder sammelt man von Dornsträuchen Trauben oder von Distelsträuchen Feigen?
¹⁷ So bringt jeder gute Baum gute Früchte (πᾶν δένδρον ἀγαθὸν καρποὺς καλοὺς ποιεῖ), der faule Baum aber bringt schlechte Früchte.
¹⁸ Ein guter Baum kann keine schlechten Früchte bringen, und ein fauler Baum kann nicht gute Früchte bringen.
¹⁹ Jeder Baum, der keine gute Frucht bringt, wird gefällt und ins Feuer geworfen.
²⁰ Also: an ihren Früchten sollt ihr sie erkennen.
²¹ Nicht jeder, der zu mir sagt: „Herr, Herr", wird in das Himmelreich hineinkommen, sondern der, der den Willen meines Vaters in den Himmeln tut.
²² Viele werden an jenem Tag sagen: „Herr, Herr. Haben wird nicht in deinem Namen Dämonen ausgetrieben und in deinem Namen viele Machttaten vollbracht?"
²³ Und dann werde ich bekennen: „Ich habe euch nie gekannt. Geht von mir weg, die ihr tut, was gegen das Gesetz ist."

Ps 1,1.6

¹ Wohl dem Menschen, der nicht dem Rat der Frevler nachgegangen ist, und der sich nicht auf dem Weg (ὁδός) der Sünder stellte und nicht im Kreis der Spötter gesessen hat … ⁶ Denn Jahwe kennt den Weg (ὁδός) der Gerechten, der Weg (ὁδός) der Frevler aber führt in den Abgrund.

Ps 1,3.5.6

³ Der ist wie ein Baum (τὸ ξύλον), der an den Wasserbächen gepflanzt ist, der zu seiner Zeit seine Frucht bringt (ὃ τὸν καρπὸν αὐτοῦ δώσει) und dessen Blätter nicht welken. Alles, was er tut, wird ihm gut gelingen.

[⁵ Darum werden die Frevler nicht im Gericht bestehen noch die Sünder in der Gemeinde der Gerechten.
⁶ Denn Jahwe kennt den Weg der Gerechten (ὅτι γινώσκει κύριος ὁδὸν δικαίων), der Weg der Frevler aber führt in den Abgrund.
Mt 7,23b Zitat Ps 6,9]

Mt 7, 24-27	*Ps 1,4*
²⁴ Jeder nun, der diese meine Worte hört und sie tut, wird einem klugen Mann gleichen, der sein Haus auf den Felsen baute. ²⁵ Und es fiel der Platzregen, und es kamen die Wasserströme, und es bliesen die Winde (οἱ ἄνεμοι), uns sie stürzten auf jenes Haus, und es stürzte nicht zusammen, denn es war auf den Fels gegründet.	
²⁶ Und jeder, der diese meine Worte hört und sie nicht tut, wird einem törichten Mann ähnlich werden, der sein Haus auf den Sand baute.	⁴ Nicht so die Frevler:
²⁷ Und es fiel der Platzregen, und es kamen die Wasserströme, und es bliesen die Winde (οἱ ἄνεμοι), und prallten gegen jenes Haus, und es stürzte zusammen, und sein Sturz war groß.	Sondern sie werden sein wie Spreu, die der Wind (ὁ ἄνεμος) verweht.

Die Parellelität dürfte, auch wenn Schwankungen in der Terminologie zu verzeichnen sind (etwa Mt 7,17), wohl kaum zufällig sein. Die Schwankungen können wie bemerkt auch dadurch bedingt sein, daß in Mt 7,13-27 bereits vorliegendes Material verarbeitet wurde. Die Beobachtung gewinnt aber noch zusätzlich an Plausibilität, wenn man in Rechnung stellt, daß der Verfasser bzw. Kompilator der Bergpredigt die stoffliche Anordnung von Mt 7,13-27 nur partiell in den ihm zur Verfügung stehenden Quellen vorgefunden, sondern selber vorgenommen hat.

So entspricht die Abfolge von Mt 7,15-20; 7,24-27 dem Abschluß der lukanischen Feldrede Lk 6,43-46; 6,47-49. Neu hinzugekommen ist in der Bergpredigt die Perikope Mt 7,13-14, die in der Feldrede keine Entsprechung aufweist, sondern seine Parallele in der eschatologischen Rede Lk 13,23-24 hat. Dieser Erweiterung kommt besonderes Gewicht zu, da der Verfasser wahrscheinlich mit Blick auf Ps 1 eine auffällige Ergänzung vorgenommen hat, sowie die Perikope Mt 7,21-23, die sich zwar an Lk 6,46 anschließt, aber auch durch Lk 13,25-27 ergänzt wird. Insgesamt ist der Abschnitt Mt 7,13-27 durch Gegensatzpaare bestimmt, die um das Thema des Endgerichts kreisen. Der thematische Leitfaden für die Anordnung der Perikopen entspricht der Abfolge der Aussagen in Ps 1,1-4.

2. Psalm 1 und Mt 7,13-14.21-27

Diese These läßt sich nun mit einigen zusätzlichen Beobachtungen stützen, die sich nicht nur thematische Kongruenzen und ihre identische Abfolge beziehen, sondern direkt die Textgestalt von Mt 7,13-27 betreffen. Denn der Verfasser hat seinen Vorlagen einzelne Stichwörter aus Ps 1 hinzugefügt, die deswegen von Bedeutung sind, weil sie sich nicht immer schlüssig in ihren neuen Kontext integrieren und von daher besonderes Augenmerk erfordern. Das ist in Mt 7,13-14 und in Mt 7,21-27 der Fall.

Wenden wir uns der ersten Perikope zu, dem Logion über das enge und das weite Tor (Mt 7,13-14). Insbesondere v.13 enthält ein sachliches Problem. Zusätzlich zu Lk 13,24 nennt Mt 7,13-14 nicht nur die Tür bzw. Pforte[39], sondern darüber hinaus den Weg (ὁδός). Die Zwei-Wege Lehre ist, wir haben eingangs darauf hingewiesen, im Neuen Testament singulär – schon das ist auffällig. Der Sachverhalt löst in der einschlägigen Literatur vor allen Dingen Ratlosigkeit aus[40]. Denn daß der „Weg" im Zusammenhang Anlaß zur literarkritischen Nachfrage bietet, wird nicht erst durch den synoptischen Vergleich evident, sondern auch durch Mt 7,13b „und viele sind es, die durch es hineinkommen", da der Versteil zwar auf das Tor, nicht aber auf den Weg Bezug nimmt. Insofern dürfte es sich um ein matthäischen Zusatz handeln. Wodurch ist er motiviert? Zwar läßt sich in diesem Zusammenhang damit argumentieren, daß die Wegmetaphorik im AT – im Gegensatz zum Tormotiv – weit verbreitet ist[41], so daß von daher die Angabe eines literarischen Ursprungsortes als einigermaßen vergeblich eingestuft werden könnte. Doch betrachtet man die Stelle nicht isoliert, sondern nimmt die Stoffe mit hinzu, die Mt in 7,13-27 bietet, dann wird man tatsächlich an Ps 1 zu denken haben, der Mt das zusätzliche Stichwort geliefert hat, das dann allerdings nicht fugenlos integriert wurde.

Ähnlich liegen die Dinge in Mt 7,21-27. Die Perikope ist aufgrund der Einleitungen (Mt 7,21[Οὐ πᾶς …].24[Πᾶς οὖν …].26[καὶ πᾶς …]) wohl als eine literarische Einheit zu werten[42]. Der Sache nach läßt sich dies mit gewissen Vorbehalten vielleicht mit Ps 1,4-5a korrelieren, auch wenn die Themen invertiert zu stehen kommen. Mt 7,21-23 entspricht der Ankündigung in Ps 1,5a, daß die Frevler im Gericht nicht bestehen werden. Die das Wesen der Frevler kennzeichnende Metapher Ps 1,4b „Sie sind wie Spreu, die der Wind verweht" steht dann allerdings ziemlich deutlich hinter Mt 7,24-27. Auf die zuletzt genannte Einheit, die die Bergpredigt beschließende und wohl

---

39 Die „Pforte" ist keinesfalls textkritisch zu elemenieren (so etwa G. Strecker, Die Bergpredigt, a.a.O., 161f.), sondern ist als *lectio difficilior* beizubehalten; cf. U. Luz, Das Evangelium nach Matthäus, a.a.O., 395.

40 Die Interpretationsalternativen sind zusammengestellt bei U. Luz, Das Evangelium nach Matthäus, a.a.O., 395f.

41 Nicht zuletzt auch durch die dem matthäischen Traditionskreis zugehörige, aber mit Blick auf die Zweiwegelehre durchaus eigenständige Did (1,2-5,2); cf. K. Wengst, Didache (Apostellehre), Barnabasbrief, Zweiter Klemensbrief, Schrift an Diognet, Schriften den Urchristentums II, Darmstadt 1984, 24ff.67ff.

42 Anders die Einteilung bei U. Luz, Das Evangelium nach Matthäus, a.a.O., 394. Für die hier vorgeschlagene Abgrenzung spricht auch der Wechsel der Sprechrichtung. Ist Mt 7,15-20 noch in der 2. Pers. an die Zuhörer gerichtet, so fällt dies in Mt 7,21-27 weg – eine Unterscheidung, die U. Luz an anderer Stelle (a.a.O., 186) selber auch anders gewichtet.

bereits aus Q stammende Doppelparabel[43] kommt es vor allen Dingen an. Denn auch hier findet sich eine Erweiterung gegenüber der lukanischen Parallele (Lk 6,47-49). Letztere handelt nur von den Fundamenten des Hauses, die von Wasserfluten gefährdet sind. Zwar bestehen auch hinsichtlich des Auslösers der Flut zwischen Mt – die Wasserflut wird durch Regengüsse ausgelöst – und Lk – Anlaß ist Überschwemmung durch einen Fluß – Differenzen, die sich möglicherweise mit dem ländlichen Milieu Palästinas erklären lassen. Auffällig ist indes die zusätzliche Nennung des Windes (οἱ ἄνεμοι) als destruktiver Kraft in Mt 7,25.27. Auch an dieser Stelle dürfte es Ps 1 geschuldet sein, der in v.4b, der dasselbe Lexem bietet[44].

Damit sind mehrere Indizien festzuhalten, die die Rezeption von Ps 1 in der Bergpredigt wahrscheinlich machen. Zunächst beziehen sich die Anspielungen auf den Rahmen Mt 5,3-12; 7,13-27, der angesichts der gegenüber dem gut chiastisch durchkomponierten zentralen Korpus der Bergpredigt ohne eine Erklärung mit Blick auf die Kohärenz erfordert. Sodann ist es die Abfolge der Themen, die im hinteren Rahmenteil Mt 7,13-27 der Anlage von Ps 1 entsprechen. Und zuletzt ist in Mt 7,13f.24-27 die Hinzufügung einzelner, im jetzigen Zusammenhang teilweise sperriger Motive zu nennen, hinter denen Ps 1 stehen dürfte.

Freilich: ein direktes Zitat aus Ps 1 fehlt; das ist und bleibt auffällig. Aber es dürfte im Umfeld der Entstehung des Matthäusevangeliums Schriftgelehrte gegen haben, denen Ps 1 durch tägliches Nachsinnen über der Schrift präsent war – sowohl bei der Textproduktion als auch bei der Rezeption.

---

43 Cf. etwa E. Schweizer, Zur Sondertradition der Gleichnisse bei Matthäus, in: ders., Matthäus und seine Gemeinde, SBS 71, Stuttgart 1974, 104ff.

44 Insofern ist des nicht unproblematisch, die matthäische Version aufgrund des Bildgehaltes – „Regengüsse" und „Wind" – in allen ihren Komponenten für die ursprüngliche zu halten bzw. gar jesuanischen Ursprung zu postulieren; cf. U. Luz, Das Evangelium nach Matthäus, a.a.O., 412f. Die Zerstörung eines Hauses durch einen Gottessturm hat darüber hinaus eine Parallele in Hi 1,19. Auch von daher ist nicht unmittelbar nur an realgeschichtliche Gegebenheiten zu denken, sondern auch an Schriftgelehrsamkeit.

Psalm 19: Tora oder Messias?

von Martin Arneth

I. Problemexposition

An Untersuchungen zu Psalm 19[1] mangelt es wahrhaftig nicht, die Kompositionsprobleme[2] sind vielfältig thematisiert worden und dasselbe gilt für seine religionsgeschichtliche Einbindung in den Alten Orient insbesondere mit Blick auf Motiventsprechungen.

Vor allen Dingen die solaren Anteile in Ps 19,5b-7 scheinen, das hat man mehrfach betont[3], traditionsgeschichtlich in den mesopotamischen Kontext zu verweisen[4]. Dafür spricht die untergeordnete Stellung der maskulinen Sonne[5] – der mesopotamische Sonnengott Šamaš/Utu hat zwar eine herausgehobene Stellung im Pantheon inne, rückt jedoch nicht an seine Spitze. Auch für andere Motive lassen sich Parallelen aus dem Zweistromland beibringen, wobei nicht in Abrede gestellt werden soll, daß sich Vergleichbares auch außerhalb des assyrisch-babylonischen Raumes findet: der Sonnen-

---

1   Cf. zuletzt die ausführliche Doxographie von M. Oeming, Auf der Suche nach Verbindungslinien, 252ff.; einige Kommentatoren werden referiert von J.H. Eaton, Psalms of the Way and the Kingdom, 14ff.49ff.

2   Das neuerliche Interesse an der Einheitlichkeit von Ps 19 ist vor allen Dingen durch die Studie von H. Gese, Die Einheit von Psalm 19, geweckt worden.

3   Etwa H. Gunkel, Die Psalmen, 75f.; R. Kittel, Die Psalmen, 70f.; L. Dürr, Zur Frage der Einheit von Ps. 19, 41ff.; H.-J. Kraus, Psalmen 1, 303f.; cf. in letzter Zeit bes. H. Spieckermann, Heilsgegenwart, 66f.; gegen N. Sarna, Psalm XIX, 171-175.

4   Daß die Sonne (שמש) – wie auch der Mond (ירח) – als eine dem unter neuassyrischem Einfluß solarisierten Jerusalemer Gott Jahwe untergeordnete, ihn aber repräsentierende Größe fungiert, wird anhand von Ps 72,1.5.7.17aαβ sowie Ps 89,15f.37f. deutlich. Die literarische Grundschicht von Ps 72 dürfte in Anlehnung an die neuassyrische Sonnentheologie entstanden sein, der Umgang Jahwes mit den Gestirnen „Sonne" und „Mond" ist bereits in (spät-)vorexilischer Zeit – trotz einschlägiger, wohl antiassyrischer Notizen in 2 Reg 23,5*.11 – eher unaufgeregt, so daß für das Verhältnis zwischen אל und שמש in Ps 19,2.5b-7 von daher keine solarpolemische Intention bzw. gezielte Subordination der Sonne in Anschlag gebracht werden muß, die dem Text ohnehin nicht zu entnehmen ist; cf. zur vorexilischen Solarisierung Jahwes in der Josiazeit M. Arneth, „Sonne der Gerechtigkeit", II.III.

5   Im Nordwestsemitischen Raum ist die Sonne in der Regel feminin – eine Ausnahme stellt das AT dar, das „Sonne" שמש sowohl maskulin als auch feminin verwendet; cf. dazu und zum mesopotamischen Utu/Šamaš B. Janowski, Rettungsgewißheit, 30ff.

gott wird als „Held/Krieger"[6] dargestellt, sein Aufenthaltsort ist u.a. das „Zelt am Himmel"[7], es findet sich die Vorstellung des „Bräutigams"[8] und die der Unmöglichkeit, daß seinem Blick etwas entgeht[9].

Die bisher von uns vorgenommene Konzentration auf die „Sonne" bzw. den „Sonnengott"[10] geschieht nicht ohne Grund. Denn wir meinen zum einen, daß der Einfluß solarer Vorstellungen auf den Psalm 19 bisher unterschätzt wurde, und zwar nicht mit Blick auf Ps 19,2-7[11], sondern vor allen Dingen hinsichtlich Ps 19,8-15[12]. Dies soll durch eine Kompositionsanalyse des Psalms erhellt werden.

Zum anderen soll die These begründet werden, daß gerade angesichts der solaren Orientierung des Gesamtpsalms weniger die Verhältnisbestimmung zwischen El bzw. Jahwe und der Sonne im Vordergrund steht, sondern vielmehr eine klassische, solar konnotierte Königsfunktion Gegenstand der Auseinandersetzung ist, nämlich der König als der Vollstrecker von „Recht und Gerechtigkeit für sein ganzes Volk" (2 Sam 8,15)[13] und die sich daraus ergebende besondere Zugangsweise des Königs zur Gottheit. Dies soll durch einen Vergleich zwischen Ps 19 und mesopotamischen Quellen, vor allen Dingen aber durch die Korrelierung von Ps 19 und den sog. „Letzten Worten Davids" 2 Sam 23,1-7 herausgearbeitet werden.

Unsere Analyse versucht dabei mit Blick auf das altorientalische Vergleichsmate-

---

6 „Held" *qarrādu*; cf. K.L. Tallqvist, Akkadische Götterepitheta, 79ff.; cf. alttestamentlich auch noch den Zusatz Jdc 5,31aβ „und die ihn lieben, sind wie der Aufgang der Sonne in ihrer Heldenhaftigkeit" ואהביו כצאת השמש בגברתו; neue Argumente für die Spätdatierung von Jdc 5* bietet jetzt M. Waltisberg, Zum Alter der Sprache des Deboraliedes Ri 5*, 218ff.

7 KAR II, 55 Z.1f. (VAT 8796) heißt es von Šamaš: „Beschwörung: großer Herr, der im reinen Himmel ein gewaltiges Heiligtum bewohnt …"; *šiptu bêlu ra-bu-u ša ina šamêᵉ ellûtiᵐᵉˢ parakka ra-aš-bu ra-mu-u* (E. Ebeling, Quellen zur Kenntnis der babylonischen Religion I, 23f.).

8 Bei der Bezeichnung des שמש als חתן „Bräutigam" steht möglicherweise das bekannte Epitheton der Šamaš-Gattin Aja als „seiner geliebten Braut" (*kallat narāmtīšu*; cf. K.L. Tallqvist, Akkadische Götterepitheta, 97f.) im Hintergrund; dazu H. Spieckermann, Heilsgegenwart, 66f. Anm. 19.

9 Man vergleiche das aussagekräftige Sprichwort aus der Ninive-Inschrift Asarhaddons: „Wohin kann der Fuchs vor Šamaš gehen (*um-ma šêlibu la-pa-an* ᵈ*šamaš e-ki-a-am il-lak*)?"; cf. R. Borger, Die Inschriften Asarhaddons, 58 (§ 27 Ep. 18, Kol V,25).

10 Zu den anderen religionsgeschichtlichen Problemen von Ps 19,2-5a, insbesondere zur Frage nach ugaritischen Vorbildern, cf. A. Jirku, Die Sprache der Gottheit in der Natur, 631; dagegen H. Donner, Ugaritismen in der Psalmenforschung, 327ff.; O. Loretz, Ugaritologische und kolometrische Anmerkungen zu Ps 19A; W. Herrmann, Psalm 19 und der kanaanäische Gott ʾIlu; H. Spieckermann, Heilsgegenwart, 64f.; C. Houtman, Der Himmel im Alten Testament, 164ff.

11 Cf. hierzu vor allen Dingen die Studie von O.H. Steck, Bemerkungen zur thematischen Einheit von Psalm 19,2-7.

12 Cf. etwa L. Dürr, Zur Frage der Einheit von Ps. 19, 40ff., die Andeutung bei O. Loretz, Psalmenstudien III, 187, und J.G. Taylor, Yahweh and the Sun, 220ff., der sich an N. Sarna, Psalm XIX, anlehnt.

13 Diese solare Königsfunktion ist alttestamentlich auch auf Jahwe übertragen worden, und zwar in Ps 84,12; cf. H.-J. Kraus, Psalmen 2, 751.

rial einen modifizierten Anmarschweg, insofern nicht nur nach Motivübereinstim-
mungen gefragt wird, sondern die Kompositionstechnik und traditionsgeschichtlichen
Voraussetzungen des Psalms und seines alttestamentlichen Vergleichstexts 2 Sam
23,1-7 auf dem Hintergrund zumindest eines neuassyrischen Paralleltextes untersucht
werden sollen.

II. Ein Lied Assurbanipals für den Sonnengott Šamaš (KAR III,105)

Von dem letzten großen neuassyrischen König Assurbanipal (669-630? v. Chr.) – den
Quellen zufolge selbst kein Analphabet[14] – handelt ein aus dem Kontext der Orakel-
einholung stammendes Lied an den Sonnengott Šamaš, das durch die Konsistenz der
Komposition besticht und schon aus diesem Grund eine ausführliche Analyse verdient.
Wir gehen zwar nicht davon aus, daß zwischen Ps 19 und KAR III,105 literarische
Abhängigkeiten bestehen[15]. Es läßt sich anhand von KAR III,105 allerdings paradigmatisch ein Eindruck von der literartechnischen Vorgehensweise antiker Verfasser
gewinnen, der dann auch für Ps 19 erhellend ist, zumindest aber den Möglichkeitsrah-
men für die Kompositionsanalyse des Psalms absteckt[16]. Darüberhinaus hat KAR
III,105 die klassische solare Königsfunktion, die Realisierung von „Gerechtigkeit"
(*mēšaru*), zum Gegenstand und ist somit mittelbar – zumindest als Kontrast – auch für
die inhaltliche Konzeption des alttestamentlichen Textes bzw. seiner inneralttestament-
lichen Referenzen aufschlußreich.

1. Übersetzung

1   Licht der großen Götter, ... Erheller der Weltgegenden,
2   erhabender Richter, Hirte des Oberen und Unteren,
3   ... du durchspähst mit deinem Licht die Gesamtheit der Länder.
4   Die in der Opferschau nicht müde werden, täglich triffst du Entscheidung über
     Himmel und Erde,
5   deine [...] sind loderndes Feuer, verdecken die Sterne des Himmels insgesamt,

---

14 Cf. das Assurbanipal-Prisma F § 3 I,17f.25-27: „Unter Freude und Frohlocken zog ich ein in das
    ‚Nachfolgehaus', den kunstvollen Ort, das Band des Königtums ... ich Assurbanipal eignete mir
    dort die Weisheit des Nabû an, die ganze Tafelschreiberkunst; die Lehren aller Spezialisten, so-
    viele es deren gab, erforschte ich"; cf. R. Borger, Beiträge zum Inschriftenwerk Assurbanipals,
    208f.; außerdem H.W.F. Saggs, The Might that was Assyria, 116.279ff.
15 Dies ist allerdings in Ps 72* der Fall; der Grundbestand des Psalms (Ps 72,1-7.12-14.16.17aαβ)
    dürfte im Zusammenhang mit dem „Krönungshymnus Assurbanipals" SAA III,11 entstanden
    sein, und auch die Redaktion (insbes. Ps 72,8-11) lehnt sich massiv an assyrisch-babylonische
    Traditionen an (cf. M. Arneth, „Sonne der Gerechtigkeit", II.).
16 M. Oeming, Auf der Suche nach Verbindungslinien, 261, weist auf die geringe Zahl an Analogien
    zu Ps 19 hin: Ps 97; Hi 28; Weish 13; äth. Hen 72-82; Baruchap. 48,38ff.

6   du strahlst allein, niemand unter den Göttern vergleicht sich mit dir,

7   mit Sin, deinem Vater, hältst du Gericht, gibst du Bescheid,

8   Anu und Enlil treffen ohne dich keine Entscheidung,

9   Ea, der Richter im Gericht, schaut im Apsû auf dich.

10   Die Götter in ihrer Gesamtheit, auf deinen glänzenden Ausgang sind ihre Ohren gerichtet,

11   [durch dich riechen?] sie Weihrauch, empfangen sie glänzende Opfergaben.

12   [Es fallen] die Opferpriester dir zu Füßen, um die bösen Zeichen zu entfernen,

13   [es treten] vor dich die Seher, um sorgfältig Orakel einzuholen.

14   [Ich bin dein Knecht] Assurbanipal, dem du in der Opferschau die Ausübung der Königsherrschaft befohlen hast,

15   [der Verehrer] deiner glänzenden [Gottheit], der Verherrlicher deines göttlichen Glanzes,

16   … deiner Größe, der deine Glorie den weiten Völkern preist,

r.1   seinen Prozeß richte, seine Entscheidung fälle, dem Glücke

r.2   [vertraue?] ihn [an], im Glanze deines Lichtes möge er wohlbehalten wandeln.

r.3   … er hüte deine Untertanen, die du ihm geschenkt hast, in Gerechtigkeit,

r.4   [im Haus, das] er gemacht hat, in dessen Mitte er dich in Freuden hat wohnen lassen,

r.5   frohlocke sein Herz, sein Gemüt freue sich, er werde des Lebens satt!

r.6   Wer dieses Gebet singt, den Namen Assurbanipals nennt,

r.7   in Fülle und Gerechtigkeit hüte er die Untertanen Enlils.

r.8   Wer diesen Text auswendig lernt, den Richter der Götter Šamaš preist,

r.10   … sein … mache er wertvoll, der Ausspruch seines Mundes gefalle den Leuten.

r.11   Wer dieses Lied abschafft, nicht Šamaš, das Licht der großen Götter preist,

r.12   und den Namen Assurbanipals, dem Šamaš in der Opferschau die Ausübung seiner Königsherrschaft befohlen hat, verändert,

r.13   einen anderen Königsnamen nennt,

r.14   sein Saitenspiel mißfalle den Leuten, sein Jubel(gesang) sei (wie) ein Dornstich."[17]

17 (1) *[nu]-úr ilâni*[meš] *rabûti*[meš] *… mu-na-mir kib-ra-a-ti* (2) *da-a-a-nu ṣîru rê'û* *elâti u šaplâti* (3) *…kib sa-tak-ki ta-ḫa-ṭa ina nûri-ka kul-lat-si-na mâtâti* (4) *šá ina bi-ri la in-na-ḫa ûme*-*me-šam taparras*[as] *purussâ šú-ut šamê irṣitim* (5) *…ka* [d]*gira nap-ḫu kat-mu kakkabâni*[meš] *šamê*[e] *gi-mir-tú* (6) *šú-pa-ta e-diš-ši-ka ma-am-man ina ilâni ul iš-ša-na-an it-ti-ka* (7) *it-ti* [d]*sin abi-ka tuš-ta-da-an-ma ta-nam-din ur-tu* (8) [d]*a-nu-um u* [d]*en-líl e-la-ša-a-ka* (!) *la-i-šak-ka-nu ši-tul-tu* (9) [d]*ê-a da-a-a-in di-e-ni ki-rib apsî i-na-ṭal pa-nu-uk-ka* (10) *ilâni*[meš] *kiš-šat-su-un a-na a-ṣi-ka nam-ri ba-ša-a uznâ-šu-un* (11) [... *i-ṣ*]*i-en-nu qut-rín-nu i-maḫ-ḫa-ru nindabê*[meš] *ellûti*[meš] (12) [*ka-am-su*] [amêlu]*maš-ma-še ša-pal-ka a-na šú-tu-ki itât*[meš] *lum-ni* (13) [*izzazu*]-*ka mâr* [amêlu]*bârê*[meš] *a-na kun-ni qâtâ šú-ta-bu-lu têrêti*[meš] (14) [*anâku ardu-ka*] [d]*ašur-bâni-apli ša i-na bi-ri taq-bu-u e-piš šarrû-ti-šu* (15) [*da-lil ilûti*][ti]-*ka nam-ru mu-šar-ri-ḫu si-mat ilûti*[ti]-*ka* (16) … [*nir-b*]*e-ka mu-ša-pu-u ta-nit-ta-ka a-na nišê*[meš] *rapšâte*[meš] (r.1) [*di*]-*en-šu di-e-ni purussâ-šu purus*[us] *a-na damiqtim*[tim] (r.2) [*pi-qid-*]*su ina na-mir-ti ûmi-ka*

2. Formanalyse von KAR III,105

Wir setzen mit unserer Untersuchung bei den das Lied abschließenden Segens- und Fluchsprüchen an. Der Segens- und Fluchabschnitt hat – wie auch bei Königsinschriften üblich – den Zweck, die fortdauernde und vor allen Dingen mit Blick auf den König Assurbanipal unveränderte Verwendung des Liedes präventiv sicherzustellen. Er besteht aus zwei Segenssprüchen, denen dann aber lediglich ein Fluch folgt. Diese Asymmetrie ist allerdings nur vordergründig. Zum einen kann darauf verwiesen werden, daß die beiden Segenssprüche und der Fluch vom Textumfang her ungefähr identisch sind. Zum anderen sind Segen und Fluch nicht nur syntaktisch parallel aufgebaut, sondern darüberhinaus streng chiastisch aufeinander bezogen (KAR III,105 Z.r.6-14), die Kompositionstechniken überlagern sich also – der Verfasser des Šamaš-Liedes darf als ein durchaus versierter Literaturtechniker gelten:

„[A] (r.6) Wer dieses Gebet singt, den Namen Assurbanipals (*zi-kír* ^d*ašur-bâni-apli*) nennt, (r.7) in Fülle und Gerechtigkeit hüte er die Untertanen Enlils. (r.8) Wer diesen Text auswendig lernt,

    [B] den Richter der Götter (*dajjân ilâni*^meš)

        [C] *Šamaš* preist, (r.10) [...] sein [...] mache er wertvoll, der Ausspruch
        seines Mundes gefalle den Leuten!

        [C'] (r.11) Wer dieses Lied abschafft, nicht *Šamaš*,

    [B'] das Licht der großen Götter (*nûr ilâni*^meš *rabûti*^meš), preist,

[A'] (r.12) und den Namen Assurbanipals (*šumu* ^d*ašur-bâni-apli*), dem Šamaš in der Opferschau die Ausübung seiner Königsherrschaft befohlen hat, verändert, (r.13) einen anderen Königsnamen nennt, (r.14) sein Saitenspiel mißfalle den Leuten, sein Jubel(gesang) sei (wie) ein Dornstich."

---

lit-tal-lak šal-meš (r.3) ... *li-ir-te-ʾ ba-ʾ-ú-la-ti-ka ša taš-ru-ku-šu ina me-ša-ri* (r.4) [*ina bîti ša*] *e-pu-šu ki-rib-šu ú-šar-mu-ka ina ḫidâti*^meš (r.5) [*li-te-*]*li-iš lìb-ba-šu ka-bat-ta-šu li-iḫ-du liš-ba-a balâṭa* (r.6) [*ša it-ʾu-*[*da*] *an-na-a i-za-am-mu-ru i-zak-ka-ru zi-kír* ^d*ašur-bâni-apli* (r.7) *ina ṭuḫ-di u me-ša-ri li-ir-te-ʾ-a ba-ʾu-lat* ^d*en-líl* (r.8) *ša kam-mu an-na-a iḫ-ḫa-su ú-šar-ra-ḫu dajjân ilâni*^meš ^d*šamaš* (r.10) ... *šu li-ša-qir-šu e-piš pi-i-šu eli nišê*^meš *li-ṭib* (r.11) *šá za-ma-ru an-na-a ú-šab-ṭa-lu la ú-šar-ra-ḫu* ^d*šamaš nûr ilâni*^meš *rabûti*^meš (r.12) *ù šumu* ^d*ašur-bâni-apli ša* ^d*šamaš ina bi-ri iq-bu-ú e-piš šarrûti*^ti*-šu uš-pi-lu-ma* (r.13) *šu-me šarri ša-nam-ma i-nam-bu-ú* (r.14) *lu-up-pu-ut pit-ni-šu eli nišê*^meš *lim-ra-aṣ e-li-lu-šu lu si-ḫi-il* ^išu*balti*; akkadischer Text und Zeilenzählung bei E. Ebeling, Quellen zur Kenntnis der babylonischen Religion I, 25-27 (= KAR III,105/VAT 9666 + 9735); cf. die Übersetzung S. 26f.

Der Aufbau des Abschnitts ist evident. Der Segensteil setzt mit dem „Namen Assurbanipals" (Z.r.6) ein, darauf folgt der Sonnengott Šamaš (Z.r.8-10). Der Fluchteil kehrt sodann die Reihenfolge um (Z.r.11 – Z.r.12ff.). Die kunstvolle Konstruktion wird zudem nicht nur durch den Wechsel zwischen König und Gottheit gestaltet, denn innerhalb der Šamaš-Passagen (Z.r.8-11) tritt der Sonnengott mit zwei Epitheta[18] auf, die seine Funktion unter den Göttern qualifizieren („Richter der Götter" *dajjân ilâni*; „Licht der großen Götter" *nûr ilâni rabûti*). Dies macht sich der Verfasser zunutze, indem er den Gottesnamen „Šamaš" und die Epitheta entsprechend der intendierten Gesamtanlage des Segens- und Fluchabschnitts ebenfalls chiastisch (B.C: C'.B') anordnet.[19] Der literarische Gestaltung von Segen und Fluch entspricht natürlich eine inhaltliche Absicht: der Fluch ist die Umkehrung des Segens. Macht man sich die hochartifizielle Komposition von Segen und Fluch klar, dann verliert die eingangs festgestellte Asymmetrie – den zwei Segenssprüchen (Z.r.6f.; Z.r.8-10) steht nur ein Fluch (Z.r.11ff.) gegenüber – an Bedeutung; der Text ist zweifelsfrei aus einem Guß.

Nun ist es auffällig, daß Assurbanipal in den Segenssprüchen noch vor dem Sonnengott genannt wird. Haben wir es hier mit einem Akt großköniglicher Unbescheidenheit ausgerechnet gegenüber der Gottheit zu tun, der Assurbanipal ausweislich seines Krönungshymnus die Herrschaft noch vor dem Reichsgott Aššur verdankt[20]? Das ist keineswegs der Fall, denn Segenssprüche und Fluch sind nicht nur untereinander kunstvoll verklammert, sondern darüberhinaus in derselben Manier auf das vorangehende Lied bezogen. Dieses gliedert sich leicht ersichtlich in zwei Teile: zunächst

---

18 Cf. K.L. Tallqvist, Akkadische Götterepitheta, 79ff.456f. H.U. Steymans, Deuteronomium 28, 90f., weist darauf hin, daß das in Flüchen übliche Epitheton des Sonnengottes das des Richters (*dajjânu*) ist.

19 Die hier für KAR III,105 Z.r.6ff. herausgestellte Kompositionstechnik ist im Zusammenhang der Gattung „Fluch" nicht singulär. Auffälligerweise ist in den Flüchen der *adê* zur Thronfolgeregelung Asarhaddons der „Fluch bei den großen Göttern" (VTE § 56; SAA II,6), der vorrangig mit Šamaš-Motivik arbeitet, ebenfalls chiastisch angelegt; cf. H.U. Steymans, Deuteronomium 28, 119. Zu den umfänglichen Flüchen in SAA II,6 cf. jetzt auch M.P. Streck, Die Flüche im Sukzessionsvertrag Asarhaddons, 165-191. – Der sog. „Große Šamašhymnus" (W.G. Lambert, Babylonian Wisdom Literature, 121ff.) weist ebenfalls eine chiastische Gesamtanlage auf, die in diesem Fall die Funktion hat, den Sonnenlauf auch auf der Ebene der Textgestaltung nachzuvollziehen; cf. G.R. Castellino, The Šamaš-Hymn, 71-74; B. Janowski, Rettungsgewißheit, 38ff.

20 A. Livingstone, Court Poetry, 26 (SAA III,11 Z.1-4): „May Šamaš, king of heaven and earth, elevate you to shepherdship over the four [region]s! May Aššur, who ga[ve y]ou [the sceptre], lengthen your days and years! Spread your land wide at your feet! May Šerua extol [your name] to your god!". Zur Einsetzung Assurbanipals durch den Sonnengott cf. auch KAR III,105 Z.14 „[Ich bin dein Knecht] Assurbanipal, dem du (i.e. der Sonnengott) in der Opferschau die Ausübung seiner Königsherrschaft befohlen hast" (s.o. Z.r.12), auch wenn die Aussagen in einem reinen Šamaš-Hymnus ohne Hinzuziehung weiterer Quellenmaterials selbstverständlich nicht überbewertet werden dürfen. Zur Bedeutung des Sonnengottes Šamaš für die Herrschaftsideologie des neuassyrisch-sargonidischen Königtums cf. M. Arneth, „Möge Šamaš dich in das Hirtenamt über die vier Weltgegenden einsetzen", 28-53.

wird der Sonnengott hymnisch gepriesen (Z.1-13), sodann tritt der König – deutlich markiert durch die (einigermaßen sicher zu rekonstruierende) Selbstvorstellungsformel „Ich bin dein Knecht Assurbanipal" (Z.14)[21] – in den Vordergrund (Z.14-r.5). Die beiden Abschnitte sind im Grundaufriß parallel gestaltet. Eine Gegenüberstellung der Textblöcke verdeutlicht dies[22]:

Z.1-13 *Šamaš*   Z.14-r.5 *Assurbanipal*

„(1) Licht der großen Götter [...] Erheller der Weltgegenden, (2) erhabener Richter, Hirte dessen was oben und unten ist. (3) [...] du durchspähst mit deinem Licht die Länder allesamt,
(4) die in der Opferschau (*šá ina bi-ri*) nicht müde werden, täglich triffst du die Entscheidung über Himmel und Erde,
(5) deine [Blicke?] sind loderndes Feuer, verdecken die Sterne des Himmels insgesamt,
(6) du strahlst allein, niemand unter den Göttern vergleicht sich mit dir,
(7) mit Sin, deinem Vater, hältst du Gericht (*tuš-ta-da-an-ma*), gibst Bescheid, (8) Anu und Enlil treffen ohne dich keine Entscheidung, (9) Ea, der Richter im Prozeß (*da-a-a-in di-e-ni*), schaut im Apsû auf dich!
(10) Die Götter in ihrer Gesamtheit, auf deinen glänzenden Ausgang sind ihre Ohren gerichtet, (11) [durch dich rie]chen? sie Weihrauch, empfangen sie glänzende Opfergaben.
(12) Dir zu Füßen [fallen?] die Beschwörungspriester, um die bösen Zeichen zu entfernen, (13) vor dich [treten?] die Seher, um sorgfältig Orakel einzuholen."

„(14) [Ich bin dein Knecht] Assurbanipal,

dem du in der Opferschau (*ša ina bi-ri*) die Ausübung seiner Königsherrschaft befohlen hast,
(15) [der Verehrer] deiner glänzenden [Gottheit], der Verherrlicher deines göttlichen Glanzes,
(16) [...] deiner Größe, der deine Glorie den weiten Völkern preist,
(r.1) seinen Prozeß richte ([*di*]-*en-šu di-e-ni*), seine Entscheidung fälle, dem Glücke (r.2) [vertraue] ihn [an], im Glanze deines Lichtes möge er wohlbehalten wandeln! (r.3) [...] er hüte deine Untertanen, die du ihm geschenkt hast, in Gerechtigkeit,
(r.4) [im Hause, das] er gemacht hat, in dessen Mitte er dich in Freuden hat wohnen lassen, (r.5) frohlocke sein Herz, sein Gemüt freue sich, er werde des Lebens satt!"

---

21 Die sog. Selbstvorstellungsformel *anâku*+PN hat oftmals gliedernde Funktion. Es sei nur auf Prolog und Epilog des Codex Hammurapi verwiesen: CH I,53ff.; XLVII,10ff.; XLVII,80ff.; XLVIII,95ff.

22 Den Šamaš-Hymnus Z.1-13 wird man – im Anschluß an W. Mayer, Untersuchungen zur Formensprache der babylonischen „Gebetsbeschwörungen", 35 – in „Anrede mit Ehrenprädikationen" (Z.1-2) und „Herrlichkeitsschilderung" (Z.3-13) einteilen. Uns geht es in diesem Zusammenhang lediglich um die Parallelisierung mit Z.14-r.5.

Der Zweck der Parallelität beider Textblöcke liegt auf der Hand: Genauso wie sich der Sonnengott als dominanter Garant der kosmischen Regelhaftigkeit zum Pantheon verhält, so ist auch sein Verhältnis zum irdischen Repräsentanten und Vollstrecker dieser Ordnung, dem assyrischen König, strukturiert. Dieser ist dann für die Durchsetzung der „Gerechtigkeit" (Z.r.3) für seine Untertanen zuständig.

Der Segens- und Fluchabschnitt greift nun die beiden Teile des Liedes chiastisch auf. Der Abfolge „Sonnengott" (Z.1-13) – „Assurbanipal" (Z.14-r.5) entspricht die spiegelbildliche Aufnahme in den beiden Segenssprüchen: „Assurbanipal" (Z.r.6f.) – „Sonnengott" (Z.r.8-10). Der Fluch kehrt die Abfolge dann wieder um.

Das ist allerdings noch nicht alles. In den Z.1f., die der Einführung des Sonnengottes mit den entsprechenden Ehrenprädikaten dienen, heißt es:

> „(1) Licht der großen Götter ([*nu*]-*úr ilâni*^meš *rabûti*^meš) […] Erheller der Weltgegenden,
> (2) erhabener Richter (*da-a-a-nu ṣîru*), Hirte dessen was oben und unten ist."

Damit tauchen jeweils zu Beginn der Zeilen genau die Šamaš-Epitheta auf, die dann für die chiastische Strukturierung von Segens- und Fluchteil relevant sind („Licht der Götter" *nûr ilâni* und „Richter" *dajjânu*). Sie werden in Z.r.8 und Z.r.11 in umgekehrter Reihenfolge aufgegriffen:

> [A] „(1) Licht der großen Götter ([*nu*]-*úr ilâni*^meš *rabûti*^meš) …
>   [B] (2) erhabener Richter (*da-a-a-nu ṣîru*) …
>   [B'] (r.8) den Richter der Götter (*dajjân ilâni*^meš) …
> [A] (r.11) das Licht der großen Götter (*nûr ilâni*^meš *rabûti*^meš) …"

Da der „Sonnengottabschnitt" Z.1-13 derartig – literartechnisch – eng mit den einschlägigen Passagen von „Segen und Fluch" verbunden ist, liegt die Frage nahe, ob sich dasselbe Verfahren auch mit Blick auf den „Assurbanipalabschnitt" Z.14-r.5 und die entsprechenden „Assurbanipal-Passagen" des Segens- und Fluchteils aufweisen läßt. Das ist, wie zu erwarten, der Fall. Der König wendet sich an Šamaš:

> „(14) [Ich bin dein Knecht] Assurbanipal, dem du im Gesicht die Ausübung seiner Königsherrschaft befohlen hast (*ša ina bi-ri taq-bu-u e-piš šarrû-ti-šu*), …

An anderer Stelle des „Assurbanipalabschnitts" heißt es vom König:

> (r.3) […] er hüte deine Untertanen, die du ihm geschenkt hast, in Gerechtigkeit (*li-ir-te-ʾba-ʾ-ú-la-ti-ka ša taš-ru-ku-šu ina me-ša-ri*) …"

Die Z.14 sowie die Z.r.3 werden fast wortwörtlich im Segens- und Fluchteil (Z.r.7[23]; Z.r.12) aufgenommen, selbstverständlich in chiastischer Manier, wie die Übersicht verdeutlicht:

„[A] (14) [Ich bin dein Knecht] Assurbanipal, dem du in der Opferschau die Ausübung seiner Königsherrschaft befohlen hast (*ša ina bi-ri taq-bu-u e-piš šarrû-ti-šu*) …

[B] (r.3) […] er hüte deine Untertanen, die du ihm geschenkt hast, in Gerechtigkeit (*li-ir-te-ʾ ba-ʾ-ú-la-ti-ka ša taš-ru-ku-šu ina me-ša-ri*) …

[B'] (r.7) in Fülle und Gerechtigkeit hüte er die Untertanen Enlils (*ina ṭuḫ-di u me-ša-ri li-ir-te-ʾ-a ba-ʾu-lat* ᵈ*en-líl*) …

[A'] (r.12) und den Namen Assurbanipals, dem Šamaš in der Opferschau die Ausübung seiner Königsherrschaft befohlen hat (*ša* ᵈ*šamaš ina bi-ri iq-bu-u e-piš šarrûti*ᵗⁱ-*šu uš-pi-lu-ma*), verändert …“

---

23 Die Entsprechungen zwischen Z.r.3 und Z.r.7 (B; B') sind darüberhinaus durch chiastische Stichwortverschränkung aufeinander bezogen: Z.r.3: (X) *reʾûm*; *bāʾūlatum*; (Y) *mēšarum* ‖ Z.r.7 (Y) *mēšarum*; (X) *reʾûm*; *bāʾūlatum*. – Daß in Z.r.7 – abweichend von der Referenzzeile Z.r.3 aus dem streng mit dem Sonnengott korrelierten Assurbanipal-Abschnitt – nicht Šamaš, sondern Enlil genannt wird, ist nur auf den ersten Blick irritierend und kann unter Hinzuziehung des Assurbanipal-Prismas B § 6 Kol I,39f.: „Jahr für Jahr in Überfluss und Gerechtigkeit hütete ich ständig die Untertanen des Enlil (*ina ṭuḫ-di u me-šá-ri ar-te-ʾa ba-ʾú-lat* ᵈ*en-líl*)“ (R. Borger, Beiträge zum Inschriftenwerk Assurbanipals, 93f.205; cf. auch Prisma C § 12 Kol II,1f.) intertextuell erklärt werden: es handelt sich in KAR III,105 Z.r.7 um ein Zitat. Wenn dies zutrifft und vor allen Dingen: wenn anzunehmen ist, daß der – königliche – Nutzer des Šamaš-Liedes unter den Nachfolgern Assurbanipals das Zitat aus den für die Herrschaftslegitimation grundlegenden Einleitungspassagen der Regesten des Vorgängers erkennt, dann dürfte der Thronnachfolger die Fortsetzung des Zitats ebenfalls vor Augen gehabt haben, denn diese fügt sich optimal in den Segenskontext von KAR III,105 ein: „Vom Oberen bis zum Unteren Meer *herrschte ich*. Die Könige vom Sonnenaufgang und vom [Sonnen]untergang brachten mir ihren schweren Tribut. Völker der Mitte des Meeres und (Völker), die hohe Gebirge bewohnen, habe ich meinem Joche unterworfen. Auf Geheiss des Assur und der Išatar küssen Könige, die auf Hochsitzen thronen, meine Füsse. Grosse Herrscher vom Osten und vom Westen blicken auf mich als ihren Bundesgenossen“ (Prisma B § 6 Kol I,41-49; R. Borger, a.a.O., 205). Noch verheißungsvoller für den Nachfolger klingt natürlich die entsprechende Version in Prisma C § 12 Kol II,3-15: „Die grossen Götter, deren Gottheit ich immer verehre, haben mir Stärke, Mannhaftigkeit und hohe Kraft verliehen. Die Länder der mir Unbotmässigen haben sie mir übergeben und mich meine Herzenswünsche erreichen lassen. Vom Oberen Meere bis zum Unteren Meere, wo die Könige, meine Vorgänger, geherrscht haben, herrschte auch ich. Auf einer Strecke von einem Monat (und) 20 Tagen, mitten im Meere und auf dem Festland, beherrschte ich ein grösseren Gebiet als die Könige, meine Väter. Die Völker, die in jenen Ländern wohnen, habe ich meinem Joche unterworfen und ihnen Jahr für Jahr Tribut und Abgabe auferlegt. Auf Geheiss des Assur und der Mullissu küssen Könige, die auf Hochsitzen thronen, meine Füsse. Grosse Herrscher vom Osten und vom Westen blicken auf mich als ihren Bundesgenossen“ (R. Borger, a.a.O., 208).

Fazit: das kurze Šamaš-Lied KAR III,105 ist ein ausgesprochen kunstvoll angelegter Text. Er ist deutlich in drei Teile untergliedert, die durch ausgefeilte Kompositionstechniken aufeinander bezogen sind. Während der Šamaš- und der Assurbanipal-Abschnitt streng parallel strukturiert sind, überlagern sich im Segens- und Fluchteil die literarischen Anordnungsprinzipien. Trotz der syntaktischen Parallelanordnung von Segenssprüchen und Fluch, ist allerdings die chiastische Komposition des Schlußabschnitts die entscheidende, denn so werden nicht nur Segen und Fluch aufeinander bezogen, sondern auch, unter direkter Aufnahme von Textmaterial aus Z.1-r.5, mit dem voranstehenden Kontext vermittelt.

Im nächsten Schritt wenden wir uns der Analyse von Ps 19 zu, denn hier lassen sich gerade in kompositioneller Hinsicht eine nicht unerhebliche Anzahl von Entsprechungen ausmachen, auch wenn – das sei sofort zugegeben – der alttestamentliche Psalm dem hinsichtlich der Evidenz der kompositionellen Bezüge auf Textoberfläche geradezu idealtypischen neuassyrischen Šamaš-Assurbanipal-Lied klar unterlegen ist.

III. Psalm 19

1. Übersetzung[24]

1. Für den Chorleiter. Ein Psalm Davids.

2. Die Himmel verkünden die Herrlichkeit Els,
   und das Werk seiner Hände verkündet die Himmelsfeste.
3. Ein Tag sprudelt dem anderen eine Rede zu,
   und eine Nacht zeigt der anderen Erkenntnis an.
4. Es gibt keine Rede und es gibt keine Worte,
   ohne daß gehört wird ist ihre Stimme.
5. Über die ganze Erde ist ihre Stimme[25] ausgegangen,
   und bis an das Ende des Erdkreises ihre Botschaft.
   Für *Šæmæš* hat er an ihnen ein Zelt gesetzt,
6. und er: indem er wie ein Bräutigam aus seinem Brautgemach heraustritt,

---

24 Der v.4 könnte sekundär sein (s.i.f.) und ist in der Übersetzung entsprechend durch Petitsatz hervorgehoben; s.u. Anm. 39.53.

25 קוֹלָם statt קַו – die Konjektur ist schwierig, lectio difficilior ist קַו; cf. H. Gese, Die Einheit von Psalm 19, 142 Anm. 13, aber auch die Diskussion bei C. Dohmen, Ps 19 und sein altorientalischer Hintergrund, 502f., und das knappe Referat der Problemlage bei F.-L. Hossfeld, Die Psalmen I, 131f.; eine genaue Erörterung findet sich bei H. Spieckermann, Heilsgegenwart, 60; M. Albani, Astronomie und Schöpfungsglaube, 322. Die Lesung קוֹלָם wird durch den Parallelismus (מִלֵּיהֶם) erfordert.

freut er sich wie ein Held, seinen Weg zu laufen.

7.   Vom Ende der Himmel her ist sein Ausgang,
      und sein Kreislauf über ihre Enden hin,
      und es gibt kein Verborgenwerden vor seiner Glut.

8.   Die Tora Jahwes ist vollkommen – eine Erquickung des Lebens.
      Das Zeugnis Jahwes ist gewiß – eine Weisheitslehre für den Unerfahrenen.
9.   Die Befehle Jahwes sind gerade – eine Freude des Herzens
      Das Gebot Jahwes ist lauter – eine Erleuchtung der Augen.
10.   Die Furcht Jahwes ist rein – sie steht fest auf Dauer.
      Die Rechtssätze Jahwes sind Gewißheit – sie sind gerecht jeder für sich.
11.   Sie sind köstlicher als Gold und viel Feingold,
      und süßer als Honig und Honigseim[26].

12.   Auch dein Knecht wird durch sie gewarnt/erleuchtet,
      und in ihrer Beachtung ist viel Lohn.
13.   Irrungen: wer wird Einsicht haben?
      Von verborgenen Dingen sprich mich frei.
14.   Auch vor den Übermütigen bewahre deinen Knecht,
      sie sollen nicht über mich herrschen.
      Dann werde ich vollkommen sein
      und freigesprochen von großer Schuld.
15.   Die Worte meines Mundes mögen zum Wohlgefallen sein,
      und das Sinnen meines Herzens sei vor dir.
      Jahwe ist mein Fels und mein Erlöser.

2. Literarische Analyse von Psalm 19

Der Ps 19 ist, so wie er jetzt im Psalter steht und durch die einleitende Anweisung und Überschrift in v.1 als Einheit zusammengefaßt wird, leicht ersichtlich in drei Abschnitte zu untergliedern[27]. Die v.2-7 dienen der himmlischen Herrlichkeitsschilderung, daran schließt sich ein durch weisheitliche Torafrömmigkeit geprägter Abschnitt (v.8-11) an, der in sechs Variationen die Wirkungen Jahwes zusammenstellt (v.8-10) und durch eine Zusammenfassung (v.11) abgeschlossen wird, bevor in v.12-15 – deutlich markiert durch ‫גם‬ – der Beter das Wort ergreift. Die Fragen, die wir uns stellen, lauten: wie sind die einzelnen Abschnitte strukturiert, bewährt sich also die hier in Anschlag gebrachte Gliederung, lassen sich kompositionelle Bezüge zwischen v.2-7; v.8-11; v.12-

---

26 Cf. Ps 119,103.
27 Cf. H. Spieckermann, Heilsgegenwart, 70f.; F.-L. Hossfeld, Die Psalmen I, 128ff.; K. Seybold, Die Psalmen, 85; M. Oeming, Auf der Suche nach Verbindungslinien, 250ff.

15 aufweisen und vor allen Dingen: wieso hat der Verfasser diese – komplexe – Anordnung überhaupt vorgenommen?

2.1 Die Komposition von Ps 19,2-7

Der Abschnitt I (v.2-7) ist in zweifacher Hinsicht problembeladen. Zum einen ist der v.4 oftmals als sperrig empfunden worden, zum anderen verlangen die auffälligen Halbstichoi in v.5b.7b eine Erklärung. Zu beiden Problemen soll auf dem Hintergrund der Kompositionsanalyse ein Lösungsvorschlag gemacht werden.

Fragt man nach Gliederungsmöglichkeiten in v.2-7, so wird man auf der Inhaltsebene in v.5b einen Einschnitt machen, denn in v.5b-7 ist im Gegensatz zu v.2-5a ausnahmslos von שמש die Rede[28]. Der Abschnitt v.2-7 zerfällt dann in zwei Unterabschnitte, nämlich v.2-5a und v.5b-7. Diese – mit Blick auf die Auslegungsgeschichte des Psalms triviale – Einsicht läßt sich nun aber auch formanalytisch nachvollziehen, denn der Verfasser hat entsprechende Struktursignale gesetzt.

Der v.2 beginnt, das ist schon mehrfach notiert worden[29], gewichtig mit einer dreifachen chiastischen Konstruktion:

A'   B'   C' | C   B   A
השמים מספרים כבוד־אל | ומעשה ידיו מגיד הרקיע

Das einleitende Stichwort שמים kehrt nun in v.7 wieder, es handelt sich also um eine Inklusion, die v.2-7 umfaßt und als Einheit heraushebt. Das ist allerdings nicht alles, denn zumindest v.7a ist ebenso wie v.2 chiastisch konstruiert, wenn auch nur zweigliedrig[30]:

A'   B' | B   A
מקצה השמים מוצאו | ותקופתו על־קצותם

Da sonst kein chiastischer Stichos in v.2-7 mehr vorkommt, kann davon ausgegangen werden, daß v.2 und v.7a sowohl von der formalen Gestaltung her als auch durch eine

---

28 O.H. Steck, Bemerkungen zur thematischen Einheit von Psalm 19,2-7, 232f. H. Spieckermann, Heilsgegenwart, 66, versucht die von ihm in diesem Zusammenhang angenommene Traditionsrezeption eines Sonnen-Hymnus auch auf der literarischen Ebene nachzuweisen. Er sieht eine Spannung in dem Subjektswechsel in v.5bf., der aber an dieser Stelle als tendenzielles literarkritisches Kriterium doch überbewertet ist.

29 Etwa H. Gunkel, Die Psalmen, 76, u.v.m.

30 I. Fischer, Psalm 19, 22, weist auf diesen Sachverhalt hin, ohne ihn für den Aufbau von v.2-7 fruchtbar zu machen. C. Petersen, Mythos im Alten Testament, 87, übersieht die chiastische Anlage von v.7a und hebt v.2 aufgrund der besonders kunstvollen Anlage als Überschrift von v.3-7 ab.

Stichwortverbindung (שמים) die Rahmung des ersten Teils des Psalms darstellen. Fest-zuhalten ist aber auch, daß lediglich v.7a in diese Rahmung von v.2-7 eingebunden ist. Der v.7b ist syndetisch angeschlossen, fällt aber aus der aufgezeigten umgreifenden Struktur heraus. Damit ist natürlich noch keine Vorentscheidung über den sekundären Charakter des Halbverses getroffen[31], er bleibt aber erklärungsbedürftig.

Doch zunächst weitere Beobachtungen zu v.2-7a. Ist durch die Rahmung die erste Einheit des Psalms klar umrissen, so ist nach der Binnenstruktur von v.2-7a zu fragen. Hier bestehen jeweils Verbindungen zwischen v.2a und v.5b sowie zwischen v.5a und v.7a. In v.5b bezieht sich שם auf den in v.2a eingeführten la, während השמים (v.2a) durch das Suffix in בהם (v.5b) als Handlungsort in den Blick kommt[32]. Der Einglied-rigkeit des Stichos in v.5b entspricht der Sachverhalt, daß nur auf Elemente aus v.2a zurückgegriffen wird.

Die zweite Relation im Binnenraum von v.2-7a funktioniert folgendermaßen: v.5a bezieht sich insofern auf v.7a, als sowohl יצא und קצה in v.7a aufgenommen werden. Beiden Verweisen von den Rahmenversen hin zu v.5 ist gemeinsam, daß die korres-pondierenden Elemente jeweils in umgekehrter Reihenfolge rezipiert werden. V.2a bietet die Abfolge שמים – אל, v.5b dann אל (שם) – שמים (בהם); v.5a יצא – קצה, v.7a sodann קצה – יצא.

Was leistet diese Binnenstruktur für den Aufbau von v.2-7a? Durch die Verbindun-gen zwischen v.2 und v.5b sowie v.5a und v.7a entsteht eine Parallelität zwischen den Blöcken v.2-5a und v.5b-7a, in die sich ebenfalls v.3 und v.6 einordnen lassen[33] – be-zeichnenderweise aber nicht v.4[34]:

---

31 O. Loretz, Ugaritologische und kolometrische Anmerkungen zu Ps 19A, 228, geht von der ur-sprünglichen Zusammengehörigkeit von v.5b und v.7b aus, die dann durch v.6.7a erweitert wurde (anders noch ders., Psalmenstudien III, 186: v.7b ist eine Glosse).

32 Gegen I. Fischer, Psalm 19, 20 Anm. 14. Das Suffix in בהם kann sich nicht auf בקצה תבל zu-rückbeziehen. Dagegen spricht nicht nur die singularische Formulierung, sondern es ist außerdem „מליהם" in Rechnung zu stellen – dieses verweist auf v.2f. zurück, und hier ist auch der An-knüpfungspunkt für בהם zu suchen. Da der Ort für das Zelt nicht Tag und Nacht sind, bleiben nur die „Himmel" שמים übrig; cf. auch O.H. Steck, Bemerkungen zur thematischen Einheit von Psalm 19,2-7, 236, und H. Spieckermann, Heilsgegenwart, 63.66.

33 Cf. O.H. Steck, Bemerkungen zur thematischen Einheit von Psalm 19,2-7, 236f.

34 Diese Beobachtung reicht als literarkritisches Kriterium selbstverständlich nicht aus, sondern hat allenfalls heuristischen Charakter, wie etwa analog die Parallelität von KAR III,105 Z.1-13 ‖ Z.14-r.5 deutlich macht (s.o.), wo gerade der Šamaš-Teil Z.1-13 Überschüsse aufweist, die keine Entsprechungen in der Assurbanipal-Passage haben. Es gibt aber noch andere Hinweise, die für den sekundären Charakter von v.4 sprechen; s.u.

(2) Die Himmel (שָׁמַיִם) verkünden die Herrlichkeit Gottes (אֵל), und das Werk seiner Hände verkündet die Himmelsfeste.

(3) Ein Tag sprudelt dem anderen eine Rede zu, und eine Nacht zeigt der anderen Erkenntnis an …

(5a) Über die ganze Erde ist ihre Stimme ausgegangen (יצא), und bis an das Ende (קצה) des Erdkreises ihre Botschaft.

(5b) Für *Šæmæš* hat er (אֵל) an ihnen (שָׁמַיִם) ein Zelt gesetzt,

(6) und er: indem er wie ein Bräutigam aus seinem Brautgemach heraustritt, freut er sich wie ein Held, seinen Weg zu laufen.

(7) Vom Ende (קצה) der Himmel her ist sein Ausgang (יצא), und sein Kreislauf über ihre Enden (קצה) hin, …

In beiden Abschnitten werden unterschiedliche Vorgänge – das Lob Els bzw. die Eigenart der Sonne – unter identischen Gesichtspunkten dargestellt: Ihres Grundes bzw. Ursprungs (v.2 ‖ v.5b), ihrer zeitlichen bzw. räumlichen Ausdehnung (v.3 ‖ v.6) und ihrer weltumspannenden Wirkung (v.5a ‖ v.7a).

Mit den bisher gemachten Beobachtungen ist die Kompositionsanalyse der v.2-7 aber noch keineswegs abgeschlossen. Denn trotz der Parallelität von v.2-5a und v.5b-7 darf die eingangs herausgestellte, den Gesamtabschnitt v.2-7a rahmende chiastische Anordnung von v.2.7a in ihrer strukturellen Bedeutung nicht aus dem Blickfeld geraten. Der Abschnitt v.2-7a ist nämlich syntaktisch aufschlußreich angelegt. Der v.2 setzt sich aus zwei Nominalsätzen zusammen, deren eigentümliche Wortfolge durch die chiastische Anlage bedingt ist. Demgegenüber bietet v.3 zwei invertierte Verbalsätze, das Prädikat steht jeweils in der PK (יַבִּיעַ; יְחַוֶּה). Die PK-Formen dürften hier, das macht der Kontext klar, iterativen Charakter haben[35]. Der v.4 besteht wahrscheinlich aus drei Nominalsätzen bzw. aus zwei Nominalsätzen und einem Relativsatz. Der v.5a bietet wiederum zwei invertierte Verbalsätze, ist aber syntaktisch komplexer. Das Prädikat von v.5aα in der AK (יצא) hat double-duty-Funktion auch für den folgenden v.5aβ. V.5b ist ein invertierter Verbalsatz, das Prädikat steht – wie schon in V.5a – in der AK (שׂם)[36]. Syntaktisch schwieriger ist v.6, da in v.6a ein Partizip (יצא) verwendet wird[37], v.6b hingegen ein PK-Form (ישׂישׂ). U.E. liegt hier aber wiederum ein invertierter Verbalsatz[38] vor, dessen Grundbestand folgendermaßen lautet: כגבור לרוץ ארח ... והוא ישׂישׂ. Diesem Satz hypotaktisch untergeordnet ist die Aussage כחתן יצא מחפתו, so daß zu übersetzen ist: „Und er: indem er wie ein Bräutigam aus seinem Braut-

---

35 Cf. H. Gunkel, Die Psalmen, 76; D. Michel, Tempora und Satzstellung in den Psalmen, § 24,12; B.K. Waltke/M. O'Connor, An Introduction to Biblical Hebrew Syntax, 505.

36 Wie die beiden AK-Formen in v.5 aufzufassen sind – ob präsentisch oder vorzeitig – ist nicht leicht zu entscheiden. D. Michel, Tempora und Satzstellung in den Psalmen, plädiert für v.5a für die präsentische (§ 10,130), bei v.5b für perfektische Deutung (§ 36,13). Das entspricht der Parallelanordnung von v.2-5a ‖ v.5b-7a.

37 Entsprechend ist die Konjektur in יֹצֵא vorgeschlagen worden; cf. das Referat bei H. Gunkel, Die Psalmen, 77.

38 Cf. hierzu Jes 48,13b.

gemach heraustritt, freut er sich wie ein Held, seinen Weg zu laufen". Ebenso wie in
v.3 dürfte die PK-Form hier iterativ zu verstehen sein. Der v.7a besteht aus zwei Nominalsätzen, die wie v.2 chiastisch strukturiert sind.

Nimmt man die syntaktische Gestaltung des Abschnitts als ganzen in den Blick[39],
so ergibt sich der nachstehende chiastische Aufbau:

    A v.2   2 Nominalsätze (Chiasmus)
        B v.3   2 invertierte Verbalsätze. Prädikat PK
            C v.5a   2 invertierte Verbalsätze. Prädikat *AK*
            C' v.5b   1 invertierter Verbalsatz. Prädikat *AK*
        B' v.6   1 invertierter Verbalsatz. Prädikat PK
    A' v.7a   2 Nominalsätze (Chiasmus)

Es ist allerdings auf zwei leichte Trübungen der Symmetrie zwischen den beiden auf
zweifache Weise strukturell verbundenen Unterabschnitten v.2-5a und v.5b-7a hinzuweisen. Zum einen ist der Halbstichos v.5b als solcher auffällig, zum anderen weist
der Abschnitt v.2-5a bei der hier favorisierten Untergliederung ein quantitatives Übergewicht gegenüber dem nachfolgenden auf.

---

39 Daß v.4 auch aus dieser Struktur herausfällt, macht es sehr wahrscheinlich, daß der Vers nicht
   ursprünglich ist. Er fügt sich ohnehin nicht ganz einwandfrei in den Zusammenhang ein (cf. H.
   Spieckermann, Heilsgegenwart, 64 Anm. 10). Der v.4 ist anders aufgebaut als der Kontext, also
   die v.2.3.5a. Handelt es sich hier jeweils um zweigliedrige Parallelismen, so weicht v.4 davon ab:
   entweder besteht er aus drei Nominalsätzen oder aus zwei Nominalsätzen und einem Relativsatz
   (ohne אֲשֶׁר). Strukturell ist v.4 allerdings eng mit dem Kontext verknüpft, und zwar dergestalt,
   daß in v.4a אֹמֶר aus v.3 aufgegriffen wird, in v.4b קוֹלָם aus v.5a (conj.). Die genannten Kontext-
   verklammerungen beziehen sich im wesentlichen auf die literarische Integration des Verses, sie
   sind zunächst am besten zu verstehen, wenn man die Annahme zugrunde legt, der v.4 sei erst
   dann formuliert worden, als die v.2-7 bereits vorlagen. Geht man von der Übersetzung „Es gibt
   keine Rede, und es gibt keine Worte; unhörbar ist ihre (i.e. der Himmel etc.) Stimme" aus (cf. F.-
   L. Hossfeld, Die Psalmen I, 132; K. Seybold, Die Psalmen, 84.86; H. Spieckermann, Heilsgegenwart, 60; M. Oeming, Auf der Suche nach Verbindungslinien, 250f.; ausführlich begründet hat
   diese Deutung I. Fischer, Psalm 19, 19f.; ein umfassendes Referat der Problemlage und der älteren Literatur bietet J.M. Oesch, Zur Übersetzung und Auslegung von Psalm 19, 73ff., der allerdings anders votiert), so sticht der Vers auch inhaltlich ab. In v.2f. ging es um die Darstellung der
   „Herrlichkeitsbotschaft" (H. Spieckermann) von Himmel, Himmelsfeste sowie von Tag und
   Nacht. Der v.4 unterbricht den Gedankengang von v.2f. insofern, als jetzt der Vorgang der Mitteilung selber thematisch wird, d.h.: sowohl das Vorhandensein von Rede und Worten als auch die
   Hörbarkeit der Himmelsstimmen etc. wird bestritten. Der v.5a nimmt dann aber wieder auf v.3
   Bezug, ohne daß v.4 irgendeine Rolle spielt. Durch v.4 wird also eine Korrektur dessen vorgenommen, was Thema von v.2-3.5 ist, und zwar deshalb, so läßt sich mit Blick auf v.8ff. vermuten,
   weil die Wortverkündigung der Tora vorbehalten bleiben soll; cf. H. Spieckermann, Heilsgegenwart, 64 Anm. 10. Damit hat der Ergänzer – wenn es sich denn um einen solchen handelt – von
   v.4 die Grundintention der Komposition von Ps 19 durchaus richtig erfaßt. Wir gehen auf das
   Problem von v.4 bei der Analyse von v.8-11 eigens ein; s.i.f. ——

2.2 Die Komposition von Ps 19,8-11

Wie sind die v.8-11 komponiert, gibt es hier ebenfalls erkennbare Strukturierungs-
absichten? Dies ist zweifellos der Fall. Der v.8 setzt mit einer Konstruktusverbindung
mit Jahwe als *nomen rectum* ein; dieses Schema wird im folgenden sechsmal wiederholt, wobei das *nomen regens* variiert, das *nomen rectum* hingegen betont durchgehal-
ten wird. Den Variationen der Jahwe-Ordnung wird sodann eine ebenfalls variierende
Eigenschaft prädiziert, bevor dann jeweils im zweiten Halbstichos die Wirkungsweise
der Jahwe-Ordnung zur Darstellung kommt. Dabei darf eines nicht unterschlagen werden: diesem Schema fügt sich v.10a insofern nicht, als sich hier die Verhältnisse gewissermaßen umkehren, denn die im ersten Halbstichos genannte „Jahwe-Furcht" (יהוה
יראת)[40] ist als Wirkungsweise Jahwes aufzufassen und erst der zweite Halbstichos
bringt die statische Komponente zum Ausdruck: עומדת לעד. In v.11 wird der Abschnitt
durch eine allgemeine Charakteristik der Qualität der Jahwe-Ordnung zusammengefaßt. Zusätzlich ist allerdings eine Binnenstruktur in v.8-11 zu beachten, die einigermaßen bedeutungsvoll für die Verhältnisbestimmung von v.2-7 und v.8-11 ist. Sowohl
in v.9a als auch in v.10b steht nämlich das die Ordnung Jahwes repräsentierende Nomen im Plural, in v.8 und v.9b.10a hingegen je zweimal im Singular. Der Aufbau von
v.8-11 sieht also folgendermaßen aus[41]:

---

40 Man versucht das Problem entweder durch die Interpretation von „Jahwe-Furcht" auf „Jahwe-Religion" zu entschärfen, wobei „Religion" dann objektiv aufgefaßt, also mit den (weisheitlich geprägten) Traditionsbeständen gleichgesetzt wird, bzw. ändert – mit Verweis auf Ps 119,38 – יהוה
יראת in אמרת יהוה um (cf. BHS; Ch.A. Briggs/E.G. Briggs, Psalms I, 173; H. Gunkel, Die Psalmen, 80; M. Dahood, Psalms I, 123f.; H.-J. Kraus, Psalmen 1, 298; H.-P. Mathys, Dichter und
Beter, 299; K. Seybold, Die Psalmen, 85, u.v.m.). Dieser – systembedingte! – Änderungsversuch
hat allerdings keinen Anhalt an der Überlieferung.

41 H. Gese, Die Einheit von Psalm 19, 143f., geht davon aus, daß in v.8-11 ein Wechsel vom *Parallelismus membrorum* zum *Parallelismus versuum* stattfindet, das sei ein Spezifikum des hier vor-
herrschenden Fünfermetrums. Nach H. Gese hätte man es dann mit 4 Distichen zu tun, was seiner
Analyse von v.2-5a, die ebenso 4 Distiche enthalten, entsprechen würde. Was aber die besondere
Affinität beispielsweise von תורה zu עדה gegenüber etwa תורה und מצוה ausmachen soll, durch
die die Parallelisierung der Stiche v.8a || 8b, v.9a || 9b, v.10a || 10b, v.11a || 11b zu rechtfertigen
wäre, ist nicht einsichtig – der Konkordanzbefund ergibt zumindest nichts Spezifisches. Auch die
Reihe der zweiten Prädikate ist nicht wirklich zwingend paarweise aufeinander bezogen – laut
Konkordanzbefund würde das lediglich für v.9aβ || 9bβ zutreffen. Insofern scheint der Versuch
von H. Gese doch zu sehr durch das Interesse an der Korrelation von v.2-5a und v.8-11 geleitet zu
sein. Trägt der auf dem Weg der metrischen Analyse vorgenommene Korrelierungsversuch von
v.2-5a und v.8-11 aber nicht wirklich, so relativiert dies auch das analoge Vorgehen bei v.5b-7
und v.12-14. K. Seybold, Die Psalmen, 87, versucht als gemeinsames Formmerkmal von v.8-11
die מ-Präformative auszuwerten. Hier sind jedoch keinerlei Regelmäßigkeiten erkennbar.

v.8a   Singular: תּוֹרַת יְהוָה
v.8b   Singular: עֵדוּת יְהוָה
v.9a   *Plural*:   פִּקּוּדֵי יְהוָה

v.9b   Singular: מִצְוַת יְהוָה
v.10a   Singular: יִרְאַת יְהוָה
v.10b   *Plural*:   מִשְׁפְּטֵי־יְהוָה

v.11   Abschluß

Läßt sich ein übergreifendes Interesse angeben, das mit diesem Aufbau von v.8-11 realisiert wird? Die Unterscheidung zwischen Singular und Plural unterteilt v.8-11 in zwei Abschnitte, die jeweils aus drei Aussagen über die Wirksamkeit der unterschiedlichen Jahwe-Äußerungen besteht. Das entspricht nun genau der oben herausgestellten Komposition von v.2-7a*. Auch die v.2-7a* sind zweigeteilt (v.2-3.5a; v.5b-7a) – beide Teile bestehen aus je drei Stichen. Diese formale Parallelität zwischen v.2-7a* und v.8-11 läßt sich nun auch auf der Inhaltsebene festmachen. Denn just der zwei te Unterabschnitt v.9b-10, der parallel zu v.5b-7a zu stehen kommt, setzt in v.9b mit Lexemen ein, die auch dem solaren Kontext zuzuweisen sind: „Das Gebot Jahwes ist lauter (ברה)[42] – eine Erleuchtung (מְאִירַת) der Augen". Ist es zufällig, daß v.9b-10 in v.10b mit Aussagen abgeschlossen werden, die eine besondere Affinität zum solaren Bereich aufweisen (צדק; מִשְׁפָּטִים)[43]?
    In diesem Zusammenhang ist auf einen anderen alttestamentlichen Text einzugehen, der – obwohl er kontextuell und traditionsgeschichtlich mit Ps 19 in Beziehung steht – bei seiner Auslegung lediglich ansatzweise Berücksichtigung erfahren hat[44], aber aufgrund seiner klaren einschlägigen Motivik die solare Interpretation von Ps 19,9b-10 stützt. In 2 Sam 23,3bf. heißt es – gut altorientalisch – von der Herrschaft des Königs[45]:

---

42 Cf. von der Sonne (חמה) insbes. Cant 6,10; cf. dazu etwa B. Duhm, Die Psalmen, 83.
43 Hier ist etwa an Jes 51,4; 58,8; 61,2; Mal 3,20 zu denken, aber etwa auch an Ps 72,1 (s.o. I.).
44 Cf. L. Dürr, Zur Frage nach der Einheit von Ps. 19, 45; M. Albani, Astronomie und Schöpfungsglaube, 319.
45 Es kann hier – neben KAR III,105 – etwa auf den Prolog des sog. Codex Hammurapi verwiesen werden. CH I,27-49 heißt es: „... (27) damals haben mich, (28) Hammurapi, (30) den ehrfürchtigen (29) Fürsten, (31) den Verehrer der Götter, (32) um Gerechtigkeit (33) im Lande (34) sichtbar werden zu lassen, (35) den Übeltäter und Hasser (36) zu vernichten, (38) den Schwachen (37) vom Starken (39) nicht bedrücken zu lassen, (40) wie Šamaš (41) den Schwarzköpfigen (42) aufzugehen, (43) und das Land (44) zu erleuchten, (45) Anu (46) und Enlil, (47) um für das Wohlergehen der Menschen (48) Sorge zu tragen, (49) mit meinem Namen genannt." (akkad. Text: R. Borger, BAL², 5). 2 Sam 23,1-7 und KAR III,105 stimmen über die Gerechtigkeitsfunktion des Königs hinaus auch darin überein, daß die Einsetzung in die spezifische solar konnotierte Königs-

„Wer über die Menschen gerecht (צדיק) herrscht, der herrscht in Gottesfurcht (אלהים יראת) und (ist) wie das Licht (כאור) des Morgens, (wenn) die Sonne (שמש) aufgeht …".

Leicht ersichtlich tauchen hier drei Lexeme auf, die sich auch in Ps 19,9b-10 finden – und zwar je eines pro Zeile (v.9b: אור hif.; v.10a: יראת יהוה; v.10b: צדק) und in genau umgekehrter Reihenfolge! Zufälle mag es ja durchaus geben[46], in diesem Falle kommt man aber möglicherweise auch ohne eine solche – unbefriedigende – Annahme aus. Denn Ps 19 und 2 Sam 23,1-7 ist gemeinsam, daß beide Texte bekanntermaßen nach Ps 18 ‖ 2 Sam 22 zu stehen kommen, wobei gerade die Positionierung von Ps 19 inmitten der Königspsalmen Ps 18; 20; 21 ohnehin eine Erklärung erfordert[47], während die sog. „Letzten Worte Davids" im Psalter nicht rezipiert wurden.

Die Abhängigkeit beider Texte besteht aber nicht nur darin, daß beide – wenn auch in unterschiedlichen Literaturwerken – auf denselben Ps 18 ‖ 2 Sam 22 folgen und sich durch weisheitliche Prägung auszeichnen[48]. Und die Parallelen sind auch vielfältiger als die soeben zwischen Ps 19,9b-10 und 2 Sam 23,3bf. aufgewiesenen Bezüge. Denn über die Identität wichtiger Stichworte[49] hinaus verläuft der Aufbau beider Texte doch einigermaßen synchron. 2 Sam 23,1b-3a ist zweigeteilt: v.1b – v.2-3a[50], dasselbe gilt

---

funktion (KAR III,105 r.3; 2 Sam 23,3bf.) bzw. deren Mitteilung auf einen unmittelbaren Akt der Gottheit zurückgeführt wird (KAR III,105 Z.14; 2 Sam 23,2f.). – Zu 2 Sam 23,1-7 cf. jetzt die ausführliche Erörterung von M. Kleer, „Der liebliche Sänger der Psalmen Israels", 39ff. Zur Begründung der Übersetzung von v.3b.4 cf. ders., a.a.O., 42ff.

46 Eine vergleichbare Zusammenstellung der drei Lexeme ist in der alttestamentlichen Literatur allerdings nicht mehr belegt – auch nicht in Ps 119.

47 Cf. P. Auffret, La sagesse a bâti sa maison, 407ff.; M. Millard, Die Komposition des Psalters, 23ff.135ff.; P.D. Miller, Kingship, Thorah Obedience and Prayer, 127ff.; insbes. aber die detaillierten Analysen zur Entstehung der Psalmengruppe Ps 15-24* von F.-L. Hossfeld/E. Zenger, Die Psalmen I, 12ff.130; dies., „Wer darf hinaufziehn zum Berge JHWHs?", 169.177ff.; M. Kleer, „Der liebliche Sänger der Psalmen Israels", 25, die nicht nur aufgrund literarkritischer Argumente, sondern auch aus redaktionskritischer Perspektive von einem stufenweisen Wachstum von Ps 19 ausgehen. Die Einfügung von Ps 19,2-11 sei einer nachexilisch-armentheologischen Bearbeitung von Ps 15-24* zuzuschreiben; zum Zwecke der Integration sei Ps 19,12-14.15 verfaßt worden.

48 2 Sam 23,3b.4.6f.; cf. etwa K. Budde, Die Bücher Samuel, 315; zu Ps 19 etwa H. Gese, Die Einheit von Psalm 19, 140; M. Oeming, Auf der Suche nach Verbindungslinien, 262f.

49 גבור/גבר: 2 Sam 23,1b – Ps 19,6; der Aramaismus מלה: 2 Sam 23,2 – Ps 19,5a (sonst – neben 34 Hiob-Belegen – in hebr. Texten nur noch: Ps 139,4; Prov 23,9!); אמר: 2 Sam 23,3 – Ps 19,3.15; משל: 2 Sam 23,3b – Ps 19,14; שמש: 2 Sam 23,4 – Ps 19,5b; שמר: 2 Sam 23,5 – Ps 19,12; צור: 2 Sam 23,3a – Ps 19,15.

50 Deutlich schon daran zu erkennen, daß v.2-3a durch v.2a.3aβ chiastisch zusammengebunden sind: [A'] צור ישראל [B'] לי דבר ‖ … דבר בי [B] רוח יהוה [A]. Das spricht zunächst einmal auch gegen Überlegungen hinsichtlich des sekundären Charakters von v.2 (gegen P.K. McCarter, II Samuel, 480f.).

für Ps 19,2-7*. 2 Sam 23,1b indiziert einen „Spruch" des prophetisch qualifizierten[51], hochstehend-erhabenen גבר David, den Funktionär des Gottes Jakobs, der dann in einem zweiten Schritt auf die Inspiration durch den Geist Jahwes, ein Wortgeschehen, zurückgeführt wird (2 Sam 23,2f. [מלה; אמר]). Die Konzeption von Ps 19,2-7* stellt dies gewissermaßen auf den Kopf. Der ausführlichen Darstellung des Gotteslobs (v.3 אמר; v.5a מלה!), das „Wortgeschehen" in Ps 19,2-5a*, folgt die Vermittlung bzw. Konkretion in Gestalt der Sonne (גבור) Ps 19,5b-7, deren Glut nichts entgeht[52]. Die identischen Stichworte גבר, מלה und אמר aus 2 Sam 23,1b.2.3 werden in Ps 19,3.5.6 in umgekehrter Reihenfolge aufgenommen:

2 Sam 23,1b	Ps 19,5b-7
(1b) Spruch Davids, des Sohnes Isais, und Spruch des Mannes (גבר), der hochgestellt ist, des Gesalbten des Gottes Jakobs und des Lieblings der Gesänge Israels.	(5b) Für *Šæmæš* hat er an ihnen ein Zelt gesetzt, (6) und er: indem er wie ein Bräutigam aus seinem Brautgemach heraustritt, freut er sich wie ein Held (גבור), seinen Weg zu laufen. (7) Vom Ende der Himmel her ist sein Ausgang, und sein Kreislauf über ihre Enden hin, und es gibt kein Verborgenwerden vor seiner Glut.
2 Sam 23,2a.3a	Ps 19,2-5a*
(2a) Der Geist Jahwes redet durch mich, sein Wort (מלה) ist auf meiner Zunge, (3a) es spricht (אמר) der Gott Israels, zu mir redet der Fels Israels.	(2) Die Himmel verkünden die Herrlichkeit Els, und das Werk seiner Hände verkündet die Himmelsfeste. (3) Ein Tag sprudelt dem anderen eine Rede (אמר) zu, und eine Nacht zeigt der anderen Erkenntnis an. … (5) Über die ganze Erde ist ihre Stimme ausgegangen, und bis an das Ende des Erdkreises ihre Botschaft (מלה).

---

51 M. Kleer, „Der liebliche Sänger der Psalmen Israels", 49-57, verweist auf die Parallelität zwischen Hos 1,1f. und 2 Sam 23,2.3a sowie auf die Affinitäten, die zwischen der Bileam-Gestalt (Num 24,3f.15f.) und der Darstellung Davids 2 Sam 23,2 bestehen (insbes. die „Seherspruchformel" נאם הגבר).

52 O.H. Steck, Bemerkungen zur thematischen Einheit von Psalm 19,2-7, 236-238 (cf. auch H. Schmidt, Die Psalmen, 31), hat zu Recht darauf hingewiesen, daß Ps 19,5b-7 als Inhalt der Verkündigung von v.2-5a aufzufassen ist, die Sonne ist gewissermaßen der „Liebling der himmlischen Gesänge"! – Die vielfältigen Probleme der Textgestalt von 2 Sam 23,1-7 sind ausführlich bei M. Kleer, „Der liebliche Sänger der Psalmen Israels", 39ff., dargestellt. Für unseren Zusammenhang sind sie nicht unmittelbar erheblich.

Die wesentliche Differenz – und damit auch eine Hauptintention des Verfassers von Ps 19 – besteht darin, daß Ps 19,2-7* das „Wortgeschehen" konsequent in den Himmel verlegt. Dasselbe gilt für die Mittlergestalt. Da der König in seiner Funktionsausübung mit der Sonne verglichen wird (2 Sam 23,4: שֶׁמֶשׁ) – darauf läuft die Rede des Jahwegeistes (v.2a) hinaus – tritt nun in der himmlischen Sphäre die Sonne als ausdrücklicher Funktionär Gottes auf den Plan (Ps 19,5b-7). Die eigentliche Mittlerfunktion kommt allerdings ausschließlich der *Jahwe*tora (Ps 19,8-11) zu[53], die – in Anlehnung an 2 Sam 23,3b.4 – solar expliziert wird; die Sonne ist zwar noch auf ihrem „Beobachtungsposten" (v.7b), zieht aber im wesentlichen nur ihre Bahn am Himmel.

Die Bezüge zwischen Ps 19,8-11, genauer: v.9b-10, und 2 Sam 23,3bf. sind bereits erläutert worden; auch hier erfolgt die Stichwortrezeption in umgekehrter Reihenfolge[54]:

---

53 Auf diesem Hintergrund könnte es sich auch erklären, daß in v.2 dezidiert von „El" die Rede ist, und nicht von „Jahwe", der erst in v.8-10 genannt wird. Bei dem „himmlischen Wortgeschehen" Ps 19,2-7* spielt der Jahwename keine Rolle, ein „Jahwe-Wort" gibt es in v.2-7* nicht – ist das Polemik gegen 2 Sam 23,2a.3a? Die Frage lenkt natürlich sofort zu dem Problem der Deutung von v.4 zurück. Es ist auffällig, daß bei der variierenden Darstellung der Jahweordnung v.8-11 u.a. die דברי יהוה nicht vorkommen. דברים tauchen nur in Ps 19,4 auf, also dem Vers, der aus formalen wie inhaltlichen Gründen aus der Konzeption von Ps 19,2f.5-7 herausfiel; s.o. Nun ist festzuhalten, daß bei der Darstellung 2 Sam 23,2.3a – auch formal durch die chiastische Anlage hervorgehoben; s.o. Anm. 50 – besonders betont wird, der Jahwegeist bzw. der Fels Israels habe durch bzw. zu David gesprochen (דבר). In Ps 19,4 wird gerade die Möglichkeit eines akustisch wahrnehmbaren Wortgeschehens, ja sogar das Vorhandensein von Worten (אין דברים) strikt negiert. Man hat diese – in seinem Kontext störende – Aussage des „vielgequälten" Verses (H. Gunkel, Die Psalmen, 76) als „Randbemerkung eines weisen Mannes …, der auf nicht allzu scharfsinnige Leser rechnete" (B. Duhm, Die Psalmen, 81) eingestuft. Ist die Folie von Ps 19 allerdings tatsächlich 2 Sam 23,1-7, so erhält – über das דברים-Schweigen von v.8-11 hinaus – die pointierte Negation der דברים – denn auf diese kommt es in v.4 an, da אמר und קולם als Kontextverklammerung fungieren; s.o. Anm. 39 – einen polemischen Sinn: in Abrede wird die Möglichkeit einer Inspiration im Sinne von 2 Sam 23,2.3a gestellt, die neben der Tora (Ps 19,8-11) explizite, also verbale Offenbarungsqualität hat. Wenn das zutrifft, dann hat dies möglicherweise für die literarische Genese von Ps 19 Folgen. Erweisen sich die Argumente für den sekundären Charakter von Ps 19,4 als triftig, so ist vielleicht mit einer v.4.8-11 umfassenden Toraredaktion eines ursprünglichen Ps 19,2f.5-7 zu rechnen. Nicht zutreffend ist dann allerdings die These von H. Spieckermann, Heilsgegenwart, 64f., v.4 sei erst im Zuge der Erweiterung von Ps 19,2-11* durch v.12-15 eingefügt worden. Es kann allerdings auch nicht ausgeschlossen werden, daß die dezidierte Polemik von v.4 auch bereits auf den Verf. von Ps 19,2-7* zurückgeht.

54 Für die Abhängigkeit beider Texte spricht nicht nur die Identität von Stichworten überhaupt und die weitgehend parallele Abfolge von Textabschnitten (s.i.f.), sondern vor allen Dingen, daß die Stichwortentsprechungen (bis auf צור und משל) abschnittsweise parallel verlaufen, innerhalb der Abschnitte jedoch streng in umgekehrter Reihenfolge – Seidel's law (cf. E. Otto, Deuteronomium und Pentateuch, 260)! – rezipiert werden. Das gilt auch für das Stichwort שמש! Denn es gehört in 2 Sam 23,3b.4 in die Stichwortsequenz צדק, יראת אלהים, אור, שמש hinein. In Ps 19 wird diese

2 Sam 23,3b.4

(3b) Wer über die Menschen gerecht (צדיק) herrscht, der herrscht in Gottesfurcht (אלהים יראת)

(4) und (ist) wie das Licht (כאור) des Morgens, (wenn) die Sonne aufgeht, ein Morgen ohne Wolken, vom Glanz – vom Regen – kommt Gras aus der Erde.

Ps 19,9b-10

(9b) Das Gebot Jahwes ist lauter – eine Erleuchtung (מאירה) der Augen.

(10) Die Furcht Jahwes (יראת יהוה) ist rein – sie steht fest auf Dauer.

Die Rechtssätze Jahwes sind Gewißheit – sie sind gerecht (צדקו) jeder für sich.

In Ps 19,12-15 und 2 Sam 23,5-7, den Abschnitten, die die Anwendung auf den König resp. den Beter zum Gegenstand haben, verläuft die Anordnung im Gegensatz zu Ps 19,2-7 und 2 Sam 23,1b-3a nach dem Schema A.B parallel: der Feststellung der Gültigkeit des geordneten und bewahrten (שמר) Bundes (2 Sam 23,5[55]) – also der intern orientierten Perspektive (ביתי!) – entspricht die Versicherung des Beters, die Jahwe-Ordnung zu beachten (שמר; Ps 19,12), und die Bitte, vor verborgenen Vergehen bewahrt zu werden. In Ps 19,13 folgt die Bitte um Bewahrung vor externen Gefahren in Gestalt der זדים, vor externer Gefahr warnt gleichfalls 2 Sam 23,6f. Der Parallelaufbau ist also nicht zu verkennen:

2 Sam 23,5-7

(5) Ja, (ist) nicht so mein Haus mit Gott? Denn einen ewigen Bund hat er mir gesetzt, geordnet in allem und bewahrt (שמרה). Ja all mein Heil und alles Begehren, ja läßt er es nicht sprossen?

(6) Aber die Boshaften, sie sind wie Dornengestrüpp, das weggeworfen wird, ja nicht mit der Hand faßt man sie.

(7) Und wenn sie einer berührt, bewaffnet er sich mit Eisen und Speer, und im Feuer werden sie völlig verbrannt.

Ps 19,12-14

(12) Auch dein Knecht wird durch sie gewarnt/erleuchtet, und in ihrer Beachtung (בשמרם) ist viel Lohn.

(13) Irrungen: wer wird Einsicht haben? Von verborgenen Dingen sprich mich frei.

(14) Auch vor den Übermütigen bewahre deinen Knecht, sie sollen nicht über mich herrschen. Dann werde ich vollkommen sein und freigesprochen von großer Schuld.

Rechnet man mit der Abhängigkeit beider Texte, wobei die Entstehung von 2 Sam 23,1-7 der Abfassung von Ps 19 und die Verbindung von 2 Sam 22* und 2 Sam 23,1-7 der von Ps 18* und Ps 19 vorausliegen dürfte[56], so erklärt sich die schon oftmals mo-

---

vollständig umgekehrt rezipiert, die Sonne jedoch aus der Darstellung der Wirkungsweise der Jahwordnung herausgenommen und in den Himmel (בהם! v.5a) versetzt.

55 Zur chiastischen Anlage des Verses cf. T.N.D. Mettinger, King and Messiah, 279.

56 Ob Ps 19 – unter Einfügung von Ps 19,12-15 – mit Ps 18 im Zuge der Erweiterung durch Ps 18,26-32 in nachexilisch-armentheologischer Perspektive verbunden und in die Komposition von Ps 15-24* eingepaßt wurde (so die These von F.-L. Hossfeld, Die Psalmen I, 130; ders./E. Zenger,

nierte[57], da aus der Sequenz משפטים ,מצוה ,פקודים ,עדות ,תורה sachlich herausfallende, durch die Überlieferung allerdings nicht anzuzweifelnde Verwendung der „Jahwe-Furcht" (יראת יהוה) in v.10a. Der Verfasser von Ps 19 hat dann die die solaraffine (2 Sam 23,4a!) Wirkung des Königs in den „Letzten Worten Davids" qualifizierenden Lexeme צדק und אור entsprechend den an der Wirkung der Jahwe-Ordnung orientierten Appositionen (Ps 19,9b.10b) zugewiesen und die „Gottes-Furcht" (יראת אלהים) in „Jahwe-Furcht" (יראת יהוה) umgeändert.

„Wer darf hinaufziehn zum Berge JHWHs?", 175f.179, ihnen folgend jetzt M. Kleer, „Der liebliche Sänger der Psalmen Israels", 25), muß auf dem Hintergrund unserer Analyse neu bedacht werden. Ps 19 scheint sich durchgehend an 2 Sam 23,1-7 zu orientieren, was für die weitgehende Einheitlichkeit des Psalms spricht. Die Frage des literarischen Wachstums von Ps 18 kann in diesem Rahmen selbstverständlich nicht vollständig diskutiert werden, dasselbe gilt mit Blick auf das Verhältnis von Ps 18 und 2 Sam 22. Es seien lediglich einige Beobachtungen festgehalten. 1. Gerade der Unterabschnitt Ps 19,9b-10 weist Verbindungen zu Ps 18 auf, und zwar durch die Stichworte ברה (Ps 19,9b) und צדק (Ps 19,10b), die im ersten und letzten Halbstichos des Unterabschnitts v.9b-10 zu stehen kommen. Die einschlägigen Belege, die beide Lexeme kombinieren, stehen – außer in Ps 24,4f. – vor allen Dingen in Ps 18,21.25 (|| 2 Sam 22,21.25); die Verse bilden einen durch die Stichworte ברה und צדק chiastisch aufeinander bezogenen Rahmen um die Einheit v.21-25 (cf. F.-L. Hossfeld, Der Wandel des Beters in Ps 18, 176.181), in deren Zentrum dann auch die משפטים zu stehen kommen (cf. Ps 19,10b). Die Bezüge zu Ps 19 finden sich damit just in den Passagen von Ps 18, die von F.-L. Hossfeld/E. Zenger den (spät)exilischen (dtr) Zusatzstücken zugewiesen werden (cf. auch die Zusammenstellung der einschlägigen Lexeme bei T. Veijola, Die ewige Dynastie, 122) und die auf das dtr Königsgesetz Dtn 17, insbes. v.17-20, hin durchsichtig sein sollen: die dtr Forderungen sind in Ps 18,21-25 realisiert (cf. M. Kleer, a.a.O., 14). 2. Es sind einige formale Beobachtungen festzuhalten, die die literarkritische Abgrenzung von Ps 18,21-25 und Ps 18,26-32 – der zuletzt genannte Abschnitt weist sachliche Parallelen zu Ps 19,12-15 auf – betreffen (die Argumente sind bei M. Kleer, a.a.O., 15ff., aufgelistet; cf. auch F.-L. Hossfeld, Der Wandel des Beters in Ps 18, 176f.181f.). Zum einen läßt sich das Argument, bei v.21-25 handele es sich um eine Ringkomposition, bei v.26-32 sei hingegen Reihenbildung das wesentliche Stilmittel, schwerlich aufrecht erhalten. Denn auch bei v.26-32 ist eine Ringkomposition deutlich erkennbar. Dies betrifft die v.26f. und v.31, die durch die chiastische Verschränkung der Lexeme חסד und תמם – die in v.26 durch Verdoppelung dominant eingeführt werden! – den Rahmen um die Einheit bilden. Zieht man v.26 und v.31 ab, so bleiben die drei durch כי eingeleiteten v.28-30 übrig. Während v.28 und v.30 jeweils syntaktisch parallel angeordnet sind, weist der v.29 eine klare chiastische Struktur auf (תאיר נרי [A'] יהוה [B] || אלהי [B'] יגיה חשכי [A]) und ist somit als Zentralvers herausgehoben. Zum anderen legt formal die aufweisbare Rahmung v.26f.31 den Schluß nahe, daß der v.32 aus kompositorischen Gründen nicht zu der Einheit v.26-31 gerechnet werden darf. – Die Bezüge zwischen Ps 18 und Ps 19 konzentrieren sich somit nicht nur auf Ps 19,12-15, sondern Ps 19,8-15 weist Relationen zu Ps 18,21-25 und 18,26-31 auf. Damit stellt sich die Frage, ob Ps 19 tatsächlich im Zuge der Überarbeitung resp. Ergänzung von Ps 18 in die Sammlung Ps 15-24* eingefügt bzw. erweitert wurde, oder ob nicht vielmehr der Ps 18* – in 2 Sam 22* bereits mit 2 Sam 23,1-7 verbunden – dem Verfasser von Ps 19 im wesentlichen fertig vorlag. Zur Problematisierung der literarkritischen Thesen zu Ps 19,12-15 s.i.f.

---

57 S.o. Anm. 40.

Wenn unsere Deutung richtig ist, dann hat das auch Konsequenzen für die Interpretation von Psalm 19 in seinem Kontext der Königspsalmen: es wird eine klassische Königsfunktion, nämlich die Durchsetzung von „Recht und Gerechtigkeit", dezidiert der Tora Jahwes zugewiesen[58].

Wir wenden uns wieder der Formanalyse des Psalms zu. Wenn klar ist, daß in Ps

---

58 Die tendenziell antimessianische Alternative „Ps 19* statt 2 Sam 23,1-7" ist damit spezifisch zugespitzt. Denn es geht dem Verfasser von Ps 19 nicht um Kritik an der Messiasvorstellung überhaupt, sondern lediglich um einen Aspekt derselben. Das macht schon allein der Kontext der Königspsalmen 18; 20f. deutlich, in den Ps 19 eingefügt wurde; s.o. Anm. 56. Stein des Anstoßes wird aber mit Blick auf die Relation von Ps 19 – 2 Sam 23,1-7 gerade nicht die „Gerechtigkeitsfunktion" des Königs als solche sein – das Problem läßt sich auch anders lösen, und eine Lösungsmöglichkeit ist bereits in spätvorexilischer Zeit programmatisch realisiert worden, nämlich in Ps 72, in dem der König nicht nur als Realisator von „Recht und Gerechtigkeit" gezeichnet, sondern explizit den Rechtssprüchen Jahwes (מִשְׁפָּטִים) unterworfen ist (Ps 72,1; s.o. Anm. 4). Schwierigkeiten dürfte vielmehr die speziell in 2 Sam 23,1b-3a vorausgesetzte und prophetisch konnotierte, unmittelbare Zugangsweise des Königs zur Gottheit bereiten – neben der Tora gibt es für den Verfasser von Ps 19 keine legitime (auch nicht prophetische) Offenbarung (Dtn 34,10ff.). Deswegen wird in Ps 19 das universale „Wortgeschehen" neben der Tora konsequent auf den „Himmel" restringiert, es richtet sich ausschließlich auf die Gottheit selber (Ps 19,2). Dieser Diskurs gewinnt mit Blick auf das Verhältnis von 2 Sam 23,1-7 und Ps 19 noch an Farbe und vor allen Dingen: an Schärfe, wenn die These das Richtige treffen sollte, die Zusammenstellung von 2 Sam 22 und 2 Sam 23,1-7 in den Anhangskapiteln der Samuelbücher 2 Sam 21-24 sei auf dem Hintergrund der Abfolge von Moselied (Dtn 32) und Mosesegen (Dtn 33) in der Tora zu interpretieren – man vergleiche die Überschrift 2 Sam 22,1 mit Dtn 31,30 und 2 Sam 23,1a mit Dtn 33,1 – und ziele auf die Parallelisierung von Mose und David ab (cf. die Doxographie und Erörterung bei M. Kleer, „Der liebliche Sänger der Psalmen Israels", 70f.)! Der Verfasser von Ps 19 versucht dann, solchen Tendenzen zumindest partiell einen Strich durch die Rechnung zu machen. In diesem Zusammenhang ist eine weitere Beobachtung von Belang. Es ist mehrfach betont worden (s.o. Anm. 47; wir lehnen uns an die Übersicht von M. Millard, Die Komposition des Psalters, 25, an), daß die Psalmengruppe Ps 15-24 konzentrisch aufgebaut ist: den äußeren Rahmen bilden die Toreinzugsliturgien (A: Ps 15; A': Ps 24). Es folgen Vertrauenspsalmen des Einzelnen (B: Ps 16; B': Ps 23), Klagelieder des Einzelnen (C: Ps 17; C': Ps 22) und Königspsalmen (D: Ps 18; D': 20f.). Das Zentrum bildet sodann der Torapsalm 19. Nun ist diese Konzentrik mit einem leichten Schönheitsfehler behaftet, denn dem Königspsalm 18 (D) stehen *zwei* Königspsalmen gegenüber (D': Ps 20; 21), ergo: der Ps 19 ist nicht wirklich die Mitte der Sammlung. Der Aufbau der Psalmengruppe 15-24 wäre vielmehr vollkommen symmetrisch (ebenso wie der chiastische Aufbau der Anhangskapitel 2 Sam 21-24; cf. K. Budde, Die Bücher Samuel, 304), wenn in ihrer Mitte vier Königspsalmen zu stehen kommen: Ps 18; 2 Sam 23,1-7; Ps 20; Ps 21. Ist die Annahme abwegig, Ps 19 habe die „letzten Worte Davids" aus den Ps 15-24 verdrängt? – Cf. zu entsprechenden antimessianisch-antiprophetischen Tendenzen in der Pentateuchredaktion jetzt E. Otto, Innerbiblische Exegese im Heiligkeitsgesetz Levitikus 17-26, 181f.; ders., Deuteronomium und Pentateuch, 225ff.; ders., Das Deuteronomium im Pentateuch und Hexateuch, IV. Die Auseinandersetzungen zeigen sich mit Blick auf das postdtr Kap. Dtn 31, aber auch in Lev 26,14-45; Num 14,11-25; Dtn 4,21-25, zu denen Jer 31,31-34 als Gegentext entworfen wird, sowie in der Korrektur von Ez 34,25-31 durch Lev 26,3-16: die Heilszeit ist Folge der Gesetzesobservanz, nicht der Einsetzung eines neuen – königlichen – Hirten.

19,9b-10 solare Vorstellungen im Hintergrund stehen, so deutet alles darauf hin, daß bei der ostentativen Betonung der Wirksamkeit Jahwes in v.8-10 die Konzeption von v.2-7* durchaus ihren Einfluß geltend gemacht hat – formal durch die Bisektion in v.8-9a; v.9b-10 und inhaltlich durch die Aufnahme von solarer Motivik im zweiten Unterabschnitt – analog zu Ps 19,5b-7. Wie verhält sich dies zu Ps 19,12-15?[59]

2.3 Die Komposition von Ps 19,12-15

Die abschließenden v.12-15 untergliedern sich – wie schon v.2-7* und v.8-11 – in zwei Abschnitte, formal dadurch ausgewiesen, daß sie jeweils mit גם eingeleitet werden (v.12.14)[60]. Die beiden Einheiten v.12-13 und v.14 entsprechen aber einander noch zusätzlich durch eine identische Lexemsequenz: zunächst ist jeweils von עבדך die Rede (v.12.14a), sodann wird in dem jeweils folgenden Stichos die Wurzel (נקה) verwendet – v.13 נקני; v.14b ונקיתי. Der v.15 bildet den Abschluß. Die v.12-15 gliedern sich also wie folgt:

v.12	גם
v.12	עבדך
v.13	נקה
v.14a	גם
v.14a	עבדך
v.14b	נקה
v.15	Abschluß

Hält man sich diese Struktur vor Augen, so ist evident, daß v.8-11 und v.12-15 demselben Aufbauprinzip folgen. Es finden sich einerseits jeweils zwei Unterabschnitte,

---

59 Setzen also bereits die v.8-11 die Verbindung von Ps 18* und Ps 19* voraus und nicht erst Ps 19,12-15, und laufen 2 Sam 23,1-7 sowie Ps 19,2-15 im wesentlichen parallel, so scheint es uns fraglich, ob wir es in v.12-15 tatsächlich mit einer literarischen Ergänzung des Psalms zu tun haben. Die bisher diskutierten literarkritischen Argumente – גם markiert einen Einschnitt; die hymnische Beschreibung wechselt zum Gebet mit Anrede Jahwes; die Torafrömmigkeit verschiebt sich: „Toraangst" statt „Toraverliebtheit"; die Tora ist jetzt in ihrer Wirkung eingeschränkt, da Jahwe noch zusätzlich vergebend eingreifen muß – sind also erneut zu überprüfen, und zwar soll dies wiederum auf dem Hintergrund einer Kompositionsanalyse geschehen. Für die Abtrennung von v.12-15 cf. H. Spieckermann, Heilsgegenwart, 171f.; F.-L. Hossfeld, Die Psalmen I, 130.134; ders./E. Zenger, „Wer darf hinaufziehn zum Berge JHWHs?", 179. Zur Spannung zwischen v.8-11 und v.12-15 cf. auch H. Gunkel, Die Psalmen, 79f.

60 Schon die doppelte, strukturell erklärbare Verwendung von גם weckt Zweifel, ob die Setzung des Lexems in v.12 literarkritische Bedeutung hat.

die in sich eine wenn auch unterschiedliche Dreierstruktur aufweisen: v.8-9a und v.9b-10b je drei Variationen der Jahwe-Weisungen, v.12.13 und v.14a.b je die Dreiersequenz גם, עבדך, נקה. Beide Abschnitte werden durch einen außerhalb dieser Parallelstrukturen stehenden Stichos abgeschlossen: v.11 und v.15. Die Abschlußverse dürften einander zumindest teilweise korrespondieren. Wurde in v.11 der vorteilhafte Charakter des Jahwewortes zusammenfassend herausgestellt, so bietet v.15 gewissermaßen die Umkehrung: das Wort (אמר) des durch die Tora geläuterten Beters ist angenehm für Jahwe.

Damit ist die Analyse des Schlußabschnitts allerdings noch nicht an ihr Ende gekommen. Denn gemeinsam ist beiden Unterabschnitten v.12f. und v.14 zusätzlich das Lexem רב. Dieses läßt sich nicht in die parallele Dreiersequenz גם, עבדך, נקה einordnen, vielmehr dürfte es sich um ein Element handeln, das – deutlich jeweils am Ende des ersten und des letzten Stichos positioniert – die v.12-14 rahmen soll: v.12b: רב בשמרם עקב – v.14b: ונקיתי מפשע רב[61]. Wir stoßen damit in v.12-15 auf eine Doppelstruktur, die bereits in v.2-7* aufweisbar war: die parallel angeordneten Unterabschnitte v.2-5a* ‖ v.5b-7a wurden wiederum durch v.2 und v.7a gerahmt, nämlich durch deren chiastische Anlage einerseits und die Wiederaufnahme des Stichwortes שמים andererseits. Der Rahmung von Abschnitt I (v.2-7*) korrespondierte dann die chiastische Strukturierung des Gesamtabschnitts auf syntaktischer Ebene.

Angesichts dieser engen kompositionellen Parallelitäten zwischen Abschnitt I und Abschnitt III ist die Frage nach einer der chiastischen Gesamtanlage von v.2-7* entsprechenden Struktur in v.12-14 geradezu Pflicht – und die Pflichterfüllung rentiert sich, wie die nachstehende Übersicht zeigt:

A (12) Auch dein Knecht wird durch sie gewarnt/erleuchtet,
     und in ihrer Beachtung ist viel Lohn (בשמרם עקב רב).
  B (13) Irrungen: wer wird Einsicht haben?
      Von verborgenen Dingen sprich mich frei.
  B' (14) Auch vor den Übermütigen bewahre deinen Knecht,
      sie sollen nicht über mich herrschen.
A' Dann werde ich vollkommen sein
     und freigesprochen von großer Schuld (ונקיתי מפשע רב).

---

61 Ist der Abschnitt v.12-14 tatsächlich in der dargelegten Weise gerahmt, so hat dies Folgen für die Deutung von v.12b. A. Meinhold, Überlegungen zur Theologie des 19. Psalms, 132, kommentiert בשמרם עקב רב folgendermaßen: „Das göttliche Wort wird um seiner selbst willen und ohne Nebenabsichten gehalten …, und das bedeutet den großen Lohn, der nicht als etwas Zusätzliches erwartet zu werden braucht". Gerade diese Interpretation wird aber durch v.14b nun doch relativiert: die Beachtung der Jahweordnung ist – aristotelisch gesprochen – zumindest nicht reine πραξις, sondern auch ποίησις, insofern sie die in v.13-14 beschriebene Wirkung entfaltet – die einzelnen Aussagen dürfen von dem durch entsprechende Formgebung konstituierten Kontext nicht isoliert werden.

Die chiastische Komposition funktioniert auf der Inhaltsebene. Die Teile A und A'
beschreiben die rein positive Wirkung der Jahwe-Gebote auf den Beter, B und B' enthalten Bitten um den Schutz vor Negativeinflüssen, sei es, daß sie verborgen im Beter
selber liegen (v.13), sei es, daß sie extern durch die זדים vermittelt sind[62].

Ps 19,2-7* und v.12-14 sind also mit Blick auf die Doppelstrukturierung (Parallelanordnung und Chiasmus) formal verblüffend identisch aufgebaut[63]. Das lenkt nun zu
einem bisher sistierten Problem zurück, nämlich der Interpretation von v.7b, in dem es
von der Sonne heißt: „es gibt kein Verborgenwerden vor ihrer Glut!" Der Halbvers ist
nicht nur strukturell von v.2-7a* abzuheben, da er außerhalb der chiastischen Anlage
von v.7a zu stehen kommt, sondern hier wird auch thematisch etwas Neues geboten.
Denn jetzt wird von der Beschreibung des Sonnenlaufs hinübergelenkt zur Wirkungsweise der Sonne.

Das Thema von v.7b, das Offenbarsein vor der Sonnenglut, kehrt unter den spezifischen Vorzeichen von v.8ff. gewissermaßen in v.15aβ „und das Sinnen meines
Herzens sei vor dir" (והגיון לבי לפניך) wieder. In v.15aβ liegt zwar keine Stichwortverbindung vor, doch ist der thematische Bezug, das Erschlossensein des Beters
durch Jahwe, evident. Darüber hinaus, und das dürfte das Entscheidende sein, zeigt
v.15 eine formal gleiche Anlage wie v.7, insofern er im ersten Teil chiastisch konstruiert und dann mit einem Anhang versehen ist[64]:

	Anhang	A'	B'	B	A
v.7	אין נסתר מחמתו	ותקופתו על־קצותם		מוצאו	מקצה השמים
v.15	יהוה צורי וגאלי	והגיון לבי לפניך		אמרי־פי	יהיו לרצון

Diente in v.2-7 die chiastische Anlage von v.7a der Rahmung des ersten Abschnitts, so
erklärt sich der eigentümliche v.7b nun zumindest aus bewußt gewählten Strukturie-
rungsmaßnahmen mit Blick auf den v.15.

Dabei ist festzuhalten, daß v.15 nicht nur auf v.7 rekurriert, sondern – wir hatten
das bereits herausgearbeitet – zugleich auch auf den Abschlußvers von Abschnitt II,
also auf v.11, und zwar sowohl durch seine Stellung in v.12-15 (paralleler Aufbau von

---

62 Und zwar nicht in dem Sinne, daß der Beter vor anderen Menschen bewahrt, also nicht Gegenstand ihres ethisch fragwürdigen Tuns werden will, sondern nicht ihre Handlungsart übernimmt;
cf. A. Meinhold, Überlegungen zur Theologie des 19. Psalms, 133.

63 Angesichts dieses Befundes scheint es uns schwierig, in v.12-15 eine sekundäre Wachstumsstufe
innerhalb des Psalms anzunehmen.

64 Darauf weist auch andeutungsweise I. Fischer, Psalm 19, 22, hin. K. Seybold, Die Psalmen, 85,
übersetzt: „Mögen die Worte meines Mundes Wohlgefallen finden und die Gedanken meines
Herzens vor dir ...", und nimmt somit eine double-duty-Funktion von יהיו an – und setzt הגיון
stillschweigend in den Plural. Richtig dagegen H. Spieckermann, Heilsgegenwart, 61. Mit dieser
Interpretation fungiert v.15 zugleich als Unterschrift, vergleichbar Ps 104,34 – cf. H. Gese, Die
Einheit von Psalm 19, 146; H.-P. Mathys, Dichter und Beter, 309f.; K. Seybold, Die Psalmen, 88.

v.12f. und v.14 – v.15 steht außerhalb dieser Anordnung; cf. in Abschnitt II v.8-9a; v.9b.10; v.11), als auch durch den inhaltlichen Anschluß von v.11 an v.15aα.[65] Der v.15 kann somit aus deutlichen kompositionellen Gründen als Abschluß der Gesamt-komposition von Ps 19* gelten. Hier werden die Themen von Abschnitt I und II zu-sammengeführt.

Gibt es weitere thematische Verbindungen zwischen den einzelnen Abschnitten? Auf einige Stichwortentsprechungen ist in der Fachdiskussion immer wieder hinge-wiesen worden. Das betrifft zunächst die Verwendung von בהם[66] in v.5b und v.12 und סתר[67] in v.7b und v.13. Mit beiden Stichworten aus dem „Sonnen-Abschnitt" v.5b-7, die den isolierten Halbstichoi v.5b.7b entstammen[68], rückt auch v.12-13 in den Bereich solarer Vorstellungen. Dies wird noch durch die Versicherung des Beters, er werde sich durch die Ordnung Jahwes belehren bzw. erleuchten lassen (זהר)[69], unterstrichen.

---

65 Sollte es zutreffen, daß der Verfasser von Ps 19,15 mit v.15aα auf v.11 und mit v15ab auf v.7b rekurriert, so hätte er in v.15a die Abschlußverse von Abschnitt I und II in chiastischer Manier zur Geltung gebracht, was der Binnenstruktur von v.15a entsprechen würde – da allerdings keine Stichworte rezipiert werden, bleiben an dieser Stelle gewisse Unsicherheiten.

66 בהם dürfte sich in v.12 zunächst auf die משׁפטים in v.10b zurückbeziehen, also den Unterab-schnitt v.9b-10, der verstärkt mit solaren Vorstellungen arbeitet. Auf den Zusammenhang zwi-schen v.5b und v.12 weist H. Gese, Die Einheit von Psalm 19, 143, hin – diese Verbindung wird zwar für sich genommen in der Tat wenig tragfähig sein, insofern ist H. Spieckermanns Kritik an H. Gese (Heilsgegenwart, 71 Anm. 29) zuzustimmen. Doch muß die Lage neu bewertet werden, wenn sich zeigen läßt, daß בהם als ein Glied einer übergreifenden Struktur verstanden werden kann.

67 So bereits O. Schroeder, Zu Psalm 19, 70. H. Spieckermann, Heilsgegenwart, 71 Anm. 28, ver-sucht eine Divergenz in der Verwendung von סתר ni. aufzuweisen. In v.7b gehe es um „die ent-bergende Funktion der Sonne in ihrem richterlichen Amt", in v.13 um „die Angst des Beters, wel-che religiösen Gefahren wohl auf ihn im Verborgenen lauern möchten". Diese hier ins Feld ge-führte unterschiedliche Orientierung – um mehr handelt es sich nicht – von סתר hängt natürlich eng mit dem Kontext zusammen. Daraus einen Gegensatz, der dann literarkritisch auswertbar wä-re, zu konstruieren, führt allerdings zu weit. Denn im ersten Fall v.7 wird die Kompetenz der Sonne betont, im zweiten Fall v.13 ihre Anwendung auf die spezifische Situation des Beters: נקני מנסתרות. Die Befreiung vom Verborgenen, die hier natürlich von Jahwe erbeten wird, setzt doch die Identifikation der verborgenen Sachverhalte und damit die Fähigkeit zur Identifizierung (v.7b – hier natürlich von שׁמשׁ) voraus.

68 O. Loretz, Ugaritologische und kolometrische Anmerkungen zu Ps 19A (UF 18), 224f. hat ver-sucht, das Vorliegen der beiden Halbstichoi literarkritisch auszuwerten. Zwar ist auch aufgrund unserer Analyse zumindest der v.5b nach wie vor auffällig, aber hat doch eine klare Aufbaufunk-tion innerhalb von v.2-7*. M. Dahood, Psalms I, 122, und Chr. Dohmen, Ps 19 und sein alto-rientalischer Hintergrund, 505, haben darauf aufmerksam gemacht, daß v.5b und v.7b als Halb-stichoi gewissermaßen einen Rahmen um v.5b-7 bilden. Immerhin ist festzuhalten, daß gerade aus den „Rahmenteilen" die Stichworte in v.12f. rezipiert werden.

69 Die Bedeutung von זהר ist an dieser Stelle – bewußt? – schwankend, eine direkte Relation zu שׁמשׁ ist allerdings nicht belegt, man vergleiche aber immerhin Dan 12,3; cf. M. Görg, Art. זהר, 548; M. Dahood, Psalms I, 124; A. Meinhold, Überlegungen zur Theologie des 19. Psalms, 131;

Darüberhinaus wird in v.14b auf v.8a Bezug genommen[70]. Durch die betonte Wiederaufnahme des Lexems חמד greift der Verfasser – legt man die Binnenstruktur von v.8-11 zugrunde – auf den Block v.8-9a zurück. Wenn dies richtig ist, dann scheint sich das Grundmuster von v.2-7* und v.8-10 ebenfalls in v.12-14, wenn auch mit einer bezeichnenden Modifikation, durchzuhalten. Abschnitt I (v.2-7*) und Abschnitt II (v.8-11) sind insofern parallel angelegt, als jeweils die zweiten Unterabschnitte (v.5b-7; v.9b-10) solar geprägt sind, während dies in den ersten Unterabschnitten (v.2-5a*; v.8-9a) nicht der Fall ist. In Abschnitt III (v.12-14) ist zwar auch ein Unterabschnitt (v.12f.) solar konnotiert bzw. auf die solaren Passagen in Ps 19,2-11 bezogen, die Anordnung wird aber genau umgekehrt: v.12f. verweist auf v.5b-7 und v.9b-10[71], während v.14 mit v.8 korreliert werden kann. Damit nimmt der abschließende Abschnitt III spiegelbildlich auf Abschnitt I und II Bezug – ein Sachverhalt, der einerseits für die kompositionelle und ursprüngliche Zugehörigkeit von v.12-15 zu Ps 19,2-11 spricht und der sich ohnehin in die Perspektive von v.12-15 fügt: „Der Ich-Beter ... hat die beiden Teilpsalmen A und B [i.e. v.2-7; v.8-11; M.A.] an den Anfang gestellt, um für sein Anliegen eine Basis zu schaffen. Er stellt sich damit in den Kontext der göttlichen Welt und ihrer Organe ...“[72].

IV. Zusammenfassung

Aufgrund unserer Untersuchung gehen wir davon aus, daß sich Ps 19 einer einheitlichen Konzeption verdankt. Dies meinen wir doppelt begründen zu können:

1. Ps 19 ist – legt man die auch in dem Šamaš-Assurbanipal-Lied KAR III,105 klar erhebbaren literarischen Techniken (Parallelkomposition; chiastische Anlage von Textblöcken; chiastische Stichwortverschränkungen; die Überlagerung von paralleler und chiastischer Komposition) zugrunde – als Gesamtkomposition nachvollziehbar. Die neuerdings betonte und die lange Zeit gängige Zweiteilung in Ps 19 A (v.2-7) und

---

F.-L. Hossfeld, Die Psalmen I, 134; K. Seybold, Die Psalmen, 88; jetzt auch M. Oeming, Auf der Suche nach Verbindungslinien, 262.

70 H. Gese, Die Einheit von Psalm 19, 143f., gefolgt von I. Fischer, Psalm 19, 22, Anm. 20, verweist in diesem Zusammenhang darauf, daß v.8-14 durch die Wiederaufnahme von חמד (v.8a.14a) gerahmt werde. Hier handle es sich um eine analoge Rahmung zu שמים in v.2.7. Aufgrund der hier aufgewiesenen komplexeren Binnenstrukturen in v.8-11 und v.12-15 ist diese Beobachtung entsprechend zu modifizieren.

71 Insofern liegt es doch nahe, בהם in v.12a auf die משפטים in v.10b zu beziehen.

72 K. Seybold, Die Psalmen, 88. – Die Technik, Abschnitte durch spiegelbildliche Aufnahme zu verbinden, läßt sich exemplarisch auch an KAR III,105 studieren. Die parallel angeordneten Passagen KAR III,105 Z.1-13 und Z.14-r.5 werden in der abschließenden Segens- und Fluchsequenz umgekehrt rezipiert – ein analoges Verfahren liegt mit Blick auf Ps 19,2-7* || v.8-11 und v.12-15 vor.

Ps 19 B (v.8-15) ablösende Trisektion in I. Ps 19,2-7*; II. v.8-11 und III. v.12-15 bewährt sich auch angesichts der von uns vorgenommenen Analyse. Ps 19,2-7* und v.12-14, die beiden Rahmenabschnitte I und III, zeichnen sich durch die Überlagerung von Parallelanordnung und chiastischer Komposition aus, der Abschnitt II ist demgegenüber streng parallel aufgebaut. Allen drei Abschnitten ist zudem eine Bisektion eigen: I. v.2-5a* – v.5b-7; II. v.8-9a – v.9b-10 (11); III. v.12f. – v.14 (15). Abschnitt II und III weisen darüberhinaus einen außerhalb der Bisektion stehenden Abschlußvers (v.11; v.15) auf. Bei Abschnitt I ist das zwar nicht der Fall, dieses „Defizit" wird jedoch dadurch ausgeglichen, daß v.7 und v.15 identisch aufgebaut sind.

Inhaltlich ist von Bedeutung, daß die Gesamtkonzeption von solaren Vorstellungen durchdrungen ist. Das gilt natürlich in besonderem Maße für Ps 19,5b-7, aber auch für v.9b-10 und v.12f. D.h. in Abschnitt I und II ist jeweils der zweite Unterabschnitt solar konnotiert, in Abschnitt III hingegen der erste. Abschnitt III ist damit spiegelbildlich auf die vorangehenden Textpassagen bezogen, was seine Abschlußfunktion unterstreicht.

Das Schema Ps 19,2-7 – Darstellung der Verhältnisse in der himmlischen Welt – und Ps 19,8-11 – Darstellung der die göttliche Ordnung durchsetzenden Instanz – ist auch in KAR III,105 Z.1-r.5 formgebend. KAR III,105 stellt zunächst die für die Herrschaft des Königs relevanten Aktionsmuster (insbesondere die Gerechtigkeitsfunktion) als Geschehen innerhalb des Pantheon dar (Z.1-13), bevor diese dann in ihrer Relevanz für den König ausgeführt werden (Z.14-r.5) – beide Teile sind in KAR III,105 streng parallel angeordnet. Demgegenüber ist Ps 19,2-7 natürlich erheblich blasser ausgefallen, von personifizierten Interaktanten im Himmel – etwa auch im Stil von 1 Reg 22,19ff. und Jes 6 – ist nicht die Rede. Und auch die Sonne, bei der sich noch Anspielungen an eine – zur Zeit der Abfassung von Ps 19 vergangene – Gotteskonzeption finden und die, deutlich im Mittelpunkt stehend, als Gotteswerk der Gottheit subordiniert ist, wird im wesentlichen in ihrer unirritierbaren Regelmäßigkeit dargestellt; lediglich der letzte Halbvers v.7 verweist noch auf die – in KAR III,105 pointiert hervorgehobene – richterliche Funktion. Die Durchsetzung der göttlichen Ordnung ist weder ihre Aufgabe noch – aus der Perspektive von KAR III,105 gesprochen – die des Königs, sondern allein die der Jahwe-Tora.

2. Daß es in Ps 19 um die Übertragung der solar konnotierten Gerechtigkeitsfunktion des Königs auf die Tora geht, wird über den Vergleich mit KAR III,105 hinaus deutlich, wenn man den zweiten Grund für die Annahme der konzeptionellen Einheitlichkeit von Ps 19 in den Blick nimmt. Ps 19 weist nämlich starke Affinitäten zu den sog. „Letzten Worten Davids" 2 Sam 23,1-7 auf. Die Gemeinsamkeiten der beiden Texte erschöpfen sich keinesfalls darin, daß sie in unterschiedlichen Literaturwerken mit demselben Text – also Ps 18* || 2 Sam 22* – zusammengestellt wurden. Neben dem Sachverhalt, daß beide Psalmen im Grobaufbau kongruieren, ist vor allen Dingen die Identität wichtiger Stichworte von Relevanz, wobei zu beachten ist, daß die ent-

sprechenden Lexemübereinstimmungen in Ps 19 abschnittsweise in genau umgekehrter Abfolge rezipiert werden. Das gilt insbesondere für 2 Sam 23,3b.4 und Ps 19,9b-10, den Passagen, die gerade die solare Königsfunktion der Gerechtigkeitsdurchsetzung zum Thema haben. 2 Sam 23,3b.4 bietet diese in ihrer ursprünglichen institutionellen Verortung im Königtum, Ps 19,9b-10 als Wesenszug der Jahwe-Ordnung. Die Rezeptionsrichtung zwischen 2 Sam 23,1-7 und Ps 19 kann nicht strittig sein: der Torapsalm ist der nehmende, der Messiaspsalm der gebende Part. Da die Rezeption von 2 Sam 23,1-7 in Ps 19 in allen Abschnitten – also auch Ps 19,12-15 – nachvollzogen werden kann, dürfte die Abhängigkeit beider Texte ein zusätzliches Argument für die konzeptionelle Einheitlichkeit des Torapsalms sein.

Auf dem Hintergrund der Beziehungen zwischen Ps 19 und 2 Sam 23,1-7 kann auch der Entstehungszeitpunkt und -kontext des Psalms konturiert werden. Er ist erst nach der Verbindung von 2 Sam 22* und 2 Sam 23,1-7 konzipiert worden, wobei über das Alter einzelner Traditionsbestände in Ps 19 damit natürlich keine Aussage gemacht werden soll. Er ist aber auch als Gegenentwurf zu 2 Sam 23,1-7 entstanden und hat aus diesem Grund seinen Platz innerhalb der Königspsalmen Ps 18; 20; 21 im Psalter gefunden. Innerhalb der Psalmengruppe 15-24* steht er zwar zentral, es ist allerdings auch nicht zu übersehen, daß er ihre deutlich erkennbare chiastische Gesamtkonzeption stört. Eine völlig symmetrische Anordnung von Ps 15-24* ergibt sich allerdings, wenn statt Ps 19 ursprünglich die „Letzten Worte Davids" auf Ps 18* folgten. Es kann vermutet werden, daß der Gegentext Ps 19 sein literarisches Vorbild an dieser Stelle verdrängt hat. Dann ist zu überprüfen, ob nicht sogar 2 Sam 22* und 2 Sam 23,1-7 in diesem Zusammenhang geschlossen aus dem Psalter in die Anhangskapitel 2 Sam 21-24, die selber wiederum chiastisch aufgebaut sind, „ausgelagert" wurden.

Die Alternative, für die Ps 19 und 2 Sam 23,1-7 stehen, lautet: Tora oder Messias! Dabei spielt es eine nicht unerhebliche Rolle, daß bereits die Zusammenstellung von 2 Sam 22* und 2 Sam 23,1-7 auf diesem Diskurs-Hintergrund erfolgt sein dürfte, denn schon ihre Kombination läßt sich – ausweislich der Überschriften 2 Sam 22,1; 2 Sam 23,1 – als Gegenstück zu den Mose-Psalmen in der Tora auffassen (Dtn 32 [cf. Dtn 31,30]; Dtn 33,1). Der Verfasser von Ps 19 hat diese Tendenz zumindest abgebremst. Gegen die Vorstellung vom König-Messias als eines exemplarischen Frommen bzw. als eines erfolgreichen Kriegshelden – u.a. wesentliche Themen von Ps 18; 20; 21 – geht sein religiöses Empfinden nicht. Vielmehr wird man in dem Beter Ps 19,12-15 gerade auch den König-Messias als vorbildlichen Jahwe-Frommen erblicken dürfen. Der Widerspruch des Autors von Ps 19 hat sich vielmehr an einer Facette des Messiasbildes entzündet: an der traditionellen Königsfunktion der Etablierung von „Gerechtigkeit" – das ist allein Sache der Tora – und an dem in 2 Sam 23,2.3a gezeichneten Bild Davids als eines im unmittelbaren Kontakt zu Jahwe stehenden Propheten. Für den Verfasser von Ps 19 gilt unumstößlich: „Und es stand hinfort kein Prophet in Israel auf wie Mose, den Jahwe erkannt hätte von Angesicht zu Angesicht" (Dtn 34,10).

Literatur

Achenbach, R., Art. Tora I. Altes Testament, RGG[4] VIII, Tübingen 2005, 476-477

–, Das Heiligkeitsgesetz und die sakralen Ordnungen des Numeribuches im Horizont der Pentateuchredaktion, in: T. Römer (Hg.), Leviticus and Numbers (Colloquium Biblicum Lovaniense 2006), BEThL, Leuven 2007, 1-31 (im Druck)

–, Das Kyros-Orakel in Jesaja 44,24-45,7 im Lichte altorientalischer Parallelen, ZAR 11, 2005, 155-194

–, Der Pentateuch, seine theokratischen Bearbeitungen und Josua – 2 Könige, in: T. Römer/K. Schmid (Hg.), Les dernières rédactions du Pentateuque, de l'Hexateuque et de l'Ennéateuque, BEThL 203, Leuven 2007, 225-253

–, Die Erzählung von der gescheiterten Landnahme von Kadesch Barnea (Num 13-14) als Schlüsseltext der Redaktionsgeschichte des Pentateuchs, ZAR 9, 2003, 56-123

–, Die Vollendung der Tora. Studien zur Redaktionsgeschichte des Numeribuches im Kontext von Hexateuch und Pentateuch, BZAR 3, Wiesbaden 2003

–, Grundlinien redaktioneller Arbeit in der Sinaiperikope, in: E.Otto/R. Achenbach (Hg.), Das Deuteronomium zwischen Pentateuch und Deuteronomistischem Geschichtswerk, FRLANT 206, Göttingen 2004, 56-80

–, Israel zwischen Verheißung und Gebot. Literarkritische Untersuchungen zu Deuteronomium 5-11, EHS XXIII/422, Frankfurt a.M. u.a. 1991

–, Levitische Priester und Leviten im Deuteronomium. Überlegungen zur sog. „Levitisierung" des Priestertums, ZAR 5, 1999, 285-309

–, Numeri und Deuteronomium, in: E. Otto/R. Achenbach (Hg.), Das Deuteronomium zwischen Pentateuch und Deuteronomistischem Geschichtswerk, FRLANT 206, Göttingen 2004, 122-134

–, Pentateuch, Hexateuch und Enneateuch. Eine Verhältnisbestimmung, ZAR 11, 2005, 122-154

–, The Pentateuch, the Prophets, and the Torah in the Fifth and Fourth Centuries B.C.E., in: O. Lipschits/G. Knoppers/R. Albertz (Hg.), Judah and the Judeans in the Fourth Century B.C.E., Winona Lake 2007, 247-280

Albani, M., Astronomie und Schöpfungsglaube. Untersuchungen zum astronomischen Henochbuch, WMANT 68, Neukirchen-Vluyn 1994

–, „Das Werk seiner Hände verkündigt die Feste". Die doxologische Bedeutung des Sonnenlaufes in Psalm 19, in: ders./T. Arndt (Hg.), Gottes Ehre erzählen. FS H. Seidel, Leipzig 1994, 237-256

Albertz, R., Die Exilszeit. 6. Jahrhundert v. Chr., Biblische Enzyklopädie 7, Stuttgart 2001

–, Elia. Ein feuriger Kämpfer für Gott, Biblische Gestalten 13, Leipzig 2006

–, Ethnische und kultische Konzepte in der Politik Nehemias, in: F.-L. Hossfeld/L. Schwienhorst-Schönberger (Hg.), „Das Manna fällt auch heute noch". Beiträge zur Geschichte und Theologie des Alten, Ersten Testaments. FS E. Zenger, HBS 44, Freiburg i.Br. 2004, 13-32

–, Religionsgeschichte Israels in alttestamentlicher Zeit 1, ATD Erg. 8/1, Göttingen 1992

–, The Canonical Alignment of the Book of Joshua, in: O. Lipschits/G. Knoppers/R. Albertz (Hg.), Judah and the Judeans in the Fourth Century B.C.E., Winona Lake 2007 (im Druck)

Allen, L.C., David as Exemplar of Spirituality: The Redactional Function of Psalm 19, Bib 67, 1986, 544-546

Angerstorfer, A., Ebenbild Gottes in babylonischen und assyrischen Keilschrifttexten, BN 88, 1997, 46–58

Arneth, M., Durch Adams Fall ist ganz verderbt … . Studien zur Entstehung der alttestamentlichen Urgeschichte, FRLANT 217, Göttingen 2007

–, Die antiassyrische Reform Josias von Juda. Überlegungen zur Komposition und Intention von 2 Reg 23,4-15, ZAR 7, 2002, 189-216

–, „Möge Šamaš dich in das Hirtenamt über die vier Weltgegenden einsetzen". Der „Krönungshymnus Assurbanipals" (SAA III,11) und die Solarisierung des neuassyrischen Königtums, ZAR 5, 1999, 28-53

–, „Sonne der Gerechtigkeit". Studien zur Solarisierung der Jahwe-Religion im Lichte von Psalm 72, BZAR 1, Wiesbaden 2000

Assmann, J., Gerechtigkeit und Unsterblichkeit im Alten Ägypten, München 1990

Auffret, P., Essai sur la structure littéraire du psaume I, BZ NF 22, 1978, 26-45

–, De l'œuvre de ses mains au murmure de mon cœur. Etude structurelle du Psaume 19, ZAW 112, 2000, 24-42

–, La sagesse a bâti sa maison. Études de structures littéraires dans l'Ancien Testament et spécialement dans les psaumes, OBO 49, Freiburg/Göttingen 1982

Aurelius, E., Der Fürbitter Israels. Eine Studie zum Mosebild im Alten Testament, CB.OT 27, Stockholm 1988

–, Zukunft jenseits des Gerichts. Eine redaktionsgeschichtliche Studie zum Enneateuch, BZAW 319, Berlin/New York 2003

Baltzer, K., Zur formgeschichtlichen Bestimmung der Texte vom Gottes-Knecht im Deutero-Jesaja-Buch, in: Probleme biblischer Theologie. FS G. von Rad, München 1971, 27-43

Barnes, W.H., Non-Synoptic Chronological References in the Books of Chronicles, in: M.P. Graham u.a. (Hg.), The Chronicler as Historian, JSOT.S 238, Sheffield 1997, 106-131

Barth, H., Die Jesaja-Worte in der Josiazeit. Israel und Assur als Thema einer produktiven Neuinterpretation der Jesajaüberlieferung, WMANT 48, Neukirchen-Vluyn 1977

Barton, J., The Prophets and the Cult, in: J. Day (Hg.), Temple and Worship in Biblical Israel, LHB/OTS 422, London 2005, 111-122

Baudissin, W. W. Graf, Der Begriff der Heiligkeit im Alten Testament, in: ders., Studien zur semitischen Religionsgeschichte, Bd. 2, Leipzig 1878, 1-142

Baumgart, N.C., Die Umkehr des Schöpfergottes. Zu Komposition und religionsgeschichtlichem Hintergrund von Gen 5–9, HBS 22, Freiburg u.a. 1999

Baumgarten, J.M., The Unwritten Law in the Pre-Rabbinic Period, JSJ 3, 1972, 24-29

Baumgartner, W., Der Kampf um das Deuteronomium, ThR NF 1, 1929, 7-25

Becker, J., Isaias. Der Prophet und sein Buch, SBS 30, Stuttgart 1968

Becker, U., Jesaja. Von der Botschaft zum Buch, FRLANT 178, Göttingen 1997

Becking, B., Chronology: A Skeleton without Flesh? Sennacherib's Campaign as a Case-Study, in: L.L. Grabbe, ‚Like a Bird in a Cage'. The Invasion of Sennacherib in 701 BCE, JSOT.S 363, London/New York 2003, 46-72

Benzinger, I., Die Bücher der Könige, KHC IX, Freiburg u.a. 1899

Berges, U., Das Buch Jesaja. Komposition und Endgestalt, HBS 16, Freiburg i.Br. 1998

Berlejung, A., Die Macht der Insignien. Überlegungen zu einem Ritual der Investitur des Königs und dessen königsideologischen Implikationen, Ugarit-Forschungen 28, Neukirchen-Vluyn 1997, 1-35

–, Die Theologie der Bilder, Herstellung und Einweihung von Kultbildern in Mesopotamien und die alttestamentliche Bilderpolemik, OBO 162, Freiburg/Göttingen 1998

Berlin, A./Brettler, M.Z. (Hg.), The Jewish Study Bible, New York 2004

Bernstein, M.J., The Employment and Interpretation of Scripture in 4QMMT. Preliminary Observations, in: J. Kampen/M.J. Bernstein (Hg.), Reading 4QMMT. New Perspective on Qumran Law and

History, SBL.SympS 2, Atlanta 1996, 29-51

–, /Koyfman, S.A., The Interpretation of Biblical Law in the Dead Sea Scrolls, in: M. Henze (Hg.), Biblical Interpretation at Qumran, Studies in the Dead Sea Scrolls and Related Literature, Grand Rapids/Cambridge U.K. 2005, 61-87

Bertholet, A., Deuteronomium, KHC V, Freiburg u.a. 1899

Betz, H.D., The Sermon on the Mount, Hermeneia, Minneapolis 1995

Beuken, W.A.M., Jesaja 1-12, HThK.AT, Freiburg i.Br. 2003

–, Servant and Herald of Good Tidings. Isaiah 61 as an Interpretation of Isaiah 40-55, in: J. Vermeylen (Hg.), Le Livre d'Isaïe. Les oracles et leurs relectures, unité et complexité de l'ouvrage, BEThL 81, Leuven 1989, 411-440

Beyerle, S., Die „Eherne Schlange". Num 21,4-9: synchron und diachron gelesen, ZAW 111, 1999, 23-44

Blenkinsopp, J., Isaiah 56-66. A New Translation with Introduction and Commentary, AB 19b, New York u.a. 2003

–, Prophecy and Canon. A Contribution to the Study of Jewish Origins, Center for the Study of Judaism and Christianity in Antiquity 3, Notre Dame (Ind.)/London 1977

Blum, E., Art. Urgeschichte, TRE XXXIV, Berlin/New York 2002, 436–445

–, Der kompositionelle Knoten am Übergang von Josua zu Richter. Ein Entflechtungsvorschlag, in: M. Vervenne/J. Lust (Hg.), Deuteronomy and Deuteronomic Literature. FS C.H.W. Brekelmans, BEThL 133, Leuven 1997, 181-212

–, Die Komposition der Vätergeschichte, WMANT 57, Neukirchen-Vluyn 1984

–, Studien zur Komposition des Pentateuch, BZAW 189, Berlin 1990

Boccaccini, G., Beyond the Essene Hypothesis. The Parting of Ways between Qumran and Enochic Judaism, Grand Rapids 1998

Bonnard, P.-E., Le Second Isaïe, son disciple etleurs éditeurs. Isaïe 40-66, Paris 1972

Borger, R., Akkadische Rechtsbücher, TUAT I, Gütersloh 1982ff., 32-95

–, Babylonisch-assyrische Lesestücke, AnOr 54, Rom [2]1979

–, Beiträge zum Inschriftenwerk Assurbanipals. Die Prismenklassen A, B, C = K, D, E, F, G, H, J und T sowie andere Inschriften. Mit einem Beitrag von A. Fuchs, Wiesbaden 1996

–, Die Inschriften Asarhaddons Königs von Assyrien, AfO.B 9, Osnabrück 1967

Born, H./Seidl, U., Schutzwaffen aus Assyrien und Urartu, Sammlung Guttmann 4, Mainz 1995

Borowski, O., Hezekiah's Reform and the Revolt against Assyria, BA 58, 1995, 148-155

Bosshard, E., Beobachtungen zum Zwölfprophetenbuch, BN 40, 1987, 30-62

–, /Kratz, R.G., Maleachi im Zwölfprophetenbuch, BN 52, 1990, 27-46

Bosshard-Nepustil, E., Rezeptionen von Jesaia 1-39 im Zwölfprophetenbuch. Untersuchungen zur literarischen Verbindung von Prophetenbüchern in babylonischer und persischer Zeit, OBO 154, Freiburg/Göttingen 1997

Botha, P.J., Intertextuality and the Interpretation of Psalm 1, Old Testament Essays 18, 2005, 503-520

Brandscheidt, R., „Bestellt über Völker und Königreiche" (Jer 1,10). Form und Tradition in Jeremia 1, TThZ 104, 1995, 12-37

Braulik, G., Das Buch Deuteronomium, in: E. Zenger (Hg.), Einleitung in das Alte Testament, KStTh 1,1, Stuttgart u.a. [5]2004, 136-155

–, /Lohfink, N., Deuteronomium 1,5 *b'r 't htwrh hz't*: „er verlieh dieser Tora Rechtskraft", in: K. Kiesow/T. Meurer (Hg.), Textarbeit. Studien zu Texten und ihrer Rezeption aus dem Alten Testament und der Umwelt Israels. FS P. Weimar, AOAT 294, Münster 2003, 35-51

–, Deuteronomium II. 16,18-34,12, NEB 28, Würzburg 1992

–, Die dekalogische Redaktion der deuteronomischen Gesetze. Ihre Abhängigkeit von Levitikus 19 am Beispiel von Deuteronomium 22,1-2; 24,10-22; 25,13-16, in: ders. (Hg.), Bundesdokument und

Gesetz. Studien zum Deuteronomium, HBS 4, Freiburg i.Br. 1995, 1-25

–, Die deuteronomischen Gesetze und der Dekalog. Studien zum Aufbau von Deuteronomium 12-26, SBS 145, Stuttgart 1991

–, „Die Weisung und das Gebot" im Enneateuch, in: F.-L. Hossfeld u.a. (Hg.), „Das Manna fällt auch heute noch". Beiträge zur Geschichte und Theologie des Alten, Ersten Testaments. FS E. Zenger, HBS 44, Freiburg i.B. 2004, 115-140

–, Leidensgedächtnisfeier und Freudenfest. „Volksliturgie" nach dem deuteronomischen Festkalender, in: ders., Studien zur Theologie des Deuteronomiums, SBAB 2, Stuttgart 1988, 95-121

–, Weitere Beobachtungen zur Beziehung zwischen dem Heiligkeitsgesetz und Deuteronomium 19-25, in: T. Veijola (Hg.), Das Deuteronomium und seine Querbeziehungen, SESJ 62, Göttingen/Helsinki 1996, 23-55

Brettler, M.Z., Predestination in Deuteronomy 30,1-10, in: L.S. Shearing/S.L. McKenzie (Hg.), Those Elusive Deuteronomists. The Phenomenon of Pan-Deuteronomism, JSOT.S 268, Sheffield 1999, 171-188

Briggs, C.A./Briggs, E.G., A Critical and Exegetical Commentary on the Book of the Psalms, 2 Bde., ICC, Edinburgh 1906-1907

Brinkman, J.A., Through a Glass Darkly. Esarhaddon's Retrospects on the Downfall of Babylon, JAOS 103, 1983, 35-42

Broshi, M., The Gigantic Dimension of the Visionary Temple in the Temple Scroll, in: H. Shanks (Hg.), Understanding the Dead Sea Scrolls, New York 1992, 113-115

Budde, K., Die biblische Urgeschichte (Gen. 1–12,5), Gießen 1883

–, Die Bücher Samuel, KHC VIII, Tübingen/Leipzig 1902

Camp, L., Hiskija und Hiskijabild. Analyse und Interpretation von 2 Kön 18-20, MThA 9, Altenberge 1990

Carasik, M., Theologies of the Mind in Biblical Israel, SBL 85, New York 2006

Carroll, R.P., Jeremiah. A Commentary, OTL, Philadelphia 1986

Caspari, W., „Das priesterliche Königreich", Theologische Blätter 8, 1929, 105-110

–, „Der Geist des Herrn ist über mir", NKZ 40, 1929, 727-747

Castellino, G.R., The Šamaš-Hymn: A Note on its Structure, in: B.L. Eichler (Hg.), Kramer Anniversary Volume. Cuneiform Studies in Honor of S.N. Kramer, AOAT 25, Kevelaer/Neukirchen-Vluyn 1976, 71-74

Cazelles, H., „Royaume des prêtres et nation consacré" Exode (19,6), in: C. Kannengiesser/Y. Marchasson (Hg.), Humanisme et foi chrétienne. Mélanges scientifiques du centenaire de l'institut catholique de Paris, Beauchesne 1976, 541-545

Chapman, S.B., The Law and the Prophets. A Study in Old Testament Canon Formation, FAT 27, Tübingen 2000

Chiesa, B., La Promessa di un Profeta (Deut. 18,15-22), BeO 15, 1973, 17-26

Cholewiński, A., Zur theologischen Deutung des Moabbundes, Bib 66, 1985, 95-111

Clines, D.J.A., The Tree of Knowledge and the Law of Yahweh, VT XXIV, 1974, 8-14

Cody, A., A History of the Old Testament Priesthood, AuBib 35, Rom 1969

Cogan, M./Tadmor, H., II Kings, AB 11, New York u.a. 1988

Cogan, M., Omens and Ideology in the Babylon Inscription of Esarhaddon, in: H. Tadmor/M. Weinfeld, History, Historiography and Interpretation. Studies in Biblical and Cuneiform Literatures, Jerusalem 1983

–, The Chronicler's Use of Chronology as Illuminated by Neo-Assyrian Royal Inscriptions, in: J.H. Tigay (Hg.), Empirical Models for Biblical Criticism, Philadelphia 1985, 197-209

Cohn, L./Heinemann, I., u.a. (Hg.), Philo von Alexandria. Die Werke in deutscher Übersetzung. Bd. I, Berlin [2]1962

Coppens, J., Le messianisme israélite. La relève prophëtique (II), ETL 48, 1972, 21-36

Crawford, S.W., Three Fragment from Qumran Cave 4 and New Relationship to the Temple Scroll, JQR 84, 1994, 259-273

Creach, J.F.D., Like a Tree Planted by the Temple Stream: The Portrait of the Righteous in Psalm 1:3, CBQ 61, 1999, 34-46

Cross, F.M./Freedman, D.N., Josiah's Revolt Against Assyria, JNES 12, 1953, 56-58

Crüsemann, F., Die Tora, München 1992

–, Studien zur Formgeschichte von Hymnus und Danklied in Israel, WMANT 32, Neukirchen-Vluyn 1969

Cunningham, G., "Deliver me from Evil". Mesopotamian Incantations 2500-1500 BC, Rom 1997

Dahmen, U., Das Deuteronomium in Qumran als umgeschriebene Bibel, in: G. Braulik (Hg.), Das Deuteronomium, ÖBS 23, Frankfurt a.M. 2003, 269-293

–, Neu identifizierte Fragmente in den *Deuteronomium*-Handschriften vom Toten Meer, RdQ 77, 2001, 571-581

Dahood, M., Psalms I. 1-50, AB 16, Garden City/New York 1965

Davies, G., Covenant, Oath, and the Composition of the Pentateuch, in: A.D.H. Mayes/R.B. Salters (Hg.), Covenant as Context. FS E.W. Nicholson, Oxford 2003, 71-90

Davies, J.A., The *Temple Scroll* from Qumran and the Ultimate Temple, RTR 57, 1998, 1-21

Davies, P.R., Scribes and Schools. The Canonization of the Hebrew Scriptures, Library of Ancient Israel, Louisville 1998

del Olmo Lete, G., Mitos y Leyendas de Canaan según la Tradición de Ugarit. Textos, versión y estudios, Barcelona 1981

Delcor, M., Réflections sur l'investiture sacerdotale sans onction à la fête du nouvel an d'après le Rouleau du Temple de Qumran (XV,15-17), in: Hellenica et Judaica. FS V. Nikiprowetzky, Leuven 1986, 155-164

Delitzsch, F., Jesaja, Leipzig [3]1879

Dietrich, W., Prophetie und Geschichte. Eine redaktionsgeschichtliche Untersuchung zum deuteronomistischen Geschichtswerk, FRLANT 108, Göttingen 1972

Dillmann, A., Die Genesis, KEH 11, Leipzig [6]1892

Dohmen, C./Oeming, M., Biblischer Kanon – Warum und wozu? Eine Kanonstheologie, QD 137, Freiburg i.Br. 1992

Dohmen, C., Das Bilderverbot. Seine Entstehung und seine Entwicklung im Alten Testament, BBB 62, Frankfurt a.M. [2]1987

–, Der Sinaibund als Neuer Bund nach Ex 19-34, in: E. Zenger (Hg.), Der Neue Bund im Alten. Zur Bundestheologie der beiden Testamente, QD 146, Freiburg i.Br. 1993, 51-83

–, „Es gilt das gesprochene Wort". Zur normativen Logik der Verschriftung des Dekalogs, in: C. Frevel/M. Konkel/J. Schnocks (Hg.), Die Zehn Worte. Der Dekalog als Testfall der Pentateuchkritik, QD 212, Freiburg i.Br. 2005, 43-56

–, Exodus 19-40, HThK.AT, Freiburg i.Br. 2004

–, Ps 19 und sein altorientalischer Hintergrund, Bib 64, 1983, 501-517

–, Was stand auf den Tafeln vom Sinai und was auf denen vom Horeb? Zur Geschichte und Theologie eines Offenbarungsrequisits, in: F.-L. Hossfeld (Hg.), Vom Sinai zum Horeb. Stationen alttestamentlicher Glaubensgeschichte. FS E. Zenger, Würzburg 1989

–, Untergang oder Rettung der Quellenscheidung? Die Sintfluterzählung als Prüfstein der Pentateuchexegese, in: A. Wénin (Hg.), Studies in the Book of Genesis. Literature, Redaction and History,

BEThL CLV, Leuven 2001, 81–104

Donner, H., Geschichte des Volkes Israel und seiner Nachbarn in Grundzügen 2, ATD Ergänzungs-reihe 4/2, Göttingen [2]1995

–, Ugaritismen in der Psalmenforschung, ZAW 79, 1967, 322-350

Douglas, M., In the Wilderness. The Doctrine of Defilement in the Book of Numbers, JSOT.S 158, Sheffield 1993

–, Leviticus as Literature, Oxford 1999

–, Reinheit und Gefährdung. Eine Studie zu Verunreinigungen und Tabu, Berlin 1985

Droysen; J.G., Historik. Rekonstruktion der ersten vollständigen Fassung der Vorlesungen (1857). Grundriß der Historik in der ersten handschriftlichen (1857/1858) und in der letzten gedruckten Fassung (1882), hg. von P. Leyh, Stuttgart-Bad Cannstatt 1977

Duhm, B., Anmerkungen zu den Zwölf Propheten. Sonderabdruck aus der Zeitschrift für alttestament-liche Wissenschaft, Gießen 1911

–, Das Buch Jesaja, HAT 3/1, Göttingen [4]1922

–, Die Psalmen, KHC XIV, Tübingen [2]1922

Dürr, L., Zur Frage nach der Einheit von Ps. 19, in: W.F. Albright u.a. (Hg.), Sellin-Festschrift. Bei-träge zur Religionsgeschichte und Archäologie Palästinas, Leipzig 1927, 37-48

Eaton, J.H., Psalms of the Way and the Kingdom. A Conference with the Commentators, JSOT.S 199, Sheffield 1995

Ebeling, E., Quellen zur Kenntnis der babylonischen Religion I, Mitteilungen der Vorderasiatischen Gesellschaft 23, Leipzig 1918

Eilers, W./Callmeyer, P., Vom Reisehut zur Kaiserkrone, AMI 10, 1977, 153-190

Elliger, K., Leviticus, HAT I/4, Tübingen 1966

Eynikel, E., The Reform of King Josiah & the Composition of the Deuteronomistic History, OTS 33, Leiden u.a. 1996

Ewald, H., Die poetischen Bücher des Alten Bundes. Zweiter Teil. Die Psalmen, Göttingen 1835

Fabry, H.-J., Art. נתן etc., ThWAT V, Stuttgart u.a. 1986, 693–712

–, Noch ein Dekalog! Die Thora des lebendigen Gottes in ihrer Wirkungsgeschichte. Ein Versuch zu Dtn 27, in: M. Böhnke/H. Heinz (Hg.), „Im Gespräch mit dem dreieinen Gott". Elemente einer tri-nitarischen Theologie. FS W. Breuning, Düsseldorf 1985, 75-96

–, Zadokiden und Aaroniden in Qumran, in: F.-L. Hoßfeld/L. Schwienhorst-Schönberger (Hg.), „Das Manna fällt auch heute noch". Beiträge zur Geschichte und Theologie des Alten, Ersten Testa-ments. FS E. Zenger, HBS 44, Freiburg i.Br. 2004, 201-217

Finsterbusch, K., „Ich habe meine Tora in ihre Mitte gegeben". Bemerkungen zu Jer 31,33, Bib 49, 2005, 86-92

–, Weisung für Israel. Studien zu religiösem Lehren und Lernen im Deuteronomium und in seinem Umfeld, FAT 44, Tübingen 2005

Fischer, G., „Ich mache dich ... zur eisernen Säule" (Jer 1,18). Der Prophet als besserer Ersatz für den untergegangenen Tempel, ZKT 116, 1994, 447-450

–, Jeremia 1-25, HThK.AT, Freiburg i.Br. 2005

–, Jeremia 26-52, HThK.AT, Freiburg i.Br. 2006

–, Partner oder Gegner? Zum Verhältnis von Jesaja und Jeremia, in: F. Hartenstein/M. Pietsch (Hg.), „Sieben Augen auf einem Stein" (Sach 3,9). Studien zur Literatur des Zweiten Tempels. FS I. Wil-li-Plein, Neukirchen-Vluyn 2007, 69-79

–, Zur Relativierung des Tempels im Jeremiabuch, in: D. Böhler u.a. (Hg.), L'Ecrit et l'Esprit. Etudes d'histoire du texte et de théologie biblique. FS A. Schenker, OBO 214, Fribourg/Göttingen 2005, 87-99

Fischer, I., Psalm 19 – ursprüngliche Einheit oder Komposition?, BN 21, 1983, 16-25

–, Tora für Israel – Tora für die Völker. Das Konzept des Jesajabuches, SBS 164, Stuttgart 1995

Fishbane, M., The Garments of Torah. Essays in Biblical Hermeneutics, Indiana Studies in Biblical Literature, Bloomington 1989

Frahm, E., Einleitung in die Sanherib-Inschriften, AfO.B 26, Wien 1997

Frame, G., Babylonia 689-627 B.C. A Political History, Istanbul/Leiden 1992

Franz, M., Der barmherzige und gnädige Gott. Die Gnadenrede vom Sinai (Exodus 34,6-7) und ihre Parallelen im Alten Testament und seiner Umwelt, BWANT 160, Stuttgart 2003

Frevel, C., Aschera und der Ausschließlichkeitsanspruch YHWHs, BBB 94/1 + BBB 94/2, Weinheim 1995

–, Ein vielsagender Abschied. Exegetische Blicke auf den Tod des Mose in Dtn 34,10-12, BZ (N.F.) 45, 2001, 209-234

–, Mit Blick auf das Land die Schöpfung erinnern. Zum Ende der Priestergrundschrift, HBS 23, Freiburg i.B. 2000

Fried, L.S., The Priest and the Great King. Temple-Palace Relations in the Persian Empire, BJS 10, Winona Lake 2004

Fritz, V., Das Geschichtsverständnis der Priesterschrift, ZThK 84, 1987, 426–439.

–, „Solange die Erde steht" – Vom Sinn der jahwistischen Fluterzählung in Gen 6–8, ZAW 94, 1982, 599–614

Galling, K., Art. Priesterkleidung, BRL, Tübingen 1937, 429ff.

–, Art. Priesterkleidung, BRL², Tübingen 1977, 256f.

George, A.R., The Babylonian Gilgamesh Epic. Introduction, Critical Edition and Cuneiform Texts, Bd. 1, Oxford 2003

Gerstenberger, E.S., Das 3. Buch Mose. Leviticus, ATD 6, Göttingen 1993

–, Der Psalter als Buch und als Sammlung, in: K. Seybold/E. Zenger (Hg.), Neue Wege der Psalmenforschung, HBS 1, Freiburg u.a. 1995, 3-14

Gertz, J.C., Beobachtungen zum literarischen Charakter und zum geistesgeschichtlichen Ort der nichtpriesterlichen Sinfluterzählung, in: M. Beck u.a. (Hg.), Au dem Weg zur Endgestalt von Genesis bis II Regum. FS. H.-C. Schmitt, BZAW 370, Berlin u.a. 2006, 41-57

–, Die Gerichtsorganisation Israels im deuteronomischen Gesetz, FRLANT 165, Göttingen 1994

–, Tradition und Redaktion in der Exoduserzählung. Untersuchungen zur Endredaktion des Pentateuch, FRLANT 186, Göttingen 2000

Gese, H., Der Verfassungsentwurf des Ezechiel (Kap. 40-48) traditionsgeschichtlich untersucht, BhTh 25, Tübingen 1957

–, Die Einheit von Psalm 19, in: ders., Alttestamentliche Studien, Tübingen 1991, 139-148

Glass, J.T., Some Observations on Psalm 19, in: K.G. Hoglund u.a. (Hg.), The Listening Heart, JSOT.S 58, Sheffield 1987, 147-159

Görg, M., Art. זהר etc., ThWAT II, Stuttgart u.a. 1977, 544-550

Gosse, B., Isaïe VI et la tradition isaïenne, VT 42, 1992, 340-349

Graupner, A., Zum Verhältnis der beiden Dekalogfassungen Ex 20 und Dtn 5, ZAW 99, 1987, 308-329

Gray, J., I and II Kings, OTL, Philadelphia ³1977

Greenberg, M., Ezechiel 1-20, HThK.AT, Freiburg i.Br. 2001

Grelot, P., Sur Isaïe LXI: la première consécration d'un Grand-Prêtre, RB 97, 1990, 414-431

Groß, W., Bundeszeichen und Bundesschluß in der Priesterschrift, TThZ 87, 1978, 98–115

–, Die Gottebenbildlichkeit des Menschen im Kontext der Priesterschrift, ThQ 161, 1981, 244–264 (= ders., Studien zur Priesterschrift und zu alttestamentlichen Gottesbildern, SBAB 30, Stuttgart 1999, 11–36)

–, Die Gottebenbildlichkeit des Menschen nach Gen 1,26.27 in der Diskussion des letzten Jahrzehnts, BN 68, 1993, 35–48

–, Gen 1,26.27; 9,6: Statue oder Ebenbild Gottes? Aufgabe und Würde des Menschen nach dem hebräischen und dem griechischen Wortlaut, in: I. Baldermann u.a. (Hg.), Menschenwürde, JBTh 15, Neukirchen-Vluyn 2000, 11–38

–, „Rezeption" in Ex 31,12-17 und Lev 26,39-45. Sprachliche Form und theologisch-konzeptionelle Leistung, in: R.G. Kratz/T. Krüger (Hg.), Rezeption und Auslegung im Alten Testament und in seinem Umfeld. FS O.H. Steck, OBO 153, Fribourg/Göttingen 1997, 45-61

–, Satzfolge, Satzteilfolge und Satzart als Kriterien der Subkategorisierung hebräischer Konjunktionalsätze am Beispiel der *kî*-Sätze, in: ders./H. Irsigler/T. Seidl (Hg.), Text, Methode und Grammatik. FS W. Richter, St. Ottilien 1991, 97-114

–, Zukunft für Israel. Alttestamentliche Bundeskonzepte und die aktuelle Diskussion um den Neuen Bund, SBS 176, Stuttgart 1998

Gunkel, H., Die Psalmen, HK II/2, Göttingen [4]1926

–, Genesis, Göttingen [9]1977

Halbe, J., Das Privilegrecht Jahwes Ex 34,10-26. Gestalt und Wesen, Herkunft und Wirken in vordeuteronomischer Zeit, FRLANT 114, Göttingen 1975

Halpern, B., Jerusalem and the Lineages in the Seventh Century BCE. Kinship and the Rise of Individual Moral Liability, in: ders./D.W. Hobson (Hg.), Law and Ideology in Monarchic Israel, JSOT.S 124, Sheffield 1991, 11-107

Hammer, R., Sifre. A Tannaitic Commentary on the Book of Deuteronomy, New Haven 1986

Handy, L.K., Hezekiah's Unlikely Reform, ZAW 100, 1988, 111-115

Hanhart, R., Dodekapropheton. Sacharja 1,1-8,23, BK 14/7, Neukirchen-Vluyn 1999

Hanson, P.D., The Dawn of Apocalyptic, Philadelphia 1975

Haran, M., Book-Scrolls at the Beginning of the Second Temple Period: The Transition from Papyrus to Skins, HUCA 14, 1983, 11-22

Hardmeier, C., König Joschija in der Klimax des DtrG (2Reg 22f.) und das vordtr Dokument einer Kultreform am Residenzort (23,4-15*), in: R. Lux (Hg.), Erzählte Geschichte. Beiträge zur narrativen Kultur im alten Israel, BThSt 40, Neukirchen-Vluyn 2000, 81-145

Hartenstein, F., Die Unzugänglichkeit Gottes im Heiligtum. Jesaja 6 und der Wohnort JHWHs in der Jerusalemer Kulttradition, WMANT 75, Neukirchen-Vluyn 1997

Hengel, M., „Schriftauslegung" und „Schriftwerdung" in der Zeit des Zweiten Tempels, in: ders. (Hg.), Schriftauslegung im antiken Judentum und im Urchristentum, WUNT 73, Tübingen 1994, 1-71

Hentschel, G., 2 Könige, NEB 11, Würzburg 1985

Hermisson, H.-J., Einheit und Komplexität Deuterojesajas. Probleme der Redaktionsgeschichte von Jes 40-55, in: J. Vermeylen (Hg.), Le Livre d'Isaïe. Les oracles et leurs relectures, unité et complexité de l'ouvrage, BEThL 81, Leuven 1989, 286-312

Herrmann, S., Art. Hiskia, TRE 15, Berlin u.a. 1986, 398-404

–, Die prophetische Heilserwartung im Alten Testament. Ursprung und Gestaltwandel, BWANT 85, Stuttgart 1965

–, Jeremia, BK 12/1, Neukirchen-Vluyn 1986

Herrmann, W., Psalm 19 und der kanaanäische Gott ʾIlu, UF 19, 1987, 75-78

Herzog, Z., The Fortess Mount at Tel Arad. An Interim Report, Tel Aviv 29, 2002, 3-109

Himbaza, I., Le Décalogue et l'histoire du texte. Etudes des formes textuelles du Décalogue et leurs implication dans l'histoire du texte de l'Ancien Testament, OBO 207, Fribourg/Göttingen 2004

Höffken, P., Jesaja. Der Stand der theologischen Diskussion, Darmstadt 2004

Hoffmann, H.-D., Reform und Reformen. Untersuchungen zu einem Grundthema der deuteronomistischen Geschichtsschreibung, AThANT 66, Zürich 1980

Holladay, W., Jeremiah II: A Commentary on the Book of the Prophet Jeremiah Chapter 26-52, Hermeneia, Minneapolis 1989

Hölscher, G., Komposition und Ursprung des Deuteronomiums, ZAW 40, 1922, 161-255

Holzinger, H., Einleitung in den Hexateuch, Freiburg i. Br./Leipzig 1893.

–, Genesis, KHC I, Freiburg u.a. 1898

Horowitz, V., Isaiah's Impure Lips and their Purification in Light of Akkadian Sources, HUCA 60, 1989, 39-89

Hossfeld, F.-L., Der Dekalog. Seine späten Fassungen, die originale Komposition und seine Vorstufen, OBO 45, Fribourg/Göttingen 1982

–, /Meyer, I., Der Prophet vor dem Tribunal, ZAW 86, 1974, 30-50

–, Der Wandel des Beters in Ps 18. Wachstumsphasen eines Dankliedes, in: E. Haag/F.-L. Hossfeld, Freude an der Weisung des Herrn. Beiträge zur Theologie der Psalmen, FS H. Groß, SBB 13, Stuttgart ²1987, 170-190

–, /Zenger, E., Die Psalmen I. Psalm 1-50, NEB 29, Würzburg 1993

–, /Zenger, E., Die Psalmen 51-100, HThK.AT, Freiburg u.a. 2000

–, „Wer darf hinaufziehn zum Berg JHWHs?". Zur Redaktionsgeschichte und Theologie der Psalmengruppe 15-24, in: G. Braulik u.a. (Hg.), Biblische Theologie und gesellschaftlicher Wandel. FS N. Lohfink, Freiburg u.a. 1993, 166-182

Houtman, C., Der Himmel im Alten Testament. Israels Weltbild und Weltanschauung, OTS XXX, Leiden/New York/Köln 1993

–, Exodus. Vol. 3. Chapters 20-40, HCOT, Leuven 2000

Hupfeld, H., Die Psalmen I, Gotha 1855

Hurowitz, V.A., *Inu Anum ṣirum*. Literary Structures in the Non-Juridical Sections of Codex Hammurabi, Occasional Publications of the Samuel Noah Kramer Fund 15, Philadelphia 1994

Hutter, M., Art. Hiskija, NBL II, Zürich 1995, 169-171

–, Hiskija – König von Juda. Ein Beitrag zur judäischen Geschichte in assyrischer Zeit, Graz 1982

Jacob, B., Das Buch Exodus, hg. v. S. Mayer, Stuttgart 1997

Janowski, B., Die lebendige Statue Gottes. Zur Anthropologie der priesterlichen Urgeschichte, in: M. Witte (Hg.), Gott und Mensch im Dialog. FS O. Kaiser, BZAW 345/I, Berlin/New York 2004, 183–214

–, Herrschaft über die Tiere. Gen 1,26–28 und die Semantik von רדה, in: ders., Die rettende Gerechtigkeit. Beiträge zur Theologie des Alten Testaments 2, Neukirchen-Vluyn 1999, 33–48

–, Rettungsgewißheit und Epiphanie des Heils, WMANT 59, Neukirchen-Vluyn 1989

Jaroš, K., Die Stellung des Elohisten zur kanaanäischen Religion, OBO 4, Freiburg/Göttingen 1974

Jenni, E., Das hebräische Pi'el. Syntaktisch-semasiologische Untersuchung einer Verbform im Alten Testament, Zürich 1968

–, Die hebräischen Präpositionen. Bd. 1. Die Präposition Beth, Stuttgart 1992.

–, Pleonastische Ausdrücke für Vergleichbarkeit (Ps 55,14; 58,5), in: K. Seybold u.a. (Hg.), Neue Wege der Psalmenforschung, HBS 1, Freiburg u.a. 1994, 201–206.

Jepsen, A., Die Reform des Josia, in: L. Rost (Hg.), FS F. Baumgärtel, ErF Reihe A 10, Erlangen 1959, 97-108

Jeremias, J., Der Prophet Amos, ATD 24/2, Göttingen 1995

–, Der Prophet Hosea, ATD 24/1, Göttingen 1983

–, Die Anfänge des Dodekapropheton. Hosea und Amos, in: ders., Hosea und Amos. Studien zu den Anfängen des Dodekapropheton, FAT 13, Tübingen 1996, 231-243 (= J.A. Emerton (Hg.), Congress Volume. Paris 1992, VT.S 61, Leiden u.a. 1995, 87-106)

–, Die Reue Gottes. Aspekte alttestamentlicher Gottesvorstellung, BThSt 31, Neukirchen-Vluyn [2]1997

–, „Ich bin wie ein Löwe für Efraim...". Aktualität und Allgemeingültigkeit im prophetischen Reden von Gott – Am Beispiel von Hos 5,8-14, in: ders., „Ich will euer Gott werden". Beispiele biblischen Redens von Gott, SBS 100, Stuttgart 1981, 75-95

–, מִשְׁפָּט im ersten Gottesknechtslied (Jes XLII 1-3), VT 22, 1972, 31-32

–, Rezeptionsprozesse in der prophetischen Überlieferung am Beispiel der Visionsberichte des Amos, in: R.G. Kratz/T. Krüger (Hg.), Rezeption und Auslegung im Alten Testament und in seinem Umfeld. FS O.H. Steck, OBO 153, Freiburg/Göttingen 1997, 29-44

Jirku, A., Die Sprache der Gottheit in der Natur, ThLZ 76, 1951, 631

Joffee, M.S., The Oral-Cultural Context of the Talmud Yerushalmi. Greco-Roman rhetorical paideia, discipleship, and the concept of Oral Torah, in: P. Schäfer (Hg.), The Talmud Yerushalmi and Graeco-Roman Culture, Bd. I, TSAJ 71, Tübingen 1998, 27-62

Johnstone, W., 1 and 2 Chronicles. Vol. 2. 2 Chronicles 10-36. Guilt and Atonement, JSOT.S 254, Sheffield 1997

Joines, K.R., The Bronze Serpent in the Israelite Cult, JBL 87, 1968, 245-256

Jones, B.A., The Formation of the Book of the Twelve. A Study in Text and Canon, SBL.DS 149, Atlanta 1995

Jónsson, G.A., Genesis 1:26–28 in a Century of Old Testament Research, CB.OT 26, Lund 1988

Jucci, E., Ordine sacro e Legge nel Rotolo del Tempio, Sapienza e Tora 1987, 243-263

Jürgens, B., Heiligkeit und Versöhnung. Levitikus 16 in seinem literarischen Kontext, HBS 28, Freiburg i.Br. 2000

Kaiser, O., Das Buch des Propheten Jesaja. Kapitel 1-12, ATD 17, Göttingen 1981

–, Kodifizierung und Legitimierung des Rechts in der Antike und im Alten Orient. Vorstellung der Beiträge des gleichnamigen Symposions, ZAR 12, 2006, 344-353

Karrer, C., Ringen um die Verfassung Judas. Eine Studie zu den theologisch-politischen Vorstellungen im Esra-Nehemiabuch, BZAW 308, Berlin/New York 2001

Keel, O., Das Recht der Bilder, gesehen zu werden, OBO 122, Freiburg/Göttingen 1992

–, Jahwe-Visionen und Siegelkunst. Eine neue Deutung der Majestätsschilderungen in Jes 6, Ez 1 und 10 und Sach 4, SBS 84/85, Stuttgart 1977

–, /Uehlinger, C., Göttinnen, Götter und Gottessymbole. Neue Erkenntnisse zur Religionsgeschichte Kanaans und Israels aufgrund bislang unerschlossener ikonographischer Quellen, QD 134, Freiburg u.a. [4]1998

Kessler, R., Micha, HThK.AT, Freiburg i.B. 1999

Kittel, R., Die Bücher der Könige, HKAT I/5, Göttingen 1900

–, Die Psalmen, KAT XIII, Leipzig/Erlangen [3 u. 4]1922

Kleer, M., „Der liebliche Sänger der Psalmen Israels". Untersuchungen zu David als Dichter und Beter der Psalmen, BBB 108, Bodenheim 1996

Kleinert, P., Das Deuteronomium und der Deuteronomiker. Untersuchungen zur alttestamentlichen Rechts- und Literaturgeschichte, Bielefeld/Leipzig 1872

Klostermann, A., Die Bücher Samuelis und der Könige, KK A III, Nördlingen 1887

Knapp, D., Deuteronomium 4. Literarische Analyse und theologische Interpretation, GTA 35, Göttingen 1987

Knierim, R./Coats, G.W., Numbers, FOTL 4, Grand Rapids 2005

Knierim, R., Die Hauptbegriffe für Sünde im Alten Testament, Gütersloh [2]1967

–, On the Theology of Psalm 19, in: D.R. Daniels u.a. (Hg.), Ernten, was man sät. FS K. Koch, Neukirchen-Vluyn 1991, 439-458

Knoppers, G.N., History and Historiography: The Royal Reforms, in: M.P. Graham u.a. (Hg.), The Chronicler as Historian, JSOT.S 238, Sheffield 1997, 178-203

–, Two Nations under God. The Deuteronomistic History of Solomon and the Dual Monarchies. Vol. 2. The Reign of Jerobeam, the Fall of Israel, and the Reign of Josiah, HSM 53, Atlanta 1994

Koch, D.-A., Auslegung von Psalm 1 bei Justin und im Barnabasbrief, in: K. Seybold/E. Zenger (Hg.), Neue Wege der Psalmenforschung, HBS 1, Freiburg u.a. 1995, 223-242

Koch, K., Der Psalter und seine Redaktionsgeschichte, in: K. Seybold/E. Zenger (Hg.), Neue Wege der Psalmenforschung, HBS 1, Freiburg u.a. 1995, 243-278

–, Ezra and Meremoth. Remarks on the History of the High Priesthood, in: M. Fishbane/E. Tov (Hg.), Sha'arei Talmon. Studies in the Bible, Qumran, and the Ancient Near East. FS S. Talmon, Winona Lake 1992, 105-110

–, Gefüge und Herkunft des Berichts über die Kultreformen des Königs Josia. Zugleich ein Beitrag zur Bestimmung hebräischer „Tempora", in: J. Hausmann/H.-J. Zobel (Hg.), Alttestamentlicher Glaube und Biblische Theologie. FS H.D. Preuß, Stuttgart u.a. 1992, 80-92

–, Israel im Orient, in: B. Janowski u.a. (Hg.), Religionsgeschichte Israels. Formale und materiale Aspekte, Gütersloh 1999, 242-271

–, Qädäm. Heilsgeschichte als mythische Urzeit im Alten (und im Neuen) Testament, in: ders., Spuren des hebräischen Denkens. Beiträge zur alttestamentlichen Theologie. Gesammelte Aufsätze I, Neukirchen-Vluyn 1991, 248-280

Köckert, M., Die Geschichte der Abrahamsüberlieferung, in: A. Lemaire (Hg.), Congress Volume Leiden 2004, VT.S 109, Leiden/Boston 2006, 103-128

–, Zum literaturgeschichtlichen Ort des Prophetengesetzes Dtn 18 zwischen dem Jeremiabuch und Dtn 13, in: R.G. Kratz/H. Spieckermann (Hg.), Liebe und Gebot. Studien zum Deuteronomium, FRLANT 190, Göttingen 2000, 80-100

Koenen, K., Eherne Schlange und goldenes Kalb. Ein Vergleich der Überlieferungen, ZAW 111, 1999, 353-372

–, Ethik und Eschatologie im Tritojesajabuch. Eine literarkritische und redaktionsgeschichtliche Studie, WMANT 62, Neukirchen-Vluyn 1990

–, Textkritische Anmerkungen zu schwierigen Stellen im Jesajabuch, Bib 69, 1988, 564-573

Konkel, M., Was hörte Israel am Sinai? Methodische Anmerkungen zur Kontextanalyse des Dekalogs, in: C. Frevel/M. Konkel/J. Schnocks (Hg.), Die Zehn Worte. Der Dekalog als Testfall der Pentateuchkritik, QD 212, Freiburg i.Br. 2005, 11-42

Kraeling, C.H., The Excavations at Dura-Europos. Final Report VII. Part I. The Synagogue, New Haven 1956

Krašovec, J., The Distinctive Hebrew Testimony to Renewal Based on Forgiveness, ZAR 5, 1999, 223-235

Kratz, R.G., Art. Redaktionsgeschichte/Redaktionskritik I, TRE 28, Berlin 1997, 367-378

–, Der Dekalog im Exodusbuch, VT 44, 1994, 205-238

–, Die Komposition der erzählenden Bücher des Alten Testaments. Grundwissen der Bibelkritik, UTB 2157, Göttingen 2000

–, Die Redaktion der Prophetenbücher, in: R.G. Kratz/T. Krüger (Hg.), Rezeption und Auslegung im Alten Testament und in seinem Umfeld. FS O.H. Steck, OBO 153, Freiburg/Göttingen 1997, 9-28

–, Die Tora Davids. Psalm 1 und die doxologische Fünfteilung des Psalters, ZThK 93, 1996, 1-34

Kraus, F.R., Königliche Verfügungen in Altbabylonischer Zeit, Leiden 1984

Kraus, H.-J., Psalmen, BK 15/1.2, Neukirchen-Vluyn [6]1989

Krüger, T., Das menschliche Herz und die Weisung. Elemente einer Diskussion über Möglichkeiten und Grenzen der Tora-Rezeption im Alten Testament, in: R.G. Kratz/T. Krüger (Hg.), Rezeption und Auslegung im Alten Tsestament und in seinem Umfeld. FS O.H. Steck, OBO 153, Fribourg/Göttingen 1997, 65-92

–, Geschichtskonzepte im Ezechielbuch, BZAW 180, Berlin/New York 1989

Kutsch, E., Salbung als Rechtsakt im Alten Testament und im Alten Orient, BZAW 87, Berlin 1963

Laato, A., Josiah and David Redivivus. The Historical Josiah and the Messianic Expectations of Exilic and Postexilic Times, CB.OT 33, Stockholm 1992

Lack, R., Le psaume 1 – Une analyse structurale, Bib. 57, 1976, 154-167

Lambert, W.G., Babylonian Wisdom Literature, Oxford 1960

Lang, B., The Number Ten and the Iniquity of the Fathers. A New Interpretation of the Decalogue, ZAW 118, 2006, 218-238

Lang, M., u$_4$-ba, *ina ūmī ullûti, inūmīšu*- In illo tempore. Zur Begründung und Legitimation von Recht aus dem Mythos, ZAR 12, 2006, 17-28

Lange, A., Gebotsobservanz statt Opferkult. Zur Kultpolemik in Jer 7,1-8,3, in: B. Ego u.a. (Hg.), Gemeinde ohne Tempel, WUNT 118, Tübingen 1999, 19-35

–, Vom prophetischen Wort zur prophetischen Tradition. Studien zur Traditions- und Redaktionsgeschichte innerprophetischer Konflikte in der Hebräischen Bibel, FAT 34, Tübingen 2002

Lau, W., Schriftgelehrte Prophetie in Jes 56-66. Eine Untersuchung zu den literarischen Bezügen in den letzten elf Kapiteln des Jesajabuches, BZAW 225, Berlin/New York 1994

Lee, E.-A., Forschungsgeschichte der Diskussion um das apodiktische Recht, Diss. theol. München 2003

LeFebvre, M., Collection, Codes, and Tora. The Re-characterization of Israels's Written Law, LHB/OTS 451, London/New York 2006

Lemaire, A./Durand, J.-M., Les inscriptions araméennes de Sfiré et l'Assyrie de Shamshi-Ilu, École Pratique des Hautes Études, IVe Section, Sciences historiques et philologiques II. Hautes Études orientales 20, Geneve/Paris 1984

Leuenberger, M., Herrschaftsverheißungen im Zwölfprophetenbuch. Ein Beitrag zu seiner thematischen Kohärenz und Anlage, in: K. Schmid (Hg.), Prophetische Heils- und Herrschererwartungen, SBS 194, Stuttgart 2005, 75-111

Levin, C., Das Gebetbuch der Gerechten. Literargeschichtliche Beobachtungen am Psalter, in: ders., Fortschreibungen. Gesammelte Studien zum Alten Testament, Berlin/New York 2003, 291-313

–, Der Jahwist, FRLANT 157, Göttingen 1993

–, Die Verheißung des neuen Bundes in ihrem theologiegeschichtlichen Zusammenhang ausgelegt, FRLANT 137, Göttingen 1985

–, Josia im Deuteronomistischen Geschichtswerk, in: ders., Fortschreibungen. Gesammelte Studien zum Alten Testament, BZAW 316, Berlin/New York 2003, 198-216 (= ZAW 96, 1984, 351-371)

Levine, B.A., The Temple Scroll. Aspects of its Historical Provenance and Literary Character, BASOR 232, 1998, 17-21

Levinson, B.M., Deuteronomy and the Hermeneutics of Legal Innovation, New York/Oxford 1997

–, The Hermeneutics of Legal Innovation, New York/Oxford 1997

Lewy, J., The Biblical Institution of D^{E}RÔR in the Light of Akkadian Documents, EI 5, Jerusalem 1958, 21*-31*

Lim, J.A., A Fresh Perspective on a Familiar Problem, Henoch 19, 1997, 149-159

–, The Sin of Moses and the Staff of God, SSN 35, Assen 1997

Livingstone, A., Court Poetry and Literary Miscellanea, SAA III, Helsinki 1989

Liwak, R., Die Rettung Jerusalems im Jahr 701 v. Chr. Zum Verhältnis und Verständnis historischer und theologischer Aussagen, ZThK 83, 1986, 137-166

Loersch, S., Das Deuteronomium und seine Deutungen. Ein forschungsgeschichtlicher Überblick, SBS 22, Stuttgart 1967

Lohfink, G., Wem gilt die Bergpredigt? Beiträge zu einer christlichen Ethik, Freiburg u.a. 1988

Lohfink, N., Bund und Tora bei der Völkerwallfahrt. Jesajabuch und Psalm 25, in: ders./E. Zenger (Hg.), Der Gott Israels und die Völker. Untersuchungen zum Jesajabuch und zu den Psalmen, SBS 154, Stuttgart 1994, 37-83

–, Das deuteronomische Gesetz in der Endgestalt. Entwurf einer Gesellschaft ohne marginale Gruppen, in: ders., Studien zum Deuteronomium und zur deuteronomistischen Literatur III, SBAB 20, Stuttgart 1995, 205-218

–, Das Deuteronomium: Jahwegesetz oder Mosegesetz? Die Subjektzuweisung bei Wörtern für „Gesetz" im Dtn und in der dtr Literatur, in: ders., Studien zum Deuteronomium und zur deuteronomistischen Literatur III, SBAB 20, Stuttgart 1995, 157-165

–, Der Neue Bund im Buch Deuteronomium?, ZAR 4, 1998, 100-125

–, Die Ältesten Israels und der Bund. Zum Zusammenhang von Dtn 5,23; 26,17-19; 27,1.9f. und 31,9, in: ders., Studien zum Deuteronomium und zur deuteronomistischen Literatur IV, SBAB 31, Stuttgart 2000, 265-283

–, Die An- und Absageformel in der hebräischen Bibel. Zum Hintergrund des deuteronomischen Vierüberschriftensystems, in: A. Gianto (Hg.), Biblical and Oriental Essays. FS W.L. Moran, BibOr 48, Rom 2005, 49-77

–, Die Bundesurkunde des Königs Josias (Eine Frage an die Deuteronomiumsforschung), in: ders., Studien zum Deuteronomium und zur deuteronomistischen Literatur I, SBAB 8, Stuttgart 1990, 99-165

–, Die Einsamkeit des Gerechten. Zu Psalm 1, in: ders., Im Schatten deiner Flügel. Große Bibeltexte neu erschlossen, Freiburg u.a. 1999, 163-171

–, Die Gottesstatue. Kreatur und Kunst nach Genesis 1, in: ders., Im Schatten deiner Flügel. Große Bibeltexte neu erschlossen, Freiburg u.a. 1999, 29–48

–, Die *ḥuqqîm ûmišpāṭîm* und ihre Neubegründung durch Dtn 12,1, in: ders., Studien zum Deuteronomium und zur deuteronomistischen Literatur II, SBAB 12, Stuttgart 1991, 229-256

–, Die Kultreform Joschijas von Juda. 2 Kön 22-23 als religionsgeschichtliche Quelle, in: ders., Studien zum Deuteronomium und zur deuteronomistischen Literatur II, SBAB 12, Stuttgart 1991, 209-227

–, Die Priesterschrift und die Geschichte, in: ders., Studien zum Pentateuch, SBAB 4, Stuttgart 1988, 213–245

–, Die Priesterschrift und die Grenzen des Wachstums, in: ders., Unsere großen Wörter, Freiburg 1977, 156–171

–, Die Schichten des Pentateuch und der Krieg, in: ders., Studien zum Pentateuch, SBAB 4, Stuttgart 1988, 255–315

–, Die Ursünden in der priesterlichen Geschichtserzählung, in: ders., Studien zum Pentateuch, SBAB 4, Stuttgart 1988, 169–190

–, „Diese Worte sollst du summen". Dtn 6,7 *wedibbartā bām* – ein verlorener Schlüssel zur meditativen Kultur in Israel, in: ders., Studien zum Deuteronomium und zur deuteronomistischen Literatur III, SBAB 20, Stuttgart 1995, 181-204

–, Fortschreibung? Zur Technik von Rechtsrevisionen im deuteronomischen Bereich, erörtert an Deuteronomium 12, Ex 21,2-11 und Dtn 15,12-18, in: ders., Studien zum Deuteronomium und zur deuteronomistischen Literatur IV, SBAB 31, Stuttgart 2000, 163-203

–, Gab es eine deuteronomistische Bewegung?, in: ders., Studien zum Deuteronomium und zur deuteronomistischen Literatur III, SBAB 20, Stuttgart 1995, 65-142 (= ders., in: W. Groß [Hg.], Jeremia und die „deuteronomistische Bewegung", BBB 98, Weinheim 1995, 313-382)

–, Kultzentralisation und Deuteronomium. Zu einem Buch von Eleonore Reuter, in: ders., Studien zum Deuteronomium und zur deuteronomistischen Literatur IV, SBAB 131, Stuttgart 2000, 131-161

–, Prolegomena zu einer Rechtshermeneutik des Pentateuch, in: G. Braulik (Hg.), Das Deuteronomium, ÖBS 23, Frankfurt a.M. 2003, 11-56

–, Zur Dekalogfassung in Dtn 5, in: ders., Studien zum Deuteronomium und zur deuteronomistischen Literatur I, SBAB 8, Stuttgart 1990, 193-209

–, Zur deuteronomischen Zentralisationsformel, in: ders., Studien zum Deuteronomium und zur deuteronomistischen Literatur II, SBAB 12, Stuttgart 1991, 147-177

–, Zur neueren Diskussion über 2 Kön 22-23, in: ders., Studien zum Deuteronomium und zur deuteronomistischen Literatur II, SBAB 12, Stuttgart 1991, 179-207

Löhnert, A., Rituelle Einsetzungen von Priestern in Mesopotamien, Magisterarbeit München 2002

Loretz, O., Der Prolog des Jesajabuches (1:1-2:5). Ugaritologische und kolometrische Studien zum Jesajabuch, Altenberge 1984

–, Psalmenstudien III, UF 6, 1974, 175-210

–, Ugaritologische und kolometrische Anmerkungen zu Ps 19A, UF 18, 1986, 223-229

Lowery, R.H., The Reforming Kings. Cult and Society in First Temple Judah, JSOT.S 120, Sheffield 1991

Lund, N.W., Chiasmus in the New Testament, Chapel Hill 1942

Lutzmann, H., Aus den Gesetzen des Königs Lipit Eschtar von Isin, TUAT I,1, Gütersloh 1982, 23-31

Lux, R., Das Zweiprophetenbuch. Beobachtungen zu Aufbau und Struktur von Haggai und Sacharja 1-8, in: E. Zenger (Hg.), „Wort JHWHs, das geschah ..." (Hos 1,1). Studien zum Zwölfprophetenbuch, HBS 35, Freiburg u.a. 2002, 191-217

Macho, A.D., Neophyti 1. Targum palestinense. MS de la Bibliotheca Vaticana, Band V: Deuteronomio, Madrid 1978

Maier, C., Jeremia als Lehrer der Tora. Soziale Gebote des Deuteronomiums in Fortschreibungen des Jeremiabuches, FRLANT 196, Göttingen 2002

Maier, J., Die Tempelrolle vom Toten Meer und das „Neue Jerusalem". 11Q19 und 11Q20; 1Q32, 2Q24, 4Q554-555, 5Q15 und 11Q18. Übersetzung und Erläuterung. Mit Grundrissen der Tempelhofanlage und Skizzen der Stadtplanung, UTB 829, München/Basel ³1997

–, Psalm 1 im Licht antiker jüdischer Zeugnisse, in: M. Oeming u.a. (Hg.), Altes Testament und christliche Verkündigung. FS A.H.J. Gunneweg, Stuttgart u.a. 1987, 353-365

Maier, M.P., Ägypten. Israels Herkunft und Geschick: Studien über einen theo-politischen Zentralbegriff im hebräischen Jeremiabuch, ÖBS 21, Frankfurt a.M. 2002

Maneschg, H., Die Erzählung von der ehernen Schlange (Num 21,4-9) in der Auslegung der frühen jüdischen Literatur. Eine traditionsgeschichtliche Studie, EHS.T 157, Frankfurt a.M./Bern 1981

Marböck, J., Zur frühen Wirkungsgeschichte von Ps 1, in: E. Haag u.a. (Hg.), Freude an der Weisung des Herrn. Beiträge zur Theologie der Psalmen. FS H. Groß, Stuttgart 1986, 207-222

Markl, D., Der Dekalog als Verfassung des Gottesvolkes. Die Brennpunkte einer Rechtshermeneutik des Pentateuch in Ex 19-24 und Dtn 5, HBS 49, Freiburg i.Br. 2007

–, Narrative Rechtshermeneutik als methodische Herausforderung des Pentateuch, ZAR 11, 2005, 107-121

Mathys, H.-P., Dichter und Beter. Theologen aus spätalttestamentlicher Zeit, OBO 132, Freiburg/Göttingen 1994

Maul, S.M., Der assyrische König – Hüter der Weltordnung, in: J. Assmann u.a. (Hg.), Gerechtigkeit.

Richten und Retten in der abendländischen Tradition und ihren altorientalischen Ursprüngen, München 1998

Mayer, W., Mayer, Politik und Kriegskunst der Assyrer, Abhandlungen zur Literatur Alt-Syrien-Palästinas und Mesopotamiens 9, Münster 1995

–, Untersuchungen zur Formensprache der babylonischen „Gebetsbeschwörungen", StP.SM 5, Rom 1976

McCarter, P.K., II Samuel, AB 9, Garden City/New York 1984

McEvenue, S.E., The Narrative Style of the Priestly Writer, AnBib 50, Rom 1971.

–, Word and Fulfilment. A Stylistic Feature of the Priestly Writer, Semitics 1, 1970, 104–110.

McKenzie, S.L., The Trouble with Kings. The Composition of the Book of Kings in the Deuteronomistic History, VT.S 42, Leiden 1991

Meinhold, A., Überlegungen zur Theologie des 19. Psalms, ZThK 80, 1983, 119-136

Menzel, B., Assyrische Tempel, Studia Pohl. Series maior 10,1-2, Rom 1981

Merendino, R.P., Sprachkunst in Psalm I, VT 29, 1979, 45-60

Metzger, M., Zodiakos, Tempel und Toraschrein. Verbindungslinien zwischen Bildmotiven auf Mosaikbildern spätantiker Synagogen in Palästina, in: A. Graupner u.a. (Hg.), Verbindungslinien. FS W.H. Schmidt, Neukirchen-Vluyn 2000, 225-248

Meyer, R., Auffallender Erzählungsstil in einem angeblichen Auszug aus der „Chronik der Könige von Juda", in: L. Rost (Hg.), FS F. Baumgärtel, ErF Reihe A 10, Erlangen 1959, 114-123

Meyers, C., Exodus, New Cambridge Bible Commentary, Cambridge 2005

Michel, D., Tempora und Satzstellung in den Psalmen, Abhandlungen zur evangelischen Theologie 1, Bonn 1960

Milgrom, J., Leviticus 1-16. A New Translation with Introduction and Commentary, AB 3, New York 1991

–, The Changing Concept of Holiness in the Pentateuchal Codes with Emphasis on Leviticus 19, in: J. A. Sawyer (Hg.), Reading Leviticus. A Conversation with Mary Douglas, JSOT.S 227, Sheffield 1996, 64-83

–, /Wright, D.P., Art. נדה etc., ThWAT V, Stuttgart u.a. 1986, 250-253

Milik, J.T., 22. „Dire de Moïse", in: Qumran Cave I, hg. v. D. Barthélemy/J.T. Milik, DJD 1, Oxford 1962, 91-97

Millard, M., Die Genesis als Eröffnung der Tora. Kompositions- und auslegungsgeschichtliche Annäherungen an das erste Buch Mose, WMANT 90, Neukirchen-Vluyn 2001

–, Die Komposition des Psalters. Ein formgeschichtlicher Ansatz, FAT 9, Tübingen 1994

Miller, P.D., Kingship, Thorah Obedience and Prayer. The Theology of Psalms 15-24, in: K. Seybold/E. Zenger (Hg.), Neue Wege der Psalmenforschung, HBS 1, Freiburg u.a. [2]1994, 127-142

Miller, P.D., The Divine Warrior in Early Israel, HSM 5, Cambridge/Mass. 1973

Montgomery, J.A., Archival Data in the Book of Kings, JBL 53, 1934, 46-52

–, /Gehman, H.S., The Books of Kings, ICC, Edinburgh 1976

Mosis, R., Genesis 9,1–7. Funktion und Bedeutung innerhalb der priesterschriftlichen Urgeschichte, BZ NF 38, 1994, 195–228

Müller, K.F., Das assyrische Ritual. Teil 1. Texte zum assyrischen Königsritual, Mitteilungen der Vorderasiatisch-Aegyptischen Gesellschaft 41/3, Leipzig 1937

Müller, R., Königtum und Gottesherrschaft. Untersuchungen zur alttestamentlichen Monarchiekritik, FAT II/3, Tübingen 2004

Na'aman, N., The Debated History of Hezekiah's Reform in the Light of Historical an Archaeological Research, ZAW 107, 1995, 179-195

Najman, H., Seconding Sinai. The Development of Mosaic Discourse in Second Temple Judaism,

JSJ.S 77, Leiden/Boston 2003

Neumann-Gorsolke, U., Herrschen in den Grenzen der Schöpfung. Ein Beitrag zur alttestamentlichen Anthropologie am Beispiel von Psalm 8, Genesis 1 und verwandten Texten, WMANT 101, Neukirchen-Vluyn 2004

Niehr, H., Die Reform des Joschija. Methodische, historische und religionsgeschichtliche Aspekte, in: W. Groß (Hg.), Jeremia und die „deuteronomistische Bewegung", BBB 98, Weinheim 1995, 33-55

Nielsen, E., Deuteronomium, HAT I/6, Tübingen 1995

Nihan, C., From Priestly Torah to Pentateuch. A Study in the Composition of the Book of Leviticus, Lausanne 2005

–, Saul among the Prophets (1 Sam 10: 10-12 and 19: 18-24). The Reworking of Saul's Figure in the Context of the Debate on 'Charismatic Prophecy' in the Persian Era, in: C.S. Ehrlich/M.C. White (Hg.), Saul in Story and Tradition, FAT 47, Tübingen 2006, 88-118

–, The Holiness Code between D and P. Some Comments on the Function and Significance of Leviticus 17-26 in the Composition of the Torah, in: E. Otto/R. Achenbach (Hg.), Das Deuteronomium zwischen Pentateuch und Deuteronomistischem Geschichtswerk, FRLANT 206, Göttingen 2004, 81-122

Nissinen, M., Prophetie, Redaktion und Fortschreibung im Hoseabuch. Studien zum Werdegang eines Prophetenbuches im Lichte von Ho 4 und 11, AOAT 231, Neukirchen-Vluyn 1991

Nogalski, J.D., Literary Precursors to the Book of the Twelve, BZAW 217, Berlin/New York 1993

, /Sweeney, M.Λ., Reading and Hearing the Book of the Twelve, SBL.SympS 15, Atlanta 2000

–, Redactional Processes in the Book of the Twelve, BZAW 218, Berlin/New York 1993

Noth, M., Amt und Berufung im Alten Testament. Bonner Akademische Reden 19, Bonn 1958, wieder abgedruckt in: ders., Gesammelte Studien zum Alten Testament, ThB 6, München [3]1966, 309-333

–, Das vierte Buch Mose. Numeri, ATD 7, Göttingen [3]1977

–, Nu 21 als Glied der „Hexateuch"-Erzählung, in: ders., Abhandlungen zur biblischen Landes- und Altertumskunde. Bd. 1. Archäologische, exegetische und topographische Untersuchungen zur Geschichte Israels, Neukirchen-Vluyn 1971, 75-101

–, Überlieferungsgeschichtliche Studien. Die sammelnden und bearbeitenden Geschichtswerke im Alten Testament, Tübingen [3]1967

Ockinga, B., Die Gottebenbildlichkeit im Alten Ägypten und im Alten Testament, ÄAT 7, Wiesbaden 1984

Oeming, M., Auf der Suche nach Verbindungslinien – Psalm 19 als Ganzheit betrachtet, in: A. Graupner u.a. (Hg.), Verbindungslinien. FS W.H. Schmidt, Neukirchen-Vluyn 2000, 249-263

Oesch, J.M., Zur Übersetzung und Auslegung von Psalm 19, BN 26, 1985, 71-89

Oestreicher, T., Das Deuteronomische Grundgesetz, BfchTh 27/4, Gütersloh 1923

Otto, E., Antiprophetische Traditionen im Prophetenkanon. Zu einem Buch von Armin Lange, ZAR 12, 2006, 307-311

–, Art. Hiskia, RGG[4] III, Tübingen 2000, 1791-1792

–, Art. פסח etc., ThWAT VI, Stuttgart u.a. 1989, 659-682

–, Art. Micha/Michabuch, TRE XXII, Berlin/New York 1992, 695-704

–, Art. Priestertum II. Religionsgeschichtlich 1. Alter Orient und Altes Testament, RGG[4] VI, Tübingen 2003, 1645-1646

–, Art. Sabbat I. Altes Testament, RGG[4] VII, Tübingen 2004, 712-713

–, Art. Zadok/Zadokiden, RGG[4] VIII, Tübingen 2005, 1775-1776

–, Biblische Rechtsgeschichte als Fortschreibungsgeschichte, BiOr 56, 1999, 5-14

–, Das antike Jerusalem. Archäologie und Geschichte, Beck'sche Reihe, München 2008

–, Das Deuteronomistische Geschichtswerk im Enneateuch. Zu einem Buch von Erik Aurelius, ZAR 11, 2005, 323-345

–, Das Deuteronomium im Pentateuch und Hexateuch. Studien zur Literaturgeschichte von Pentateuch und Hexateuch im Lichte des Deuteronomiumsrahmens, FAT 30, Tübingen 2000

–, „Das Deuteronomium krönt die Arbeit der Propheten". Gesetz und Prophetie im Deuteronomium, in: F. Diedrich/B. Willmes (Hg.), „Ich bewirke das Heil und erschaffe das Unheil" (Jes 45,7). Studien zur Botschaft der Propheten. FS L. Ruppert, fzb 88, Würzburg 1998, 277-309

–, Das Deuteronomium. Politische Theologie und Rechtsreform in Juda und Assyrien, BZAW 284, Berlin/New York 1999

–, Das Ende der Toraoffenbarung. Die Funktion der Kolophone Lev 26,46 und 27,34 sowie Num 36,13 in der Rechtshermeneutik des Pentateuch, in: M. Beck/U. Schorn (Hg.), Auf dem Wege zur Endgestalt von Genesis bis II Regum. FS H.C. Schmitt, BZAW 370, Berlin/New York 2006, 191-201

–, Das Gesetz des Mose. Literatur- und Rechtsgeschichte der Mosebücher, Darmstadt 2007

–, Das Mazzotfest in Gilgal, BWANT 107, Stuttgart 1975

–, Das postdeuteronomistische Deuteronomium als integrierender Schlußstein der Tora, in: M. Witte/K. Schmid/D. Prechel/J.C. Gertz (Hg.), Die deuteronomistischen Geschichtswerke. Redaktions- und religionsgeschichtliche Perspektiven zur „Deuteronomismus"-Diskussion in Tora und Vorderen Propheten, BZAW 365, Berlin/New York 2006, 71-102

–, Del Libro de la Alianza a la Ley de Santidad. La reformulación del derecho Israelita y la formación del Pentateuco, EstB 52, 1994, 195-217

–, Der Bund im Alten Testament. Eine Festschrift für E.W. Nicholson, ZAR 11, 2005, 361-369

–, Der Dekalog als Brennspiegel israelitischer Rechtsgeschichte, in: H.-J. Zobel/J. Hausmann (Hg.), Alttestamentlicher Glaube und Biblische Theologie. FS H.D. Preuss, Stuttgart 1992, 59-68 (= ders., Kontinuum und Proprium. Studien zur Sozial- und Rechtsgeschichte des Alten Orients und des Alten Testaments, OBC 8, Wiesbaden 1996, 293-303)

–, Der Dekalog in der deuteronomistischen Redaktion des Deuteronomiums, in: C. Frevel/M. Konkel/J. Schnocks (Hg.), Die Zehn Gebote. Der Dekalog als Testfall der Pentateuchkritik, QD 212, Freiburg i.Br. 2005, 95-108

–, Der Pentateuch im Jeremiabuch. Überlegungen zur Pentateuchrezeption im Jeremiabuch anhand neuerer Jeremia-Literatur, ZAR 12, 2006, 245-306

–, Der Zusammenhang von Herrscherlegitimation und Rechtskodifizierung in altorientalischer und biblischer Rechtsgeschichte, ZAR 11, 2005, 51-92

–, Deuteronomium 4: Die Pentateuchredaktion im Deuteronomiumsrahmen, in: T. Veijola (Hg.), Das Deuteronomium und seine Querbeziehungen, SESJ 62, Helsinki/Göttingen 1996, 208-237

–, Deuteronomium und Pentateuch. Aspekte der gegenwärtigen Debatte, ZAR 6, 2000, 222-284 (= ders., Die Literaturgeschichte des Deuteronomiums im Horizont der jüngsten Deuteronomiums- und Pentateuchforschung, in: ders., Gottes Recht als Menschenrecht. Rechts- und literaturhistorische Studien zum Deuteronomium, BZAR 2, Wiesbaden 2002, 1-91)

–, Die Dekaloge in der Rechtshermeneutik der Tora. Zu einem Buch von Dominik Markl SJ, ZAR 13, 2007

–, Die Geschichte der deuteronomistischen Geschichtswerke. Anmerkungen zu einem neuen Entwurf von Thomas Römer, ZAR 12, 2006, 354-361

–, Die nachpriesterschriftliche Pentateuchredaktion im Buch Exodus, in: M. Vervenne (Hg.), Studies in the Book of Exodus. Redaction-Reception-Interpretation, BEThL 126, Leuven 1996, 61-111

–, Die post-deuteronomistische Levitisierung des Deuteronomiums. Zu einem Buch von Ulrich Dahmen, ZAR 5, 1999, 277-284

–, Die Rechtshermeneutik des Pentateuch und die achämenidische Rechtsideologie in ihren altorientalischen Kontexten, in: M. Witte/M.-T. Fögen (Hg.), Kodifizierung und Legitimierung des Rechts in der Antike und im Alten Orient, BZAR 5, Wiesbaden 2005, 71-16

–, Die Rechtshermeneutik im Pentateuch und in der Tempelrolle (in diesem Band)

–, Die Stellung des Gesetzes in der Religionsgeschichte der Hebräischen Bibel. Zu einem Buch von Moshe Weinfeld, ZAR 10, 2004, 352-364

–, Die Tora als Buch. Ein Schlüssel zum Verständnis der Hebräischen Bibel, ZAR 13, 2007

–, Die Tora im Deuteronomium. Zu einem Buch von Peter T. Vogt, ZAR 13, 2007

–, Die Ursprünge der präskriptiven Funktion biblischer Rechtssätze. Zu einem Buch von Michael LeFebvre, ZAR 13, 2007

–, Forschungen zur Priesterschrift, ThR 62, 1997, 1-50

–, Gab es „historische" und „fiktive" Aaroniden im Alten Testament?, ZAR 7, 2001, 403-414

–, Gesetzesfortschreibung und Pentateuchredaktion, ZAW 107, 1995, 373-392

–, Gottes Recht als Menschenrecht. Rechts- und literaturhistorische Studien zum Deuteronomium, BZAR 2, Wiesbaden 2002

–, Innerbiblische Exegese im Heiligkeitsgesetz Levitikus 17-26, in: H.-J. Fabry/H.W. Jüngling (Hg.), Levitikus als Buch, BBB 119, Bodenheim 1999, 125-196

–, Jeremia und die Tora. Ein nachexilischer Diskurs (in diesem Band)

–, Jüdische Sekten als Familienunternehmen, ZAR 13, 2007

–, Law and Ethics, in: S.J. Johnston (Hg.), Religion of the Ancient World, Cambridge/Mass. 2004, 85-97

–, Mose. Geschichte und Legende, Beck'sche Reihe 2400, München 2006

–, Mose, der erste Schriftgelehrte. Deuteronomium 1,5 in der Fabel des Pentateuch, in: D. Böhler/I. Himbaza/P. Hugo (Hg.), L'Ecrit et l'Esprit. Etudes d'histoire du texte et de théologie biblique. FS A. Schenker, OBO 214, Fribourg/Göttingen 2005, 273-284

–, Mose der Schreiber. Zu „poetics" und „genetics" in der Deuteronomiumsanalyse anhand eines Buches von Jean-Pierre Sonnet, ZAR 6, 2000, 320-329

–, Nähe und Distanz von nachexilischen Priestern und Propheten in der Hebräischen Bibel, ZAR 13, 2007

–, Neue Literatur zur biblischen Rechtsgeschichte, ZAR 12, 2006, 72-106

–, Old and New Covenant. A Post-exilic Discourse between the Pentateuch and the Book of Jeremiah. Also a Study of Quotations and Allusions in the Hebrew Bible, OTE 19/3 (FS J. Le Roux), 2006, 939-949

–, Programme der sozialen Gerechtigkeit. Die neuassyrische *(an-)dur͞aru*-Institution sozialen Ausgleichs und das deuteronomische Erlaßjahr in Dtn 15, ZAR 3, 1997, 26-63

–, Recht im antiken Israel, in: U. Manthe (Hg.), Die Rechtskulturen der Antike. Vom Alten Orient bis zum Römischen Reich, München 2003, 151-190

–, Rechtshermeneutik in der Hebräischen Bibel. Die innerbiblischen Ursprünge halachischer Bibelauslegung, ZAR 5, 1999, 75-98

–, Rez. M. Carasik, Theologies of the Mind in Biblical Israel (SBL 85, New York 2006), ZAR 12, 2006, 387-391

–, Rez. M. Weinfeld, The Place of the Law in the Religion of Ancient Israel (2004), RBL 2005/1

–, Scribal Scholarship in the Formation of Torah and Prophets. A Postexilic Scribal Debate Between Priestly Scholarship and Literary Prophecy. The Example of the Book of Jeremiah and Its Relation to the Pentateuch (Artikel erscheint 2007)

–, Soziale Restitution und Vertragsrecht. *Mīšaru(m), (an-)durāru(m), kirenzi, parā tarnumar, šᵉmiṭṭā* und *dᵉrôr* in Mesopotamien, Syrien, in der Hebräischen Bibel und die Frage des Rechtstransfers im Alten Orients, RA 92, 1998, 125-160

–, Staat – Gemeinde – Sekte. Soziallehren des antiken Judentums, ZAR 12, 2006, 312-343

–, Theologische Ethik des Alten Testaments, Stuttgart 1994

–, The Pre-exilic Deuteronomy as a Revision of the Covenant Code, in: ders., Kontinuum und Proprium. Studien zur Sozial- und Rechtsgeschichte im Alten Orient und im Alten Testament, OBC 8, Wiesbaden 1996, 112-122

–, Tora und Charisma. Legitimation und Delegitimation des Königtums in 1 Samuel 8 – 2 Samuel 1 im Spiegel neuerer Literatur, ZAR 12, 2006, 225-244

–, Vom biblischen Hebraismus der persischen Zeit zum rabbinischen Judaismus in römischer Zeit. Zur Geschichte der spätbiblischen und frühjüdischen Schriftgelehrsamkeit, ZAR 10, 2004, 1-49

–, Wandel der Rechtsbegründungen in der Gesellschaftsgeschichte des antiken Israel. Eine Rechtsgeschichte des „Bundesbuches" Ex XX 22-XXIII 13, StB 3, Leiden/New York 1988

–, Welcher Bund ist ewig? Die Bundestheologie priesterlicher Schriftgelehrter im Pentateuch und in der Tradentenprophetie des Jeremiabuches, in: C. Dohmen/C. Frevel (Hg.), „Für immer verbündet". Studien zur Bundestheologie der Bibel. FS F.-L. Hossfeld, SBS 211, Stuttgart 2007, 160-169

–, Wie „synchron" wurde in der Antike der Pentateuch gelesen?, in: F.-L. Hoßfeld/L. Schwienhorst-Schönberger (Hg.), „Das Manna fällt auch heute noch". Beiträge zur Geschichte und Theologie des Alten, Ersten Testaments. FS E. Zenger, HBS 44, Freiburg i.Br. 2004, 470-485

Otto, S., Jehu, Elia und Elisa. Die Erzählung von der Jehu-Revolution und die Komposition der Elia-Elisa-Erzählungen, BWANT 152, Stuttgart u.a. 2001

Pakkala, J., Ezra the Scribe. The Development of Ezra 7-10 and Nehemia 8, BZAW 347, Berlin/New York 2004

Parke-Taylor, G.H., The Formation of the Book of Jeremiah. Doublets and Recurring Phrases, SBL.MS 51, Atlanta 2000

Parpola, S., Assyrian Prophecies, SAA IX, Helsinki 1997

–, /K. Watanabe, Neo-Assyrian Treaties and Loyalty Oaths, SAA II, Helsinki 1988

Perlitt, L., Die Propheten Nahum, Habakuk, Zephanja, ATD 25/1, Göttingen 2004

Petersen, C., Mythos im Alten Testament. Bestimmung des Mythosbegriffs und Untersuchung der mythischen Elemente in den Psalmen, BZAW 157, Berlin/New York 1982

Pfeiffer, H., Das Heiligtum von Bethel im Spiegel des Hoseabuches, FRLANT 183, Göttingen 1999

Podella, T., Das Lichtkleid JHWHs. Untersuchungen zur Gestalthaftigkeit Gottes im Alten Testament und seiner altorientalischen Umwelt, FAT 15, Tübingen 1996

Pohlmann, K.-F., Der Prophet Hesekiel/Ezechiel Kapitel 1-19, ATD 22/1, Göttingen 1996

–, Der Prophet Hesekiel/Ezechiel Kapitel 20-48, ATD 22/2, Göttingen 2002

–, Esra als Identifikationsfigur im frühen Judentum. Beobachtungen und Erwägungen zu Esr 9, in: F.-L. Hoßfeld/L. Schwienhorst-Schönberger (Hg.), „Das Manna fällt auch heute noch". Beiträge zur Geschichte des Alten, Ersten Testaments. FS E. Zenger, HBS 44, Freiburg i.Br. 2004, 486-498

Pola, T., Das Priestertum bei Sacharja. Historische und traditionsgeschichtliche Untersuchungen zur frühnachexilischen Herrschererwartung, FAT 35, Tübingen 2003

–, Die ursprüngliche Priesterschrift. Beobachtungen zur Literarkritik und Traditionsgeschichte von P^G, WMANT 70, Neukirchen-Vluyn 1995

Porter, B., Images, Power, and Politics. Figurative Aspects of Esarhaddon's Babylonian Policy, Philadelphia 1993

Preuss, H.D., Deuteronomium, EdF 164, Darmstadt 1982

Qimron, E./Strugnell, J., Qumran Cave 4, V, DVD 10, Oxford 1994

Qimron, E., The Temple Scroll. A Critical Edition with Extensive Reconstructions and a Bibliography by F. García Martínez, Judean Desert Studies, Jerusalem 1996

Rad, G. von, Die Priesterschrift im Hexateuch, BWANT 65, Stuttgart-Berlin 1934

Redditt, P.L./Schart, A. (Hg.), Thematic Threads in the Book of the Twelve, BZAW 325, Berlin/New York 2003

Reindl, J., Psalm 1 und der „Sitz im Leben" des Psalters, Theologisches Jahrbuch (Leipzig), 1979, 39-59

Reinmuth, T., Reform und Tora bei Nehemia. Neh 10,31-40 und die Autorisierung der Tora in der Perserzeit, ZAR 7, 2001, 287-317

Reiterer, F., Der Pentateuch in der spätbiblischen Weisheit Ben Siras, in: E. Otto/J. Le Roux (Hg.), A Critical Study of the Pentateuch. An Encounter Between Europe and Africa, atm 20, Münster 2005, 160-183

Renaud, B., L'alliance éternelle d'Ez 16,59-63 et l'alliance nouvelle de Jér 31,31-34, in: J. Lust (Hg.), Ezekiel and his Book. Textual and Literary Criticism and their Interpretation, BEThL 74, Leuven 1986, 335-339

Rendtorff, R., Das überlieferungsgeschichtliche Problem des Pentateuch, BZAW 147, Berlin/New York 1976

Riesner, R., Der Aufbau der Reden im Matthäus-Evangelium, ThBeitr 9, Wuppertal 1978

Rofé, A., Introduction to the Composition of the Pentateuch. The Biblical Seminar 58, Sheffield 1999

Römer, T., Cult Centralization in Deuteronomy 12: Between Deuteronomistic History and Pentateuch, in: E.Otto/R. Achenbach (Hg.), Das Deuteronomium zwischen Pentateuch und Deuteronomistischem Geschichtswerk, FRLANT 206, Göttingen 2004, 168-180

–, Israels Väter. Untersuchungen zur Väterthematik im Deuteronomium und in der deuteronomistischen Tradition, OBO 99, Fribourg/Göttingen 1990

–, Les „anciens" pères (Jér 11,10) et la „nouvelle" alliance (Jér 31,31), BN 59, 1991, 23-27

–, The So-Called Deuteronomistic History. A Sociological, Historical and Literary Introduction, London/New York 2005

Römer, W.H.P., „Königshymnen" und Königsinvestitur, in: Voigt, W., XVII. Deutscher Orientalistentag, ZDMG.Suppl. I/1, Wiesbaden 1969, 130-147

Rooke, D.W., Zadok's Heirs. The Role and Development of the High Priesthood in Ancient Israel, Oxford Theol. Monographs, Oxford 2000

Rose, M., Der Ausschließlichkeitsanspruch Jahwes. Deuteronomische Schultheologie und die Volksfrömmigkeit in der späten Königszeit, BWANT 106, Stuttgart u.a. 1975

–, Deuteronomist und Jahwist. Untersuchungen zu den Berührungspunkten beider Literaturwerke, AThANT 67, Zürich 1981

Roth, M.T., Laws of Hammurabi, in: ders., Law Collections from Mesopotamia and Asia Minor, WAW 6, Atlanta [2]1997, 71-142

Rowley, R.R., Zadok and Nehushtan, JBL 58, 1939, 113-141

Rudnig, T.A., Ez 40-48. Die Vision vom neuen Tempel und der neuen Ordnung im Land, in: K.-F. Pohlmann, Das Buch des Propheten Hesekiel/Ezechiel Kapitel 20-48, ATD 22/2, Göttingen 2002, 527-631

–, Heilig und Profan. Redaktionsgeschichtliche Studien zu Ez 40-48, BZAW 287, Berlin u.a. 2000

Rudnig-Zelt, S., Hosea-Studien. Redaktionskritische Untersuchungen zur Genese des Hoseabuches, FRLANT 213, Göttingen 2006

Rudolph, W., Chronikbücher, HAT 21, Tübingen 1955

–, Jeremia, HAT I/12, Tübingen [3]1968

Rüsen, J., Rekonstruktion der Vergangenheit. Grundzüge einer Historik II: Die Prinzipien der historischen Forschung, Göttingen 1986

Rüterswörden, U., Die Prophetin Hulda, in: M. Weippert/S. Timm (Hg.), Meilenstein. FS H. Donner, ÄAT 30, Wiesbaden 1995, 234-242

–, *dominium terrae*. Studien zur Genese einer alttestamentlichen Vorstellung, BZAW 215, Berlin/New York 1993

–, Es gibt keinen Exegeten in einem gesetzlosen Land (Prov 29,18 LXX). Erwägungen zum Thema: Der Prophet und die Thora, in: R. Liwak/S. Wagner, Prophetie und geschichtliche Wirklichkeit im alten Israel. FS S. Herrmann, Stuttgart u.a. 1991, 326-347

Saggs, H.W.F., The Might that was Assyria, London 1984

Sanders, J.A., From Isaiah to Luke 4, in: J. Neusner (Hg.), Christianity, Judaism, and Other Greco-Roman Cults. FS M. Smith. Vol. 1. New Testament, Leiden 1975, 75-106

Sarna, N., Psalm XIX and the Near Eastern Sun-god Literature, Fourth World Congress of Jewish Studies. Vol. 1, Jerusalem 1967, 171-175

Sawyer, J.F.A., Daughter of Zion and Servant of the Lord in Isaiah. A Comparison, JSOT 44, 1989, 89-107

Schaper, J., Priester und Leviten im achämenidischen Juda. Studien zur Kult- und Sozialgeschichte Israels in persischer Zeit, FAT 31, Tübingen 2000

–, Schriftauslegung und Schriftwerdung im alten Israel. Eine vergleichende Exegese von Ex 20,24-26 und Dtn 12,13-19, ZAR 5, 1999, 111-132

Scharbert, J., Heilsmittler im Alten Testament und Alten Orient, QD 23/24, Freiburg i.Br. 1964

Schart, A., Die Entstehung des Zwölfprophetenbuches. Neubearbeitungen von Amos im Rahmen schriftenübergreifender Redaktionsprozesse, BZAW 260, Berlin/New York 1998

Scheffczyk, L., Die Frage nach der Gottebenbildlichkeit in der modernen Theologie, in: ders. (Hg.), Der Mensch als Bild Gottes, WdF CXXIV, Darmstadt 1969, IX–LIV

Schenker, A., Das Neue am neuen Bund und das Alte am alten. Jer 31 in der hebräischen und griechischen Bibel, FRLANT 212, Göttingen 2006

–, Die Freilassung der hebräischen Sklaven nach Dtn 15,12 und Jer 34,8-22, in: ders., Recht und Kult im Alten Testament, OBO 172, Freiburg/Göttingen 2000, 150-157

Schiffman, L.H., *Miqṣat Maʿaśeh Ha-Torah* and the *Temple Scroll*, RdQ 14, 1989, 435-457

–, Sacred Space: The Land of Israel in the Temple Scroll, in: A. Biran/J. Aviram (Hg.), Biblical Archaeology Today, Jerusalem 1993, 398-410

–, The Construction of the Temple according to the Temple Scroll, RdQ 17, 1997, 555-571

–, The Deuteronomic Paraphrase of the Temple Scroll, RdQ 15, 1992, 543-547

–, The Septuagint and the Temple Scroll: Shared „Halakhic" Variants, in: G.J. Brooke/B. Lindars (Hg.), Septuagint, Scrolls and Cognate Writings, SCSt 33, Atlanta 1992, 277-297

–, The Theology of the Temple Scroll, JQR 85, 1994, 109-123

Schmid, K., Buchgestalten des Jeremiabuches. Untersuchungen zur Redaktions- und Rezeptionsgeschichte von Jer 30-33 im Kontext des Buches, WMANT 72, Neukirchen-Vluyn 1996

–, Erzväter und Exodus. Untersuchungen zur doppelten Begründung der Ursprünge Israels innerhalb der Geschichtsbücher des Alten Testaments, WMANT 81, Neukirchen-Vluyn 1999

–, Heilserwartungen und -aussagen im Jesajabuch. Überlegungen zu ihrer synchronen Logik und zu ihrer diachronen Transformation, in: ders. (Hg.), Prophetische Heils- und Herrschererwartungen, SBS 194, Stuttgart 2005, 37-74

–, Hintere Propheten (Nebiim), in: J.C. Gertz (Hg.), Grundinformation Altes Testament, UTB 2745, Göttingen 2006, 303-401

–, L'accession de Nabuchodonosor et l'hégémonie mondiale et la fin de la dynastie davidique. Exégèse intrabiblique et construction de l'histoire universelle dans le livre de Jérémie, ETR 81, 2006, 211-227

Schmidt, H., Die Psalmen, HAT I/15, Tübingen 1934

Schmidt, L., Das 4. Buch Mose. Numeri. Kapitel 10,11-36,13, ATD 7/2, Göttingen 2004

–, Die Kundschaftererzählung in Num 13-14 und Dtn 1,19-46. Eine Kritik neuerer Pentateuchkritik, ZAW 114, 2002, 40-58

Schmidt, W.H., Das Prophetengesetz Dtn 18,9-22 im Kontext erzählender Literatur, in: M. Vervenne/J. Lust (Hg.), Deuteronomy and Deuteronomic Literature. FS C.H.W. Brekelmans, BEThL 133, Leuven 1997, 55-69

–, Exodus 1-6, BK II/1, Neukirchen-Vluyn 1988

–, Jeremias Berufung. Aspekte der Erzählung Jer 1,4-9 und offene Fragen der Auslegung, in: W. Zwickel (Hg.), Biblische Welten. FS M. Metzger, OBO 123, Fribourg/Göttingen 1993, 183-198

Schmitt, H.C., Das sogenannte vorprophetische Berufungsschema. Zur „geistigen Heimat" des Berufungsformulars von Ex 3,9-12; Jdc 6,11-24 und 1 Sam 9,1-10,16, ZAW 104, 1992, 202-216

Schmitt, R., Magie im Alten Testament, AOAT 313, Münster 2004

Schneider, T., Lexikon der Pharaonen. Die altägyptischen Könige von der Frühzeit bis zur Römerherrschaft, Düsseldorf/Zürich [2]1997

Schniedewind, W.M., Prophets and Prophecy in the Books of Chronicles, in: M.P. Patrick/G. Hoglund/S.L. McKenzie (Hg.), The Chronicler as Historian, JSOT.S 238, Sheffield 1997, 204-224

Schöpflin, K., Theologie als Biographie im Ezechielbuch, FAT 36, Tübingen 2002

Schottroff, W., Der altisraelitische Fluchspruch, WMANT 30, Neukirchen-Vluyn 1969

Schroeder, O., Zu Psalm 19, ZAW 34, 1914, 69-70

Schroer, S., In Israel gab es Bilder. Nachrichten von darstellender Kunst im Alten Testament, OBO 74, Freiburg/Göttingen 1987

Schüle, A., Der Prolog der Hebräischen Bibel, AThANT 86, Zürich 2006

Schwienhorst-Schönberger, L., Das Verhältnis von Dekalog und Bundesbuch, in: C. Frevel/M. Konkel/J. Schnocks (Hg.), Die Zehn Worte. Der Dekalog als Testfall der Pentateuchkritik, QD 212, Freiburg i.Br. 2005, 57-76

Scoralick, R., Einzelspruch und Sammlung. Komposition im Buch der Sprichwörter Kapitel 10-15, BZAW 232, Berlin u.a. 1995

Seebaß, H., Biblisch-theologischer Versuch zu Num 20,1-13 und 21,4-9*, in: P. Mommer/W. Thiel (Hg.), Altes Testament – Forschung und Wirkung. FS H. Graf Reventlow, Frankfurt a.M. u.a. 1994, 219-229

–, Genesis I. Urgeschichte (1,1–11,26), Neukirchen-Vluyn 1996

–, Numeri, BK IV, Neukirchen-Vluyn 1993ff.

Segal, M., Between Bible and Rewritten Bible, in: M. Henze (Hg.), Biblical Interpretation and Qumran, Studies in the Dead Sea Scrolls and Related Literature, Grand Rapids/Cambridge U.K. 2005, 18-28

Seitz, G., Redaktionsgeschichtliche Studien zum Deuteronomium, BWANT 93, Stuttgart u.a. 1971

Seux, M.-J., Épithètes royales akkadiennes et sumériennes, Paris 1967

Seybold, K., Die Psalmen, HAT I/15, Tübingen 1996

Shams, C., Jewish Scribes in the Second-Temple Period, JSOT.S 291, Sheffield 1998

Sharp, C.J., Prophecy and Ideology in Jeremiah. Struggles for Authority in the Deutero-Jeremianic Prose, London/New York 2003

Shepherd, D., Prophetaphobia: fear and false prophecy in Neh VI, VT 55, 2005, 232-250

Ska, J.-L., A Plea on Behalf of the Biblical Redactors, Studia Theologica (Nordic Journal of Theology) 59/1, 2005, 4-18

–, Exode 19,3b-6 et l'identité de l'Israël postexilique, in: M. Vervenne (Hg.), Studies in the Book of Exodus. Redaction – Reception – Interpretation, BEThL 126, Leuven 1996, 289-317

Skinner, J., A Critical and Exegetical Commentary on Genesis, ICC, Edinburgh [2]1930

Smend, R. sen., Die Erzählung des Hexateuch auf ihre Quellen untersucht, Berlin 1912

Smend, R., Das Gesetz und die Völker. Ein Beitrag zur deuteronomistischen Redaktionsgeschichte, in: ders., Die Mitte des Alten Testaments. Gesammelte Studien 1, BEvTh 99, München 1986, 124-137

–, Deutsche Alttestamentler in drei Jahrhunderten, Göttingen 1989

–, Wilhelm Martin Leberecht de Wettes Arbeit am Alten und am Neuen Testament, Basel 1958

Smith, H.S., A Note on Amnesty, JEA 54, 1968, 212-214

Smith, P.A., Rhetoric and Redaction in Trito-Isaiah. The Structure, Growth and Authorship of Isaiah 56-66, VT.S 62, Leiden 1995

Sommer, B.D., A Prophet Reads Scripture. Allusion in Isaiah 40-66, Contraversions, Stanford 1998

Sonnet, J.-P., The Book within the Book. Writing in Deuteronomy, BIS 14, Leiden/New York 1997

Sperber, A., The Bible in Aramaic I: The Pentateuch According to Targum Onkelos, Leiden/New York 1959

Spieckermann, H., Heilsgegenwart. Eine Theologie der Psalmen, FRLANT 148, Göttingen 1989

–, Juda unter Assur in der Sargonidenzeit, FRLANT 129, Göttingen 1982

Spiegelberg, W., Die ersten Regierungsjahre Ramses IV., OLZ 30, 1927, 73-76

Stade, B., Anmerkungen zu 2 Kö. 15-21 (1886), in: ders., Ausgewählte akademische Reden und Abhandlungen, Gießen [2]1907, 201-226

Stähli, H.-P., Solare Elemente im Jahweglauben des Alten Testaments, OBO 66, Freiburg/Göttingen 1985

Steck, O.H., Bemerkungen zur thematischen Einheit von Psalm 19,2-7, in: ders., Wahrnehmungen Gottes im Alten Testament, Tb 70, München 1982, 232-239

–, Bereitete Heimkehr. Jesaja 35 als redaktionelle Brücke zwischen dem Ersten und dem Zweiten Jesaja, SBS 121, Stuttgart 1985, 81-99

–, Der Abschluß der Prophetie im Alten Testament. Ein Versuch zur Frage der Vorgeschichte des Kanons, BThSt 17, Neukirchen-Vluyn 1991

–, Der Grundtext in Jesaja 60 und sein Aufbau, ZThK 83, 1986, 261-296 (= ders., Studien zu Tritojesaja, BZAW 203, Berlin/New York 1991, 49-79)

–, Der Rachetag in Jesaja 61,2. Ein Kapitel redaktionsgeschichtlicher Kleinarbeit, VT 36, 1986, 323-338 (= ders., Studien zu Tritojesaja, BZAW 203, Berlin/New York 1991, 106-118)

–, Der sich selbst aktualisierende „Jesaja" in Jes 56,9-59,21, in: W. Zwickel (Hg.), Biblische Welten. FS M. Metzger, OBO 123, Fribourg/Göttingen 1993, 215-230

–, Gottesvolk und Gottesknecht in Jes 40-66, JBTh 7, 1992, 51-75

–, Israel und das gewaltsame Geschick der Propheten. Untersuchungen zur Überlieferung des deuteronomistischen Geschichtsbildes im Alten Testament, Spätjudentum und Urchristentum, WMANT 23, Neukirchen-Vluyn 1967

–, Lumen gentium. Exegetische Bemerkungen zum Grundsinn von Jesaja 60,1-3, in: W. Baier u.a. (Hg.), Weisheit Gottes – Weisheit der Welt. FS J. Kardinal Ratzinger. Bd. II, St. Ottilien 1987, 1279-1294 (= ders., Studien zu Tritojesaja, BZAW 203, Berlin/New York 1991, 80-95)

–, Studien zu Tritojesaja, BZAW 203, Berlin/New York 1991

–, Tritojesaja im Jesajabuch, in: J. Vermeylen (Hg.), The Book of Isaiah. Le Livre d'Isaïe. Les oracles et leurs relectures. Unité et complexité de l'oufrage, BEThL LXXXI, Leuven 1989, 361-406 (= ders., Studien zu Tritojesaja, BZAW 203, Berlin/New York 1991, 3-45)

–, Zion als Gelände und Gestalt, ZThK 86, 1989, 261-281

–, Zu jüngsten Untersuchungen von Jes 56,9-59,21; 63,1-6, in: ders., Studien zu Tritojesaja, BZAW 203, Berlin/New York 1991, 192-213

–, Zu jüngsten Untersuchungen von Jes 60-62, in: ders., Studien zu Tritojesaja, BZAW 203, Berlin/New York 1991, 119-139

Stegemann, H., „Das Land" in der Tempelrolle und in anderen Texten aus den Qumranfunden, in: G. Strecker (Hg.), Das Land in biblischer Zeit, Göttingen 1983, 154-171

–, The Literary Composition of the Temple Scroll and its Status at Qumran, in: G. Brooke (Hg.), Temple Scroll Studies, JSP.S 7, Sheffield 1989, 123-148

–, The Origins of the Temple Scroll, in: J.A. Emerton (Hg.), Congress Volume. Jerusalem 1986, VT.S 40, Leiden/New York 1988, 235-256

Steins, G., Die Chronik als kanonisches Abschlußphänomen. Studien zur Entstehung und Theologie von 1/2 Chronik, BBB 93, Weinheim 1995

Steuernagel, C., Das Deuteronomium, HK I.3.1, Göttingen [2]1923

Steymans, H.U., Deuteronomium 28 und die *adê* zur Thronfolgeregelung Asarhaddons. Segen und Fluch im Alten Orient und in Israel, OBO 145, Freiburg/Göttingen 1995

–, Die Vereidigten Asarhaddons. Beobachtungen zu Textkritik, Dependenzgrammatik und Semantik des Sukzessionseids (SAA 2 6), Diplomarbeit M.A., Wien 2000

–, Verheißung und Drohung: Lev 26, in: H.-J. Fabry/H.-W. Jüngling (Hg.), Levitikus als Buch, BBB 119, Berlin 1999, 263-307

–, Psalm 89 und der Davidbund. Eine strukturale und redaktionsgeschichtliche Untersuchung, ÖBS 27, Frankfurt u.a. 2005

Stipp, H.-J., „Alles Fleisch hatte seinen Wandel auf der Erde verdorben" (Gen 6,12). Die Mitverantwortung der Tierwelt an der Sintflut nach der Priesterschrift, ZAW 111, 1999, 167–186.

–, Baruchs Erben. Die Schriftprophetie im Spiegel von Jer 36, in: H. Irsigler (Hg.), „Wer darf heraufziehen zum Berg JHWHs?". Beiträge zu Prophetie und Poesie des Alten Testaments, FS Ö. Steingrimsson, ATSAT 72, St. Ottilien 2002, 145-170

–, Das masoretische und alexandrinische Sondergut des Jeremiabuches. Textgeschichtlicher Rang, Eigenart, Triebkräfte, OBO 130, Fribourg/Göttingen 1994

–, Deutero-jeremianische Konkordanz, ATSAT 63, St. Ottilien 1998

–, Die Hypothese einer schafanidischen (patrizischen) Redaktion des Jeremiabuches. Zum Beitrag von H.M. Wahl in ZAW 3/1998, ZAW 11, 1999, 417-419

–, Dominium Terrae. Die Herrschaft der Menschen über die Tiere in Gen 1,26.28, in: ders. u.a. (Hg.), Gott – Mensch – Sprache. FS W. Groß, ATSAT 68, St. Ottilien 2001, 113-148.

–, Gedalja und die Kolonie in Mizpa, ZAR 6, 2000, 155-171

–, Jeremia, der Tempel und die Aristokratie. Die patrizische (schafanidische) Redaktion des Jeremiabuches, KlAANT 1, Waltrop 2000

–, Jeremia im Parteienstreit. Studien zur Textentwicklung von Jer 26,36-43 und 45 als Beitrag zur Geschichte Jeremias, seines Buches und der judäischen Parteien im 6. Jahrhundert, BBB 82, Frankfurt a.M. 1994

–, Probleme des redaktionsgeschichtlichen Modells der Entstehung des Jeremiabuches, in: W. Groß (Hg.), Jeremia und die „deuteronomistische Bewegung", BBB 98, Weinheim 1995, 225-262

Stolz, F., Das erste und zweite Buch Samuel, ZBK 9, Zürich 1981

Streck, M., Assurbanipal und die letzten assyrischen Könige bis zum Untergange Niniveh's II, Leipzig 1916

Streck, M.P., Die Flüche im Sukzessionsvertrag Asarhaddons, ZAR 4, 1998, 165-191

Strecker, G., Die Bergpredigt. Ein exegetischer Kommentar, Göttingen 1984

Swanson, D.D., The Temple Scroll and the Bible. The Methodology of 4QT, StTDJ 14, Leiden/New York 1995

Sweeney, M.A., King Josiah of Judah. The Lost Messiah of Israel, Oxford 2001

–, King Manasseh of Judah and the Problem of Theodicy in the Deuteronomistic History, in: L.L. Grabbe (Hg.), Good Kings and Bad Kings, London/New York 2005, 264-278

–, The Book of Isaiah as Prophetic Torah, in: R.F. Melugin/M.A. Sweeney (Hg.), New Visions of Isaiah, JSOT.S 214, Sheffield 1996, 50-67

Tadmor, H., Monarchie und Eliten in Assyrien und Babylonien: Die Frage der Verantwortlichkeit, in: S.E. Eisenstadt (Hg.), Kulturen der Achsenzeit. Ihre Ursprünge und ihre Vielfalt, Teil I, Frankfurt 1987, 292-323

Tagliacarne, P., Grammatik und Poetik. Überlegungen zur Indetermination in Psalm 1, in: Text, Methode und Grammatik, FS W. Richter, 1991, 549-559

–, „Keiner war wie er". Untersuchung zur Struktur von 2 Könige 22-23, ATS 31, St. Ottilien 1989

Tallqvist, K.L., Akkadische Götterepitheta, StOr VII, Helsingforsiae 1934

Taylor, J.G., Yahweh and the Sun, JSOT 111, Sheffield 1993

Thiel, W., Die deuteronomistische Redaktion von Jeremia 1-25, WMANT 41, Neukirchen-Vluyn 1973

Tiemeyer, L.-S., Priestly Rites and Prophetic Rage. Post-Exilic Propetic Critique of the Priesthood, FAT II/19, Tübingen 2006

Tomasin, A.J., Isaiah 1.1-2,4 and 64-66, and the composition of the Isaianic Corpus, JSOT 57, 1993, 81-98

Tournay, R.J., Notules sur les Psaumes (Psaumes XIX,2-5; LXXI,15-16), in: H. Junker/J. Botterweck (Hg.), Alttestamentliche Studien. FS F. Nötscher, BBB 1, Bonn 1950, 271-280

Tov, E./Whiter, S.A., 346-367.4QReworked Pentateuch[b-e] and 365a.4QTemple?, in: H. Attridge u.a., Qumran Cave 4. VIII. Parabiblical Texts, Part 1, DJD 13, Oxford 1994, 187-351

Turner, V., The Forest of Symbols. Aspects of Ndembu Ritual, Ithaka/London 1967

Uehlinger, C., Gab es eine joschijanische Kultreform? Plädoyer für ein begründetes Minimum, in: W. Groß (Hg.), Jeremia und die „deuteronomistische Bewegung", BBB 98, Weinheim 1995, 57-89

–, Was there a Cult Reform under King Josiah? The Case for a Well-Grounded Minimum, in: L.L. Grabbe (Hg.), Good Kings and Bad Kings, London/New York 2005, 279-316

Utzschneider, H., Künder oder Schreiber? Eine These zum Problem der „Schriftprophetie" auf Grund von Maleachi 1,6-2,9, BEATAJ 19, Frankfurt a.M. u.a. 1989

VanderKam, J. C., From Joshua to Caiphas. High Priests after the Exile, Minneapolis/Assen 2004

van der Leeuw, G., Phänomenologie der Religion, Tübingen [2]1956

van der Kooij, A., Das assyrische Heer vor den Mauern Jerusalems im Jahr 701 v. Chr., ZDPV 102, 1986, 93-109

van der Woude, A.S., Melchisedek als himmlische Erlösergestalt in den neugefundenen eschatologischen Midraschim aus Qumran Höhle XI, OTS 14, 1965, 354-373

–, /de Jonge, M., 11QMelchizedek and the New Testament, NTS 12, 1966, 301-326

van Gennep, A., Übergangsriten (1908), Frankfurt/Main 1986

van Keulen, P.S.F., Manasseh Through the Eyes of the Deuteronomists. The Manasseh Account (2 Kings 21:1-18) and the Final Chapters of the Deuteronomistic History, OTS XXXVIII, Leiden u.a. 1996

Vanoni, G., Anspielungen und Zitate innerhalb der hebräischen Bibel. Am Beispiel von Dtn 4,29; Dtn 30,3 und Jer 29,13-14, in: W. Groß (Hg.), Jeremia und die „deuteronomistische Bewegung", BBB 98, Weinheim 1995, 383-395

–, Der Geist und der Buchstabe. Überlegungen zum Verhältnis der Testamente und Beobachtungen zu Dtn 30,1-10, BN 14, 1981, 65-98

Van Rooy, H. F., Deuteronomy 28,69 – Superscript or Subscript?, JNSL 14, 1988, 215-222

Veijola, T., Das 5. Buch Mose, Deuteronomium. Kapitel 1,1-16,17, ATD 8/1, Göttingen 2004

–, Deuteronomismusforschung zwischen Tradition und Innovation. I-II, ThR 67, 2002, 273-327.391-424; III, ThR 68, 2003, 1-44

–, Die ewige Dynastie. David und die Entstehung seiner Dynastie nach der deuteronomistischen

Darstellung, AASF Ser. B 193, Helsinki 1975

Venema, G.J., Reading Scripture in the Old Testament. Deuteronomy 9-10; 31-2 – 2 Kings 22-23 – Jeremiah 36 – Nehemia 8, OTS 48, Leiden/Boston 2004

Vera Chamaza, G.W., Die Omnipotenz Aššurs. Entwicklungen in der Aššur-Theologie unter den Sargoniden Sargon II., Sanherib und Asarhaddon, AOAT 295, Münster 2002

Vermeylen, J., Du prophète Isaïe á l'apocalyptique. Isaïe, I-XXXV, miroir d'un demi-millénaire d'expérience religieuse en Israël. Tome I, Études Bibliques, Paris 1977

–, Du prophète Isaïe á l'apocalyptique. Isaïe, I-XXXV, miroir d'un demi-millénaire d'expérience religieuse en Israël. Tome II, Études Bibliques, Paris 1978

–, (Hg.), The Book of Isaiah. Le Livre d'Isaïe. Les oracles et leurs relectures – Unité et complexité de l'ouvrage, BEThL 81, Leuven 1989, 126-145

Vogels, W., A Structural Analysis of Ps 1, Bib. 60, 1979, 410-416

Vogt, P.T., Deuteronomic Theology and the Significance of *Torah*. A Reappraisal, Winona Lake 2006

Volz, P., Der Prophet Jeremia, KAT 10, Leipzig [2]1928

von Gall, H., Die Kopfbedeckung des Persischen Ornats bei den Achämeniden, AMI N.F. 7, 1974, 145-161

Wacholder, B.Z., The Relationship between 11QTorah (The Temple Scroll) and the Book of Jubilees: One Single or Two Independent Compositions?, in: SBL Senior Papers 1985, SBL.SP 24, Chico 1985, 205-216

Wagenaar, J.A., Judgement and Salvation. The Composition and Redaction of Micah 2-5, VT.S 85, Leiden u.a. 2001

Waltisberg, M., Zum Alter der Sprache des Deboraliedes Ri 5*, ZAH 12, 1999, 218-232

Waltke, B.K./O'Connor, M., An Introduction to Biblical Hebrew Syntax, Winona Lake 1990

Weber, R., Das Gesetz im hellenistischen Judentum. Studien zum Verständnis und zur Funktion der Thora von Demetrios bis Pseudo-Phoklides, ARGU 10, Frankfurt a.M. 2000

Weder, H., Die „Rede der Reden". Eine Auslegung der Bergpredigt heute, Zürich 1985

Weimar, P., Die Toledot-Formel in der priesterschriftlichen Geschichtsdarstellung, BZ NF 18, 1974, 65–93

–, Sinai und Schöpfung. Komposition und Theologie der priesterschriftlichen Sinaigeschichte, RB 95, 1988, 337–385

–, Struktur und Komposition der priesterschriftlichen Geschichtsdarstellung, BN 23/24, 1984, 81–134.138–162

–, Struktur und Komposition der priesterschriftlichen Schöpfungserzählung (Gen 1,1–2,4a*), in: O. Loretz u.a. (Hg.), Ex Mesopotamia et Syria Lux. FS M. Dietrich, AOAT 281, Münster 2002, 803–843

–, Untersuchungen zur Redaktionsgeschichte des Pentateuch, BZAW 146, Berlin/New York 1977

Weinfeld, M., Jeremiah and the Spiritual Metamorphosis of Israel, ZAW 88, 1976, 17-56

–, Social Justice in Ancient Israel and in the Ancient Near East. Publications of the Perry Foundation for Biblical Research in the Hebrew University of Jerusalem, Jerusalem/Minneapolis 1995

–, The Place of the Law in the Religion of Ancient Israel, VT.S 100, Leiden/Boston 2004

Weippert, M., Tier und Mensch in einer menschenarmen Welt. Zum sog. dominium terrae in Genesis 1, in: H.-P. Mathys (Hg.), Ebenbild Gottes – Herrscher über die Welt. Studien zu Würde und Auftrag des Menschen, BThSt 33, Neukirchen-Vluyn 1998, 35–55

Welch, J.W., Chiasmus in Antiquity, Hildesheim 1981

Wellhausen, J., Die Composition des Hexateuchs und der historischen Bücher des Alten Testaments, Berlin [3]1899

–, Israelitische und jüdische Geschichte, Berlin [1894] [8]1921

–, Prolegomena zur Geschichte Israels, Berlin u.a. [6]1927

Wells, R.D., 'Isaiah' as an Exponent of Torah: Isaiah 56.1-8, in: R.F. Melugin/M.A. Sweeney (Hg.), New Visions of Isaiah, JSOT.S 214, Sheffield 1996, 140-155

Welten, P., Geschichte und Geschichtsdarstellung in den Chronikbüchern, WMANT 42, Neukirchen-Vluyn 1973

Wengst, K., Didache (Apostellehre), Barnabasbrief, Zweiter Klemensbrief, Schrift an Diognet, Schriften den Urchristentums II, Darmstadt 1984

Werner, W., Eschatologische Texte in Jesaja 1-39. Messias, Heiliger Rest, Völker, FzB 46, Würzburg [2]1986

Westermann, C., Genesis. Bd. I: Genesis 1–11, BK I/1, Neukirchen-Vluyn [4]1999

Widengren, G., Sakrales Königtum im Alten Testament und im Judentum, Stuttgart 1955

Wildberger, H., Das Abbild Gottes. Gen. 1,26–30, in: ders., Jahwe und sein Volk. Gesammelte Aufsätze zum Alten Testament, TB 66, München 1979, 110–145

–, Jesaja 1-12, Neukirchen-Vluyn 1972

Willi, T., Juda – Jehud – Israel. Studien zum Selbstverständnis des Judentums in persischer Zeit, FAT 12, Tübingen 1995

Williamson, H.G.M., King, Messiah and Servant in the Book of Isaiah. The Didsbury Lectures 1997, Carlisle 1998

Willi-Plein, I., ŠWB ŠBWT – eine Wiedererwägung, ZAH 4, 1991, 55-71

Willis, J.T., Psalm 1 – An Entity, ZAW 91, 1979, 381-401

Wilson, E.J., „Holiness" and „Purity" in Mesopotamia, Kevelaer/Neukirchen-Vluyn 1994

Wilson, J.A., Joy at the Accession of Ramses IV, ANET[2], 1955, 378-379

Wilson, L./Wills, A., Literary Sources of the Temple Scroll, HThR 75, 1982, 275-288

Wischnowsky, M., Die Tochter Zion. Aufnahme und Überwindung der Stadtklage in den Prophetenschriften des Alten Testaments, WMANT 89, Neukirchen-Vluyn 2001

Wise, M.O., A Critical Study of the Temple Scroll from Qumran Cave 11, SAOC 49, Chicago 1990

–, The Covenant of Temple Scroll XXIX,3-10, RdQ 14, 1989, 49-60

–, The Eschatological Vision of the Temple Scroll, JNES 49, 1990, 155-173

Witte, M., Die biblische Urgeschichte. Redaktions- und theologiegeschichtliche Beobachtungen zu Genesis 1,1–11,26, BZAW 265, Berlin/New York 1998

Wöhrle, J., Die frühen Sammlungen des Zwölfprophetenbuches. Entstehung und Komposition, BZAW 360, Berlin/New York 2006

Wolff, H.W., Dodekapropheton 2. Joel und Amos, BK 14/2, Neukirchen-Vluyn [2]1975

Würthwein, E., Das erste Buch der Könige Kapitel 1-16, ATD 11/1, Göttingen 1977

–, Die Bücher der Könige 1. Kön. 17 – 2. Kön 25, ATD 11/2, Göttingen 1984

–, Die Josianische Reform und das Deuteronomium, ZThK 73, 1976, 395-423

Yadin, Y., Magillat ham-Miqdaš. The Temple Scroll (Hebrew Edition). Vol. I-III A, Jerusalem 1977

–, The Temple Scroll. Bd. I. Introduction, Jerusalem 1983

–, The Temple Scroll. Bd. II. Text and Commentary, Jerusalem 1983

Zahn, M., New Voices, Ancient Words. The *Temple Scroll*'s Reuse of the Bible, in: J. Day (Hg.), Temple and Worship in Biblical Israel, LHB/OTS 422, London/New York 2005, 435-458

–, Schneiderei oder Weberei? Zum Verständnis der Diachronie der Tempelrolle, RdQ 77, 2001, 255-286

Zenger, E., Das Buch Levitikus als Teiltext der Tora/des Pentateuch. Eine synchrone Lektüre mit kanonischer Perspektive, in: H.-J. Fabry/H.-W. Jüngling (Hg.), Levitikus als Buch, BBB 119, Berlin 1999, 47-83

–, Der Psalter als Wegweiser und Wegbegleiter. Ps 1-2 als Proömium des Psalmenbuchs, in: A. Agenendt/H. Vorgrimler (Hg.), Sie wandern von Kraft zu Kraft. Aufbrüche – Wege – Begegnungen. FS R. Lettmann, Kevelaer 1993, 29-47

–, u.a., Einleitung in das Alte Testament. Studienbücher Theologie 1,1, Stuttgart ⁶2006

–, Israel am Sinai, Altenberge ²1985

–, Gottes Bogen in den Wolken. Untersuchungen zu Komposition und Theologie der priesterlichen Urgeschichte, SBS 112, Stuttgart ²1987

Zevit, Z., The Prophet versus Priest Antagonism Hypothesis. Its History and Origin, in: L.L. Grabbe/A.O. Bellis (Hg.), The Priests in the Prophets. The Portrayal of Priests, Prophets and Other Religious Specialists in the Latter Prophets, JSOT.S 408, London 2004, 189-217

Zimmerli, W., Ezechiel, BK 13, Neukirchen-Vluyn ²1979

–, Das „Gnadenjahr des Herrn", in: Kuschke, A./Kutsch, E. (Hg.), Archäologie und Altes Testament. FS K. Galling, Tübingen 1970, 321-332 (= ders., Studien zur alttestamentlichen Theologie und Prophetie. Gesammelte Aufsätze zum Alten Testament II, ThB 51, München 1974, 222-234)

–, Zur Sprache Tritojesajas, in: FS L. Köhler, Bern 1950, 62-74 (= ders., SThU 20, 1950, 110-122; ders., Gottes Offenbarung. Gesammelte Aufsätze zum Alten Testament, ThB 19, München 1963, 217-233)

Zimmermann, J., Messianische Texte aus Qumran, WUNT II/104, Tübingen 1998

Zwickel, W., Räucherkult und Räuchergeräte. Exegetische und archäologische Studien zum Räucheropfer im Alten Testament, OBO 97, Freiburg/Göttingen 1990

Register